D1704405

CISCO PIX Firewall

Syngress

CISCO PIX Firewall

Übersetzung aus dem Amerikanischen von MediaMate

mitp

Bibliografische Information Der Deutschen Bibliothek
Die Deutsche Bibliothek verzeichnet diese Publikation
in der Deutschen Nationalbibliografie;
detaillierte bibliografische Daten sind im Internet
über <http://dnb.ddb.de> abrufbar.

ISBN 3-8266-1305-8
1. Auflage 2003

Alle Rechte, auch die der Übersetzung, vorbehalten. Kein Teil des Werkes darf in irgendeiner Form (Druck, Fotokopie, Mikrofilm oder einem anderen Verfahren) ohne schriftliche Genehmigung des Verlages reproduziert oder unter Verwendung elektronischer Systeme verarbeitet, vervielfältigt oder verbreitet werden. Der Verlag übernimmt keine Gewähr für die Funktion einzelner Programme oder von Teilen derselben. Insbesondere übernimmt er keinerlei Haftung für eventuelle, aus dem Gebrauch resultierende Folgeschäden.

Die Wiedergabe von Gebrauchsnamen, Handelsnamen, Warenbezeichnungen usw. in diesem Werk berechtigt auch ohne besondere Kennzeichnung nicht zu der Annahme, dass solche Namen im Sinne der Warenzeichen- und Markenschutz-Gesetzgebung als frei zu betrachten wären und daher von jedermann benutzt werden dürften.

Übersetzung der amerikanischen Originalausgabe
SYNGRESS: Cisco Security Specialist's Guide to PIX Firewalls

Original English language edition Copyright © 2002 by Syngress Publishing, Inc.
All rights reserved including the right of reproduction in whole or in part in any form.
This translation published by arrangement with Syngress Publishing, Inc.

Printed in Germany
© Copyright 2003 by mitp-Verlag/Bonn,
ein Geschäftsbereich der verlag moderne industrie Buch AG & CO. KG/Landsberg

Satz: reemers publishing services gmbh, Krefeld
Druck: Media-Print, Paderborn

Inhaltsverzeichnis

	Mitwirkende	13
	Technischer Lektor & Mitwirkender	15
	Technischer Redakteur & Mitwirkender	15
	Vorwort	17
	Informationen zu diesem Buch	17
	Informationen zu Callisma	18
	Einführung	19
1	**Sicherheit und Firewalls – Einführung**	23
1.1	Einführung	23
1.2	Die Bedeutung der Sicherheit	23
1.2.1	Was ist unter Datensicherheit zu verstehen?	24
1.2.2	Die frühen Tage der Datensicherheit	26
1.2.3	Unsicherheit und das Internet	27
1.2.4	Die Bedrohung wächst	27
1.2.5	Angriffe	29
1.3	Einrichtung einer Sicherheitsrichtlinie	30
1.4	Das Cisco Security Wheel	34
1.4.1	Sicherung der Umgebung	35
1.4.2	Überwachung der Aktivität	36
1.4.3	Testen der Sicherheit	37
1.4.4	Verbesserung der Sicherheit	39
1.5	Firewall-Konzepte	39
1.5.1	Was ist eine Firewall?	40
1.5.2	Typen von Firewalls	42
1.5.3	Firewall-Schnittstellen: innen, außen und DMZ	46
1.5.4	Firewall-Richtlinien	49
1.5.5	Adressübersetzung	50
1.5.6	Virtual Private Networking	53
1.6	Cisco-Sicherheitszertifizierungen	55
1.6.1	Cisco Security Specialist 1	55
1.6.2	Cisco Certified Internetwork Expert Security	56
1.6.3	CSPFA: Das Examen	57

1.7	Zusammenfassung	59
1.8	Lösungen im Schnelldurchlauf	61
1.9	Häufig gestellte Fragen/FAQs	62
2	**PIX-Firewalls: Einführung**	**65**
2.1	Einführung	65
2.2	Leistungsmerkmale von PIX-Firewalls	66
2.2.1	Eingebettetes Betriebssystem	66
2.2.2	Adaptive Security Algorithm	67
2.2.3	Erweitertes Protokoll-Handling	78
2.2.4	VPN-Support	79
2.2.5	URL-Filtering	80
2.2.6	NAT und PAT	80
2.2.7	Hochverfügbarkeit	82
2.3	PIX-Hardware	83
2.3.1	Modelle	83
2.3.2	Der Konsolen-Port	86
2.4	Software-Lizenzierung und Upgrades	88
2.4.1	Lizenzierung	90
2.4.2	Upgrade der Software	90
2.4.3	Kennwortwiederherstellung	93
2.5	Die Befehlszeilenschnittstelle	94
2.5.1	Standardkonfigurationen	95
2.5.2	Administrative Zugriffsmodi	96
2.5.3	Basisbefehle	98
2.5.4	Verwaltung der Konfigurationen	105
2.5.5	Zurücksetzung des Systems	108
2.6	Zusammenfassung	109
2.7	Lösungen im Schnelldurchlauf	112
2.8	Häufig gestellte Fragen/FAQs	114
3	**Durchlassen des Datenverkehrs**	**117**
3.1	Einführung	117
3.2	Outbound-Verkehr zulassen	118
3.2.1	Konfiguration der dynamischen Adressübersetzung	118
3.2.2	Outbound-Verkehr blockieren	126
3.3	Inbound-Verkehr zulassen	136
3.3.1	Statische Adressübersetzung	137

3.3.2	Access Lists (Zugriffssteuerungslisten)	138
3.3.3	Conduits (Passagen)	139
3.3.4	ICMP	140
3.3.5	Port-Umleitung	140
3.4	TurboACLs	142
3.5	Objektgruppierung	143
3.5.1	Konfiguration und Verwendung von Objektgruppen	144
3.6	Fallstudie	148
3.6.1	Access Lists (Zugriffssteuerungslisten)	150
3.6.2	Conduits und Outbound/Apply	153
3.7	Zusammenfassung	155
3.8	Lösungen im Schnelldurchlauf	156
3.9	Häufig gestellte Fragen/FAQs	158
4	**Fortgeschrittene PIX-Konfiguration**	**159**
4.1	Einführung	159
4.2	Erweitertes Protokoll-Handling	159
4.2.1	File Transfer Protocol	164
4.2.2	Domain Name Service	169
4.2.3	Simple Mail Transfer Protocol	171
4.2.4	Hypertext Transfer Protocol	173
4.2.5	Remote Shell	173
4.2.6	Remote Procedure Call	175
4.2.7	Real-Time Streaming Protocol, NetShow und VDO Live	176
4.2.8	SQL*Net	181
4.2.9	H.323 und verwandte Anwendungen	182
4.2.10	Skinny Client Control Protocol	185
4.2.11	Session Initiation Protocol	186
4.2.12	Internet Locator Service und Lightweight Directory Access Protocol	188
4.3	Filterung von Web-Datenverkehr	189
4.3.1	Filtern von URLs	190
4.3.2	Filtern von aktivem Code	197
4.4	Konfiguration der Intrusion Detection	199
4.4.1	Unterstützte Signaturen	200
4.4.2	Konfiguration der Überwachung	203
4.4.3	Konfiguration von Shunning	206
4.5	DHCP-Funktionalität	207
4.5.1	DHCP-Clients	208

4.5.2	DHCP-Server	210
4.6	Andere erweiterte Features	215
4.6.1	Fragmentation Guard	215
4.6.2	AAA Floodguard	217
4.6.3	SYN Floodguard	218
4.6.4	Reverse-Path Forwarding	220
4.6.5	Unicast-Routing	223
4.6.6	Routing Information Protocol	225
4.6.7	Stub Multicast Routing (SMR)	228
4.6.8	PPPoE	235
4.7	Zusammenfassung	238
4.8	Lösungen im Schnelldurchlauf	239
4.9	Häufig gestellte Fragen/FAQs	241
5	**Konfiguration von Authentifizierung, Autorisierung und Accounting**	**243**
5.1	Einführung	243
5.2	AAA-Konzepte	244
5.2.1	Authentifizierung	246
5.2.2	Autorisierung	248
5.2.3	Accounting	248
5.2.4	AAA-Protokolle	248
5.3	Cisco Secure ACS für Windows	253
5.3.1	Einführung und Features	254
5.3.2	Installation und Konfiguration von Cisco Secure ACS	255
5.3.3	Ein NAS für den Cisco Secure ACS-Server	262
5.3.4	Ein Benutzer für den Cisco Secure ACS-Server	266
5.4	Konfiguration der Konsolenauthentifizierung	268
5.4.1	Konfiguration der lokalen Konsolenauthentifizierung	269
5.4.2	Konfiguration der RADIUS- und TACACS+-Konsolenauthentifizierung	270
5.5	Konfiguration der Befehlsautorisierung (Command Authorization)	276
5.5.1	Konfiguration der lokalen Befehlsautorisierung	277
5.5.2	Konfiguration der TACACS+-Befehlsautorisierung	279
5.6	Konfiguration der Authentifizierung für Verkehr durch die Firewall	287
5.6.1	Konfiguration der Cut-Through-Proxy-Funktionalität	287
5.6.2	Virtual HTTP	292

5.6.3	Virtual Telnet	295
5.7	Konfiguration der Autorisierung für Verkehr durch die Firewall	297
5.8	Konfiguration des Accounting für Verkehr durch die Firewall	299
5.9	Konfiguration von herunterladbaren Access Lists	302
5.9.1	Konfiguration von benannten herunterladbaren Access Lists	302
5.9.2	Konfiguration von herunterladbaren Access Lists ohne Namen	307
5.10	Zusammenfassung	309
5.11	Lösungen im Schnelldurchlauf	310
5.12	Häufig gestellte Fragen/FAQs	313
6	**Konfiguration des System-Managements**	**315**
6.1	Einführung	315
6.2	Konfiguration der Protokollierung	316
6.2.1	Lokale Protokollierung	317
6.2.2	Syslog	319
6.2.3	Protokollierungs-Level	325
6.2.4	Protokollierungs-Facility	328
6.2.5	Deaktivierung von speziellen Syslog-Meldungen	329
6.3	Konfiguration von Remote Access (Fernzugriff)	331
6.3.1	Secure Shell	332
6.3.2	Telnet	341
6.3.3	HTTP über den PIX Device Manager	343
6.4	Konfiguration des Simple Network Management Protocol	344
6.4.1	Konfiguration der Systemidentifikation	345
6.4.2	Konfiguration des Polling	345
6.4.3	Konfiguration von Traps	348
6.5	Konfiguration der Systemzeit	349
6.5.1	Einrichtung und Verifizierung der Systemuhr und der Zeitzone	349
6.5.2	Konfiguration und Verifizierung des Network Time Protocols	352
6.6	Zusammenfassung	355
6.7	Lösungen im Schnelldurchlauf	356
6.8	Häufig gestellte Fragen/FAQs	357
7	**Konfiguration von Virtual Private Networks (VPNs)**	**359**
7.1	Einführung	359
7.2	IPsec-Konzepte	360
7.2.1	IPsec	360
7.2.2	Internet Key Exchange	365

7.2.3	Security Associations (Sicherheitszuordnungen)	368
7.2.4	Certificate-Authority-Unterstützung	373
7.3	Konfiguration von Site-to-Site-IPsec unter Verwendung von IKE	374
7.3.1	Planung	375
7.3.2	Zulassung von IPsec-Verkehr	376
7.3.3	Aktivierung von IKE	377
7.3.4	Erstellung einer ISAKMP Protection Suite	378
7.3.5	Definition eines Pre-Shared-ISAKMP-Keys	380
7.3.6	Certificate-Authority-Unterstützung	380
7.3.7	Konfiguration von Crypto-Access-Lists	388
7.3.8	Definition eines Transform-Sets	390
7.3.9	Umgehen der Network Address Translation	391
7.3.10	Konfiguration eines Crypto-Maps	392
7.3.11	Troubleshooting	395
7.4	Konfiguration von Site-to-Site-IPsec ohne Verwendung von IKE (Manuelles IPsec)	396
7.5	Konfiguration des Point-to-Point Tunneling Protocol	398
7.5.1	Überblick	399
7.5.2	Konfiguration	401
7.6	Konfiguration des Layer 2 Tunneling Protocol mit IPsec	409
7.6.1	Überblick	410
7.6.2	Konfiguration	412
7.7	Konfiguration der Unterstützung für den Cisco Software VPN Client	416
7.7.1	Modus-Konfiguration	417
7.7.2	Extended Authentication	419
7.7.3	VPN-Gruppen	420
7.7.4	Beispielkonfigurationen von PIX und VPN-Clients	423
7.8	Zusammenfassung	432
7.9	Lösungen im Schnelldurchlauf	434
7.10	Häufig gestellte Fragen/FAQs	435
8	**Konfiguration des Failover-Features**	437
8.1	Einführung	437
8.2	Failover-Konzepte	437
8.2.1	Konfigurationsreplikation	441
8.2.2	IP- und MAC-Adressen für das Failover	441
8.2.3	Ausfallerkennung	442

8.2.4	Stateful-Failover	444
8.3	Standard-Failover mittels Failover-Kabel	445
8.3.1	Konfiguration und Aktivierung des Failover-Features	446
8.3.2	Überwachung des Failover-Features	452
8.3.3	Failing-Back	454
8.3.4	Deaktivierung des Failover-Features	455
8.4	LAN-basiertes Failover	456
8.4.1	Konfiguration und Aktivierung des Failover-Features	456
8.4.2	Überwachung des Failover-Features	462
8.4.3	Failing-Back	464
8.4.4	Deaktivierung des Failover-Features	464
8.5	Zusammenfassung	464
8.6	Lösungen im Schnelldurchlauf	465
8.7	Häufig gestellte Fragen/FAQs	466

9	**PIX Device Manager**	469
9.1	Einführung	469
9.2	Funktionen, Einschränkungen und Anforderungen	470
9.2.1	PIX-Firewall: unterstützte Hardware- und Software-Versionen	471
9.2.2	PIX Device Manager: Einschränkungen	473
9.3	Installation, Konfiguration und Start von PDM	473
9.3.1	Installationsvorbereitung	474
9.3.2	Installation und Upgrade von PDM	474
9.3.3	Start von PDM	479
9.4	Konfiguration der PIX-Firewall mithilfe von PDM	485
9.4.1	Arbeiten mit dem Startup Wizard	486
9.4.2	Konfiguration der Systemeigenschaften	494
9.4.3	Verwaltung von Hosts und Netzwerken	519
9.4.4	Konfiguration der Übersetzungsregeln	524
9.4.5	Konfiguration von Zugriffsregeln	531
9.4.6	VPN-Konfiguration	539
9.5	Überwachung der PIX-Firewall mithilfe von PDM	551
9.5.1	Sessions und Statistiken	552
9.5.2	Diagramme	556
9.6	Überwachung und Unterbrechung von Sessions	565
9.7	Zusammenfassung	565
9.8	Lösungen im Schnelldurchlauf	566
9.9	Häufig gestellte Fragen/FAQs	567

10	**Troubleshooting und Leistungsüberwachung**	569
10.1	Einführung	569
10.2	Troubleshooting – Hardware und Verkabelung	570
10.2.1	Troubleshooting – PIX-Hardware	572
10.2.2	Troubleshooting – PIX-Verkabelung	583
10.3	Troubleshooting – Connectivity	586
10.3.1	Überprüfung der Adressierung	588
10.3.2	Überprüfung des Routing	589
10.3.3	Überprüfung der Übersetzung	596
10.3.4	Überprüfung des Zugriffs	599
10.4	Troubleshooting – IPsec	605
10.4.1	IKE	607
10.4.2	IPsec	611
10.5	Capturing von Verkehr	614
10.5.1	Anzeige von mitgeschnittenem Verkehr	616
10.5.2	Download von mitgeschnittenem Verkehr	617
10.6	Troubleshooting und Überwachung – Performance	619
10.6.1	Überwachung der CPU-Leistung	620
10.6.2	Überwachung der Speicherleistung	625
10.6.3	Überwachung der Netzwerkleistung	628
10.6.4	Identification-Protokoll (IDENT) und PIX-Performance	629
10.7	Zusammenfassung	630
10.8	Lösungen im Schnelldurchlauf	631
10.9	Häufig gestellte Fragen/FAQs	633
	Stichwortverzeichnis	635

Mitwirkende

C. Tate Baumrucker (CISSP, CCNP, Sun Enterprise Engineer, MCSE) ist Senior Consultant bei Callisma, wo er verantwortlich ist für die Leitung von Engineering-Teams, deren Fachgebiete im Design und der Implementierung von sicheren und hochverfügbaren Systeminfrastrukturen und Netzwerken liegen. Tate Baumrucker ist ein branchenweit anerkannter Experte in Sachen Sicherheit und für LAN/WAN-Support-Systeme wie HTTP, SMTP, DNS und DHCP. Er hat acht Jahre lang als technischer Berater für das US-Verteidigungsministerium und für andere Unternehmen und Service Provider gearbeitet, z. B. für American Home Products, Blue Cross and Blue Shield of Alabama, Amtrak, Iridium, National Geographic, Geico, GTSI, Adelphia Communications, Digex, Cambrian Communications und Broad-Band Office. C. Tate Baumrucker hat auch an folgendem Werk mitgearbeitet: *Managing Cisco Network Security, Second Edition* (Syngress Publishing, ISBN: 1-931836-56-6).

Brian Browne (CISSP) ist Senior Consultant bei Callisma. Er führt als Senior Consultant strategische und technische Sicherheitsberatungen für Callisma-Kunden durch, verfügt über eine 12-jährige Erfahrung im Bereich der IT-Sicherheit und besitzt außerordentliche Kenntnisse und Fähigkeiten in allen Bereichen und Phasen auf dem Gebiet der Security. Als selbstständiger Unternehmensberater hat Brian Browne Sicherheitsberatungen für zahlreiche Fortune-500-Kunden durchgeführt. Von ihm erschienen Veröffentlichungen im Business Communications Review, zudem hat er an dem Buch *Managing Cisco Network Security, Second Edition* (Syngress Publishing, ISBN:1-931836-56-6) mitgewirkt. Er hat fundierte Erfahrungen in den Bereichen Netzwerksicherheit, Firewall-Architekturen, Virtual Private Networks (VPNs), Intrusion-Detection-Systeme (IDS), UNIX-Sicherheit, Windows NT-Sicherheit und PKI (Public Key Infrastructure). Brian Browne lebt mit seiner Frau Lisa und Tochter Marisa in Willow Grove, PA.

Vitaly Osipov (CISSP, CCSE, CCNA) ist Co-Autor der Syngress Publishing-Bücher *Check Point Next Generation Security Administration* (ISBN: 1-928994-74-1) und *Managing Cisco Network Security, Second Edition* (ISBN: 1-931836-56-6). Vitaly Osipov hat in den letzten sechs Jahren als Unternehmensberater in Ost-, Mittel- und Westeuropa gearbeitet. Sein Spezialgebiet ist die Entwicklung und Implementierung von IT-Sicherheitslösungen. Derzeit arbeitet er als Teamleiter für die Beratungsabteilung eines großen Unternehmens aus dem Bereich IT-Sicherheit. In seiner Freizeit widmet er seine Beratungsfähigkeiten der Anti-Spam-Firma Cruel-

Mail.com. Vitaly Osipov möchte seinen vielen Freunden auf den britischen Inseln danken, besonders aber jenem, den er in Irland zurückgelassen hat.

Derek Schatz (CISSP) ist Senior Consultant bei Callisma. Er ist bei Callisma der Ansprechpartner für Sicherheit im Westen der Vereinigten Staaten. Er hat sich auf IT-Sicherheitsstrategien spezialisiert, wobei sich alle geplanten Sicherheitsmaßnahmen an den geschäftlichen Zielen und Bedürfnissen seiner Kunden orientieren. Derek Schatz verfügt über einen ungeheuren technischen Hintergrund; zu seinen vorherigen Positionen zählen Projekte bei einer der Consulting-Firmen unter den »Big Five«, wo er ein Team in der technologischen Risikoberatung geleitet hat, sowie die Arbeit als Systems Engineer bei Applied Materials, wo er verantwortlich war für deren Internet- und Extranet-Struktur. Derek Schatz ist Inhaber eines Bachelor Degree der University of California, Irvine, und ist Mitglied der Information Systems Security Association. Er erlangte seine CISSP-Zertifizierung 1999. Derek Schatz wohnt mit seiner Familie in Südkalifornien.

Timothy »TJ« Schuler (CCIE #8800) arbeitet als Senior Network Engineer für Coleman Technologies in Denver, CO. Er verfügt über eine mehr als siebenjährige Erfahrung in folgenden Bereichen: Netzwerk-Design und -Implementierung, einschließlich der zugehörigen Sicherheitsaspekte, große Routing- und Switching-Netzwerke, ATM, Wireless, IP-Telefonie und IP-basierte Videotechnologien. Timothy Schuler arbeitet derzeit an seiner CCIE-Security-Zertifizierung, die seine zweite CCIE darstellen würde. Er möchte dieses Werk mit einer Widmung an seine Familie versehen wissen.

Michael Sweeney (CCNA, CCDA, CCNP, MCSE) ist Eigentümer der IT-Consulting-Firma Packetattack.com. Er ist spezialisiert auf Netzwerk-Design, Troubleshooting von Netzwerken, Design von Wireless Networks, Sicherheit, Netzwerkanalyse mittels Sniffer Pro und Wireless-Network-Analyse mittels AirMagnet. Michael Sweeney hat das Extension-Programm der University of California, Irvine, mit einem Zertifikat in Communications und Network Engineering absolviert. Er lebt derzeit mit seiner Frau Jeanne und Tochter Amanda in Orange, CA.

Robert »Woody« Weaver (CISSP) bekleidet die Position des Field Practice Lead for Security bei Callisma. Als Profi in Sachen IT-Sicherheit ist er verantwortlich für den Außendienst und das Produktmanagement professioneller Services. Zu seinem Hintergrund gehört eine langjährige Tätigkeit als Professor, in der er Mathematik und Informatik unterrichtete. Robert Weaver arbeitete auch als erfahrenster Senior Network Engineer für Williams Communications in der Gegend rund um die San Jose/San Fransisco Bay und als Vice President of Technology für Fullspeed Network Services. Er ist Inhaber eines Bachelor Degree in Science des California Institute of Technology und Ph.D. des Staates Ohio. Derzeit arbeitet er außerhalb von Washington D.C.

Technischer Lektor & Mitwirkender

Charles Riley (CCNP, CSS1, CISSP, CCSA, MCSE, CNE-3) ist Network Engineer mit einer langjährigen Festanstellung im Bereich der Netzwerksicherheit. Charles Riley ist Co-Autor von verschiedenen Syngress Publishing-Büchern, z.B. *Configuring Cisco Voice Over IP, Second Edition* (ISBN: 1-931836-64-7). Er hat stabile Netzwerklösungen für große Fortune-500- und kleinere Unternehmen entwickelt und implementiert. Er begann bei der US-Army in Fort Huachuca, AZ, und beendete seine Armee-Laufbahn schließlich als Network Manager of the Seventh Army Training Command in Grafenwoehr, Deutschland. Derzeit ist Charles Riley angestellt als Network Security Engineer bei Hypervine (www.hypervine.net) in Kansas, wo er für Kunden vorhandene Sicherheitslösungen überwacht und verstärkt sowie neue Sicherheitsarchitekturen und -lösungen implementiert. Er ist Inhaber eines Bachelor Degree der University of Central Florida. Er bedankt sich hiermit herzlich bei seiner Frau René und seiner Tochter für ihre Unterstützung beim Schreiben: Meine Welt ist schöner dadurch, dass Ihr in ihr lebt.

Technischer Redakteur & Mitwirkender

Umer Khan (CCIE #7410, MCSE, SCSA, SCNA, CCA, SCE, CNX) ist Manager of Networking and Security bei der Broadcom Corporation (www.broadcom.com). Seine Abteilung ist zuständig für die Entwicklung und Implementierung von globalen LAN/MAN/WAN-Lösungen mit einer 99,9-prozentigen Verfügbarkeit (geplant und ungeplant) sowie für alle Aspekte auf dem Gebiet der IT-Sicherheit. Neben anderen Technologien bieten Broadcom-Netzwerke Cisco Switching Gear End-to-End-, Dark Fiber-, OC-48 SONET-, DWDM-, 802.11-Wireless-Technologien sowie VPNs verschiedener Hersteller und Voice over IP-(VoIP-)Lösungen. Die IT-Sicherheitsgruppe befasst sich mit Themen wie Richtlinien, Intrusion Detection und zugehörigen Maßnahmen, verstärkter Authentifizierung und Firewalls. Umer Khan hat bereits an mehreren anderen Buchprojekten mitgewirkt, z.B. *Sun Certified System Administrator for Solaris 8 Study Guide* (ISBN: 007-212369-9) und *Sniffer Pro Network Optimization & Troubleshooting Handbook* (Syngress Publishing, ISBN: 1-931836-57-4). Umer Khan ist Inhaber eines Bachelor Degree in Computer Engineering des Illinois Institute of Technology.

Vorwort

Als eine der zuerst eingesetzten Technologien zum Schutze von Netzwerken vor unbefugtem Zugriff ist die Firewall zum Synonym für Netzwerksicherheit geworden. Während eine umfassende Sicherheitsstrategie ein Zusammenspiel von Menschen, Verfahren und Technologien erfordert, um Risiken zu vermindern, gibt es keinen Zweifel, dass Firewalls, wenn sie entsprechend implementiert werden, ein sehr wertvolles Sicherheitswerkzeug sein können. Heutzutage ist die Verwendung von Firewalls zu einer derart üblichen Praxis geworden, dass deren Einsatz in der einen oder anderen Art bei der Planung und beim Aufbau von Netzwerken geradezu selbstverständlich geworden ist. Cisco Systems hat diesen Bedarf erkannt und eine Linie von PIX-Firewalls entwickelt, die stetig verbessert wird, um weiterhin allen Bedürfnissen zu entsprechen. Diese Systeme konnten sich durchsetzen und erreichten eine Marktführungsposition, da sie Funktionalität, Perfomance und Flexibilität optimal kombinieren.

Mit dem Fortschreiten der Technologie haben sich Firewalls immer mehr zu anspruchsvollen, leistungsstarken Systemen entwickelt. In ihrer ursprünglichen Form dient eine Firewall der Durchsetzung einer Sicherheitsrichtlinie, die den sie durchlaufenden Netzwerkverkehr steuert. Diese Basisfunktionalität hat Cisco um viele Features erweitert, darunter Network Address Translation (NAT), Virtual Private Networks (VPN) und redundante Architekturen im Sinne einer Hochverfügbarkeit. Gewöhnlich werden zusammen mit der Firewall Managementsysteme installiert, die hilfreich bei der Überwachung und Administration des Systems sind. Eine Maxime der IT-Sicherheit besagt, dass die Technologie nur so wirkungsvoll ist wie die Person, die für deren Betrieb verantwortlich ist. Es ist von extrem hoher Bedeutung, dass sich das für die Verwaltung der Firewalls zuständige IT-Personal mit der technischen Funktionalität dieser Systeme bestens auskennt, da so eine höhere Sicherheit und ein wirksamerer Betrieb der Ausrüstung gewährleistet wird.

Informationen zu diesem Buch

Dieses Buch möchte Ihnen umfassendes Wissen über die Cisco-PIX-Firewalls vermitteln. Ob Sie in der verantwortungsvollen Position eines Administrators sind oder für eine Zertifizierung wie Cisco Secure PIX Firewall Advanced (CPSFA) lernen, dieses umfangreiche Handbuch wird gleichermaßen von hohem Wert für Sie sein. In den ersten Kapiteln werden die Grundlagen behandelt, während die nachfolgenden Kapitel sich mit fortgeschrittenen Themen befassen. Bei den Autoren von Callisma handelt es sich um Experten der Branche mit umfassenden praktischen Erfahrungen in der Implementierung von PIX- und IOS-Firewalls. Entsprechend enthält dieses Buch viele praktische Beispiele für »Do's und Don'ts«. Wir wünschen uns, dass Sie beim Lesen dieses Buchs genauso viel Freude haben wie wir es beim Schreiben hatten!

Ralph Troupe,

Präsident und CEO, Callisma

Informationen zu Callisma

Das Callisma-Team mit Profis aus den Bereichen Technologie, Service/Betrieb und Projektmanagement hilft führenden Unternehmen bei der Entwicklung und Einrichtung von Netzwerken mit hohem geschäftlichen Nutzen. Wir sorgen durch strategische Unternehmensplanung, Netzwerk-Design und Implementierungsservices dafür, dass unsere Kunden im neuen e-Business-Markt in hohem Maße wettbewerbsfähig bleiben. Callisma bietet seinen Kunden umfassende technische Services, einen flexiblen, ergebnisorientierten Arbeitsstil und Dokumentations- und Kommunikationsfähigkeiten auf höchstem Qualitätsniveau. Callisma zeichnet sich durch ausgereifte und dazu termin- und budgetgerechte Lösungen aus. Zu den Spezialgebieten von Callisma zählen IP-Telefonie, Verbundnetzwerke, Storage, Glasfasernetzwerke, Betriebsmanagement, Sicherheit und Projektmanagement. Der Callisma-Firmensitz befindet sich in Silicon Valley, mit weiteren Zweigstellen überall in den Vereinigten Staaten. Weitere Informationen finden Sie auf der Callisma Website unter www.callisma.com, oder rufen Sie uns unter der folgenden Rufnummer an: 888.805.7075.

Einführung

In einer Zeit, in der sich unsere Gesellschaft so stark auf die elektronische Kommunikation stützt und verlässt, ist der Einsatz wirkungsvoller Maßnahmen für den Datenschutz zwingend geworden. Angesichts des Wertes und der Vertraulichkeit von Informationen/Daten in modernen Netzwerken empfinden CIOs eine Investition in Sicherheit nicht nur als äußerst vorteilhaft, sondern auch als absolut notwendig. Folgerichtig erkennen Unternehmen die Notwendigkeit, Datensicherheitsrichtlinien einzurichten und sie auch durchzusetzen. IT-Profis stehen daher vor einer stetigen Herausforderung ihre Netzwerke abzusichern, indem sie Firewalls installieren und Virtual Private Networks (VPNs) einrichten, mit denen sichere, verschlüsselte Kommunikationskanäle über die öffentliche Infrastruktur des Internet mit ihren zahlreichen Schwachstellen bereitgestellt werden können.

Die branchenführenden Firewall-Systeme der Cisco PIX 500er-Serie (angefangen beim 535er-Modell für den Einsatz in Unternehmen bis hin zum Plug&Play-Modell 501 für SOHO-Umgebungen) bieten höchste Performance und gewährleisten dabei gleichzeitig Verlässlichkeit, Verfügbarkeit und Netzwerksicherheit. Mit ihrer Unterstützung für Standard-IPsec, VPNs, Intrusion-Detection-Funktionen und viele weitere Features zählt die PIX zu einer der führenden Firewalls auf dem Markt.

Das vorliegende Buch ist ein umfassendes Handbuch für Netzwerk- und Sicherheitsspezialisten und deckt die komplette Linie der PIX-Firewall-Produkte ab. Dieses Buch wurde von sehr erfahrenen Autoren geschrieben, die in der Praxis ständig ausgefeilte Sicherheitslösungen unter Einsatz von Cisco-PIX-Firewalls für ihre Kunden entwickeln und implementieren. Dieses Buch beschreibt ausführlich die neuesten und besten Features der PIX-Firewall in der Software-Version 6.2, darunter TurboACLs, Objektgruppierung, NTP, HTTP-Failover-Replikation, PIX Device Manager (PDM) und viele andere Leistungsmerkmale.

Das Buch richtet sich zugleich an IT-Profis, die sich auf das schriftliche Cisco Secure PIX Firewall Advanced-(CSPFA-)Examen oder auf das schriftliche und praktische Cisco Certified Internet Expert-(CCIE-)Security-Examen vorbereiten. Alle Lernziele für das CSPFA-Examen werden durch dieses Buch abgedeckt, doch es bietet auch eine Fülle zusätzlicher Informationen, die für den Leser noch von großem Nutzen sein werden, lange nachdem er das Examen erfolgreich bestanden hat. Der Inhalt dieser Seiten ist für jeden nützlich, der ein umfassendes Verständnis rund um Cisco-PIX-Firewalls erlangen möchte. Dieses Buch wurde so konzipiert, dass es zu Lernzwecken, aber auch als Referenzwerk verwendet werden kann. Der Leser sollte ein grundlegendes Verständnis von Netzwerkkonzepten und der TCP/IP-Protokoll-Suite mitbringen, das etwa einer Cisco Certified Network Associated- (CCNA-)Zertifizierung entspricht. Es folgt eine Übersicht über die Kapitel in diesem Buch:

Kapitel 1, *Sicherheit und Firewalls – Einführung*, ist eine Einführung in allgemeine Sicherheits- und Firewall-Konzepte. Dieses Kapitel bietet Lesern, die sich im Bereich der Datensicherheit noch nicht gut auskennen, eine Beschreibung der wesentlichen Sicherheits- und Firewall-Konzepte, die für das Verständnis der nachfolgenden Kapitel unerlässlich sind. Der erste und wichtigste Schritt in Richtung einer kontrollierten Netzwerksicherheit ist das Einrichten einer Sicherheitsrichtlinie für das Unternehmen. Sie erfahren, wie eine solche Sicherheitsrichtlinie erstellt wird und welche Personen an deren Entwicklungsprozess beteiligt werden sollten. Datensicherheit sollte nicht als Ziel oder Ergebnis betrachtet werden, sondern als ein andauernder Prozess. Diese Aussage wird über das in diesem Kapitel vorgestellte Cisco Security Wheel verdeutlicht und untermauert. Kapitel 1 liefert detaillierte Informationen zu Firewall-Konzepten. Dabei werden die Unterschiede zwischen verschiedenen Firewall-Typen und die Arbeitsweise von Firewalls eingehend beschrieben. Zudem erfolgt ein Einblick in die Firewall-Terminologie. Das Kapitel endet mit einer Vorstellung der möglichen Cisco-Zertifizierungen im Bereich Security und den Anforderungen für die schriftlichen CSS-1- und CCIE-Security-Examen.

Kapitel 2, *PIX-Firewalls – Einführung*, beschäftigt sich mit den Grundlagen zu PIX-Firewalls. Sie finden hier eine Beschreibung der wichtigsten Leistungsmerkmale und ein Musterbeispiel der PIX-Firewall-Konfiguration. Dieses Kapitel stellt das Konzept der Sicherheitsstufen und den Adaptive Security Algorithm (ASA) vor, beides wesentliche Bestandteile für den PIX-Firewall-Betrieb. Die PIX-Firewall bietet eine skalierbare Architektur mit vielen verschiedenen Hardware-Angeboten, um neben Unternehmens- und Service-Provider-Umgebungen auch den SOHO-Bereich zu unterstützen. In diesem Kapitel werden die verschiedenen Hardware-Modelle beschrieben und Sie erhalten eine erste Einführung in die Bedienung des PIX Command Line Interface (CLI, Befehlszeilenschnittstelle). Sie lernen auch erste Befehle zur Aktivierung der PIX-Firewall kennen.

Kapitel 3, *Durchlassen des Datenverkehrs*, baut auf den in Kapitel 2 vorgestellten grundlegenden Konfigurationsinformationen auf. Anhand zahlreicher Beispiele und einer komplexen Fallstudie werden Sie mit den verschiedenen Methoden für das Routing von Inbound- und Outbound-Verkehr durch die PIX-Firewall vertraut gemacht. Die verschiedenen Formen der Adressübersetzung werden detailliert beschrieben. Dieses Kapitel erläutert neben der bevorzugten Methode für das Durchlassen von Verkehr über Access Lists auch ältere Methoden (`conduit`- und `outbound/apply`-Statements).

Kapitel 4, *Fortgeschrittene PIX-Konfiguration*, behandelt verschiedene fortgeschrittene Themen zur PIX-Firewall wie die Konfiguration von komplexen Protokollen, die über mehrere oder dynamische Ports arbeiten. Ein weiteres Thema in diesem Kapitel ist die Fähigkeit der PIX-Firewall, bestimmte Web-Verkehrstypen, Java- und ActiveX-Anwendungen zu blockieren. Es folgen Ausführungen zu Intrusion-Detection-Funktionen der Firewall, DHCP-Client- und Server-Funktionen sowie zum Reverse Path Forwarding (RPF). Das Kapitel endet mit detaillierten Informationen zur Multicast-Konfiguration auf der PIX-Firewall.

Kapitel 5, *Konfiguration von Authentifizierung, Autorisierung und Accounting*, begleitet Sie durch den Prozess der Sicherheitskonfiguration auf Benutzerebene. Nach der Beschreibung der AAA-Konzepte und -Protokolle (RADIUS und TACACS+) wird in diesem Kapitel ausführlich beschrieben, wie die PIX-Firewall als AAA-Client konfiguriert werden kann, um den administrativen Zugriff auf die Firewall selbst und/oder den die Firewall passierenden Verkehr kontrollieren zu können. Sie erhalten Informationen zur Installation und Konfiguration des Cisco-AAA-Servers, dem Cisco Secure Access Control Server für Windows.

Kapitel 6, *Konfiguration des System-Managements*, erläutert die verschiedenen Management- und Wartungspraktiken für die PIX-Firewall. Eine wesentliche Rolle in diesem Zusammenhang kommt der Protokollierung zu, die nicht nur für die Überwachung und das Troubleshooting hilfreiche Dienste leistet, sondern auch Aufschluss über die Systemleistung, potenzielle Netzwerkengpässe und mögliche Sicherheitsverletzungen geben kann. Weitere Aspekte in diesem Kapitel sind die Aktivierung und Anpassung von Protokollierungsfunktionen. Sie lernen zudem, wie Sie die Remote-Administrations-Features der PIX-Firewall optimal nutzen (mit einer Reihe unterschiedlicher In-Band- (SSH, Telnet und HTTP) und Out-of-Band- (SNMP) Management-Protokolle).

Kapitel 7, *Konfiguration von Virtual Private Networks (VPNs)*, untersucht Site-to-Site- und Remote-Access-VPNs, die auf der PIX-Firewall unter Verwendung der Protokolle IPsec, L2TP und PPTP eingerichtet werden können. In diesem Kapitel wird das komplizierte Thema des Virtual Private Networking in verständlichen Portionen aufbereitet. Schritt für Schritt werden Sie anhand von Beispielen in die Konfiguration von Site-to-Site- und Remote-Access-VPNs unter Verwendung von Manuellem IPsec, IPsec mit IKE und Pre-Shared-Keys sowie IPsec mit IKE und digitalen Zertifikaten vertraut gemacht.

Kapitel 8, *Konfiguration des Failover-Features*, beschäftigt sich ausführlich mit der Konfiguration der Hochverfügbarkeit auf der PIX-Firewall. Die PIX bietet ein Feature namens Failover, mit dem eine Backup-Firewall eingerichtet wird, die den Betrieb umgehend übernehmen kann, wenn das primäre System ausfällt. In diesem Kapitel wird nicht nur die Funktionsweise des Failover-Features erläutert, sondern auch, wie es auf der PIX konfiguriert wird. Die verschiedenen Failover-Typen werden vorgestellt, darunter das Standard- und das LAN-basierte Failover, jeweils im Stateless- oder Stateful-Modus.

Kapitel 9, *PIX Device Manager,* untersucht die Administrationsfunktionen, welche die grafische Benutzeroberfläche der PIX-Firewall bietet. Während sich das restliche Buch hauptsächlich auf die Verwendung der Befehlszeilenschnittstelle (CLI) konzentriert, will dieses Kapitel Ihnen zeigen, wie viele der im Buch vorgestellten Funktionen auch über die GUI des PIX Device Managers ausgeführt werden können. In diesem Kapitel erfahren Sie, wie Sie PDM zur Installation, Konfiguration und Verwaltung der Cisco-PIX-Firewall verwenden können.

Kapitel 10, *Troubleshooting und Leistungsüberwachung,* bietet noch einmal einen Überblick über die in dem Buch vorgestellten Konzepte zur vorbeugenden Wartung und zum Troubleshooting der PIX-Firewall. Als Grundlage für die Organisation dieses Kapitels dient das OSI-Modell. Themen dieses Kapitels sind Hardware, Schicht-2-Connectivity, Adressübersetzung, IPsec und Verkehrs-Captures. Die Performance und Funktionsfähigkeit der Firewall muss vorbeugend überwacht werden. Dieses Kapitel stellt die Praktiken vor, mit denen Sie sicherstellen können, dass die PIX-Firewall genau so funktioniert, wie Sie es geplant haben.

Wir hoffen, dass die Leser dieses Buchs zu Experten auf dem Gebiet der Installation, Konfiguration, Verwaltung und Fehlerbehebung von PIX-Firewalls heranreifen und die nötigen Kenntnisse und Fertigkeiten zum Bestehen des CSPFA-Examens erhalten. Wir wünschen uns zudem, dass sich dieses Buch als wertvolles und umfassendes Referenzwerk erweist und ein wichtiger Bestandteil in Ihrer Sammlung von Ressourcen wird, die Sie zur Verwaltung und Aufrechterhaltung Ihrer Sicherheitsinfrastruktur nutzen. Gleichgültig ob Sie dieses Buch dazu nutzen, Ihre CSS-1- oder CCIE-Zertifizierung zu erlangen oder Ihr Wissen und Verständnis rund um die Cisco-PIX-Firewall zu erweitern, sind wir sicher, dass das auf diesen Seiten präsentierte Material von hohem Nutzen für Sie sein wird.

Umer Khan, CCIE #7410, MCSE, SCSA, SCNA, CCA, SCE, CNX

Kapitel 1

Sicherheit und Firewalls – Einführung

Lösungen in diesem Kapitel:

- Die Bedeutung der Sicherheit
- Einrichten einer Sicherheitsrichtlinie
- Das Cisco Security Wheel
- Firewall-Konzepte
- Cisco-Sicherheitszertifizierungen

1.1 Einführung

In einer Zeit, in der sich unsere Gesellschaft verstärkt auf elektronische Kommunikationsmöglichkeiten stützt, wird das Bedürfnis nach Datensicherheit immer stärker. Angesichts des Wertes und der Vertraulichkeit von Informationen/Daten in modernen Netzwerken empfinden CIOs eine Investition in Sicherheit als ungemein vorteilhaft. Wird die Sicherheit vernachlässigt, drohen einem Unternehmen neben Diebstahl oder Änderungen seiner Daten auch rechtliche Verwicklungen und andere Probleme, die zu finanziellen Verlusten führen. Folgerichtig erkennen Unternehmen die Notwendigkeit, eine Datensicherheitsrichtlinie einzurichten und durchzusetzen.

In diesem Kapitel erfahren Sie, weshalb die Datensicherheit notwendig ist. Darüber hinaus erörtern wir, wie und weshalb Sicherheitsrichtlinien erstellt werden und wie Sicherheit als ein Prozess behandelt werden muss. Wir betrachten Firewalls im Allgemeinen, untersuchen die verschiedenen, auf dem Markt verfügbaren Firewall-Typen und erläutern die grundlegenden Konzepte der Funktionsweise von Firewalls. Schließlich befassen wir uns mit den beiden wichtigsten Sicherheitszertifizierungen, die Cisco anbietet: Cisco Security Specialist 1 (CSS-1) und Cisco Certified Internet Expert (CCIE) Security.

1.2 Die Bedeutung der Sicherheit

Im Laufe der letzten Jahre fingen viele Unternehmen an zu begreifen, dass ihre wertvollsten Besitztümer nicht nur ihre Gebäude oder Fabriken sind, sondern auch das geistige Eigentum und andere Daten und Informationen, die sowohl intern als auch extern zu Lieferanten und Kunden flossen. Unternehmensleiter, die Risiken bei ihren Geschäftsaktivitäten gewohnt sind, fragten sich, was geschehen würde, wenn ihre Kerngeschäftsdaten in die falschen Hände, möglicherweise in die eines Mitbewerbers fielen. Eine Zeit lang war dieses Risiko nicht sehr groß, bedingt durch die Art, wie diese Informationen gespeichert wurden. *Geschlossene Systeme* war das entscheidende Wort. Der Großteil der Kerngeschäftsdaten wurde auf Servern gespeichert. Auf diese wurde über Terminals oder Terminalemulationen zugegriffen. Zu anderen Systemen bestanden so gut wie keine Verbindungen. Sämtliche Verbindungen untereinander liefen in der Regel über private Mietleitungen zu wenigen, ausgewählten Standorten, entweder innerhalb des Unternehmens oder zu einem vertrauten Geschäftspartner.

Innerhalb der letzten fünf bis sieben Jahre hat das Internet die Art, wie Geschäfte betrieben werden, erheblich verändert. Gleichzeitig gab es einen enormen Anstieg an Verbindungen zwischen Unternehmen, Systemen und Netzwerken. Komplette Unternehmensnetzwerke verfügen über einen Zugang zum Internet, häufig von mehreren Punkten aus. Durch dieses starke Wachstum sind Risiken für sensible Daten und unternehmenskritische Systeme entstanden, die es zuvor in dieser Form nicht gab. Die Bedeutung der Datensicherheit im Geschäftsumfeld wurde genauso unterbewertet wie der Bedarf nach ausgebildeten und in diesen Fachgebieten versierten Praktikern.

1.2.1 Was ist unter Datensicherheit zu verstehen?

Die traditionelle Vorstellung von Sicherheit ruft in uns Bilder hervor von Menschen, die unter Umständen mit Waffen materielle Werte wie Geldspeicher oder ein Forschungslabor überwachen und beschützen. Diese Leute sitzen an einem Schreibtisch und überwachen das fragliche Anwesen über Kameras, die überall installiert sind. Gewöhnlich haben diese Aufseher nur eine minimale Ausbildung und verstehen nicht sehr viel von dem, was sie dort überwachen bzw. weshalb dies von Bedeutung ist. Dennoch führen sie ihren Job nach festgelegten Routinen aus, wie z.B. in regelmäßigen Abständen durch das Gebäude zu laufen und nach verdächtigen Aktivitäten oder nach Leuten, die nicht dorthin gehören, Ausschau zu halten.

Die Datensicherheit versetzt dieses Modell in einen immateriellen Bereich. Grundsätzlich gilt für die Datensicherheit die Maxime, dass sichergestellt werden muss, dass nur berechtigte Personen (und Systeme) Zugriff auf die Daten haben. Datensicherheitsexperten haben mitunter verschiedene Ansichten zur Rolle und Definition von Datensicherheit. Eine dieser Definitionen durch Simson Garfinkel und Gene Spafford lautet, »Ein Computer ist sicher, wenn Sie sich darauf verlassen können, dass er und die installierte Software sich wie erwartet verhalten.« Diese Definition impliziert in der Tat eine Reihe von Aspekten. Wenn die auf Ihrem Computersystem gespeicherten Daten nicht mehr auffindbar sind oder Sie feststellen, dass die Daten durch Unbefugte geändert wurden, können Sie sich nicht länger auf die Daten als Basis für Ihre geschäftlichen Entscheidungen verlassen. Wie verhält es sich mit externen Angriffen wie z. B. dem Abhören eines Netzwerksegments und dem Stehlen von Informationen wie Kennwörtern? Die erwähnte Definition deckt dieses Szenario nicht ab, da sich an dem betroffenen Computer nichts geändert hat. Sein Betrieb ist normal und er funktioniert wie erwartet. Das Mantra von Sun Microsystems »Das Netzwerk ist der Computer« ist wahr. Computerarbeit beschränkt sich nicht mehr lediglich auf das Geschehen auf einem Mainframe, einem Minicomputer oder einem Server; sie schließt gleichermaßen das Netzwerk mit ein, das die Systeme verbindet.

Die drei primären Bereiche, die für die Datensicherheit von Belang sind, wurden traditionell wie folgt definiert:

- **Vertraulichkeit** – Gewährleisten, dass nur befugte Parteien Zugriff auf die Daten erhalten. Die Verschlüsselung wird häufig als Werkzeug eingesetzt, um Vertraulichkeit zu erzielen. Authentifizierung und Autorisierung sind ebenfalls zwei Aspekte, die der Vertraulichkeit dienen. In der folgenden Diskussion werden diese beiden Aspekte separat erörtert.
- **Integrität** – Gewährleisten, dass die Daten nicht durch unbefugte Parteien geändert werden (oder auch durch befugte Personen unsachgemäß verändert werden!) und dass sie verlässlich sind. Prüfsummen und Hash-Algorithmen werden zur Validierung der Datenintegrität verwendet. Dies gilt auch für Transaktionsprotokollierungssysteme.
- **Verfügbarkeit** – Gewährleisten, dass die Daten bei Bedarf zur Verfügung stehen. Zusätzlich zu einfachen Datensicherungen bedeutet Verfügbarkeit, dass im Falle eines Denial-of-Service-Angriffs (DoS) weiterhin auf das System zugegriffen werden kann. Verfügbarkeit bedeutet auch, dass kritische Daten vor Löschaktionen geschützt werden sollten – es sollte beispielsweise verhindert werden, dass Daten auf der externen Website Ihres Unternehmens gelöscht werden können.

Häufig einfach durch das Akronym *CIA* (**C**onfidentiality, **I**ntegrity, **A**vailability; Vertraulichkeit, Integrität und Verfügbarkeit) bezeichnet, dienen diese drei Bereiche gut als Sicherheitsgrundlage. Um jedoch die Rolle der Datensicherheit in ihrer ganzen Bedeutung zu erfassen, müssen wir dieser Liste noch einige weitere Bereiche hinzufügen, die von Belang sind. Einige Praktiker im Bereich Sicherheit sehen die folgenden Aspekte innerhalb der drei beschriebenen Bereiche. Doch wenn wir die Dinge detaillierter betrachten, können wir die Herausforderungen, denen wir uns stellen müssen, besser bewerten.

- **Authentifizierung** – Gewährleisten, dass es sich bei Benutzern tatsächlich um die Personen handelt, die sie vorgeben zu sein. Die bewährte Methode zur Authentifizierung von Benutzern sind natürlich Kennwörter, doch es werden auch andere Methoden genutzt. Dazu zählen beispielsweise verschlüsselte Token und biometrische Verfahren.
- **Autorisierung/Zugriffskontrolle** – Gewährleisten, dass ein Benutzer nach der Authentifizierung lediglich Zugriff auf Daten erhält, für die er explizit durch

den Eigentümer dieser Daten eine Berechtigung erhalten hat. Dies kann auf Betriebssystemebene durch die Dateisystemzugriffskontrolle oder auf Netzwerkebene durch die Zugriffskontrolle auf Routern oder Firewalls bewerkstelligt werden.

- **Überwachungsfähigkeit** – Gewährleisten, dass Aktivitäten und Transaktionen auf einem System überwacht und protokolliert werden können, um die Verfügbarkeit des Systems aufrechtzuerhalten und unbefugte Nutzung zu entdecken. Dieser Prozess kann verschiedene Formen annehmen: Protokollierung durch das Betriebssystem, Protokollierung durch ein Netzwerkgerät wie einen Router oder eine Firewall oder Protokollierung durch ein Intrusion Detection System (IDS) oder ein Packet-Capture-System.
- **Nicht-Ableugnung** – Gewährleisten, dass eine Person, die eine Transaktion initiiert, derart authentifiziert wurde, dass sie dies nicht ableugnen kann. Zu diesem Zweck wird häufig die Public-Key-Verschlüsselung eingesetzt.

Sie können Ihre Daten als sicher bezeichnen, wenn diese sieben Bereiche angemessen berücksichtigt wurden. Die Definition des Begriffs *angemessen* hängt jedoch davon ab, wie groß das Risiko in den einzelnen Bereichen ist. Hinsichtlich einiger Aspekte besteht möglicherweise in einer bestimmten Umgebung ein höheres Risiko als in anderen.

1.2.2 Die frühen Tage der Datensicherheit

Wenn wir mit unserer Zeitmaschine zurück in die 80er reisten, würden wir eine Welt der Datensicherheit vorfinden, die sich erheblich von der heutigen unterscheidet. Die »wichtige« Datenverarbeitung von Unternehmen wurde auf großen, kostspieligen Systemen ausgeführt, die stark kontrolliert wurden und in eisigen Räumen standen mit geringem menschlichen Zugriff. Benutzer erledigten ihre Arbeit entweder über Terminals, die an diese großen Computer angeschlossen waren, oder über große IBM-Metall-PCs auf ihren Schreibtischen. Diese Terminals schränkten die Benutzer ziemlich ein, so dass diese nur das tun konnten, was ihnen die Anwendungs- und Systemprogrammierer über Menüs und vielleicht über eine Hand voll Befehle zur Ausführung von bestimmten Jobs gestatteten. Die Zugriffskontrolle war unkompliziert und betraf einige wenige Anwendungen und deren Daten, und genau betrachtet besaßen nicht viele Benutzer außer den Operatoren innerhalb des Rechenzentrums das Wissen, wie ein System über eine Befehlszeile zu steuern war. Soweit es die PCs anging, vertrat die Geschäftsleitung die Ansicht, dass nichts tatsächlich Wichtiges mit den Lotus-1-2-3-Tabellen der Benutzer geschehe, so dass diese kein Sicherheitsproblem darstellten.

Der Einsatz von Netzwerken war noch nicht sehr verbreitet. Lokale Unternehmensnetzwerke (LANs) waren so gut wie nicht vorhanden. Technologien wie X.25 und teure Standleitungen mit den damalig wahnsinnigen Geschwindigkeiten von 56 kbps waren an der Tagesordnung. WAN-Verbindungen wurden von größeren

Unternehmen verwendet, um Daten zwischen Büros und mitunter zu anderen zugehörigen Stellen zu transportieren. Da Netzwerke aus einer Reihe von privaten Punkt-zu-Punkt-Verbindungen bestanden, war das Risiko, dass ein Eindringling Zugriff auf interne Systeme erlangen konnte, gering.

1.2.3 Unsicherheit und das Internet

Der Zusammenschluss von Netzwerken, der zum Internet wurde, bestand in den 80ern aus einer relativ kleinen Benutzergemeinde, hauptsächlich aus dem akademischen und dem Forschungsbereich. Da es ziemlich schwierig war, Zugang zu solchen Systemen zu bekommen, und die Benutzergemeinschaften ziemlich eng miteinander verwoben waren, spielten Sicherheitsbedenken in dieser Umgebung keine große Rolle. Hauptanliegen beim Verbinden dieser verschiedenen Netzwerke war die gemeinsame Nutzung von Informationen – nicht das Wegschließen. Technologien wie das Betriebssystem UNIX und die Netzwerkprotokolle Transmission Control Protocol/Internet Protocol (TCP/IP), die für diese Umgebung entwickelt wurden, reflektierten dieses fehlende Sicherheitsproblembewusstsein. Sicherheitsmaßnahmen wurden schlicht als nicht erforderlich betrachtet.

In den frühen 90ern begann jedoch ein wachsendes kommerzielles Interesse am Internet. Im Zusammenhang mit diesen kommerziellen Interessen entstanden recht unterschiedliche Sichtweisen in Hinblick auf die Sicherheit – häufig standen diese im Widerspruch zu denen der akademischen Kreise. Kommerzielle Daten hatten einen bestimmten Wert. Der Zugriff auf diese Daten musste auf speziell autorisierte Personen beschränkt werden. UNIX, TCP/IP und Verbindungen zum Internet wurden zu einladenden Straßen für Angriffe und boten gleichzeitig wenig Spielraum für die Implementierung und Förderung von Vertraulichkeit, Integrität und Verfügbarkeit. Als die kommerzielle Bedeutung des Internet mehr und mehr zunahm und zahlreiche Unternehmen eine Verbindung aufnahmen, ja sogar komplette Geschäftsmodelle rund um das Internet aufbauten, wurde das Bedürfnis nach höherer Sicherheit immer dringlicher. Mit dem Internet verbundene Unternehmen sahen sich nun Bedrohungen gegenüber, die sie noch nie zuvor mit ins Kalkül ziehen mussten.

1.2.4 Die Bedrohung wächst

Als die EDV-Umgebung von Unternehmen ein geschlossenes System mit beschränkten Zugriffsmöglichkeiten war, rührten die Bedrohungen hauptsächlich vom Unternehmen selbst bzw. seinen Mitarbeitern her. Diese *internen Bedrohungen* kamen von unzufriedenen Mitarbeitern mit privilegierten Zugriffsrechten, die großen Schaden anrichten konnten. Angriffe von außerhalb waren kaum ein Problem, da gewöhnlich wenn überhaupt nur wenige private Verbindungen zu vertrauenswürdigen Standorten vorhanden waren. Die Anzahl potenzieller Angreifer war gering, da die Kombination aus notwendigen Fähigkeiten und bösartiger Absicht nicht sehr verbreitet war.

Mit dem Wachsen des Internet wuchsen auch die *externen Bedrohungen*. Nun gibt es im Internet Millionen von Hosts als potenzielle Angriffsziele, die für die mittlerweile große Anzahl an Angreifern eine große Verlockung darstellen. Über die Jahre hinweg ist diese Gruppe potenzieller Angreifer größer und auch fähiger geworden, da sich die Anhänger die Informationen, wie in Systeme eingebrochen werden kann, gegenseitig zuspielen. Zum Teil ist die Triebfeder dabei bloßer Spaß, zum Teil aber auch Profitgier. Auch die räumliche Entfernung stellt kein Hindernis mehr dar. Ein Angriff kann von einem Ort, der Tausende Kilometer von Ihrem Standort entfernt ist, genauso problemlos gestartet werden wie ein Angriff aus der gleichen Stadt.

Bedrohungen können als strukturiert oder unstrukturiert klassifiziert werden. *Unstrukturierte Bedrohungen* kommen von Personen mit geringen Fähigkeiten und wenig Ausdauer. Gewöhnlich stecken so genannte *Skript-Kiddies* dahinter – Angreifer mit geringen oder keinen Programmierkenntnissen und sehr dürftigem Systemwissen. Skript-Kiddies führen in der Regel Angriffe durch, um in ihren Gruppen, die häufig nur durch einen Internet Relay Chat (IRC)-Kanal verbunden sind, Anerkennung zu erheischen. Sie besorgen sich Angriffswerkzeuge, die von Dritten mit höheren Fertigkeiten entwickelt wurden, und nutzen diese, häufig aufs Geratewohl, um die Verwundbarkeit ihres Ziels auszunutzen. Sollte ihr Angriff misslingen, suchen sie sich ein neues Ziel, um es dort zu probieren. Zusätzliche Risiken entstehen durch den Umstand, dass sie diese Tools häufig ohne ein entsprechendes Wissen um die Zielumgebung verwenden, so dass solche Angriffe unbeabsichtigte Folgen haben können. Unstrukturierte Bedrohungen können trotz des mangelnden Wissens des Angreifers erhebliche Schäden oder Störungen verursachen. Solche Angriffe lassen sich gewöhnlich mit modernen Sicherheitswerkzeugen entdecken.

Strukturierte Angriffe sind weitaus kritischer, da sie von Hackern mit beachtlichen Fähigkeiten ausgeführt werden. Wenn das vorhandene Werkzeug nicht den gewünschten Zweck erfüllt, wird es entweder entsprechend modifiziert oder der Hacker schreibt ein eigenes. Sie sind in der Lage, neue Schwachpunkte in Systemen zu entdecken, indem sie komplexe Aktionen ausführen, gegen die Systementwickler keinen Schutz vorgesehen haben. Strukturierte Angreifer nutzen häufig so genannte Zero-Day-Exploits; dabei werden die Schwachpunkte des Ziels ausgenutzt, für die der Hersteller noch kein Patch herausgegeben hat oder die ihm noch gar nicht bekannt sind. Hinter strukturierten Angriffen stehen meist stärkere Motive als einfacher Unfug. Zu den möglichen Motiven oder Zielen zählen das Stehlen von Quellcode, von Kreditkartennummern zum Weiterverkauf oder Betrug oder die Vernichtung oder Schädigung eines Mitbewerbers. Ein strukturierter Angriff ist unter Umständen mit traditionellen Methoden wie Firewalls abzuwehren oder durch ein IDS zu erkennen. Es können sogar Methoden jenseits des Computers, wie z.B. Social Engineering, eingesetzt werden.

> **Hinweis**
>
> *Social Engineering,* das auch als *People Hacking* bezeichnet wird, ist eine Methode, mit der Leute ausgetrickst werden, um an bestimmte Sicherheitsinformationen zu gelangen. Das klassische Beispiel ist ein Anruf bei einem Benutzer, bei dem der Anrufer vorgibt, ein Systemadministrator zu sein. Der Hacker bittet den Anwender um die Angabe seines Kennwortes, weil er angeblich einige wichtige Wartungsaufgaben durchführen muss. Wenn Sie Angriffe durch Social Engineering vermeiden möchten, erziehen Sie sich Ihre Benutzergemeinde so, dass sich jeder stets die Identität eines Anrufers bestätigen lässt und dass Kennwörter niemals irgendeiner Person per E-Mail, Instant Messaging oder Telefon übergeben werden.

1.2.5 Angriffe

Mit dem Wachstum des Internet konzentrierten sich die Sicherheitsmaßnahmen vieler Unternehmen auf die Abwehr von externen Angreifern (damit ist jede Person aus einem externen Netzwerk gemeint), die keine Berechtigung für den Zugriff auf ihr System haben. Zu diesen Sicherheitsmaßnahmen zählten hauptsächlich Firewalls. Es wurde Geld für den Aufbau einer starken vorgelagerten Abwehr ausgegeben. Das Ergebnis war etwas, das Bill Cheswick von den Bell Labs Jahre später mit dem berühmten Satz »a crunchy shell around a soft, chewy center« (etwa eine knusprige Schale um einen weichen, nachgiebigen Kern) beschrieb. Jeder Angreifer, der durch die vorgelagerte Abwehr hindurch (oder darum herum) kam, hatte dann ein relativ einfaches Spiel, um interne Systeme zu gefährden. Diese Situation entspricht dem Vorgehen, bei dem die Feinde per Fallschirm in den Hof des Schlosses gelangen statt die Wände zu durchbrechen (diese Technik ist zwar schon ein paar Jahrhunderte alt, doch das Beispiel sollte den Sachverhalt verdeutlichen!). Eine vorgelagerte Abwehr ist immer noch von großer Bedeutung, wenn man die angestiegenen Gefahren von außerhalb des Netzwerks betrachtet. Dennoch ist es einfach nicht mehr angemessen.

Verschiedene Studien und Untersuchungen zum Thema Datensicherheit brachten zu Tage, dass ein Großteil der Angriffe tatsächlich aus dem Inneren des Unternehmens kommt. Zu den internen Gefahren gehören u.a. Situationen, in denen befugte Anwender versuchen, ihre vorhandenen Berechtigungen auszuweiten oder Einsicht an Stellen zu erhalten, die ihnen eigentlich vorenthalten sind. Eine interne Person ist potenziell als gefährlicher einzustufen als eine externe Person, da bereits eine Zugriffsebene – auf Geräte und Systeme – für den Internen besteht, die der Externe nicht besitzt. In vielen Unternehmen fehlen interne Präventivkontrollen und andere Gegenmaßnahmen, um diese Gefahren angemessen abwehren zu können. In Netzwerken stehen die Tore buchstäblich weit offen, Server können in ungesicherten Bereichen aufgestellt sein, System-Patches sind möglicherweise nicht auf dem neuesten Stand und gegebenenfalls werden die Sicherheitsprotokolle nicht von den verantwortlichen Systemadministratoren überprüft.

Die größte Gefahr entsteht jedoch, wenn ein Interner gemeinsame Sache mit einem strukturierten externen Angreifer macht. Die Fähigkeiten des Externen kombiniert mit den Zugriffsmöglichkeiten des Internen können zu Schäden oder Verlusten führen, die das Unternehmen in seiner Substanz treffen.

Angriffe lassen sich in drei Hauptkategorien fassen:

- **Reconnaissance-Angriffe** – Hacker versuchen Systeme zu erforschen, um Informationen zu sammeln. In den meisten Fällen dienen diese Angriffe zum Sammeln von Informationen, um Zugriffsmöglichkeiten zu schaffen oder einen DoS-Angriff vorzubereiten. Ein typischer Reconnaissance-Angriff besteht beispielsweise darin, dass ein Hacker Ping-Befehle an verschiedene IP-Adressen absetzt, um erkennen zu können, welche Adressen in einem Netzwerk ansprechbar sind. Dann könnte der Hacker einen Port-Scan der entsprechenden Systeme durchführen um zu erfahren, welche Anwendungen ausgeführt werden und auch, um das auf dem Zielsystem verwendete Betriebssystem und dessen Version zu bestimmen.
- **Zugriffsangriffe** – Ein Zugriffsangriff liegt dann vor, wenn ein Eindringling versucht, unbefugten Zugriff auf ein System zu erlangen, um Informationen abzugreifen. Mitunter muss der Angreifer ein Kennwort cracken oder eine Schwachstelle ausnutzen, um Zugriff auf ein System zu erhalten. In anderen Fällen besitzt der Angreifer bereits eine Zugriffsmöglichkeit auf das System, muss aber seine Zugriffsberechtigungen weiter ausbauen.
- **DoS-Angriffe** – Hacker verwenden DoS-Angriffe, um den Zugriff auf Systeme oder Dienste zu verhindern oder zu korrumpieren. Erklärtes Ziel bei dieser Art von Angriff ist es, den befugten oder gültigen Benutzerzugriff auf diese Ressourcen unmöglich zu machen. Bei DoS-Angriffen wird in der Regel ein Skript oder ein Tool ausgeführt. Dabei benötigt der Angreifer keinen Zugriff auf ein Zielsystem, sondern nur eine Methode, um es zu erreichen. Bei einem verteilten DoS-Angriff (DDoS; Distributed Denial of Service) werden für den Angriff viele Computer genutzt, die gewöhnlich räumlich weit auseinander liegen.

1.3 Einrichtung einer Sicherheitsrichtlinie

Ein effektives Datensicherheitsprogramm erfordert eine umfassende Sicherheitsrichtlinie, die eine feste Grundlage für alle Aktivitäten im Zusammenhang mit dem Schutz von Informationsgütern bietet. Beim Einrichten ihrer Richtlinien nutzen Unternehmen einen von zwei grundlegenden Ansätzen: Das, was nicht ausdrücklich verboten ist, ist erlaubt oder das, was nicht explizit erlaubt ist, ist verboten. Der gewählte Ansatz spiegelt gewöhnlich die in einem Unternehmen herrschende Kultur wider.

Entwerfen & Planen ...

Entwickeln einer umfassenden Sicherheitsrichtlinie

Eine vernünftige Sicherheitsrichtlinie berücksichtigt folgende Bereiche:

- Definiert Rollen und Verantwortlichkeiten
- Gibt einen Rahmen für die Verwendung (Acceptable Use) der EDV-Ressourcen eines Unternehmens vor
- Dient als Grundlage für detailliertere Vorgehensweisen, Verfahren und Standards
- Definiert Klassifikationen für die Datensensibilität
- Hilft Sicherheitszwischenfälle zu verhindern, indem die Erwartungen der Geschäftsleitung zum Schutz der Daten formuliert werden
- Bietet einen Leitfaden für das Vorgehen bei Sicherheitszwischenfällen
- Zeigt die Konsequenzen bei Nichtbeachtung der Richtlinien auf

Abbildung 1.1 zeigt ein hierarchisches Sicherheitsmodell. Die einzelnen Schichten bauen jeweils auf der unter ihnen liegenden auf, wobei Sicherheitsrichtlinien als Grundlage dienen. Wenn Unternehmen Sicherheitswerkzeuge ohne eine Definition vernünftiger Richtlinien und einer entsprechenden Architektur implementieren, sind Probleme vorprogrammiert.

Schicht 5 — Revidieren, Überwachen und Untersuchen

Schicht 4 — Technologien und Produkte

Schicht 3 — Bewusstsein und Training

Schicht 2 — Architektur und Prozesse

Schicht 1 — Richtlinien und Standards

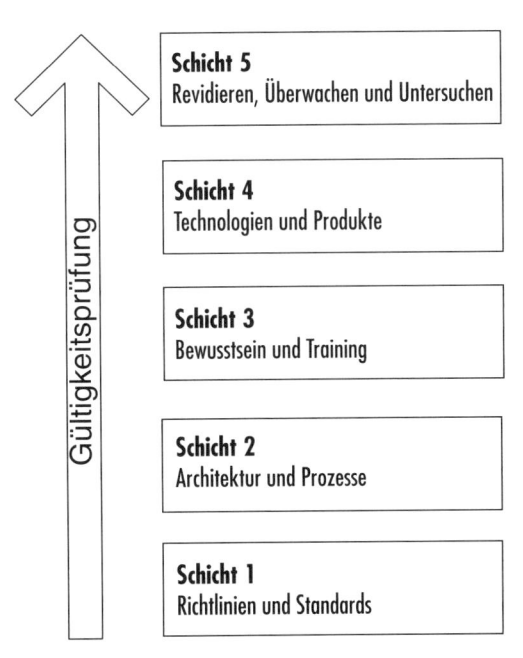

(Gültigkeitsprüfung)

Abb. 1.1: Sicherheitshierarchie

Die Erstellung einer Sicherheitsrichtlinie wird von verschiedenen Aspekten beeinflusst: von dem Vertrauen, das die Geschäftsleitung in die Mitarbeiter des Unternehmens setzt, den tatsächlich ablaufenden Prozessen und der eingesetzten Technologie. Viele Unternehmen scheuen sich, ihre Richtlinien zu formulieren und durchzusetzen, da sie befürchten, dass dadurch ihre vertrauensvolle und familiäre Kultur Schaden nehmen könnte. Wenn es jedoch zu einem Sicherheitszwischenfall kommt, müssen diese Unternehmen feststellen, dass wenige oder keine Leitsätze für das Vorgehen vorhanden sind oder dass sie über keine rechtlichen Grundlagen verfügen, um einen für den Zwischenfall verantwortlichen Mitarbeiter strafrechtlich zu verfolgen oder ihm auch nur zu kündigen. Andere folgen einem Befehls- und Kontrollmodell und empfinden, dass die Definition von Richtlinien sehr gut in die Unternehmenskultur passt. Diese Unternehmen könnten sich jedoch in eine Situation manövrieren, in der sie viel Geld in Kontrollmechanismen investieren, die das Risiko nur wenig verringern und gleichzeitig eine unterdrückende Atmosphäre entstehen lassen, die sich wiederum negativ auf die Produktivität auswirkt. Für die meisten Unternehmen eignet sich ein Ansatz, der in der Mitte liegt und der Maxime »Vertraue, aber überprüfe« folgt.

Die Entwicklung einer Richtlinie kann möglicherweise ein schwieriger Prozess werden. Die betroffenen Personen haben unterschiedliche Vorstellungen von dem, was Richtlinien bewirken sollen und weshalb sie erforderlich sind. In diesem Prozess sollte danach gestrebt werden, einen Kompromiss zu erzielen, der die verschiedenen Interessenvertreter zufrieden stellt:

- Geschäftsleitung
- Interne Controller
- Personalabteilung
- IT-Mitarbeiter
- Sicherheitspersonal
- Rechtsabteilung
- Mitarbeitergruppen

Wie Sie sehen, müssen von jeder der einzelnen Interessengruppen einige Vertreter einbezogen werden, um eine erfolgreiche Richtlinie zu erstellen. Besonders wichtig ist die umfassende Unterstützung durch die Geschäftsleitung. Ohne sie wird eine Sicherheitsrichtlinie nur zu einem weiteren Handbuch, das im Regal verstaubt. Für die Mitarbeiter muss deutlich sichtbar sein, dass die Geschäftsleitung hinter dieser Richtlinie steht – Führen durch Vorbildfunktion.

Nachdem ein repräsentatives Team für die Entwicklung der Richtlinie zusammengestellt ist, sollten die Mitglieder als ersten Prozess eine Risikobeurteilung durchführen. Das Ergebnis dieser Bemühung ist ein Dokument, in dem definiert wird, mit welchem Ansatz das Unternehmen den Risiken gegenübertritt und wie diese vermindert werden können. Zudem werden die zu schützenden Objekte mit einer Einschätzung ihres Wertes benannt. Die Richtlinie sollte darüber hinaus grob die potenziellen Gefahren für das Unternehmen definieren. Diese Information dient als Richtlinie für das Ausmaß der erforderlichen Anstrengungen und Kosten bei der Bewältigung dieser Gefahren und als Richtlinie dafür, welche Risiken für das Unternehmen tragbar sind.

Im nächsten Schritt wird eine Analyse der geschäftlichen Erfordernisse durchgeführt, die sowohl die Informationsflüsse innerhalb des Unternehmens als auch jene, die nach außen bzw. nach innen gehen, definieren. Bei jedem dieser Informationsflüsse sollte ein geschäftliches Ziel festgelegt werden; dieses wird dann mit der Größe des Risikos abgewogen, um zu entscheiden, ob es zulässig, nur zulässig mit zusätzlichen Kontrollen sein oder eingeschränkt werden soll.

Eine stimmige Richtlinie hat folgende Eigenschaften:

- Sie legt ihren Zweck dar und gibt an, was und wer betroffen ist.
- Sie ist realistisch und problemlos zu implementieren.
- Sie sollte langfristig angelegt sein – d.h., sie sollte keine Spezifikationen enthalten, die sich häufig ändern.
- Sie ist deutlich und prägnant.
- Sie ist auf dem aktuellen Stand, mit Vorkehrungen für eine Überprüfung in regelmäßigen Abständen.
- Sie wird an alle betroffenen Parteien angemessen kommuniziert – darin eingeschlossen ist eine regelmäßige Schulung, die das Problembewusstsein trainiert.
- Sie hält die Waage zwischen der Sicherheit der Objekte und der einfachen Nutzbarkeit.

Die wichtigste Komponente einer Sicherheitsrichtlinie ist wahrscheinlich die Vorgabe eines annehmbaren Rahmens für die Verwendung (Accetable Use). Sie beschreibt, wie Systeme verwendet werden sollen, den Umgang mit Benutzerkennwörtern, was Benutzer dürfen und nicht dürfen, die Verantwortung der Anwender im Zusammenhang mit der Aufrechterhaltung der Sicherheit und disziplinarische Maßnahmen, falls Benutzer bei unzulässigen Aktionen ertappt werden. Es ist von großer Bedeutung, dass alle Anwender diese Richtlinie unterschreiben, um damit zu bestätigen, dass sie den Inhalt gelesen und verstanden haben. Idealerweise sollten Anwender diese Richtlinie in Abständen von einem Jahr erneut lesen. Durch diese Praxis wird unterstrichen, dass Sicherheit von hoher Bedeutung ist.

Schließlich wird von der Sicherheitsrichtlinie eines Unternehmens auch die Entwicklung einer Richtlinie für die vorgelagerte Sicherheit (darunter auch Firewalls) abgeleitet. Dieses Thema wird in einem späteren Abschnitt behandelt.

Hinweis

Beispiele von Sicherheitsrichtlinien, darunter auch ein Muster für eine Acceptable-Use-Richtlinie, finden Sie auf der Seite *SANS Security Policy Resource* unter der Adresse www.sans.org/newlook/resources/policies/.

1.4 Das Cisco Security Wheel

Erfahrene Sicherheitsprofis behaupten häufig, dass Datensicherheit kein Ziel oder Resultat, sondern ein Prozess ist. Diese Wahrheit bezieht sich auf die Tatsache, dass Sie Ihr Netzwerk niemals so absichern können, dass die Arbeit an der Sicherheit Ihres Netzwerks als abgeschlossen gelten könnte. Die Datensicherheit ist ein dynamisches Feld, das fortwährend Herausforderungen in Form von neuen Technologien, neuen Gefahren und neuen Geschäftsvorgängen stellt. Wenn Sie die Aufgabe hätten, einen sicheren Zielstatus einzurichten und diesen dann tatsächlich erreichten, würden Sie feststellen, dass sich die Gegebenheiten verändert haben und sie weitere Maßnahmen ergreifen müssen. Ein Beispiel für solch eine Veränderung ist die ständige Aufdeckung von Schwachstellen in vorhandener Software, für die Patches erforderlich werden. Obwohl dieser Prozess möglicherweise entmutigend und häufig frustrierend erscheint, ist es genau dieser Aspekt, der das bleibende Interesse vieler Sicherheitspraktiker an dieser Materie und die Begeisterung, in einem Umfeld ständiger Erneuerung und Verbesserung zu arbeiten, erklärt. Cisco hat ein Modell namens Cisco Security Wheel entwickelt, das diesen Prozess grafisch darstellt (siehe Abbildung 1.2).

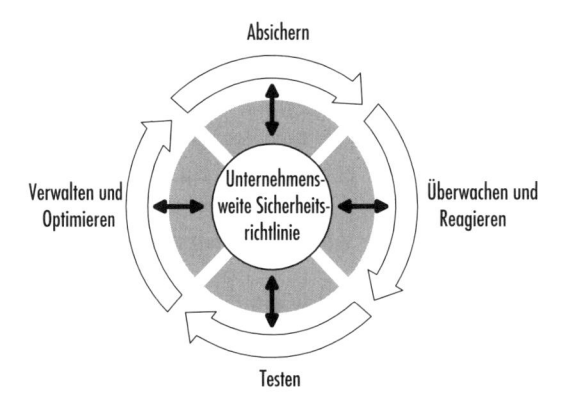

Abb. 1.2: Das Cisco Security Wheel

Das Security Wheel beginnt sich zu »drehen«, nachdem Sie die Sicherheitsrichtlinie für Ihr Unternehmen erstellt haben. Das Modell definiert vier stets zu wiederholende Schritte:

1. Sichern der Umgebung.
2. Überwachen der Aktivität und Reagieren auf Ereignisse und Vorfälle.
3. Testen der Sicherheit der Umgebung.
4. Verbessern der Sicherheit der Umgebung.

Die einzelnen Schritte werden in den folgenden Abschnitten ausführlich erörtert.

1.4.1 Sicherung der Umgebung

Das Sichern eines kompletten Netzwerks kann, wenn es als Ganzes betrachtet wird, eine enorme Aufgabe sein, besonders wenn mehrere Standorte und Tausende von Systemen im Spiel sind. Sie können den Prozess jedoch besser handhabbar machen, indem Sie ihn in kleinere Unteraufgaben aufsplitten. Auf der Basis der Risikoanalyse, die während des Entwicklungsprozesses ausgeführt wurde, können Sie bestimmen, welcher der folgenden Bereiche als erster, welcher als zweiter usw. Ihrer Aufmerksamkeit bedarf.

- **Vertraulichkeit** – Verlangt Ihre Richtlinie beispielsweise die Verschlüsselung von sensiblen Daten, wenn diese über öffentliche Netzwerke wie etwa das Internet gesendet werden? Wenn dies der Fall ist, sollten Sie vielleicht den Einsatz der VPN (Virtual Private Network)-Technologie in Erwägung ziehen. In einem VPN wird ein verschlüsselter »Tunnel« zwischen zwei Standorten oder zwischen einem Remote-Anwender und dem Unternehmensnetzwerk erstellt. Eine andere Maßnahme könnte sein, die Anwender im Umgang mit sensiblen Daten zu schulen.
- **Integrität** – Hat die Risikobeurteilung besondere Risiken in Bezug auf die Unternehmensdaten ergeben? Betreibt Ihr Unternehmen eine Website mit hohem Datenverkehr? Sie können verschiedene Werkzeuge und Verfahren einsetzen, um die Integrität Ihrer Daten zu verbessern.
- **Verfügbarkeit** – Verschiedene Faktoren mit Auswirkung auf die Verfügbarkeit von kritischen Netzwerken und Systemen könnten identifiziert worden sein. Obwohl dieser Aspekt der Sicherheit nicht unwichtig ist, erweist er sich möglicherweise als weniger kritisch als andere Bereiche, es sei denn, Sie haben häufig Probleme mit Systemausfällen oder waren mehrfach Opfer von DoS-Angriffen.
- **Authentifizierung** – Obwohl es sich hier um eine der ersten Verteidigungslinien handelt, erweist sich dieser Bereich häufig als Schwachstelle. In vielen Unternehmen sind keine angemessenen Kennwortrichtlinien und -verfahren vorhanden. So werden wichtige Regeln missachtet, z.B. das Auswechseln von Kennwörtern in regelmäßigen Abständen, die Pflicht einer gewissen Komplexität bei der Wahl des Kennwortes und ein Verbot der Wiederverwendung von Kennwörtern.
- **Zugriffssteuerung** – Ein weiterer Bereich mit Schwachstellen ist die Zugriffssteuerung auf Netzwerk- und auf Systemebene, die häufig nicht so durchgreifend ist wie sie sein sollte. So werden Laufwerke möglicherweise von allen Benutzern gemeinsam mit Lese/Schreibzugriff genutzt. Der typische Anwender verfügt über eine höhere Zugriffsebene als es zur Ausführung einer Aufgabe erforderlich wäre. Durch eine strengere Handhabung der Zugriffssteuerung kann die Sicherheitslage in einem Unternehmen substanziell verbessert werden. Zu den technologischen Lösungen, die Sie verwenden können, zählen Firewalls, Router-Zugriffslisten (Access Lists) und Werkzeuge zur Durchsetzung von Richtlinien, die den Zugriff auf das Dateisystem validieren und vielleicht steuern.

- **Überwachung** – Dies ist eine primäre Aktivität in der nächsten Phase.

Eine weitere Kernaufgabe bei der Sicherung Ihrer Systeme besteht im Schließen von Sicherheitslücken, indem nicht erforderliche Dienste deaktiviert und mit Patches Aktualisierungen aufgespielt werden. Dienste, die für kein definiertes Geschäftsziel erforderlich sind, stellen eine zusätzliche Möglichkeit für Angriffe dar – sie sind bloß eine weitere Komponente, die Ihrer Aufmerksamkeit bedarf. Eine der wichtigsten Aufgaben zu Ihrem Schutz liegt tatsächlich darin, die Patches auf dem neuesten Stand zu halten. Dennoch wird dieser Aspekt von vielen Unternehmen sträflich vernachlässigt. 2001 konnten die Würmer Code Red und Nimda besonders deshalb erfolgreich sein, weil auf sehr vielen Systemen nicht die Patches angewendet wurden, die eben diese von den Würmern ausgenutzten Schwachstellen beheben sollten. Viele dieser Schwachstellen betrafen Microsoft Internet Information Server und Microsoft Outlook. Wenn Sie Hunderte oder gar Tausende von Systemen patchen müssen, kann das eine gewaltige Aufgabe sein. Wenn Sie jedoch Verfahren definieren und dokumentieren, Werkzeuge für die Konfigurationsverwaltung nutzen, mehrere Mailinglisten abonnieren, die vor neuen Schwachpunkten warnen, und Patches entsprechend ihrer Dringlichkeit anwenden, können Sie sich Ihre Aufgabe erleichtern. Ein recht nützliches Dokument, das Ihnen in diesem Prozess helfen kann, wurde durch das National Institute of Standards and Technologies (NIST), USA, veröffentlicht. Sie finden es unter der Adresse http://csrc.nist.gov/publications/nistpubs/800-40/sp800-40.pdf (Dokumentnr. 800-40). Patch-Quellen für einige der wichtigsten Betriebssysteme finden Sie unter folgenden Adressen:

- Microsoft Windows: http://windowsupdate.microsoft.com
- Sun Solaris: http://sunsolve.sun.com
- Red Hat Linux: www.redhat.com/apps/support/resources/
- Hewlett-Packard HP/UX: http://us-support.external.hp.com

Weiterhin ist es von großer Bedeutung, dass Sie Ihre Netzwerktopologie kennen und verstehen. Dies gilt auch für die wichtigsten Informationsflüsse innerhalb des Netzwerks sowie für jene, die in das Netzwerk hineinkommen bzw. aus diesem hinausgehen. Dieses Wissen können Sie zur Definition verschiedener Vertrauenszonen nutzen. Sie erkennen dadurch die Stellen, an denen das Netzwerk durch Neugestalten der Architektur an Sicherheit gewinnt – beispielsweise durch den Einsatz zusätzlicher interner Firewalls oder Firewalls in der Peripherie des Netzwerks.

1.4.2 Überwachung der Aktivität

Während Sie weitere Maßnahmen zur Absicherung Ihrer Umgebung ergreifen, treten Sie in die nächste Phase der Datensicherheit ein: Es müssen bessere Mechanismen für die Überwachung von Aktivitäten auf Ihrem Netzwerk und Ihren Systemen eingerichtet werden. Eine angemessene Überwachung ist sehr wichtig, damit Sie gewarnt werden können, wenn ein Sicherheitseinbruch geschehen ist, wenn interne Anwender versuchen, ihre Befugnisse zu überschreiten oder wenn Hard- oder Softwarefehler eine Auswirkung auf die Verfügbarkeit des Systems haben. Eine wirkungsvolle Überwachung hat zwei Komponenten: die Aktivierung von Funktionen, die bereits auf Ihren Systemen existieren, und die Implementierung von Werkzeugen für zusätzliche Betrachtungsmöglichkeiten. Für die erste Komponente bedeutet dies die Verwendung der Überwachungsfunktionen, die integriert sind in:

- Betriebssysteme – der Zugriff über das Administratorkonto
- Netzwerkgeräte – Anmeldefehler und Konfigurationsänderungen
- Anwendungen, einschließlich der Überwachungsfunktionen in der Anwendung, die der Hersteller erstellt hat (bei kommerzieller Software) und auch jener Überwachung in benutzerdefinierten Anwendungen. Überwachte Ereignisse haben tendenziell häufig Transaktionen mit Anwendern, die beispielsweise Funktionen ausführen möchten, für die sie keine Befugnis besitzen.

Bei den meisten Systemen sind solche Überwachungsfunktionen jedoch standardmäßig deaktiviert und müssen daher explizit aktiviert werden. Sie sollten jedoch nicht zu viele dieser Funktionen aktivieren, da Sie sonst mit Daten überschüttet und diese schließlich ignorieren würden. Diese Methodik der »Aktivierung mit Feineinstellung« fließt in die zweite Komponente, die auch den Einsatz von Werkzeugen wie IDS auf Netzwerken und Hosts beinhaltet.

In Umgebungen mit zahlreichen Systemen geraten die manuellen Überprüfungen von System- und Überwachungsprotokollen, Firewall-Protokollen und IDS-Protokollen zu einer schier unmöglichen, nicht zu bewältigenden Aufgabe. Verschiedene Tools (z.B. Swatch, erhältlich unter www.oit.ucsb.edu/~eta/swatch) können das Ausmaß der Protokollierung vermindern und geben nur bei wichtigen Ereignissen Warnmeldungen aus.

1.4.3 Testen der Sicherheit

Natürlich ist es weitaus besser, wenn Sie Ihre eigene Sicherheit testen und Lücken aufdecken, als wenn Sie diesen Job einem Hacker überlassen. Zu einem wirkungsvollen Sicherheitsprogramm gehört ein regelmäßiges Beurteilen der Schwachstellen und das Testen möglicher Wege für Eindringlinge. Außerdem muss die Risikobeurteilung aktualisiert werden, wenn es zu signifikanten Änderungen in den Geschäftsabläufen oder in der Technologie kommt. Wenn beispielsweise Extranet-Verbindungen zu Geschäftspartnern ins Leben gerufen werden oder ein Breitbandzugriff für Remote-Anwender eingeführt wird, sollte gleichzeitig ein aktualisiertes Risikoprofil mit den Risiken der neuen Aktivitäten und den Gefahren der Komponenten erstellt werden, das nach Wahrscheinlichkeit und Schwere Prioritäten setzt. Durch diese Test erkennen Sie die Komponenten, die besser abgesichert werden müssen, und das Ausmaß der erforderlichen Maßnahmen.

Aspekte, die getestet oder geprüft werden sollten:

- Einhaltung der Sicherheitsrichtlinie, darunter auch die Anforderungen an Kennwörter
- System-Patch-Ebenen
- Dienste, die auf Systemen ausgeführt werden
- Benutzerdefinierte Anwendungen, besonders öffentliche Web-Anwendungen
- Neue Server, die dem Netzwerk hinzugefügt wurden
- Aktive Modems, die eingehende Anrufe annehmen

Für die Ausführung von Sicherheitstests stehen zahlreiche Werkzeuge, sowohl Freeware- als auch kommerzielle Tools, zur Verfügung. Hier einige Freeware-Tools:

- **Nmap (www.insecure.org/nmap/)** –Nmap ist eines der meistgenutzten Werkzeuge zum Scannen von Netzwerken und Ports, das gleichermaßen von Hackern und Sicherheitsprofis eingesetzt wird. Es bietet zudem die Fähigkeit, das Betriebssystem des Ziel-Hosts zu erkennen, indem es die Reaktionen auf verschiedene Tests analysiert.
- **Nessus (www.nessus.org)** –Bei Nessus handelt es sich um ein leistungsfähiges, flexibles Werkzeug zur Aufdeckung von Schwachstellen, das verschiedene Zielplattformen auf bekannte Sicherheitslücken testen kann. Es besteht aus einem Serverprozess, der über eine separate Benutzeroberfläche gesteuert wird. Jede Schwachstelle ist über ein Plug-In im Nessus-System kodiert, damit neue Schwachstellen hinzugefügt und ausgetestet werden können.
- **whisker (http://sourceforge.net/projects/whisker/)** –Bei Whisker handelt es sich um eine Sammlung von PERL-Skripts, die zum Testen von Web-Server-CGI-Skripts auf Schwachstellen dient, einem üblichen Angriffspunkt in der Web-Umgebung.
- **Security Auditor's Research Assistant (www-arc.com/sara/)** – ARA ist ein UNIX-basiertes Sicherheitsbeurteilungswerkzeug, das auf dem ursprünglichen SATAN basiert. SARA bietet eine Schnittstelle zu anderen Tools wie nmap und Samba, um eine erweiterte Funktionalität bereitzustellen.
- **LophtCrack (www.atstake.com/research/lc/)** – ophtCrack dient zum Testen (Cracken) von Windows NT-Kennwörtern. Ein ausgezeichnetes Werkzeug, um schwache gefährdete Kennwörter ausfindig zu machen.

Hier einige kommerzielle Tools:

- **ISS Internet Scanner (www.iss.net)** – Internet Scanner dient zum Scannen von Netzwerken, um Schwachstellen aufzudecken. ISS entwickelt auch Scan-Werkzeuge speziell für Datenbanken, Host-Systeme und Wireless Networks.
- **Symantec Enterprise Security Manager (www.symantec.com)** – ESM hilft bei der Überwachung der Einhaltung von Sicherheitsrichtlinien.

- **PentaSafe VigilEnt Security Manager (www.pentasafe.com)** – VigilEnt beurteilt Schwachstellen in einem Unternehmen und bietet ein benutzerfreundliches Berichtswesen.

Neben selbst durchgeführten Sicherheitstests empfiehlt es sich, Sicherheitsexperten einzubringen, die entsprechende Erfahrungen und Fähigkeiten in der Beurteilung von Schwachstellen und dem Testen möglicher Wege für Eindringlinge haben. Diese Experten (mitunter auch als ethische Hacker bezeichnet) führen Angriffe auf die gleiche Weise wie potenzielle Hacker durch und suchen dabei nach Schlupflöchern, die von außen erreichbar sind. Sie können zudem interne Beurteilungen durchführen, um Ihre Sicherheitslage mit den besten Industriepraktiken oder -standards abzugleichen, wie sie in den Common Criteria (http://csrc.nist.gov/cc/) oder ISO17799 beschrieben sind. Bei der internen Beurteilung werden Interviews mit Mitarbeitern in Schlüsselpositionen und der Geschäftsleitung durchgeführt, Dokumentationen überprüft und technische Kontrollen getestet. Eine Überprüfung durch Dritte bietet potenziell eine weitaus objektivere Sicht auf den Status Ihrer Sicherheitsumgebung. Die Ergebnisse können sogar nützlich sein, wenn Sie die Geschäftsleitung davon überzeugen müssen, mehr Geld in die IT-Sicherheit zu investieren.

1.4.4 Verbesserung der Sicherheit

Die vierte Phase im Security Wheel umfasst die Verbesserung der Sicherheit. Neben dem Sichern Ihres Netzwerks, dem Einrichten von Überwachungsfunktionen und dem Ausführen von Schwachstellentests sollten Sie sich wöchentlich oder gar täglich über die aktuellen Sicherheitsnachrichten informieren, die hauptsächlich aus Berichten über neu aufgedeckte Schwachstellen bestehen. Es reicht nicht aus, wenn Sie darauf warten, dass Sie ein bestimmter Hersteller über neu aufgetretene Schwachstellen informiert. Sie sollten sich zusätzlich in Mailing-Listen von Drittanbietern einschreiben. Beispiele dafür sind Bugtraq (www.securityfocus.com) oder Security Wire Digest (www.infosecuritymag.com). Auch sehr wichtig ist die regelmäßige Überprüfung der Konfigurationen auf den Hauptsicherheitssystemen, um sicherzustellen, dass Ihre aktuelle Richtlinie weiterhin umgesetzt wird. Der wichtigste Punkt von allen ist jedoch, dass die vier Schritte des Security Wheels ständig wiederholt werden.

1.5 Firewall-Konzepte

In diesem Abschnitt beschäftigen wir uns mit dem Konzept und der Definition von Firewalls. Wir werden die verschiedenen Typen von Firewalls und einige andere architektonische Aspekte wie Netzwerkkarten, Adressübersetzung und VPNs untersuchen.

1.5.1 Was ist eine Firewall?

Der Begriff *Firewall* stammt aus der architektonischen Welt. In Gebäuden wird eine Firewall aus hitze- und feuerbeständigem Material wie Beton aufgebaut; sie dient dazu, das Ausbreiten eines Feuers durch eine Struktur zu verlangsamen. Auf gleiche Weise dient eine Firewall in einem Netzwerk dazu, unbefugten Datenverkehr zwischen zwei Netzwerken zu unterbinden. Firewalls werden am häufigsten zwischen einem vertrauten und einem nicht vertrauten Netzwerk, gewöhnlich dem Internet, eingerichtet. Die Abbildung 1.3 veranschaulicht diese Konfiguration. Sie zeigt den Grenz-Router, der eine serielle Verbindung vom ISP (Internet Service Provider) terminiert. In der Vergangenheit war es ziemlich unüblich, dass mit dem Internet verbundene Unternehmen Firewalls verwendeten, stattdessen verließ man sich einfach auf die Sicherheit der Host-Systeme, um die Daten zu schützen. Als die Netzwerke größer wurden, wurde es schwieriger und riskant, jeden einzelnen Host angemessen abzusichern, besonders unter dem Aspekt einer immer größer werdenden Gefahr durch Hacker.

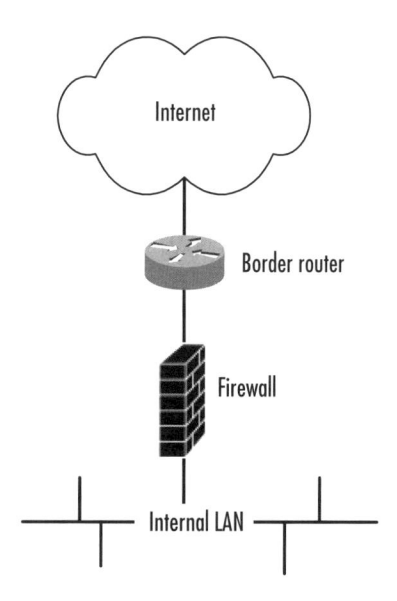

Abb. 1.3: Eine typische Firewall-Platzierung

Mehr und mehr Standorte setzen auch Firewalls in ihren internen Netzwerken ein, um kritische Zonen voneinander zu trennen. Ein Beispiel ist die Implementierung einer Firewall zwischen dem Subnet der Gehaltsabteilung und dem restlichen Unternehmensnetzwerk. In diesem Fall mag durch die Sicherheitsrichtlinie des Unternehmens festgelegt worden sein, dass es sich bei den Daten und Systemen der Gehaltsabteilung um sensible Bereiche handelt, dass – wenn überhaupt –

wenige Angestellte außerhalb der Abteilung eine Verbindung dorthin benötigen und dass die Mitarbeiter der Gehaltsabteilung einen Outbound-Zugriff auf andere lokale Netzwerkressourcen und das Internet benötigen.

> **Konfigurieren und Implementieren ...**
>
> Einrichten einer Firewall
>
> Vor einiger Zeit war der Glauben bei Unternehmen weit verbreitet, dass das Unternehmen nach der Installation einer Firewall sicher war. Firewalls sind jedoch nur eine Komponente in der Sicherheitsstrategie eines Unternehmens. Grundsätzlich sind sie gut in dem, was sie tun (Datenverkehr filtern), doch sie können eben nicht alles. Das Wesen der vorgelagerten Sicherheit hat sich auch verändert; viele Unternehmen benötigen nicht mehr nur Outbound-Verkehr. Viele Unternehmen arbeiten heute in komplexeren Umgebungen mit Verbindungen zu Geschäftspartnern, VPNs und komplizierten e-Commerce-Infrastrukturen. Diese Komplexität hat zu enormen Steigerungen in der Firewall-Funktionalität geführt. Die meisten Firewalls unterstützen nun mehrere Netzwerkkarten (Schnittstellen) und können den Datenverkehr zwischen diesen kontrollieren. Sie bieten Unterstützung für VPNs und ermöglichen die sichere Nutzung von komplizierten Anwendungsprotokollen, wie z. B. H.323 für Videokonferenzen. Ein Risiko besteht jedoch: Wenn Firewalls eine immer größere Funktionalität erhalten, können in diesen Features Lücken entstehen, die sich negativ auf Integrität und Sicherheit auswirken. Ein weiteres Risiko besteht darin, dass es durch diese Features zu Einbußen in der Performance kommt und dadurch die Fähigkeit der Firewall, schwerpunktmäßig den Datenverkehr zu filtern, vermindert wird.
>
> Das Fazit lautet daher: Versuchen Sie Ihre Firewall im minimalsten Ausmaß zu nutzen, das Sie für vertretbar halten, so dass sich die Firewall ihrer Kernfunktion widmen kann. Sie können das Sicherheitsrisiko der anderen Funktionen besser verwalten, wenn Sie diese Last auf andere Systeme auslagern.

Firewall-Systeme haben in den letzten Jahren sicherlich eine Entwicklung erfahren. Ursprünglich waren Firewalls manuell gebaute Systeme mit zwei Netzwerkschnittstellen, die den Datenverkehr zwischen diesen beiden weiterleiteten. Dies war jedoch ein Bereich, der Experten mit umfassenden Programmierkenntnissen und Fähigkeiten eines Systemadministrators vorbehalten war. Nachdem ein Bedarf in diesem Bereich aufkam, wurde in den frühen 90ern die erste fast als kommerziell zu bezeichnende Firewall von Marcus Ranum (der damals für TIS arbeitete) geschrieben. Sie erhielt den Namen Firewall Toolkit bzw. wurde mit fwtk abgekürzt. Es handelte sich um ein Anwendungs-Proxy-Design (Definitionen von Firewall-Typen erfolgen im nächsten Abschnitt), das Netzwerkverbindungen von Anwendern zu Servern vermittelte. Ziel war, die Entwicklung und den Einsatz von Firewalls zu vereinfachen und die Anzahl benutzerdefiniert aufgebauter Firewalls, die sonst erforderlich wäre, zu minimieren. Das nun bekannte Firewall-Produkt von Gauntlet wurde aus dem ursprünglichen fwtk entwickelt, und TIS wurde durch Network Associates, Inc. übernommen. Weitere Hersteller traten in den Firewall-Markt ein, darunter Check Point, Secure Computing, Symantec und natürlich Cisco.

In einer Studie von 2002 schätzte RBC Capital Markets, dass der Firewall-Markt im Jahre 2000 weltweit einen Umsatz von 736 Millionen US-Dollar erzielte, mit einer jährlichen Wachstumsrate von 16 Prozent über die folgenden fünf Jahre. Dies zeigt, dass bisher noch nicht jedes Unternehmen eine Firewall implementiert hat, dass mehr Unternehmen sie intern nutzen und dass Firewall-Systeme ständig aktualisiert werden.

Im Folgenden wollen wir nun die verschiedenen Typen von Firewalls untersuchen und deren Funktionalitäten vergleichen.

1.5.2 Typen von Firewalls

Obwohl das fwtk ein Proxy-artiges Design verwendete, nutzen andere Firewall-Typen einen ganz anderen Ansatz. Bevor wir diese untersuchen, wollen wir uns das OSI-Modell (Open Systems Interconnect) mit Abbildung 1.4 ins Gedächtnis rufen.

Application	FTP, Telnet, HTTP, etc.
Presentation	
Session	
Transport	TCP, UDP, etc.
Network	IP, ICMP, etc.
Data link	Ethernet, Token Ring, etc.
Physical	Copper or optical media, or wireless

Abb. 1.4: Das OSI-Modell

Wenn wir dieses Modell als Referenz nutzen, können wir die Funktionsweise der Firewall-Typen vergleichen und fundierte Entscheidungen darüber treffen, welcher Firewall-Typ für ein spezielles Bedürfnis geeignet ist.

Paketfilter

In der Grundform trifft ein Paketfilter Entscheidungen, ob ein Paket nur auf der Basis der in den IP- oder TCP/UDP-Schichten gefundenen Daten weitergeleitet wird; im Grunde ist ein Paketfilter ein Router mit etwas Intelligenz. Ein Paketfilter behandelt jedoch jedes Paket individuell; er verfolgt keine TCP-Sessions. Daher ist er kaum geeignet, Spoof-Pakete zu erkennen, die durch die äußere Schnittstelle hineingelangt sind und durch Setzen des ACK-Flags im TCP-Header vorgeben, Teil einer vorhandenen Session zu sein. Paketfilter werden konfiguriert, um nach bestimmten Kriterien – Quell- und Ziel-IP-Adressen, Quell- und Zielports und Protokolltyp (TCP, UDP, ICMP usw.) – Datenverkehr zuzulassen oder zu blockieren. Abbildung 1.5 zeigt, dass die Untersuchung nicht weiter als bis in die Transportschicht – z. B. TCP – geht.

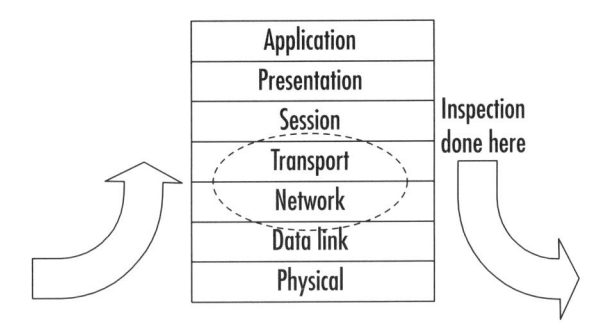

Abb. 1.5: Datenfluss Paketfilter

> **Schaden & Abwehr…**
>
> **Spoofing**
>
> Der Begriff *Quelladressen-Spoofing* bezieht sich auf einen Angreifer, der vorsätzlich die Quell-IP-Adresse eines Pakets verändert, um auf diese Weise Paketfilter oder Firewalls so zu täuschen, dass diese annehmen, dass das Paket von einem vertrauten Netzwerk stammt und es deshalb ungehindert durchlassen. Außerdem hat dieses Vorgehen den offensichtlichen Vorteil, dass die Quelle der Angriffspakete verborgen bleibt. Der Angreifer kann zudem sämtliche Zugriffskontrollen, die lediglich auf der Quell-IP-Adresse basieren, unterlaufen. Wenn die verwendete Quell-IP-Adresse jedoch einem vorhandenen Host entspricht, erhält der tatsächliche Eigentümer dieser Adresse alle Antworten auf die Pakete des Angreifers und verweigert mit einem TCP-Reset deren Annahme, da sie keiner vorhandenen Session in den Tabellen entsprechen. Ein Angreifer nutzt gewöhnlich das Spoofing, wenn er einfach ein wenig Action veranstalten möchte und keinen Bedarf nach einer Antwort hat – so wie in einem Reflection-DoS-Angriff wie Smurf, bei dem ein Ping-Befehl mit der Quell-IP-Adresse des beabsichtigten DoS-Ziels an eine Broadcast-Adresse gesendet wird.

> Weitaus kompliziertere Angriffe mittels IP-Spoofing sind möglich, besonders dann, wenn der Angreifer versucht, Schwachstellen in UNIX-Vertrauensstellungen auszunutzen. Weihnachten 1994 griff Kevin Mitnick auf diese Weise die Systeme von Tsutomu Shimomura an. Mitnick hatte zwar Erfolg mit seinem Angriff, da er über das Internet kam, doch diese Art von Spoofing-Angriff funktioniert heutzutage nur in einem internen Netzwerk (es sei denn, das Opfer besitzt keine Firewall und verwendet veraltete Software).

Weshalb sollten Sie also einen Paketfilter nutzen? Der primäre Vorteil liegt in der Geschwindigkeit. Da keine Untersuchung von Anwendungsdaten ausgeführt werden muss, kann ein Paketfilter fast so schnell wie ein Router arbeiten, der nur Paket-Routing und -Weiterleitung durchführt. Wir werden jedoch sehen, dass das Paketfilter-Konzept verbessert wurde.

Stateful-Inspection-Paketfilter

Das Konzept der *Stateful Inspection* entstand in dem Wunsch, die Fähigkeiten und Sicherheit von normalen Paketfiltern zu verbessern, dabei aber gleichzeitig die ihnen eigene Geschwindigkeit beizubehalten. Ein Paketfilter, der das Stateful-Inspection-Konzept nutzt, kann Netzwerk-Sessions (den Status, *State*) verfolgen. Wenn also ein solcher Paketfilter ein ACK-Paket erhält, kann er dessen Legitimität feststellen, indem das Paket mit dem entsprechenden Eintrag in der Verbindungstabelle verglichen wird. Wenn die Firewall das erste SYN-Paket, das eine TCP-Session beginnt, erkennt, wird in der Verbindungstabelle ein Eintrag erzeugt. Dieser Eintrag wird für nachfolgende Pakete der Session nachgeprüft. Nach einer konfigurierbaren Timeout-Zeitspanne verfallen Einträge automatisch.

Das Stateful-Inspection-Konzept kann in einer Pseudo-Manier auch auf UDP-Verbindungen angewendet werden, bei denen es normalerweise keinen Status gibt. In diesem Fall erstellt die Firewall einen Eintrag in der Verbindungstabelle, wenn das erste UDP-Paket übertragen wurde. Ein UDP-Paket von einem weniger sicheren Netzwerk (eine Antwort) wird nun akzeptiert, wenn in der Verbindungstabelle ein entsprechender Eintrag gefunden werden kann. Wenn wir uns hoch bis zur Anwendungsschicht bewegen, können wir weitere Einsatzmöglichkeiten für das Konzept der Stateful Inspection für Protokolle wie FTP erkennen. FTP verhält sich ein wenig anders. Der Server, mit dem sich ein Anwender auf Port 21 verbindet, erstellt eine Datenverbindung zurück auf Port 20, wenn ein Datei-Download angefordert wird. Wenn die Firewall die FTP-Kontrollverbindung, die ursprünglich eingerichtet wurde, nicht verfolgt hat, lässt sie die Datenverbindung zurück nicht zu. Dieses Konzept trifft auch auf viele der neueren Multimedia-Protokolle wie RealAudio und NetMeeting zu.

Stateful-Inspection-Paketfilter bleiben hinsichtlich der Geschwindigkeit die Könige der Firewalls. Sie bieten die größte Flexibilität, wenn es um neuere Protokolle geht, doch manchmal sind sie weniger sicher als Anwendungs-Proxies. Führende Beispiele für diesen Firewall-Typ sind Check Point FireWall-1 und Cisco PIX.

Anwendungs-Proxies

Wie es der Name bereits impliziert, agieren Anwendungs-Proxy-Firewalls als Mittler in Netzwerk-Sessions. Die Verbindung des Anwenders terminiert am Proxy. Vom Proxy wird eine entsprechende separate Verbindung zum Ziel-Host eingerichtet. Die Verbindungen werden bis hoch zur Anwendungsschicht analysiert, um festzustellen, ob sie zulässig sind. Durch diese Eigenschaft bieten Proxies eine höhere Sicherheitsstufe als Paketfilter oder Stateful-Inspection-Paketfilter. Sicherlich können Sie sich jedoch vorstellen, dass diese zusätzliche Verarbeitung auf Kosten der Performance geht. Abbildung 1.6 zeigt die Paketverarbeitung auf der Anwendungsschicht, bevor ein Paket durchgelassen oder blockiert wird.

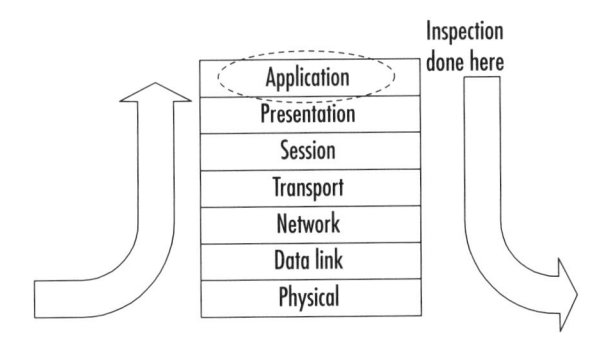

Abb. 1.6: Datenfluss Anwendungs-Proxy

Anwendungs-Proxies haben eine potenziell sehr wesentliche Einschränkung: Wenn neue Anwendungsprotokolle implementiert werden, müssen dafür entsprechende Proxies entwickelt werden. Unter Umständen sind Sie dann von der Gnade Ihres Herstellers abhängig, wenn beispielsweise eine tolle, neue Video-Multicasting-Technologie angeboten wird, aber kein geeigneter Proxy zur Verfügung steht.

> **Hinweis**
>
> Moderne Proxy-basierte Firewalls bieten häufig die Möglichkeit, generische Proxies für IP, TCP und UDP zu konfigurieren. Diese konfigurierbaren Proxies sind zwar nicht so sicher wie die Proxies, die auf der Anwendungsschicht arbeiten, bieten aber oft Unterstützung für neuere Protokolle.

Als Beispiele für Proxy-basierte Firewalls können Gauntlet von Secure Computing (von Network Associates übernommen) und Symantec Raptor (auch als Enterprise Firewall bekannt) genannt werden.

1.5.3 Firewall-Schnittstellen: innen, außen und DMZ

In der Grundform hat eine Firewall nur zwei Netzwerkschnittstellenkarten: innen und außen bzw. intern und extern. Die Bezeichnungen beziehen sich auf die Vertrauensstufe im angeschlossenen Netzwerk, wobei die äußere Schnittstelle mit dem nicht vertrauten Netzwerk (häufig das Internet) und die innere Netzwerkkarte mit dem vertrauten Netzwerk verbunden ist. In einer internen Implementierung ist die Netzwerkkarte, die als extern bezeichnet wird, mit dem Backbone des Unternehmens verbunden, dessen Vertrautheitsgrad nicht so gering wie der des Internet, jedoch etwas niedriger als für das innere Netzwerk ist. Rufen Sie sich noch einmal das Beispiel mit der Firewall ins Gedächtnis, die zum Schutz der Gehaltsabteilung implementiert wurde.

Wenn ein Unternehmen zunehmend komplexe geschäftliche Anforderungen an das Internet stellt, wird die Einschränkung durch das Vorhandensein lediglich zweier Netzwerkkarten offensichtlich. Wo würden Sie beispielsweise einen Web-Server für Ihre Kunden unterbringen? Wenn Sie ihn außerhalb der Firewall platzieren, wie in Abbildung 1.7 gezeigt, ist der Web-Server gnadenlos Angriffen ausgesetzt, mit nur einem Screening-Router als minimalem Schutz. In diesem Fall müssen Sie sich auf die Sicherheit des Host-Systems verlassen.

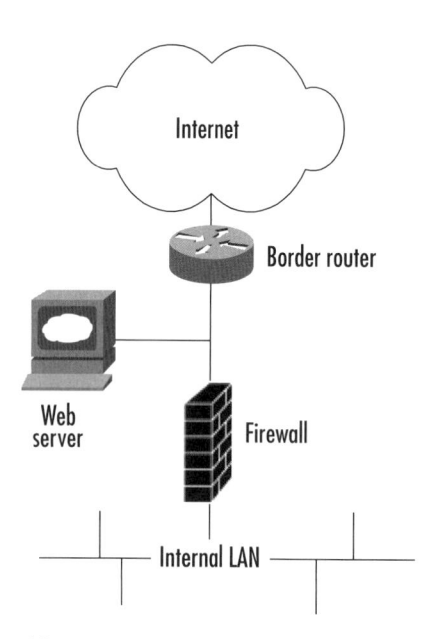

Abb. 1.7: Ein Web-Server außerhalb der Firewall

Die andere Möglichkeit in dem Szenario einer Firewall mit zwei Schnittstellen ist, den Web-Server innerhalb der Firewall, auf einem internen Segment unterzubringen (siehe Abbildung 1.8). Die Firewall würde derart konfiguriert, dass Web-Verkehr auf Port 80 und SSL-Verkehr (Secure Sockets Layer) auf Port 443 durchgelassen würde zur IP-Adresse des Web-Servers. Auf diese Weise wird zwar jedes direkte Sondieren Ihres internen Netzwerks durch einen Angreifer verhindert, doch was geschieht, wenn dieser über Port 80 in ihren Web-Server eindringt und Remote-Superuser-Zugriffe erlangt? In diesem Fall kann er ungehindert vom Web-Server aus Angriffe auf jede beliebige Stelle in Ihrem internen Netzwerk starten.

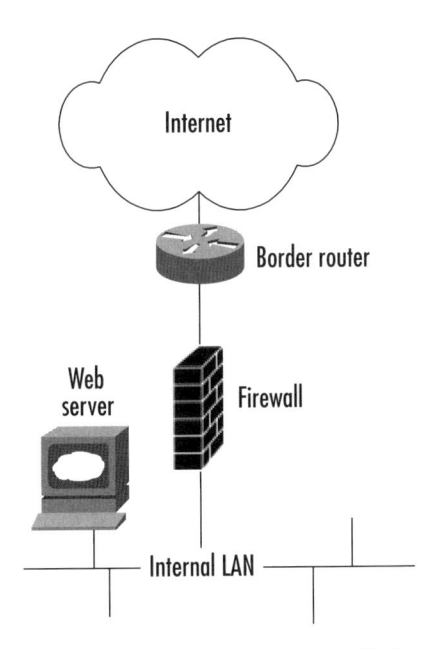

Abb. 1.8: Ein Web-Server innerhalb der Firewall

Sie lösen dieses Problem, wenn Ihre Firewall Unterstützung für mehrere Netzwerkschnittstellenkarten bietet, was die meisten kommerziellen Systeme heutzutage auch leisten. Diese Lösung ermöglicht die Einrichtung von Zwischenzonen des Vertrauens, die weder als innen noch als außen zu bezeichnen sind. Diese werden als DMZs (nach dem militärischen Begriff *demilitarisierte Zone*) bezeichnet. Ein DMZ-Netzwerk wird durch die Firewall im gleichen Ausmaß wie das interne Netzwerk geschützt, doch es ist davon getrennt. Der Zugriff vom DMZ-Netzwerk auf das interne wird ebenfalls gefiltert. Die Abbildung 1.9 zeigt dieses Layout.

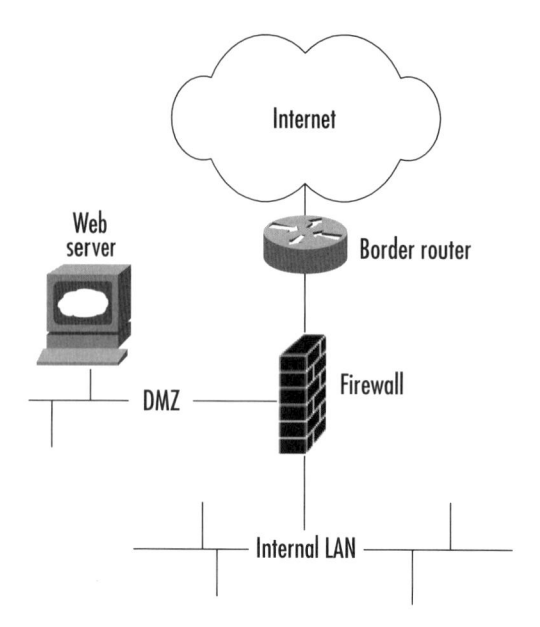

Abb. 1.9: Ein DMZ-Netzwerk

In einem weiteren Design werden mitunter zwei Firewalls implementiert: eine äußere und eine innere, wobei die DMZ zwischen beiden liegt (siehe Abbildung 1.10). Manchmal werden in einem solchen Design Firewalls von zwei verschiedenen Herstellern verwendet, wohl in der Überzeugung, dass eine Sicherheitslücke in der einen durch die andere blockiert werden würde. Nachweislich lässt sich jedoch feststellen, dass fast alle Sicherheitsprobleme bei Firewalls durch eine fehlerhafte Konfiguration, nicht durch Fehler im eigentlichen Firewall-Code selbst verursacht werden. Daher kann konstatiert werden, dass solch ein Design lediglich hohe Kosten und einen Verwaltungs-Overhead erzeugt, ohne dabei viel zusätzliche Sicherheit (wenn überhaupt) zu bieten.

An einigen Standorten sind sogar mehrere DMZs implementiert, die jeweils verschiedenen geschäftlichen Zwecken dienen und über eine entsprechende Vertrauensstufe verfügen. Ein DMZ-Segment könnte beispielsweise nur Server für den öffentlichen Zugriff enthalten, während ein weiteres Server beherbergen könnte, die ausschließlich für den Zugriff durch Geschäftspartner oder Kunden gedacht sind. Dieser Ansatz ermöglicht eine feinere Kontrolle und vereinfacht die Administration.

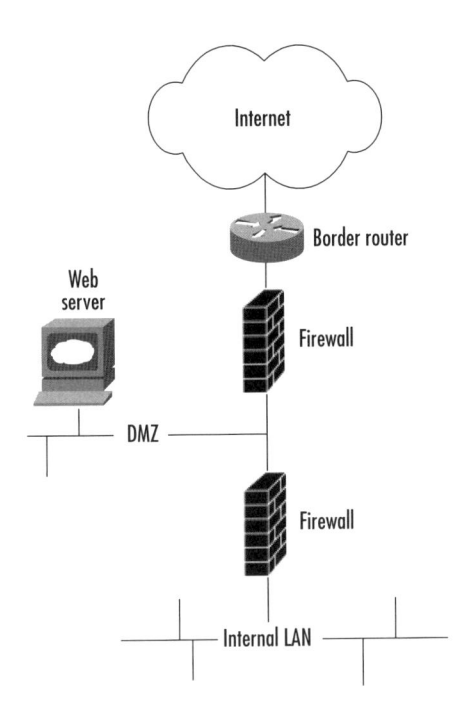

Abb. 1.10: Architektur mit zwei Firewalls

In einer komplexeren e-Commerce-Umgebung benötigt der Web-Server möglicherweise Zugriff auf Kundendaten, die sich auf einem Backend-Datenbank-Server im internen LAN befinden. In diesem Fall müsste die Firewall so konfiguriert werden, dass sie HTTP-Verbindungen (Hypertext Transfer Protocol) von außerhalb zum Web-Server zulässt und anschließend spezifische Verbindungen zu den entsprechenden IP-Adressen und Ports, so wie sie vom Web-Server zu dem internen Datenbank-Server benötigt werden.

1.5.4 Firewall-Richtlinien

Als Teil des Sicherheitsbeurteilungsprozesses sollten Sie eine klare Vorstellung von den unterschiedlichen geschäftlichen Gründen für die verschiedenen Kommunikationsarten haben, die die Firewall zulassen soll. Jedes Protokoll birgt bestimmte Risiken, einige weitaus mehr als andere. Sie müssen diese Risiken mit den geschäftlichen Vorteilen abwägen. Wenn beispielsweise eine Person einen X Windows-Zugriff (ein notorisch schwieriges Protokoll in Hinblick auf eine angemessene Sicherung) durch die Firewall auf einen Universitätskurs benötigt, den sie belegt hat, wird diese Anforderung kaum erfüllt. Auf der anderen Seite könnte ein FTP-Server für die gemeinsame Nutzung von Dateien mit Kunden dieser Anforderung genügen. Es geschieht häufig, dass die Regelbasis der Firewall im Laufe der Zeit organisch wächst und einen Punkt erreicht, an dem der Administrator auch nicht mehr jeden einzelnen Punkt darin vollkommen versteht. Aus diesem Grund ist es von großer Bedeutung, dass die Firewall-Richtlinie gut dokumentiert wird. Dabei sollte die geschäftliche Begründung für jede Regel in dieser Dokumentation deutlich formuliert werden. Änderungen an der Firewall-Richtlinie sollten selten und mit größter Sorgfalt, nur mit Zustimmung der Geschäftsleitung und über standardisierte Systemwartungs- und Änderungskontrollverfahren getätigt werden.

1.5.5 Adressübersetzung

In RFC 1918 »Address Allocation for Private Internets« werden bestimmte nicht registrierte IP-Adressbereiche angegeben, die nur zur Verwendung in privaten Netzwerken vorgesehen sind und nicht über das Internet geroutet werden. In der RFC wird der Begriff *ambiguous* (mehrdeutig) verwendet, um auf diese privaten Adressen zu verweisen, was bedeutet, dass sie global nicht eindeutig sind. Die reservierten Bereiche sind:

```
10.0.0.0       -    10.255.255.255   (10/8 Präfix)
172.16.0.0     -    172.31.255.255   (172.16/12 Präfix)
192.168.0.0    -    192.168.255.255  (192.168/16 Präfix)
```

Das primäre Motiv für das Reservieren dieser privaten Adressbereiche lag 1996 in der Befürchtung, dass der 32-Bit-Adressraum der IP-Version 4 bedingt durch eine ineffiziente Zuordnung schnell erschöpft sein könnte. Unternehmen mit einigen Tausenden von Hosts, von denen die meisten nicht über das Internet zugänglich sein mussten, wurden im Laufe der Jahre große Blöcke von IP-Adressen zugewiesen, die quasi nicht genutzt wurden. Indem sie auf ihren privaten Netzwerken eine Neuzuordnung mit diesen reservierten Adressbereichen durchführten, konnten Unternehmen ihre zugewiesenen öffentlichen Blöcke potenziell für die Nutzung an anderer Stelle zurückgeben und so das nützliche Dasein von IP v4 verlängern.

Der aufmerksame Leser wird sich jedoch folgende Frage stellen: Wenn diese Adressen im Internet nicht routing-fähig sind, wie kann ein Anwender aus einem privaten Netzwerk auf das Web zugreifen? Die Quell-IP-Adresse einer solchen Verbindung wäre eine private Adresse, und der Verbindungsversuch des Benutzers würde nicht weit kommen und einfach abgebrochen werden. An diesem Punkt kommt die Network Address Translation (NAT), in RFC 1631 definiert, ins Spiel. Ein Großteil der mit dem Internet verbundenen Unternehmen nutzt NAT, um ihre internen Adressen vor dem globalen Internet zu verbergen. Dies dient als grundlegende Sicherheitsmaßnahme, die einem externen Angreifer das Leben beim Sondieren des internen Netzwerks ein wenig schwerer macht. NAT wird gewöhnlich auf der Internet-Firewall ausgeführt, wobei es zwei Formen gibt: statisch oder dynamisch. Wenn NAT ausgeführt wird, schreibt die Firewall die Quell- und/oder Zieladressen im IP-Header neu und ersetzt sie durch übersetzte Adressen. Dieser Vorgang ist konfigurierbar. Zunächst müssen jedoch einige Begriffe geklärt werden. Im Kontext der Adressübersetzung bezieht sich der Begriff *innen* auf das interne, private Netzwerk. Mit *außen* ist das größere Netzwerk gemeint, mit dem sich das private Netzwerk verbindet (gewöhnlich das Internet). Innerhalb des inneren Adressraums werden Adressen als intern *lokal* (gewöhnlich RFC 1918-Bereiche) bezeichnet. Sie werden übersetzt in *intern globale* Adressen, die von außen sichtbar sind. Globale Adressen sind registriert und werden in Blöcken durch einen ISP zugewiesen. Bei Übersetzungen von externen Adressen, die nach innen kommen, wird ebenfalls eine Unterscheidung in *lokal*, Teil des privaten Adress-Pools, und *global* registrierten Adressen getroffen. *Extern lokal* ist, wie der Name impliziert, das Gegenteil von intern global. Dies sind die Adressen von externen Hosts, die für den internen Zugriff übersetzt werden. *Extern globale* Adressen gehören Hosts im externen Netzwerk und werden diesen zugewiesen.

Um diese Begriffe nicht durcheinander zu bringen, merken Sie sich einfach die Richtung, in die der Datenverkehr geht – mit anderen Worten, wo dieser initiiert wurde. Diese Richtung bestimmt, welche Übersetzung angewendet wird.

Statische Übersetzung

Bei der statischen NAT erfolgt eine bleibende Eins-zu-eins-Zuordnung zwischen intern lokalen und intern globalen Adressen. Diese Methode eignet sich, wenn es um eine geringe Anzahl von internen Hosts geht, die einen Zugriff auf das Internet erfordern, und eine angemessene Anzahl global eindeutiger Adressen für die Übersetzung zur Verfügung stehen. Wenn ein NAT-Router oder eine NAT-Firewall ein Paket von einem internen Host empfängt, wird geprüft, ob sich ein entsprechender Quelladresseintrag in der statischen NAT-Tabelle befindet. Wenn dies der Fall ist, wird die lokale Quelladresse durch eine globale Quelladresse ersetzt und das Paket weitergeleitet. Antworten des externen Ziel-Hosts werden einfach auf umgekehrte Weise übersetzt und in das interne Netzwerk geroutet. Die statische Übersetzung eignet sich auch für eine Kommunikation, die von außen zu einem internen Host gestartet wurde. In dieser Situation wird die Zieladresse (nicht die Quelladresse) übersetzt. Abbildung 1.11 zeigt ein Beispiel für die statische NAT. Für jede lokal interne Adresse (192.168.0.10, 192.168.0.11 und 192.168.0.12) ist eine entsprechende global interne Adresse (10.0.1.10, 10.0.1.11 bzw. 10.0.1.12) vorhanden.

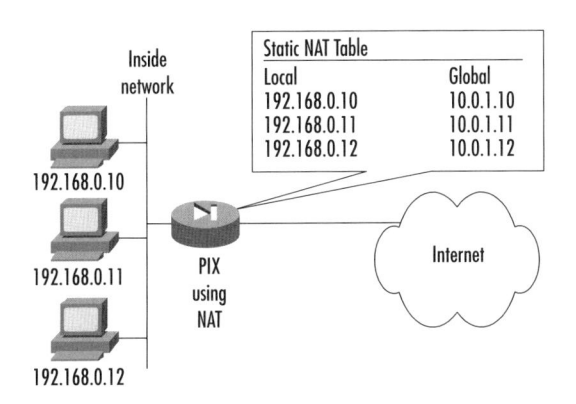

Abb. 1.11: Statische Adressübersetzung

Dynamische Übersetzung

Wenn eine dynamische NAT eingerichtet wird, wird ein Pool mit intern globalen Adressen für die Verwendung in der Outbound-Übersetzung definiert. Wenn der NAT-Router oder die NAT-Firewall ein Paket von einem internen Host empfängt und die dynamische NAT konfiguriert ist, wird die nächste verfügbare Adresse aus dem globalen Adresspool ausgewählt und ersetzt die Quelladresse im IP-Header. Die dynamische NAT unterscheidet sich von der statischen NAT, da sich die Adresszuordnung für jede neue Konversation zwischen zwei gegebenen Endpunkten ändern kann. Abbildung 1.12 zeigt ein Beispiel für die dynamische Übersetzung. Der globale Adresspool (beispielhaft) reicht von 10.0.1.10 bis 10.0.1.12, mit einer 24-Bit-Subnet-Mask (255.255.255.0). Die lokale Adresse 192.168.0.10 wird direkt der ersten Adresse (10.0.1.10) in dem globalen Pool zugeordnet. Das nächste System, das Zugriff erfordert (lokale Adresse 192.168.0.12 in diesem Beispiel) wird der nächsten verfügbaren globalen Adresse 10.0.1.11 zugeordnet. Der lokale Host 192.168.0.11 hat keine Verbindung zum Internet aufnehmen wollen, daher wurde auch kein dynamischer Übersetzungseintrag für dieses System erzeugt.

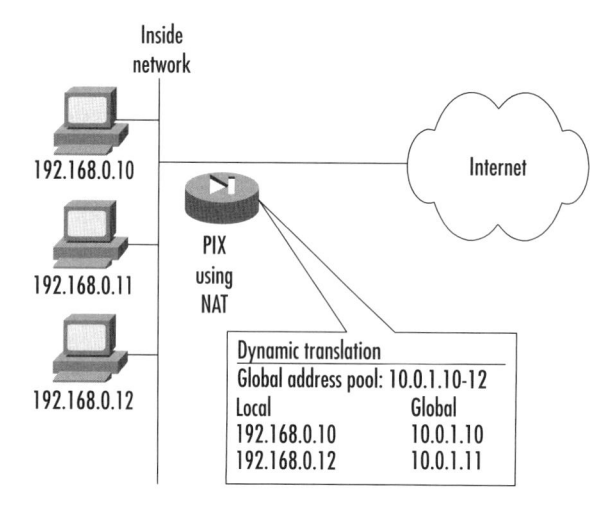

Abb. 1.12: Dynamische Adressübersetzung

Port Address Translation

Was geschieht, wenn mehr interne Hosts Sessions initiieren, als globale Adressen im Pool vorhanden sind? Dies wird Overloading genannt, wobei es sich um einen konfigurierbaren Parameter in NAT handelt, auch als Port Address Translation (PAT) bezeichnet. In dieser Situation besteht die Möglichkeit, dass mehrere interne Hosts der gleichen globalen Quelladresse zugeordnet werden. Die NAT/PAT-Box benötigt eine Methode, mit der nachgehalten werden kann, zu welcher lokalen Adresse Antworten zurückgesendet werden müssen. Dies geschieht über die Verwendung eindeutiger Quell-Port-Nummern als Verfolgungsmechanismus und ein mögliches Umschreiben des Quellports im Paket-Header. Sie sollten sich noch einmal vergegenwärtigen, dass TCP/UDP 16 Bit für die Kodierung von Port-Nummern verwendet, dadurch können 65.536 verschiedene Dienste oder Quellen identifiziert werden. Bei der Durchführung der Übersetzung versucht PAT die ursprüngliche Quell-Port-Nummer zu nutzen, wenn sie nicht bereits verwendet wird. Sollte dies der Falls sein, wird die nächste verfügbare Port-Nummer aus der entsprechenden Gruppe verwendet. Wenn die verfügbaren Port-Nummern aufgebraucht sind, startet der Vorgang erneut und nutzt die nächste verfügbare IP-Adresse aus dem Pool.

1.5.6   Virtual Private Networking

Das VPN-Konzept wurde als Antwort auf die hohen Kosten dedizierter Verbindungen zwischen Standorten entwickelt, die sensible Daten miteinander austauschen mussten. Wie aus dem Namen ersichtlich, handelt es sich nicht ganz um privaten Netzwerkbetrieb, sondern um einen »virtuell privaten«. Diese private Kommunikation über ein öffentliches Netzwerk wie das Internet wird gewöhnlich durch die Nutzung von Verschlüsselungstechnologien ermöglicht. Üblicherweise wird damit den Problemen im Zusammenhang mit Vertraulichkeit, Integrität und Authentifizierung Rechnung getragen.

In der Vergangenheit nutzten Unternehmen, die auf eine Datenkommunikation zwischen mehreren Standorten angewiesen waren, kostspielige WAN-Technologien wie Punkt-zu-Punkt-Standleitungen, Frame Relay, X.25 und ISDN (Integrated Services Digital Network). Diese waren besonders teuer für Unternehmen mit internationalen Standorten. Ob verbindungsvermittelnd oder paketvermittelnd, boten diese Technologien ein eigenes bescheidenes Maß an Sicherheit. Ein Hacker musste gewöhnlich Zugriff auf die darunter liegende Telekommunikationsinfrastruktur erhalten, um die Kommunikation auszuspionieren. Dies war und ist immer noch keine triviale Aufgabe, da die Telefongesellschaften in Hinblick auf die physische Sicherheit gute Arbeit geleistet haben. Allerdings würden Unternehmen wie Banken, die extreme Anforderungen an die WAN-Sicherheit stellten, Geräte zum Verschlüsseln von Verbindungen implementieren, um die über die Verbindung ausgetauschten Daten zu verschlüsseln. Ein weiterer Vorteil von dedizierten Verbindungen war ein solider Basiswert an Bandbreite, mit dem man fest rechnen konnte. Anwendungen mit kritischen Anforderungen an den Netzwerkdurchsatz bestimmten die Größe für die erforderliche WAN-Bandbreite. VPNs wurden anfänglich nur zögerlich angenommen, bedingt durch fehlende Garantien in Hinblick auf Durchsatz und Zuverlässigkeit im Internet und durch die Komplexität bei der Konfiguration und der Verwaltung.

Nun, da das Internet seine Zuverlässigkeit bei kritischen Aufgaben bewiesen hat und viele der Verwaltungshürden überwunden wurden, konzentrieren sich VPN-Befürworter auf Probleme im Zusammenhang mit der Interoperabilität und der Sicherheit. Das Problem mit der Interoperabilität konnte größtenteils geklärt werden, da VPN-Hersteller Industriestandardprotokolle wie IPsec für ihre Produkte implementieren. Die IPsec-Standards bieten Vertraulichkeit, Integrität und optional Authentifizierung.

Aufgrund dieser Verbesserungen können Unternehmen VPNs nun nahezu problemlos einsetzen und dabei einen sicheren Zugriff auf das Unternehmensnetzwerk für Remote-Büros und/oder Außendienstmitarbeiter ermöglichen. Abbildung 1.13 zeigt die beiden Hauptgründe für die Einrichtung von VPNs. Der erste liegt darin, Standort-zu-Standort-Konnektivität zu Remote-Büros zur Verfügung zu stellen. Der zweite ist, für Außendienstmitarbeiter eine höhere Flexibilität zu bieten, indem der Zugriff auf das Unternehmensnetzwerk nicht nur über Einwählverbindungen zu einem ISP ermöglicht wird, sondern auch über eine Breitbandverbindung aus einem Hotel oder von zu Hause. Heutzutage werden VPNs aus vielen anderen Gründen eingesetzt, u.a. um eine Konnektivität zu Kunden, Herstellern und Partnern einzurichten.

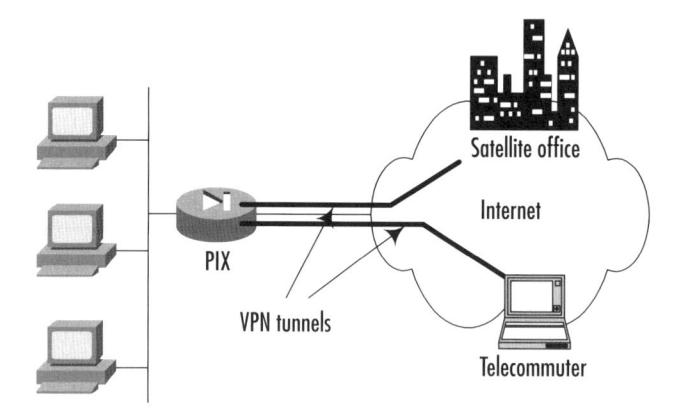

Abb. 1.13: VPN-Einsatz

Sicherheitswarnung

Viele Unternehmen haben die Probleme auf sich genommen und VPN-Verbindungen für ihre Remote-Anwender eingerichtet. Dabei wurde aber häufig der zusätzliche Schritt vergessen, in dem die Sicherheit der Computer, die diese Mitarbeiter für den Zugriff auf das VPN nutzen, geprüft oder verbessert werden sollte. Der sicherste VPN-Tunnel bietet keinen Schutz, wenn der PC eines Anwenders durch ein Trojanisches Pferd einem Hacker ermöglicht, neben dem legitimen, befugten Datenverkehr durch den VP-Tunnel zu reisen.

> Als Lösung empfiehlt sich, kosteneffiziente Firewalls und Soft- oder Hardware für die Intrusion Detection auf jedem Client einzurichten, der auf das VPN zugreift. Außerdem sollte der aus dem Tunnel kommende Datenstrom ständig überwacht werden. Kombiniert mit einem Echtzeit-Antivirenscanner und regelmäßigen Sicherheits-Scans sollte diese Lösung sicherstellen, dass das VPN nicht zu einer Landebahn für Angriffe in das Unternehmen werden.

1.6 Cisco-Sicherheitszertifizierungen

Cisco bietet zwei Zertifizierungswege, damit der Praktiker Kompetenz im Bereich der Cisco-Sicherheitstechnologien nachweisen kann: Cisco Security Specialist 1 (CSS-1) und Cisco Certified Internet Expert (CCIE) Security. Diese beiden Zertifizierungen zeigen, dass der Inhaber über fundierte Erfahrungen und Fähigkeiten im Einsatz und in der Integration von Cisco-Sicherheitsprodukten, darunter VPN-Systeme, IDS und natürlich PIX-Firewalls, besitzt.

1.6.1 Cisco Security Specialist 1

Die CSS-1-Zertifizierung ist eine der Cisco-Laufbahnen aus der Reihe Qualified Specialist. Eine Person, die die CSS-1-Zertifizierung erreicht hat, hat durch ein Examen bewiesen, dass sie über umfassendes Wissen und Verständnis zu Netzwerksicherheitsverfahren, -technologien und -risiken verfügt. Sie weiß auch, wie Cisco-Sicherheitswerkzeuge installiert, konfiguriert und verwaltet werden, um die Bemühungen in der vorgelagerten Abwehr, bei der Netzwerk- und Host-Intrusion-Überwachung und bei der Verschlüsselung auf Netzwerkebene zu unterstützen.

Anforderungen

Um die CSS-1-Zertifizierung zu erhalten, muss zunächst eine aktuelle CCNA-Zertifizierung (Cisco Certified Network Associate) vorliegen. Damit kann der Kandidat wählen, ob er die spezifische Schulung durch einen Cisco-Training Partner oder über Cisco e-Learning erhalten möchte, um seine Fähigkeiten zu verbessern, oder ob er einfach die notwendigen schriftlichen Prüfungen ablegt. Es besteht keine Verpflichtung, zum Ablegen der Examen eine Schulung zu besuchen. Da die Examen jedoch recht streng angelegt sind, sollte der Kandidat sicherstellen, dass er alle erforderlichen Wissensgebiete, die für die einzelnen Kurse und das entsprechende Examen beschrieben sind, umfassend beherrscht.

Die vier Examen, die zum aktuellen Zeitpunkt abgelegt werden müssen, um die CSS-1-Zertifizierung zu erhalten, sind in Tabelle 1.1 aufgelistet.

Nummer des Examens	Schulungskurs
640-100	Managing Cisco Network Security (MCNS)
9E0-111	Cisco Secure PIX Firewall Advanced (CSPFA)
9E0-572	Cisco Secure IDS with Policy Manager (IDSPM)
9E0-121	Cisco Secure VPN (CSVPN)

Tabelle 1.1: Anforderungen für das CSS-1-Zertifizierungsexamen

> **Hinweis**
>
> Cisco legt Wert auf aktuelle Zertifizierungen, daher werden die Anforderungen für die Zertifizierung ständig Änderungen unterzogen. Aktuelle Informationen über aktive Examen finden Sie auf der Cisco-Website.
>
> Eine Person mit einer CSS-1-Zertifizierung muss diese Zertifizierung in Abständen von zwei Jahren durch ein schriftliches Examen erneuern. Beachten Sie, dass bestimmte Cisco-Partner die CSS-1-Zertifizierung voraussetzen, damit Sie das Spezialgebiet VPN/Sicherheit dort vertreten können.

1.6.2 Cisco Certified Internetwork Expert Security

Die CCIE-Zertifizierung belegt, dass der Inhaber zur Elite der Netzwerkspezialisten gehört. Die extrem anspruchsvolle Laufbahn zur CCIE-Zertifizierung erfordert das Absolvieren einer schriftlichen Prüfung und eines umfassenden Praxisexamens. Als Zusatz zum CCIE-Programm hat Cisco eine Sicherheitslaufbahn für jene entwickelt, die eine zusätzliche herausragende Kompetenz in den Cisco-Sicherheitstechnologien demonstrieren möchten.

Die schriftliche Prüfung

Das schriftliche Cisco-Examen (350-018) CCIE Security deckt folgende Wissensgebiete ab:

- Sicherheitsprotokolle
- Betriebssysteme
- Anwendungsprotokolle
- Allgemeiner Netzwerkbetrieb
- Sicherheitstechnologien
- Cisco-Sicherheitsanwendungen
- Allgemeines Sicherheitswissen
- Allgemeines Cisco-IOS-Wissen

> **Hinweis**
>
> Detaillierte Unterlagen zum schriftlichen Examen CCIE Security finden Sie auf der Cisco-Website unter www.cisco.com/go/ccie.
>
> Bei dem schriftlichen Examen handelt es sich um einen Multiple-Choice-Test am PC, der 100 Fragen enthält. Dem Kandidaten stehen zwei Stunden zur Verfügung, in denen er sein umfangreiches Wissen in den einzelnen Bereichen zeigen kann, um das schriftliche Examen zu bestehen und sich für die Teilnahme am Praxisexamen zu qualifizieren.

Das Praxisexamen

Während das schriftliche Examen eher theoretischer Natur ist und »Bücherwissen« abfragt, werden im Praxisexamen CCIE Security die praktischen Fähigkeiten im Aufbau und Troubleshooting eines mit Cisco-Technologien aufgebauten Netzwerks geprüft. Das Praxisexamen CCIE Security erfordert ein solides Wissen rund um die Themen Routing und Switching, Firewalls und VPNs.

Sie sollten bedenken, dass das erfolgreiche Bestehen der CCIE-Zertifizierung von der Vorbereitung des Kandidaten abhängt, die aus einer Kombination von Selbststudium, Schulungen und praktischer Erfahrung besteht. Es ist unwahrscheinlich, dass Schulungen und Selbststudium allein ausreichen, um das CCIE-Examen zu bestehen, da ein tiefes Verständnis der Cisco-Befehle und -Architektur erforderlich ist. Der Kandidat sollte mit folgenden Ausrüstungskomponenten und Diensten vertraut sein:

- Router der 2500-Serie
- Router der 2600-Serie
- Router der 3600-Serie
- Router der 4000- und 4500-Serie
- Token-Ring-Switches der 3900-Serie
- Catalyst-Switches der 5000-Serie
- PIX-Firewalls
- Certificate Authority Support
- Cisco Secure Access Control System
- Cisco Secure Intrusion Detection System

1.6.3 CSPFA: Das Examen

Das Examen Cisco Secure PIX Firewall Advanced (9E0-111) ist eines der vier Examen, das für die CSS-1-Zertifizierung erforderlich und Schwerpunkt dieses Buchs ist. Es handelt sich um ein computerbasiertes Examen, das 55 bis 65 Fragen enthält und 75 Minuten dauert. Dieses Buch deckt sämtliche Lernziele für das CSPFA-Examen ab und bietet in den meisten Fällen noch weitaus mehr Informationen. Das

Buch hat sich zum Ziel gesetzt, Ihnen nicht nur das erforderliche Wissen zum Bestehen des CSPFA-Examens zu vermitteln, sondern Ihnen darüber hinaus Einblicke in reale Szenarien zu geben, die Sie in die Lage versetzen sollen, Cisco-PIX-Firewalls besser in Ihrer Umgebung einzusetzen und zu verwalten.

Lernziele des Examens

Das CSPFA-Examen deckt folgende Themenbereiche ab:

- Cisco-PIX-Firewall-Technologien und -Funktionen
    - Firewalls
    - Überblick über PIX-Firewalls
- Cisco-PIX-Firewall-Familie
    - PIX-Firewall-Modelle
    - PIX-Firewall-Lizenzen
- Cisco-PIX-Firewall – Einführung
    - Benutzeroberfläche
    - Konfigurieren der PIX-Firewall
    - Untersuchen des PIX-Firewall-Status
    - Zeiteinstellung und NTP-Support
    - ASA-Sicherheitsstufen
    - Basiskonfiguration – PIX-Firewall
    - Konfiguration – Syslog
    - Konfiguration – Routing
    - Konfiguration – DHCP-Server
- Übersetzungen und Verbindungen
    - Transportprotokolle
    - Network Address Translation
    - Port Address Translation
    - Konfigurieren des DNS-Supports
- Access Control Lists und Content Filtering
    - ACLs
    - Verwenden von ACLs
    - URL Filtering
- Objektgruppierung
    - Objektgruppierung – Überblick
    - Objektgruppierung – Einführung
    - Konfigurieren von Objektgruppen
    - Verschachtelte Objektgruppen
- Erweitertes Protokoll-Handling
    - Erweiterte Protokolle
    - Multimedia-Support

- Angriffs-Guards, Intrusion Detection und Shunning
    - Angriffs-Guards
    - Intrusion Detection
- Authentifizierung, Autorisierung und Accounting
    - Einführung
    - Installieren von CSACS für Windows NT
    - Konfiguration – Authentifizierung
    - Downloadbare ACLs
- Failover
    - Informationen zum Failover
    - Konfiguration – Failover
    - LAN-basierte Konfiguration Failover
- Virtual Private Networks
    - PIX-Firewall ermöglicht ein sicheres VPN
    - Konfigurationsaufgaben – IPsec
    - Vorbereiten und Konfigurieren des VPN-Supports
    - Konfigurieren von IKE-Parametern
    - Konfigurieren von IPsec-Parametern
    - Testen und Verifizieren der VPN-Konfiguration
    - Cisco-VPN-Client
    - Skalieren von PIX-Firewall-VPNs
    - PPPoE und die PIX-Firewall
- Systemwartung
    - Remote-Zugriff
    - Autorisierung auf Befehlszeile
- Cisco PIX Device Manager
    - PDM – Überblick
    - PDM – Betriebsanforderungen
    - Vorbereitung – PDM
    - PDM zum Konfigurieren der PIX-Firewall
    - PDM zum Erstellen eines Standort-zu-Standort-VPN
    - PDM zum Erstellen eines Remote-Zugriffs-VPN

1.7 Zusammenfassung

In diesem Kapitel wurde die hohe Bedeutung der Sicherheit für jedes Unternehmen, das heutzutage Netzwerke betreibt, erläutert. Gefahren drohen sowohl von außen als auch von innen. Eine Sicherheitsstrategie muss die Aspekte Vertraulichkeit, Integrität, Verfügbarkeit, Authentifizierung, Zugriffskontrolle und Überwachbarkeit thematisieren.

Jedes Unternehmen mit einer IT-Infrastruktur sollte über eine Datensicherheitsrichtlinie verfügen. Am Entwicklungs- und Wartungsverfahren für diese Richtlinie sollten mehrere Interessengruppen beteiligt werden, die für die verschiedenen Bereiche des Unternehmens stehen. Mit diesem Verfahren geht eine allgemeine Risikobeurteilung einher.

Mit dem Cisco Security Wheel wird ein anhaltender Prozess der Absicherung des Netzwerks, der Überwachung und Reaktion auf Zwischenfälle, des Testens auf Schwachstellen und der Verwaltung und Verbesserung der Sicherheit beschrieben.

Firewalls sind Geräte, die den Datenverkehr zwischen Netzwerken regulieren und filtern. Am häufigsten wird eine Firewall auf einer Internet-Verbindung eingesetzt, doch immer mehr Unternehmen nutzen Firewalls intern, um sensible Bereiche zu segmentieren. Es gibt zwei grundlegende Ansätze im Firewall-Design: Paketfilter, die auf der Netzwerkschicht arbeiten, und Anwendungs-Proxies, die auf der Anwendungsschicht arbeiten und Details von bestimmten Anwendungen erkennt. Paketfilter bieten den Vorteil der Geschwindigkeit, bei Proxies liegt der Vorteil in der Sicherheit. Stateful-Paketfilter, eine Weiterentwicklung der ursprünglichen Paketfilter, besitzen die Intelligenz, Verbindungen zu verfolgen, um fundiertere Entscheidungen in Hinblick auf das Durchlassen/Blockieren treffen zu können.

Firewall-Architekturen beinhalten häufig ein oder mehrere DMZ-Netzwerke. Diese ermöglichen, dass Dienste für das Internet zur Verfügung gestellt werden können, während sie weiterhin durch die Firewall geschützt bleiben und vom internen LAN getrennt sind.

Durch die Network Address Translation kann ein Unternehmen private, nicht eindeutige Adressen auf internen Netzwerken verwenden. Diese Adressen werden zu global eindeutigen Adressen für das Routing im Internet umgewandelt. NAT bietet zudem Sicherheit, indem interne Netzwerkdetails vor der Außenwelt verborgen bleiben.

Virtual Private Networks werden heutzutage durch einen Großteil der wichtigsten Firewalls unterstützt. Durch VPNs erhalten Remote-Standorte und -Anwender über das Internet einen authentifizierten und vertraulichen Zugriff auf das Unternehmensnetzwerk.

Cisco bietet zwei sicherheitsspezifische Zertifizierungsprogramme: CSS-1 und CCIE Security. Für CSS-1 ist die CCNA-Zertifizierung Voraussetzung. Zudem müssen vier schriftliche Tests bestanden werden, die die Themen Sicherheitsgrundlagen, VPNs, PIX-Firewalls und Intrusion Detection abdecken. Bei CCIE Security handelt es sich um eine erweiterte Zertifizierung, die neben einem schwierigen schriftlichen Examen eine strenge praktische Prüfung erfordert.

1.8 Lösungen im Schnelldurchlauf

Die Bedeutung der Sicherheit

- Aufgrund der stetigen Ausdehnung von Netzwerkverbunden zwischen Unternehmen und den zunehmenden Fähigkeiten von Hackern war die Bedeutung der Datensicherheit noch nie so groß wie heutzutage.
- Zu den grundlegenden Sicherheitsbereichen zählen Vertraulichkeit, Integrität, Verfügbarkeit, Authentifizierung, Autorisierung und Überwachbarkeit.
- Das Internet und die zugehörigen Protokolle wurden ursprünglich nicht mit besonderem Augenmerk auf die Sicherheit entwickelt. Daraus folgt, dass zusätzliche Maßnahmen erforderlich sind, um die Informationsgüter mittels definierter und dokumentierter Verfahren, weiteren Technologien und einem Sicherheitsbewusstsein zu schützen.
- Die größte Gefahr für ein Unternehmen entsteht, wenn ein Angestellter und ein Verbündeter intern Datenmissbrauch betreiben. Eine vorgelagerte Abwehr ist zwar wichtig, sollte aber nicht die einzige Schutzmaßnahme bleiben.

Einrichten einer Sicherheitsrichtlinie

- Eine wohl durchdachte Sicherheitsrichtlinie bildet die Grundlage für alle anderen Aktivitäten im Zusammenhang mit der Datensicherheit. Sie sollte einen allgemeineren Gültigkeitsbereich definieren, so dass Änderungen in der Belegschaft oder in der Technologie nicht gleichzeitig bedeuten, dass auch die Richtlinie geändert werden muss.
- Die Teilnahme von Vertretern in Schlüsselpositionen am Richtlinienentwicklungsprozess ist von wesentlicher Bedeutung, um breite Unterstützung für die Richtlinie zu gewinnen.
- Der Richtlinienentwicklungsprozess sollte eine unternehmensweite Risikobeurteilung und eine Dokumentation der kritischen Informationsflüsse einschließen.
- Die Richtlinien der höheren Ebene beeinflussen die unteren Ebenen und leiten die Einrichtung spezifischer Standards, Prozesse und Vorgehensweisen.

Das Cisco Security Wheel

- Beim Cisco Security Wheel handelt es sich um ein Modell, das in grafischer Form den stetigen Prozess für den Erhalt der Sicherheit zeigt.
- Basierend auf der Sicherheitsrichtlinie enthält das Wheel vier Hauptfunktionen: Sichern, Überwachen und Reagieren, Testen sowie Verwalten und Verbessern.
- Für jede der Funktionen aus dem Security Wheel stehen viele kommerzielle und auch kostenlose Werkzeuge zur Verfügung.

Firewall-Konzepte

- Firewalls werden meist zwischen dem internen Netzwerk eines Unternehmens und dem Internet eingesetzt. Doch in zunehmendem Maße werden sie innerhalb des internen LAN eingesetzt, um verschiedene, separate Vertrauenszonen einzurichten.
- Es gibt zwei grundlegende Ansätze im Firewall-Design: Paketfilter und Anwendungs-Proxies. Viele Paketfilter bieten die Möglichkeit, aktive Verbindungen zu verfolgen. Sie bieten im Allgemeinen eine höhere Geschwindigkeit und die größte Flexibilität. Anwendungs-Proxies werden als sicherer eingestuft, doch sie erfordern für jede durch die Firewall laufende Anwendung einen speziellen Proxy Agent.
- Firewall-Richtlinien sollten umfassend und mit geschäftlicher Begründung dokumentiert werden. Für die Durchführung von Änderungen sollte ein definiertes Verfahren vorhanden sein.
- Die Adressübersetzung ermöglicht die Verwendung privater, nicht routingfähiger IP-Adressen im internen (lokalen) Netzwerk, die auf der Firewall in global eindeutige Adressen zum Routen im Internet übersetzt werden.
- Die meisten Firewalls bieten Unterstützung für Virtual Privat Networks (VPNs), durch die andere Standorte und Remote-Anwender sich über verschlüsselte Tunnel mit dem Unternehmensnetzwerk verbinden können.

Cisco-Sicherheitszertifizierungen

- Wenn Sie die Zertifizierung Cisco Security Specialist 1 erreichen möchten, müssen Sie ein solides Wissen über die Themenbereiche Cisco Network Security, PIX-Firewalls, VPN-Lösungen und Cisco Secure IDS nachweisen, indem Sie vier schriftliche Examen bestehen. Die CCNA-Zertifizierung wird vorausgesetzt.
- Die Zertifizierung CCIE Security ist extrem komplex und erfordert detailliertes Wissen aus den Gebieten Netzwerkbetrieb, PIX-Firewalls und VPNs. Das Zertifizierungsverfahren CCIE Security enthält ein schriftliches und auch ein praktisches Examen.

1.9 Häufig gestellte Fragen/FAQs

Wie kann ich meine Geschäftsleitung davon überzeugen, dass die Sicherheit von hoher Bedeutung ist und mehr in diesen Bereich investiert werden muss?

Leider hat die Geschäftsleitung in vielen Unternehmen bei der Definition der Geschäftsrisiken versäumt, die vorhandenen Informationsgüter mit einzubeziehen. Das Problem liegt im Allgemeinen darin, dass sich die meisten anderen Risiken zahlenmäßig greifen lassen und daher die Kosten zum Eindämmen dieser Risiken leicht zu kalkulieren sind. Die Datensicherheit ist ein schwierigeres Problem, da gültige Zahlen, anhand derer ein Unternehmen die Wahrscheinlichkeit eines Sicherheitszwischenfalls und die Kosten für die Behebung bestimmen könnte, nicht zur Verfügung stehen. Die Berechnung wird einfacher, wenn man verschiedene Industrieumfragen und Berichte über direkte Verluste zurate zieht, doch das scheinbar zufällige Auftreten dieser Angriffe macht solch eine Quantifizierung sehr schwer.

In Hinblick auf die Datensicherheit herrscht in der Geschäftsleitung häufig die Sichtweise, dass Geld (und häufig sehr viel Geld) zum Schutz gegen etwas ausgegeben wird, das ohnehin niemals geschehen wird. Sehr oft muss es erst zu einem ernsten Sicherheitseinbruch oder einer Heimsuchung durch einen Wurm kommen, damit Geld locker gemacht wird. Solange dieses Ereignis (glücklicherweise) ausbleibt, sollten Sie so viele Daten wie möglich sammeln. Schließen Sie sich Handelsgruppen und Datensicherheitsverbänden an, damit Sie mit anderen Personen aus Ihrem Geschäftsbereich oder Ihrer Branche reden können. Dokumentieren Sie die Risiken und Gefahren, die Sie erkennen und erfahren, und beschreiben Sie dabei die geschäftlichen Vorteile, die aus einer Investition in diesem Bereich entstehen werden.

Wie kann ich eine Richtlinie entwickeln, wenn meine Firma einen sehr lässigen und vertrauensvollen Ansatz in Sachen Sicherheit vertritt?

Sprechen Sie mit Mitarbeitern aus verschiedenen Positionen Ihres Unternehmens, um zu erfahren, was diese als Hauptrisiken empfinden. Für jedes Unternehmen bestehen Risiken, daran ändert auch eine bestimmte Unternehmenskultur nichts. Versuchen Sie die Vertreter der verschiedenen Positionen von den Vorteilen des Datenschutzes zu überzeugen. Betonen Sie, dass die Daten, wenn nicht vor den Mitarbeitern, so doch vor externen Angreifern geschützt werden müssen. Ein guter Anfang ist die Erstellung einer Acceptable-Use-Richtlinie.

Mir steht kein ausreichendes Personal für eine angemessene Sicherheitsverwaltung zur Verfügung. Wie kann ich dennoch zufrieden stellend arbeiten?

Sie müssen bei Ihren Aktivitäten Prioritäten setzen und wo immer es möglich ist Aufgaben automatisieren. Führen Sie eine Risikoanalyse durch, bewerten Sie, wo die größten Gefahren liegen, und führen Sie dann die notwendigen Schutzmaßnahmen durch. Richten Sie eine sichere Konfigurationsbasis für alle Betriebssystemplattformen ein, von denen sämtliche neuen Systeme aufgebaut werden. Entwickeln Sie einen gut durchdachten Verwaltungsprozess, damit es für Sie einfacher bleibt, bei Patches auf dem neuesten Stand zu bleiben. Wenn Sie anfänglich strukturierte Maßnahmen zur Absicherung Ihres Netzwerks durchführen, werden Sie weniger taktische Probleme bekommen.

Ich habe eine neue Web-Anwendung, die mit einem Datenbank-Server in meinem internen LAN kommunizieren muss. Wie kann ich diese Anwendung mit meiner Firewall sicher machen?

Setzen Sie Ihren Web-Server in das DMZ-Netzwerk. Erstellen Sie Regeln zum Filtern des Datenverkehrs, der von außen in Ihren Web-Server gelangt. Es sollte nur auf die Ports HTTP (TCP 80) und HTTPS (TCP 443) sowie auf jene, die zur Ausführung der Anwendung erforderlich sind, zugegriffen werden können. Beschränken Sie dann den Inbound-Verkehr derart, dass dieser nur von der IP-Adresse des Web-Servers kommt und nur zu den Ziel-Port-Nummern des Datenbank-Servers geht. Überwachen Sie die Backend-Verbindung ständig und richten Sie auf dem DMZ eine netzwerkbasierte und eine Host-basierte Intrusion Detection auf den Web- und Datenbank-Servern ein, um bösartige Aktivitäten zu erkennen.

Kapitel 2

PIX-Firewalls: Einführung

Lösungen in diesem Kapitel:
- Leistungsmerkmale von PIX-Firewalls
- PIX-Hardware
- PIX-Lizenzierung und -Upgrades
- Die Befehlszeilenschnittstelle

2.1 Einführung

Eine gute Sicherheitsadministration bedeutet Arbeit. Daher ist für viele Unternehmen die Pflege der Sicherheit angesichts einer großen Anzahl interner Computer schwierig. Zum Schutz ihrer Geräte vor einer feindlichen Unterwanderung errichten Unternehmen häufig einen Sicherheitswall oder eine »Schutzperipherie«. Geräte innerhalb dieser Schutzperipherie kommunizieren mit dem restlichen Unternehmensnetz (oder dem Internet) nur über eine kleine Gruppe sorgsam verwalteter Geräte/Systeme, die als Firewalls bezeichnet werden. Diese Geräte ermöglichen Zugriffskontrollen, um die internen Hosts vor ungewollten Zugriffen zu schützen. Darüber hinaus können sie auf der Netzwerkschicht Kontrollfunktionen hinsichtlich Befugnissen und Überwachung bieten.

In zunehmendem Maße bieten diese Firewalls zusätzliche Sicherheits- oder Performance-Services. Da sie sich an einer Position im Netzwerk befinden, über die die gesamte Kommunikation mit dem Endgerät gesteuert wird, können eine Reihe verschiedener Service-Erweiterungen ganz natürlich in sie integriert werden.

Selbst in Umgebungen mit hohen Sicherheitsansprüchen, in denen die Ressourcen zur Verstärkung und zur anhaltenden Pflege der Sicherheit für die Endanwendung zur Verfügung stehen, können Firewalls eine wichtige Rolle spielen. Zusätzlich zu den zuvor beschriebenen Leistungsmerkmalen, können Firewalls zur Unterstützung einer umfassenderen Abwehr beitragen: Verschiedene Schutztechnologien unterstützen höhere Vertrauensstufen, wenn es auf einer Stufe zu Versäumnissen oder Fehlern kommt. Der Einsatz mehrerer Kontroll- und Steuermechanismen entspricht zudem dem Konzept von der Trennung der Aufgaben/Pflichten: Verschiedene Gruppen bieten Unterstützung für die Sicherheit auf der Anwendungsschicht sowie auf der Netzwerkschicht und stellen sicher, dass das System weder durch eine einzelne Person noch durch eine Gruppe kompromittiert werden kann. Daher nehmen Firewalls in jedem Netzwerksicherheits-Design eine bedeutungsvolle Stellung ein.

Die Cisco-PIX-Firewalls gehören zu einer Reihe von Geräten mit Weltklasseniveau in Sachen Sicherheit, hoher Performance und Zuverlässigkeit. Die ausgereifte Produktreihe wird schon seit 1995 erfolgreich in Unternehmens- und Service-Provider-Netzwerken eingesetzt. Cisco-PIX-Firewalls sind für den Einsatz in vielen verschiedenen Umgebungen geeignet – angefangen beim SOHO-Bereich (Small Office/Home Office) bis hin zu sehr großen Unternehmen und Service-Providern. Als eine der führenden Firewalls auf dem heutigen Markt bietet die PIX Unterstützung für komplexe Protokolle, modernste VPN-Technologien und Intrusion-Detection-Features (Funktionen, die das unbefugte Eindringen in Netzwerke erkennen können).

In diesem Kapitel werden einige der wichtigsten Leistungsmerkmale beschrieben, die die Cisco-PIX-Firewalls zu bieten haben. Sie lernen verschiedene Modelle der PIX kennen und erfahren, für welche Art von Umgebung sie geeignet sind. Anschließend werden wir die Basiskonfiguration einer PIX-Firewall über die Befehlszeilenschnittstelle durchführen.

2.2 Leistungsmerkmale von PIX-Firewalls

Die PIX-Firewalls der 500er-Reihe nehmen aus gutem Grund eine marktführende Stellung bei den Sicherheitsgeräten ein. Neben der stabilen Performance in einer Firewall bieten sie gleichzeitig eine in hohem Maße skalierbare Architektur, die von Plug&Play-Geräten aus dem SOHO-Umfeld bis hin zu Firewalls der Carrier-Klasse mit Verbindungen im Gigabit-Bereich reicht. Sie stellen Schutzdienste zur Verfügung, über die die Aufgaben einer Firewall definiert werden. Von der Stateful Packet Inspection über Content Filtering, VPN-Terminierung bis hin zur Übersetzung von Adressen, der Unterstützung von PKI-Anwendungen und der Sicherheit für Multimedia-Anwendungen – das Leistungsspektrum der PIX hat nahezu keine Grenzen.

Eine solche Flexibilität erfordert logischerweise eine sorgfältige und korrekte Konfiguration der Geräte/Systeme. Wenn Sie bereits mit der Konfiguration eines Routers über die Befehlszeile vertraut sind, können Sie sich glücklich schätzen, für die PIX wird eine recht ähnliche Befehlszeilenschnittstelle verwendet. Natürlich ist die Verwaltung der PIX Ciscos Standard-Management-Tools wie Cisco Works angepasst worden, so dass sie sich problemlos in Ihre LAN/WAN-Umgebung integrieren lässt.

2.2.1 Eingebettetes Betriebssystem

Bei vielen Firewalls dient ein allgemeines Betriebssystem als Basis. Das hat für die Wartung und Pflege die Konsequenz, dass es nicht nur auf eine sorgfältige und korrekte Konfiguration ankommt, sondern auch darauf, dass das Basisbetriebssystem abgesichert und mit entsprechenden Patches versorgt wird. Durch diesen Umstand entstehen langfristig höhere Kosten, und außerdem müssen Sie potenziell mit einem größeren Sicherheitsrisiko rechnen.

Bei einem eingebetteten Betriebssystem handelt es sich um dasjenige, das sich im Gerät selbst und zudem resident im ROM befindet. Wartungs-/Pflegekosten werden verringert, da weder Anpassungen noch Konfigurationen am Betriebssystem erforderlich sind – es muss lediglich der Download eines einzelnen Images, das dann im Flash-Speicher abgelegt wird, erfolgen. Das Risiko, dass dabei etwas schief geht, ist gering. Sie können nicht versehentlich versäumen, einen nicht benötigten Service zu deaktivieren, da alle Services der Firewall optimal auf die entsprechenden Funktionen eines Sicherheitssystems abgestimmt sind und nur diese genutzt werden.

Anders als einige Systeme, deren Grundlage ein allgemeiner Kernel wie Linux oder Windows CE ist, basiert die PIX auf einem festen Betriebssystem, das speziell auf die Erfüllung von Sicherheitsdiensten ausgerichtet ist. Dieses Betriebssystem arbeitet mit einem »abgespeckten« Kernel, was sich positiv auf die Zertifizierung und Validierung auswirkt: Das PIX-OS wurde getestet, um eine Hersteller-Zertifizierung zu erhalten. Dabei wurde es sowohl den Zertifizierungskriterien für Firewall-Produkte der ICSA Labs als auch den schwer zu entsprechenden Anforderungen der Common Criteria EAL4-Zertifizierung der International Standards Organization (ISO) unterzogen. Diese Tests beweisen, dass das positive, auf Basis gut durchdachter kommerzieller Entwicklungspraktiken durchgeführte Sicherheits-Engineering von Cisco Ihnen maximale Sicherheit beim Einsatz des Betriebssystems garantiert. Die Vereinfachung des Kernels bietet darüber hinaus Vorzüge in Hinblick auf den Durchsatz; die PIX 535 unterstützt bis zu 256.000 simultane Verbindungen und übertrifft mit dieser Leistung entschieden die Fähigkeiten eines UNIX- oder Windows-basierten Betriebssystems auf gleichwertiger Hardware.

Ein wichtiger Vorteil der Software auf einer PIX-Firewall liegt in ihrer Ähnlichkeit zum Cisco IOS. Durch diese Tatsache sind die zuständigen Netzwerkbetreuer schnell in der Lage, die Verwaltung der PIX-Firewalls in den Griff zu bekommen, bei gleichzeitiger Reduzierung der Administrationskosten. Sie müssen kein UNIX- oder Windows 2000-Experte sein, um ein VPN oder eine Firewall einzurichten.

2.2.2 Adaptive Security Algorithm

Im Kern der PIX arbeitet ein Algorithmus namens Adaptive Security Algorithm (ASA). Der ASA-Algorithmus ist ein Mechanismus, mit dem entschieden wird, ob Pakete die Firewall passieren dürfen. Die herangezogenen Kriterien für diese Entscheidung entsprechen der Richtlinie für die Datenflusskontrolle, die in der ACL (Access Control List, Zugriffskontrollliste) implementiert wurde. Die PIX vergleicht die Paketinformationen mit den gültigen Kriterien und entscheidet dann, ob das Paket passieren darf oder blockiert werden muss.

Betrachten wir diesen Vorgang in einzelnen Schritten. Zunächst haben wir da das Konzept eines Datenstroms. Pakete, die über ein Kabel fließen, besitzen spezielle Charakteristika, anhand derer sie sich identifizieren lassen: IP-Adressen von Quelle und Ziel, mitunter Nummern, die dem Kommunikationstyp (Ports) von Quelle und Ziel zugeordnet sind, Nummern wie IP-IDs oder für die Synchronisierung und Bestätigung, die kenntlich machen, wohin ein Paket innerhalb einer bestimmten Verbindung gehört. Wenn Sie eine Webseite öffnen – beispielsweise www.cisco.com/index.html – erstellen Sie eine Verbindung zwischen Ihrem Browser und dem Web-Server. Ein Stückchen HTML-Code wird übertragen, falls es zuvor nicht in den Cache gelegt wurde. Diese Textseite ist ungefähr 90K groß. Der Text kann dann zusätzliche Verbindungen für all die eingebetteten Bilder öffnen. Dieser Prozess ist wie eine Art »Tanz« zwischen Browser und Server – ein »Handshake«, um die Verbindung zu initialisieren, eine »Aufforderung«, um die angeforderten Daten zu bestimmen, eine »Antwort«, um mitzuteilen, ob die Daten zur Verfügung stehen und schließlich die Daten selbst. Da diese Datei so groß ist, werden die Schritte in vielen Paketen zwischen Browser und Web-Server ausgeführt. Dabei fließen Daten vom Server »herunter« und eine Empfangsbestätigung für die Daten vom Browser »hinauf«.

Die Richtlinie für die Datenflusskontrolle bestimmt die Art von Daten (Informationen), die durch das Netzwerk fließen dürfen. Ein Beispiel für solch eine Richtlinie könnte lauten: »Wenn der Datenstrom von einem internen Anwender angestoßen wurde, darf er passieren, sollte er jedoch durch jemanden von außen initiiert worden sein, so soll er blockiert werden«.

Die ACL ist eine Tabelle mit einem Mechanismus, über den Sie diese Richtlinie implementieren können. Dabei werden diese unterscheidbaren Nummern mit jenen aus einer Datenbank verglichen, um zu erkennen, ob das Paket den Kriterien der Richtlinie entspricht. Zeigt der Vergleich mit der Datenbank, dass dies nicht der Fall ist, wird das Paket verworfen und ggf. aufgezeichnet.

Bei den ersten Routern wurden feste Access Control Lists verwendet, um zu entscheiden, ob ein Paket geroutet werden sollte. Verglichen wurden dabei grundlegende Informationen über das Paket, z.B. die IP-Adresse von Quelle und Ziel, der Typ des angeforderten Dienstes oder, bei manchen Diensten wie beispielsweise TCP, individuelle Flags auf dem Paket. Dann wurde anhand fester Regeln entschieden, ob der Datenverkehr geroutet oder verworfen wurde. Eine feste Regel könnte beispielsweise jedes Paket zulassen, bei dem es sich möglicherweise um ein »Return«-Paket handelt, da ein solches Paket unter bestimmten Umständen gültig sein könnte. Dies ist kein so großes Problem, da ein »Return«-Paket, sollte es nicht durch den ursprünglichen Host angefordert worden sein, ohnehin von dem Host verworfen werden sollte. Dennoch kann diese Situation zu einem Informationsleck führen, daher empfiehlt es sich, solche Pakete loszuwerden, wenn es möglich ist.

Das Konzept von einem State (Status) fußt auf der Idee, dass sich ACLs im Laufe der Zeit vielleicht verändern sollten. Ein Stateful Packet Filter (SPF) ermöglicht eine dynamische Regelbasis – wenn das Paket beispielsweise von der Außenseite nach innen kommt, sollten Sie überprüfen, ob das Paket Teil eines zuvor geöffneten Datenstroms war. Nun, da wir nur Pakete wieder hereinlassen, falls sie zuvor autorisiert wurden, kann dieser Cisco-Web-Server uns keine Daten senden, es sei denn, wir haben sie zuvor angefordert.

Das größte Problem bei festen Regeln ist, dass wir, um verschiedene Arten von Datenverkehr – z.B. FTP – zuzulassen, ACLs mit entsprechenden Befugnissen und überschreibendem Charakter implementieren müssten. Bei einer FTP-Verbindung werden zwei TCP-Datenflüsse entwickelt. Der erste, der Befehlskanal, fließt vom Client hinaus zum Server – von innen nach außen. Router können in der Regel die Richtung dieses Flusses erkennen und diesen Datenverkehr wie zuvor beschrieben zulassen. Der zweite, der Datenkanal, wird durch den FTP-Server ausgehandelt und fließt vom Server zurück zum Client – von außen nach innen. Darüber hinaus variiert der TCP-Port – eine Diensterkennungsfunktion vergibt eine ID für den Port – abhängig von der Anzahl der Dateien, die der Server seit dem erneuten Booten übertragen hat; somit müsste die ACL den gesamten Inbound-Verkehr auf einem großen Bereich von TCP-Ports zulassen. Dies würde bedeuten, dass ein böswilliger Anwender in diesen Bereichen eine Freikarte für das Netzwerk erhalten würde. Daher sind ACL-basierte Router-Firewalls nicht viel mehr als die Käseschicht, die die Löcher eines Schweizer Käses umgibt!

Die kluge Idee wäre, die Aushandlungen zwischen FTP-Server und Client zu beobachten. Dies ist Teil des State-Konzepts. Ausgerüstet mit dieser Information kann die Firewall nun nur den erforderlichen Port für den Inbound-Datenfluss öffnen – und zwar nur, während die Übertragung aktiv ist. Im Laufe der Zeit führt sie dabei dynamische Änderungen an den ACLs durch. Auf diese Weise kann die Firewall auf eine weit anspruchsvollere Weise als mit einer statischen Regel autorisierten Datenverkehr zulassen und nicht erwünschten Verkehr blockieren.

State (Status)

Mit *State* wird eine Methode bezeichnet, bei der die Firewall die Historie des durchgelassenen Datenverkehrs verfolgt und das jeweils neu ankommende Paket mit der vorangegangenen Historie vergleicht. So kann sie erkennen, ob das Paket durch die Regeln in der Richtlinie für den Datenfluss zugelassen wird. Die Verfolgung des State hat zudem eine positive Auswirkung auf die Performance: Wird erkannt, dass ein Paket den bereits durchgelassenen Paketen gleicht, muss keine komplette Analyse in Bezug auf die Richtlinienregeln der Firewall erfolgen – das Paket wird auf der Basis des vorhandenen State durchgelassen. Auf diese Weise kann die PIX mit weitaus besseren Verbindungsraten operieren, als es bei statischen Access Lists möglich ist.

Ein Schlüsselbestandteil für den State ist die Verfolgung oder Aufzeichnung aktiver Verbindungen. Wenn wir etwas beim ursprünglichen Start einer Verbindung in die Verbindungstabelle setzen und dies beim Schließen der Verbindung wieder entfernen, bekommen wir eine erste Idee vom Konzept »von der Ähnlichkeit eines neuen Pakets mit bereits durchgelassenen«. Diese Daten werden in der Verbindungstabelle (CONN) gespeichert.

Die PIX hat die Fähigkeit, diese zuvor beschriebenen charakteristischen Informationen wie IP-Adresse und Port-Informationen neu einzutragen. Denn ein weiterer Bestandteil für den State liegt im Vermerken der IP-Adresse und der Port-Informationen, die sie zuletzt gesehen hat, und auch im Vermerk, wie sie zuvor eben diese Daten behandelt hat. Die Firewall muss sich merken können, wie sie Daten aus einem geschützten Netz in die Außenwelt »übersetzt« hat. Diese Daten werden in der Übersetzungstabelle (XLATE) gespeichert.

Es folgen Beispiele für die Ausgaben der Tabellen XLATE und CONN, wie sie durch das PIX-OS auf einer nicht tätigen Firewall angezeigt werden:

```
PIX1# show xlate
3 in use, 112 most used
PAT Global 63.110.38.230(1225) Local 10.10.10.11(32775)
PAT Global 63.110.38.230(22451) Local 10.10.10.11(4025)
PAT Global 63.110.38.230(22450) Local 10.10.10.11(32778)
PIX1# show conn
1 in use, 26 most used
TCP out 63.122.40.140:21 in 10.10.10.11:32775 idle 0:00:10 Bytes 154
    flags UIO
```

Aus diesem Code lässt sich ablesen, dass sich ein Anwender auf Computer 10.10.10.11 mit der IP-Adresse 63.122.40.140 auf Port 21 (FTP) verbunden hat. Die Übersetzung findet zwischen Socket 63.110.38.230, 1225 auf der Außenseite und Socket 10.10.10.11, 32775 auf der Innenseite statt. Die Flags aus der Verbindungstabelle zeigen, dass die Verbindung steht und dass es Inbound- und Outbound-Verkehr gibt. Ein wenig später:

```
PIX1# show conn
1 in use, 26 most used
TCP out 63.122.40.140:21 in 10.10.10.11:32775 idle 0:06:48 Bytes 216
    flags UFRIO
```

Beachten Sie, dass der Idle-Zähler größer ist (der Verkehrsfluss ist im Stillstand (idle), es wurden keine Pakete empfangen), ein paar weitere Bytes sind vorbeigeflossen und die Flags zeigen nun F für *outside FIN*, und R für *outside acknowledged FIN*.

Dies zeigt, dass die Firewall die Übertragung registriert hat. Zusätzlich zu den Basisaufgaben beim korrekten Durchlassen des Datenverkehrs (es findet eine Adressübersetzung statt, dem muss Rechnung getragen werden), richtet die PIX ein Auge auf den transportierten Verkehr. Port 21 bedeutet FTP, daher weiß die Firewall, dass es sich um eine Inbound-Verbindung handeln könnte. Sie weiß anhand der Informationen aus der ersten Ausgabe, dass der Verkehr zwischen diesen beiden Computern auf diesen Socket-Paaren erwartet wird und durchgelassen werden soll. Sie weiß anhand der Informationen aus der zweiten Ausgabe, dass der Verkehr zwischen diesen beiden Computern nicht weiter erfolgen sollte, da die beiden Seiten einander zurückgesetzt haben, und dass es sich bei etwaigen Streupaketen entweder um verloren gegangene Wiederholungsübertragungen handelt oder dass jemand etwas tut, was er nicht tun sollte. Die Firewall hat im Verlaufe der Zeit etwas über den Transfer »gelernt« und ist in der Lage, ihre Regeln als Reaktion auf den bereits erfolgten Verkehr zu ändern.

Sicherheitsstufen

Als die ersten Firewalls implementiert wurden, hatten sie gewöhnlich nur zwei Schnittstellen: das externe, oder »schwarze« Netzwerk und das innere, oder »rote« Netzwerk. Diese Schnittstellen entsprachen dem Grad des Vertrauens. Da die innere Seite kontrolliert war und »uns gehörte«, konnten wir zulassen, dass nahezu alle Daten, die aus dem roten Netzwerk stammten, fröhlich in das schwarze Netzwerk reisen durften. Da die äußere Seite »ihnen gehörte«, haben wir darüber hinaus fast alle Daten, die aus dem schwarzen Netzwerk stammten und in die Firewall hineinkommen wollten, gnadenlos blockiert.

Dem modernen Stil von heute entspricht die Einrichtung eines DMZ-Netzwerks oder mehrerer Service-Netzwerke. Dies macht die Vorstellung von »uns« und »ihnen« weitaus komplexer. Die PIX 535 verfügt über ein modulares Gehäuse, das bis zu 10 Schnittstellen unterstützen kann! Mithilfe des Befehls `nameif` können Sie eine Sicherheitsstufe zuweisen. Dabei handelt es sich um einen Ganzzahlwert zwischen 0 und 100. Sorgen Sie dafür, dass Sie jeder Schnittstelle einen anderen Wert zuordnen. Wenn Sie Ihre Sicherheitszonen entwerfen, sollten Sie die Zonen nach Vertrauensgraden ordnen und den Ebenen dann die Ganzzahlwerte entsprechend dem Vertrauen, das Sie dem Netzwerk entgegenbringen, zuweisen. Dabei gilt, 0 steht für die Außenwelt (nicht vertrautes Netzwerk) und 100 für die Innenseite (das vertraute Netzwerk). Nutzen Sie die Werte zwischen 0 und 100 für relative Vertrauensebenen.

Die Funktionsweise von ASA

Einfach gesagt sorgt der ASA-Algorithmus dafür, dass der Datenverkehr von einer höheren Sicherheitsstufe zu einer niedrigeren Sicherheitsstufe fließen kann, außer wenn er durch die Befehle `conduit` oder `access-list` modifiziert wurde. Die Beschreibung aus dem Manual ist ein wenig förmlicher:

- Kein Paket kann die PIX-Firewall ohne eine Verbindung und einen State überqueren.
- Outbound-Verbindungen oder -States sind zulässig, außer jene, die explizit durch Access Control Lists abgelehnt werden. Eine Outbound-Verbindung liegt dann vor, wenn sich der Urheber oder Client auf einer Schnittstelle mit einer höheren Sicherheitsstufe befindet als der Empfänger oder Server. Die höchste Sicherheitsstufe ist stets die interne Schnittstelle, während die niedrigste auf der externen Schnittstelle liegt. Jede Peripherieschnittstelle kann eine Sicherheitsstufe darstellen, die zwischen den Werten für die interne und die externe Schnittstelle liegt.
- Inbound-Verbindungen oder -States werden abgelehnt, außer jene, die explizit gestattet sind. Eine Inbound-Verbindung liegt dann vor, wenn sich der Urheber oder Client auf einer Schnittstelle mit einer niedrigeren Sicherheitsstufe befindet als der Empfänger oder Server. Sie können in einer einzelnen *xlate* (Übersetzung) mehrere Ausnahmen anwenden. Auf diese Weise können Sie den Zugriff von einem willkürlichen Computer, Netzwerk oder Host auf den durch die *xlate* definierten Host zulassen.
- Alle ICMP-Pakete werden abgelehnt, außer sie werden explizit zugelassen.
- Sämtliche Versuche, die genannten Regeln zu umgehen, werden verworfen. Zudem wird eine Nachricht generiert. Diese wird in Abhängigkeit von der Schwere des Versuchs und der lokalen Konfiguration an ein Management-Modul (lokaler Puffer, SNMP-Trap, SYSLOG, Konsole) gesendet. (Bedenken Sie, dass auch normaler Datenverkehr, ebenfalls abhängig von der Konfiguration, eine Aufzeichnung auslösen kann. Im höchsten Debugging-Modus löst jedes Paket eine Warnung aus!)

Technische Details rund um ASA

Die PIX ist eine Internet-Protocol-Firewall. Nur IP-Pakete werden akzeptiert und durchgelassen, alle anderen Pakete werden verworfen. Es lohnt sich, wenn wir uns einen Augenblick den Protokolldetails zuwenden, um zu verstehen, nach welchen Daten die PIX Ausschau hält und wie sie diese Informationen nutzt.

Internet Protocol IP ist ein nicht zuverlässiges, routingfähiges Paketübertragungsprotokoll. Alle Protokolle der oberen Schichten nutzen IP zum Senden und Empfangen von Paketen. IP erhält Segmente von der Transportschicht, teilt sie in Pakete auf und übergibt sie an die Netzwerkschicht.

IP-Adressen sind logische Adressen, die den jeweiligen Knoten in einem TCP/IP-Netzwerk zugewiesen werden. Die IP-Adressierung wurde mit dem Ziel entwickelt, das Routing von Paketen über Verbundnetzwerke hinweg zu ermöglichen. Da IP-Adressen leicht zu ändern oder vorzutäuschen bzw. betrügerisch zu verwenden sind (Spoofing), sollten Sie sich in nicht vertrauten Umgebungen nicht auf sie verlassen, wenn es um Identifikation geht. Wie die Abbildung 2.1 zeigt, werden die Quell- und Zieladressen in den IP-Header geschrieben.

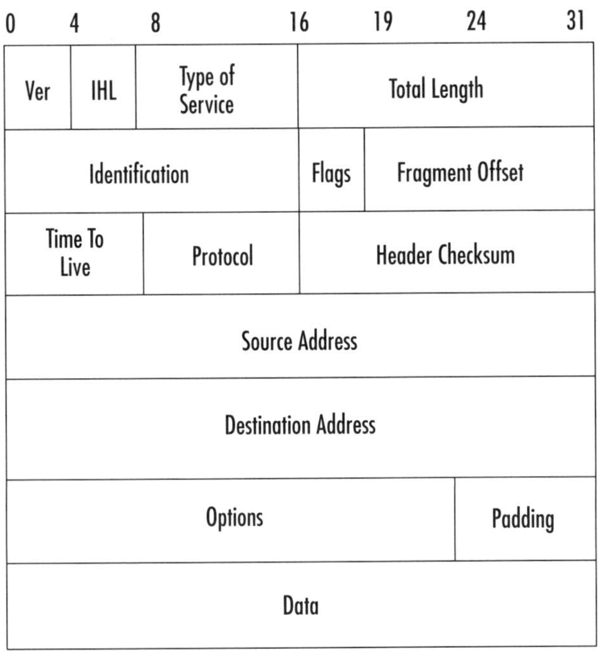

| 0 | 4 | 8 | 16 | 19 | 24 | 31 |

Ver	IHL	Type of Service	Total Length		
Identification		Flags	Fragment Offset	
Time To Live	Protocol		Header Checksum		
Source Address				
Destination Address				
Options			Padding	
Data				

Abb. 2.1: IP-Header

Lassen Sie uns im Schnelldurchgang die wichtigsten Felder aus Abbildung 2.1 ins Gedächtnis rufen. Die meisten sind nicht relevant für das Examen, doch der kurze Überblick hilft Ihnen, die Funktionsweise der PIX besser zu verstehen.

- Der Parameter protocol zeigt das Protokoll der höheren Schicht, das IP verwendet. Der dezimale Wert für TCP ist 6 und für UDP 17. Die Liste mit den zugeordneten Nummern ist unter folgender Adresse abrufbar: www.isi.edu/in-notes/iana/assignments/protocol-numbers. Dieses Feld ist wichtig für den Befehl access-list. Die Syntax für diesen Befehl ist wie folgt:

```
access-list <acl_ID> {deny | permit} <protocol>…
```

In dieses Feld müssen Sie die Protokollnummer einsetzen. Beachten Sie, dass Sie auch das Schlüsselwort tcp für Typ 6 oder UDP für Typ 17 angeben können.

- Die Felder source address und destination address werden mit den IP-Adressen der entsprechenden Systeme ausgefüllt. Eine IP-Adresse besteht aus vier Oktetts, d. h. sie kann als 32-Bit-Zahl angesehen werden. Sie werden diese Nummern in der XLATE-Tabelle wiederfinden.

Transmission Control Protocol Viele Internet-Dienste, z. B. HTTP, SMTP oder ssh, basieren auf TCP. Dieses Protokoll bietet einen zuverlässigen Service, da es verbindungsorientiert arbeitet und Fehlererkennung und -korrektur enthält. Bevor die Datenübertragung stattfinden kann, muss die Verbindung aufgebaut werden. Während des gesamten Vorgangs werden die Transfers bestätigt. Firewalls können den Aufbau von Verbindungen erkennen und unterbrechen diesen als Teil des Schutzmechanismus häufig. Durch die Bestätigungen wird gewährleistet, dass die Daten ordnungsgemäß empfangen wurden. Der Bestätigungsprozess zeichnet sich angesichts von Netzwerkstaus oder unzuverlässiger Kommunikation durch Stabilität aus. Der Bestätigungsprozess wurde aber auch missbraucht, um in Firewalls, die keine State-Aufzeichnungen durchführen (Stateless Firewalls), einzudringen. Die PIX kann Pakete, die nicht gültige Bestandteile des Stroms sind, erkennen und die Übertragung blockieren. TCP erkennt auch das Ende einer Übertragung und schließt die Verbindung. Auf diese Weise werden Ressourcen auf den Systemen wieder freigegeben. Wie bereits erwähnt, achtet die PIX auf das Übertragungsende und handelt entsprechend. Durch Prüfsummen wird sichergestellt, dass die Daten während der Übertragung nicht versehentlich verändert wurden. Die PIX kann Prüfsummen neu schreiben, um mit NAT-Problemen umgehen zu können.

Abbildung 2.2 zeigt das Format des TCP-Headers.

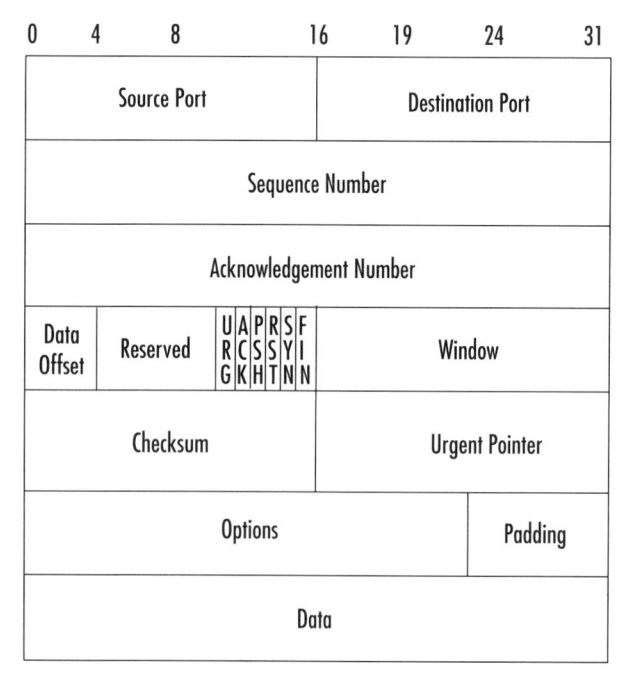

Abb. 2.2: TCP-Header

Die PIX inspiziert in den TCP-Paketen verschiedene Felder, dazu zählen Quell-Port, Ziel-Port, Sequenz- und Bestätigungsnummern und TCP-Flags. Beachten Sie, dass die Quell- und Ziel-Ports sowie Informationen über die Flags in der CONN-Verbindungstabelle aufgelistet werden.

Das Port-Konzept trifft auf TCP und UDP gleichermaßen zu (weitere Informationen erhalten Sie im kommenden Abschnitt). Die Idee ist, dass wir für diese Protokolltypen auf jeder Seite des Kommunikationsflusses ein als Socket bezeichnetes geordnetes Paar (bestehend aus IP-Adresse und Port) identifizieren können. Mehrere Übertragungen vom gleichen Host (identische IP-Adresse) können durch unterschiedliche Port-Nummern – also unterschiedliche Sockets – unterschieden werden.

Sockets auf dem Server haben generell eine »Well-Known-Port-Nummer«. Die PIX verfügt über eine Zuordnung zwischen Well-Known-Ports und ihren englischen Äquivalenten.

Wir haben nun hinreichend Hintergrundwissen, um zu verstehen, wie der ASA-Algorithmus bei TCP-Verbindungen funktioniert. Ein TCP-Datenstrom beginnt mit einem »dreiteiligen Handshake«. Für jede Seite wird die anfängliche Sequenznummer eingerichtet, dabei handelt es sich um einen Zeiger, der die Position jedes gesendeten Pakets innerhalb des Datenstroms beschreibt. Das TCP-Flag, das die Anforderung, den Datenstrom zu starten, zeigt, ist das SYN-Flag. Die ersten drei Pakete sind also eine anfängliche SYN-Anforderung vom Client zum Server, dann vom Server an den Client zurück eine Bestätigung der Anforderung (durch Setzen des ACK-Flags). Dabei muss sich auch der Server initialisieren (durch Setzen des SYN-Flags). Schließlich wird vom Client zurück zum Server eine Bestätigung für die Synchronisierungsanforderung gesendet. Aus TCP-Sicht betrachtet, lautet der Pfad SYN, SYN/ACK, ACK.

Auf der PIX geschieht ein wenig mehr. Abbildung 2.3 zeigt ein Diagramm, in dem der Informationsfluss durch die PIX abgebildet ist. Wir wollen den beiden ersten Netzwerkpaketen folgen.

1. Der Client generiert ein SYN-Paket in Richtung des Servers, um eine neue Verbindung aufzubauen.
2. Die PIX untersucht die ACL daraufhin, ob die Richtlinie für die Datenflusskontrolle die neue Verbindung zulässt.
3. Gehen wir von einer gültigen Verbindung aus, so aktualisiert die PIX die Verbindungstabelle.
4. Die XLATE-Tabelle wird wie erforderlich aktualisiert.

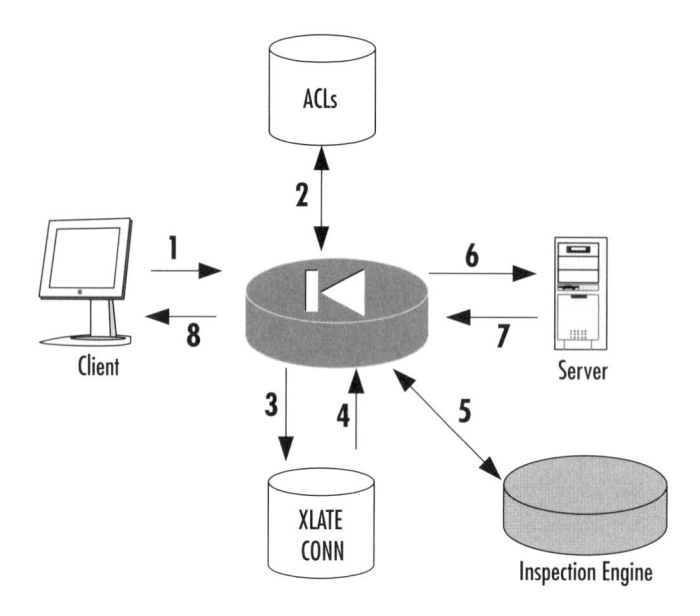

Abb. 2.3: Grundlegende ASA-Operationen

5. Falls erforderlich, wird der Datenstrom durch die Application Inspection Engine verarbeitet, wobei das Paket neu geschrieben werden kann.

6. Das Paket wird zum Server gesendet.

7. Auf dem rückwärtigen Pfad antwortet der Server mit seinen SYN/ACK-Flags.

8. Da es sich nicht um eine Initialisierungsanforderung handelt, muss die Regelbasis jedoch nicht untersucht werden. Das Paket wird in der Verbindungstabelle gesucht und dann zurück zum Client gesendet.

Entwerfen & Planen ...

Randomization-Methode für TCP-Sequenznummern

Der gesamte SYN und SYN/ACK-Mechanismus ist so angelegt, dass sich beide Seiten auf eine anfängliche Sequenznummer (ISN, Initial Sequence Number) für beide Seiten ihrer Kommunikation einigen. Dadurch entsteht eine zusätzliche Sicherheitsstufe, denn in der Theorie würde jemand in der Lage sein müssen, die TCP-SYN-Anforderung »abzuhören«, um zu wissen, welche ISN er nutzen muss, somit müsste die IP-Adresse in dem Datenstrom in der Lage sein, das Paket zu empfangen, und deshalb können sich Hosts im Internet beispielsweise nicht als lokale Hosts ausgeben.

> Leider nutzen viele Server eine ISN-Generierungsfunktion, bei der sich die Nummer leicht erraten lässt. Ein berühmt gewordener Einbruch, der Angriff von Kevin Mitnick auf die Daten von Shinomura, im Buch *Takedown* nachzulesen, hatte seinen Unsprung in dieser Schwachstelle. Die PIX bietet Schutz vor dieser Art von Angriffen, da sie bei der Generierung von TCP-Sequenznummern die Randomization-Methode nutzt. Während die Pakete die Firewall passieren, werden sie neu geschrieben, so dass die ISNs nicht voraussagbar sind.
>
> Dieses System ist zwar nicht perfekt und Sie sollten auf dem Server weiterhin Authentifizierung und Autorisierung nutzen, wo es möglich ist. Doch dieses Verfahren sollte Ihnen zusätzliche Sicherheit bieten, die Ihre Sicherheitsexperten nachts besser schlafen lässt.

User Datagram Protocol

Viele Internet-Anwendungen, besonders der Domain Name Service (DNS) und viele Streaming-Audio- und -Video-Protokolle basieren auf dem User Datagram Protocol (UDP). Das UDP-Protokoll ist ein einfacher, nicht zuverlässiger Transportservice. Es arbeitet verbindungslos, so dass die Auslieferung nicht gewährleistet ist. Betrachten Sie das einfache Design des UDP-Headers in Abbildung 2.4, und Sie werden die Effizienz dieses Protokolls nachvollziehen können. Da Verbindungen nicht eingerichtet und beendet werden, gibt es hier nur sehr wenig Verwaltungs-Overhead. Verloren gegangene, beschädigte Segmente oder solche außerhalb der Reihenfolge werden erst dann erneut übertragen, wenn die Anwendungsschicht dies anfordert. UDP wird für eine schnelle, einfache Nachrichtenübertragung von einem Host zu einem anderen verwendet. Bedingt durch ihre Einfachheit lassen sich UDP-Pakete leichter ausspionieren als TCP-Pakete. Wenn die zuverlässige oder geordnete Datenauslieferung erforderlich ist, sollten Anwendungen TCP nutzen.

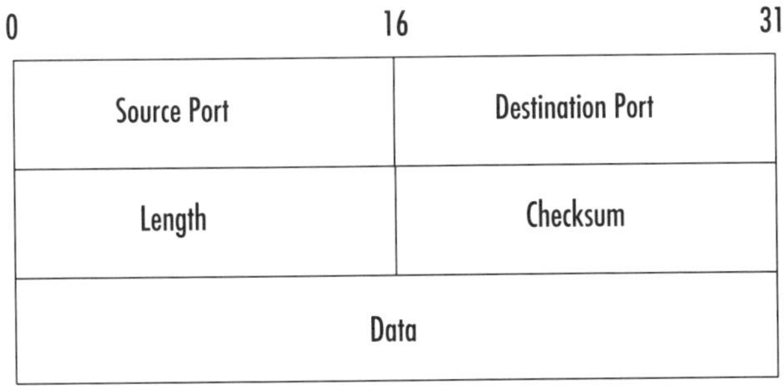

0	16	31
Source Port	Destination Port	
Length	Checksum	
Data		

Abb. 2.4: UDP-Header

Es ist immer ein Balanceakt, will man zwischen Einfachheit und Sicherheit wählen, und dies gilt auch für UDP. Da TCP verbindungsorientiert arbeitet, kann der Anfang der Session durch das Setzen eindeutiger Flags erkannt werden – doch wie Sie in Abbildung 2.4 sehen können, gibt es hier keine Flags. Es wird lediglich mit den UDP-Socket-Paaren gearbeitet.

Hier kommt die Firewall ins Spiel. Die PIX besitzt die Fähigkeit, das erste UDP-Paket in einem Datenstrom zu erkennen. Wenn das erste Paket durch die Richtlinie für die Datenflusskontrolle für zulässig befunden wird (entweder weil es von einem vertrauten Netzwerk in ein weniger vertrautes kommt oder durch eine explizite Ausnahme in der ACL), findet der in Abbildung 2.3 illustrierte Vorgang statt. Ist das Paket zugelassen, erfolgt ein Eintrag in die Verbindungstabelle. Weitere Pakete mit identischen Socket-Paaren werden diesem autorisierten Datenstrom so lange zugeordnet, bis ein Idle Timeout auftritt. (Ein Idle Timeout wird mit dem Befehl timeout gesetzt, der Standardwert liegt bei 2 Minuten.)

Beachten Sie, dass neben TCP und UDP weitere Protokolle zulässig sind. Ein sehr übliches Protokoll ist ICMP, das Internet Control Message Protocol. ICMP stellt für IP Diagnosefunktionen und Fehlerberichte zur Verfügung. ICMP kann einem sendenden Host ein Feedback liefern, wenn ein Ziel nicht erreichbar oder die Zeit überschritten ist (TTL=0). Ein Ping ist eine ICMP-Echo-Request-Nachricht, die Antwort ist ein ICMP-Echo-Reply.

Weitere Protokolltypen werden durch die PIX gefiltert, obwohl das Konzept der Sockets nicht zutrifft (und so können Sie über das Filtern von Quell- und Zieladressen hinaus keine Zusatzparameter in der Access List angeben). Das spezielle Protokoll 0 bezieht sich auf jedes Paket. Sie können einen beliebigen Wert zwischen 0 und 255 angeben. Auch können Sie Literale verwenden; die Literale TCP (entspricht 17), UDP (entspricht 6) und ICMP (entspricht 1) haben Sie bereits gesehen.

Diese anderen Protokolle werden ähnlich wie im UDP-Ansatz behandelt, wobei die Idle Timeouts Einträge aus der Verbindungstabelle entfernen, wenn sie nicht mehr gültig sind.

2.2.3 Erweitertes Protokoll-Handling

Die PIX hat Elemente von beiden Seiten übernommen und ist ein Beispiel für eine hybride Firewall. Dabei kombiniert sie das Stateful Packet Filtering mit erweitertem Protokoll-Handling mit Proxies über den Befehl fixup. Für geläufige Anwendungen bietet die PIX erweitertes Protokoll-Handling, dabei nimmt sie sich nicht nur der eingebetteten IP-Adressen an (die eigentliche NAT-Funktionalität), sondern verbessert auch das allgemeine Sicherheits-Handling.

Eine der herausragenden Eigenschaften der PIX ist die Unterstützung für komplexe Protokolle. So bieten »Fixup«-Proxies Unterstützung für ftp, http, h323, ils, rsh, rtsp, smtp, sip, skinny und SQL. Einige Protokolle, wie z.B. DNS Guard (das verhindert, dass mehrere DNS-Antworten zum Host durchdringen) werden durch die systemeigenen Services der PIX unterstützt und müssen demzufolge nicht mehr konfiguriert werden.

Durch diesen Anwendungs-Support wird die tatsächliche Leistungsfähigkeit einer Firewall erst sichtbar. Die PIX ist mehr als nur ein Torwächter, der Pakete passieren lässt oder blockiert. Sie versteht das zugrunde liegende Protokoll und schreibt die Kommunikationsströme aktiv um – dabei setzt sie RFCs um und bringt sie zur Geltung, eliminiert gefährliche Befehle und verhindert Informationslecks –, um die höchste Sicherheitsstufe zu bieten, die unter Beibehaltung der Anwendungsfunktionalität möglich ist.

2.2.4 VPN-Support

Ein wichtiger Aspekt in der Netzwerksicherheit ist die Vertraulichkeit der Daten. Pakete, die durch ein Netzwerk fließen, gleichen Postkarten, die mit der Post versandt werden: Wenn Sie nicht möchten, dass alle Welt Ihre Nachrichten liest, müssen Sie zusätzliche Maßnahmen ergreifen.

Es wurden viele Ansätze verfolgt, um eine ähnliche Vertraulichkeit zu erreichen, wie ein privates Netzwerk sie bietet. Einer dieser Ansätze ist die Verschlüsselung, mit der die Daten verborgen werden können. Ein früher Standard, ein Ansatz, den Microsoft verfolgte, ist das Point-to-Point Tunneling Protocol, oder PPTP. Fast als würden Sie einen Brief in einen versiegelten Umschlag stecken, ermöglicht dieser Standard die Kapselung (und die Geheimhaltung) des Netzwerkverkehrs innerhalb eines Transport-Headers. Ein ähnlicher, doch erweiterter Ansatz liegt in der Verwendung des Layer 2 Tunneling Protocols, oder L2TP. In vielen Microsoft-Installationen ist dies ein systemeigenes Protokoll. Daher ist die Unterstützung der PIX für PPTP und L2TP ein wichtiges Element ihres Funktionsumfangs.

Ende 1998 wurde die Security Architecture for IP (IPsec) in RFC 2401 veröffentlicht. Cisco hat im Bereich der IPsec-Implementierung eine führende Position übernommen und war beteiligt am Verfassen vieler RFCs zum Thema IPsec. Außerdem hat Cisco Lösungen für einige der heikleren IPsec-Probleme, wie z. B. NAT-Traversal. Es sollte nicht überraschen, dass die PIX ein hervorragender IPsec-Tunnel-Terminator ist. Sie bietet viele interoperable Standards und ist problemlos mit Pre-Shared-Keys (vorverteilten gemeinsam genutzten Schlüsseln) oder einer Zertifizierungsstelle zu konfigurieren. Viele Unternehmen nutzen die PIX als integrierte Firewall/VPN-Terminierung, besonders in SOHO-Umgebungen, sowie als Standalone-VPN-Terminierung in Verbindung mit einer weiteren (dedizierten) Firewall. Weitere Einzelheiten zur Konfiguration von VPNs finden Sie in Kapitel 7.

Eine der besten Features der PIX ist die VPN-Performance. Die Modelle wurden entwickelt, um unter hoher IPsec-Last mit Leitungsgeschwindigkeit zu arbeiten. Bedingt durch die problemlose Wartung des Systems ist die VPN-Terminierung auf einer PIX eine gute Entscheidung für viele Unternehmen oder Umgebungen der Carrier-Klasse.

2.2.5 URL-Filtering

Mit einem Uniform Resource Locator, oder URL, identifizieren wir Adressen für Informationen im World Wide Web (WWW). Die PIX-Firewall bietet Unterstützung für URL-Filtering, indem sie eine Anforderung abfängt und dann eine Datenbank, die sich auf einem N2H2- oder Websense-Server befindet, abfragt. Auf dem N2H2-Server kann als Betriebssystem Linux (siehe www.n2h2.com/products/bess.php?os=lnx&device=pix) oder Microsoft Windows (siehe www.n2h2.com/products/bess.php?os=win&device=pix) ausgeführt werden, während der Websense-Server diese Plattformen nutzen oder auch auf einem Solaris-Server (www.websense.com/products/integrations/ciscoPIX.cfm) installiert werden kann.

Mit dem URL-Filtering erhalten Sie eine Methode, um eine Acceptable-Use-Richtlinie für das Browsen im Internet einzurichten und um Informationen über die Art, wie Ihr Personal das Internet nutzt, aufzuzeichnen und zu analysieren. Die Server selbst bieten Berichtsfunktionen, so dass Sie erkennen können, in welchem Maße Ihre Richtlinie eingehalten wird.

2.2.6 NAT und PAT

Eine weitere Stärke der Cisco PIX liegt in der Fähigkeit, Adressen zu übersetzen. Historisch gesehen, so der Hinweis eines Insiders, entstand die PIX aus einem Produkt, das ein Unternehmen namens Network Translation, Inc. erstellt hatte, und die erste Aufgabe der PIX war die Übersetzung von Adressen. (Der Name PIX ist eine Kurzform des Begriffs Private Internet Exchange, wodurch auch der eigentliche Zweck deutlich wird: der Austausch von Datenverkehr zwischen privaten Netzwerken und dem Internet).

Die Network Address Translation, oder NAT, steht für die Idee, dass wir bei Bedarf IP-Adressen (oder Sockets) neu zuordnen können, um effizient und sicher zu arbeiten. In den späten 90ern herrschte die große Besorgnis, dass nicht ausreichend IP-Adressen vorhanden seien, denn jeder Host benötigte eine eigene IP-Adresse, zur Verfügung standen aber lediglich 2^{32}. Sobald diese Anzahl von Computern erreicht sein würde, stünden keine IP-Adressen mehr zur Verfügung. Noch übler war folgender Sachverhalt: Wenn Sie den Service-Provider wechselten, mussten Sie normalerweise Ihre IP-Adressen aufgeben und all Ihre Systeme mit neuen Adressen versehen – eine kostspielige, zeitintensive Aufgabe, die häufig darin endete, dass Systeme vergessen und so untauglich für die Kommunikation wurden.

Es entstand die Idee, intern »private« Adressen zu verwenden und diese an der Peripherie unserer Kontrolle »öffentlichen« Adressen zuzuordnen, die uns ein Service-

Provider zur Verfügung stellt. Nun entfällt der Zeitaufwand für die Neuzuordnung unserer IP-Adressen, wenn wir den Provider wechseln, wir müssen den Wert der IP-Adressen nur auf den externen Firewalls ändern und das war's. Im Februar 1996 war Cisco beteiligt am Verfassen der RFC 1918, in der die Bereiche für die privaten Adressen festgelegt wurden: sämtliche Adressen aus dem 10er-Netzwerk (10.0.0.0 bis 10.255.255.255), Teile des 172er-Netzwerks (172.16.0.0 bis 172.31.255.255) sowie das 192.168er-Netzwerk (192.168.0.0 bis 192.168.255.255). Nahezu geschlossen halten sich moderne Unternehmen an die RFC und nutzen Adressschemata aus diesen privaten Netzwerkadressen, um die Struktur des internen Netzwerks zu vereinfachen.

NAT bietet zudem eine Form von »Sicherheit durch Verborgenheit«. Da diese privaten Adressen nicht bekannt gemacht werden (ein externer Angreifer muss nicht zwingend wissen, wie sich der Computer selbst referenziert, um einen Angriff zu starten), bedeutet die Struktur für den Angreifer zusätzliche Arbeit, um herauszufinden, wie eine Verbindung zu einem internen Host erstellt wird.

Es gibt verschiedene Methoden für die Durchführung der Adressübersetzung. Die einfachste Form der NAT ist eine Eins-zu-eins-Zuordnung zwischen internen Host-IP-Adressen und externen Adressen – beispielsweise eine Zuordnung zwischen 10.1.1.1 und 198.133.219.25. Dann wird jede Referenz, sagen wir 198.133.219.25 Port 80, übersetzt in 10.1.1.1 Port 80 und umgekehrt. Diese Form der NAT hat zwei Ausrichtungen: statische NAT, bei der die Übersetzung einmal eingerichtet wird und einen permanenten Charakter hat, und die dynamische, bei der die Übersetzung aus einem Pool verfügbarer Adressen heraus geschieht und wieder aufgelöst wird, wenn ein Idle Timeout auftritt. Die erste Form eignet sich perfekt zur Zuordnung für Server, die einen beständigen Zugriff auf die Außenwelt zur Verfügung stellen müssen. Da die übersetzte Adresse fest ist, kann sie in öffentliche DNS-Systeme gesetzt werden, und externe Clients können ohne weiteres darauf zugreifen. Die zweite Form eignet sich hervorragend für die Neuzuordnung von Benutzern, die für kurze Zeit IP-Adressen für den Zugriff auf einen öffentlichen Dienst benötigen. Danach können die Adressen für die Nutzung durch andere Benutzer wieder freigegeben werden. Dieses System ermöglicht es beispielsweise 100 Personen sich hinter 30 Adressen zu verbergen, vorausgesetzt, dass nicht mehr als 30 Personen aus dieser Gruppe zum gleichen Zeitpunkt einen externen Zugriff benötigen.

Die dynamische NAT kann sogar noch erweitert werden. Die meisten IP-Services basieren auf Sockets, wie IP-Adressen/Port-Nummern-Paare. Statt IP-Adressen neu zuzuordnen, können Sockets neu zugeordnet werden. 10.1.1.1,80 könnte nun 198.133.219.25,3125 zugeordnet werden, während 10.1.3.42,80 198.133.219.25,4176 zugeordnet wird – in beiden Fällen handelt es sich um dieselbe IP-Adresse, da aber die Port-Nummern verschieden sind, handelt es sich um unterschiedliche Sockets. Aus diesem Grund wäre die andere Seite der Kommunikation in der Lage, diese beiden Datenströme voneinander zu unterscheiden.

Dieses Konzept wird als *Port Address Translation* (PAT) bezeichnet und ermöglicht das Stacking von über 30.000 TCP-Sessions auf einer einzelnen IP-Adresse. Der wahre Vorteil hinter diesem Konzept ist, dass Sie nun Ihre 100 Benutzer hinter einer einzelnen IP-Adresse verbergen können. Der Nachteil ist, dass bestimmte Protokolle – solche, die feste Port-Adressen erwarten – mit dieser Form der Übersetzung nicht zurechtkommen. Die PIX kann zur Verwendung statischer Adressen für feste Server und dynamischer Adressen für Benutzer mit Überhang an PAT-Möglichkeiten konfiguriert werden (oder sogar Mutiple-PAT, um eine bessere Möglichkeit zu erhalten, Port-Adressen zu sparen). Sie können sehen, dass es sich bei einer PIX um ein sehr flexibles und äußerst effektives System für die Netzwerkadressübersetzung handelt.

2.2.7 Hochverfügbarkeit

Die drei fundamentalen Konzepte in der Datensicherheit sind Vertraulichkeit, Integrität und Verfügbarkeit. Die PIX geht das Problem der Verfügbarkeit an, indem sie eine stabile und fehlertolerante Umgebung bietet. Fehlertoleranz bedeutet, dass Alarmfunktionen aktiviert und Gegenmaßnahmen ergriffen werden, wenn es zu Fehlern kommt.

Der Begriff *Hochverfügbarkeit* bezieht sich gewöhnlich auf eine Hardware-Fehlertoleranz. Zweifelsohne handelt es sich bei einer Firewall um eine kritische Ausrüstungskomponente. Sie ist darauf angelegt, dass sie im Zentrum des Verkehrsflusses stehen muss. Cisco-Hardware ist von sehr hoher Qualität. Die PIX hat zwar keine austauschbaren Teile, doch manchmal kann ein Gerät auch ausfallen. Hochverfügbarkeit ist eine Gerätekonfiguration, so dass ein isolierter Ausfall nicht das gesamte Netzwerk zum Stillstand bringt.

Um dieses Ziel zu erreichen, müssen mehrere Hardware-Komponenten zur Verfügung stehen. In diesem Fall werden zwei PIXs identisch konfiguriert, und die beiden Geräte kommunizieren miteinander. Wenn eine der beiden Hardware-Komponenten ausfällt, übernimmt die andere transparent den Datenverkehr. Zudem werden Alarmmeldungen an die Netzwerk-Management-Konsole gesendet.

Hochverfügbarkeit kann auf verschiedene Weise konfiguriert werden. Natürlich benötigen Sie eine zweite PIX, die in Hot-Standby-Manier (sofort verfügbare Übernahme bei Ausfall) konfiguriert wird. Die einfachste und kostengünstigste Art geschieht über ein serielles Kabel, das Sie beim Erwerb der Failover-Lizenz erhalten. Als Alternative kann dem Failover-Prozess eine dedizierte LAN-Schnittstelle zugeordnet werden. Mit dem Failover-Kabel werden Hello-Pakete, die die Anzahl der durch die Schnittstellen erkannten Bytes enthalten, zwischen den beiden Geräten übertragen. Wenn die Werte voneinander abweichen, kann die Übernahme (Failover) erfolgen. Mit der LAN-Schnittstelle wird die vollständige Zustandsinformation übertragen, so dass die TCP-Session im Falle einer Übernahme ohne Neuinitialisierung weitergeführt werden kann.

2.3 PIX-Hardware

Für die PIX gibt es viele verschiedene Konfigurationsmodelle. Damit soll sichergestellt werden, dass das Produkt optimal an die Anforderungen verschiedenster Umgebungen angepasst werden kann. Die Anforderungen eines SOHO-Benutzers sind sicherlich ganz andere als die eines Service-Providers. Cisco stellt verschiedene Klassen mit unterschiedlichen Preisen zur Verfügung, um eine optimale Produktplatzierung zu gewährleisten.

2.3.1 Modelle

Derzeit werden fünf Modelle unterstützt: 501, 506E, 515E, 525 und 535. Es gibt jedoch drei Modelle, die Sie im Einsatz in Unternehmensumgebungen finden können: 506, 515 und 520. Tabelle 2.1 zeigt auf einen Blick die wesentlichen Merkmale der einzelnen Modelle:

Modell	End of Life?	Prozessortyp	Max. Schnittstellen	Failover-Support	Durchsatz Klartext	VAC verfügbar?	3DES-Durchsatz	RAM
501	Nein	133 MHz AMD SC520	2	Nein	8 Mbps	Nein	8 Mbps	16 MB
506	Ja	200 MHz Intel Pentium MMX	2	Nein	8 Mbps	Nein	6 Mbps	32 MB
506E	Nein	300 MHz Intel Celeron	2	Nein	20 Mbps	Nein	16 Mbps	32 MB
515	Ja	200 MHz Intel Pentium MMX	6**	Ja	170 Mbps	Nein	10 Mbps	64 Mb**
515E	Nein	443 MHz Intel Celeron	6**	Ja	188 Mbps	Ja	63 Mbps*	64 MB**
520	Ja	233 MHz Intel Pentium MMX	6	Ja	170 Mbps	Ja	60 Mbps*	128 MB
525	Nein	600 MHz Intel Pentium III	8	Ja	360 Mbps	Ja	70 Mbps*	256 MB**
535	Nein	1 GHz Intel Pentium III	10	Ja	1 Gbps	Ja	100 Mbps*	1 GB**

* Maximal 3DES Durchsatz wird mit der VAC erreicht;
** für das Maximum ist die unbeschränkte Lizenz erforderlich.

Tabelle 2.1: Merkmale der PIX-Modelle

PIX 501

501 ist das Basiseinstiegsmodell für die PIX mit einer festen Konfiguration. Es besitzt ein 10/100-Mbps-Switch mit vier Ports für die interne Connectivity und eine

einzelne 10-Mbps-Schnittstelle für die Verbindung zu dem Internet-Upstream-Gerät (z.B. ein Kabelmodem oder einem DSL-Router). Es bietet einen Durchsatz von 3 Mbps auf einer 3DES-IPsec-Verbindung, ein Wert, der die Anforderungen eines SOHO-Anwenders übertreffen sollte. Die Basislizenz ist eine 10-Benutzerlizenz mit DES IPsec; optional ist ein Upgrade auf 50 Benutzer und/oder 3DES-VPN-Support.

Das Modell 501 verfügt über einen 133 MHz AMD SC520-Prozessor mit 16 MB RAM und 8 MB Flash-Speicher. Es besitzt einen Konsolen-Port, einen halb-duplex RJ45 10BaseT-Port für die Außenseite und einen integrierten Autosensing Auto-MDIX 4 Port RJ45 10/100 Switch für das interne Netzwerk.

PIX 506

506 ist das Basismodell für Remote-Büros/Zweigstellen. Auch dieses Gerät ist hardwaremäßig nicht konfigurierbar. Es verfügt über einen Konsolen-Port und zwei Autonegotiate RJ45 10BaseT-Ports, jeweils einen für innen und einen für außen. Die Performance wurde erheblich gesteigert; 506 bietet 8 Mbps Klartext-Durchsatz mit 6 Mbps 3DES IPsec, wodurch eine Unterstützung von Hunderten von Zweigstellenbenutzern in einem VPN-Tunnel zurück zum Unternehmen gewährleistet sein sollte.

Das Modell 506 verfügt über einen 200 MHz Pentium MMX-Prozessor mit 32 MB RAM und 8 MB Flash-Speicher.

PIX 506E

Das Produkt 506E, eine erweiterte Version des Modells 506, hat dieses in den Produktlisten ersetzt. Die Gehäuse sind gleich, doch das 506E besitzt eine stärkere CPU, einen leiseren Ventilator und ein neues Netzteil. Die CPU ist 300 MHz Intel Celeron, während RAM und Flash-Speicher dieselbe Kapazität aufweisen. Der Klartext-Durchsatz wurde auf 20 Mbps (Leitungsgeschwindigkeit) erhöht und der 3DES-Durchsatz auf 16 Mbps angehoben. Die Lizenzierung beim Modell 506E (und 506) ist einfacher als beim 501; die Lizenz wird in einem einzelnen, unbegrenzten Benutzermodus angeboten. Die einzige Zusatzlizenz, die Sie möglicherweise benötigen, ist die 3DES-Lizenz.

PIX 515

Die nächste Stufe auf der Skala ist die PIX 515, die für kleine bis mittelgroße Unternehmen entwickelt wurde. Auch dieses Produkt bietet Leitungsgeschwindigkeit, doch hier ist die Kapazität etwas höher, so dass ein Klartext-Durchsatz von bis zu 17 Mbps erreicht werden kann.

Das Gehäuse ist eine 1U-Pizza-Box, vorgesehen für die Rack-Montage. Der wichtigste Unterschied zwischen den Modellen 506 und 515 ist die Konfigurierbarkeit des Gehäuses. Es verfügt über einen Steckplatz für ein zusätzliches Einzel-Port-

oder Vier-Port-Fast-Ethernet-Interface, das das interne, externe und bis zu vier zusätzliche Service-Netzwerke ermöglicht. Die Basiseinheit besitzt wie das Modell 506E einen 200 MHz Pentium MMX-Prozessor mit 32 MB RAM und 8 MB Flash-Speicher.

Die Lizenzierung wird flexibel gehandhabt, so dass Unternehmen nur das erwerben können, was sie auch wirklich benötigen. Die eingeschränkte Lizenz begrenzt die Anzahl von Schnittstellen auf drei und bietet keine Unterstützung für die Hochverfügbarkeit. Bei der unbeschränkten Lizenz können Sie das RAM (von 32 MB auf 64 MB) erhöhen und bis zu sechs Schnittstellen sowie die Failover-Funktionalität einfügen.

PIX 515E

Im Mai 2002 wurde die PIX 515 durch das Modell 515E ersetzt. Es verfügt über den leistungsstärkeren 433 MHz Intel Celeron-Prozessor, wodurch die grundlegende Performance der Firewall gesteigert wird. Eine weitere neue Option ist die Verlagerung der arithmetischen Last der DES-Berechnung vom Betriebssystem auf eine dedizierte VPN Accelerator Card (VAC), die einen 3DES-Durchsatz von bis zu 63 Mbps und 2.000 IPsec-Tunnel bietet. Die Lizenzierung ist dieselbe: Die beschränkte Lizenz begrenzt Sie auf drei Schnittstellen und keine Failover-Funktionalität, während die unbeschränkte Lizenz das Speicher-Upgrade, die VAC und bis zu sechs Schnittstellen umfasst.

PIX 520

Die PIX 520 ist ein »schräger Vogel«. Sie wurde als *die* High-End-PIX-Plattform entwickelt, mit einem Gehäuse für die Rack-Montage im PC-Stil, ausrüstbar mit einer großen Auswahl verfügbarer Medienkarten, darunter Token Ring und Glasfaser. Wie die früheren PIX-Modelle ist 520 mit einem DB9-Konsolen-Port und einem Diskettenlaufwerk ausgestattet; es verfügt über einen 200 MHz Intel Pentium MMX-Prozessor, aber mit 128 MB RAM. Ungewöhnlich ist auch die Lizenzierung: Wie beim Modell 501 basiert die Lizenz für das 520 auf der Anzahl der Benutzer. Für eine Einstiegs-PIX würden Sie die PIX-CONN-128 erwerben, mit der 128 gleichzeitige Benutzer zulässig wären. Es wurden Lizenz-Upgrades auf 1.024 Benutzer oder für eine unbegrenzte Benutzeranzahl angeboten.

Besonders komfortabel ist das Vorhandensein des Diskettenlaufwerks. Obwohl es in dem Rack Platz beansprucht, haben Sie für den Fall eines Netzwerkausfalls – oder wenn Sie aus anderen Gründen nicht auf das Netzwerk zugreifen können – ein praktisches Boot-Medium zur Hand. TFTP-Server sind nicht erforderlich. Außerdem können Sie damit ohne weiteres das Kennwort zurücksetzen (durch Booten des entsprechenden Kennwortlöschprogramms) oder einen als funktionierend bekannten Zustand wiederherstellen. Natürlich wird diese Funktionalität nun durch entsprechende Netzwerk-Management-Tools wie CiscoWorks oder den PIX Firewall Manager erzielt.

PIX 525

Die PIX 520 wurde im Juni 2001 durch die PIX 525 ersetzt. Sie wurde für große Unternehmen oder für kleine Service-Provider-Umgebungen konzipiert. Das Diskettenlaufwerk ist nicht mehr vorhanden, die PIX 525 bietet zwar immer noch Unterstützung für Ein- oder Vier-Port 10/100 Fast Ethernet-, 4/16 Token Ring- und Zwei-Port-Multimode-FDDI-Karten, aber nimmt jetzt auch eine Gigabit Ethernet-Schnittstelle auf. Hier bestimmt die Performance das Geschehen: Mit einem 600 MHz Intel Pentium III erreicht Modell 525 360 Mbps Klartext-Durchsatz und mit der Accelerator-Karte 70 Mbps bei 3DES-IPsec-Tunnelverkehr.

Wie bei den früheren Modellen basiert die Lizenzierung auf der Anzahl der Schnittstellen und der Failover-Funktion. Die eingeschränkte Lizenz begrenzt die PIX 252 auf 128 MB RAM und sechs Schnittstellen. Die unbeschränkte Lizenz puscht das RAM auf 256 MB, lässt bis zu acht Schnittstellen zu und bietet Unterstützung für das Failover. Wie gehabt, ist die 3DES-Lizenzierung bei Bedarf separat zu erhalten.

PIX 535

Die PIX 535 ist das Spitzenmodell dieser Linie, das den Anforderungen von Service-Provider-Umgebungen entspricht. Performance ist der Schlüssel: bis zu 1 Gbps Klartext-Durchsatz, eine halbe Million simultaner Verbindungen und 7.000 Verbindungsinitialisierungen/-beendigungen in der Sekunde. Mit der VAC können Sie 100 Mbps 3DES-Durchsatz mit bis zu 2.000 simultanen Sicherheitszuordnungen (VPN-Tunneln) erreichen.

In Hinsicht auf die Hardware ist die PIX 535 mit einem 1 GHz Intel Pentium III-Prozessor mit bis zu 1 GB RAM ausgestattet. Sie verfügt über 16 MB Flash-Speicher und 256K Cache, ausgeführt mit 1 GHz, sowie über einen dualen 64-Bit 66 MHz PCI-Systembus. Verfügbare Karten sind die Ein- oder Vier-Port 10/100 Ethernet-NICs oder die 1 GB Ethernet-Karte mit Multimode-SC-Stecker.

2.3.2 Der Konsolen-Port

Der primäre Mechanismus für die Kommunikation mit einer PIX ist der Konsolen-Port. Einige Geräte besitzen die alten DB9-Stecker – neunpolige D-Sub9-Stecker, ähnlich jenen, die sich auf der Rückseite vieler PCs befinden. Die neueren Geräte verwenden Ciscos Standard-RJ45-Stecker, identisch mit jenen, die sich auf den Cisco-Routern und -Switches befinden. In allen Fällen erhalten Sie mit Ihrer Ausrüstung ein passendes Kabel.

Die Kommunikation erfolgt über Nullmodemkabel und nutzt die Kommunikationseinstellungen 8-N-1. Wenn Sie Windows einsetzen, ist Hyper Terminal ein gutes Programm für die Kommunikation mit der PIX. Dieses Programm ist bei den meisten Windows-Installationen unter Zubehör/Kommunikation zu finden. Wenn Sie Hyper Terminal ausführen, konfigurieren Sie die Verbindung so, dass eine direkte Verbindung zu COM 1 erstellt wird (siehe Abbildung 2.5).

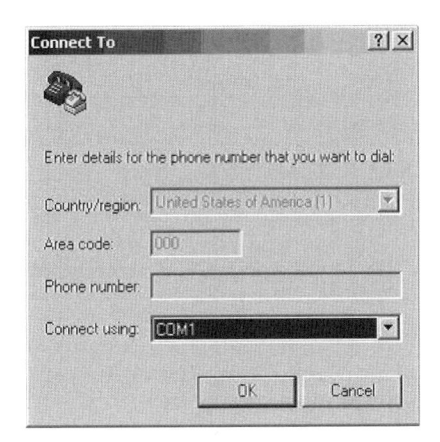

Abb. 2.5: Konfiguration von Hyper Terminal

Setzen Sie die Kommunikationsparameter so wie in Abbildung 2.6 gezeigt.

Abb. 2.6: Com-Port-Eigenschaften für Hyper Terminal

An diesem Punkt sollte die Verbindung aufgebaut sein. Schalten Sie Ihre PIX an. Sie sehen, wie der Boot-Vorgang stattfindet (siehe Abbildung 2.7). Die Ausgabe auf Ihrem Bildschirm mag ein wenig anders sein.

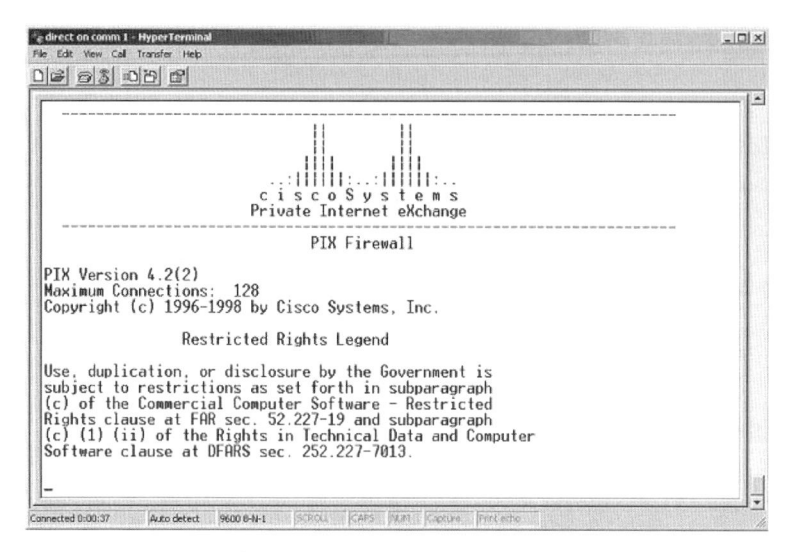

Abb. 2.7: Beispielhafte Ausgabe der Boot-Sequenz

Die Abbildung 2.7 zeigt eine ältere Flash-Version, doch letztendlich sind alle ziemlich ähnlich. Wenn Sie keine Ausgabe oder nur eine verstümmelte Ausgabe sehen, ist das gewöhnlich ein Hinweis darauf, dass die Parameter nicht korrekt eingestellt wurden. Wenn Sie nicht das bereitgestellte Kabel verwenden, stellen Sie sicher, dass es sich um ein Nullmodemkabel handelt. Überprüfen Sie zudem, ob Sie Ihre Parameter so wie in Abbildung 2.6 eingerichtet haben.

2.4 Software-Lizenzierung und Upgrades

Um Ihnen ein flexibles Produkt zu bieten, wird bei der PIX eine Software-Lizenzierung verwendet, bei der Funktionen innerhalb des PIX-Betriebssystems aktiviert bzw. deaktiviert werden. Obwohl die Hardware bei allen Plattformen gleich ist (abgesehen davon, dass bei bestimmten Lizenzen zusätzlicher Speicher oder Hardware-Beschleuniger zum Lieferumfang zählen) und auch die Software allen gemein ist, ist die Funktionalität abhängig vom Aktivierungsschlüssel unterschiedlich.

Mithilfe des Aktivierungsschlüssels können Sie eine Aktualisierung der Funktionalität durchführen, ohne dass Sie neue Software anfordern müssen, obwohl der Vorgang identisch ist. Anhand Ihrer Seriennummer und Ihrer Bestellung wird durch

Cisco Ihr Aktivierungsschlüssel berechnet, so dass dieser für jede einzelne PIX-Hardware-Komponente, die Sie besitzen, anders ist. Die Seriennummer basiert auf dem Flash-Speicher, daher müssen Sie, wenn Sie den Flash-Speicher austauschen, auch den Aktivierungsschlüssel ersetzen.

Der Aktivierungsschlüssel aktiviert funktionsspezifische Informationen wie z. B. Schnittstellen, Hochverfügbarkeit und Art der Verschlüsselung. Weitere Informationen finden Sie im Abschnitt über die Lizenzierung.

Wenn Sie Informationen über den Aktivierungsschlüssel erhalten möchten, verwenden Sie den Befehl show version. Dieser Befehl stellt Informationen über die Code-Version, die Hardware und den Aktivierungsschlüssel zur Verfügung. Wahlweise zeigt der Befehl show activation-key etwa folgende Informationen an:

```
Serial Number: 480090153 (0x1c9d9829)

Running Activation Key: 0x75fe7c49 0xc08b4082 0x08979930 0xe4b4c4b0
Licensed Features:
Failover:              Enabled
VPN-DES:               Enabled
VPN-3DES:              Disabled
Maximum Interfaces:    6
Cut-through Proxy:     Enabled
Guards:                Enabled
URL-filtering:         Enabled
Inside Hosts:          Unlimited
Throughput:            Unlimited
IKE peers:             Unlimited
```

flash activation key und running key sind identisch.

Bei dieser Maschine handelt es sich um eine PIX 515 mit einer unbeschränkten Lizenz, bei der die maximale Anzahl an Schnittstellen (Maximum Interfaces) einschließlich Failover gestattet ist.

Die Aktualisierung des Aktivierungsschlüssels auf Version 6.2 des PIX-OS könnte nicht einfacher sein. Mit dem Befehl activation-key <activation-key-four-tuple> wird der Schlüssel auf den neuen Wert gesetzt. Beachten Sie, dass die Aktivierung der vier »Tupel« hexadezimal erfolgen muss. Dabei wird zwischen Groß- und Kleinschreibung unterschieden. Die Nummern müssen nicht mit 0x beginnen. Somit kann die zuvor erwähnte Maschine mit folgendem Befehl eingerichtet werden:

```
PIX1(config)# activation-key 75fe7c49 c08b4082 08979930 e4b4c4b0
```

Die Aktualisierung von Aktivierungsschlüsseln in vorherigen Versionen ist auch nicht viel komplizierter. Schalten Sie die PIX aus und wieder ein, und senden Sie ein *ESC* oder *Break*, um in den Monitormodus zu wechseln. Daraufhin wird folgende Eingabeaufforderung angezeigt:

```
monitor>
```

Geben Sie »?« ein, um die Optionen anzuzeigen. Es folgt eine beispielhafte Ausgabe:

```
Use ? for help.
monitor> ?
?                          this help message
address    [addr]          set IP address
file       [name]          set boot file name
gateway    [addr]          set IP gateway
help                       this help message
interface  [num]           select TFTP interface
ping       <addr>          send ICMP echo
reload                     halt and reload system
server     [addr]          set server IP address
tftp       TFTP            download
timeout    TFTP            timeout
trace                      toggle packet tracing
```

Es wäre jetzt eine gute Idee, ein Upgrade Ihrer Software durchzuführen, doch in jedem Fall fragt die PIX am Ende des TFTP-Prozesses, ob Sie Ihren Aktivierungsschlüssel aktualisieren möchten.

2.4.1 Lizenzierung

Im Allgemeinen gibt es bei der Lizenzierung drei unterschiedliche Typen plus einem zusätzlichen Faktor im Zusammenhang mit Verschlüsselungseinschränkungen. Die drei Hauptkategorien sind unbeschränkt, beschränkt und Failover. Wenn Sie eine einzelne PIX einsetzen, wählen Sie abhängig von der Anzahl der Schnittstellen, die unterstützt werden sollen, eine beschränkte oder unbeschränkte Lizenzierung. Wenn Sie zwei PIX-Firewalls betreiben und die Hochverfügbarkeit anstreben, sollten Sie für ein Gerät eine unbeschränkte Lizenz und für das andere eine Failover-Lizenz wählen.

2.4.2 Upgrade der Software

Die traditionelle Verwaltung von Images geschieht über TFTP. Dabei handelt es sich um ein UDP-basiertes Transportprotokoll – schnell und effizient. Leider findet keine Authentifizierung statt, daher sollten Sie ein wenig Sorgfalt walten lassen, damit Ihre Daten beim Schreiben auf einen TFTP-Server gespeichert werden und die heruntergeladenen Daten nicht verfälscht werden.

Traditionell ist die TFTP-Software auf UNIX-Hosts vorinstalliert. Wenn Sie ein UNIX-Laptop besitzen, geben Sie den Befehl man tftpd ein, um Informationen zur Aktivierung der Software anzuzeigen. Wenn Sie im Besitz eines Windows-Laptops sind, ist der Server nicht installiert (obwohl möglicherweise ein Client installiert ist – in den meisten NT- und Win2K-Umgebungen ist dies standardmäßig der Fall).

Glücklicherweise lässt sich ein TFTP-Server für Windows aber leicht besorgen und installieren. Einer der besten ist vielleicht der Solar Winds-Server, der Bestandteil der Solar Winds-Suite ist. Das komplette Tool-Paket ist eine unschätzbare Hilfe für Sicherheitsprofis. Einige Komponenten aus dieser Suite, z. B. der TFTP-Server, sind kostenlos. Die Installation erfolgt über den WISE-Installationsassistenten.

Ein weiterer exzellenter TFTP-Server ist der von Cisco angebotene. Sie erhalten ihn (ebenfalls kostenlos) unter www.cisco.com/cgi-bin/tablebuild.pl/tftp. Geben Sie für den Download einfach Ihre Cisco-Benutzerkennung ein und führen Sie das Installationsprogramm aus.

Die Ausführung des Cisco-TFTP-Servers ist völlig unkompliziert. Standardmäßig ist der Server nicht aktiviert. (Dieser Modus wird empfohlen, da keine Authentifizierung durchgeführt wird. Sicherlich möchten Sie nicht, das irgendjemand ohne Ihr Wissen Dateien hoch- oder herunterlädt. Bei der ersten Ausführung des Servers sollten Sie auf »O« für OPTIONS (unter dem Menü VIEW) drücken, um bei Bedarf die Protokolldatei und auch das TFTP-Stammverzeichnis einzurichten. Dort werden Sie die Images speichern. Wenn Sie die PIX-Software aktualisieren möchten, laden Sie das binäre Image per FTP vom Web in dieses Verzeichnis herunter und Sie sind bereit für die Übertragung.

Wenn Sie eine sehr alte Version der Software besitzen (vor 5.1(x)), müssen Sie das Upgrade im Monitormodus durchführen. Sie können sich nach den vorangegangenen Ausführungen oder nach der folgenden Schritt-für-Schritt-Prozedur richten.

1. Wechseln Sie in den Monitormodus. Wie Sie sich vielleicht erinnern, muss dafür eine Konsolen-Session aktiv sein. Führen Sie dann einen Kaltstart durch und drücken Sie innerhalb der ersten 10 Sekunden des Boot-Vorgangs auf `Esc`.

2. Die PIX ist momentan nicht konfiguriert. Richten Sie Ihre Download-Schnittstelle wie folgt ein:

   - Geben Sie `interface <number>` ein, um die TFTP-Schnittstelle einzurichten. Der Standardwert ist 1, wenn sich der TFTP-Server auf der Innenseite befindet, müssen Sie daher keine Eingabe machen.

- Geben Sie address<IP address> ein, um die IP-Adresse der PIX einzurichten.
- Wenn Sie Glück haben, befindet sich Ihr Server in demselben Netzwerk wie die TFTP-Schnittstelle. Ist dies nicht der Fall, können Sie mittels gateway <IP address> ein Standard-Gateway einrichten.

3. Im nächsten Schritt bereiten Sie die Übertragungsdaten vor:
   - Geben Sie server<IP address> ein, um die IP-Adresse Ihres TFTP-Servers einzurichten.
   - Geben Sie file <filename> ein, um den Namen des hochzuladenden Images anzugeben.
4. Führen Sie schließlich die Übertragung durch. Geben Sie tftp ein, um die Dateiübertragung anzustoßen.

Durch diesen Prozess wird ein neues Image eingesetzt, das nach dem Neustart aktiv wird.

Glücklicherweise wird dieser Prozess nicht durchgeführt, wenn Sie eine falsche Datei laden oder Ihre TFTP-Übertragung fehlschlägt. Der Monitormodus wird hauptsächlich im Falle von Problemen verwendet.

Der Aktualisierungsvorgang Ihrer Software auf eine einigermaßen neue Code-Version ist unkompliziert. Sie können den Monitormodus umgehen und alle Aktionen über die PIX-Enable-Befehlszeile ausführen. Melden Sie sich an der PIX an und wechseln Sie in den Enable-Modus. Es empfiehlt sich, einen Ping-Befehl an Ihren TFTP-Server zu senden, um die Verbindung zu verifizieren, z. B. auf diese Weise:

```
PIX1# ping inside 10.1.1.1
```

Bringen Sie die Version der Software auf Ihren TFTP-Server und kopieren Sie die Datei in den Flash-Speicher:

```
pixfirewall# copy tftp flash
Address or name of remote host [127.0.0.1]? 10.1.1.1
Source file name [cdisk]? pix621.bin
copying tftp://10.1.1.1/pix621.bin to flash
[yes|no|again]? yes
!!!!!!!!!!!!!!!!!!!!!!!!!!!!!!!!!!!!!!!!!!!!!!!!!!!!
Received 1640448 bytes.
Erasing current image.
Writing 1640448 bytes of image.
!!!!!!!!!!!!!!!!!!!!!!!!!!!!!!!!!!!!!!!!!!!!!!!!!!!!
Image installed.
```

Beim nächsten Neuladen steht das neue Image zur Verfügung.

2.4.3 Kennwortwiederherstellung

Kennwörter werden mit einem MD5-Hash auf der PIX gespeichert. Dies macht Sinn; vielleicht wissen Sie, das Cisco-Kennwörter des Typs 7 mithilfe eines PDAs (Personal Digital Assistant) sofort entschlüsselt werden können. MD5-Hash ist eine härtere Nuss: Ein Hacker muss sämtliche Kombinationsmöglichkeiten austesten. Leider ist der auf der PIX verwendete MD5-Hash-Algorithmus erheblich schwächer als der Cisco-Hash-Algorithmus-Typ, der auf Cisco-Routern verwendet wird. Programme wie Cain & Abel (www.oxid.it) können mit etwas Zeitaufwand Kennwörter aufdecken. Dieser Schwachpunkt wurde dokumentiert in CVE Vulnerability CAN-2002-0954. Wenn Sie also nicht mehr haben als ein Printout, können Sie Ihr Kennwort wiederherstellen. Dies kann für Geräte in Produktionsumgebungen recht nützlich sein. (Bedenken Sie jedoch, dass andere dasselbe tun können. Seien Sie vorsichtig, wenn Konfigurationsdateien auf TFTP-Servern verbleiben oder wenn Printouts für andere erreichbar sind.)

Wenn Ihre Umgebung eine kurze Ausfallzeit tolerieren kann, können Sie Ihr PIX-Kennwort zurücksetzen. Abhängig von Ihren OS-Versionen laden Sie ein Programm herunter, das auf der PIX ausgeführt wird und das Kennwort auf den Standard *cisco* zurücksetzt. Sie können dann im Enable-Modus das Kennwort auf einen bekannten Wert setzen.

Sie haben bereits erfahren, dass der Monitormodus für Notfälle eingesetzt wird. Wenn Sie Ihr Kennwort vergessen, ist ein solcher Notfall eingetreten. Hier erfahren Sie, wie Sie vorgehen müssen:

Version	Dateiname	URL
4.3 und frühere Releases	nppix.bin	www.cisco.com/warp/public/110/nppix.bin
Release 4.4	np44.bin	www.cisco.com/warp/public/110/np44.bin
Release 5.0	np50.bin	www.cisco.com/warp/public/110/np50.bin
Release 5.1	np51.bin	www.cisco.com/warp/public/110/np51.bin
Release 5.2	np52.bin	www.cisco.com/warp/public/110/np52.bin
Release 5.3	np53.bin	www.cisco.com/warp/public/110/np53.bin
Release 6.0	np60.bin	www.cisco.com/warp/public/110/np60.bin
Release 6.1	np61.bin	www.cisco.com/warp/public/110/np61.bin
Release 6.2	np62.bin	www.cisco.com/warp/public/110/np62.bin

Tabelle 2.2: Binärdateien für die Wiederherstellung von PIX-Kennwörtern

1. Wählen Sie die passende Version der Software aus der Tabelle 2.2.
2. Stellen Sie diese Software auf einen von der PIX aus zugreifbaren TFTP-Server.

3. Verbinden Sie sich mit der PIX über den Konsolen-Port. Verifizieren Sie die Verbindung. (Sie sollten eine Kennworteingabeaufforderung erhalten, die Sie nicht erfüllen können.)

4. Booten Sie die PIX neu.

5. Drücken Sie in den ersten 10 Sekunden innerhalb des Boot-Vorgangs auf Escape, um in den Monitormodus zu wechseln.

6. Richten Sie mit dem Befehl `interface` die Schnittstelle zum TFTP-Server ein.

7. Verwenden Sie den Befehl `address`, um die IP-Adresse dieser Schnittstelle anzugeben.

8. Verwenden Sie den Befehl `server`, um die IP-Adresse des TFTP-Servers anzugeben.

9. Verwenden Sie den Befehl `gateway`, um bei Bedarf die Standard-Route zum TFTP-Server anzugeben. (Dies ist nicht das empfohlene Vorgehen. Wenn es irgendwie möglich ist, sollten Sie den TFTP-Server auf demselben Netzwerk betreiben, in dem sich auch die PIX-Schnittstelle befindet. Damit vermindern Sie die Wahrscheinlichkeit einer Dateiverfälschung.

10. Geben Sie mithilfe des Befehls `file` den Dateinamen der in Schritt 1 gewählten Recovery-Datei an.

11. Überprüfen Sie mit dem Befehl `ping`, ob Sie sich mit dem TFTP-Server verbinden können.

12. Geben Sie `tftp` ein, um den Download anzustoßen.

An diesem Punkt sollten Sie aufgefordert werden, die Kennwörter zu löschen, und Sie sind drin. Das Standardkennwort ist nun auf *cisco* gesetzt worden, ohne ein Enable-Kennwort.

2.5 Die Befehlszeilenschnittstelle

Wie bei einem Cisco-Router befindet sich die Konfiguration der PIX in einer Textdatei. Die Aufgabe eines PIX-Administrators ist die Erstellung dieser Textdatei. Es gibt viele Wege, um dieses Ziel zu erreichen: offline Arbeiten und Hochladen der Konfigurationen, Arbeiten mit einem Hilfsmittel wie dem PIX Device Manager oder Arbeiten über die Befehlszeile. Die meisten Wartungsaufgaben sind nicht besonders kompliziert. Meistens arbeiten Sie dabei auf der Befehlszeile, daher ist es recht zweckmäßig, wenn wir uns ein wenig mit dieser Schnittstelle befassen.

2.5.1 Standardkonfigurationen

Es gibt zwei grundlegende Standardkonfigurationen, die werkseitig eingestellt werden. Da die PIX 501 und die PIX 506 recht speziellen Zwecken dienen, wurden die Standardkonfigurationen für diese beiden Modelle an ihren jeweiligen Markt angepasst. Die Modelle 515, 525 und 535 sind als Firewalls mit allgemeinen Aufgaben einzuordnen und haben dementsprechend eine weniger aufwändige Konfiguration.

PIX 501 und 506E

Die PIX 501 und 506E sind für den Einsatz in einer traditionellen DSL-Umgebung konzipiert. Cisco geht von folgenden Annahmen aus:

1. Die Standardrichtlinie für die Datenflusskontrolle wird folgende Regel enthalten: Alle Datenströme von innen dürfen nach außen fließen, von außen darf jedoch nichts nach innen fließen.
2. Bei der externen Schnittstelle wird die IP-Adresse über DHCP gesetzt. Beide Schnittstellen werden fest auf 10 Mbps Ethernet gesetzt.
3. DHCP wird den internen Benutzern zur Verfügung gestellt, wobei die Standard-Route auf die PIX gesetzt ist.

Das interne Netzwerk, das die PIX zur Verfügung stellt, ist das Netzwerk 192.168.1.0. (Wie Sie sich sicher erinnern, ist dies eine der zulässigen Auswahlmöglichkeiten aus RFC 1918.) Die PIX übernimmt die Rolle des Standard-Gateways für das Netzwerk mit der IP-Adresse 192.168.1.1. Dies ist recht zweckmäßig, da viele andere Hersteller (wie z. B. Wireless-AP-Hersteller) ebenfalls das Netzwerk 192.168.1.0 nutzen und unterstellen, dass das Gateway die IP-Adresse 192.168.1.1 erhält – daher können die 501 und die 506E in den meisten Heimnetzen transparent eingefügt werden. Die Beschränkung der Schnittstellen auf 10 Mbps ist kein Problem, da die externe Schnittstelle mit einer DSL- oder externen Zuleitung verbunden wird, die gewöhnlich mit weniger als 1 Mbps funktioniert. Wenn die Verbindung fest auf 10 Mbps eingestellt wird, können einige der Fast Ethernet Duplex Handshaking-Probleme vermieden werden, die auf älteren Switches auftreten können.

Für die meisten Anwender ist dies eine vernünftige Lösung. Wenn das Gerät in einer Unternehmensumgebung eingesetzt werden soll, ist ein wenig mehr Aufwand erforderlich, denn diese Lösung bietet beispielsweise keine Unterstützung für eine zentralisierte Verwaltung oder für VPN-Tunnel. Wenn eine größere Anzahl von Clients eingebunden werden muss, sollten Sie eine Vorlage festlegen und die PIX vorkonfigurieren, bevor Sie diese zu den Endanwendern senden.

PIX 515E, 525 und 535

Die PIX 515E und die höheren Modelle werden im Wesentlichen mit einer leeren Konfiguration ausgeliefert. Die Schnittstellen sind auf eine Autokonfigurations-Funktion gesetzt, die jedoch deaktiviert ist. Die Konfiguration über die Konsole ist daher erforderlich.

2.5.2 Administrative Zugriffsmodi

Beim administrativen Zugriffsmodus handelt es sich um einen Zustand, in dem der Administrator Befehle ausführen kann, meist mit dem Anliegen, die Konfiguration der PIX zu ändern. Der zuvor beschriebene Monitormodus ist ein solcher administrativer Zugriffsmodus, doch statt in dem binären Image befindet sich dieser im ROM, und es wäre wünschenswert, wenn Sie ihn niemals nutzen müssen.

Beim ersten Anmelden befinden Sie sich in einem unprivilegierten Modus. Sie erkennen den Modus, in dem Sie arbeiten, an der Form der Eingabeaufforderung: Wenn die Eingabeaufforderung den Host-Namen gefolgt von einer rechten spitzen Klammer (>) zeigt, befinden Sie sich im unprivilegierten Modus. Es stehen wenige Befehle zur Verfügung:

```
PIX1> ?
enable      Turn on privileged commands
help        Help list
login       Log in as a particular user
logout      Exit from current user profile, and to unprivileged mode
pager       Control page length for pagination
quit        Quit from the current mode, end configuration or logout
```

Dies ist keine vollständige Liste der verfügbaren Befehle. Wenn Sie beispielsweise im unprivilegierten Modus arbeiten:

```
PIX1> show ?
checksum    View configuration information cryptochecksum
curpriv     Display current privilege level
history     Display the session command history
pager       Control page length for pagination
version     Display PIX system software version
PIX1> show version

Cisco PIX Firewall Version 6.2(1)
Cisco PIX Device Manager Version 1.0(1)

Compiled on Wed 17-Apr-02 21:18 by morlee
```

```
pix1 up 160 days 23 hours

Hardware:   PIX-515, 64 MB RAM, CPU Pentium 200 MHz
...
```

Der wichtigste dieser Befehle ist der Enable-Modus, der die privilegierten Befehle aktiviert. An dieser Stelle ändert sich das Aussehen der Eingabeaufforderung; sie endet nun mit einem Summenzeichen (#). So zeigen Sie die neuen Privilegien an:

```
PIX1# ?
arp        Change or view the arp table, and set the arp timeout value
capture    Capture inbound and outbound packets on one or more
           interfaces
configure  Configure from terminal
copy       Copy image or PDM file from TFTP server into flash.
debug      Debug packets or ICMP tracings through the PIX Firewall.
disable    Exit from privileged mode
eeprom     Show or reprogram the 525 onboard i82559 devices
flashfs    Show, destroy, or preserve filesystem information
help       Help list
kill       Terminate a telnet session
logout     Exit from current user profile, and to unprivileged mode
logging    Clear syslog entries from the internal buffer
pager          Control page length for pagination
passwd     Change Telnet console access password
ping       Test connectivity from specified interface to <ip>
quit           Quit from the current mode, end configuration or logout
reload     Halt and reload system
session    Access an internal AccessPro router console
shun       Manages the filtering of packets from undesired hosts
terminal   Set terminal line parameters
who        Show active administration sessions on PIX
write      Write config to net, flash, floppy, or terminal, or erase
           flash
```

An diesem Punkt sind Sie mehr oder minder davor geschützt, das System versehentlich zu beschädigen: Sie können zwar die gesamte Konfiguration löschen, doch selbst kleinste Änderungen werden erst durchgeführt, wenn Sie in den Konfigurationsmodus wechseln. Geben Sie den Befehl configure terminal ein, um in den Konfigurationsmodus zu wechseln. Auch hier ändert sich wieder das Aussehen der Eingabeaufforderung, um die neuen Privilegien anzuzeigen:

```
PIX1(config)#
```

Es gibt etwa 100 Zeilen mit Befehlen, daher würde die komplette Anzeige hier den Rahmen sprengen. Anders als bei einem Cisco-Router, für den zusätzliche Modi vorhanden sind, sind dies die möglichen Modi: Sie haben keine Rechte, Sie sind ein wenig geschützt oder Sie ändern die Konfiguration. Wenn Sie sich im Konfigurationsmodus befinden, können Sie nach wie vor die show-Befehle verwenden.

Die PIX speichert zudem die bereits ausgeführten Befehle. Mit dem Befehl show history können Sie anzeigen, welche Befehle Sie ausgeführt haben. Diese Funktion ist auf zweierlei Art nützlich: Wenn Sie sich nicht sicher sind, welche Befehle Sie bisher ausgeführt haben, können Sie mit dem Befehl show history nachprüfen, was Sie bisher erledigt haben. Eine weitaus üblichere Verwendung liegt jedoch bei der Ausführung vieler ähnlicher Befehle nahe. Sie können mit der Pfeil-nach-oben-Taste in die vorangegangene Zeile Ihrer Historie wechseln und diese mit den Basisbefehlen (die im nächsten Abschnitt erläutert werden) bearbeiten, um den Befehl anschließend erneut anzuwenden.

> **Hinweis**
>
> Die Befehlszeilenschnittstelle der PIX-Firewall stellt eine integrierte Hilfsfunktionalität zur Verfügung. Nutzen Sie die Taste mit dem Fragezeichen – sie wird sich als Ihr Freund erweisen! Sie können an jeder Stelle »?« eingeben, um Ihre Befehle zu vervollständigen. Zusätzlich ist eine Art »man page«-Funktionalität eingebaut. Wenn Sie beispielsweise einen Ping-Befehl senden möchten, Ihnen die entsprechende Syntax jedoch entfallen ist, geben Sie einfach ping ? ein. Wenn Sie sich nicht mehr an den Zweck des ping-Befehls erinnern können, geben Sie help ping ein. Damit wird nicht nur die Verwendung angezeigt, sondern auch Beschreibung und Syntax des Befehls.

2.5.3 Basisbefehle

Die Befehlszeile entspricht jener eines Cisco-Routers. Es werden Befehl im »emacs«-Stil verwendet, die in Tabelle 2.3 gezeigt werden.

Befehl	Ergebnis
⇆	Vervollständigung der Befehlszeile
Strg + A	Bewegt den Cursor an den Anfang einer Zeile
Strg + B	Bewegt den Cursor ein Zeichen nach links (ohne zu überschreiben)
Alt + B	Bewegt den Cursor ein Wort nach links
Strg + D	Löscht das Zeichen unter dem Cursor
Strg + E	Bewegt den Cursor an das Ende einer Zeile

Tabelle 2.3: Grundlegende Tastenkürzel

Befehl	Ergebnis
[Strg] + [F]	Bewegt den Cursor ein Zeichen nach rechts
[Alt] + [F]	Bewegt den Cursor ein Wort nach rechts
[Strg] + [H] oder [←]	Löscht das vorangegangene Zeichen
[Strg] + [R]	Wiederholt eine Zeile
[↑] oder [Strg] + [P]	Zeigt die vorangegangene Zeile an
[↑] oder [Strg] + [N]	Zeigt die nächste Zeile an
[Help] oder [?]	Zeigt eine Hilfe an

Tabelle 2.3.: Grundlegende Tastenkürzel (Forts.)

Durchsuchen Sie das Web nach *emacs style commands* (Befehle emacs-Stil), um weitere Bearbeitungsbefehle zu sichten. Die in Tabelle 2.3 gezeigte Liste ist jedoch schon sehr hilfreich. Wenn Sie eine Reihe von ACL-Statements einrichten, können Sie sich Zeit und Mühe sparen. Wenn Sie beispielsweise nur eine Port-Nummer ändern, drücken Sie [Strg] + [P], um zur vorherigen Zeile zu wechseln, [Alt] + [F], um einige Worte nach rechts zu wandern und [Strg] + [D], um die alte Port-Nummer zu löschen. Dann geben Sie die neue Port-Nummer ein.

Darüber hinaus brauchen Sie nicht den vollständigen Befehl einzugeben – geben Sie nur genug Zeichen des Befehls ein, die ein eindeutiges Anfangssegment entstehen lassen. Ein Beispiel: Sie können den Befehl configure terminal abkürzen. Beachten Sie dabei Folgendes: Die Eingabe der ersten drei Buchstaben wäre hier nicht ausreichend (die Befehle conduit und configure beginnen mit »con«). Da aber nur eine Option des Befehls configure mit dem Zeichen »t« beginnt, können Sie einfach *conf t* eingeben, um in den Konfigurationsmodus zu wechseln. Solche Tastenkürzel sparen ein wenig Tipparbeit ein, besonders bei langen Befehlen.

Hostname und Domain-Name

Zwei nützliche Befehle sind hostname und domain-name. Mit diesen Befehlen setzen Sie den Host-Namen (der auf der Eingabeaufforderung angezeigt wird) und den Domain-Namen für die PIX. Die Syntax lautet: hostname <name> und domain-name <name> – z. B.:

```
PIX1 (config)# hostname PIX1
PIX1(config)# domain-name secret.com
```

Konfigurieren von Schnittstellen

Der wichtigste Aspekt eines Netzwerkgeräts ist die Netzwerkschnittstelle. Die Konfiguration der Netzwerkschnittstelle in der PIX ist ein recht problemloser Vorgang. Sie müssen ein paar Parameter im Zusammenhang mit der Sicherheit und einige

Parameter im Zusammenhang mit der Connectivity eingeben, dann wird die Standardrichtlinie für den Datenfluss übernommen.

Der Befehl nameif Der Befehl `nameif` dient dazu, einer Schnittstelle einen logischen Namen sowie eine Sicherheitsstufe zuzuweisen. Der Name sollte leicht zu merken sein, da er in allen anderen Befehlen verwendet wird. Die Syntax für den Befehl `nameif` lautet:

```
nameif <hardware_id> <interface> <security_level>
```

`hardware_id` steht für die der Schnittstelle zugeordnete Hardware, z.B. *ethernet0*. `interface` steht für einen beschreibenden Namen, z.B. *dmz*, und `security_level` entspricht der Vertrauensebene, ein Ganzzahlwert zwischen 100 (vertraut) und 0 (nicht vertraut).

Traditionell wird *ethernet0* (die erste Karte von links) als externe Schnittstelle mit einer Sicherheitsstufe von 0 eingerichtet – z.B.:

```
PIX1(config)# nameif ethernet0 outside security0
```

Wenn Sie *ethernet1* (die zweite Karte von links) als interne Schnittstelle mit einer Sicherheitsstufe von 100 einrichten möchten, lautet der Befehl wie folgt:

```
PIX1(config)# nameif ethernet1 inside security100
```

Den verbleibenden Karten (falls vorhanden) werden Werte zwischen 0 und 100 zugewiesen. Ein Beispiel für ein DMZ-Netzwerk könnte folgendes Aussehen haben:

```
PIX1(config)# nameif ethernet2 dmz security50
```

Der Befehl interface Mit dem Befehl `interface` werden die Eigenschaften für die physikalische oder Bitübertragungsschicht der Schnittstelle eingerichtet. Die Syntax für den Befehl lautet:

```
interface <hardware_id> <hardware_speed> [shutdown]
```

In diesem Befehl entspricht `hardware_id` dem Wert aus dem Befehl `nameif`. Den Wert für `hardware_speed` (Hardware-Geschwindigkeit) entnehmen Sie der Tabelle 2.4.

up ...

... up ... update

Nutzen Sie den UPDATE-SERVICE des mitp-Teams bei vmi-Buch. Registrieren Sie sich JETZT!

Unsere Bücher sind mit großer Sorgfalt erstellt. Wir sind stets darauf bedacht, Sie mit den aktuellsten Inhalten zu versorgen, weil wir wissen, dass Sie gerade darauf großen Wert legen. Unsere Bücher geben den topaktuellen Wissens- und Praxisstand wieder.

Um Sie auch über das vorliegende Buch hinaus regelmäßig über die relevanten Entwicklungen am IT-Markt zu informieren, haben wir einen besonderen Leser-Service eingeführt.

Lassen Sie sich professionell, zuverlässig und fundiert auf den neuesten Stand bringen.
Registrieren Sie sich jetzt auf www.mitp.de oder **www.vmi-buch.de** und Sie erhalten zukünftig einen E-Mail-Newsletter mit Hinweisen auf Aktivitäten des Verlages wie zum Beispiel unsere aktuellen, kostenlosen Downloads.

Ihr Team von mitp

Wert	Beschreibung
10baset	10 Mbps Ethernet, halb-duplex
100basetx	Fast Ethernet, halb-duplex
100full	Fast Ethernet, voll-duplex
1000sxfull	Gigabit Ethernet, voll-duplex
1000basesx	Gigabit Ethernet, halb-duplex
1000auto	Gigabit Ethernet für die automatische Aushandlung von voll- oder halb-duplex
aui	10 Mbps Ethernet, halb-duplex, für eine AUI-Kabelschnittstelle
bnc	10 Mbps Ethernet, halb-duplex, für eine BNC-Kabelschnittstelle
auto	Setzt die Ethernet-Geschwindigkeit automatisch. Im Allgemeinen empfiehlt sich die Hart-Kodierung des Kabeltyps, da die automatische Aushandlung bei einigen Hardware-Komponenten immer wieder fehlschlägt.

Tabelle 2.4: Hardware-Geschwindigkeitstypen für den Befehl interface

Das optionale Schlüsselwort shutdown deaktiviert die Schnittstelle; shutdown bietet sich an, um eine Verbindung in einem Netzwerk, die gefährlich ist, schnell zu beenden oder um sicherzustellen, dass ungenutzte Netzwerke nicht versehentlich hinzugefügt werden. Die Syntax für den Befehl interface lautet:

```
PIX1(config)# interface ethernet0 100full
```

Der Befehl ip address Verwenden Sie den Befehl ip address, um die IP-Adresse dieser speziellen Schnittstelle anzugeben. Die Syntax für den Befehl lautet:

```
ip address <interface> <ip_address> <netmask>
```

Im Befehl ip address steht interface für denselben Parameter wie im Befehl nameif – ein beschreibender Begriff für das Netzwerk. ip_address und netmask entsprechen den üblichen Eigenschaften der Schnittstelle. Ein Beispiel für diesen Befehl könnte etwa so aussehen:

```
PIX1(config)# ip address dmz 192.168.0.1 255.255.255.0
```

> **Hinweis**
> Die PIX kann ihre IP-Adresse auch über eine DHCP-Client- oder PPPoE-Funktionalität erhalten. Weitere Ausführungen zu diesem Thema erfolgen in Kapitel 4.

Statische Routen

Die PIX ist kein Router, daher steht für sie keine große Auswahl an Routing-Protokollen zur Verfügung. Die PIX bietet Unterstützung für statische Routen und für RIP. Die Angabe einer statischen Route erfolgt mit dieser Syntax:

```
route <if_name> <ip_address> <netmask> <gateway_ip> [metric]
```

Wenn wir uns den Spaß machen und diese Syntax in unsere Sprache umsetzen, so würde dieser Befehl lauten: »Wenn für die Schnittstelle if_name bestimmte Pakete in dem Netzwerk, das durch die Netzwerkadresse ip_adress angegeben wird, durch die Maske netmask gebunden sind, dann route diese über einen nächsten Hop an gateway_ip«. Der optionale Befehl metric wird genutzt, um die Entfernung anzugeben.

Eine besonders wichtige Route ist die Standard-Route. Dies ist die »letztmögliche Route« – die Route, die verwendet wird, wenn keine andere Richtung für das Paket bekannt ist. Auf der PIX ist nur eine Standard-Route zulässig. Diese Route wird durch 0 route mit netmask 0 angegeben, z. B.:

```
PIX1(config)# route outside 0 0 63.122.40.140 1
```

Kennwortkonfiguration

Es müssen zwei Kennwörter eingerichtet werden: ein Kennwort für den Zugriff auf die PIX und ein Enable-Kennwort, um in den privilegierten (Enable-) Modus wechseln zu können. Das Kennwort für die PIX ist auf 16 Byte beschränkt. Zudem wird zwischen Groß- und Kleinschreibung unterschieden. Mit folgender Basissyntax richten Sie ein Kennwort ein:

```
PIX1(config)# passwd cisco
PIX1(config)# enable password cisco
```

Bei der Konfiguration wird das Kennwort verschlüsselt gespeichert. Der Befehl hat dann folgendes Aussehen:

```
enable password 2KFQnbNIdI.2KYOU encrypted
passwd 2KFQnbNIdI.2KYOU encrypted
```

Wenn Sie sich anfänglich mit der PIX verbinden, wird eine Kennworteingabeaufforderung angezeigt:

```
Connected to 10.10.10.1.
Escape character is '^]'.


User Access Verification

Password:
Type help or '?' for a list of available commands.
pix1> en
Password: *****
```

Beachten Sie, dass das Kennwort zur Wahrung der Sicherheit nicht auf dem Bildschirm wiederholt wird. Durch die gezeigte Sequenz wechseln Sie in den Enable-Modus.

> **Hinweis**
>
> Die PIX bietet darüber hinaus Unterstützung für lokale Benutzerkonten mit individuellen Kennwörtern. Als Alternative können Sie RADIUS oder TACACS+ für die Konsolenauthentifizierung verwenden. Eine detaillierte Beschreibung dieser Features finden Sie in Kapitel 5.

2.5.4 Verwaltung der Konfigurationen

Wie bei jedem Netzwerkgerät ist die wichtigste Aufgabe im Zusammenhang mit einer PIX die laufende Verwaltung. Es ist von erheblicher Bedeutung, dass Sie sich sicher im Umgang mit dem Konfigurationsmodus und der eigentlichen Konfiguration fühlen und sich nicht in einem bloßen Herummanipulieren an der Konfiguration verlieren. Genauso wichtig ist, dass Sie wissen, wie Sie Konfigurationen zum Speichern auslagern und bei Bedarf von Back-up-Systemen wiederherstellen können. Die Schlüsselbefehle für diese Aufgabe sind `write`, mit dem Sie einen Befehl speichern können, `copy`, der zur Verwaltung der zugrunde liegenden PIX-Anwendungssoftware dient, und `configure`, mit dem Sie Ihre Konfiguration aktualisieren können.

Der Befehl write

Mit dem Befehl `write` können Sie die Konfiguration auf verschiedene Medientypen schreiben. Zulässige Varianten sind `write net`, `write memory`, `write standby`, `write terminal`, `write erase` und `write floppy`.

```
write net [[server_ip] : [filename] ]
```

Mit diesem Befehl wird die Konfiguration auf einen TFTP-Server geschrieben. Die IP-Adresse des Servers kann auf der Befehlszeile angegeben werden oder mit dem TFTP-Server-Befehl `tftp-server [if_name] ip_address path` vorbesetzt werden. Wenn Sie in dieser Zeile einen Wert angeben, wird der Wert der TFTP-Server-Zeile überschrieben, wenn aber die TFTP-Server-Daten eingerichtet sind, reicht die Angabe eines Doppelpunkts (oder ganz ohne Parameter).

Mit dem nächsten Befehl können Sie die Konfiguration in den Flash-Speicher schreiben. Der Parameter `uncompressed` ist im Allgemeinen nicht erforderlich. Er legt fest, dass die Konfiguration als unkomprimierter String gespeichert werden soll:

```
write memory [uncompressed]
```

Wenn Sie die Konfiguration auf dem Terminal (Bildschirm) ausgeben möchten, verwenden Sie diesen Befehl:

```
write terminal
```

Dieser Befehl zeigt die aktuell ausgeführte Konfiguration an. In Version 6.2 wurden zwei neue `show`-Befehle integriert: `show running-config` liefert dieselbe Ausgabe wie der Befehl `write terminal`, und `show startup-config` zeigt die Konfiguration, die in den Flash-Speicher geschrieben wurde. Wenn die Pager-Variable gesetzt ist, wird die Bildschirmanzeige nach einer festgelegten Anzahl von Zeilen angehalten. Wenn Sie die Konfiguration über ein ASCII-Capture speichern möchten, setzen Sie den Pager auf 0 und geben dann `write terminal` ein.

Ähnlich wie bei dem Befehl `write memory` wird die Konfiguration bei Geräten mit einem Diskettenlaufwerk über den Befehl `write floppy` in einem proprietären Format gespeichert. Auf diese Weise ist die PIX ohne weiteres in der Lage die Konfiguration zu lesen. Wenn Sie die Konfiguration auf eine PIX-Boot-Diskette schreiben, startet das Gerät mit der gewünschten Konfiguration. Leider können bei anderen Geräten beim Lesen Probleme auftreten.

```
write floppy [uncompressed]
```

Es gibt noch einen letzten `write`-Befehl: `write erase`. Mit diesem Befehl wird die Konfiguration im Flash-Speicher auf einen gut funktionierenden Zustand zurückgesetzt, so dass Sie eine Neukonfiguration vornehmen können.

Der Befehl copy

Der Befehl copy bietet eine ähnliche Methode zur Verwaltung von Images. Am häufigsten wird dieser Befehl in der Kombination `copy tftp` verwendet – z. B.:

```
copy tftp[:[[//location] [/tftp_pathname]]] flash[:[image | pdm]]
```

Die ersten Parameter sollten keine Probleme machen: Es geht darum, den Pfad und den Namen des TFTP-Servers anzugeben. Wie bereits ausgeführt, können diese Angaben mithilfe des Befehls TFTP-Server vorbesetzt werden. Das Schlüsselwort flash gibt an, dass die Information im Flash-Speicher gespeichert wird. Bei den Dateien kann es sich um konventionelle Images handeln. In diesem Fall stehen sie beim nächsten Laden zur Verfügung. Es können aber auch PDM-Images sein, die umgehend zur Verfügung stehen.

Sie können Images auch von einem Web-Server über konventionelles HTTP oder über SSL herunterladen. Dies bewerkstelligen Sie mit folgendem Befehl:

```
copy http[s]://[user:password@] location [:port ] / http_pathname flash
   [: [image | pdm] ]
```

Sie werden die Parameter sicherlich zuordnen können. Der erste Parameter entspricht der URI-Standard-Notation: http für Klartext-Web-Nutzung oder https für die Nutzung des SSL-Services. In dem Syntaxteil user:password@location können Sie Benutzerinformationen angeben. Wenn Sie über einen Web-Browser arbeiten, löst dieser Teil die Anzeige eines Pop-up-Fensters aus, in dem Sie aufgefordert werden, Benutzernamen und Kennwort einzugeben. Da die PIX nicht über ein solches Pop-up-Fenster verfügt, können Sie die entsprechenden Daten auf der Befehlszeile angeben. Fügen Sie diese vor dem Zeichen @ ein. Wenn der Web-Server auf einem nicht standardisierten Port ausgeführt wird, können Sie dies hier ebenfalls angeben, indem Sie den Port hinter einen Doppelpunkt setzen, z. B.:

```
copy http://fwadmin:cisco@10.10.10.1:99/pix_image flash
```

Diese Lösung ist praktisch; wenn Ihnen kein TFTP-Server zur Verfügung steht, können Sie die Image-Dateien sicher auf einem Web-Server speichern.

Der Befehl configure

Die Verwaltung von Konfigurationen geschieht über den Befehl configure. Häufig wird dies zusammen mit dem write-Befehl ausgeführt. So wie mit dem Befehl write terminal die Konfiguration auf dem Terminal ausgegeben wird, können Sie mit dem Befehl configure terminal die Konfiguration vom Terminal aus ändern.

Diese Befehle mischen im Allgemeinen die Konfiguration von dem Medium mit der bestehenden Konfiguration. Sie werden häufig den Befehl clear configure nutzen, um die bestehende Konfiguration zu löschen, damit Sie eine als funktionierend gespeicherte Konfiguration nutzen können. Die anderen Optionen sind:

```
configure [terminal|floppy|memory]
```

Sie haben diesen Befehl bereits bei dem Beispiel conf t kennen gelernt. Sie können damit Befehle vom Terminal, von einer Diskette (falls die PIX mit einem Diskettenlaufwerk ausgestattet ist) oder aus dem Flash-Speicher hinzufügen.

Analog zum copy-Befehl mischt der Befehl:

```
configure http[s]://[<user>:<password>@]<location>[:<port>]/<pathname>
```

eine auf einem Web-Server gespeicherte Konfiguration mit der aktuell ausgeführten Konfiguration.

```
configure net [<location>]:[<pathname>]
configure factory-default [<inside_ip> [<mask>]]
```

2.5.5 Zurücksetzung des Systems

Nach dem Beschaffen eines neuen Images ist das nächste Anliegen, die PIX mit dem neuen Image zu starten. Gleichermaßen empfiehlt es sich, die Konfiguration gelegentlich auf die im Flash laufende Konfiguration zurückzusetzen – wenn Sie beispielsweise verschiedene Befehle austesten wollten und in einen unsicheren Zustand geraten sind. Sie können das Gerät stets aus- und einschalten, und die Konfigurationen und Images werden komplett in den Flash-Speicher geschrieben. Daher brauchen Sie sich nicht vor Korruption zu fürchten. Dennoch bietet sich eine bessere Methode an: der Befehl reload.

Der Befehl reload

Mit dem Befehl reload können Sie einen sanften Neustart der PIX durchführen. Nach Eingabe diese Befehls werden Sie aufgefordert, Ihre Absicht zu bestätigen. Dieser Befehl kann nur im privilegierten Modus ausgeführt werden.

```
pix1# reload
Proceed with reload? [confirm]
```

Es dauert einen Augenblick, bis die PIX neu bootet. Danach arbeiten Sie unter dem neuen System. Hinweis: Wenn Sie das zweite Drücken der Eingabetaste umgehen möchten, können Sie reload noconfirm eingeben. Bei der Ausführung eines potenziell gefährlichen Befehls wie einem Reboot empfiehlt es sich im Allgemeinen jedoch, eine Absicherung in Form einer Bestätigung der geplanten Aktion zuzulassen.

2.6 Zusammenfassung

Die PIX ist ein dediziertes Firewall-Gerät, das auf einem fest-installierten Betriebssystem für spezielle Zwecke basiert. Der vereinfachte Kernel und die reduzierte Befehlsstruktur (im Vergleich zu jener auf Firewalls mit allgemeinen Betriebssystemen) bedeutet, dass die PIX, wenn auch alle anderen Dinge gleich sind, einen höheren Durchsatz und geringere Wartungskosten aufweist als Geräte mit allgemeinem Verwendungszweck. Dazu kommt die große Ähnlichkeit zum IOS, wodurch die Arbeit für Sicherheitsadministratoren, die mit der Cisco-Umgebung vertraut sind, erheblich erleichtert wird.

Die PIX ist eine hybride Firewall, die auf Stateful Packet Filtering basiert und für spezielle Anwendungen Anwendungs-Proxies nutzt. Der Stateful-Paketfilter ist als Adaptive Security Algorithm (ASA) bekannt. Bei diesem Algorithmus werden zwei Datenbanken verwendet; eine Tabelle mit Übersetzungen und eine Tabelle mit bekannten Verbindungen. Mithilfe dieser Tabellen wird der Zustand des über das Netzwerk übermittelten Datenverkehrs verfolgt und dynamisch entschieden, ob Pakete den Filter passieren dürfen. Der ASA untersucht die Informationen im Paket-Header, darunter Quell- und Zieladresse und TCP- und UDP-Socket-Informationen und auch die Paketinhalte auf bestimmte Protokolle, um intelligente Entscheidungen in Hinblick auf das Routing der Pakete treffen zu können. ASA bietet zusätzliche Fähigkeiten: Bei Bedarf werden Pakete als Teil der Verarbeitung durch die Inspection Engine neu geschrieben, wo die Protokolle bekannt sind.

Der PIX sind etwa ein Dutzend Proxies zugeordnet. Einige, wie z. B. der FTP-Proxy, verbessern den ASA-Prozess, indem sie das Passieren von Paketen eines genehmigten Kommunikationstyps (in diesem Beispiel FTP) zulassen. Während der Befehlskanal dem normalen dreifachen Handshake folgt, der durch den Client initiiert und auf einen Well-known-Socket gerichtet wird, wird bei den Datenkanälen der Handshake durch den Server initiiert (in die entgegengesetzte Richtung der üblichen Sicherheitsrichtlinie) und auf einen während der Transaktion definierten Port gerichtet. Andere wie z. B. der SMTP-Proxy sind dazu konzipiert, eine eingeschränkte Untergruppe von Protokollbefehlen durchzusetzen und, durch Geltendmachung der RFC, potenziell fehlerhaften Anwendungen einen zusätzlichen Sicherheitsaspekt zu bieten. Noch andere, wie z. B. die Multimedia-Proxies, verfügen über die Intelligenz, IP-Adressen aus dem Datenteil des Pakets zu extrahieren und die komplexe Umschreibung und Autorisierung für diese untereinander verwandten Protokolle zu übernehmen.

Neben den systemeigenen Paket-Filterungs- und Zugriffskontrollfunktionen bietet die PIX zusätzliche, übliche Firewall-Dienste. Ein Vorteil von Geräten liegt in der Leistungsfähigkeit. Die PIX eignet sich hervorragend als VPN-Terminierung, die, wenn eine Accelerator-Karte installiert ist, den verschlüsselten Datenverkehr zu Leitungsgeschwindigkeit passieren lassen kann. Sie bietet Content-Protokollierung und -Filterung, um das Surfen im Web besser kontrollieren zu können, und Adressübersetzung, damit Netzwerke nahtlos an der Peripherie »zusammengenäht« werden oder um interne Netzwerke zu konsolidieren (und zu verbergen) und der Außenwelt nur eine begrenzte Anzahl an Adressen zu präsentieren.

Moderne Umgebungen sind abhängig von Firewalls. Daher bietet die PIX durch ihren Failover-Mechanismus eine hohe Flexibilität. Dieser Mechanismus stellt einen sofort einsetzbaren Ersatz zur Verfügung – eine zweite PIX mit einer identischen Konfiguration, die automatisch einspringt, wenn das Primärgerät ausfallen sollte.

Die eindrucksvollen Fähigkeiten der PIX werden durch eine flexible Hardware-Ausstattung unterstützt. Zum Zeitpunkt der Drucklegung dieses Buchs werden fünf verschiedene Modelle angeboten, die so entworfen wurden, dass für nahezu jede Umgebung eine passende Lösung zur Verfügung steht. Die PIX 501 wurde mit einem kleinen integrierten Switch für den SOHO-Benutzer entwickelt. Die PIX 506E wurde für den Einsatz in kleinen Büros oder Zweigstellen konzipiert und bietet eine bessere Performance für die Verbindung zurück zum Hub des Unternehmens. Die PIX 515E wurde für kleine bis mittelgroße Unternehmen entwickelt. Sie besitzt ein für die Rack-Montage geeignetes Gehäuse und bietet eine für Unternehmen entsprechende Leistungsfähigkeit. Die PIX 525 entspricht den Anforderungen größerer Unternehmen oder kleiner Service-Provider-Umgebungen. Durch ihre auf Steckplätzen basierende Konfiguration sind viele verschiedene Schnittstellenkonfigurationen möglich. Die PIX 535 ist das Spitzenmodell dieser Linie, das mit dem bestmöglichen Durchsatz aller PIX-Geräte den Anforderungen von Service-Provider-Umgebungen entspricht.

Die Kommunikation mit einer nicht konfigurierten PIX kann problemlos über das Konsolenkabel bewerkstelligt werden. Dieses Kabel gehört zum Lieferumfang jedes Firewall-Kits. Nutzen Sie ein Programm wie Hyper Terminal, setzen Sie die Parameter auf 8-N-1 und während der Boot-Sequenz werden auf dem Bildschirm Zeichen angezeigt.

Die Lizenzierung der verschiedenen PIX-Features erfolgt über einen Aktivierungsschlüssel. Mit dem Erwerb der PIX sollten Sie Informationen zu Ihrem Aktivierungsschlüssel erhalten haben. Sie können zusätzliche Features erwerben und erhalten dann neu anzuwendende Aktivierungsschlüssel. Die Aktivierungsschlüssel hängen von einer (Hardware-) Seriennummer auf der Basis des Flash-Speichers ab. Neue Schlüssel können Sie entweder über den Monitormodus oder über den neuen Befehl `activation-key` der Version 6.2 hinzufügen. Die Lizenzierung wird gewöhnlich einer von drei Kategorien zugeordnet: unbeschränkt (die komplette Funktionalität ist aktiviert), beschränkt (beschränkte Funktionen und Schnittstellen) oder Failover (für Hot-Standby-Geräte (sofort verfügbare Übernahme bei Ausfall)).

Die Wiederherstellung von Kennwörtern geschieht über die Ausführung eines speziellen Programms (für jede Version des Betriebssystems müssen Sie ein eigenes Programm verwenden) auf der PIX selbst. Für diesen Prozess ist entweder eine dedizierte Boot-Diskette erforderlich oder die Verwendung des Monitormodus und ein TFTP-Dowload eines temporären Images.

Die normale Konfiguration der PIX geschieht über eine Befehlszeilenschnittstelle. Die Befehle dieser Schnittstelle entsprechen emacs-Bearbeitungsbefehlen und haben große Ähnlichkeit mit jenen, die im Cisco IOS verwendet werden. Die Befehlsstruktur unterscheidet drei Hauptmodi: unprivilegiert, mit wenigen Befehlen, privilegiert, wo alle Befehle zur Verfügung stehen (abhängig von Ihrer Berechtigungsstufe, die in einer lokalen Datenbank eingerichtet werden kann) und Konfigurationsmodus, in dem die Änderungen an der aktuell ausgeführten Konfiguration durchgeführt werden.

In jeder Konfiguration werden Host- und Domain-Name eingerichtet. Damit wird einerseits die Eingabeaufforderung konfiguriert. Andererseits konfigurieren Sie auch Steuerfelder in den im VPN-Datenverkehr genutzten digitalen Zertifikaten sowie die Eigenschaften der Schnittstellen. Sie bestimmen einen Namen (eine Zuordnung zwischen einer unterscheidenden Kennung für die Schnittstelle und den standardmäßigen Sicherheitseinstellungen), physische Eigenschaften und IP-Eigenschaften. Sie sollten weiterhin auch einige grundlegende Routing-Einstellungen, besonders im Zusammenhang mit der Standard-Route vornehmen.

Kennwörter spielen auf einem für die Sicherheit verantwortlichen Gerät eine große Rolle. Es gibt ein Kennwort für den Zugriff auf das Gerät (unprivilegierter Modus) und eines für die Arbeit im privilegierten Modus. Es können gemeinsam genutzte Kennwörter sein, eines pro Box, oder Kennwörter für einzelne Benutzer. Cisco empfiehlt letztere Methode, wodurch die Einrichtung von AAA-Services, entweder remote oder lokal, erforderlich wird.

Die Verwaltung der Konfigurationsinformationen ist ebenfalls ein wichtiges Thema. Wenn Sie einmal die perfekte Konfiguration aufgebaut haben, möchten Sie diese im Notfall nicht komplett neu schreiben müssen. Konfigurationen können in einem lesbaren Format über ein ASCII-Capture (über `write terminal`) oder als Textdatei auf einem TFTP-Server (über `write net`) gespeichert werden. Images können auch mit dem Befehl `copy` in das System kopiert werden, entweder von einem TFTP-Server (`copy tftp`) oder von einem Web-Server unter Angabe der URL (`copy https://servername/pix_image flash`). Das System kann dann mittels des Befehls `reload` neu gestartet werden, um dann unter der neuen Konfiguration abzulaufen.

2.7 Lösungen im Schnelldurchlauf

Leistungsmerkmale von PIX-Firewalls

- Die PIX basiert auf einem dedizierten Betriebssystem, dessen Schwerpunkt in den Sicherheitsfunktionen liegt. Im Gegensatz dazu sind die Sicherheitsfunktionen sonst lediglich eine weitere Funktion eines allgemein ausgerichteten Betriebssystems.
- Wenn alle anderen Komponenten gleichwertig sind, erreicht ein dediziertes Betriebssystem einen höheren Durchsatz, da weniger andere Aufgaben ausgeführt werden. Zudem können die Wartungskosten minimiert werden, da weniger Patches verwaltet werden müssen.
- Im Kern der PIX-Funktionalität steht der Stateful-Paketfilter, der als Adaptive Security Algorithm (oder kurz ASA) bekannt ist. Es handelt sich um eine dedizierte Prozedur, die mithilfe von zwei Datenbanken, der Tabelle CONN und der Tabelle XLATE, den Zustand (State) verwaltet und verfolgt.
- Die PIX ist eine hybride Firewall, in der die Paketfilterung mit dedizierten Proxies für spezialisierte Protokolle wie H323 und SMTP kombiniert wird. Sie bietet weitere Schutzfunktionen wie Fragmentierungs- und DNS-Replay-Schutz.
- Neben den klassischen Firewall-Funktionen hat die PIX noch weitere Features zu bieten. VPN-Terminierung (zum Integrieren von verschlüsseltem Verkehr in die Firewall-Richtlinien), URL-Filterung (hilfreich, weil die Firewall an einer zentralen Stelle sitzt, die sich hervorragend für die Filterung eignet) und NAT/PAT-Funktionen, damit die Firewall interne Adressstrukturen verbergen und den verfügbaren Adressraum erweitern kann.

PIX-Hardware

- Die PIX-Linie besteht aus fünf Modellen, die jeweils für die verschiedenen Einsatzzwecke, vom Heimanwender bis hin zum Service-Provider, konzipiert wurden.
- Die PIX 501 hat eine Desktop-Form und wurde für die SOHO-Umgebung entwickelt. Sie ist für eine transparente Einbindung in Heimanwender-Netzwerke gedacht und erfordert keine Konfiguration durch den Anwender. Sie bietet jedoch Unterstützung für eine zentrale Administration sowie für alle Features der restlichen Produktlinie.
- Die PIX 506E ist nahezu identisch mit der 501, doch sie ist speziell für den Einsatz in kleinen Büros oder Zweigstellen gedacht. Sie verfügt ebenfalls über ein einfaches Setup und ist für die Unterstützung mehrerer Anwender ausgelegt.
- Die PIX 515 ist für den Einsatz in Unternehmen konzipiert und kann in einem Rack montiert werden. Sie eignet sich auch als interne Firewall, um interne Unternehmensabteilungen zu isolieren.
- Die PIX 525 wurde für den Einsatz in großen Unternehmen entworfen. Wie die 515E eignet sie sich für die Rack-Montage, bietet aber zudem die Möglichkeit

verschiedener Schnittstellenkonfigurationen, wie z. B. für Service-Netzwerke, die neben dem Zugriff auf das Internet und vertraute Netzwerke angeboten werden können.
- Die PIX 535 ist das Spitzenmodell mit der höchsten Performance, das den Anforderungen von Service-Provider-Umgebungen entspricht. Sie kombiniert die höchste Performance der PIX-Produktlinie mit der Flexibilität der 525-Linie.

PIX – Software-Lizenzierung und -Upgrades

- Die PIX-Lizenz basiert auf einem Aktivierungsschlüssel. Der Schlüssel ist eindeutig wie Ihre Seriennummer, die an den Hardware-Flash-Speicher gebunden ist. Wenn Sie den Flash-Speicher austauschen, benötigen Sie einen neuen Schlüssel.
- Die Lizenzierung ermöglicht Software-Upgrades über die Installation eines neuen Aktivierungsschlüssels. Mit diesem Ansatz brauchen Sie nur die Features zu bezahlen, die Sie tatsächlich brauchen. Neue Funktionen wie die 3DES-Verschlüsselung oder zusätzliche Schnittstellen können nach Bedarf aktiviert werden, ohne dass ein Austausch der Hardware erforderlich würde.
- Lizenzen werden in einer von drei Kategorien angeboten: unbeschränkt, beschränkt, Failover. Mit der Failover-Lizenz wird (mit einem zweiten Hardware-Gerät) die Hochverfügbarkeit realisiert. Bei der beschränkten Lizenz ist die Anzahl der Verbindungen oder Schnittstellen begrenzt, während bei der unbeschränkten Lizenz alle Funktionen aktiviert werden können.

Die Befehlszeilenschnittstelle

- Die Befehlszeilenschnittstelle verwendet Befehle im emacs-Stil. Sie können durch die Befehlshistorie navigieren, Modifizierungen durchführen und auch die vorhandene Zeile bearbeiten.
- Im normalen Betrieb unterliegt die Befehlszeile einem von drei Modi: unprivilegiert, privilegiert und Konfiguration. Im unprivilegierten Modus können Sie eine begrenzte Anzahl von Parametern untersuchen und in den privilegierten Modus wechseln. Im privilegierten Modus haben Sie einen umfassenden Zugriff auf die Befehle, ohne dass Sie die Konfiguration ändern. Wie der Name bereits erahnen lässt, können Sie im Konfigurationsmodus tatsächlich die Geräte-Umgebung aktualisieren.
- Die PIX unterstützt verschiedene Technologien für die Konfigurationsverwaltung. Die Konfiguration kann in den Flash-Speicher oder auf TFTP-Server geschrieben werden. Da die Konfigurationen textbasiert sind, können sie außerhalb der PIX wie jede Textdatei gelesen oder bearbeitet werden.

2.8 Häufig gestellte Fragen/FAQs

Kann die PIX ohne den Einsatz von Telnet von einem Remote-Standort aus verwaltet werden?

Ja. Ab der Version 5.3. sollten Sie die SSH-Kompatibilität austesten. Sie aktivieren den Service wie folgt:

```
ssh ip_address [netmask] [interface_name]
```

Sie benötigen einen DES- oder 3DES-Aktivierungsschlüssel und müssen ein RSA-Schlüsselpaar verwalten. Da Telnet Kennwörter in Klartext übergibt, wird dessen Einsatz nicht sehr geschätzt, außer vielleicht in sehr stark kontrollierten Netzwerken. Der Einsatz von SSH oder der Konsolenzugriff werden bevorzugt.

Bietet die PIX Unterstützung für SNMP-Management?

Ja. Die PIX bietet Unterstützung für einen schreibgeschützten SNMP-Zugriff über die snmp-server-Befehle. Sie können einen Community-String einrichten und Traps an einen Sammel-Agent auslösen.

Bietet die PIX Unterstützung für Systemprotokollereignisse?

Ja. Die PIX unterstützt das Ereignismanagement über ein Systemprotokoll; es können mehrere Hosts für das Systemprotokoll angegeben werden. Weitere Einzelheiten finden Sie in den Ausführungen zum Befehl logging. (In früheren Versionen wurden die syslog-Befehle verwendet; im Sinne der Abwärtskompatibilität wurden sie beibehalten, doch Sie sollten sich daran gewöhnen, den Befehl logging zu verwenden.)

Kann die PIX DHCP-Dienste zur Verfügung stellen?

Ja. Tatsächlich ist DHCP standardmäßig auf den Modellen 501 und 506 aktiviert. Bei DHCP handelt es sich um einen Dienst, mit dem (internen) Hosts beim Booten dynamisch IP-Adressen zugewiesen werden. Durch diesen Service können Laptop-Benutzer automatisch eine IP-Adresse erhalten. In kleineren Umgebungen bietet die Aktivierung von DHCP eine problemlose Netzwerkverwaltung.

Bei den High-End-PIX-Geräten steht DCHP zwar zur Verfügung, ist aber standardmäßig nicht aktiviert. Obwohl es sich nicht um eine Sicherheitslücke handelt, sollte DHCP über ein separates Gerät gesteuert werden, so dass die IP- auf-MAC-Adressenzuordnung überwacht, abgerufen und anders kontrolliert werden kann.

Ich versuche, `<protocol>` vom internen Netz nach DMZ1 zu gestatten. Ich habe den entsprechenden Port geöffnet, und beim ersten Anwender lief alles tadellos. In dem Moment, in dem ein zweiter interner Anwender versuchte, `<protocol>` zu nutzen, brach jedoch alles zusammen. Was kann ich tun?

> Überprüfen Sie ihre Fixups. Wenn `<protocol>` einem Fixup entspricht, können Sie möglicherweise die Performance anpassen. Wenn dies nicht funktioniert, liegt möglicherweise ein NAT/PAT-Problem vor. Sie erinnern sich sicher, dass PAT IP-Adressen und Port-Nummern einer einzelnen eindeutigen IP-Adresse zuordnet. Einige Protokolle lassen diese Art von Zuordnung nicht zu. Vielleicht können Sie das Problem lösen, wenn Sie von PAT zu NAT wechseln. Noch besser wäre, wenn Sie die Verwendung von NAT komplett umgehen können. Wenn Sie Zuordnungen vom internen Netz zur DMZ machen, können Sie auf beiden Seiten private Adressen verwenden. Deaktivieren Sie die NAT-Übersetzung, und Sie sollten den Datenverkehr sicher übertragen können.

Kapitel 3

Durchlassen des Datenverkehrs

Lösungen in diesem Kapitel:

- Outbound-Verkehr zulassen
- Inbound-Verkehr zulassen
- TurboACLs
- Objektgruppierung
- Fallstudie

3.1 Einführung

Eine Firewall wäre sinnlos, wenn sie sämtlichen Verkehr blockieren würde. Um ein Netzwerk angemessen zu schützen, muss der Netzwerkverkehr gefiltert werden, und zwar Outbound- wie Inbound-Verkehr. Der wichtigste Aspekt bei der Konfiguration einer Firewall ist, dass Sie sicherstellen, dass die Firewall nur den Verkehr zulässt, den Sie wirklich zulassen möchten, und gleichermaßen, dass nur der Verkehr blockiert wird, den Sie wirklich blockieren wollen. In manchen Fällen ist dies keine einfache Aufgabe.

In diesem Kapitel erfahren Sie, wie Sie den Verkehr durch die PIX-Firewall passieren lassen. Wenn Sie den Verkehr durch eine Firewall passieren lassen möchten, muss eine Form von Adressübersetzung konfiguriert werden. Sie werden lernen, wie Sie statische und auch dynamische Übersetzungen einrichten. Nachdem die Übersetzung konfiguriert ist, lässt die PIX automatisch alle Verbindungen von einer Schnittstelle mit einer höheren Sicherheitsstufe zu einer Schnittstelle mit einer geringeren Sicherheitsstufe zu und blockiert andererseits alle Verbindungen von einer Schnittstelle mit einer niedrigeren Sicherheitsstufe zu einer Schnittstelle mit einer höheren Sicherheitsstufe. Wenn der Zugriff feiner konfiguriert werden soll, können Sie spezifische Verkehrsarten zulassen oder unterbinden. In Abhängigkeit davon, ob Sie den Inbound- oder Outbound-Zugriff konfigurieren, stehen für diese Aufgabe verschiedene Befehle zur Verfügung. Wir werden die verschiedenen Befehle in diesem Kapitel erörtern.

Ein neues Feature in PIX-Firewalls ist die Objektgruppierung, die die Konfiguration und Pflege von Access Lists (Zugriffssteuerungslisten) vereinfacht. Sie werden erfahren, wie Sie Objektgruppen erstellen und einsetzen.

Über das gesamte Kapitel hinweg werden Beispiele zur Illustration der verschiedenen Befehle gezeigt. Schließlich können Sie anhand einer umfassenden Fallstudie das Gelernte noch einmal nachvollziehen. Am Ende dieses Kapitels werden Sie ein Experte sein, was die Datenströme angeht, die eine PIX-Firewall durchfließen dürfen.

3.2 Outbound-Verkehr zulassen

Nach Abschluss der ersten Konfiguration ist die PIX im zweiten Schritt für das Durchlassen von Outbound-Verkehr zu konfigurieren. Outbound-Verbindungen auf der PIX sind definiert als Verbindungen von einer Schnittstelle mit einer höheren Sicherheitsstufe zu einer Schnittstelle mit einer geringeren Sicherheitsstufe. Wenn Outbound-Verkehr die PIX durchfließen dürfen soll, muss die Adressübersetzung entweder konfiguriert oder explizit deaktiviert werden. Sobald die Adressübersetzung konfiguriert ist und keine Access Lists oder apply/outbound-Statements anzuwenden sind, wird standardmäßig der gesamte Outbound-Verkehr zugelassen. Dies ist eine der Hauptfunktionen des ASA-Algorithmus (Adaptive Security Algorithm). Damit erklärt sich auch, weshalb die korrekte Einrichtung der Sicherheitsstufen so wichtig ist. Die PIX arbeitet nach dem Stateful-Konzept. Wenn eine Outbound-Verbindung initiiert wird, darf der Verkehr, der zu dieser Verbindung zurückkehrt, deshalb von der Schnittstelle mit der geringeren Sicherheitsstufe kommend wieder zu der Schnittstelle mit der höheren Sicherheitsstufe eingelassen werden.

3.2.1 Konfiguration der dynamischen Adressübersetzung

Der erste Schritt für Ihre Aufgabe, Outbound-Verkehr passieren zu lassen, ist die Konfiguration der Adressübersetzung. Bei der Adressübersetzung (über NAT und/oder PAT) werden lokale IP-Adressen globalen Adressen zugeordnet, man spricht auch davon, dass lokale IP-Adressen auf globale IP-Adressen abgebildet werden. Nachdem NAT und/oder PAT konfiguriert wurden, lässt der ASA-Algorithmus es automatisch zu, dass der Datenverkehr von einer Schnittstelle mit einer höheren Sicherheitsstufe zu einer Schnittstelle auf der PIX mit einer geringeren Sicherheitsstufe (auch als Outbound-Verbindung bekannt) durchgelassen wird. Wie in Kapitel 1 erläutert, lässt der ASA-Algorithmus jeden rückwärtigen Verkehr im Zusammenhang mit diesen Outbound-Verbindungen ebenfalls zu.

Die Konfiguration von NAT/PAT erfolgt in zwei Schritten:

1. Verwenden Sie den Befehl nat, um die lokalen Adressen, die übersetzt werden sollen, zu bestimmen.

2. Verwenden Sie den Befehl global, um die globalen Adressen, in die übersetzt werden soll, zu bestimmen.

Auf der PIX-Firewall werden die Adressübersetzungsdatensätze als *Translation Slots* (oder *xlate*) bezeichnet und in einer Tabelle namens *Translation Table* (Übersetzungstabelle) gespeichert. Wenn Sie die Inhalte dieser Tabelle anzeigen möchten, verwenden Sie den Befehl show xlate. Der xlate-Timer überwacht die Übersetzungstabelle und löscht Datensätze, die sich länger im Ruhezustand (Idle) befinden als durch das definierte Timeout zulässig. Standardmäßig ist dieser Timeout-Wert auf drei Stunden gesetzt. Die aktuellen Einstellungen können mithilfe des Befehls show timeout überprüft werden. Die Syntax für den Befehl nat lautet:

```
nat [(<if_name>)] <id> <local_address> [<netmask> [outside] [dns]
   [norandomseq] [timeout <hh:mm:ss>] [<connection_limit>
      [<embryonic_limit>]]
```

Der Parameter if_name dient dazu, den nat-Befehl auf die Schnittstelle anzuwenden, auf der der zu übersetzende Verkehr in die PIX hineinkommt. Dieser Parameter muss dem Namen entsprechen, der zur Beschreibung einer Schnittstelle mit dem Befehl name_if verwendet wurde. Wird dieser Parameter nicht angegeben, wird die interne Schnittstelle unterstellt.

Bei dem Parameter id handelt es sich um einen Ganzzahlwert zwischen 0 und 2.000.000.000, der dazu dient, eine Zuordnung zwischen den durch den nat-Befehl festgelegten lokalen IP-Adressen (local_address) und den durch den global-Befehl festgelegten globalen IP-Adressen zu erstellen. Der Wert 0 hat für den Parameter id eine besondere Bedeutung. Damit geben Sie an, dass Sie die angegebenen lokalen Adressen nicht übersetzen lassen möchten. Mit anderen Worten, wären dann lokale und globale Adressen identisch.

Der Parameter netmask dient im Zusammenspiel mit dem Parameter local_address dazu, die zu übersetzenden IP-Adressen ein wenig genauer zu spezifizieren. Das Schlüsselwort outside lässt die Übersetzung externer Adressen zu. Mit dem Schlüsselwort dns wird die PIX so konfiguriert, dass sie die in den DNS-Antworten enthaltene IP-Adresse unter Verwendung aktiver Einträge in der Übersetzungstabelle übersetzt. Bei der Durchführung der Adressübersetzung rechnet die PIX-Firewall standardmäßig auch die Sequenznummern in TCP-Segmenten um. Mit dem Schlüsselwort norandomseq unterbinden Sie die Umrechnung der Sequenznummern auf der PIX. Dieser Schalter ist recht zweckmäßig, wenn Sie die Adressübersetzung zweimal durchführen (wenn Sie beispielsweise zwei Firewalls in dem Pfad betreiben) und es nicht erforderlich ist, die Sequenznummern zweimal umzurechnen. Mit dem Parameter timeout definieren Sie, wie lange ein Eintrag in der Übersetzungstabelle im Ruhezustand bleiben darf.

Mit dem Parameter connection_limit legen Sie fest, wie viele gleichzeitig aktive Verbindungen zulässig sind. Mit dem Parameter embryonic_limit definieren Sie, wie viele gleichzeitig halb offene Verbindungen zulässig sind. Standardwert für beide dieser Parameter ist 0, was gleichbedeutend mit einer unbeschränkten Anzahl von Verbindungen ist. Zu viele halb offene Verbindungen können das Resultat eines DoS-Angriffs sein. Wenn Sie den Parameter embryonic_limit entsprechend anpassen, können Sie die Auswirkung solcher Angriffe reduzieren.

Die Syntax für den Befehl global lautet:

```
global [(<if_name>)] <id> { {<global_ip> [-<global_ip>] [netmask
    <global_mask>]} | interface}
```

Der Parameter if_name definiert die Schnittstelle, auf der der Verkehr nach der Übersetzung herausgeht. Bleibt dieser Parameter leer, wird die externe Schnittstelle unterstellt. Der Parameter id ordnet einem global-Statement ein oder mehrere nat-Statements zu. Mit dem Parameter global_ip werden die in der Adressübersetzung zu verwendenden globalen IP-Adressen definiert. Wenn eine einzelne IP-Adresse angegeben wird, wird die Port-Adressübersetzung (PAT) durchgeführt. Wird ein Bereich angegeben, dann wird so lange die Netzwerk-Adressübersetzung (NAT) durchgeführt, bis keine globalen Adressen mehr zur Verfügung stehen. Sind alle globalen Adressen aufgebraucht, wird die Port-Adressübersetzung durchgeführt. Das Schlüsselwort netmask wird dem Bereich in global_ip zugeordnet, so dass die PIX bei der Übersetzung keine Netzwerk- oder Broadcast-Adressen verwendet. Wenn die zu verwendende globale IP-Adresse einer Schnittstelle zugeordnet ist, kann statt global_ip das Schlüsselwort interface verwendet werden, um dies anzugeben.

Betrachten wir im Folgenden beispielhaft das Unternehmen Secure Corporation. Das Unternehmen will in London drei Gebäude in einem Netzwerk zusammenschließen und den Angestellten einen Zugriff auf das Internet einrichten. Dieses Unternehmen besitzt keinen eigenen Internet-Adressraum (keine eigenen IP-Adressen). Eine der Anforderungen des Unternehmens ist die Verwendung eines privaten Adressraums, da man nicht das komplette Netzwerk neu adressieren möchte, wenn ein Wechsel des ISP ansteht. Indem das Unternehmen ein privates Adressschema verwendet, kann es die öffentlichen IP-Adressen wechseln, wann immer es die Umstände erfordern. Was dann noch zu tun bleibt, ist die Abbildung des neuen IP-Adressbereichs auf die privaten IP-Adressen. Abbildung 3.1 zeigt das Netzwerk-Layout. (Hinweis: Obwohl es sich um einen privaten Adressbereich handelt, wird das Netzwerk 10.0.0.0/8 in diesem Kapitel dazu genutzt, den öffentlichen IP-Adressraum zu repräsentieren. Bedenken Sie dies, wenn Sie den Rest dieses Kapitels lesen.)

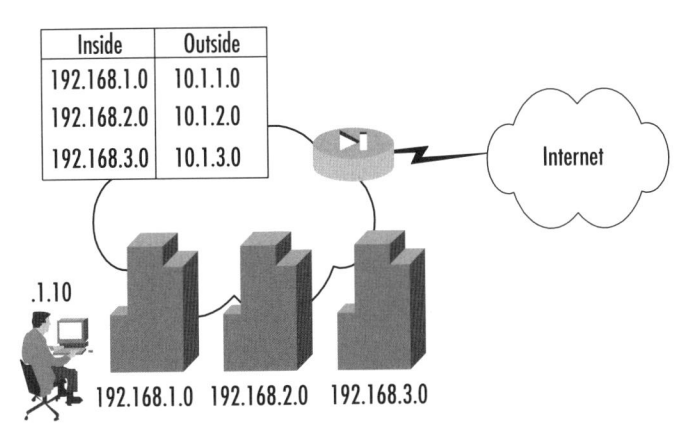

Inside	Outside
192.168.1.0	10.1.1.0
192.168.2.0	10.1.2.0
192.168.3.0	10.1.3.0

Abb. 3.1: Beispiel für eine Netzwerk-Adressübersetzung

Anhand der Abbildung 3.1 können Sie ablesen, dass jedem der drei Gebäude ein 24-Bit-Netzwerk aus dem in RFC 1918 angegebenen Bereich zugeordnet wurde. Es handelt sich um die Bereiche 192.168.1.0/24, 192.168.2.0/24 bzw. 192.168.3.0/24. Jedes von einem ISP zugewiesene 24-Bit-Subnet (10.1.1.0/24, 10.1.2.0/24 und 10.1.3.0/24) wurde einem privaten Adressbereich zugeordnet. Bei dieser Konfiguration kann jedem Knoten aus einem Pool, der den jeweiligen Gebäuden zugewiesen ist, dynamisch eine eindeutige öffentliche IP-Adresse zugeordnet werden. Dieses Setup ermöglicht dem Systemadministrator eine sehr schnelle Verfolgung der Mitarbeiter. Die Konfiguration ist in diesem Beispiel recht problemlos. Der zu übersetzende Verkehr muss mithilfe des Befehls nat angegeben werden und dann einem Pool von öffentlichen IP-Adressen, der durch den Befehl global definiert wurde, zugeordnet werden. Die Befehle für diese Konfiguration sind wie folgt:

```
PIX1(config)# nat (inside) 1 192.168.1.0 255.255.255.0
PIX1(config)# global 1 10.1.1.1-10.1.1.254 netmask 255.255.255.0
PIX1(config)# nat (inside) 2 192.168.2.0 255.255.255.0
PIX1(config)# global 2 10.1.2.1-10.1.2.254 netmask 255.255.255.0
PIX1(config)# nat (inside) 3 192.168.3.0 255.255.255.0
PIX1(config)# global 3 10.1.3.1-10.1.3.254 netmask 255.255.255.0
PIX1(config)# exit
PIX1# clear xlate
```

Hinweis

Der Befehl clear xlate dient zum Löschen der Inhalte in der Übersetzungstabelle. Er sollte nach jeder Änderung an der Übersetzungskonfiguration ausgeführt werden. Andernfalls besteht die Gefahr, dass alte Einträge in der Übersetzungstabelle hängen bleiben.

Wenn Sie überprüfen möchten, ob alle Eingaben korrekt erfolgt sind, können Sie die Befehle show nat und show global verwenden.

```
PIX1# show nat
nat (inside) 1 192.168.1.0 255.255.255.0 0 0
nat (inside) 2 192.168.1.0 255.255.255.0 0 0
nat (inside) 3 192.168.1.0 255.255.255.0 0 0
PIX1# show global
global (outside) 1 10.1.1.1-10.1.1.254 netmask 255.255.255.0
global (outside) 2 10.1.2.1-10.1.2.254 netmask 255.255.255.0
global (outside) 3 10.1.3.1-10.1.3.254 netmask 255.255.255.0
```

In dem gerade beschriebenen Beispiel wurden durch den ISP genügend öffentliche Adressen zur Verfügung gestellt, so dass Secure Corporation eine Eins-zu-eins-Zuordnung zwischen lokalen und globalen Adressen erstellen konnte. Was würde aber geschehen, wenn der ISP keinen ausreichend großen öffentlichen Adressbereich zur Verfügung gestellt hätte? Unterstellen wir, dass der ISP einen einzelnen öffentlichen 24-Bit-Adressbereich (10.1.1.0/24) bereitgestellt hätte. Anstatt jeweils separate globale Pools zu verwenden, könnte das Unternehmen einen globalen Pool für alle Gebäude nutzen und mit PAT arbeiten. Wie in Kapitel 1 erläutert, ist es bei PAT möglich, viele IP-Adressen in eine geringere Anzahl an IP-Adressen zu übersetzen, indem sowohl die IP-Adresse als auch die Port-Adresse übersetzt wird. Eine solche Konfiguration würde folgendermaßen aussehen:

```
PIX1(config)# nat (inside) 1 192.168.1.0 255.255.255.0
PIX1(config)# nat (inside) 1 192.168.2.0 255.255.255.0
PIX1(config)# nat (inside) 1 192.168.3.0 255.255.255.0
PIX1(config)# global (outside) 1 10.1.1.1-10.1.1.254 netmask
255.255.255.0
PIX1(config)# exit
PIX1# clear xlate
```

Hinweis

PAT funktioniert mit DNS, FTP, HTTP, mail, RPC, rsh, Telnet, URL-Filtering und Outbound-*traceroute*. PAT funktioniert nicht mit H.323, Caching-Name-Servern und PPTP.

Um NAT auf mehreren Schnittstellen zu aktivieren, sind für jede Schnittstelle, zu der übersetzt werden soll, separate global-Befehle erforderlich. Stellen Sie sicher, dass Sie bei allen global-Befehlen dieselbe id verwenden. Auf diese Weise ist es möglich, dass mit einen Satz an nat-Befehlen auf der internen Schnittstelle eine private IP-Adresse in einen der vielen verschiedenen globalen Adressbereiche auf der Basis des Ziels übersetzt wird. Die folgenden Befehle würden die PIX beispielsweise so konfigurieren, dass das Netzwerk 192.168.1.0/24 entweder mittels NAT in eine 10.1.10/24-Adresse oder mittels PAT in die IP-Adresse der DMZ übersetzt würde, abhängig von der Schnittstelle, von der das Paket ausgeht.

```
PIX1(config)# nat (inside) 1 192.168.1.0 255.255.255.0
PIX1(config)# global (outside) 1 10.1.1.1-10.1.1.254 netmask
255.255.255.0
PIX1(config)# global (dmz) 1 interface
PIX1(config)# exit
PIX1# clear xlate
```

Wie bei den meisten Befehlen auf der PIX-Firewall können Sie das Schlüsselwort no mit den Befehlen nat und global verwenden, um sie aus der Konfiguration zu löschen.

Identity-NAT und NAT-Umgehung

Kehren wir wieder zu unserem Beispiel mit dem Unternehmen Secure Corporation zurück. Nehmen wir nun an, dass das Unternehmen sich entschieden hat, statt der privaten nun intern öffentliche IP-Adressen zu verwenden. Die American Registry for Internet Numbers (ARIN) hat dem Unternehmen einen portablen IP-Adressraum in Form von drei 24-Bit-Netzwerken zugewiesen. Wie Sie anhand der Abbildung 3.2 erkennen können, nutzt das Unternehmen keine private Adressierung innerhalb des Netzwerks.

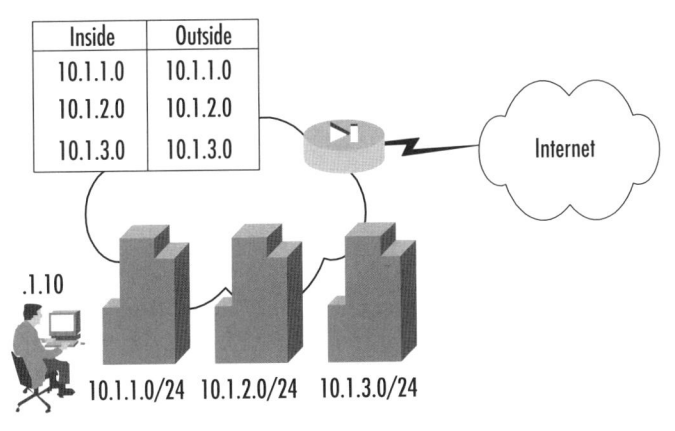

Abb. 3.2: Beispiel für eine Identity-Netzwerk-Adressübersetzung

Abbildung 3.2 zeigt, dass die drei durch die ARIN zugewiesenen 24-Bit-Subnets je einem Gebäude zugewiesen wurden. In diesem Beispiel werden innerhalb und außerhalb der Firewall öffentliche Adressen verwendet. Es soll keine Adressübersetzung stattfinden. Es gibt zwei Methoden, um dies zu bewerkstelligen: Identity-NAT oder NAT-Umgehung.

Bei der Identity-NAT wird kein global-Befehl zur Definition der globalen Adressen verwendet, stattdessen wird die interne Adresse bei der Übersetzung sich selbst zugeordnet. Wenn Sie die Identity-NAT konfigurieren möchten, nutzen Sie den Befehl nat mit einer id von 0 und definieren keinen zugehörigen global-Befehl. Sie konfigurieren die PIX aus Abbildung 3.2 wie folgt:

```
PIX1(config)# nat (inside) 0 10.1.1.0 255.255.255.0
nat 0 10.1.1.0 will be non-translated
PIX1(config)# nat (inside) 0 10.1.2.0 255.255.255.0
nat 0 10.1.2.0 will be non-translated
PIX1(config)# nat (inside) 0 10.1.3.0 255.255.255.0
nat 0 10.1.3.0 will be non-translated
PIX1(config)# exit
PIX1# clear xlate
```

Konfigurieren und Implementieren ...

Angeben des »gesamten« Netzwerkverkehrs

Anstatt mit dem Befehl nat spezifische Netzwerke für die Übersetzung anzugeben, können Sie eine Quelladresse von 0 oder 0.0.0.0 und eine Netmask von 0 oder 0.0.0.0 verwenden, um den gesamten Datenverkehr einzuschließen.

Wenn Sie die Konfiguration überprüfen möchten, verwenden Sie den Befehl show nat, um die aktuelle NAT-Konfiguration anzuzeigen.

```
PIX1# show nat
nat (inside) 0 10.1.1.0 255.255.255.0 0 0
nat (inside) 0 10.1.2.0 255.255.255.0 0 0
nat (inside) 0 10.1.3.0 255.255.255.0 0 0
```

Wir wollen das Beispiel aus Abbildung 3.2 untersuchen. Der Client öffnet eine Verbindung zu einem Web-Server im Internet. Da durch den ASA-Algorithmus standardmäßig definiert wird, dass Schnittstellen mit höherer Sicherheitsstufe Datenverkehr an Schnittstellen mit niedrigerer Sicherheitsstufe senden können, sollte der Verkehr die PIX durchfließen und in der xlate-Tabelle aufgelistet werden. Mit dem Befehl show xlate debug sollte eine Zuordnung für diese Verbindung angezeigt werden. Zudem sollte diese mit dem Flag I (oder Identity-Flag) gekennzeichnet sein.

```
PIX1# show xlate debug
1 in use, 1 most used
Flags: D - DNS, d - dump, I - identity, i - inside, n - no random,
    o - outside, r - portmap, s - static
NAT from inside:10.1.1.10 to outside:10.1.1.10 flags iI idle 0:01:27
    timeout 3:00:00
```

Die andere Methode, mit der Sie die PIX so konfigurieren, dass lokale und globale Adressen gleich bleiben, ist die komplette Umgehung der NAT, indem Sie nat 0 mit einer Access List nutzen. Zunächst müssen Sie eine Access List definieren, in der der zu übersetzende Verkehr festgelegt wird (weitere Einzelheiten zu Access Lists folgen im nächsten Abschnitt). Verwenden Sie dann den Befehl nat mit einer id von 0 und dem Namen der Access List, um den NAT-Prozess zu umgehen. Die Syntax für die Konfiguration lautet:

```
access-list <acl_name> permit ip <source_addr> <source_mask> <dest_addr> <dest_mask>
nat (<if_name>) 0 access-list <acl_name>
```

Wenn wir die Abbildung 3.1 als Beispiel nehmen, wären die Befehle für die Konfiguration der PIX, mittels einer Access List die NAT zu umgehen, wie folgt:

```
PIX1(config)# access-list inside_public permit ip 10.1.1.0 255.255.255.0
    any
PIX1(config)# access-list inside_public permit ip 10.1.2.0 255.255.255.0
    any
PIX1(config)# access-list inside_public permit ip 10.1.3.0 255.255.255.0
    any
PIX1(config)# nat (inside) 0 access-list inside_public
PIX1(config)# exit
PIX1# clear xlate
```

Wenn Sie die Konfiguration überprüfen möchten, verwenden Sie den Befehl show nat und show access-list:

```
PIX1# show nat
nat (inside) 0 access-list inside_public
PIX1# show access-list
access-list inside_public; 3 elements
access-list inside_public permit ip 10.1.1.0 255.255.255.0 any (hitcnt=0)
access-list inside_public permit ip 10.1.2.0 255.255.255.0 any (hitcnt=0)
access-list inside_public permit ip 10.1.3.0 255.255.255.0 any (hitcnt=0)
```

Kehren wir zu unserem Beispiel aus Abbildung 3.2 zurück. Wenn der Client eine Verbindung zu einem Web-Server im Internet öffnet, sollte der Befehl show xlate debug keine Zuordnung für diese Verbindung zeigen, da sie die NAT umgeht. Stattdessen sollte der Befehl show access-list einen inkrementierten hitcnt-Zähler im zugehörigen Access-List-Eintrag zeigen.

```
PIX1# show xlate
0 in use, 1 most used
PIX1# show access-list inside_public
access-list inside_public; 3 elements
access-list inside_public permit ip 10.1.1.0 255.255.255.0 any (hitcnt=10)
access-list inside_public permit ip 10.1.2.0 255.255.255.0 any (hitcnt=0)
access-list inside_public permit ip 10.1.3.0 255.255.255.0 any (hitcnt=0)
```

Obwohl Identity-NAT und NAT-Umgehung dieselbe Funktionalität haben, bietet die NAT-Umgehung gegenüber der Identity-NAT einige Vorteile. Wenn Sie den NAT-Prozess umgehen, können Ressourcen eingespart werden. Ein weiterer Vorteil ist größere Flexibilität in der Konfiguration aufgrund der Option, dass Sie in der Access List Zieladressen angeben können.

3.2.2 Outbound-Verkehr blockieren

Wie zuvor erläutert, wird, wenn keine weitere Konfiguration der PIX erfolgt ist, durch den ASA-Algorithmus gestattet, dass alle Schnittstellen der höheren Sicherheitsstufen Datenverkehr an Schnittstellen der niedrigeren Sicherheitsstufen senden. Wenn ein bestimmter Outbound-Verkehr blockiert werden soll, muss dies explizit erfolgen. Obwohl es in der Praxis nicht erforderlich ist, ist die Kontrolle des Outbound-Verkehrs, der die PIX-Firewall durchfließen darf, immer Bestandteil einer wohl durchdachten Sicherheitsrichtlinie. Es gibt zwei Methoden, um dies zu bewerkstelligen: der Einsatz von Access Lists oder von outbound/apply-Statements. Access Lists, die mit der PIX-Firewall-Software 5.0 eingeführt wurden, stehen für die neuere und empfohlene Methode für die Kontrolle des Outbound-Verkehrs auf der PIX-Firewall. Sie sollten outbound/apply-Statements nur dann nutzen, wenn es nicht anders geht (wenn Sie beispielsweise noch mit einer älteren Version der PIX-Software arbeiten).

Access Lists (Zugriffssteuerungslisten)

Access Lists auf der PIX-Firewall sind jenen auf Cisco-Routern sehr ähnlich. Mit Access Lists können Sie den Verkehr, der die PIX durchfließen darf, anhand verschiedener Kriterien, darunter Quelladresse, Zieladresse, Quell-TCP/UDP-Ports und Ziel-TCP/UDP-Ports, beschränken. Die Konfiguration von Access Lists erfolgt in zwei Schritten:

1. Die eigentliche Access List wird definiert, indem Sie mithilfe des Befehls access-list permit- und deny-Statements erstellen.
2. Mit dem Befehl access-group wird die Access List auf eine Schnittstelle angewendet.

Der Befehl access-list verfügt über zwei unterschiedliche Syntaxformen: Die erste Form wird für jedes Protokoll verwendet, außer für das Internet Control Message Protocol (ICMP), für das die zweite Syntaxform gültig ist:

```
access-list <acl_name> {deny | permit} <protocol> <src_addr> <src_mask>
    [<dest_operator> <dest_port>] <dest_addr> <dest_mask> [<dest_operator>
        <dest_port>]
access-list <acl_name> {deny | permit} icmp <src_addr> <src_mask>
    <dest_addr> <dest_mask> <icmp_type>
```

Der Parameter acl_name steht für den Namen einer Access List; dabei kann es sich um einen Namen oder um eine Nummer handeln. Die Schlüsselworte permit (zulassen) und deny (unterbinden) erklären sich selbst. Mit dem Parameter protocol wird das IP-Protokoll festgelegt. Sie können hier den numerischen Wert oder einen Namen (das entsprechende Literal) eingeben. Die zulässigen Literale finden Sie in Tabelle 3.1 aufgelistet.

Literal	Wert	Beschreibung
ah	51	Authentication Header for IPv6, RFC 1826
eigrp	88	Enhanced Interior Gateway Routing Protocol
esp	50	Encapsulated Security Payload for IPv6, RFC 1827
gre	47	General Routing Encapsulation
icmp	1	Internet Control Message Protocol, RFC 792
igmp	2	Internet Group Management Protocol, RFC 1112
igrp	9	Interior Gateway Routing Protocol
ip	0	Internet Protocol
ipinip	4	IP-in-IP Encapsulation
nos	94	Network Operating System (Novell NetWare)
ospf	89	Open Shortest Path First Routing Protocol, RFC 1247
pcp	108	Payload Compression Protocol
snp	109	Sitara Networks Protocol
tcp	6	Transmission Control Protocol, RFC 793
udp	17	User Datagram Protocol, RFC 768

Tabelle 3.1: Literale Namen und Werte für Protokolle

Die Adresse des Netzwerks oder Hosts, von dem das Paket stammt, wird über den Parameter `src_addr` angegeben. Der Parameter `src_mask` steht für die Netmask-Bit, die auf `scr_addr` angewendet werden sollen. Wenn Sie alle Netzwerke oder Hosts angeben möchten, verwenden Sie das Schlüsselwort any. Dies entspricht einem Quellnetzwerk mit einer Mask von 0.0.0.0.0.0.0.0. Nutzen Sie das Schlüsselwort host gefolgt von einer IP-Adresse, um einen einzelnen Host anzugeben. Die Parameter `dest_addr` und `dest_mask` entsprechen den Parametern `src_addr` und `src_mask`, mit der Ausnahme, dass sie sich auf Zieladressen beziehen.

> **Hinweis**
>
> Die Syntax für Access Lists auf der PIX-Firewall ist jener für Cisco-Router sehr ähnlich. Der Hauptunterschied ist, dass bei Access Lists auf PIX-Firewalls Standard-Wildcard-Masks verwendet werden, während auf Routern inverse Wildcard-Masks genutzt werden. Beim Blockieren eines 24-Bit-Subnets würden Sie auf einer PIX-Firewall beispielsweise eine Mask von 255.255.255.0 und auf einem Cisco-Router eine Mask von 0.0.0.255 von nutzen.

Ein Vergleich mit Operatoren lässt Sie einen Port oder Port-Bereich festlegen, der dann in Kombination mit den Schlüsselworten tcp oder udp verwendet wird. Wenn Sie alle Ports einschließen möchten, sollten Sie keinen Operator und keinen Port angeben. Nutzen Sie eq, um einen einzelnen Port anzugeben. Mit gt schließen Sie alle Ports ein, die eine höhere Nummer als der angegebene Port haben. Nutzen Sie neq, um alle Ports außer den mit der bestimmten Nummer anzugeben. Schließlich können Sie range verwenden, um einen bestimmten Bereich von Ports anzugeben. Sie können für die Angabe des Ports den numerischen Wert oder einen Namen verwenden. Tabelle 3.2 zeigt eine Liste mit den literalen Port-Namen.

Name	Port	Protokoll	Name	Port	Protokoll	Name	Port	Protokoll
bgp	179	tcp	http	80	tcp	radius	1645, 1646	udp
biff	512	udp	hostname	101	tcp	rip	520	udp
bootpc	68	udp	ident	113	tcp	smtp	25	tcp
bootps	67	udp	irc	194	tcp	snmp	161	udp
chargen	19	tcp	isakmp	500	udp	snmptrap	162	udp
citrix-ica	1494	tcp	klogin	543	tcp	sqlnet	1521	tcp
cmd	514	tcp	kshell	544	tcp	sunrpc	111	tcp/udp
daytime	13	tcp	login	513	tcp	syslog	514	udp

Tabelle 3.2: Literale Namen und Werte für Ports

Name	Port	Protokoll	Name	Port	Protokoll	Name	Port	Protokoll
discard	9	tcp/udp	lpd	515	tcp	tacacs	49	tcp/udp
dnsix	195	udp	mobile-ip	434	udp	talk	517	tcp/udp
domain	53	tcp/udp	nameserver	42	udp	telnet	23	tcp
echo	7	tcp/udp	netbios-dgm	138	udp	tftp	69	udp
exec	512	tcp	netbios-ns	137	udp	time	37	udp
finger	79	tcp	nntp	119	tcp	uucp	540	tcp
ftp	21	tcp	ntp	123	udp	who	513	udp
ftp-data	20	tcp	pim-auto-rp	496	tcp/udp	whois	43	tcp
gopher	70	tcp	pop2	109	tcp	www	80	tcp
h323	1720	tcp	pop3	110	tcp	xdmcp	177	tcp

Tabelle 3.2: Literale Namen und Werte für Ports (Forts.)

Beachten Sie, dass die durch das System definierte Port-Zuordnung für http identisch mit der für www ist und in der Konfiguration einfach übersetzt wird. Über den Parameter icmp_type können Sie den Zugriff auf ICMP-Nachrichtentypen zulassen oder unterbinden. Tabelle 3.3 zeigt eine Liste mit den ICMP-Nachrichtentypen

ICMP-Typ	Literal
0	echo-reply
3	unreachable
4	source-quench
5	redirect
6	alternate-address
8	echo
9	router-advertisement
10	router-solicitation
11	time-exceeded
12	parameter-problem
13	timestamp-reply
14	timestamp-request
15	information-request
16	information-reply
17	mask-request
18	mask-reply
31	conversion-error
32	mobile-redirect

Tabelle 3.3: ICMP-Nachrichtentypen

Nachdem die Access List konfiguriert wurde, muss sie mit folgendem Befehl auf eine Schnittstelle angewendet werden:

```
access-group <acl_name> in interface <if_name>
```

Der Name, der einer Access List zugeordnet ist, wird als `acl_name` angegeben, während der Name für die Schnittstelle, die die Access List zur Überwachung des Inbound-Verkehrs nutzen wird, mit `if_name` angegeben wird. Nachdem eine Access List mit dem Befel `access-group` auf eine Schnittstelle angewendet wurde, sorgt sie dafür, dass der Verkehr beim Eingang in die zugehörige Schnittstelle der PIX zugelassen oder unterbunden wird.

> **Hinweis**
>
> Access Lists auf der PIX-Firewall können nur auf den Datenverkehr angewendet werden, der in die Schnittstelle hineinkommt. Datenverkehr, der die Schnittstelle verlässt, ist davon nicht betroffen. Auf Cisco-Routern ist das anders. Dort können Access Lists in beide Richtungen angewendet werden.

An das Ende von Access Lists auf PIX-Firewalls ist ein implizites `deny all`-Statement angehängt. Das bedeutet: Wenn ein bestimmter Datenverkehr innerhalb der Access List nicht explizit zugelassen wird, sorgt ein Phantomeintrag, der dem letzten Eintrag in jeder Access List folgt, dafür, dass dieser unterbunden wird. Mit diesem Feature wird sichergestellt, dass die Sicherheit, selbst im Falle von Konfigurationsfehlern, gewahrt bleibt. Kombiniert man nun dieses Feature mit der Tatsache, dass Access Lists sequenziell vom ersten bis zum letzten Eintrag abgearbeitet werden, folgt daraus, dass ein PIX-Administrator sehr komplexe Access Lists erstellen kann, indem er einfach dem folgt, was erlaubt sein soll und was nicht. Zu einem Zeitpunkt kann immer nur eine Access List auf eine Schnittstelle angewendet werden.

Wenden wir uns erneut dem Unternehmen Security Corporation zu, das soeben eine neue PIX-Firewall für sein Netzwerk in New York erworben hat (siehe Abbildung 3.3). Sämtliche Server, die das Unternehmen an diesem Standort betreibt, und auch alle Clients innerhalb des Netzwerks befinden sich auf der internen Schnittstelle der PIX. An dem Standort wird ein einzelnes Netzwerk mit dem Adressbereich 192.168.0.0/22 betrieben. Über den ISP wurde das öffentliche Netzwerk 10.1.1.0/24 zur Verfügung gestellt.

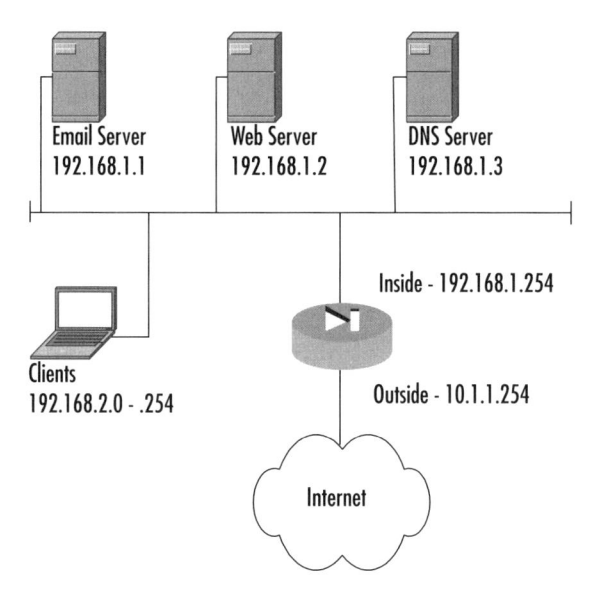

Abb. 3.3: Beispiel Access List für die Secure Corporation

Die Anforderungen des Unternehmens sind: Clients sollen nur mit ihren Web-Browsern auf das Internet zugreifen können. Für die Server des Unternehmens soll jedoch ein unbeschränkter Zugriff auf das Internet zugelassen werden. Der Entwurf einer Access List sollte mit der Definition der zulässigen Datenströme beginnen, um dann schließlich die zu blockierenden Verkehrstypen zu bestimmen. In diesem Beispiel muss die Access List den Clients aus dem Bereich 192.168.2.0/24 über TCP-Port 80 den Zugriff auf jeden Internet-Server gestatten. Zweitens muss die Access List dafür sorgen, dass die drei aufgelisteten Server einen uneingeschränkten Zugriff auf das Internet erhalten. Mit folgenden Befehlen können Sie dies bewerkstelligen:

```
PIX1(config)# access-list inside_in permit tcp 192.168.2.0 255.255.255.0
    any eq 80
PIX1(config)# access-list inside_in permit ip 192.168.1.1 255.255.255.255
    any
PIX1(config)# access-list inside_in permit ip 192.168.1.2 255.255.255.255
    any
PIX1(config)# access-list inside_in permit ip 192.168.1.3 255.255.255.255
    any
PIX1(config)# access-group inside_in in interface inside
```

Eine hilfreiche Erfahrung ist es, einmal ein explizites deny all-Statement an das Ende einer Access List zu setzen. Wenn Sie dann den Befehl show access-list ausführen, werden Sie an diesen Eintrag erinnert und können anhand des hitcnt-Zählers ablesen, wie viele Pakete verworfen wurden.

Kapitel 3
Durchlassen des Datenverkehrs

```
PIX1(config)# access-list inside_in deny ip any any
PIX1(config)# exit
PIX1# show access-list
access-list inside_in; 4 elements
access-list inside_in permit tcp 192.168.2.0 255.255.255.0 any eq www
   (hitcnt=2)
access-list inside_in permit ip host 192.168.1.1 any (hitcnt=0)
access-list inside_in permit ip host 192.168.1.2 any (hitcnt=0)
access-list inside_in permit ip host 192.168.1.3 any (hitcnt=0)
access-list inside_in deny ip any any (hitcnt=40)
```

Wenn Sie sich an bewährten Sicherheitspraktiken orientieren, verbietet es sich von selbst, öffentlich zugängliche Server im internen Netzwerk zu betreiben. Stattdessen sollten solche Server in einem DMZ-Netzwerk untergebracht werden. Mit der DMZ erhalten Sie eine zusätzliche Sicherheitsstufe und zudem lassen sich die Risiken in Verbindung mit öffentlich zugänglichen Servern besser kontrollieren. Wenn der Server Ziel eines Angriffs geworden ist, können die Auswirkungen dieses Vorfalls auf das DMZ-Netzwerk beschränkt werden, da es über separate Sicherheitseinstellungen verfügt. Die internen Clients bleiben auf diese Weise geschützt. Wenn jedoch ein Netzwerk wie in unserem vorangegangenen Beispiel eingerichtet ist und der Server Ziel eines Angriffs wird, lässt es sich kaum verhindern, dass der Server das gesamte interne Netzwerk in Mitleidenschaft zieht. Die Abbildung 3.4 zeigt ein Netzwerk-Layout, das entsprechend dieser Entwurfspraxis überarbeitet wurde.

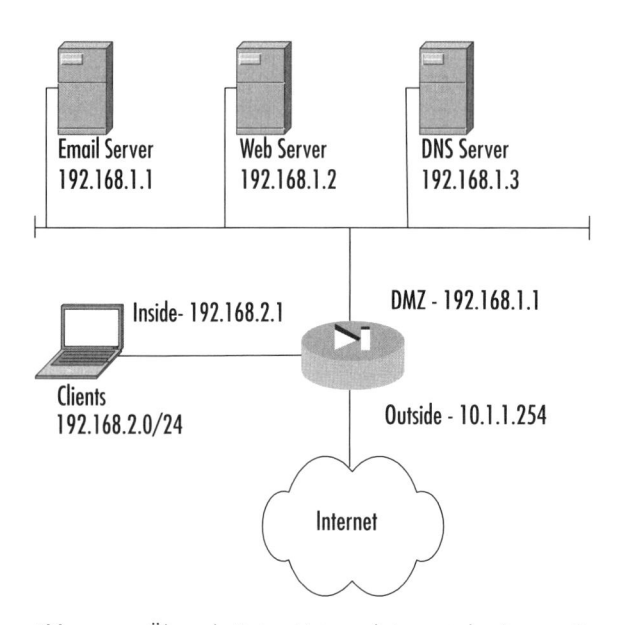

Abb. 3.4: Überarbeitetes Netzwerk-Layout der Secure Corporation

Anhand des Diagramms wird deutlich, dass sich die Netzwerkanforderungen geändert haben. Dienste, die die Clients zuvor ohne Passieren der Firewall nutzen konnten, müssen nun in die Access Lists aufgenommen werden. Anders als in der zuvor erstellten Access List sollte den Servern kein unbeschränkter Zugriff auf jedwede IP-Adresse gewährt werden. Es sollte eine DMZ-Access-List erstellt werden, die die von den Servern nutzbaren Dienste einschränkt. Denn wenn diese Server Ziel eines Angriffs werden, sollten Sie das Risiko, Ihr Netzwerk oder das anderer zu infizieren, möglichst gering halten. Es folgen die Befehle, mit denen Sie diese Access Lists erstellen und anwenden:

```
PIX1(config)# access-list inside_in permit tcp 192.168.2.0 255.255.255.0
   any eq www
PIX1(config)# access-list inside_in permit tcp 192.168.2.0 255.255.255.0
   192.168.1.1 eq smtp
PIX1(config)# access-list inside_in permit tcp 192.168.2.0 255.255.255.0
   192.168.1.1 eq pop3
PIX1(config)# access-list inside_in permit udp 192.168.2.0 255.255.255.0
   192.168.1.3 eq domain
PIX1(config)# access-list inside_in permit tcp 192.168.2.0 255.255.255.0
   192.168.1.3 eq domain
PIX1(config)# access-list inside_in deny ip any any
PIX1(config)# access-group inside_in in interface inside
PIX1(config)# access-list dmz_in permit tcp 192.168.1.1 255.255.255.255
   any eq smtp
PIX1(config)# access-list dmz_in permit udp 192.168.1.3 255.255.255.255
   any eq domain
PIX1(config)# access-list dmz_in permit tcp 192.168.1.3 255.255.255.255
   any eq domain
PIX1(config)# access-list dmz_in deny ip any any
PIX1(config)# access-group dmz_in in interface dmz
```

Einen wichtigen Aspekt sollten Sie sich vergegenwärtigen: Wir haben bisher noch nicht ausgeführt, wie der Inbound-Zugriff zu konfigurieren ist. Die vorgestellte Access List gestattet diesen Servern lediglich eine Kontaktaufnahme zu anderen Servern – so wie es für Clients üblich ist. Der E-Mail-Server kann beispielsweise Mails in eine andere Domain senden, doch kann er keine Mails empfangen. Der DNS-Server kann zwar Domain-Informationen von einer anderen Domain auflösen, doch er kann nicht auf Anfragen aus anderen Domains antworten. Weitere Einzelheiten zum Aktivieren des Inbound-Zugriffs finden Sie in diesem Kapitel unter der Überschrift *Inbound-Verkehr zulassen*.

Ein sehr nützliches Hilfsmittel bei der Konfiguration der PIX ist der Befehl name. Mit diesem Befehl können Sie einen Alias-Namen für eine IP-Adresse definieren. Damit können Sie einen Host während der Konfiguration statt über dessen

IP-Adresse über einen Namen referenzieren. Besondere Vorzüge dieses Features zeigen sich beim Einrichten komplexer Konfigurationen, da ein beschreibender Name bei der Konfiguration und beim Troubleshooting von PIX-Firewalls sehr hilfreich sein kann. Die Syntax für den Befehl lautet:

```
name <ip_address> <name>
```

Mit dem folgenden Befehl ordnen Sie beispielsweise der IP-Adresse 10.1.1.10 den Namen *mail* zu:

```
PIX1(config)# name 10.1.1.10 mail
```

Sie können den Namen *mail* nun anstelle einer IP-Adresse in Access Lists verwenden.

Outbound/Apply

Auch die Befehle outbound und apply können verwendet werden, um zu kontrollieren, welcher Datenverkehr das Netzwerk verlassen darf. Mit dem Befehl outbound wird lediglich der Datenverkehrstyp definiert, der zugelassen bzw. unterbunden werden soll. Mit dem Befehl apply wird die Outbound-Liste auf eine Schnittstelle angewendet. Erst danach werden Pakete tatsächlich auch verworfen. Im ersten Schritt für die Kontrolle des Outbound-Verkehrs konfigurieren Sie den Befehl outbound, um den zu filternden Verkehr zu bestimmen. Die Syntax für den Befehl outbound lautet:

```
outbound <list_id> permit | deny <ip_address> [<netmask> [<port>[-<port>]]
    [<protocol>]
```

Der Parameter list_id ist eine Kennung, die den über den Befehl outbound festgelegten Datenverkehr dem Befehl apply zuordnet. Der Wert für list_id muss eine Zahl zwischen 1 und 99 sein. Die Schlüsselworte permit oder deny legen fest, ob der durch den Befehl outbound angegebene Verkehr zugelassen oder unterbunden werden soll. Mit dem Parameter ip_address wird der Datenverkehr festgelegt, der durch den Befehl outbound identifiziert werden soll. Der Parameter netmask wird in Verbindung mit dem Parameter ip_address verwendet, um den Datenverkehr aus einem kompletten Netzwerk zu identifizieren. Mit dem Parameter port wird eine spezielle Port-Nummer oder ein Port-Nummernbereich festgelegt, der mit dem Befehl outbound identifiziert wird. Mit dem Parameter protocol wird ein spezielles Protokoll festgelegt (tcp, udp usw.). Wenn hier keine Angabe erfolgt, wird als Protokoll ip unterstellt.

Im zweiten Schritt für die Kontrolle des Outbound-Verkehrs müssen Sie die Outbound-Liste mithilfe des Befehls `apply` auf eine Schnittstelle anwenden. Sobald der Befehl `apply` auf eine Schnittstelle angewendet wurde, wird jeder in diese Schnittstelle hereinkommende Verkehr, der durch die zugeordnete Outbound-Liste untersagt ist, verworfen. Die Syntax für den Befehl `apply` lautet:

```
apply [(<if_name>)] <list_id> outgoing_src | outgoing_dest
```

Mit dem Parameter `interface_name` wird die Schnittstelle bestimmt, auf der der Verkehr anhand der Kriterien aus der Outbound-Liste gefiltert wird. Wenn keine Schnittstelle angegeben wird, wird die externe Schnittstelle unterstellt. Mit dem Parameter `list_id` ist die Outbound-Liste gemeint, die zur Filterung des Outbound-Verkehrs genutzt werden soll. Anders als bei Access Lists können mehrere Outbound-Listen auf eine Schnittstelle angewendet werden. Die Abarbeitung der Listen erfolgt sequenziell beginnend bei der niedrigsten Nummer.

Die Schlüsselworte `outgoing_src` oder `outgoing_dest` sind Parameter, mit denen Sie festlegen können, wie der `apply`-Befehl die zugehörige Outbound-Liste zum Filtern des Verkehrs verwendet. Wenn Sie `outgoing_src` verwenden, entspricht der Parameter `ip_address` in der Outbound-Liste einer Quelladresse. Wenn Sie `outgoing_dest` verwenden, entspricht der Parameter `ip_address` in der Outbound-Liste einer Zieladresse.

Das Unternehmen Secure Corporation möchte Zugriffsbeschränkungen von den Firmennetzwerken auf das Internet implementieren. Damit sie kontrollieren können, worauf Mitarbeiter Zugriff erhalten, entschließen sich die Systemadministratoren, alle Pakete aus dem internen Netzwerk mit den Ziel-Ports `echo`, `chargen` und `discard` im Internet zu blockieren. Diese Ports wurden ausgewählt, weil es sich dabei um übliche Ports für den Angriff auf Internet-Anwender handelt und es eigentlichen keinen Grund gibt, aus dem ein Mitarbeiter Zugriff auf diese Dienste eines externen Hosts benötigen sollte.

Um diese Aufgabe zu bewerkstelligen, ist die Erstellung einer Outbound-Liste recht zweckmäßig. Im ersten Schritt für die Konfiguration dieser Liste wird der gesamte Verkehr durchgelassen. Im nächsten Schritt werden Regeln definiert, die den Zugriff auf spezielle Dienste verbieten. Schließlich muss die Outbound-Liste auf eine Schnittstelle angewendet werden. Die Befehle für diese Aufgaben sind wie folgt:

```
PIX1(config)# outbound 20 permit 0.0.0.0 0.0.0.0 0
PIX1(config)# outbound 20 deny 0.0.0.0 0.0.0.0 echo
PIX1(config)# outbound 20 deny 0.0.0.0 0.0.0.0 discard
PIX1(config)# outbound 20 deny 0.0.0.0 0.0.0.0 chargen
PIX1(config)# apply (inside) 20 outgoing_src
```

Obwohl alle beschriebenen Vorsichtsmaßnahmen ergriffen wurden, erhält das Unternehmen einen Anruf, in dem mitgeteilt wird, dass ein Anwender aus dem Unternehmen versucht, auf einen nicht zugelassenen Server im Internet zuzugreifen. Die IP-Adresse des Internet-Servers, auf den illegal zugegriffen wird, lautet 10.10.1.10. Es muss eine neue Outbound-Regel erstellt werden. Da das Unternehmen den Verursacher dieser Probleme nicht ausfindig machen konnte, sollte der Verkehr nicht nach der Quelladresse gefiltert werden. Stattdessen sollte ein Administrator mit dem Befehl apply eine Filterung nach Zieladresse konfigurieren:

```
PIX1(config)# outbound 30 permit 0.0.0.0 0.0.0.0 0
PIX1(config)# outbound 30 deny 10.10.1.10 255.255.255.255 0
PIX1(config)# apply (inside) 30 outgoing_dest
```

Eine andere Methode für die Umsetzung dieser Aufgabe ist die Verwendung des Befehls outbound mit dem Schlüsselwort except. Mit except wird das normale Verhalten der Outbound-Liste für die angegebene IP-Adresse ins absolute Gegenteil gekehrt. Wenn das normale Verhalten einer Regel beispielsweise allen Quelladressen den Zugriff auf alle Dienste gestatten würde, würde der Parameter except ein spezielles Ziel blockieren. Daher könnten wir für unser Beispiel, anstatt eine neue Outbound-Liste zu erstellen, in die Outbound-Liste 20 einen except-Parameter einfügen:

```
PIX1(config)# outbound 20 except 10.10.1.10 255.255.255.255 0
```

Wenn Sie die Konfiguration überprüfen möchten, verwenden Sie den Befehl show outbound [list_id].

> **Hinweis**
>
> Möglicherweise möchten Sie Java-Applets oder ActiveX-Code aus dem Internet blockieren. Die PIX bietet Unterstützung für diese Funktionalität. Weitere Informationen zu URL-, Java- und ActiveX-Filterung finden Sie in Kapitel 4.

3.3 Inbound-Verkehr zulassen

Bis zu diesem Punkt in diesem Kapitel haben wir noch nicht erörtert, wie Datenverkehr von einem nicht-vertrauten Host, z.B. aus dem Internet, auf einen durch eine PIX geschützten Server gelangen kann. Für die meisten Unternehmen wäre der Funktionsumfang der PIX nicht ausreichend, wenn sie Zugriffe von einem nicht-vertrauten Netzwerk auf die Server innerhalb des Unternehmens, z.B. auf einen Firmen-Web-Server, nicht zulassen würde. Der Verkehr, der in eine Schnittstelle mit niedrigerer Sicherheitsstufe eintritt und eine Schnittstelle mit höherer Sicherheitsstufe verlässt, als Inbound-Verkehr bezeichnet, wird durch den ASA-Algorithmus der PIX ganz anders als der Outbound-Verkehr behandelt.

Anders als der Outbound-Verkehr wird der Inbound-Verkehr standardmäßig untersagt. Dies geschieht, um sicherzustellen, dass die Sicherheitsstufen der Schnittstellen respektiert und nicht umgangen werden. Wie beim Outbound-Verkehr geschieht die Konfiguration, nach der Inbound-Verkehr die PIX durchfließen darf, in zwei Schritten. Zunächst müssen Sie eine statische Übersetzung konfigurieren. Im zweiten Schritt richten Sie eine Access List oder eine Passage (Conduit) ein, in der der entsprechende Datenverkehrstyp, der in die PIX eintreten darf, bestimmt wird. Wie bei den Befehlen outbound/apply wurde die einst durch den Befehl conduit bereitgestellte Funktionalität durch Access Lists ersetzt.

3.3.1 Statische Adressübersetzung

Wenn ein öffentlich zugänglicher Server (der hoffentlich in einem DMZ-Netz untergebracht ist) durch eine Firewall geschützt ist, müssen Sie explizit Verbindungen von der Schnittstelle mit der niedrigeren Sicherheitsstufe zu einer Schnittstelle mit einer höheren Sicherheitsstufe zulassen. Zunächst müssen Sie eine statische Adressübersetzung konfigurieren. Mit dem Befehl static erstellen Sie in der PIX-Übersetzungstabelle eine permanente Zuordnung zwischen globalen und lokalen IP-Adressen. Die Syntax für den Befehl lautet:

```
static [(<internal_if_name>, <external_if_name>)] {<global_ip> |
   interface} <local_ip> [netmask <mask>] [<max_conns> [<em_limit>]]
      [norandomseq]
```

Der Befehl static erfordert zwei Schnittstellen-Argumente: die interne Schnittstelle (die Schnittstelle, mit der der zu übersetzende Server verbunden werden soll) und die externe Schnittstelle (wo die globale IP-Adresse zugeordnet wird). Die Parameter global_ip und local_ip erklären sich selbst. Den Parameter netmask nutzen Sie, wenn Sie zu einem Zeitpunkt mehr als eine IP-Adresse übersetzen. Der Standardwert für die Parameter max_conns und em_limit ist 0 (unbegrenzt), sie entsprechen den Parametern aus dem Befehl nat.

Das Unternehmen Secure Corporation hat seiner PIX ein DMZ-Netzwerk hinzugefügt. Es wurde beschlossen, diesen Internet-Web-Server in das DMZ-Netzwerk zu verschieben und den Zugriff über das Internet auf diesen Server zuzulassen. Abbildung 3.4 zeigt das Netzwerk-Layout. Die Syntax für den Befehl static lautet in diesem Fall:

```
PIX1(config)# static (dmz, outside) 10.1.5.10 192.168.1.2 netmask 255.255
   .255.255 0 0
```

Hätte das Unternehmen mehrere Web-Server, bräuchte nicht für jeden ein separater Eintrag konfiguriert zu werden. Stattdessen könnten Sie einen einzelnen static-Befehl mit der korrekten Netmask konfigurieren. Für 14 Web-Server mit IP-Adressen im Bereich von 192.168.1.1 bis 192.168.1.15 würden Sie beispielsweise folgenden Befehl nutzen:

```
PIX1(config)# static (dmz, outside) 10.1.5.0 192.168.1.0 netmask 255.255
    .255.240 0 0
```

Nun stellen Sie sich vor, dass der Web-Server aus der DMZ Zugriff auf einen Datenbank-Server aus dem internen Netzwerk der PIX benötigt. Der Vorgang ist derselbe: Immer wenn eine Schnittstelle mit niedrigerer Sicherheitsstufe Zugriff auf eine Schnittstelle mit höherer Sicherheitsstufe benötigt, muss eine statische Übersetzung erstellt werden. Die IP-Adresse des Datenbank-Servers muss nicht übersetzt werden, da die Web-Server aus der DMZ Teil des privaten Adress-Netzwerks sind. Mit folgendem static-Befehl wird die IP-Adresse einfach in sich selbst übersetzt. Dies hat große Ähnlichkeit mit nat 0:

```
PIX1(config)# static (inside, dmz) 192.168.1.2 192.168.1.2 netmask 255.255
    .255.255 0 0
```

Die Halbzeit der Aufgabe, den Zugriff auf einen geschützten Server durch Inbound-Verkehr zuzulassen, ist erreicht. Mit dem Befehl static erstellen Sie lediglich eine Adresszuordnung zwischen globalen und lokalen IP-Adressen. Da Inbound-Verkehr standardmäßig untersagt ist, müssen Sie im nächsten Schritt eine Access List oder einen Conduit (eine Art Passage) erstellen, damit der Verkehr in die PIX eingehen kann. Wie die Befehle outbound/apply ist der Befehl conduit mittlerweile veraltet. Mit der Version 5.0 der PIX-Software stehen nun Access Lists zur Verfügung.

3.3.2 Access Lists (Zugriffssteuerungslisten)

Die Erstellung einer Access List, die dazu dient, Inbound-Zugriffe zuzulassen, ist der Erstellung einer Access List für den Outbound-Zugriff, die in diesem Kapitel bereits erläutert wurde, sehr ähnlich. Syntax und alle Parameter sind dieselben. Der wesentliche Unterschied zwischen einer Access List, die auf eine Schnittstelle mit einer geringeren Sicherheitsstufe angewendet wird, und einer Access List, die auf eine Schnittstelle mit einer höheren Sicherheitsstufe angewendet wird, liegt darin, dass eine statische Übersetzung konfiguriert werden muss, damit der Datenverkehr die Schnittstelle mit der höheren Sicherheitsstufe passieren kann.

3.3.3 Conduits (Passagen)

Als *Conduit* (Passage) wird eine andere Methode bezeichnet, die den Inbound-Zugriff zulässt. Folgende Syntax ist dazu erforderlich:

```
conduit permit | deny <protocol> <global_ip> <global_mask> [<operator>
   <port> [<port>]] <foreign_ip> <foreign_mask> [<operator> <port>
      [<port>]]
```

Standardmäßig wird der gesamte Inbound-Verkehr blockiert, außer er wird explizit zugelassen. Die Schlüsselworte permit (zulassen) und deny (unterbinden) erklären sich selbst. Die Parameter protocol, operator und port entsprechen jenen bei den Access Lists. Mit dem Parameter global_ip werden die globalen IP-Adressen des Hosts definiert, auf den der Zugriff gestattet werden soll. Mit dem Parameter foreign_ip wird die IP-Adresse definiert, von der aus der Zugriff erlaubt werden soll. Die Parameter global_mask und foreign_mask sind die Subnet Masks, die auf global_ip bzw. foreign_ip angewendet werden.

Die PIX arbeitet die conduit-Befehle in der Reihenfolge ab, in der sie in die PIX eingegeben wurden. Nach der Erstellung einer als *Conduit* bezeichneten Passage brauchen Sie keine weiteren Maßnahmen zur Aktivierung zu ergreifen. Die explizite Anwendung auf eine Schnittstelle ist nicht erforderlich. Basierend auf der in dem Befehl verwendeten global_ip könnte man jedoch sagen, dass Conduits tatsächlich auf eine Schnittstelle angewendet werden.

Wenn sich beispielsweise ein Web-Server mit einer internen IP-Adresse von 172.16.1.10 im DMZ-Netzwerk befindet, würden die folgenden Befehle einen Zugriff auf diesen von jeder fremden IP-Adresse aus zulassen.

```
PIX1(config)# static (dmz, outside) 10.1.5.10 172.16.1.10 netmask 255.255
   .255.255 0 0
PIX1(config)# conduit permit tcp host 10.1.5.10 eq www any
```

Da der Web-Server eine private Adresse nutzt, würde der fremde Client die öffentliche Adresse für den Zugriff auf den Server nutzen. Die erstellte Passage (Conduit) würde nur zwischen der externen und der DMZ-Schnittstelle funktionieren, weil der static-Befehl diese Schnittstellen in der Übersetzung definiert.

Ein weiteres Beispiel für conduit-Befehle folgt. Mit diesem Befehl wird ermöglicht, dass Domain-Lookup-Anforderungen von überall außerhalb des Netzwerks an den DNS-Server mit der Adresse 10.1.5.11 gerichtet werden können:

```
PIX1(config)# static (dmz, outside) 10.1.5.11 172.16.11.10 netmask 255.255
   .255.255 0 0
PIX1(config)# conduit permit udp host 10.1.5.11 eq domain any
PIX1(config)# conduit permit tcp host 10.1.5.11 eq domain any
```

Mit diesem Befehl wird ermöglicht, dass ein E-Mail-Server (172.16.1.12) E-Mails von außerhalb des Netzwerks als IP-Adresse 10.1.5.12 erhält:

```
PIX1(config)# static (dmz, outside) 10.1.5.12 172.16.12.10 netmask 255.255
   .255.255 0 0
PIX1(config)# conduit permit tcp host 10.1.5.12 eq smtp any
```

Wie hier gezeigt, kann der Befehl show conduit verwendet werden, um alle aktuell auf der PIX konfigurierten Conduits anzuzeigen:

```
PIX1# show conduit
conduit permit tcp host 10.1.5.10 eq www any (hitcnt=0)
conduit permit udp host 10.1.5.11 eq domain any (hitcnt=0)
conduit permit tcp host 10.1.5.11 eq domain any (hitcnt=0)
conduit permit tcp host 10.1.5.12 eq smtp any (hitcnt=0)
```

3.3.4 ICMP

Inbound-ICMP-Verkehr zur Firewall kann mit dem Befehl icmp kontrolliert werden. Dabei wird nur der ICMP-Verkehr gefiltert, der auf einer der PIX-Schnittstellen terminiert wird und die PIX nicht passiert. Für diesen Befehl gilt folgende Syntax:

```
icmp {permit|deny} <ip_address> <netmask> [<icmp_type>] <if_name>
```

Der Parameter ip_address steht für die Quelladresse des ICMP-Pakets, das mit diesem Befehl zugelassen oder unterbunden wird. Der Parameter netmask enthält die Netzwerk-Mask für den Parameter ip_address. Mit dem Parameter icmp_type geben Sie den ICMP-Typ an, der zugelassen oder unterbunden werden soll. Die zuvor gezeigte Tabelle 3.3 listet die Werte der ICMP-Typen auf. Mit dem Parameter if_name wird der Name der Schnittstelle, auf die dieser ICMP-Filter angewendet wird, angegeben.

Mit dem folgenden Befehl wird der DMZ-Schnittstelle beispielsweise gestattet, auf Ping-Befehle aus dem privaten Netzwerk 172.16.0.0 255.255.240.0 zu antworten:

```
PIX1(config)# icmp permit 172.16.0.0 255.240.0.0 echo dmz
```

3.3.5 Port-Umleitung

Mithilfe der Port-Umleitung kann eine öffentliche IP-Adresse als öffentliche Adresse für mehrere Server dienen. Bei der Port-Umleitung können Sie eine Zuordnung zwischen einer öffentlichen IP-Adresse und einem Port auf einer privaten IP-Adresse definieren. Um die Umleitung zu aktivieren, muss eine Access List oder ein Conduit erstellt werden, da der Verkehr von einer Schnittstelle mit geringerer Sicherheitsstufe zu einer Schnittstelle mit höherer Sicherheitsstufe fließt.

Da die Zuordnung auf Port-Ebene geschieht, kann eine IP-Adresse als Gateway zu vielen Servern dienen. Kommen wir zu unserem Beispiel mit dem Unternehmen Secure Corporation zurück. An seinem Standort in Toronto hat es ein Netzwerk eingerichtet. Über den zuständigen ISP wurde dem Unternehmen nur eine öffentliche IP-Adresse zugewiesen. Secure Corporation betreibt an diesem Standort zwei Web-Server, einen Telnet-Server und einen FTP-Server. Wie können all diese Dienste mit einer einzelnen IP-Adresse für die Öffentlichkeit zugänglich gemacht werden? Nutzen Sie den Befehl static, um eine Port-Umleitung durchzuführen:

```
static [(<prenat_if_name>, <postnat_if_name>)] {tcp | udp} {<global_ip>
    | interface} <global_port> <local_ip> <local_port> [netmask <mask>]
        [<max_conns> [<em_limit>]] [norandomseq]
```

Da wir den Befehl static in diesem Kapitel bereits behandelt haben, müssen wir nicht alle Parameter erneut beschreiben. Dennoch sollen einige neue Parameter vorgestellt werden, z. B. global_port und local_port. Auch ein Protokoll (tcp oder udp) muss angegeben werden, damit die PIX das Protokoll/Port-Paar kennt, das sie akzeptieren und weiterleiten soll. Statt des Parameters global_ip können Sie die Option interface verwenden, um die IP-Adresse der im Parameter postnat_if_name angegebenen PIX-Schnittstelle zu spezifizieren. Diese Option ist von großer Bedeutung, wenn keine zusätzlichen öffentlichen IP-Adressen zur Verfügung stehen.

Wenn Sie die Umleitung für den ersten Web-Server konfigurieren, bei der die öffentliche IP-Adresse der PIX als öffentliche Adresse des Web-Servers verwendet wird, lautet der Befehl wie folgt:

```
PIX1(config)# static (dmz, outside) tcp interface 80 172.16.1.1 80
```

Wenn das Unternehmen nun auch Telnet, FTP und einen weiteren Web-Server anbieten möchte, müssten drei weitere static-Befehle hinzugefügt werden, um die globalen Ports den korrekten Servern zuzuordnen. Da der Web-Port bereits vergeben ist, wird für den Zugriff auf den zweiten Web-Server eine hohe Port-Nummer (8080) gewählt. Dieses Beispiel wird in Abbildung 3.5 gezeigt. Die zusätzlichen Befehle lauten wie folgt:

```
PIX1(config)# static (dmz, outside) tcp interface 23 172.16.2.1 23
PIX1(config)# static (dmz, outside) tcp interface 8080 172.16.1.3 80
PIX1(config)# static (dmz, outside) tcp interface 21 172.16.4.1 21
```

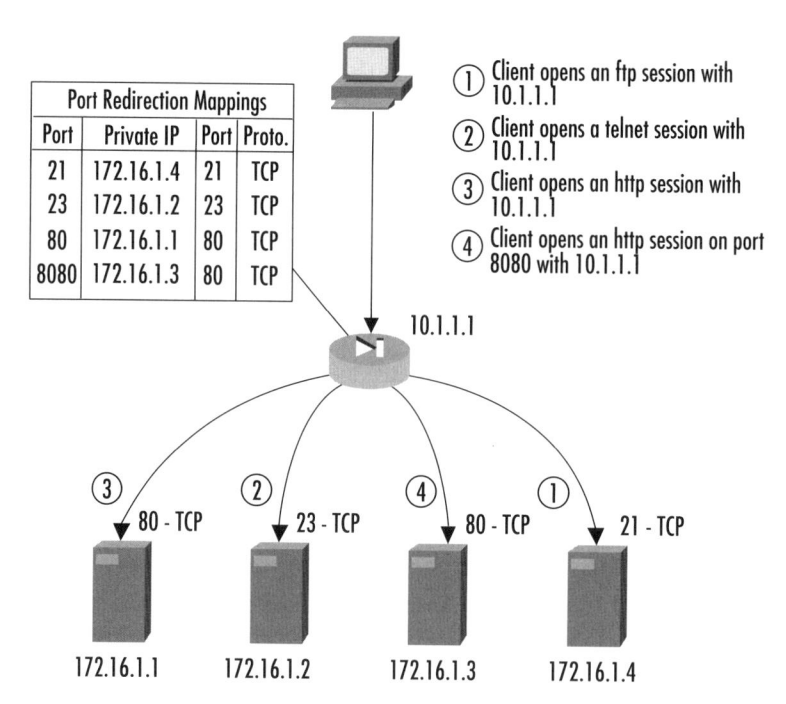

Abb. 3.5: Beispiel für Port-Umleitung

3.4 TurboACLs

TurboACLs sind ein neues Feature in der PIX-Firewall-Software Version 6.2. Das allgemeine Prinzip hinter TurboACLs ist, dass eine lange oder komplexe Access List kompiliert oder indiziert wird, um eine schnellere Verarbeitung des Verkehrs durch die Access List zu ermöglichen.

Mit dem TurboACL-Feature werden kurze Access Lists nicht schneller gemacht; selbst wenn die Aktivierung dieser Funktion konfiguriert ist, setzt die PIX sie erst bei Access Lists ein, die über 18 Zeilen enthalten. Bei längeren Listen erzeugt die TurboACL-Funktion eine Art Index wie in einem Buch, wodurch die PIX eine lange Access List mit höherer Geschwindigkeit lesen und verarbeiten kann.

Dieser durch die TurboACL-Funktion erstellte Index ist sehr ressourcenintensiv. Aus diesem Grund empfiehlt Cisco, dass die Aktivierung von TurboACLs erst für Firewalls ab der 525-Serie konfiguriert werden sollte. Sie aktivieren die TurboACL-Funktion für alle Access Lists der PIX mit dem Befehl access-list compiled auf folgende Weise:

```
PIX1(config)# access-list compiled
```

Wenn Sie überprüfen möchten, ob die TurboACL-Funktion tatsächlich aktiviert wurde, verwenden Sie den Befehl show access-list:

```
PIX1(config)# show access-list
access-list compiled
access-list inside_public turbo-configured; 3 elements
access-list inside_public permit ip 10.1.1.0 255.255.255.0 any (hitcnt=0)
access-list inside_public permit ip 10.1.2.0 255.255.255.0 any (hitcnt=0)
access-list inside_public permit ip 10.1.3.0 255.255.255.0 any (hitcnt=0)
```

Wenn Sie diese Funktionalität nicht auf globaler Ebene aktivieren möchten, können Sie TurboACLs auch für individuelle Access Lists aktivieren bzw. deaktivieren. Dieses Feature kann sehr nützlich sein, wenn Sie nur einige wenige Access Lists haben, die optimiert werden müssen. Die Syntax für die Aktivierung der Turbo-ACL-Funktion für eine einzelne Access List lautet wie folgt:

```
access-list <acl-name> compiled
```

Wenn für eine PIX mehrere Access Lists vorhanden sind, aber nur für die auf die externe Schnittstelle angewendete Access List die TurboACL-Funktion aktiviert werden soll, muss die Funktion für alle anderen Access Lists deaktiviert werden:

```
PIX1(config)# no access-list compiled
PIX1(config)# access-list outside_in compiled
```

3.5 Objektgruppierung

Mit der PIX-Software Version 6.2 wurde die Objektgruppierung eingeführt. Mit diesem Feature wird die Konfiguration von sehr komplexen Access Lists auf einer PIX sehr vereinfacht. Bevor die Objektgruppierung zur Verfügung stand, musste jede eindeutige Netzwerk-, Knoten- und Protokollkombination, die in einer Access List definiert werden musste, mit einem separaten access-list-Statement konfiguriert werden. In den meisten Unternehmens-Sicherheitsrichtlinien gibt es jedoch Gruppen von Einträgen mit identischen Zugriffsberechtigungen. Mit dem Feature Objektgruppierung können Sie Gruppen von Netzwerkadressen, Diensten, Protokollen und ICMP-Typen definieren und damit die Anzahl erforderlicher Einträge in Access Lists reduzieren.

Nehmen wir beispielsweise an, dass ein Unternehmen internen Anwendern den Zugriff auf eine Reihe externer FTP-Server untersagen möchte, weil diese als Quellen für illegale Software und Viren berüchtigt sind. Ohne Objektgruppen müsste für jeden einzelnen FTP-Server ein Access-List-Eintrag erstellt werden. Mit der Verwendung von Objektgruppen können Sie jedoch eine Netzwerkobjektgruppe definieren, die eine Liste von Hosts und sämtliche IP-Adressen der unerwünschten Server enthält. Dieser Gruppe können problemlos weitere IP-Adressen hinzugefügt bzw. wieder aus ihr entfernt werden. Nun muss nur ein Access-List-Eintrag erstellt werden, der internen Zugriff auf die Objektgruppe unterbindet. Die Access List muss nicht geändert werden, wenn Einträge in die Objektgruppe eingefügt bzw. aus ihr entfernt werden. Objektgruppen vereinfachen die Konfiguration und Pflege von Access Lists.

3.5.1 Konfiguration und Verwendung von Objektgruppen

Es gibt vier Objektgruppentypen: *icmp-type, protocol, network* und *service*. Jeder Objektgruppentyp entspricht einem Feld in dem access-list- oder conduit-Befehl. Nachdem eine Objektgruppe erstellt wurde, wechseln Sie in einen untergeordneten Konfigurationsmodus, in dem Sie die Gruppe füllen können. Jeder Objektgruppentyp verfügt über bestimmte untergeordnete Konfigurationsoptionen, die separat erläutert werden. Sobald eine Objektgruppe konfiguriert ist, kann sie in einem access-list- oder conduit-Befehl verwendet werden.

Objektgruppentyp ICMP-Type

Beim Objektgruppentyp icmp-type handelt es sich um eine Gruppe von numerischen oder literalen Werten vom Typ ICMP. icmp-type-Objektgruppen können in einer Access List oder einem Conduit anstelle des Parameters icmp-type verwendet werden. Die Syntax für die Erstellung einer Objektgruppe vom Typ icmp-type lautet:

```
object-group icmp-type <grp_id>
```

Nachdem eine Objektgruppe erstellt wurde, wechseln Sie in einen untergeordneten Konfigurationsmodus, in dem Sie die Gruppe füllen können. Mit dem Befehl description können Sie eine optionale Beschreibung angeben. Die Syntax für das Füllen einer Objektgruppe vom Typ icmp-type lautet:

```
icmp-object <icmp_type>
```

Die folgende Objektgruppe definiert Werte vom Typ icmp-type, die später in einer Access List oder in einem Conduit verwendet werden:

```
PIX1(config)# object-group icmp-type icmp-grp
PIX1(config-icmp-type)# description ICMP Type allowed into the PIX
PIX1(config-icmp-type)# icmp-object echo-reply
PIX1(config-icmp-type)# icmp-object unreachable
PIX1(config-icmp-type)# exit
PIX1(config)# exit
```

Objektgruppentyp Network

Beim Objektgruppentyp network handelt es sich um eine Gruppe von IP-Adressen oder Netzwerken. Objektgruppen vom Typ network können in einem access list- oder einem conduit-Statement anstelle des Parameters src_addr oder dst_addr verwendet werden. Die Syntax für das Erstellen einer Objektgruppe vom Typ network lautet:

```
object-group network <grp_id>
```

Für Objektgruppen vom Typ network stehen zwei untergeordnete Befehle für die Definition der Host- oder Netzwerkgruppe zur Verfügung. Die Syntax für die Definition eines Host-Eintrags in der Objektgruppe lautet:

```
network-object host <host_addr | host_name>
```

Der Parameter host_addr steht für die IP-Adresse des Hosts, der in die Objektgruppe eingefügt werden soll. Wahlweise gibt der Parameter host_name den Host-Namen eines mit dem Befehl name definierten Hosts an.

Die Syntax für die Definition eines network-Eintrags in der Objektgruppe lautet:

```
network-object <net_addr> <netmask>
```

Die folgende Objektgruppe definiert host- und network-Werte, die später in einer Access List oder in einem Conduit verwendet werden:

```
PIX1(config)# object-group network net-grp
PIX1(config-network)# description List of Public HTTP Servers
PIX1(config-network)# network-object host 192.168.1.10
PIX1(config-network)# network-object host 172.16.10.1
PIX1(config-network)# network-object 172.16.2.0 255.255.255.0
PIX1(config-network)# exit
PIX1(config)# exit
```

Objektgruppentyp Protocol

Beim Objektgruppentyp protocol handelt es sich um eine Gruppe von Protokollnummern oder literalen Werten. Objektgruppen vom Typ protocol können in einer Access List oder einem Conduit anstelle des Parameters protocol verwendet werden. Die Syntax für das Erstellen einer Objektgruppe vom Typ protocol lautet:

```
object-group protocol <grp_id>
```

Nachdem eine Objektgruppe erstellt wurde, wechseln Sie in einen untergeordneten Konfigurationsmodus, in dem Sie die Gruppe füllen können. Die Syntax für das Füllen einer Objektgruppe vom Typ protocol lautet:

```
protocol-object <protocol>
```

Der Parameter protocol steht für eine Protokollnummer oder ein entsprechendes Literal. Die folgende Objektgruppe definiert eine Gruppe von Protokollen, die später in einer Access List oder in einem Conduit verwendet werden kann:

```
PIX1(config)# object-group protocol vpn-grp
PIX1(config-protocol)# description Protocols allowed for VPN Access
PIX1(config-protocol)# protocol-object ah
PIX1(config-protocol)# protocol-object esp
PIX1(config-protocol)# protocol-object gre
PIX1(config-protocol)# exit
PIX1(config)# exit
```

Objektgruppentyp Service

Beim Objektgruppentyp service handelt es sich um eine Gruppe von TCP- und/oder UDP-Port-Nummern oder Port-Nummernbereichen. Objektgruppen vom Typ service können in einer Access List oder einem Conduit anstelle des Parameters port verwendet werden. Die Syntax für das Erstellen einer Objektgruppe vom Typ service lautet:

```
object-group service <grp_id> tcp|udp|tcp-udp
```

Da eine Objektgruppe vom Typ service eine Auflistung von Ports und Port-Bereichen ist, müssen die Ports als TCP, UDP oder als TCP und UDP konfiguriert werden. Die Schlüsselworte tcp, udp und tcp-udp definieren das gemeinsame IP-Protokoll für alle in der Objektgruppe aufgelisteten Ports. Die Syntax für das Füllen der service-Objektgruppe mit einem einzelnen Port lautet:

```
port-object eq <port>
```

Die Syntax für das Füllen der service-Objektgruppe mit einem Port-Bereich lautet:

```
port-object range <begin-port> <end-port>
```

In der folgenden Objektgruppe wird eine Gruppe von Ports definiert, die alle Web-Server innerhalb des Unternehmens auf der Firewall geöffnet haben müssen:

```
PIX1(config)# object-group service websrv-grp tcp
PIX1(config-service)# description Ports needed on public web servers
PIX1(config-service)# port-object eq 80
PIX1(config-service)# port-object eq 8080
PIX1(config-service)# port-object range 9000 9010
```

Wenn Sie überprüfen möchten, ob eine Objektgruppe erstellt und mit den korrekten Daten gefüllt wurde, können Sie mit dem Befehl show object-group die aktuelle Objektgruppenkonfiguration anzeigen lassen:

```
PIX1# show object-group
object-group icmp-type icmp-grp
  description: ICMP Type allowed into the PIX
  icmp-object echo-reply
  icmp-object unreachable
object-group network net-grp
  description: List of Public HTTP Servers
  network-object host 192.168.1.10
  network-object host 172.16.10.1
  network-object 172.16.2.0 255.255.255.0
object-group protocol vpn-grp
  description: Protocols allowed for VPN Access
  protocol-object ah
  protocol-object gre
  protocol-object esp
object-group service websrv-grp tcp
  description: Ports needed on public web servers
  port-object eq www
  port-object eq 8080
  port-object range 9000 9010
```

Wenn eine der Objektgruppen nicht korrekt ist oder nicht mehr benötigt wird, kann sie mittels des Befehls no object-group <grp_id> gelöscht werden.

Objektgruppen können anstelle der entsprechenden Werte in Access Lists oder Conduits verwendet werden, doch muss ihnen das Schlüsselwort object-group vorausgehen. Wenn Sie beispielsweise zulassen möchten, dass die in der Objektgruppe icmp-grp definierten ICMP-Werte in die externe Schnittstelle der PIX eintreten dürfen, lautet der entsprechende access-list-Befehl:

```
PIX1(config)# access-list icmp_in permit icmp any any object-group icmp-grp
```

Wenn Sie den Zugriff auf die in net-grp definierten Web-Server auf den in websrv-grp definierten Ports gestatten möchten, lautet der zugehörige Befehl:

```
PIX1(config)# access-list outside_in permit tcp any object-group net-grp
    object-group websrv-grp
```

Objektgruppen bieten ein weiteres nettes Feature; Sie können Objektgruppen des gleichen Typs verschachteln. Beispiel:

```
PIX1(config)# object-group network all-servers
PIX1(config-network)# group-object net-grp
PIX1(config-network)# network-object 172.16.3.0 255.255.255.0
```

3.6 Fallstudie

In diesem Kapitel wurden viele wichtige Themen behandelt. Mitunter ist es schwierig, ein Thema zu beschreiben, ohne einen praktischen Bezug zu haben. Daher wollen wir uns nun mit einer komplexen Fallstudie beschäftigen, um die Themen aus diesem Kapitel auf Situationen in der realen Welt anzuwenden.

Abbildung 3.6 zeigt das Netzwerk-Layout der Firma Secure Corporation am Standort Los Angeles. Das Unternehmen hat soeben eine PIX erworben, die nun konfiguriert werden muss. Bereits vor dem Erwerb der PIX hat es eine Sicherheitsrichtlinie definiert, so dass die Anzahl der einzusetzenden Schnittstellen bereits bekannt ist. Die Standortadministratoren haben beschlossen, vier verschiedene Sicherheits-Domains einzurichten, um die Integrität und Sicherheit des Netzwerks zu gewährleisten.

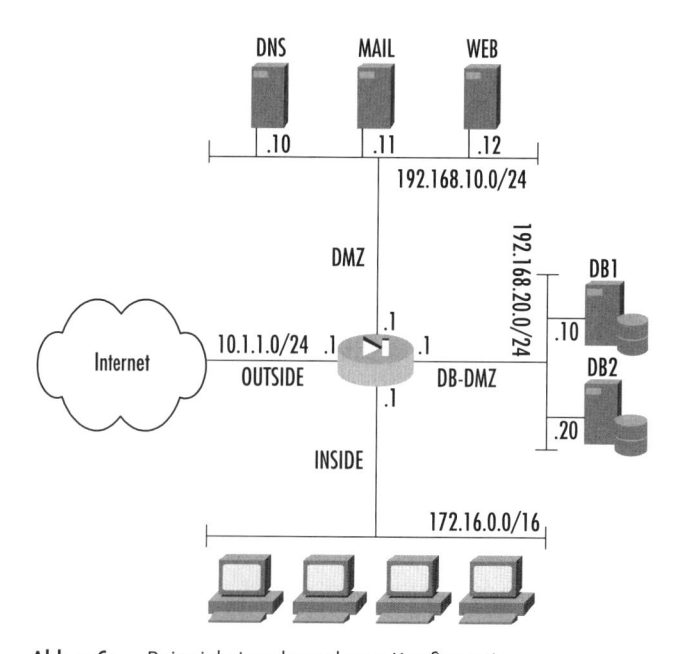

Abb. 3.6: Beispiel einer komplexen Konfiguration

Die interne Schnittstelle erhält die höchste Sicherheitsstufe. Alle Anwender des Unternehmens und auch alle privaten und internen Server werden hinter dieser Schnittstelle angesiedelt. Für die Knoten hinter dieser Schnittstelle wird die private Adressierung verwendet. Die PIX muss für die Übersetzung der IP-Adressen PAT verwenden, wenn die Knoten Daten an das Internet senden. Die PIX soll kein NAT für den Datenverkehr der Knoten hinter dieser Schnittstelle verwenden, wenn diese auf irgendeine andere Schnittstelle zugreifen. Es soll keinen direkten Zugriff aus dem Internet auf einen der Server hinter dieser Schnittstelle geben. Da es aus geschäftlichen Gründen keinen Anlass gibt, Internet-POP3- und IMAP4-Server für die Konten im internen Netzwerk zur Verfügung zu stellen, und da diese Dienste immer wieder Kanäle für die Übertragung von Viren sind, soll der Zugriff vom internen Netzwerk auf Internet-POP3- und IMAP4-Server verboten werden. Der gesamte übrige Datenverkehr aus dem internen Netzwerk soll zugelassen werden.

Die db_dmz-Schnittstelle wird die zweithöchste Sicherheitsstufe erhalten. In diesem Netzwerk sollen die Datenbank-Server untergebracht werden, die es dem öffentlichen Web-Server ermöglichen, dynamische HTML-Seiten aufzubauen. Auf diesen Datenbank-Servern sollen keine privaten oder vertraulichen Daten gespeichert werden. Für die Datenbank-Server wird die private Adressierung verwendet. Sie sind die einzigen Knoten hinter dieser Schnittstelle. Die Datenbank-Server benötigen keinen Zugriff auf das Internet. Umgekehrt sollen auch keine direkten Verbindungen aus dem Internet zu diesen Datenbank-Servern gestattet werden. Die Datenbank-Server nutzen SQL*NET als Kommunikationsprotokoll zwischen Web-Server und Datenbank; daher müssen die Web-Server aus dem DMZ-Netzwerk auf die Datenbank-Server zugreifen können. Die Datenbank-Server brauchen keinen direkten Zugriff auf die Hosts des internen Netzwerks.

Die dmz-Schnittstelle erhält die dritthöchste Sicherheitsstufe. Hinter dieser Schnittstelle sollen öffentlich zugängliche Dienste in Form von Web-, Mail- und DNS-Servern untergebracht werden. Für diese Server wird eine private Adressierung verwendet. Es werden statische Übersetzungen erforderlich, damit direkt aus dem Internet auf diese Dienste zugegriffen werden kann. Da die Möglichkeit besteht, dass diese Server Ziel eines Angriffs werden, sollte der Zugriff auf das Internet sowie das Durchsuchen des Webs von den einzelnen Servern aus nur von den Diensten, die der einzelne Server anbietet, gestattet sein. Es sollte keinen direkten Zugriff auf das interne Netzwerk geben. Ein direkter Zugriff auf die Datenbank-Server ist nur von dem Web-Server aus dem SQL*Net-Dienst heraus gestattet.

Die externe Schnittstelle erhält die niedrigste Sicherheitsstufe. Das Unternehmen möchte nur den Zugriff auf die Dienste im DMZ-Netzwerk gestatten. Es möchte weiterhin sicherstellen, dass es nicht Opfer eines Spoof-Angriffs wird. Daher soll der gesamte Verkehr, der eine private Adresse als Quelle hat, ausgefiltert werden. Da das interne Netzwerk Ping-Befehle aussenden kann, sollten ICMP-Responses zurück in die PIX zulässig sein.

Im Folgenden beschreiben wir die Befehle zur Umsetzung dieser Sicherheitsrichtlinie. Im ersten Beispiel werden wir nur Access Lists verwenden. Im zweiten Beispiel werden wir nur Conduits (Passagen) und outbound/apply-Statements verwenden.

3.6.1 Access Lists (Zugriffssteuerungslisten)

Wir beginnen mit der Benennung und der Zuordnung der Sicherheitsstufen für die beiden Schnittstellen, die noch nicht auf der PIX definiert sind:

```
PIX1(config)# nameif ethernet2 dmz security40
PIX1(config)# nameif ethernet3 dbdmz security60
```

Nun werden die Schnittstellen online geschaltet:

```
PIX1(config)# interface ethernet0 auto
PIX1(config)# interface ethernet1 auto
PIX1(config)# interface ethernet2 auto
PIX1(config)# interface ethernet3 auto
```

Jeder Schnittstelle wird eine IP-Adresse zugeordnet:

```
PIX1(config)# ip address inside 172.16.0.1 255.240.0.0
PIX1(config)# ip address outside 10.1.1.1 255.255.255.0
PIX1(config)# ip address dmz 192.168.10.1 255.255.255.0
PIX1(config)# ip address dbdmz 192.168.20.1 255.255.255.0
```

Der PIX wird eine Standard-Route zugewiesen:

```
PIX1(config)# route outside 0.0.0.0 0.0.0.0 10.1.1.254
```

Es wird eine Access List erstellt, um später NAT zu umgehen:

```
PIX1(config)# access-list nonatinside permit ip 172.16.0.0 255.240.0.0
   192.168.10.0 255.255.255.0
PIX1(config)# access-list nonatinside permit ip 172.16.0.0 255.240.0.0
   192.168.20.0 255.255.255.0
PIX1(config)# access-list nonatdbdmz permit ip 192.168.20.0 255.255.255
   .0 192.168.10.0 255.255.255.0
```

Es wird ein globaler Pool für PAT für das interne Netzwerk erstellt:

```
PIX1(config)# global (outside) 1 10.1.1.2
Global 10.1.1.2 will be Port Address Translated
```

Bei Bedarf NAT umgehen:

```
PIX1(config)# nat (inside) 0 access-list nonatinside
PIX1(config)# nat (dbdmz) 0 access-list nonatdbdmz
```

NAT wird auf der internen Schnittstelle aktiviert und der globalen id zugeordnet:

```
PIX1(config)# nat (inside) 1 0 0
```

Es werden statische Übersetzungen für den Zugriff von den Schnittstellen mit den geringeren Sicherheitsstufen erstellt:

```
PIX1(config)# static (dmz, outside) 10.1.1.10 192.168.10.10
PIX1(config)# static (dmz, outside) 10.1.1.11 192.168.10.11
PIX1(config)# static (dmz, outside) 10.1.12.12 192.168.10.10
PIX1(config)# static (dbdmz, dmz) 192.168.20.0 192.168.20.0 netmask 255
   .255.255.0
```

Es werden Namen für die öffentlichen Adressen der DMZ-Server konfiguriert:

```
PIX1(config)# names
PIX1(config)# name 10.1.1.10 dns
PIX1(config)# name 10.1.1.11 mail
PIX1(config)# name 10.1.1.12 web
```

Es werden Objektgruppen konfiguriert:

```
PIX1(config)# object-group network dbhosts
PIX1(config-network)# network-object host 192.168.20.10
PIX1(config-network)# network-object host 192.168.20.20
PIX1(config-network)# exit
PIX1(config)# object-group network dmzhosts
PIX1(config-network)# network-object host 192.168.10.1
PIX1(config-network)# network-object host 192.168.10.11
PIX1(config-network)# network-object host 192.168.10.12
PIX1(config-network)# exit
PIX1(config)# object-group icmp-type icmp-outside-in
PIX1(config-icmp-type)# icmp-object echo-reply
```

```
PIX1(config-icmp-type)# icmp-object time-exceed
PIX1(config-icmp-type)# icmp-object unreachable
PIX1(config-icmp-type)# exit
```

Die Access Lists für die einzelnen Schnittstellen werden konfiguriert:

```
PIX1(config)# access-list inside_in deny tcp 172.16.0.0 255.240.0.0 any
    eq pop3
PIX1(config)# access-list inside_in deny tcp 172.16.0.0 255.240.0.0 any
    eq 143
PIX1(config)# access-list inside_in permit ip 172.16.0.0 255.240.0.0 any
PIX1(config)# access-list inside_in permit icmp 172.16.0.0 255.240.0.0 any
PIX1(config)# access-list dbdmz_in permit tcp object-group dbhosts eq
    sqlnet 192.168.10.0 255.255.255.0
PIX1(config)# access-list dbdmz_in permit icmp 192.168.20.0 255.255.255.0
    172.16.0.0 255.255.0.0
PIX1(config)# access-list dbdmz_in deny ip any any
PIX1(config)# access-list dmz_in permit tcp host 192.168.10.11 any eq smtp
PIX1(config)# access-list dmz_in permit tcp host 192.168.10.10 any eq
    domain
PIX1(config)# access-list dmz_in permit udp host 192.168.10.10 any eq
    domain
PIX1(config)# access-list dmz_in permit tcp object-group dmzhosts any eq
    http
PIX1(config)# access-list dmz_in permit tcp host 192.168.10.12 object-
    group dbhosts eq sqlnet
PIX1(config)# access-list dmz_in permit icmp object-group dmzhosts 172.16
    .0.0 255.255.0.0
PIX1(config)# access-list outside_in deny ip 0.0.0.0 255.0.0.0 any
PIX1(config)# access-list outside_in deny ip 10.0.0.0 255.0.0.0 any
PIX1(config)# access-list outside_in deny ip 127.0.0.0 255.0.0.0 any
PIX1(config)# access-list outside_in deny ip 172.16.0.0 255.240.0.0 any
PIX1(config)# access-list outside_in deny ip 192.168.0.0 255.255.0.0 any
PIX1(config)# access-list outside_in deny ip 224.0.0.0 224.0.0.0 any
PIX1(config)# access-list outside_in permit tcp any host web eq http
PIX1(config)# access-list outside_in permit tcp any host mail eq smtp
PIX1(config)# access-list outside_in permit tcp any host dns eq domain
PIX1(config)# access-list outside_in permit udp any host dns eq domain
PIX1(config)# access-list outside_in permit icmp any 10.1.1.0 255.255.255
    .0 object-group icmp-outside-in
PIX1(config)# access-list outside_in deny icmp any 10.1.1.0 255.255.255.0
PIX1(config)# access-list outside_in deny ip any any
```

Die Access Lists werden auf die entsprechenden Schnittstellen angewendet:

```
PIX1(config)# access-group outside_in in interface outside
PIX1(config)# access-group inside_in in interface inside
PIX1(config)# access-group dmz_in in interface dmz
PIX1(config)# access-group dbdmz_in in interface dbdmz
```

3.6.2 Conduits und Outbound/Apply

Benennung und Zuordnung der Sicherheitsstufen für die beiden Schnittstellen, die noch nicht auf der PIX definiert sind:

```
PIX1(config)# nameif ethernet2 dmz security40
PIX1(config)# nameif ethernet3 dbdmz security60
```

Nun werden die Schnittstellen online geschaltet:

```
PIX1(config)# interface ethernet0 auto
PIX1(config)# interface ethernet1 auto
PIX1(config)# interface ethernet2 auto
PIX1(config)# interface ethernet3 auto
```

Jeder Schnittstelle wird eine IP-Adresse zugeordnet:

```
PIX1(config)# ip address inside 172.16.0.1 255.240.0.0
PIX1(config)# ip address outside 10.1.1.1 255.255.255.0
PIX1(config)# ip address dmz 192.168.10.1 255.255.255.0
PIX1(config)# ip address dbdmz 192.168.20.1 255.255.255.0
```

Der PIX wird eine Standard-Route zugewiesen:

```
PIX1(config)# route outside 0.0.0.0 0.0.0.0 10.1.1.254
```

Es wird eine Access List erstellt, um später NAT zu umgehen:

```
PIX1(config)# access-list nonatinside permit ip 172.16.0.0 255.240.0.0
    192.168.10.0 255.255.255.0
PIX1(config)# access-list nonatinside permit ip 172.16.0.0 255.240.0.0
    192.168.20.0 255.255.255.0
PIX1(config)# access-list nonatdbdmz permit ip 192.168.20.0 255.255.255.0
    192.168.10.0 255.255.255.0
```

Es wird ein globaler Pool für die PAT-Durchführung für das interne Netzwerk erstellt:

```
PIX1(config)# global (outside) 1 10.1.1.2
Global 10.1.1.2 will be Port Address Translated
```

Bei Bedarf NAT umgehen:

```
PIX1(config)# nat (inside) 0 access-list nonatinside
PIX1(config)# nat (dbdmz) 0 access-list nonatdbdmz
```

NAT wird auf der internen Schnittstelle aktiviert und der globalen id zugeordnet:

```
PIX1(config)# nat (inside) 1 0 0
```

Es werden statische Übersetzungen für den Zugriff von den Schnittstellen mit den geringeren Sicherheitsstufen erstellt:

```
PIX1(config)# static (dmz, outside) 10.1.1.10 192.168.10.10
PIX1(config)# static (dmz, outside) 10.1.1.11 192.168.10.11
PIX1(config)# static (dmz, outside) 10.1.12.12 192.168.10.10
PIX1(config)# static (dbdmz, dmz) 192.168.20.0 192.168.20.0 netmask 255
    .255.255.0
```

Es werden Namen für die öffentlichen Adressen der DMZ-Server konfiguriert:

```
PIX1(config)# names
PIX1(config)# name 10.1.1.10 dns
PIX1(config)# name 10.1.1.11 mail
PIX1(config)# name 10.1.1.12 web
```

Conduits werden konfiguriert:

```
PIX1(config)# conduit deny ip any 0.0.0.0 255.0.0.0
PIX1(config)# conduit deny ip any 10.0.0.0 255.0.0.0
PIX1(config)# conduit deny ip any 127.0.0.0 255.0.0.0
PIX1(config)# conduit deny ip any 172.16.0.0 255.240.0.0
PIX1(config)# conduit deny ip any 224.0.0.0 224.0.0.0
PIX1(config)# conduit permit tcp object-group dbhosts eq sqlnet 192.168
    .10.12
PIX1(config)# conduit deny ip any 192.168.0.0 255.255.0.0
PIX1(config)# conduit permit tcp host web eq http any
PIX1(config)# conduit permit tcp host mail eq smtp any
```

```
PIX1(config)# conduit permit tcp host dns eq domain any
PIX1(config)# conduit permit udp host dns eq domain any
PIX1(config)# conduit permit icmp 172.16.0.0 255.255.0.0 object-group
   dmzhosts
PIX1(config)# conduit permit icmp 172.16.0.0 255.255.0.0 object-group
   dbhosts
PIX1(config)# conduit permit icmp 10.1.1.0 255.255.255.0 any object-group
   icmp-outside-in
PIX1(config)# conduit deny icmp any any
PIX1(config)# conduit deny ip any any
```

Es werden Outbound-Statements konfiguriert:

```
PIX1(config)# outbound 10 deny 0 0 0
PIX1(config)# outbound 10 permit 172.16.0.0 255.240.0.0
PIX1(config)# outbound 10 deny 172.16.0.0 255.240.0.0 pop3
PIX1(config)# outbound 10 deny 172.16.0.0 255.240.0.0 143
PIX1(config)# outbound 20 deny 0 0 0
PIX1(config)# outbound 20 except 192.168.10.0 255.255.255.0 sqlnet
PIX1(config)# outbound 30 deny 0 0 0
PIX1(config)# outbound 30 permit 192.168.10.11 255.255.255.255 smtp
PIX1(config)# outbound 30 permit 192.168.10.10 255.255.255.255 domain
PIX1(config)# outbound 30 permit 192.168.10.0 255.255.255.0 http
```

Die outbound-Statements werden auf die entsprechenden Schnittstellen angewendet:

```
PIX1(config)# apply (inside) 10 outgoing_src
PIX1(config)# apply (dbdmz) 20 outgoing_src
PIX1(config)# apply (dmz) 30 outgoing_src
```

3.7 Zusammenfassung

Um eine PIX-Firewall so zu konfigurieren, dass sie Inbound- und Outbound-Verkehr passieren lässt, sind mehrere Schritte erforderlich. Die Basis-Connectivity gestattet Benutzern auf Schnittstellen der PIX mit höherer Sicherheitsstufe mithilfe von NAT oder PAT Datenverkehr auf eine Schnittstelle mit niedrigerer Sicherheitsstufe zu übertragen. Dies geschieht über die Zusammenarbeit der beiden Befehle nat und global. Da der PIX-ASA-Algorithmus den Schnittstellen höherer Sicherheitsstufe gestattet, Daten auf Schnittstellen mit niedrigerer Sicherheitsstufe zu übertragen, und da die PIX das Stateful-Konzept unterstützt, sollten Anwender innerhalb der PIX-Firewall nahezu alle Anwendungen ohne zusätzliche Konfiguration der PIX ausführen können.

Das Kontrollieren des Outbound-Verkehrs ist ein wichtiger Bestandteil einer umfangreichen, gut durchdachten Sicherheitsrichtlinie. Die Werkzeuge für diese Kontrolle sind in den Befehlen access-list und outbound zu finden, die mit einem dritten Befehl namens apply auf ein spezielle Schnittstelle angewendet werden. Wenn er auf Ihrer eingesetzten PIX-Version verfügbar ist, sollten Sie den Befehl access-list dem Befehl outbound vorziehen. Mit dem Befehl access-group wird, ähnlich wie mit dem Befehl apply, eine Access List auf eine Schnittstelle angewendet.

Sobald der Aspekt des Outbound-Zugriffs abgesichert ist, erfolgt die relativ problemlose Konfiguration des Inbound-Zugriffs. Standardmäßig ist der komplette Inbound-Zugriff (Verbindungen von einer Schnittstelle mit einer niedrigeren Sicherheitsstufe zu einer Schnittstelle mit einer höheren Sicherheitsstufe) untersagt. Für das Zulassen von Inbound-Verkehr stehen Access Lists oder Conduits (Passagen) zur Verfügung. Conduits werden nicht an einzelne Schnittstellen gebunden. Die in einem Conduit definierten Regeln werden auf den gesamten Inbound-Verkehr angewendet. Die grundsätzliche Anwendung des Befehls access-list ist für die Kontrolle von Inbound- und Outbound-Zugriffen identisch. Für den Inbound-Zugriff müssen Sie neben den Befehlen access-list oder conduit für jeden öffentlich zugänglichen Server eine statische Adressübersetzung (mit dem Befehl static) konfigurieren.

3.8 Lösungen im Schnelldurchlauf

Outbound-Verkehr zulassen

- Wenn die Adressübersetzung konfiguriert ist, lässt die PIX-Firewall standardmäßig alle Verbindungen von einer Schnittstelle mit einer höheren Sicherheitsstufe zu einer Schnittstelle mit einer niedrigeren Sicherheitsstufe zu.
- Eine gut durchdachte Sicherheitsrichtlinie lässt nicht den gesamten Outbound-Verkehr zu. Sie sollten die Anwendungen, die Sie gestatten möchten, definieren und kontrollieren.
- Es gibt zwei Methoden für die Kontrolle des Outbound-Verkehrs: Access Lists oder outbound/apply-Statements. Wenn möglich, sollten Sie Access Lists bevorzugen, da sie bei der Konfiguration eine größere Flexibilität bieten. Verwenden Sie die Befehle outbound und apply nur, wenn es nicht anders geht. In neueren Versionen der PIX-Firewall-Software gelten diese Befehle als überholt.

Inbound-Verkehr zulassen

- Standardmäßig sind Verbindungen von einer Schnittstelle mit einer niedrigeren Sicherheitsstufe zu einer Schnittstelle mit einer höheren Sicherheitsstufe untersagt. Konfigurieren Sie eine statische Übersetzung, und verwenden Sie Access Lists oder Conduits, um Inbound-Verkehr zuzulassen.

- Die Port-Umleitung ist eine großartige Option für kleine Unternehmen, denen das Geld fehlt, größere Blöcke an IP-Adressraum zu erwerben.
- Die Syntax für Access Lists ist für die Konfiguration von Inbound- und Outbound-Zugriffen identisch.

TurboACLs

- TurboACLs können für alle Access Lists oder auf einer Eins-zu-eins-Basis aktiviert werden.
- Eine Access List mit weniger als 19 Zeilen wird durch das TurboACL-Feature nicht beschleunigt.
- TurboACLs sind sehr ressourcenintensiv. Überprüfen Sie vor der Aktivierung dieser Funktion, ob Ihnen genügend Ressourcen zur Verfügung stehen.

Objektgruppierung

- Objektgruppen erleichtern die Konfiguration und Pflege von Access Lists und Conduits.
- Es gibt vier Objektgruppentypen: `icmp-type`, `protocol`, `network` und `service`.
- Objektgruppen muss beim Eintrag in eine Access List oder einem Conduit das Schlüsselwort `object-group` vorangehen.

Fallstudie

- In unserer Fallstudie hat die interne Schnittstelle die höchste Sicherheitsstufe. Alle Anwender des Unternehmens und auch alle privaten und internen Server werden hinter dieser Schnittstelle angesiedelt.
- Die `db_dmz`-Schnittstelle hat die zweithöchste Sicherheitsstufe. In diesem Netzwerk sollen die Datenbank-Server untergebracht werden, die es dem öffentlichen Web-Server ermöglichen, dynamische HTML-Seiten aufzubauen. Auf diesen Datenbank-Servern sollen keine privaten oder vertraulichen Daten gespeichert werden.
- Die `dmz`-Schnittstelle erhält die dritthöchste Sicherheitsstufe. Hinter dieser Schnittstelle sollen öffentlich zugängliche Dienste in Form von Web-, Mail- und DNS-Servern untergebracht werden.
- Die externe Schnittstelle erhält die niedrigste Sicherheitsstufe. Das Unternehmen möchte nur den Zugriff auf die Dienste im DMZ-Netzwerk gestatten. Es möchte weiterhin sicherstellen, dass es nicht Opfer eines Spoof-Angriffs wird. Daher soll der gesamte Verkehr, der eine private Adresse als Quelle hat, ausgefiltert werden.

3.9 Häufig gestellte Fragen/FAQs

Kann ich den Befehl `static` **mit einer netmask-Option anstelle des Befehls** `nat 0 access-list` **nutzen, um öffentliche IP-Adressen innerhalb der PIX zu konfigurieren?**

Obwohl diese Konfiguration funktionieren würde, könnten in der Firewall Schwachstellen entstehen, wenn ein Conduit oder eine Access List fehlerhaft konfiguriert ist. Wenn es möglich ist, nutzen Sie `nat 0 access-list`.

Warum muss nach der Durchführung von Änderungen ein `clear xlate` **ausgeführt werden?**

Die xlate-Tabelle wird durch den NAT-Prozess der PIX verwaltet. Wenn Sie Änderungen an diesem Prozess vornehmen, können Einträge, die dort nicht hingehören, hängen bleiben. Dies kann unvorhersagbare Folgen haben und stellt somit ein Sicherheitsrisiko dar.

Sollte ich all meine Server in ein DMZ-Netzwerk setzen?

DMZs sind sehr zu empfehlen, um Sicherheitsrisiken durch öffentlich zugängliche Server einzukapseln. Wenn aber ein Server von der Außenwelt nicht zugänglich ist, besteht eigentlich kein Grund für eine Unterbringung in einer DMZ. Wenn Sie Ihren internen Anwendern nicht trauen, ist das eine andere Geschichte.

Weshalb sollte ich private IP-Adressen innerhalb meines Netzwerks verwenden, wenn ich über ausreichend öffentlichen Adressraum verfüge?

Die Verwendung eines privaten Adressraums innerhalb eines Netzwerks kann für ein Unternehmen viele Vorteile haben. Die Größe des bereitgestellten Adressraums bietet eine große Flexibilität im Netzwerk und ein Potenzial für Erweiterungen. Nicht jeder verwendet aber private Adressen. Viele Universitäten und andere Institutionen, die über große IP-Adressräume verfügen, verwenden die öffentliche Adressierung in ihren Netzwerken.

Wie kann ich überprüfen, ob meine Access Lists ordnungsgemäß funktionieren?

Mit dem Befehl `show access-list` können Sie die aktuelle Access-List-Konfiguration auf der PIX anzeigen. Wenn Sie wissen möchten, ob die Access Lists ordnungsgemäß arbeiten, beobachten Sie den Zähler `hitcnt`, der zu dem Access-List-Eintrag gehört, der Sie interessiert. Der Zähler wird bei jedem Übereinstimmen von Eintrag und Datenverkehr erhöht.

Kapitel 4

Fortgeschrittene PIX-Konfiguration

Lösungen in diesem Kapitel:

- Erweitertes Protokoll-Handling
- Filterung von Web-Datenverkehr
- Konfigurieren von Intrusion Detection
- DHCP-Funktionaliät
- Andere erweiterte Features

4.1 Einführung

Nachdem Sie gelernt haben, wie Sie einfachen Datenverkehr durch die PIX-Firewall passieren lassen können, sind Sie nun dafür gewappnet, in die Tiefen einzutauchen, um sich mit komplexeren Konfigurationen zu beschäftigen. In diesem Kapitel werden einige der erweiterten Leistungsmerkmale beschrieben, die die PIX-Firewall zu bieten hat. Sie erfahren, wie die PIX konfiguriert werden kann, um mit komplexen Protokollen umzugehen, die über multiple oder dynamische Ports arbeiten. In einigen Fällen betten diese Protokolle IP-Adressen und Port-Informationen in den Datenteil der Datenpakete ein, die für die Ausführung von NAT/PAT verwendet werden können. Die PIX-Firewall ist auch in der Lage, Web-Verkehr einschließlich Java- und ActiveX-Anwendungen zu blockieren. Die PIX bietet integrierte Intrusion-Detection-Funktionen, die Schutz vor üblichen Erkundungs- und Netzwerkangriffen bieten. Wir werden untersuchen, wie mit der in die PIX-Firewall integrierten IDS-Signatur Muster für den Netzwerkmissbrauch aufgedeckt werden können. In SOHO-(Small Office/Home Office-)Umgebungen kann es vorteilhaft sein, die durch die PIX-Firewall bereitgestellte DHCP-Client- und -Server-Funktionalität zu nutzen. In diesem Kapitel werden wir beide Features detailliert untersuchen und ihre Anwendung demonstrieren. Wir beschließen das Kapitel mit den Themen Unicast- und Multicast-Routing, PPPoE und Reverse-Path Forwarding

4.2 Erweitertes Protokoll-Handling

Eines der wichtigsten Features aller Firewalls ist der intelligente Umgang mit vielen verschiedenen Protokollen und Anwendungen. Wenn all unsere Wünsche durch Geräte zufrieden gestellt werden könnten, die einfach nach außen gehende Verbindungen auf Port 80 (HTTP) zulassen und nach innen gerichtete Verbindungen zu Port 139 (NetBIOS) verbieten, wäre das Leben eines Security Engineers sehr viel einfacher. Leider verhalten sich viele Anwendungen, von denen einige entwickelt wurden, bevor es das Konzept einer Firewall überhaupt gab, weitaus komplizierter als Telnet oder HTTP. Eines der frühesten Beispiele ist das File Transfer Protocol, oder FTP (das im nächsten Abschnitt detailliert behandelt wird). Das grundsätzliche Problem, das durch diese Anwendungen entsteht, besteht darin, dass sie mehr als eine Verbindung nutzen, um zu funktionieren, und nur eine dieser Verbindungen über einen Well-Known-Port läuft, während die anderen dynamisch zugeordnete Ports nutzen, die im Verlauf der Kommunikation ausgehandelt werden. Abbildung 4.1 zeigt, was geschieht, wenn diese Situation auftritt und keine besonderen Maßnahmen ergriffen wurden. (Es handelt sich um ein vereinfachtes Beispiel für eine Aushandlung einer SQL*net-Sitzung.)

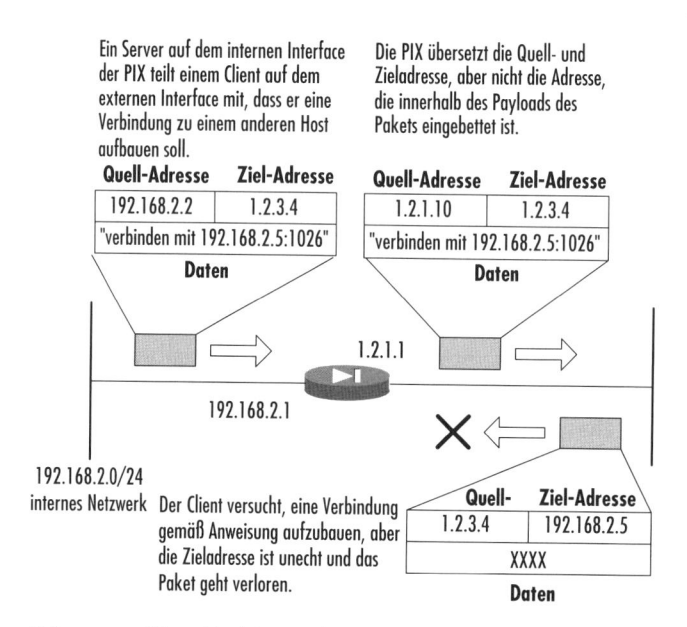

Abb. 4.1: Client-Umleitung ohne Application Inspection

Das heißt, dass jede Firewall, die diese Aushandlungen durchführen will, sie auch überwachen und verstehen können muss, um ihre Regeln entsprechend anzupassen. Diese Situation wird noch komplizierter, wenn NAT oder PAT beteiligt sind; möglicherweise muss die Firewall den Datenteil eines Pakets, der die eingebettete Adressinformation enthält, ändern, damit das Paket korrekt durch einen Client oder Server auf der anderen Seite der PIX verarbeitet werden kann. Es gibt viele Implementierungen dieses Features für verschiedene Firewalls – beispielsweise Stateful Inspection in der Check Point-Produktfamilie oder Adaptive Security Algorithm (ASA) der Cisco-PIX-Geräte.

Der ASA-Algorithmus nutzt bei seiner Arbeit mehrere Informationsquellen:

- Access Control Lists (ACLs), die auf der Basis von Hosts, Netzwerken und den beteiligten TCP- oder UDP-Ports Datenverkehr zulassen oder abweisen
- Interne Übersetzungs- (xlate) und Verbindungstabellen (conn), die Informationen über den Zustand (State) der aufgebauten Verbindungen speichern und für die schnelle Verarbeitung des diesen Verbindungen zugehörigen Datenverkehrs verwendet werden
- Eingebettete Regeln für die Application Inspection (Anwendungsprüfung), die die automatische Verarbeitung eines Großteils der erwähnten komplizierten Fälle ermöglichen. Einige dieser Regeln sind konfigurierbar, während andere fest sind.

In Kapitel 3 wurde der ASA-Algorithmus ausführlich beschrieben. Hier wollen wir die Verarbeitung eines TCP-Pakets durch ASA untersuchen, einschließlich der Intelligenz der Anwendungsschicht (die Adressübersetzung wird hier nicht berücksichtigt):

1. Wenn das Paket nicht das erste in einer Verbindung (mit gesetztem SYN-Bit) ist, wird es gegen interne Tabellen geprüft, um festzustellen, ob es sich um eine Antwort auf eine bestehende Verbindung handelt. Ist dies nicht der Fall, wird das Paket abgewiesen.

2. Handelt es sich um ein SYN-Paket, wird es gegen interne Tabellen geprüft, um festzustellen, ob es sich um einen Teil einer anderen bestehenden Verbindung handelt. Ist dies der Fall, wird das Paket zugelassen und die internen Tabellen werden angepasst, um für diese Verbindung Rücklaufverkehr zuzulassen.

3. Ist dieses SYN-Paket nicht Bestandteil irgendeiner bestehenden Verbindung, wird es gegen ACLs geprüft.

4. Wenn das SYN-Paket zugelassen wird, erstellt die PIX einen neuen Eintrag in den internen Tabellen (XLAT- und/oder CONN-Tabelle).

5. Die Firewall überprüft, ob für das Paket eine zusätzliche Verarbeitung durch Inspection-Algorithmen der Anwendungsschicht erforderlich ist. Während dieser Phase kann die Firewall zusätzliche Einträge in den internen Tabellen erstellen. Sie kann beispielsweise eine temporäre Passage (Conduit) für eine eingehende FTP-Verbindung basierend auf dem in dem Paket gefundenen PORT-Befehl öffnen. Temporär bedeutet, dass diese Passage nur bis zur Beendigung der FTP-Sitzung existiert und nach dem Schließen der Sitzung gelöscht wird.

6. Das untersuchte Paket wird zu seinem Ziel weitergeleitet.

Die Situation bei UDP ist ähnlich, wenn auch ein wenig unkomplizierter, da es beim UDP-Protokoll keine unterscheidbaren Anfangspakete gibt. Daher erfolgt die Untersuchung für jedes empfangene Paket einfach über interne Tabellen und

ACLs und dann über die Application Inspection. Die Abbildung 4.2 zeigt, wie das Beispiel aus Abbildung 4.1 mit aktivierter Application Inspection arbeiten würde.

Ein Server auf dem internen Interface der PIX teilt einem Client auf dem externen Interface mit, dass er eine Verbindung zu einem anderen Host aufbauen soll.

Die PIX übersetzt die Quell- und Zieladresse, aber nicht die Adresse, die innerhalb des Payloads des Pakets eingebettet ist. Außerdem öffnet sie eine vorübergehende Leitung für eingehende Verbindung mit Ziel 1.2.1.15:2345

Quell-Adresse	Ziel-Adresse
192.168.2.2	1.2.3.4
"verbinden mit 192.168.2.5:1026"	
Daten	

Quell-Adresse	Ziel-Adresse
1.2.1.10	1.2.3.4
"verbinden mit 1.2.1.15:2345"	
Daten	

1.2.1.1
192.168.2.1

Quell-	Ziel-Adresse
1.2.3.4	192.168.2.5
XXXX	
Daten	

Quell-	Ziel-Adresse
1.2.3.4	1.2.1.15
XXXX	
Daten	

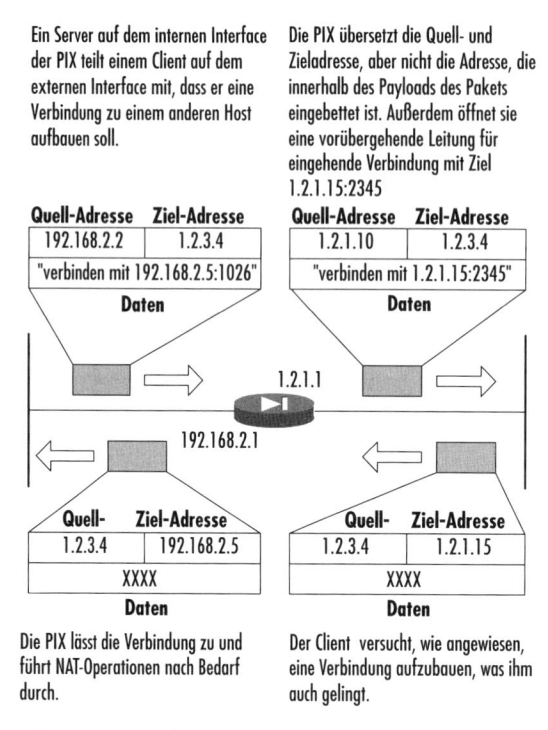

Die PIX lässt die Verbindung zu und führt NAT-Operationen nach Bedarf durch.

Der Client versucht, wie angewiesen, eine Verbindung aufzubauen, was ihm auch gelingt.

Abb. 4.2: Application Inspection in Aktion

Die PIX entscheidet anhand von Quell-/Ziel-Port-Nummern, ob für ein spezielles Paket eine Application Inspection erforderlich ist. Einige dieser Ports sind konfigurierbar, während dies für andere nicht zutrifft. Tabelle 4.1 zeigt eine Übersicht über Application-Inspection-Funktionen, die die PIX-Firewall-Software in der Version 6.2 zur Verfügung stellt.

Anwendung	PAT-Unterstützung	NAT-1-1-Unterstützung	Konfigurierbar?	Standard-Port	Zugehörige Standards
H.323	Ja	Ja	Ja / Nein	TCP/1720 / UDP/1718	H.323, H.245, H.225.0, Q.931, Q.932
H.323 RAS	Ja	Ja	Ja	UDP/1719	N/V
SIP	Ja	Ja	Ja / Nein	TCP/5060 / UDP/5060	RFC 2543

Tabelle 4.1: Application-Inspection-Funktionen der Cisco-Firewall Version 6.2

Anwendung	PAT-Unter-stützung	NAT-1-1-Unter-stützung	Konfigurier-bar?	Standard-Port	Zugehörige Standards
FTP	Ja	Ja	Ja	TCP/21	RFC 1123
LDAP (ILS)	Ja	Kein Outside-NAT	Ja	TCP/389	N/V
SMTP	Ja	Ja	Ja	TCP/25	RFC 821, 1123
SQL*Net v.1, v.2	Ja	Ja	Ja	TCP/1521 (v.1)	N/V
HTTP	Ja	Ja	Ja	TCP/80	RFC 2616
RSH	Ja	Ja	Ja	TCP/514	Berkeley UNIX
SCCP	Nein	Ja	Ja	TCP/2000	N/V
DNS	Ja	Ja	Nein	UDP/53	RFC 1123
NetBIOS over IP	Siehe die nächsten beiden Einträge				
NBNS/UDP	Nein	Nein	Nein	UDP/137	N/V
NBDS/UDP	Ja	Ja	Nein	UDP/138	N/V
Sun RPC	Nein	Nein	Nein	UDP/111	
TCP/111	N/V				
XDCMP	Nein	Nein	Nein	UDP/117	N/V
RTSP	Nein	Nein	Ja	TCP/554	RFC 2326, 2327, 1889
CU-SeeMe	Nein	Nein	Nein	UDP/7648	N/V
ICMP	Ja	Ja	Nein	N/V	N/V
VDO Live	Nein	Ja	Nein	TCP/7000	N/V
Windows Media (NetShow)	Nein	Ja	Nein	TCP/1755	N/V

Tabelle 4.1: Application-Inspection-Funktionen der Cisco-Firewall Version 6.2 (Forts.)

Der wichtigste Befehl für die in Tabelle 4.1 als »konfigurierbar« bezeichneten Dienste (FTP, H.323, HTTP, ILS, RSH, RTSP, SIP, SSCP, SMTP und SQL*Net) ist fixup. Die grundlegende Syntax für diesen Befehl ist wie folgt:

```
[no] fixup protocol [protocol] [port]
```

Die folgenden Abschnitte beschreiben die Anwendung dieses Befehls für die einzelnen Protokolle. Abhängig von dem Protokoll, mit dem sie verwendet wird, bietet die Application Inspection (`fixup`) folgende Funktionen für komplexe Protokolle:

- Sicheres und dynamisches Öffnen und Schließen von temporären Passagen (Conduits) für den legitimierten Datenverkehr
- Network Address Translation (Netzwerkadressübersetzung)
- Port Address Translation (Port-Adressübersetzung)
- Untersuchen des Datenverkehrs auf schädliches/böswilliges Verhalten

4.2.1 File Transfer Protocol

Eines der ersten Protokolle der Anwendungsschicht, das einfache Paketfilter vor Problem stellte, war FTP, das in RFC 959 dokumentiert ist. FTP verwendet immer zwei Verbindungen bei der Arbeit. Die erste, die als *Kontrollverbindung* bezeichnet wird, ist eine Verbindung vom Client-FTP-Programm zum FTP-Port des Servers (standardmäßig TCP-Port 21). Über diese Verbindung werden Befehle an den Server gesendet und informative Antworten empfangen. Diese Befehle und Antworten unterscheiden sich ein wenig von dem, was Sie auf der Tastatur eingeben. Wenn Sie sich beispielsweise an einem FTP-Server anmelden und Ihren Benutzernamen eingeben, sendet Ihr FTP-Client den Befehl `USER username` an den Server und erhält möglicherweise eine Antwort wie `331 User name okay, need password`. Dann werden Sie aufgefordert, Ihr Kennwort einzugeben, und der Anmeldeprozess wird durchgeführt.

Die zweite Verbindung wird für den tatsächlichen Dateitransfer geöffnet und kann sich abhängig von dem Betriebsmodus des Client anders verhalten; sie kann entweder durch den Client oder durch den Server initiiert werden. Der wichtigste Unterschied liegt darin, ob der Client den Server anweist, im passiven oder aktiven Modus zu arbeiten.

Aktiver versus passiver Modus

Die ersten FTP-Server und -Clients nutzten bei einem Dateitransfer, wie er hier beschrieben und in Abbildung 4.3 illustriert ist, den aktiven Modus:

1. Wenn der Client (der bereits mit dem Kontroll-Port des FTP-Servers verbunden und auch angemeldet ist) eine Datei vom Server erhalten möchte, sendet er den Befehl `PORT A1,A2,A3,A4,a1,a2`, wobei `A1`, `A2`, `A3` und `A4` für die vier Oktetts der Client-IP-Adresse und `a1` und `a2` für die Ports stehen, die auf eine Verbindung hin abgehört werden. Bei dieser Port-Nummer handelt es sich um einen willkürlichen Wert, der mit `a1*256+a2` berechnet wird.

2. Nachdem der Client vom Server die Antwort `200 OK` erhält, sendet er den Befehl `RETR`, um die Übertragung zu starten.

3. Der Server öffnet eine Verbindung zu dem vom Client angegebenen Port und schiebt die Dateiinhalte in diese Verbindung. Wenn die Datei übertragen ist, wird diese Verbindung geschlossen, während die Kontrollverbindung geöffnet bleibt, bis der Client die Verbindung mit dem Server beendet. Der Quell-Port für die Verbindung ist »ftp-data«, TCP-Port 20.

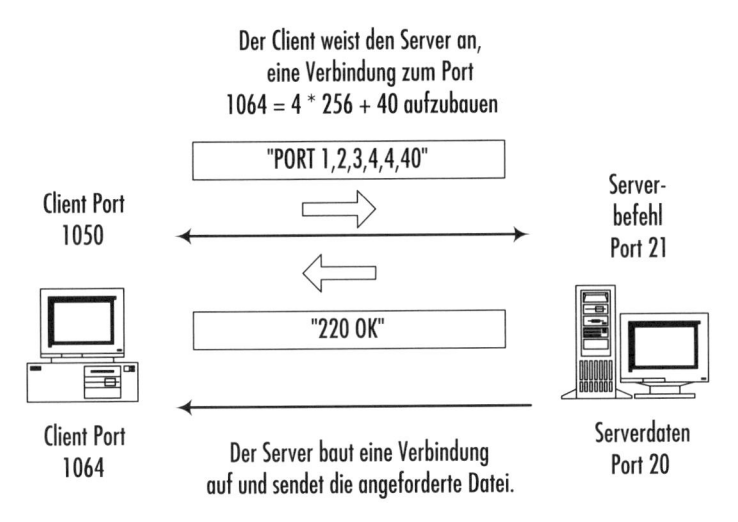

Abb. 4.3: Aktiver FTP-Verbindungsfluss

Wenn sich der Client nun hinter einer Firewall (oder, in der PIX-Terminologie, auf einer Schnittstelle mit einer höheren Sicherheitsstufe als der Server) befindet, wird die Verbindung vom Server abgewiesen, es sei denn, die Firewall lässt Inbound-Verbindungen zu allen höheren Ports auf der Client-Seite zu, was natürlich nicht im Sinne des Erfinders ist. Die PIX-Firewall kann FTP-Kontrollverbindungen überwachen. Wenn sie einen durch den Client abgegebenen PORT-Befehl erkennt, lässt sie Inbound-Verbindungen zu dem durch den Client in diesem Befehl angeforderten Port temporär zu.

Ein anderes Problem entsteht hier, wenn NAT oder PAT genutzt werden. Dann übersetzt die PIX auch die Adresse und Port-Nummer (A1.A2.A3.A4:a1a2) innerhalb dieses Befehls zu der/dem mit NAT übersetzten IP-Adresse und Port. Wenn die Adresse des Client 10.0.0.1 ist und in 1.2.3.4. übersetzt wird, wird der vom Client abgegebene Befehl PORT 10,0,0,1,4,10 (der besagt, dass der Client bereit ist, Verbindungen zu 10.0.0.1:1034 zu empfangen) während des Transits durch die PIX in so etwas wie PORT 1,2,3,4,8,10 übersetzt, so dass der Server eine Datenverbindung zu 1.2.3.4:2058 öffnet. Dieses Ziel wird durch die PIX unter Verwendung ihrer internen Tabellen korrekt in 10.0.0.1:1034 übersetzt.

Kapitel 4
Fortgeschrittene PIX-Konfiguration

Der zweite Modus der FTP-Arbeitsweise ist der passive Modus. In diesem Modus wird eine Dateiübertragung wie hier beschrieben und in Abbildung 4.4 illustriert abgewickelt.

1. Kurz nachdem sich ein Client mit dem FTP-Kontroll-Port des Servers verbunden und dort auch angemeldet hat, sendet er den Befehl PASV. Damit fordert er den Server auf, in den passiven Betriebsmodus zu wechseln.

2. Der Server antwortet mit 227 Entering Passive Mode A1,A2,A3,A4,a1,a2. Diese Antwort bedeutet, dass der Server nun die in seiner Antwort angegebene IP-Adresse und Port-Nummer auf Datenverbindungen hin abhört.

3. Der Client verbindet sich mit dem angegebenen Port und sendet den Befehl RETR, um den Transfer zu starten.

4. Der Server sendet die Dateien über diese zweite (Daten-)Verbindung.

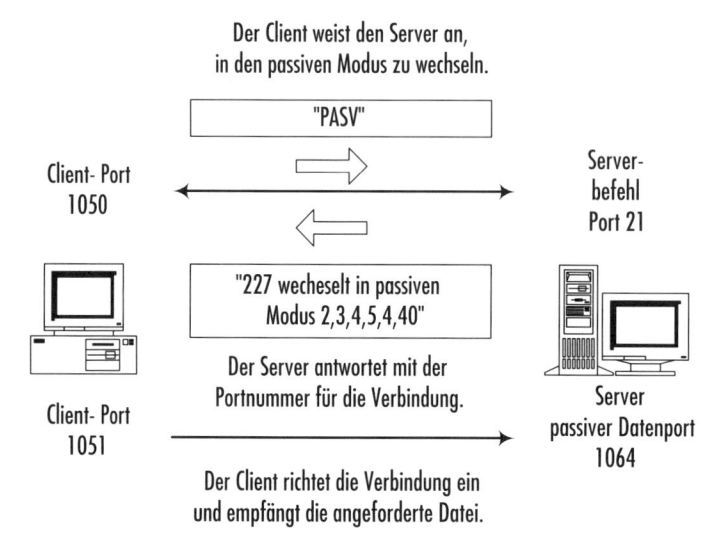

Abb. 4.4: Passiver FTP-Verbindungsfluss

Dieser Betriebsmodus verursacht kein Problem, wenn sich der Client auf einer Schnittstelle mit höherer Sicherheitsstufe befindet, da der Client standardmäßig beliebige Outbound-Verbindungen initiieren darf. Leider wird es problematisch, wenn sich der Server auf einer Schnittstelle mit höherer Sicherheit als der Client befindet. Die Firewall lässt es generell nicht zu, dass der Client eine Inbound-Verbindung auf einem willkürlichen Port öffnet. Um diesem Problem zu begegnen, überwacht die PIX-Firewall PASV-Befehle und »227«-Antworten, lässt temporär eine Inbound-Verbindung zum angegebenen Port zu und modifiziert IP-Adressen und Port-Nummern, damit diese mit den über NAT übersetzten korrespondieren.

Das beschriebene Verhalten der PIX-Firewall ist standardmäßig aktiviert. Sie untersucht Inbound- und Outbound-Verbindungen zu FTP-Kontroll-Port 21. Wenn Sie es deaktivieren oder die Port-Nummern, auf denen eine Inspection durchgeführt werden soll, ändern möchten, sollten Sie im Konfigurationsmodus den Befehl fixup protocol ftp verwenden. Die Syntax für den Befehl lautet:

```
[no] fixup protocol ftp [strict] [<port>]
```

Der Parameter port steht hier für die Port-Nummer, die für Kontrollverbindungen, PORT-Befehle und »227«-Antworten verwendet wird. Der Standardstatus der FTP-Inspection ist:

```
fixup protocol ftp 21
```

Wenn Sie zusätzliche fixup-Befehle eingeben, werden die darin angegebenen Ports simultan auf eingehende und ausgehende FTP-Kontrollverbindungen untersucht. Wenn Sie beispielsweise fixup protocol ftp 2100 eingeben, werden sowohl der Standard-Port (21) als auch Port 2100 untersucht. Mit dem Befehl no fixup protocol ftp [port] wird der zuvor eingegebene fixup-Befehl deaktiviert. Wenn Sie beispielsweise nur die Verarbeitung von Verbindungen zu Port 2100 aktivieren möchten, müssen Sie Folgendes konfigurieren:

```
PIX1(config)# fixup protocol ftp 2100
PIX1(config)# no fixup protocol ftp 21
```

Sie können die Inspection von FTP-Verbindungen mit folgendem Befehl deaktivieren:

```
no fixup protocol ftp
```

Danach können interne Benutzer FTP-Verbindungen zu externen Hosts nur im passiven, nicht im aktiven Modus initiieren. Externe Clients können FTP-Verbindungen nur im aktiven, nicht im passiven Modus zu internen Servern initiieren (wenn wir das Vorhandensein eines statischen NAT-Eintrags und einer Access List oder Conduits unterstellen). Wenn Sie die Application Inspection für alle Protokolle gleichzeitig auf die Standard-Port-Einstellungen zurücksetzen möchten, verwenden Sie den Befehl clear fixup.

Die gesamte Funktionalität der FTP-Application-Inspection umfasst folgende Aufgaben:

1. Verfolgen von FTP-Befehl und Antwort-Sequenz (PORT- und PASV-Befehle und »227«-Antworten)

2. Erstellen einer temporären Passage (Conduit) für die Datenverbindungen basierend auf dem Ergebnis dieser Verfolgung (falls erforderlich)

3. Übersetzen der IP-Adressen innerhalb der Befehle und Antworten per NAT

4. Generieren eines Überwachungsprotokolls

In folgenden Fällen wird ein Überwachungsprotokoll erstellt:

- Für jede hoch- oder heruntergeladene Datei wird ein 302002-Protokolldatensatz generiert.
- Jeder Download (RETR)- oder Upload (STOR)-Befehl wird aufgezeichnet.
- Dateioperationen werden zusammen mit dem FTP-Benutzernamen, Quell- und Ziel-IP-Adressen und NAT-Adresse aufgezeichnet.
- Wenn die Firewall bedingt durch Speichermangel keinen zweiten Kanal zuweisen konnte, wird ein 201005-Protokolldatensatz generiert.

In den ersten Implementierungen der FTP-Inspection war der Durchsuchungsvorgang nach den relevanten Befehlen/Antworten in IP-Paketen sehr einfach. Die PIX suchte innerhalb des Pakets nach einem String wie PORT und versuchte, diese als einen entsprechenden Befehl zu interpretieren. Natürlich wurden verschiedenste Angriffe entwickelt, mit denen die Firewall getäuscht und damit veranlasst wurde, einen zusätzlichen Port zu öffnen, indem fingierte Befehle und Antworten vom Client oder Server gesendet wurden (siehe www.cisco.com/warp/public/707/pixftp-pub.shtml).

Seitdem wurde der Inspection-Prozess erheblich verbessert. Es wurde eine weitere Option, strict, eingeführt, um auf dem Befehls-/Antwortdatenstrom strengere Überprüfungen durchzuführen. Wenn Sie diese Option bei der Konfiguration der FTP-Inspection nutzen – z.B. fixup protocol ftp strict 21 –, wendet die Firewall weitaus strengere Restriktionen auf den Befehls-/Antwortfluss an. Diese Restriktionen können mitunter dazu führen, dass Anwendungen, die nicht hundertprozentig RFC-kompatibel sind, abgebrochen werden. Wenn eines der folgenden Probleme auftritt, wird die Verbindung verweigert oder verworfen:

- Clients dürfen keine eingebetteten Befehle senden. Die Verbindung, in der versucht wird, solche Befehle zu verwenden, wird geschlossen. Hierbei wird geprüft, wie viele Zeichen im PORT- oder PASV-Befehl hinter IP-Adresse und Port-Nummer vorhanden sind. Sind es mehr als 8 Zeichen, wird unterstellt, dass es sich am Ende der Zeile um einen weiteren Befehl handelt, und die Verbindung wird abgebrochen.
- Bevor ein neuer Befehl gestattet wird, sollte der Server auf jeden erhaltenen Befehl eine Antwort senden.
- Nur Server können »227«-Meldungen generieren (Schutz vor Antwort-Spoofing), und nur Clients können PASV- und PORT-Befehle (Schutz vor Befehls-Spoofing) generieren. Der Grund dafür ist, dass ein Client ohne die Anwendung von

strict jede Art von Datenmüll, auch vorgetäuschte »227«-Meldungen – z. B. 227 foobar A1, A2, A3, A4, a1, a2 – senden kann und die Firewall, obwohl der Server mit einer Fehlermeldung antwortet, getäuscht werden könnte und eine Verbindung mit den angegebenen Parametern öffnen.
- Es wird eine zusätzliche Überprüfung von »227«- und PORT-Befehlen durchgeführt um sicherzustellen, dass es sich wirklich um Befehle/Antworten und nicht um Teile einer Fehlermeldung handelt.
- Abgeschnittene Befehle und PORT- und PASV-Befehle werden auf die korrekte Anzahl Kommata überprüft. Es sollten jeweils nur fünf Kommata vorhanden sein (siehe vorangegangene Beispiele).
- Der Umfang der RETR- und STORE-Befehle; sie sollten (einschließlich des Dateinamens für den Down- oder Upload) nicht länger sein als eine eingebettete Konstante. Das soll Schutz vor potenziellen Buffer-Overflows bieten.
- Ungültige Aushandlung des Ports; die für die Verbindung verwendete Port-Nummer muss eine hohe Port-Nummer sein (d. h. eine, die höher ist als 1024).
- Jeder durch einen Client gesendete FTP-Befehl muss laut RFC 959 mit den Zeichen <cr><lf> abgeschlossen werden.

4.2.2 Domain Name Service

Die Hauptaufgabe der Application Inspection für DNS (als DNS-Guard bekannt) besteht darin, DNS-Anfragen über UDP, die die Firewall passieren, bestimmte Beschränkungen aufzuerlegen (im Gegensatz zu der generischen Verarbeitung aller UDP-Verbindungen). Vereinfacht ausgedrückt enthält der Datenteil jeder DNS-Anfrage eine Seriennummer (ID) und die eigentliche Anfrage. Anfragen für *A-Records* (Address Records, Adressdatensätze) enthalten den DNS-Namen, für den die IP-Adresse gesucht wird. Die Antwort auf diese Anfrage sollte dieselbe ID und eine IP-Adresse enthalten.

DNS-Guard gewährleistet, dass:

- nur Antworten mit der korrekten ID akzeptiert werden.
- nur eine Antwort akzeptiert wird. Im Falle von mehreren Antworten werden alle bis auf die erste ignoriert.
- die mit der DNS-Verbindung verknüpfte UDP-Verbindung beendet wird, sobald die DNS-Antwort empfangen wurde, nicht erst nach Ablauf des UDP-Timeout.
- IP-Adressen in A-Record-Antworten bei Bedarf übersetzt werden. Dieser Vorgang wird über den Befehl alias gesteuert. Er übersetzt Adressen auch so, dass sie konsistent mit NAT-Statements sind, einschließlich Outside-NAT, das mit Version 6.2 eingeführt wurde. Wegen dieses Outside-NAT-Features ist der Befehl alias eigentlich nicht erforderlich.

Als Beispiel für den letzen Fall sollten Sie sich eine Konfiguration vorstellen, in der sich ein Client (192.168.0.1) und ein Web-Server (web.company.com mit der IP-Adresse 192.168.0.5) auf der internen Schnittstelle der PIX befinden und nicht routingfähige Adressen besitzen. Ein DNS-Server befindet sich auf der Außenseite. Die PIX ist dazu konfiguriert, die Client- und auch die Server-Adresse über PAT in die einzelne IP-Adresse 1.2.3.4 zu übersetzen. Diese Adresse ist auf dem DNS-Server als Adresse für web.company.com aufgezeichnet. Wenn ein Client eine IP-Adresse (einen A-Record) für den Server anfordert, leitet die PIX die Anfrage an den DNS-Server weiter und übersetzt die Quelladresse. Wenn sie die Antwort des DNS-Servers empfängt, übersetzt sie nicht nur die Ziel-IP-Adresse des Pakets (und ändert 1.2.3.4 in 192.168.0.1), sondern ändert auch die Adresse des Web-Servers, die im Datenfeld der Antwort enthalten ist (d.h. die in der Antwort enthaltene Adresse 1.2.3.4. wird in 192.168.0.5 geändert). Als Konsequenz nutzt der interne Client für die direkte Verbindung mit dem Web-Server die interne Adresse 192.168.0.5. Abbildung 4.5 illustriert, wie DNS-Anfrage und -Antwort durch die PIX geschleust werden.

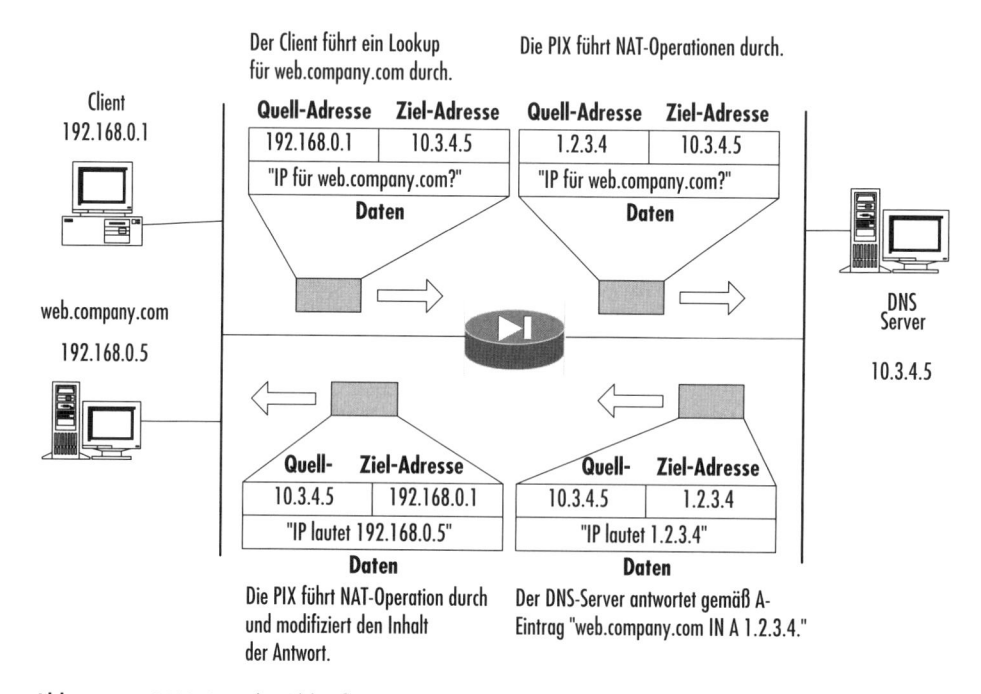

Abb. 4.5: DNS-Guard – Ablauf

Wenn sich der DNS-Server auf einer Schnittstelle mit höherer Sicherheitsstufe als der Web-Server und/oder Client befindet, wird entweder Outside-NAT (bevorzugt ab Version 6.2) oder der alias-Befehl verwendet. Outside-NAT entspricht im hohen Maße der vorher beschriebenen Situation. Vor der Version 6.2 mussten Sie den alias-Befehl alias internal_server_address external_server_address verwenden, um A-Record-Antworten in diesem Fall korrekt zu verarbeiten.

> **Hinweis**
>
> Wenn Sie alias-Befehle für DNS-Fixups verwenden, müssen Sie mit dem Befehl sysopt noproxyarp inside_interface Proxy ARP auf der internen Schnittstelle deaktivieren. Es ist auch möglich, die Verarbeitung von DNS-Antworten für in alias-Befehle benannte Adressen zu deaktivieren, indem Sie den Befehl sysopt nodnsalias ausführen.

Nicht möglich ist die Deaktivierung der Application Inspection von DNS oder die Änderung des DNS-Ports von der Standardeinstellung 53.

4.2.3 Simple Mail Transfer Protocol

Ähnlich wie die FTP- und DNS-Inspection ist die auch als *Mail Guard* bekannte Application Inspection für das Simple Mail Transfer Protocol (SMTP) dazu angelegt, das, was Server und Client tun und sehen können, einzuschränken, ohne dabei die eigentliche Funktionalität des Protokolls, nämlich E-Mails zu versenden, zu beeinträchtigen.

SMTP wird in RFC 821 als ein auf Telnet basierendes Protokoll für die Übermittlung von elektronischer Post zwischen Servern beschrieben. Der Client sendet Befehle an den Server. Der Server antwortet mit Statusmeldungen und möglicherweise mit Zusatzinformationen. Im Grunde genommen ist es sehr einfach: Es gibt Befehle für die Angabe des Empfängers einer Nachricht, des Senders und für die eigentliche Nachricht. Ein Beispiel für eine SMTP-Session sehen Sie in Abbildung 4.6.

```
Server: 220 Simple Mail Transfer Service Ready
Client: HELO example1.com
Server: 250 OK
Client: MAIL FROM:<Alice@example1.com>
Server: 250 OK
Client: RCPT TO:<Bob@example2.com>
Server: 250 OK
Client: RCPT TO:<John@example2.com>
Server: 550 No such user here
Client: DATA
Server: 354 Start mail input; end with <CRLF>.<CRLF>
Client: Blah blah blah...
Client: ...foobar.
Client: <CRLF>.<CRLF>
Server: 250 OK
Client: QUIT
Server: 250 OK
```

Abb. 4.6: Eine SMTP-Session

Dieser Auszug zeigt eine Session, in der ein Client versucht hat, eine E-Mail von Alice@example1.com an Bob@example2.com sowie an John@example2.com zu senden. Die erste wurde akzeptiert, während die zweite abgelehnt wurde, weil der Benutzer nicht gefunden werden konnte.

Diese Befehle (HELO, MAIL, RCPT, DATA und QUIT) und einige Steuerbefehle (NOOP *(nichts tun)* und RSET *(Zustand zurücksetzen)*) bilden einen Minimalbefehlssatz, der durch RFC 821, Abschnitt 4.5.1., definiert ist.

Mail Guard ist standardmäßig auf Port 25 aktiviert, kann aber mit folgendem Befehl rekonfiguriert werden:

```
[no] fixup protocol smtp [<port>[-<port>]]
```

Dieser Befehl funktioniert auf gleiche Weise wie `fixup protocol ftp`. Der einzige Unterschied ist, dass Sie statt eines einzelnen Ports einen Bereich von TCP-Ports angeben können.

Hauptziel von Mail Guard ist, die von Clients genutzten Befehle auf das beschriebene Minimal-Set zu beschränken, während gleichzeitig die gesamte Befehls-/Antwortsequenz überwacht und ein spezifisches Überwachungsprotokoll erstellt wird. Im Einzelnen bedeutet dies:

- Mail Guard überwacht durch einen Client gesendete Befehle. Wenn ein Befehl nicht zu dem Minimal-Set gehört, wird er durch den Befehl NOOP ersetzt.
- Wenn Mail Guard einen unbekannten Befehl entdeckt, wird der gesamte Datenteil eines TCP/IP-Pakets mit dem Symbol X gefüllt, das beim Empfang durch einen Server zu einem Fehler führt.
- Die Befehle MAIL und RCPT werden in Hinblick auf die korrekte Verwendung der Zeichen <, > und | überwacht. Das Pipe-Zeichen | wird durch ein Leerzeichen ersetzt, und die Zeichen < und > sind nur zulässig, wenn sie als Begrenzungszeichen bei einer E-Mail-Adresse verwendet werden. Wenn in der E-Mail-Adresse ein ungültiges Zeichen ersetzt wird, wird ein Protokolldatensatz vom Typ 108002 generiert.
- Mail Guard prüft, ob es abgeschnittene oder nicht korrekt beendete Befehle (die nicht mit <cr><lf> enden) gibt.
- In einer Banner-Nachricht – z. B. 220 foobar email server ready – werden alle Zeichen außer »220« in X geändert. Dies geschieht, um Details über die Server-Plattform und das Betriebssystem zu verbergen, die häufig in diesen Bannern genannt werden.

> **Achtung**
>
> Beim Erzwingen eines minimalen Befehlssatzes verursacht die PIX einige Probleme bei Microsoft Exchange-Servern und Outlook-Clients. Das Problem rührt daher, dass die Microsoft-Implementierung von SMTP nicht vollständig RFC-821-kompatibel ist und statt des Befehls HELO zum Starten einer Verbindung den Befehl EHLO nutzt. Die PIX ersetzt diesen Befehl durch NOOP, daher liefert der Server einfach die Antwort 250 OK zurück, die als Bestätigung, dass der Server SMTP-Erweiterungen unterstützt, angesehen wird. Als Konsequenz fallen Clients nicht zurück auf den HELO-Befehl und nutzen weiterhin die erweiterten Features (siehe RFC 2821), die durch die PIX blockiert werden. Die meisten Nicht-Microsoft-Clients fallen aber nach Erhalt einer einfachen 250 OK-Antwort statt einer informativeren EHLO-Antwort in die HELO-Betriebsart zurück und alles läuft problemlos.

4.2.4 Hypertext Transfer Protocol

Wenn die HTTP-Application-Inspection aktiviert ist, unterliegt der gesamte Datenverkehr von und zu den angegebenen Ports folgenden Bedingungen:

- Protokollierung aller HTTP GET-Anforderungen
- Screening von URLs durch einen Websense- oder N2H2-Server
- Filterung von ActiveX- und Java-Inhalten

Der Befehl für die Application Inspection von HTTP lautet wie folgt:

```
[no] fixup protocol http [<port>[-<port>]]
```

Wie bei SMTP können Sie einen Bereich von Ports angeben. Der Standard-Port ist 80. URL-Screening und Inhaltsfilterungen werden später in diesem Kapitel im Abschnitt »Filtern von Web-Verkehr« erörtert. Konfiguriert wird es mithilfe des Befehls filter. Beachten Sie, dass, wenn Sie die HTTP-Inspection mittels fixup protocol http deaktivieren, sämtliche HTTP-Untersuchungen deaktiviert werden, selbst wenn Regeln für das URL-Screening konfiguriert wurden.

4.2.5 Remote Shell

Die *r-Utilities* (rsh, rcp, rexec und rlogin) wurden für die bequeme Ausführung von Remote-Befehlen auf UNIX-Computern entwickelt, ohne dass eine Anmeldung wie bei Telnet erforderlich würde. Diese Werkzeuge sind grundsätzlich als sehr unsicher einzuschätzen. Sie wurden deshalb überall als überholt betrachtet und durch SSH-basierte Werkzeuge ersetzt. Die wahrscheinlich einzige wichtige

Anwendung, die diese Utilities noch einsetzt, ist CSV, obwohl auch diese angepasst wurde, um SSH-basierte Mittel für die Authentifizierung und den Dateitransfer zu nutzen.

Nach diesen Ausführungen wollen wir untersuchen, wie dieses Protokoll arbeitet und weshalb es Probleme für Firewalls aufwirft. Wenn Sie einen Remote-Host via Remote Shell (rsh) erreichen möchten, geschieht Folgendes:

1. Der rshd-Server auf dem Remote-Host horcht einen angegebenen Port (standardmäßig TCP-Port 514) auf eingehende Verbindungen ab. Der Client baut eine Verbindung zu diesem Port auf.

2. Kurz nachdem die Verbindung steht, sendet der Client eine ASCII-kodierte Nummer an den Server. Dies ist die Port-Nummer, die der Server für die Einrichtung einer zweiten Verbindung zurück zum Client nutzen sollte. Diese zweite Verbindung wird aufgebaut, so dass der Server mögliche Fehlerausgaben an den Client senden kann. (Genauer gesagt, sendet der Server einen stderr-Stream über diese zweite Verbindung.) Diese Port-Nummer ist nicht fest; wenn also die Firewall keine willkürlichen Verbindungen zum Client zulässt (beispielsweise wenn sich der Client auf einer Schnittstelle mit höherer Sicherheitsstufe befindet), schlägt diese zweite Verbindung vom Server zum Client fehl. In diesem Fall schließt der Server die erste Verbindung und generiert die Fehlermeldung Can't make pipe. Abbildung 4.7 illustriert den Verbindungsfluss.

3. Nachdem eine Inbound-Verbindung zum Client eingerichtet ist, führt der Server die Client-Authentifizierung durch. Der Client sendet dem Server einen auf dem Server auszuführenden Befehl und empfängt die Ergebnisse dieser Ausführung (stdout-Stream) plus etwaiger Fehler, die auf der zweiten Verbindung auftraten, über die erste Verbindung.

4. Beide Verbindungen werden geschlossen.

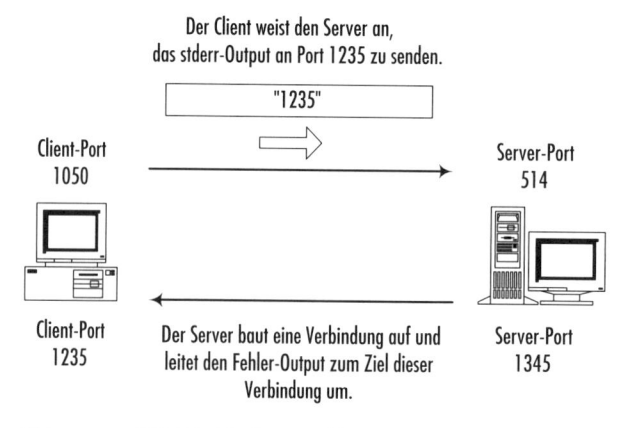

Abb. 4.7: RSH-Verbindungsaufbau

Um rsh-Outbound-Verbindungen zu verarbeiten, überwacht die PIX die anfängliche Verbindung. Sie vermerkt die durch den Client angeforderte Port-Nummer und öffnet eine temporäre Passage (Conduit) für die durch den Server eingehende Verbindung. Bei Bedarf ist die PIX auch in der Lage, für diesen Port PAT durchzuführen. Der Befehl für die Aktivierung oder Deaktivierung der Application Inspection für rsh lautet:

```
[no] fixup protocol rsh <port>
```

rsh-Inbound-Verbindungen erfordern keine spezielle Verarbeitung, lediglich einen Access-List-Eintrag oder ein Conduit, damit ein externer Client Port 514 (Standard-Port für rsh) auf dem internen Server erreichen kann.

4.2.6 Remote Procedure Call

Bei RPC (Remote Procedure Call) handelt es sich um einen sehr allgemeinen Mechanismus für Client/Server-Anwendungen, der von Sun Microsystems entwickelt wurde. Viele Anwendungen setzen auf diesem System auf. Die wichtigsten darunter sind Network File System (NFS) und Network Information System (NIS), die in vielen UNIX-Netzwerken verwendet werden.

Der RPC-Server besteht aus einer Sammlung von Prozeduren, die jeweils von einem Client durch Senden einer RPC-Anforderung mit einer möglichen Parameterübergabe an den Server aufgerufen werden können. Der Server führt die angeforderte Prozedur aus und sendet das Ergebnis an den Client. Dieser Datenaustausch ist plattformunabhängig und im External Data Representation (XDR)-Format verschlüsselt. Jede Prozedur wird über eine zugewiesene Programmnummer identifiziert, die der Client in der Anforderung angibt. Die standardmäßige Entsprechung zwischen Programmnummern und Prozeduren ist auf UNIX-Hosts in der Datei /ETC/RPC gespeichert. Als wäre es noch nicht kompliziert genug, können RPC-Server gleichzeitig verschiedene Versionen von jedem Programm ausführen. In diesem Fall werden der Anforderung die Versionsnummern hinzugefügt.

Auf TCP/IP-Netzwerken wird jeder auf dem Server ablaufenden Programmversion ein TCP- und ein UDP-Port (beide Ports haben dieselbe Nummer) zugewiesen. Damit dieser Service generisch sein kann (und da RPC-Programme keine reservierten Port-Nummern nutzen), gibt es keine feste Entsprechung zwischen Programmnamen (oder -nummern) und den Ports, auf denen sie ausgeführt werden. Diese Ports können dynamisch über einen separaten Daemon namens *Portmapper* zugeordnet werden, der als Multiplexing-Service fungiert. Jedes Programm muss mit Portmapper registriert werden, damit es für RPC-Aufrufe zur Verfügung steht. Der Portmapper-Prozess reserviert dann einen TCP- und einen UDP-Port dafür. Wenn ein Client eine Remote Procedure aufrufen möchte, richtet er zuerst eine Anfrage an den Portmapper-Daemon (der standardmäßig auf Port 111 ausgeführt wird).

Dabei sendet er eine Programmnummer und empfängt die Nummer eines Ports, auf dem sie ausgeführt wird. Der Client erstellt dann eine Verbindung zu diesem Port und interagiert direkt mit dem angeforderten Programm. Die Abbildung 4.8 zeigt diesen Prozess.

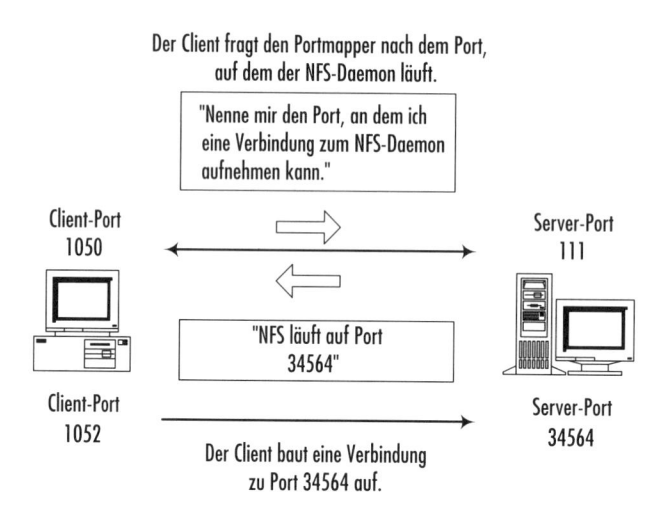

Abb. 4.8: RPC-Verbindungsfluss

Hier entsteht das Problem für eine Firewall, wenn sich der RPC-Server auf einer Schnittstelle mit höherer Sicherheitsstufe befindet. Es ist zwar einfach, eine Passage (Conduit) einzurichten, die eingehende Verbindungen zu Portmapper-Port 111 zulässt, doch es ist nicht möglich, im Vorfeld zu erkennen, welche zusätzlichen Ports für eingehende RPC-Anforderungen nach bestimmten Programmen geöffnet werden müssen. Die PIX arbeitet wie folgt:

1. Sie inspiziert alle ausgehenden Pakete mit dem Quell-Port 111.
2. Wenn sie eine Portmapper-Antwort mit einer Port-Nummer entdeckt, öffnet die PIX rudimentäre TCP- und UDP-Verbindungen auf diesem Port.
3. Die PIX untersucht RPC-Pakete nicht auf andere Aspekte. Sie versucht beispielsweise nicht, die eingebetteten IP-Adressen zu übersetzen.

Dieses Feature ist nicht konfigurierbar.

4.2.7 Real-Time Streaming Protocol, NetShow und VDO Live

In diesem Abschnitt untersuchen wir Streaming-Anwendungen und die Probleme, die sie für Firewalls aufwerfen. Streaming ist eine Form der Kommunikation, bei der der Client den Server auffordert, Daten in einer bestimmten Geschwindigkeit zu senden. In einigen Implementierungen muss der Client jede empfangene

Datenportion bestätigen. In anderen sendet der Server einfach so lange Daten, bis der Client ein Ende der Übertragung anfordert. Weit verbreitete Protokolle aus diesem Bereich sind Real-Time Streaming Protocol, oder RTSP (genutzt von RealPlayer, Cisco IP/TV und Apple QuickTime 4), NetShow (genutzt von Microsoft Media Player) und VDO Live.

RTSP, definiert in RFC 2326, wird zum Einrichten und Beenden und für die Kontrolle des Datenflusses (Stop, Play und Pause) verwendet. Die RFC gestattet die Ausführung von RTSP sowohl über TCP als auch über UDP, doch alle kommerziellen Implementierungen werden nur über TCP ausgeführt, daher unterstützt Cisco die Application Inspection nur für TCP-basierte RTSP-Sessions. RTSP ist ein textbasiertes, HTTP-ähnliches Protokoll, über das der Client Anforderungen an den Server sendet und Antworten von diesem empfängt. Mit den Anforderungen können der Transport für die Streaming-Datenübertragung, die unterstützten Optionen, die den Server das Streaming beginnen bzw. beenden lassen, und ähnliche Aspekte ausgehandelt werden. Eingebettet in RTSP ist das Session Description Protocol (SDP, beschrieben in RFC 2327), das den Client mit zusätzlichen Informationen zur Quelle eines Datenstroms einschließlich seiner physischen Herkunft (als IP-Adresse) versorgt. Im Folgenden sehen Sie das Beispiel einer RTSP/SDP-Session (nicht relevante Stellen wurden dabei ausgelassen und sind mit dem Schlüsselwort skipped gekennzeichnet):

```
C> OPTIONS rtsp://www.play.com:554 RTSP/1.0
C> CSeq: 1
S> RTSP/1.0 200 OK
S> CSeq: 1
S> Server: RealMedia Server Version 6.0.3.354 (win32
S> Public: OPTIONS, DESCRIBE, ANNOUNCE, SETUP, GET_PARAMETER,
    SET_PARAMETER, TEARDOWN
S> RealChallenge1: 15d67d72b49fd4895774cfbb585af460
<skipped>
C> SETUP rtsp://www.play.com:554/g2audio.rm/streamid=0 RTSP/1.0
C> CSeq: 3
C> RealChallenge2: 319cd1020892093a7b7290ef22b6f41101d0a8e3, sd=3d00792f
C> Transport: x-real-rdt/mcast;client_port=6970;mode=play,x-real-
    dt/udp;client_port=6970;mode=play,x-pn-tng/udp;client_port=6970;
       mode=play,rtp/avp;unicast;client_port=6970-6971;
          mode=play
S> RTSP/1.0 200 OK
S> CSeq: 3
S> Session: 22660-2
S> RealChallenge3: 9521b5d0fcff7ab0ea7f407f89c5f3584f213d09,sdr=9bf7e48f
S> Transport: x-real-rdt/udp;client_port=6970;server_port=28344
<skipped>
```

```
C> PLAY rtsp://www.play.com:554/g2audio.rm RTSP/1.0
C> CSeq: 5
C> Session: 22660-2
S> RTSP/1.0 200 OK
S> CSeq: 5
S> Session: 22660-2
C> TEARDOWN rtsp://www.play.com:554/g2audio.rm RTSP/1.0
C> CSeq: 6
C> Session: 22660-2
S> RTSP/1.0 200 OK
S> CSeq: 6
S> Session: 22660-2
```

Diese Session beginnt mit der Aushandlung der Client- und Server-Funktionen. Dann folgt der SETUP-Befehl, in dem der Transportmodus (RDT oder RTP) und der Port (im gezeigten Code kursiv hervorgehoben) ausgehandelt werden. Der Client weist den Server dann an, die Übertragung zu beginnen. Schließlich wird die Verbindung beendet, nachdem alle Daten übertragen wurden.

Bei Real Data Transport (RDT) handelt es sich um ein proprietäres RealNetworks-Protokoll für die Datenauslieferung. Es nutzt zwei einseitige UDP-Verbindungen: eine vom Server zum Client für die Datenauslieferung und eine weitere vom Client zum Server für Anforderungen, verloren gegangene Pakete erneut zu übertragen. Dies ist der Standardmodus für den RealNetworks-G2-Server. In dem Austausch, der im oben gezeigten Code stattfindet, hat der Client Port 6970 für den Datenempfang gewählt, während der Server für den Empfang der Anforderungen Port 28334 gewählt hat.

Das Real-Time Transport Protocol (RTP), beschrieben in RFC 1889, nutzt eine einseitige UDP-Verbindung für das Senden von Daten vom Server zum Client und eine weitere zweiseitige UDP-Verbindung für die Übertragungskontrolle mit dem RTP Control Protocol (RTCP). RTP/RTCP-Verbindungen geschehen auf zwei aufeinander folgenden Ports: Der RTP-Kanal hat eine gerade Port-Nummer und RCTP ist der als Nächstes folgende Port. Dies ist der Standardmodus für Apple QuickTime und Cisco IP/TV.

Als wäre es noch nicht kompliziert genug, gibt es noch einen weiteren Betriebsmodus, den Interleaved-Modus, in dem die gesamte RDT- und RTP-Kommunikation in der anfänglichen RTSP-Verbindung eingebettet ist. Aus Sicht der Firewall ist dies der einfachste Modus, da keine zusätzliche Verarbeitung erforderlich ist.

RTSP-Verbindungen finden auf dem Standard-Port 554 statt. Cisco IP/TV nutzt auch Port 8554, der standardmäßig auf der PIX nicht aktiviert ist. Der Befehl zum Aktivieren bzw. Deaktivieren der RTSP-Inspection lautet:

```
[no] fixup protocol rtsp [<port>]
```

Wenn Sie beispielsweise die korrekte Verarbeitung von Cisco-IP/TV-Streams aktivieren möchten, müssen Sie der Standardkonfiguration folgenden Befehl hinzufügen:

```
PIX1(config)# fixup protocol rtsp 8554
```

Bei der Application Inspection für das RTSP-Protokoll überwacht die PIX alle SETUP-Antworten mit einem Code von »200«. Wenn es sich um eine Inbound-Nachricht handelt und der Server sich auf einer Schnittstelle mit geringerer Sicherheitsstufe befindet, muss die Firewall für die eingehende Verbindung vom Server zum Client eine temporäre Passage (Conduit) auf einem in der Antwort angegebenen Port öffnen. Wenn es sich um eine Outbound-Nachricht handelt, sind keine weiteren Aktionen erforderlich. Der Inspection-Prozess hat folgende Einschränkungen:

- Die PIX überwacht nur den TCP-basierten RTSP-Austausch. RTSP over UDP wird nicht untersucht.
- Der RealNetworks-RDT-Multicast-Modus wird nicht unterstützt (x-real-rdt/mcast Content-Typ).
- Der proprietäre RealNetworks-PNA-Modus wird nicht unterstützt.
- Die PIX ist nicht in der Lage, in HTTP eingebettetes RTSP zu erkennen.
- RealPlayer muss so eingerichtet werden, dass es nur TCP für die Verbindung zum Server nutzt (d. h., nur RTSP over TCP ist zu nutzen). Diese Einstellung nehmen Sie unter OPTIONS / PREFERENCES / TRANSPORT / RTSP SETTINGS vor. Die entsprechende Einstellung hier ist USE TCP TO CONNECT TO SERVER. Die weitere Konfiguration für die Arbeit im Interleaved-Modus (bei dem keine Application Inspection erforderlich ist) geschieht über die Auswahl der Option ATTEMPT TO USE TCP FOR ALL CONTENT. Zur Verwendung von RDP können Sie außerdem die Konfigurationsoption ATTEMPT TO USE UDP FOR ALL CONTENT wählen.
- Zu den unterstützten RDP-Transportprotokollen zählen rtp/avp, rtp/avp/udp, x-real-rdt, x-real-rdt/udp, und x-pn-tng/udp.

Selbst wenn die PIX ihr Bestes gibt, um Adressen innerhalb von RTSP/SDP-Paketen auszumachen, gibt es viele NAT/PAT-Einschränkungen:

- PAT wird nicht unterstützt.
- Eine NAT-Übersetzung der Inhalte von SDP-Nachrichten innerhalb von RTSP wird im Allgemeinen auch nicht unterstützt, da diese Nachrichten lang genug sein könnten, um sie in mehrere Pakete aufzuteilen, und die Firewall keine Mittel zur Rekonstruktion der ursprünglichen Nachricht bietet. Auf der anderen Seite funktioniert NAT gewöhnlich bei Cisco-IP/TV-RTSP-Nachrichten.

- Die NAT-Übersetzung von Datenstrom zugehörigen Verbindungen kann für RealNetworks-Server und Apple QuickTime durchgeführt werden. Für Cisco IP/TV kann dies nur erfolgen, wenn der Viewer und der Content-Manager sich auf der externen Schnittstelle und der Server auf der internen Schnittstelle befinden.

Microsoft NetShow, das vom Media Player verwendet wird, ist ein weniger komplexes Streaming-Protokoll. Wie andere Streaming-Protokolle verfügt es über einen Kontrollkanal, der dazu dient, das Setup und das Beenden eines Datenübertragungskanals auszuhandeln. Der Datenkanal kann entweder auf TCP oder UDP basieren. Wenn UDP-Streams verwendet werden, läuft folgender Prozess ab:

1. Der Client verbindet sich mit dem Server auf TCP-Port 1755.
2. Nachdem die Verbindung steht, sendet der Client eine Nachricht an den Server und schlägt einen UDP-Port vor, auf dem er einen Datenstrom empfangen wird.
3. Wenn die Aushandlungen abgeschlossen sind, beginnt der Server die Daten zu senden.
4. Die Session endet mit dem Aufheben der Kontrollverbindung.

Wie hier gezeigt, muss die Firewall nur eine temporäre Passage (Conduit) öffnen, wenn sich der Client auf einer Schnittstelle mit niedrigerer Sicherheitsstufe als der Server befindet. Port und IP-Adressen werden aus dem Aushandlungsprozess extrahiert. Wenn TCP-Streams verwendet werden und die anfängliche Verbindung zu Port 1755 steht, informiert der Client den Server einfach darüber, dass er für das Streaming dieselbe TCP-Verbindung nutzen möchte. Der Server überträgt dann die Daten über die bereits bestehende Verbindung. In diesem Fall muss die Firewall keine zusätzliche Verarbeitung durchführen (vorausgesetzt, dass die Access Lists korrekt eingerichtet wurden). Die NetShow Application Inspection ist nicht konfigurierbar.

Das VDO-Live-Streaming-Protokoll nutzt immer zwei Verbindungen. Die erste ist eine TCP-Kontrollverbindung vom Client zum Port 7000 auf dem Server. Die zweite ist ein UDP-Datenstrom vom Server zum Client. Der Quell-Port ist stets 7001 und der Ziel-Port (der Port auf Client-Seite) wird während des anfänglichen Setups über die Kontrollverbindung ausgehandelt. Die PIX überwacht die VDO-Live-Kontrollverbindung und öffnet eine temporäre Passage (Conduit) für den eingehenden Datenverkehr von Port 7001 auf dem Server zum ausgehandelten Port beim Client. Wenn die Kontrollverbindung geschlossen wird, schließt die PIX die Datenverbindung ebenfalls. (In diesem Protokoll gibt es keine spezielle Beendigungsnachricht, daher ist dies für die Firewall die einzige Möglichkeit zu erkennen, dass die Kommunikation beendet wurde.) Wenn NAT beteiligt ist, modifiziert die PIX die IP-Adresse und die Port-Nummer im Aushandlungsprozess entsprechend. Die Application Inspection für VDO Live ist nicht konfigurierbar und lässt sich auch nicht deaktivieren.

4.2.8 SQL*Net

SQL*Net, das zur Abfrage von SQL-Datenbanken verwendet wird, ist ein weiteres Protokoll, das Firewalls Probleme bereitet. Es gibt drei verschiedene Versionen von SQL*Net: SQL*Net v1 (eine alte Version, die in Oracle 7 eingesetzt wurde), SQL*Net v2 und Net8/Net9 (in neueren Versionen von Oracle, z. B. 8i). Die Versionen 1 und 2 sind nicht kompatibel, während Net8/Net9 lediglich eine kleine Verbesserung der Version 2 darstellt. All diesen Protokollen ist ein bestimmtes Verhalten gemein: Wenn ein Client eine Verbindung zu einem Oracle-Server erstellen möchte, richtet er zunächst eine Verbindung zu dem dedizierten Oracle-Port (standardmäßig Port 1525 in SQL*Net Version 1 und Port 1521 in den Versionen 2 und höher) ein. Der Client wird dann durch diesen Server zu einer anderen Instanz von Oracle, die auf diesem Server ausgeführt wird, oder sogar auf einen anderen Server umgeleitet. Der Client muss nun eine Verbindung zu der IP-Adresse und dem Port erstellen, die ihm mitgeteilt wurden. In den Versionen SQL*Net 2 und höher kann es sogar geschehen, dass der Client danach erneut umgeleitet wird.

Der einzige Fall, in dem die gesamte Kommunikation auf nur einem Port ohne jegliche Umleitung stattfindet, ist, wenn Oracle im Dedizierter-Server-Modus ausgeführt wird. Damit das funktioniert, ist eine zusätzliche Konfiguration erforderlich. Lesen Sie in der Oracle-Dokumentation nach, wenn Sie an diesem Feature interessiert sind.

Das Problem mit Firewalls entsteht, wenn sich der Server auf einer Schnittstelle mit höherer Sicherheitsstufe als der Client befindet. Im Allgemeinen ist der Client nicht in der Lage, Inbound-Verbindungen zu willkürlichen Ports und IP-Adressen zu erstellen. Um dies korrekt zu verarbeiten, muss die PIX den Informationsaustausch zwischen Server und Client überwachen, um zu erkennen, welche Adresse/Port-Nummer ausgehandelt wurde, und um eine temporäre Passage (Conduit) für Inbound-Verbindungen zu öffnen. Der Befehl für die Kontrolle der Application Inspection des SQL*Net-Protokolls lautet wie folgt:

```
[no] fixup protocol sqlnet [<port>[-<port>]]
```

Der Standard-Port ist 1521. Im Falle von SQL*Net Version 1 scannt die PIX alle Nachrichten, die vom Server an den Client gesendet werden. Sie überprüft die Adress- und Port-Aushandlungen, führt bei Bedarf NAT auf die eingebetteten Adressen aus und leitet die resultierenden Pakete an den Client weiter. Die Inbound-Verbindungen vom Client werden korrekt mittels NAT rückübersetzt und über eine temporäre Passage zugelassen.

Die Kommunikation von SQL*Net Version 2 ist weitaus komplexer als die der Version 1, daher ist auch der Untersuchungsprozess viel komplexer. Die in diesem Protokoll verwendeten Nachrichten können von einem der folgenden Typen sein: Data,

Redirect, Connect, Accept, Refuse, Resend und Marker. Wenn die PIX-Firewall ein Redirect-Paket mit der Datenlänge null erkennt, setzt sie ein internes Flag für diese Verbindung, um die entsprechenden Adress/Port-Informationen zu erwarten. Diese Information sollte mit der nächsten Nachricht eintreffen, die nur vom Typ Data oder Redirect sein darf. Der relevante Teil der Nachricht hat folgendes Aussehen:

```
(ADDRESS=(PROTOCOL=tcp)(DEV=6)(HOST=a.b.c.d)(PORT=p))
```

Die PIX muss dann dieses a.b.c.d:p-Paar innerhalb der Nachricht per NAT übersetzen und Inbound-Verbindungen auf dem entsprechenden IP-Adress/Port-Paar zulassen. Wenn etwas anderes als ein Redirect- oder Data-Paket nach dem anfänglichen Null-Redirect-Paket ankommt, wird das interne Flag zurückgesetzt.

4.2.9 H.323 und verwandte Anwendungen

Aus der Sicht von NAT und der Zugriffskontrolle stellt Voice over IP, oder VoIP (einschließlich des H.323-Protokoll-Sets, SCCP, SIP und anderen) einen wahren Albtraum dar. VoIP-Anwendungen verwenden nicht nur eine, sondern gleich mehrere Verbindungen zwischen Server und Client. Diese Verbindungen werden in beiden Richtungen initiiert, gewechselt und enthalten eingebettete Adress- und Port-Informationen in höheren Kommunikationsschichten, die von Firewalls im Allgemeinen nicht untersucht werden. Hier wollen wir verschiedene VoIP-Protokolle und das Ausmaß der Unterstützung durch die PIX Application Inspection untersuchen. Alle VoIP-Systeme nutzen zwei oder drei Schichten von Anwendungsprotokollen, davon viele Protokolle gleichzeitig:

- Signaling-Protokolle (für die Systemkontrolle und den Benutzerinformationsaustausch) – SIP, MGCP, H.225 und RAS in H.323, SCCP
- Protokolle für den Funktionsaustausch – SDP, H.245
- Audio/Media-Protokolle (für die Übermittlung von Sprache und Video) – RTP/RTCP

H.323 kann bei einem einzelnen Anruf bis zu zwei TCP-Verbindungen und bis zu sechs UDP-Verbindungen nutzen. Die meisten dieser Verbindungen werden dynamisch ausgehandelt und verwenden keine festen Ports. Prinzipiell läuft ein H.323-Anruf folgendermaßen ab:

1. H.225 wird für die Initiierung und Terminierung von Sessions zwischen entfernten Punkten verwendet (immerhin hat diese Verbindung eine feste Port-Nummer – standardmäßig TCP-Port 1720) und nutzt meist das RAS-Protokoll (Registration, Admission and Status) für einige Autorisierungsfunktionen (UDP-Ports 1718 und 1719).
2. Während dieses Vorgangs wird ein Port für die H.245-Verbindung ausgehandelt.

3. Die H.245-Verbindung dient zur Aushandlung von Port-Nummern für RTP/RTCP-Datenströme. (Diese Ports können sich im Verlauf des Anrufs ändern.)

Die Version 2 von H.323 verfügt über einen Fast-Connect-Prozess, der, wenn er eingesetzt wird, die zusätzliche H.245-Verbindung überflüssig macht. H.245-Nachrichten, einschließlich der RTP-Port-Aushandlung, werden über denselben Kanal wie die ursprüngliche H.255-Verbindung übertragen.

> **Hinweis**
>
> Eine Unterstützung für H.323 Version 2 wurde mit der PIX-Firewall-Software Version 5.3 eingeführt.

Wie bei anderen Anwendungsprotokollen hat die PIX die Fähigkeit, den Aushandlungsprozess (für H.255, RAS und H.245) zu untersuchen, sich die erforderlichen Ports für die Verbindung zwischen zwei Parteien zu merken und NAT oder PAT auf den Datenteil des Pakets auszuführen. Die beiden Befehle für die Kontrolle der H.323-Application-Inspection sind wie folgt:

```
[no] fixup protocol h323 h225 [<port>[-<port>]]
[no] fixup protocol h323 ras [<port>[-<port>]]
```

Der erste Befehl dient der Konfiguration der Ports, die auf H.225-Nachrichten hin überwacht werden (hauptsächlich für die H.245-Port-Aushandlung), und der zweite für Ports, auf denen RAS-Nachrichten abgefangen werden. Die Standardeinstellungen sind:

```
fixup protocol h323 h225 1720
fixup protocol h323 ras 1718-1719
```

In der PIX-Sprache bedeutet »H.323-Protokoll-Inspection« die Untersuchung aller in H.323-VoIP-Anrufen verwendeter Protokolle. Die Inspection von H.323 v2 wurde mit der PIX Version 5.3 eingeführt. Dies war hauptsächlich die Unterstützung für die H.225- und H.245-Inspection, einschließlich statischer oder dynamischer NAT auf Paketinhalte. Eine Unterstützung für RAS wurde mit der PIX-Firewall-Software Version 6.2 eingeführt. Diese Version brachte auch die Unterstützung für PAT. Zwei der wichtigsten Aufgaben der PIX sind:

- Überwachen und Auffinden von IP-Adressen und Ports, die in H.255-, H.245- und RAS-Nachrichten eingebettet sind. Diese Nachrichten sind im PER-Format verschlüsselt, daher wird intern der ASN.1-Decoder verwendet.

- Öffnen der erforderlichen Verbindungen für normale Operationen auf Basis der vorangegangenen Informationen.

Beachten Sie, dass die erste Aufgabe korrekt ausgeführt wird, selbst wenn Nachrichten in zwei oder mehrere Pakete aufgeteilt werden – tatsächlich werden sie im Allgemeinen in zwei Pakete aufgeteilt, wobei das erste als so genannter TPKT-Header bezeichnet wird. Wenn die PIX ein solches Paket erhält, speichert sie die Information in einer internen Tabelle und bestätigt dieses Paket stellvertretend (Proxy-ACK) dem Sender. Nach dem Erhalt des nächsten Pakets mit IP-Adressinformation modifiziert sie die erforderlichen Felder und sendet die modifizierte Nachricht zusammen mit dem neuen TPKT-Header. Das PIX-Proxy-Feature bietet keine Unterstützung für TCP-Optionen im TPKT-Header.

UDP-Datenstrom-Verbindungen werden nach Ablauf des Timeouts geschlossen. Das funktioniert auf gleiche Weise wie bei allgemeinen UDP-Paketen, doch Sie können folgenden Befehl nutzen, um den Timeout für Datenströme separat vom allgemeinen Timeout zu konfigurieren:

```
timeout h323 <hh:mm:ss>
```

Der Standardwert für den Timeout beträgt 5 Minuten (dies ist die Minimaleinstellung) und entspricht:

```
PIX1(config)# timeout h323 0:5:0
```

> **Hinweis**
>
> Wenn RAS und Gatekeeper verwendet werden, ist das anfängliche Setup anders. Der Client sendet zunächst eine UDP-Nachricht vom Typ »Admission Request«(ARQ). Der Gatekeeper antwortet mit einer »Admission Confirmation« (ACF)-Nachricht und stellt die IP-Adresse und Port-Nummer für eine H.225-Verbindung zur Verfügung. Es ist in diesem Fall nicht notwendig, Inbound-Verkehr über Port 1720 zuzulassen; die PIX öffnet den notwendigen Port auf der Basis der Untersuchung der ACF-Nachricht. Ohne Gatekeeper müssen Sie den in die H.255-Ports (standardmäßig 1720) eingehenden Datenverkehr aktivieren.

Neben hardwarebasierten VoIP-Lösungen wird das H.323-Protokoll-Set auch für Intel Internet Phone, CU-SeeMe, CU-SeeMe Pro, MeetingPoint und Microsoft NetMeeting verwendet.

CU-SeeMe kann in zwei verschiedenen Modi arbeiten: im H.323-kompatiblen oder im systemeigenen Modus. Der systemeigene Modus wird verwendet, wenn eine Verbindung zu einem anderen CU-SeeMe-Client oder zu einem CU-SeeMe-Konferenz-Server erstellt wird. Der Hauptunterschied ist hier, dass ein systemeigener Kontrollstrom auf UDP-Port 7648 verwendet wird. Die PIX führt NAT und die Untersuchung auf diesem Strom aus. Der Support für CU-SeeMe ist (anders als der Support für H.323) nicht konfigurierbar.

4.2.10 Skinny Client Control Protocol

Wie es der Name impliziert, handelt es sich beim Skinny Client Control Protocol (SCCP) um ein vereinfachtes Protokoll für die Verwendung in VoIP-Netzwerken. Es wird von Cisco-IP-Telefonen verwendet. Der Unterschied zu einer umfassenden H.323-Kommunikation liegt darin, dass der komplette Session-Aufbau nicht direkt zwischen Clients, sondern zwischen einem Client und einem Cisco Call Manager erledigt wird. Nachdem RTP-Ports ausgehandelt wurden, werden die Datenströme direkt zwischen den Clients verbunden. Somit muss die PIX SCCP-Signalisierungspakete untersuchen, um die für RTP ausgehandelten Ports zu erkennen und möglicherweise eine NAT-Übersetzung auf eingebetteten Adressen durchzuführen. Die PIX-Firewall kann SCCP in Version 3.1.1 erkennen und untersuchen. Der entsprechende Befehl lautet:

```
[no] fixup protocol skinny [<port>[-<port>]]
```

Die Standard-Port-Nummer ist 2000. Die Übersetzung von SCCP-Nachrichten mittels NAT wird unterstützt, nicht jedoch die mittels PAT. Wenn sich der Cisco Call Manager auf einer Schnittstelle mit höherer Sicherheitsstufe als die Telefone befindet, können die IP-Telefone für die Verwendung von TFTP konfiguriert werden, um die Informationen, die zur Verbindung mit dem Call Manager verwendet werden, herunterzuladen. (In den meisten Fällen wird der TFTP-Server auf dem gleichen Computer wie der Call Manager ausgeführt.) Das Problem hier ist, dass der Client eine Inbound-TFTP-Verbindung (UDP-Port 69) zum Server initiieren muss. Um diese Verbindung zuzulassen, müssen Sie entweder den eingehenden Verkehr auf Port 69 zum TFTP-Server zulassen oder einen statischen Eintrag für diesen Server ohne NAT erstellen, der externe Verbindungen zu seiner IP-Adresse zulässt. Nachdem die Clients die für den Kontakt zum Call Manager erforderliche Konfiguration heruntergeladen haben, wird der restliche Verkehr mittels der SCCP-Application-Inspection kontrolliert.

Derzeit bietet die PIX-Firewall keine Unterstützung für fragmentierte SCCP-Nachrichten, da der Application-Inspection-Prozess jede empfangene Nachricht auf Konsistenz überprüft und jede Nachricht mit fehlerhaften internen Prüfsummen verwirft. Dies geschieht gewöhnlich, wenn eine einzelne Nachricht in mehrere TCP-Pakete aufgeteilt wird.

4.2.11 Session Initiation Protocol

Das Session Initiation Protocol (SIP), definiert in RFC 2543, ist ein weiteres Protokoll, das für die Sitzungskontrolle in VoIP verwendet wird. Es nutzt ebenfalls das zuvor erwähnte SDP, um die einzurichtenden Sessions zu beschreiben. Jeder Anruf beginnt mit einer INVITE-Nachricht, die einige der Sitzungsparameter enthält, darunter IP-Adressen/Ports für die nächsten Verbindungen, die möglicherweise andere Ports nutzen. Mit den SDP-Nachrichten werden dann die RTP-Datenströme eingerichtet. Die anfängliche SIP-Sitzung kann UDP oder TCP als Kanal nutzen. Der Standard-Port für diese Verbindung ist 5060. Die Application Inspection von SIP über UDP ist auf der PIX stets aktiviert und kann nicht umkonfiguriert werden. Mit folgendem Befehl ändern Sie den Standard-Port für TCP-SIP-Verbindungen:

```
[no] fixup protocol sip [<port>[-<port>]]
```

Die Application Inspection für SIP beinhaltet die Überwachung von SIP- und SDP-Nachrichten, das Ändern der IP-Adressen von Endpunkten, die innerhalb dieser Nachrichten eingebettet sind (NAT und PAT) und das Öffnen temporärer Passagen (Conduits) für alle ausgehandelten Kontrollverbindungen und Datenströme, die auf den erhaltenen Informationen basieren. Die PIX verwaltet eine interne Datenbank, die durch Anrufer-ID, Quelle und Ziel für jeden Anruf indiziert ist. In dieser Datenbank sind die IP-Adressen und Ports enthalten, die innerhalb einer SDP-Nachricht vorhanden sind. Eine SIP-Nachricht könnte beispielsweise folgendes Aussehen haben (die eingebettete Adressaushandlung ist kursiv hervorgehoben; dies sind die wichtigsten Informationen, obwohl weit mehr IP-Informationen enthalten sind):

```
INVITE sip:23198@192.168.2.10:5060 SIP/2.0
Expires: 180
Content-Type: application/sdp
Via: SIP/2.0/UDP 192.168.2.10:5060;branch=1FV1xhfvxGJOK9rWcKdAKOA
Via: SIP/2.0/UDP 10.0.1.134:5060
To:   <sip:23198@192.168.2.10>
From: sip:15691@10.0.1.134
Call-ID: c2943000-50405d-6af10a-382e3031@10.0.1.134
CSeq: 100 INVITE
Contact: sip:15691@10.0.1.134:5060
Content-Length: 219
User-Agent: Cisco IP Phone/ Rev. 1/ SIP enabled
Accept: application/sdp
Record-Route: <sip:23198@192.168.2.10:5060;maddr=172.18.192.232>
Die SDP-Nachricht hat folgendes Aussehen:
v=0
```

```
o=CiscoSystemsSIP-IPPhone-UserAgent 17045 11864 IN IP4 10.0.1.134
s=SIP Call
c=IN IP4 10.0.1.134
t=0 0
m=audio 29118 RTP/AVP 0 101
a=rtpmap:0 pcmu/8000
a=rtpmap:101 telephone-event/8000
```

Zu Beginn des Sitzungs-Setups wird die SIP-Sitzung so lange als in einem »vorübergehenden« Status angesehen, bis ein RTP-Port für den Datenstrom ausgehandelt wurde. Geschieht dies nicht innerhalb einer Minute, wird die Sitzung verworfen. Wenn die RTP-Datenstrom-Ports ausgehandelt sind, wird die Sitzung als aktiv betrachtet und die SIP-Verbindung bleibt so lange bestehen, bis die Parteien den Anruf explizit beenden oder ein Inactivity-Timeout abläuft. Dieser Timeout kann mit folgendem Befehl konfiguriert werden:

```
timeout sip <hh:mm:ss>
```

Der Standardwert für den Timeout beträgt 30 Minuten und entspricht:

```
PIX1(config)# timeout sip 0:30:0
```

RTP-Medienverbindungen unterliegen einem Standard-Timeout von 2 Minuten, obwohl diese Einstellung mit folgendem Befehl geändert werden kann:

```
timeout sip_media <hh:mm:ss>
```

Sie können den Status von SIP-, RTP- und allen anderen Verbindungen, die einer Application Inspection durch die PIX unterliegen, mit folgendem Befehl anzeigen:

```
show conn state
```

Sie können auch den Typ der Verbindungen, die Sie anzeigen möchten, festlegen (z. B. sip, h323, rpc):

```
show conn state sip
```

> **Hinweis**
>
> Ab der Version 6.2 unterstützt die PIX-Firewall PAT von SIP-Nachrichten. Der NAT-Support steht bereits seit Version 5.3 zur Verfügung.

Ein Problem, das bei SIP eine zusätzliche Konfiguration erfordert, entsteht, wenn ein Telefon auf einer Schnittstelle mit niedrigerer Sicherheitsstufe versucht, die Verbindung zu einem Telefon auf einer Schnittstelle mit höherer Sicherheitsstufe zu halten. Für diese Aktion sendet das externe Telefon eine zusätzliche INVITE-Nachricht an das interne Telefon. Wenn UDP als Transportprotokoll verwendet wird, verwirft die PIX das eingehende Paket nach Ablauf des allgemeinen UDP-Timeouts. Diese Situation kann überwunden werden, indem Sie entweder auf der externen Schnittstelle eine Access List konfigurieren, die Pakete zu Port 5060/UDP auf dem internen Gateway zulässt, oder folgenden Befehl verwenden:

```
PIX1(config)# established udp 5060 permitto udp 5060 permitfrom udp 0
```

Mit diesem Befehl wird die PIX angewiesen, Inbound-UDP-Pakete zu Port 5060 auf einem Client zuzulassen, wenn dieser eine ausgehende Kommunikation von UDP-Port 5060 hatte.

4.2.12 Internet Locator Service und Lightweight Directory Access Protocol

Microsoft hat das Internet Locator Service (ILS)-Protokoll für Produkte wie NetMeeting, SiteServer und Active Directory Services entwickelt. Es basiert auf dem Lightweight Directory Access Protocol (LDAP) Version 2. Der Hauptzweck der ILS-Application-Inspection liegt darin, interne Benutzer lokal kommunizieren zu lassen, selbst während sie bei externen LDAP-Servern registriert sind. Dies geschieht über die Untersuchung von LDAP-Nachrichten, die die Firewall durchlaufen, und durch die Ausführung von NAT, falls erforderlich. PAT wird nicht unterstützt, da nur IP-Adressen auf dem Server gespeichert sind. Beim Versuch, eine IP-Adresse zu übersetzen, durchsucht die PIX zuerst ihre interne XLATE-Tabelle und anschließend die DNAT-Tabellen. Wenn die erforderliche Adresse in keiner Tabelle enthalten ist, bleibt sie unverändert.

> **Hinweis**
> Wenn Sie nur nat 0 nutzen (d.h. keine Anwendung von NAT) und keine DNAT-Verbindungen vorkommen, kann das ILS-Fixup ohne Bedenken deaktiviert werden. Durch das Deaktivieren gewinnt die Firewall zudem an Performance.

Der Befehl zur Konfiguration der Application Inspection von ILS lautet wie folgt:

```
[no] fixup protocol ils [<port>[-<port>]]
```

Der Standard-Port ist 389 (Standard-LDAP-Port). Wie bei den anderen konfigurierbaren Untersuchungsfunktionen können Sie die aktuelle Konfiguration mithilfe des Befehls show fixup anzeigen.

Die ILS/LDAP-Kommunikation findet bei einem Client/Server-Modell über TCP statt, daher braucht die PIX auch keine temporären Passagen (Conduits) zu öffnen. Während der Client/Server-Kommunikation überwacht die PIX die Verbindung auf ADD-Anforderungen und SEARCH-Antworten und entschlüsselt sie mit BER-Dekodierungsfunktionen; sie analysiert die Nachricht auf der Suche nach IP-Adressen, übersetzt sie bei Bedarf, verschlüsselt die Nachricht wieder und sendet das erhaltene Paket an sein Ziel.

4.3 Filterung von Web-Datenverkehr

Obwohl das Hauptaugenmerk meistens auf dem Schutz von internen Servern und Clients vor externen Angriffsversuchen liegt (Hauptzweck der ACLs), ist es manchmal wichtig, die Outbound-Verbindungen von Anwendern zu überwachen und zu filtern. Ein Grund für eine Content-Inspection könnte darin liegen, dass Sie Ihre Firewall einsetzen möchten, um bestimmte Sicherheitsrichtlinien durchzusetzen, wie z. B. eine Acceptable-Use-Richtlinie, die internen Anwendern die Nutzung der firmeneigenen Internetverbindung für das Durchsuchen bestimmter Kategorien von Websites untersagen könnte. Es gibt viele Möglichkeiten, das zu realisieren; die URL-Filterung ist die gängigste unter ihnen. Dabei übergibt die Firewall jede Anforderung von HTTP-Contents an einen filternden Server (Filtering-Server), der die Anforderung zulässt oder ablehnt. Die Firewall reagiert entsprechend: Wenn die Anforderung als zulässig eingestuft wird, wird sie an den externen Server weitergeleitet und der Client erhält den angeforderten Inhalt. Ist dies nicht der Fall, wird die Anforderung stillschweigend verworfen oder der Anwender wird auf eine Seite geleitet, die ihm mitteilt, dass seine Anforderung nicht mit der Firmenrichtlinie zu vereinbaren ist.

Auch der Umgang mit aktiven Inhalten wie ActiveX- und Java-Applets kann ein Grund für die Filterung sein. Es könnte eine wichtige Maßnahme sein, um interne Anwender vor feindlich gesinnten Web-Servern zu schützen, die diese ausführbaren Applets in ihre Webseiten einbetten, denn solche ausführbaren Inhalte können Viren oder Trojanische Pferde enthalten. Die üblichste Lösung ist das Content-Filtering, das eingehende Applets auf Viren überprüft und ablehnt, wenn vermeintliche Unstimmigkeiten entdeckt werden. Leider unterstützt die PIX diese Lösung nicht; die einzige Möglichkeit, die sie bietet, liegt darin, den gesamten aktiven Inhalt von eingehenden Webseiten zu entfernen.

4.3.1 Filtern von URLs

Es ist zwar möglich, mittels Access Lists den Zugriff auf spezielle Websites zuzulassen oder zu verweigern, doch wenn die Liste mit den Sites zu lang wird, leidet die Performance der Firewall darunter. Darüber hinaus bieten Access Lists in diesem Fall keine flexible Methode für die Zugriffskontrolle. Es ist beispielsweise nicht möglich, den Zugriff auf spezielle Seiten einer Website zuzulassen oder zu verweigern. Dies ist nur für den Zugriff auf die gesamte Site, die anhand ihrer IP-Adresse identifiziert wird, machbar. Access Lists funktionieren auch nicht bei virtuell gehosteten Websites. In diesem Fall sind mehrere Websites auf demselben Server untergebracht und alle haben dieselbe IP-Adresse. Somit kann auch hier nur der Zugriff auf alle gleichzeitig gestattet oder untersagt werden.

Wie bereits erwähnt, verschiebt eine allgemeine Lösung den größten Teil der Arbeitslast auf einen dedizierten URL-Filterungs-Server. Die CPU der PIX wird dadurch entlastet und die Feineinstellung von Web-Zugriffskontrollen wird ermöglicht. Der Ablauf ist wie folgt:

1. Der Client baut eine TCP-Verbindung zu einem Web-Server auf.
2. Der Client sendet eine HTTP-Anforderung für eine Seite auf diesem Server.
3. Die PIX fängt diese Anforderung ab und übergibt sie an den Filterungs-Server.
4. Der Filterungs-Server entscheidet, ob der Client auf die angeforderte Seite zugreifen darf.
5. Wenn die Entscheidung positiv ausfällt, leitet die PIX die Anforderung an den Server und der Client erhält den gewünschten Content.
6. Ist die Entscheidung negativ, wird die Anforderung des Clients verworfen.

Abbildung 4.9 zeigt diesen Prozess.

Websense und N2H2

Die PIX kann mit zwei verschiedenen Filterungs-Servern interagieren: Websense (www.websense.com) und N2H2 (www.n2h2.com). Websense wird durch die PIX ab der Version 5.3 und N2H2 ab Version 6.2 unterstützt. Die PIX-URL-Filterung wird nur auf HTTP-Anforderung angewendet. Bei FTP-Verbindungen werden beispielsweise keine Untersuchungen durchgeführt. (Obwohl eine URL vom Typ ftp://ftp.somedomain.com in einen Web-Browser eingegeben werden kann, verwendet dieser doch das FTP-Protokoll, nicht HTTP.) Die PIX untersucht auch keine HTTPS-Verbindungen.

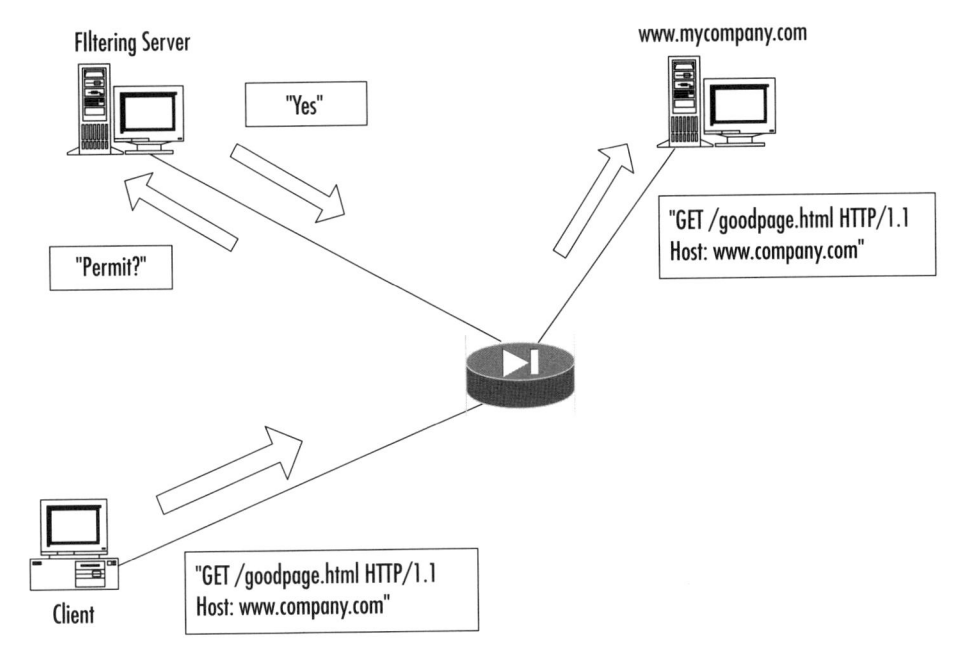

Abb. 4.9: Interaktion zwischen einem Client, einem Web-Server, einer PIX und einem Filterungs-Server

Mit folgenden Schritten konfigurieren Sie die URL-Filterung:

1. Bestimmen Sie den Server für die URL-Verarbeitung.
2. Weisen Sie die Firewall an, welcher Datenverkehr untersucht werden soll – Ports und IP-Adressen.
3. Optional können Sie einige serverspezifische Parameter konfigurieren.
4. Konfigurieren Sie die Filterregeln auf dem Filterungs-Server.

Der Befehl zur Angabe eines Filterungs-Servers für Websense lautet:

```
url-server (<if_name>) host <local_ip> [timeout <seconds>] [protocol
    <tcp> | <udp> [version 1|4]]
```

Mit folgendem Code wird beispielsweise festgelegt, dass die PIX einen Server mit der IP-Adresse 10.0.0.1 nutzen soll, der sich auf der Schnittstelle inside (intern) befindet, und dass für die Verbindung zu diesem Server das TCP-Websense-Protokoll Version 4 verwendet werden soll.

```
PIX1(config)# url-server (inside) host 10.0.0.1 protocol tcp version 4
```

Der Parameter if_name steht für die Schnittstelle, auf der sich der Server befindet; Standard ist hier die interne Schnittstelle. Der Parameter local_ip steht für die IP-Adresse des Filterungs-Servers. Die PIX erkennt anhand des Parameters timeout (standardmäßig sind 5 Sekunden eingestellt), wie lange sie auf eine Antwort vom Server warten muss, bevor sie aufgibt und zum nächsten konfigurierten Server wechselt oder eine Standardaktion ausführt, wenn keine weiteren Server zur Verfügung stehen. Es können bis zu 16 Server konfiguriert werden, doch alle müssen vom selben Typ sein. Es ist nicht möglich, Websense- und N2H2-Filterungs-Server in derselben Konfiguration einzusetzen. Der erste Server wird als primärer Filterungs-Server konfiguriert und zuerst kontaktiert. Die Parameter für den Protokolltyp und die Versionsnummer bestimmen das für die Kommunikation mit dem Server zu verwendende Websense-Protokoll. Sie können entweder das TCP-Protokoll Version 1 (Standard) oder das UDP-Protokoll Version 4 nutzen.

Der N2H2-Server wird mit folgendem Befehl angegeben:

```
url-server (if_name) vendor n2h2 host <local_ip> [timeout <seconds>]
    [port <port_number>] [protocol tcp | udp]
```

Die Bedeutung der Parameter ist identisch. Der Parameter vendor n2h2 legt fest, dass es sich um einen N2H2-Filterungs-Server handelt. Sie könnten auch den Parameter vendor websense bei der Konfiguration des Websense-Servers angeben, doch da dieser standardmäßig unterstellt wird, ist dies nicht erforderlich. Für N2H2-Server steht nur eine Version des Kommunikationsprotokolls zur Verfügung, daher wird sie nicht angegeben. Über den Parameter port_number können Sie den Port für die Kommunikation mit dem N2H2-Server bestimmen.

> **Hinweis**
>
> Wenn Sie den Anwendungstyp wechseln (Sie also einen N2H2-Server durch einen Websense-Server ersetzen oder umgekehrt), geht die gesamte Konfiguration der URL-Filterung verloren und muss neu eingegeben werden.

Die nächste Aufgabe beinhaltet die Konfiguration der eigentlichen Filterungsrichtlinie. Die Syntax für diesen Befehl ist wie folgt:

```
filter url <port>[-<port>] <local_ip> <local_mask> <foreign_ip>
    <foreign_mask> [allow] [proxy-block]
```

Mit diesem Befehl werden die Port-Nummern, auf denen die HTTP-Verbindungen untersucht werden sollen, angegeben (Standard-Port ist 80). Mit den Parametern local_ip und local_mask bestimmen Sie, welche lokalen Clients der Überwachung unterliegen (die Anforderungen von Computern aus diesem Netzwerk werden durch den URL-Filterungs-Server überprüft). Die Parameter foreign_ip und foreign_mask legen fest, dass nur Anforderungen an eine spezifische Gruppe von Servern geprüft wird. Der Parameter allow legt fest, dass die PIX den Datenverkehr passieren lassen soll, wenn sie keinen Kontakt zum primären URL-Filterungs-Server aufnehmen kann. Schließlich können Sie mit dem Parameter proxy-block festlegen, dass alle Anforderungen von beliebigen Clients an Proxy-Server untersagt werden sollen. Mit dem folgenden Befehl bestimmen Sie beispielsweise, dass alle HTTP-Anforderungen an Port 80 untersucht werden sollen:

```
PIX1(config)# filter url http 0 0 0 0
```

Mit dem folgenden Befehl wird die Untersuchung aller HTTP-Anforderungen zu Port 8080 von Clients aus dem Netzwerk 10.100.1.0/24 zu beliebigen Servern konfiguriert. Außerdem soll die Anforderung durchgelassen werden, wenn kein Filterungs-Server zur Verfügung steht.

```
PIX1(config)# filter url 8080 10.100.1.0 255.255.255.0 0 0 allow
```

Mit einer Abwandlung des Befehls filter können bestimmte Datenverkehrstypen von der Filterung ausgenommen werden. Das Format für diesen Fall ist:

```
filter url except <local_ip> <local_mask> <foreign_ip> <foreign_mask>
```

Wenn except direkt nach dem filter-Befehl eingegeben wird, schließt dieser Befehl den angegebenen Datenverkehr von der Richtlinie aus. Mit der folgenden Befehlsfolge bestimmen Sie beispielsweise, dass alle HTTP-Anforderungen an Port 8080 mit Ausnahme des Datenverkehrs von Netzwerk 10.100.1.0/24 untersucht werden sollen:

```
PIX1(config)# filter url 8080 0 0 0 0
PIX1(config)# filter url except 10.100.1.0 255.255.255.0 0 0 allow
```

Feineinstellung und Überwachung des Filterungsvorgangs

Die beiden Befehle url-server und filter url, die wir soeben kennen gelernt haben, stellen zwar eine Basiskonfiguration für die URL-Filterung dar, doch möglicherweise sollten noch einige zusätzliche Parameter konfiguriert werden. Einer dieser Parameter wird für das Problem im Zusammenhang mit langen URLs benötigt. Lange URLs sind heutzutage recht weit verbreitet, da in ihnen Sitzungsdaten und andere Informationen gespeichert werden. Das folgende Beispiel zeigt eine typische lange URL:

```
http://www.somebettingcompany.com/
?action=GoEv&class_id=1&type_id=2&ev_id=
    4288&class_name=%7CFootball%7C&type_name=%7CChampions+League%7C+%7C
        Qualifying+Matches%7C&ev_name=%7CGenk%7C+v+%7CSparta+Prague%7C
```

Bis zur Version 6.2 war die maximal durch die PIX unterstützte Länge für URLs 1159 Byte (nur für Websense, N2H2 wurde noch gar nicht unterstützt). In Version 6.2 ist die maximal unterstützte URL-Länge für die Websense-Filterung auf 6 KB und für N2H2 auf 1159 Byte gestiegen. Mit der Version 6.2 wurden neue Optionen für den `filter`-Befehl eingeführt. Damit kann das Verhalten der Firewall konfiguriert werden, wenn die URL beim Einsatz eines Websense-Servers die Länge von 1159 Byte übertrifft. Die Syntax für den Befehl lautet:

```
filter url [longurl-truncate | longurl-deny] [cgi-truncate]
```

Wenn die URL-Länge den zulässigen Maximalwert überschreitet, können Sie mit dem Parameter `longurl-truncate` festlegen, dass statt der kompletten URL nur die IP-Adresse oder der Host-Name aus der Anforderung an den Filterungs-Server gesendet wird. Der Parameter `longurl-deny` legt fest, dass alle Anforderungen mit langer URL zurückgewiesen werden sollen. Über den Parameter `cgi-truncate` bestimmen Sie, dass nur der Name des CGI-Skripts und sein Ablageort (der Teil der URL vor dem Fragezeichen (?)) als URL an den Websense-Server weitergeleitet werden soll. Auf diese Weise wird die CGI-Parameterliste, die recht lang sein kann, ausgelassen. Wenn diese Option nicht aktiviert ist, wird die gesamte URL zusammen mit der Parameterliste übergeben.

> **Hinweis**
> Selbst in der Version 6.2 der PIX beträgt die Standard-URL-Größe für die Übergabe an einen Websense-Filterungs-Server 2 KB. Wenn Sie diese Größe erhöhen möchten, können Sie den Befehl url-block url-size <size_in_kb> verwenden. Der Parameter size_in_kb steht für die Größe in KB und kann von 2 auf 6 gesetzt werden.

Es stehen auch Befehle für die Feineinstellung im Zusammenhang mit der Performance zur Verfügung. Der wichtigste ist der Befehl `url-cache`:

```
url-cache {dst | src_dst} size <kbytes>
```

Mit diesem Befehl können Sie das Caching von Antworten des Filterungs-Servers optimieren. Standardmäßig sendet die PIX Anforderungen gleichzeitig an den

URL-Filterungs-Server (und erwartet eine Entscheidung) und an den Web-Server (und erwartet die Übermittlung des Inhalts). Wenn der Web-Server schneller antwortet als der Filterungs-Server, wird die Antwort des Web-Servers verworfen. Wenn der Filterungs-Server die Verbindung gestattet, wird der Web-Server erneut kontaktiert. Sie können diese doppelten Anforderungen vermeiden, wenn Sie die Antworten des Filterungs-Servers lokal speichern, anstatt den Server jedes Mal zu kontaktieren. Über den Befehl url-cache richten Sie einen Cache in der Größe von kbytes Kilobyte für die Antworten von Filterungs-Servern ein, der, wenn die Option dst gesetzt ist, auf dem Ziel (der Adresse des Web-Servers) oder, wenn die Option src_dst angegeben ist, auf dem Ziel und der Quelle basiert. Die erste Option wird empfohlen, wenn alle Benutzer über dieselben Zugriffsrechte verfügen (die Clients müssen nicht identifiziert werden), während die zweite bei verschiedenen Benutzern mit unterschiedlichen Zugriffsrechten empfohlen wird. Wenn Sie folgenden Befehl ausführen, können Sie statistische Informationen, darunter die Trefferquote, zum Caching-Prozess anzeigen:

```
show url-cache stat
```

Mit folgendem Befehl wird beispielsweise ein Cache von 32 KB für alle ausgehenden HTTP-Anforderungen aktiviert:

```
PIX1(config)# url-cache dst size 32
```

Im folgenden Beispiel sehen Sie statistische Cache-Informationen:

```
PIX1# show url-cache stat
URL Filter Cache Stats
----------------------
Size : 32KB
Entries : 360
In Use : 200
Lookups : 2000
Hits : 1000
```

Eine weitere Option, mit der das Problem einer langsamen Antwort des Filterungs-Servers umgangen werden kann, ist die vorzeitige Einrichtung eines Caches für die Antworten des Web-Servers. Wenn der Filterungs-Server die Anforderung dann zulässt, können diese Antworten an die Clients übermittelt werden. Dieses Feature wird auf der PIX mit folgendem Befehl konfiguriert:

```
url-block block <block_buffer_limit>
```

Mit diesem Befehl wird die Größe des Caches für die Antworten konfiguriert. Der Parameter `block_buffer_limit` kann einen beliebigen Wert zwischen 1 und 128 annehmen. Damit wird die Anzahl der zu verwendenden Speicherblöcke definiert. Wenn Sie statistische Informationen zur Nutzung dieses Speicher-Pools anzeigen möchten, verwenden Sie den Befehl `show url-block block stat`. Beispiel:

```
pix(config)# show url-block block stat

URL Pending Packet Buffer Stats with max block          1
-----------------------------------------------------
Cumulative number of packets held:0
Maximum number of packets held (per URL):              0
Current number of packets held (global):               0
Packets dropped due to exceeding url-block buffer limit: 0
Packet drop due to retransmission:                     0
```

Die gesamte Speichermenge für das Speichern und Halten von URLs (solche, für die noch keine Antwort vom Filterungs-Server empfangen wurde) wird mit diesem Befehl konfiguriert:

```
url-block url-me pool <memory_pool_size>
```

Die Größe des zugeteilten Speicher-Pools wird mit einem Wert zwischen 2 und 10240 (entspricht dem Wert in KB) definiert.

Es stehen noch andere Befehle zum Anzeigen der Konfiguration für die URL-Filterung zur Verfügung:

```
show filter
show url-server
show url-server stats
```

Es folgen beispielhafte Ausgaben dieser Befehle:

```
PIX1# show url-server
url-server (outside) vendor n2h2 host 192.168.2.17 port 4005 timeout 5
protocol TCP
url-server (outside) vendor n2h2 host 192.168.2.10 port 4005 timeout 5
protocol TCP
PIX1# show filter
filter url http 0.0.0.0 0.0.0.0 0.0.0.0 0.0.0.0
PIX1# show url-server stats
URL Server Statistics:
---------------------
```

```
Vendor n2h2
URLs total/allowed/denied 2556/2000/556
URL Server Status:
------------------
192.168.2.17 UP
192.168.2.10 DOWN
```

Die folgenden Überwachungsbefehle können ebenfalls genutzt werden, um die Leistung des URL-Filterungsprozesses zu überwachen:

```
show perfmon
show memory
show chunks
```

4.3.2 Filtern von aktivem Code

Wie bereits erwähnt, können aktive Inhalte in Webseiten aus Sicherheitsgründen unerwünscht sein. Zum Glück gibt es aber eine recht einfache und wirksame Methode, mit der Sie verhindern können, dass diese Art von Content die Clients erreicht. In HTML wird solcher aktiver Content durch zwei Arten von Tags gekennzeichnet. Das erste Tag ist wie folgt:

```
<object>
...
</object>
```

Üblicher sind diese Tags für ActiveX-Inhalte, doch können sie auch von Java-Applets genutzt werden. Es gibt auch Tags, die allein Java vorbehalten sind:

```
<applet>
...
</applet>
```

Wenn die PIX für die Suche nach aktiven Inhalten konfiguriert ist, kommentiert sie diese beiden Tags sowie den Inhalt zwischen ihnen innerhalb eines TCP-Pakets aus, so dass dieser Teil vom Browser des Clients einfach übersprungen und damit der eingebettete Code nicht ausgeführt wird. Ein Problem mit diesem Ansatz gibt es jedoch: Wenn sich das erste, öffnende Tag in einem Paket und das schließende in einem anderen Paket befindet, kann die PIX diese Operation nicht durchführen und die Webseite wird so wie sie ist durchgelassen. Der HTML-Code innerhalb eines eingehenden Pakets könnte beispielsweise wie in Abbildung 4.10 gezeigt aussehen.

```
<td width="185" height="68" valign="top">
  <applet codebase="/classes/" code="tscroll.class" align="absbottom"
      width="185" height="68">
    <param name="bgcolor" value="8,51,128">
    <param name="enddelay" value="4000">
    <param name="scrolldelay" value="25">
    <param name="scrolljump" value="5">
    <param name="speed" value="2">
    <param name="size" value="11">
    <param name="hlcolor" value="255,0,0">
    <param name="centertext" value="false">
  </applet>
</td>
```

Abb. 4.10: Paketinhalte vor der Änderung durch die PIX

Nach der Transformation durch die PIX sieht der Code wie in Abbildung 4.11 illustriert aus.

```
<td width="185" height="68" valign="top">
  <!-- <applet codebase="/classes/" code="tscroll.class" align="absbottom"
      width="185" height="68">
    <param name="bgcolor" value="8,51,128">
    <param name="enddelay" value="4000">
    <param name="scrolldelay" value="25">
    <param name="scrolljump" value="5">
    <param name="speed" value="2">
    <param name="size" value="11">
    <param name="hlcolor" value="255,0,0">
    <param name="centertext" value="false">
  </applet> -->
</td>
```

Abb. 4.11: Paketinhalte nach der Transformation

Der Web-Browser ignoriert nun den gesamten Code innerhalb der Tags <td> und </td>.

Filtern von Java-Applets

Sie konfigurieren die Filterung von Java-Applets mit folgendem Befehl:

```
filter java <port>[-<port>] <local_ip> <mask> <foreign_ip> <mask>
```

Hier ein Beispiel:

```
PIX1(config)# filter java 80 0 0 0 0
PIX1(config)# filter java 80 192.168.2.17 255.255.255.255 0 0
```

Mit dem ersten Befehl wird die PIX so konfiguriert, dass alle Java-Applets von eingehenden Webseiten verworfen werden sollen. Mit dem zweiten Befehl wird lediglich einem Host (192.168.2.17) der Download von Java-Applets untersagt. Im Parameter port wird wie üblich der TCP-Port, auf dem die Untersuchung stattfinden soll, angegeben.

Filtern von ActiveX-Objekten

Java verfügt über ein mehr oder weniger stabiles Sicherheitsmodell für seinen aktiven Code (es hat eigentlich nur ein größeres Sicherheitsproblem gegeben, das aber durch eine mangelhafte Implementierung dieses Modells in einigen Versionen von Netscape bedingt war), doch ActiveX-Objekte haben einen nahezu unbeschränkten Zugriff auf die Clients.

Der Befehl, mit dem Sie die Filterung von ActiveX-Code (und des gesamten aktiven Inhalts, der in die object-Tags eingebettet ist) konfigurieren, ist dem für die Java-Filterung sehr ähnlich:

```
filter activex <port>[-<port>] <local_ip> <mask> <foreign_ip> <mask>
```

Hier ein Beispiel:

```
PIX1(config)# filter activex 80 0 0 0 0
```

Mit diesem Befehl wird die PIX angewiesen, alle Tag-Paare vom Typ object aus allen eingehenden Webseiten herauszukommentieren und damit ActiveX- und einige Java-Applets zu deaktivieren.

4.4 Konfiguration der Intrusion Detection

Eines der wichtigen Features der PIX-Firewall ist ihre Intrusion-Detection-Funktionalität. Cisco bietet ein dediziertes IDS-Produkt namens Cisco Secure IDS (früher NetRanger) an, doch ein beschränkter Teil dieser Funktionalität ist sowohl in Cisco IOS als auch in Cisco PIX implementiert. Da die PIX im Wesentlichen ein Filterungssystem der OSI-Schichten 3 und 4 ist, kann sie nur einfachere Angriffe erkennen, die auf diesen Schichten der Netzwerkkommunikation geschehen und durch die Untersuchung eines einzelnen Pakets in dem Datenverkehr entdeckt werden können. Die IDS-Signaturen (die Beschreibungen der Angriffe), die die

PIX unterstützt, sind eine Untergruppe des Cisco Secure IDS-Signature-Sets und wurden in die PIX-Software eingebettet. Um dieses Set von Signaturen zu aktualisieren, müssen Sie die komplette PIX-Firmware mit einer allgemeinen Upgrade-Prozedur aktualisieren. Das stellt jedoch kein großes Problem dar, da diese Signaturen sehr allgemeine und einfache Angriffe beschreiben, von denen es nicht so häufig neue gibt. Die Intrusion Detection kann auf jeder Schnittstelle in eingehender und ausgehender Richtung konfiguriert werden. Wenn die PIX die einzelnen Signaturen erkennt, erzeugt das System eine Warnmeldung (abhängig von der Schwere des Angriffs gibt es zwei verschiedene Warnmeldungstypen: »Information« oder »Angriff«.

4.4.1 Unterstützte Signaturen

Leider ist Ciscos eigene Dokumentation nicht ganz präzise, wenn es um die Frage geht, welche Signaturen in den einzelnen Versionen unterstützt werden. Am besten überprüfen Sie eine Liste der Syslog-Nachrichten, die die eingesetzte Version erzeugt, damit Sie erkennen können, was Ihre PIX im Bereich der Intrusion Detection zu leisten vermag (konsultieren Sie beispielsweise das Handbuch *Cisco PIX Firewall System Log Messages*). In Version 6.2 sind die Syslog-Nachrichten mit Nummern zwischen 400.000 und 400.050 reserviert für IDS-Nachrichten. Sie haben folgendes Format:

```
%PIX-4-4000<nn>: : <sig_num> <sig_msg> from <IP_addr> to <IP_addr> on
    interface <int_name>
```

Diese Syslog-Nachricht bedeutet, dass die PIX einen Angriff mit der Nummer `sig_num` und dem Namen `sig_msg` entdeckt hat. Die beiden IP-Adressen zeigen Ursprung und Ziel diese Angriffs. Schließlich wird auch die Schnittstelle genannt, auf der der Angriff entdeckt wurde. Beispiel:

```
%PIX-4-400013 IDS:2003 ICMP redirect from 1.2.3.4 to 10.2.3.1 on
    interface dmz
```

Tabelle 4.2 zeigt eine Liste mit allen durch die PIX erkannten Signaturen mit jeweils einer kurzen Beschreibung.

Nachrichtennummer	Signatur-ID	Signaturtitel	Signaturtyp
400000	1000	IP options-Bad Option List	informativ
400001	1001	IP options-Bad Option List	informativ
400002	1002	IP options-Timestamp	informativ

Tabelle 4.2: PIX-IDS-Signaturen

Nachrichtennummer	Signatur-ID	Signaturtitel	Signaturtyp
400003	1003	IP options-Security	informativ
400004	1004	IP options-Loose Source Route	informativ
400005	1005	IP options-SATNET ID	informativ
400006	1006	IP options-Strict Source Route	informativ
400007	1100	IP Fragment Attack	Angriff
400008	1102	IP Impossible Packet	Angriff
400009	1103	IP Fragments Overlap	Angriff
400010	2000	ICMP Echo Reply	informativ
400011	2001	ICMP Host Unreachable	informativ
400012	2002	ICMP Source Quench	informativ
400013	2003	ICMP Redirect	informativ
400014	2004	ICMP Echo Request	informativ
400015	2005	ICMP Time Exceeded for a Datagram	informativ
400016	2006	ICMP Parameter Problem on Datagram	informativ
400017	2007	ICMP Timestamp Request	informativ
400018	2008	ICMP Timestamp Reply	informativ
400019	2009	ICMP Information Request	informativ
400020	2010	ICMP Information Reply	informativ
400021	2011	ICMP Address Mask Request	informativ
400022	2012	ICMP Address Mask Reply	informativ
400023	2150	Fragmented ICMP Traffic	Angriff
400024	2151	Large ICMP Traffic	Angriff
400025	2154	Ping of Death Attack	Angriff
400026	3040	TCP NULL flags	Angriff
400027	3041	TCP SYN+FIN flags	Angriff
400028	3042	TCP FIN only flags	Angriff
400029	3153	FTP Improper Address Specified	informativ
400030	3154	FTP Improper Port Specified	informativ
400031	4050	UDP Bomb attack	Angriff
400032	4051	UDP Snork attack	Angriff
400033	4052	UDP Chargen DoS attack	Angriff
400034	6050	DNS HINFO Request	Angriff

Tabelle 4.2: PIX-IDS-Signaturen (Forts.)

Nachrichtennummer	Signatur-ID	Signaturtitel	Signaturtyp
400035	6051	DNS Zone Transfer	Angriff
400036	6052	DNS Zone Transfer from High Port	Angriff
400037	6053	DNS Request for All Records	Angriff
400038	6100	RPC Port Registration	informativ
400039	6101	RPC Port Unregistration	informativ
400040	6102	RPC Dump	informativ
400041	6103	Proxied RPC Request	Angriff
400042	6150	ypserv (YP server daemon) Portmap Request	informativ
400043	6151	ypbind (YP bind daemon) Portmap Request	informativ
400044	6152	yppasswdd (YP password daemon) Portmap Request	informativ
400045	6153	ypupdated (YP update daemon) Portmap Request	informativ
400046	6154	ypxfrd (YP transfer daemon) Portmap Request	informativ
400047	6155	mountd (mount daemon) Portmap Request	informativ
400048	6175	rexd (remote execution daemon) Portmap Request	informativ
400049	6180	rexd (remote execution daemon) Attempt	informativ
400050	6190	statd Buffer Overflow	Angriff

Tabelle 4.2: PIX-IDS-Signaturen (Forts.)

Die in der Tabelle aufgelisteten Signatur-IDs entsprechen den Signaturnummern auf dem Cisco Secure IDS-System. Eine vollständige Referenz finden Sie unter www.cisco.com/univercd/cc/td/doc/product/iaabu/csids/csids1/csidsug/sigs.htm (*Cisco Secure Intrusion Detection System Version 2.2.1 Benutzerhandbuch*). Alle Signaturen sind in zwei Klassen aufgeteilt: informativ oder Angriff. Diese Aufteilung kann nicht verändert werden, ist jedoch in den meisten Fällen auch sinnvoll. Alle DoS-Angriffe werden beispielsweise als *Angriffe* aufgelistet und alle Informationsanforderungen haben lediglich den Status *informativ*. Wenn jemand versucht, Informationen über RPC-Services auf einem Ihrer Hosts abzurufen, empfinden Sie das möglicherweise als Angriff, doch Cisco wertet dieses Vorkommnis nicht als Angriff, sondern gibt ihm den Status *informativ*. Etwas allgemeiner gefasst, kann folgende Argumentation für die Angriffsklassifikation angeführt werden (von oben nach unten in der Tabelle):

- Pakete mit IP-Optionen richten keinen Schaden an, da sie stets von der PIX verworfen werden. So wird, wenn diese Pakete entdeckt werden, nur eine »informativ«-Meldung gesendet.
- Fragmentierte Pakete können die Firewall passieren und sind generell schwierig zu untersuchen, daher stellen sie einen Angriffsversuch dar.
- Legitimer ICMP-Datenverkehr wird, obwohl er nicht erwünscht ist und möglicherweise Informationen über Ihr Netzwerk enthüllt (z. B. ICMP Information Request), nicht als Angriff klassifiziert.
- Fragmentiertes ICMP, Ping of Death usw. werden als Angriffe bewertet.
- Unmögliche TCP-Flag-Kombinationen werden als Angriffe betrachtet, da sie mitunter für das heimliche Sondieren von Netzwerken genutzt werden.
- Alle Flood/DoS-Versuche (einschließlich des UDP-Snork-Angriffs) werden als Angriffe eingestuft.
- DNS-Transfers werden als Angriffe bewertet; sie geben zu viele Informationen über das Netzwerk preis.
- Allgemeine RPC-Anforderungen und alle Informationsanforderungen zu verschiedenen RPC-Services werden nicht als besonders gefährlich betrachtet und als informativ eingestuft.
- Einige spezielle Ein-Paket-Angriffe auf RPC-Services werden separat erkannt.

4.4.2 Konfiguration der Überwachung

Sie konfigurieren die Überwachung mit dem Befehl `ip audit`. Die Überwachung kann aktiviert und deaktiviert werden, es können verschiedene Überwachungsrichtlinien erstellt, die Richtlinien dann auf spezielle Schnittstellen angewendet werden, und spezielle Signaturen lassen sich aktivieren und deaktivieren. Bei der einfachsten Konfiguration müssen Sie einen Namen für die Überwachungsrichtlinie angeben, spezielle Aktionen (eine für informative und eine für Angriffs-Signaturen) definieren und die Richtlinie auf eine Schnittstelle anwenden. Folgende Aktionen können konfiguriert werden:

- **Alarm** – Wenn die PIX in dem Paket eine Signatur entdeckt, sendet sie die zuvor beschriebene Nachricht an alle konfigurierten Syslog-Server.
- **Drop** – Wenn diese Aktion konfiguriert ist, verwirft die PIX das betroffene Paket.
- **Reset** – Diese Aktion bedeutet, dass die PIX das Paket verwerfen und die Verbindung schließen soll, wenn dieses Paket zu einer offenen Verbindung gehörte.

Die Standardaktion ist `alarm`. Die Konfiguration der Richtlinie erfordert gewöhnlich nur zwei Befehle:

```
ip audit name <audit_name> info action [drop | alarm | reset]
ip audit name <audit_name> attack action [drop | alarm | reset]
```

Mit dem folgenden Befehl wird beispielsweise eine Richtlinie mit dem Namen myaudit erstellt, die festlegt, dass die PIX bei Auffinden einer informativen Signatur einen Alarm (Warnmeldung) an Syslog senden soll. Wird eine Angriffs-Signatur entdeckt, soll die PIX das Paket verwerfen:

```
PIX1(config)# ip audit name myaudit info action alarm
PIX1(config)# ip audit name myaudit attack action drop
```

Sie können den Parameter action in der Konfiguration auslassen. In diesem Fall wird die Standardaktion angewendet. Standardaktionen werden über diese Befehle konfiguriert:

```
ip audit info action [drop | alarm | reset ]
ip audit attack action [drop | alarm | reset ]
```

Werden hier keine Änderungen vorgenommen, ist die Standardaktion alarm. Beachten Sie Folgendes: Wenn Sie nur folgenden Befehl ohne den entsprechenden attack-Befehl ausführen, werden Angriffs-Signaturen nicht verglichen:

```
PIX1(config)# ip audit name myaudit info action alarm
```

Wenn Sie andererseits die Richtlinie auf folgende Weise konfigurieren und dabei die Aktion für informative Signaturen auslassen, werden beide Signaturen (informativ und Angriff) verglichen und die Standardaktion (alarm) wird angewendet, wenn ein Paket mit einer übereinstimmenden informativen Signatur erkannt wird.

```
PIX1(config)# ip audit name myaudit info
PIX1(config)# ip audit name myaudit attack action drop
```

Nach dem Erstellen einer Richtlinie müssen Sie diese auf eine Schnittstelle anwenden, um IDS auf dieser zu aktivieren. Beispiel:

```
PIX1(config)# ip audit interface outside myaudit
```

Dies bedeutet, dass alle konfigurierten Signaturen und Aktionen auf der externen Schnittstelle überprüft werden sollen. Die allgemeine Form für diesen Befehl ist wie folgt:

```
ip audit interface <if_name> <audit_name>
```

- if_name ist der Name der Schnittstelle, auf der die Pakete mittels IDS überprüft werden sollen.
- Der Parameter audit_name ist der Name der Richtlinie, die beschreibt, welche Aktion ausgeführt werden soll.

Wir wollen als Beispiel eine einfache IDS auf der externen Schnittstelle konfigurieren; es soll ein Alarm gesendet werden, wenn eine informative Signatur aufgefunden wird, während beim Entdecken eines Angriffs die Verbindung verworfen werden soll:

```
PIX1(config)# ip audit name myaudit info alarm
PIX1(config)# ip audit name myaudit attack action drop
PIX1(config)# ip audit interface outside myaudit
```

Für jeden Befehl steht ein no-Äquivalent zur Verfügung, das den Befehl aus der Konfiguration löscht. Beispiel:

```
PIX1(config)# no ip audit interface outside myaudit
PIX1(config)# no ip audit name myaudit info
```

Mit einem anderen Befehl können Sie ganz einfach eine komplette IDS-Konfiguration, die sich auf eine Schnittstelle, Richtlinie oder Standardaktion bezieht, löschen:

```
clear ip audit [name | signature| interface | audit | info | attack ]
```

Mit den folgenden Befehlen können Sie die entsprechende Konfiguration von IDS bezogen auf die Schnittstelle, Überwachung oder Standardaktion anzeigen. Es werden einfach die Befehle angezeigt, die Sie bei der Konfiguration dieser Parameter eingegeben haben:

```
show ip audit interface <if_name>
show ip audit info
show ip audit attack
show ip audit name <audit_name>
```

Deaktivieren von Signaturen

Stellen Sie sich folgende Situation vor: Sie möchten per Alarm beim Entdecken der informativen Signatur 6101, RPC Dump benachrichtigt werden. Dazu müssen Sie alle informativen Signaturen mit folgendem Befehl in Ihre Richtlinie einschließen:

```
PIX1(config)# ip audit name myaudit info action alarm
```

Das Problem ist Folgendes: Viele andere Signaturen sind als informativ eingestuft, und einige davon sind recht »aufdringlich« und generieren viele Warnmeldungen – z.B. Nummer 2000, ICMP echo reply, bei der es sich bloß um eine Antwort auf ein Ping handelt. Sehr wahrscheinlich werden Sie im Zusammenhang mit dieser zuletzt genannten Signatur mit Meldungen überflutet. Dabei werden Sie die Signatur, an der Sie eigentlich interessiert sind, möglicherweise nicht bemerken. Sie umgehen dieses Problem, wenn Sie die »aufdringlichen« Signaturen mit dem folgenden Befehl deaktivieren. Sie deaktivieren dabei die Entdeckung der Signatur mit der Nummer sig_number.

```
ip audit signature <sig_number> disable
```

Wenn Sie für den beschriebenen Fall die Signatur ICMP echo reply deaktivieren möchten, verwenden Sie den folgenden Befehl:

```
PIX1(config)# ip audit signature 2000 disable
```

Nach der Eingabe dieses Befehls wird die Signatur 2000 (ICMP echo reply) überhaupt nicht mehr durch die PIX erkannt. Beachten Sie, dass die Deaktivierung einer Signatur global, nicht für eine spezielle Schnittstelle oder Überwachung gilt.

Mit folgendem Befehl können Sie eine Liste mit allen deaktivierten Signaturen anzeigen:

```
PIX1(config)# show ip audit signature
```

Sie können eine deaktivierte Signatur im Konfigurationsmodus mit einem no-Befehl wieder aktivieren:

```
no ip audit signature <sig_number> disable
```

4.4.3 Konfiguration von Shunning

Shunning (Vermeidung) ist ein Begriff im Kontext von IDS, mit dem das Blockieren des Verkehrs von einem angreifenden Host beschrieben wird. Zur Konfiguration auf der PIX verwenden Sie diesen Befehl:

```
shun <src_ip> [<dst_ip> <sport> <dport> [<protocol>]]
```

Mit dieser Technik blockieren Sie temporär den gesamten Datenverkehr von der angegebenen Quell-IP-Adresse. So blockieren Sie den gesamten Datenverkehr von Quell-IP-Adresse 10.0.1.1:

```
PIX1(config)# shun 10.0.1.1
```

Sie können spezifischen Datenverkehr von der Quell-IP auch unterbinden, indem Sie einen Quell-Port, eine Ziel-IP-Adresse und Ziel-Port-Nummer angeben. Nach der Eingabe des shun-Befehls löscht die PIX alle entsprechenden Verbindungen aus ihrer internen Verbindungstabelle und verwirft alle weiteren Pakete, die den Parametern aus dem Befehl entsprechen. Dieser Befehl überschreibt alle Access-List-Einträge und selbst Sicherheitsstufen auf Schnittstellen; der gesamte, angegebene Datenverkehr wird blockiert, gleichgültig, ob sich der Anstoß erregende Host innerhalb oder außerhalb der Schnittstelle befindet. Um diese Blockade wieder aufzuheben, verwenden Sie den zugehörigen no-Befehl. Beispiel:

```
PIX1(config)# no shun 10.0.1.1
```

Dieser Befehl hat einen dynamischen Charakter. Er wird in der Konfiguration nicht gespeichert oder angezeigt. Wenn Sie aktive Shuns anzeigen möchten, verwenden Sie den Befehl show shun. Zum Löschen aller shun-Einträge dient der Befehl clear shun.

4.5 DHCP-Funktionalität

Da immer mehr Cisco-Systeme in SOHO-Umgebungen eingesetzt werden, wird es immer wichtiger, dass sie Features wie das Dynamic Host Configuration Protocol (DHCP) unterstützen. Hosts erhalten über DHCP dynamisch ihre Internet-Konfiguration, anstatt mit einer statischen IP-Adresse und anderen Parametern konfiguriert zu werden. Der Vorgang ist recht einfach: Beim Aufbau der Verbindung sendet ein Client ein UDP-Broadcast, und wenn er eine spezifische Antwort erhält, konfiguriert er sich selbst entsprechend. Natürlich funktioniert das nur auf dem direkt verbundenen LAN-Segment oder auf den Segmenten, die über Router oder Bridges verbunden sind, die Broadcasts weiterleiten. Diese Methode kann zur vereinfachten Verwaltung von Workstations genutzt werden; alle Neukonfigurationen werden nur auf dem DHCP-Server selbst ausgeführt, der diese den Workstations zur Verfügung stellt.

Die Cisco-PIX-Firewall kann sowohl als DHCP-Server als auch als DHCP-Client agieren. Im ersten Fall agiert sie meist als Gateway für ein kleines Netzwerk aus Workstations und versorgt diese mit den Informationen, die sie für die Verbindung mit dem Internet benötigen. In einer Client-Rolle fungiert die Firewall möglicherweise als Gateway für ein Netzwerk, das durch eine Einwählverbindung angeschlossen ist, wobei sie die externe Schnittstellenadresse über den DHCP-Server des ISPs erhält.

Obwohl die DHCP-Funktionalität der PIX-Firewall auf allen Hardware-Modellen zur Verfügung steht, wurde sie speziell für die Modelle PIX 501, 506 und 506E entwickelt, die primär in SOHO-Umgebungen eingesetzt werden. Aus diesem Grunde unterliegen die DHCP-Features der PIX-Firewall gewissen Einschränkungen. Der DHCP-Server bietet beispielsweise nur Support für maximal 256 Clients (oder auch weniger, abhängig von dem Firewall-Modell, der Version und der Lizenz). Außerdem gibt es weder einen BOOTP- noch einen Failover-Support; der aktuelle Status des DHCP-Servers oder -Client wird nicht über eine Failover-Verbindung repliziert.

4.5.1 DHCP-Clients

Wenn die PIX-Firewall als DHCP-Client agiert, kann sie die Konfiguration ihrer externen Schnittstelle über einen designierten DHCP-Server erhalten. Dies könnte der DHCP-Server eines ISPs sein. Zu den Konfigurationsdaten zählen die IP-Adresse, die Subnet Mask und optional die Standard-Route.

> **Hinweis**
>
> Das DHCP-Client-Feature kann nur auf der externen Schnittstelle der PIX-Firewall konfiguriert werden.

Diese Adresse kann beispielsweise als PAT-Adresse für alle ausgehenden Verbindungen genutzt werden. Sie konfigurieren das auf folgende Weise (dabei wird unterstellt, dass der DHCP-Client bereits konfiguriert ist):

```
nat (inside) 1 0 0
global (outside) 1 interface
```

Diese Konfiguration arbeitet mit einer beliebigen IP-Adresse, die der externen Schnittstelle durch DHCP zugewiesen wurde.

Die Konfiguration des DHCP-Client ist recht einfach. Sie brauchen lediglich den folgenden Befehl dafür:

```
ip address outside dhcp [setroute] [retry <retry_cnt>]
```

Diese Aktion führen Sie als Alternative zur Angabe einer festen IP-Adresse für eine externe Schnittstelle aus. Mit dem optionalen Schlüsselwort `setroute` weisen Sie die PIX an, nicht nur die IP-Adresse und Subnet Mask, sondern auch die Standard-Route anzunehmen. Wenn Sie die Option `setroute` nutzen, sollten Sie auf der Firewall keine statische Standard-Route konfigurieren. Mit der Option `retry` weisen Sie die PIX-Firewall an, mit einer festgelegten Anzahl von Versuchen den DHCP-Server zu kontaktieren, bevor sie die Kontaktaufnahme aufgibt. Wenn dieses Schlüsselwort nicht angegeben wird, erfolgt kein erneuter Kontaktaufnahmeversuch.

Wird das Schlüsselwort ohne einen Wert für den Zähler für die wiederholten Versuche angegeben, gilt der Standardwert vier. Mit dem folgenden Befehl konfigurieren Sie beispielsweise einen DHCP-Client auf der externen Schnittstelle, der eine IP-Adresse, eine Subnet Mask und die Standard-Route vom DHCP-Server annehmen soll. Dabei findet nur ein Verbindungsversuch statt:

```
PIX1(config)# ip address outside dhcp setroute
```

Über den folgenden Befehl konfigurieren Sie einen DHCP-Client, der nur eine IP-Adresse und eine Subnet Mask annehmen soll. Dabei sollen mindestens fünf Verbindungsversuche durchgeführt werden.

```
PIX1(config)# ip address outside dhcp retry 5
```

Es gibt keine besonderen Befehle für das Erneuern und Freigeben der DHCP-Lease; führen Sie denselben Befehl einfach erneut aus und die Lease wird erneuert.

Die angenommene Adresse kann mit diesem Befehl angezeigt werden:

```
PIX1# show ip address outside dhcp
```

Sie erhalten eine Ausgabe, die etwa folgendermaßen aussieht:

```
Temp IP Addr:123.1.2.3 for peer on interface:outside
Temp sub net mask:255.255.255.0
DHCP Lease server:123.1.2.31, state:3 Bound
DHCP Transaction id:0x4567
Lease:259200 secs, Renewal:129600 secs, Rebind:226800 secs
Temp default-gateway addr:123.1.2.1
Next timer fires after:100432 secs
Retry count:0, Client-ID:cisco-0000.0000.0000-outside
```

Anhand dieser Ausgabe lässt sich ablesen, dass die PIX eine IP-Adresse 123.1.2.3 und eine Subnet Mask 255.255.255.0 vom DHCP-Server mit der Adresse 123.1.2.31 erhalten hat. Diese DHCP-Lease wurde für die Dauer von 259.200 Sekunden bei einer Erneuerungszeit von 129.600 gewährt. Die verbleibende Zeit bis zur nächsten Erneuerung beträgt 100.432 Sekunden. Es gab keine wiederholten Verbindungsversuche mit dem Server.

Sollten Probleme im Zusammenhang mit dem DHCP-Client auftreten, können Sie für das Troubleshooting einige debug-Befehle nutzen:

```
debug dhcpc packet
debug dhcpc detail
debug dhcpc error
```

Diese Befehle sind weitgehend selbsterklärend. Mit `debug dhcp packet` wird der gesamte DHCP-Datenverkehr zwischen dem PIX-Client und einem Remote-Server angezeigt, die Option `detail` führt zur Anzeige von Details der Aushandlung und die Option `error` zeigt sämtliche Fehler innerhalb dieser Verbindung.

4.5.2 DHCP-Server

Der Server-Part im Zusammenhang mit der DHCP-Unterstützung der PIX ist weitaus komplizierter. Wir wollen die Fähigkeiten und Beschränkungen des Servers im Folgenden untersuchen. Das größte Problem liegt in der Anzahl der DHCP-Clients, die der Server unterstützen kann, und den spezifischen Protokolloptionen, die zur Verfügung stehen. Tabelle 4.3 zeigt die Anzahl der unterstützten Clients je nach Version der PIX-Firewall.

Version der PIX-Firewall	Plattform der PIX-Firewall	Client-Adressen (Aktive Hosts)
Version 5.2 und niedriger	Alle Plattformen	10
Version 5.3 bis Version 6.0	PIX 506/506E	32
	Alle anderen Plattformen	256
Version 6.1 und höher	PIX 501 mit einer Lizenz für 10 Benutzer	32
	PIX 501 mit einer Lizenz für 50 Benutzer	128
	Alle anderen Plattformen	256

Tabelle 4.3: Anzahl der durch den PIX-DHCP-Server unterstützten Clients

Beachten Sie, dass die Zahlen in Tabelle 4.3 für aktive Hosts gelten. Ein Host ist aktiv, wenn er Daten über die PIX überträgt, eine Verbindung über die Firewall erstellt, einen NAT- oder PAT-Eintrag erstellt oder sich selbst innerhalb der letzten 30 Sekunden gegen die Firewall authentifiziert hat.

> **Hinweis**
>
> Der DHCP-Server kann nur auf der internen Schnittstelle der PIX-Firewall konfiguriert werden. Er unterstützt nur Clients in einem Netzwerk, das direkt mit dieser Schnittstelle verbunden ist.

Für eine minimale Konfiguration des DHCP-Servers sind nur zwei Befehle erforderlich: Mit einem bestimmen Sie den IP-Adressbereich, der den Clients zur Verfügung gestellt werden kann, mit dem zweiten wird das Feature tatsächlich aktiviert.

Beispiel:

```
PIX1(config)# dhcpd address 192.168.2.1-192.168.2.127 inside
PIX1(config)# dhcpd enable inside
```

Der einzige Parameter, den Sie hier verändern können, ist der für den Adress-Pool. Derzeit ist die Konfiguration nur auf der internen Schnittstelle möglich, doch es ist denkbar, dass zukünftige Versionen der PIX die Ausführung eines DHCP-Servers auf anderen Schnittstellen zulassen. Zum Zeitpunkt der Drucklegung dieses Buchs ist das in der aktuellen Version (6.2) jedoch noch nicht der Fall. Es kann nur ein Pool konfiguriert werden. Wenn nun ein Client eine DHCP-Anforderung sendet, versorgt die PIX ihn mit der nächstverfügbaren IP-Adresse aus dem Pool von 192.168.2.1 - 192.168.2.127, derselben Subnet Mask, die für die interne Schnittstelle der Firewall gesetzt ist und einer Standard-Route, die auf die PIX selbst verweist.

Als so genannte »DHCP-Optionen« stehen einige andere Konfigurationsparameter zur Verfügung – optionale Informationen, die von Clients angefordert werden können. In RFC 2132, »DHCP Options and BOOTP Vendor Extensions«, sind etwa 100 dieser Optionen beschrieben. Zudem wird ein Mechanismus zur Verfügung gestellt, mit dem Hersteller ihre eigenen Optionen angeben können. Sehr wenige dieser Optionen werden wirklich benötigt, besonders in einer SOHO-Umgebung, daher unterstützt die PIX nur wenige Optionen. Das bedeutet jedoch nicht, dass sie nicht als vollwertiger Server operieren könnte. Zu den möglichen Konfigurationsoptionen zählen der Standard-Domain-Name, der DNS-Server, der WINS-Server und zwei Optionen im Zusammenhang mit TFTP (Nummer 66 und 150).

Der Domain-Name, der einem Client zur Verfügung gestellt wird, wird mit folgendem Befehl definiert:

```
dhcpd domain <domain_name>
```

Beispiel:

```
PIX1(config)# dhcpd domain syngress.com
```

Die DNS-Server, die ein Client nutzen sollte, werden mit diesem Befehl konfiguriert:

```
dhcpd dns <dns1> [<dns2>]
```

Bis zu zwei DNS-Server können unter Angabe der IP-Adressen konfiguriert werden:

```
PIX1(config)# dhcpd dns 1.2.3.4 1.2.4.10
```

WINS-Server werden mit folgendem Befehl konfiguriert. Dabei gelten dieselben Einschränkungen wie für die DNS-Server – bis zu zwei Server sind möglich, die Konfiguration erfolgt über IP-Adressen.

```
dhcpd wins <wins1> [<wins2>]
```

Die Optionen 66 und 150 werden hauptsächlich im Zusammenhang mit Cisco-IP-Telefonen verwendet. Entsprechende Ausführungen erfolgen weiter unten in diesem Kapitel. Mit anderen DHCP-Befehlen können einige interne Parameter für den Server angegeben werden. Sie können die Standard-Lease-Zeit (die Zeitspanne, in der eine IP-Adresse einem Client zur Verfügung gestellt wird) ändern:

```
dhcpd lease <lease_time>
```

Dieser Befehl gibt die Zeit in Sekunden an. Der Standardwert beträgt 3600. Mögliche Werte liegen zwischen 300 und 2.147.483.647 Sekunden. Mit dem folgenden Befehl wird ein maximaler Timeout-Wert für den ping-Befehl in Millisekunden (1/1000 einer Sekunde) gesetzt.

```
dhcpd ping_timeout <ping_time>
```

Die PIX prüft mithilfe des ping-Befehls, ob nicht bereits ein anderer Host im Netzwerk die IP-Adresse, die nun zugeteilt werden soll, erhalten hat. Wenn kein Host mit dieser IP innerhalb des zulässigen Timeout antwortet, wird die IP als unbelegt betrachtet. Mit dem Ping-Timeout wird festgelegt, wie lange die PIX auf eine Ping-Antwort warten soll, um sicherzustellen, dass dieselbe IP-Adresse nicht bereits im Netzwerk vorhanden ist.

Schließlich ermöglicht der folgende Befehl, dass der DHCP-Server automatisch DNS-, WINS- und Domain-Parameter von einem auf der externen Schnittstelle konfigurierten DHCP-Client erhalten kann:

```
PIX1(config)# dhcpd auto_config outside
```

Es folgt ein Beispiel für eine SOHO-Konfiguration. Sie beinhaltet einen DHCP-Client auf der externen Schnittstelle sowie einen DHCP-Server auf der internen Schnittstelle, und es werden Parameter vom Client an den Server übergeben:

```
ip address outside dhcp setroute
PIX1(config)# ip address inside 192.168.2.1 255.255.255.0
PIX1(config)# dhcpd address 192.168.2.201-192.168.2.210
PIX1(config)# dhcpd lease 3000
PIX1(config)# dhcpd auth_config outside
```

```
PIX1(config)# dhcpd enable
PIX1(config)# nat (inside) 1 0 0
PIX1(config)# global (outside) 1 interface
```

Ohne die automatische Konfiguration könnte das Beispiel folgendermaßen aussehen:

```
PIX1(config)# ip address outside dhcp setroute
PIX1(config)# ip address inside 192.168.2.1 255.255.255.0
PIX1(config)# dhcpd address 192.168.2.201-192.168.2.210
PIX1(config)# dhcpd lease 3000
PIX1(config)# dhcpd dns 1.2.3.4 1.2.3.31
PIX1(config)# dhcpd wins 192.168.2.20
PIX1(config)# dhcpd domain example.com
PIX1(config)# dhcpd enable
PIX1(config)# nat (inside) 1 0 0
PIX1(config)# global (outside) 1 interface
```

Es stehen Befehle zur Verfügung, mit denen Sie den Status des Servers überprüfen können. Beispiel:

```
PIX1(config)# show dhcpd
dhcpd address 192.168.2.201-192.168.2.210 inside
dhcpd lease 3000
dhcpd ping_timeout 750
dhcpd dns 1.2.3.4 1.2.3.31
dhcpd enable inside
```

Weitere Befehle dienen der Anzeige des aktuellen Status bei den IP-Bindings (welchem Client welche IP-Adresse zugeordnet wurde) und allgemeiner Server-Statistiken:

```
PIX1(config)# show dhcpd binding
IP Address  Hardware Address  Lease Expiration  Type
192.168.2.210 0100.a0c9.777e 84985 seconds automatic
```

Hier sehen Sie, dass einem Client mit der MAC-Adresse 0100.a0c9.777e die IP-Adresse 192.168.2.210 zugewiesen wurde und dass diese Lease in 84.985 Sekunden abläuft:

```
PIX1(config)# show dhcpd statistics
Address Pools 1
Automatic Bindings 1
```

```
Expired Bindings 1
Malformed messages 0
Message Received
BOOTREQUEST 0
DHCPDISCOVER 1
DHCPREQUEST 2
DHCPDECLINE 0
DHCPRELEASE 0
DHCPINFORM 0
Message Sent
BOOTREPLY 0
DHCPOFFER 1
DHCPACK 1
DHCPNAK 1
```

Diese Statistiken zeigen die Anzahl konfigurierter IP-Adress-Pools, die Anzahl aktiver Leases (Bindings), abgelaufener Bindings, mit Fehlern erhaltener Nachrichten und eine detaillierte Auflistung nach Nachrichtentyp für korrekt erhaltene und gesendete Nachrichten.

Optionen für Cisco-IP-Telefone

Wie im Abschnitt »Skinny Client Control Protocol« beschrieben, nutzen Cisco-IP-Telefone einen TFTP-Server, um einen Großteil ihrer Konfigurationsdaten zu erhalten. Die entsprechende Adresse kann zwar statisch konfiguriert werden, doch es ist auch möglich, spezielle DHCP-Optionen zu nutzen, um die Telefone mit Informationen zum Standort des TFTP-Servers zu versorgen. Clients können DHCP-Servern Nachrichten mit zwei verschiedenen Optionstypen senden: die Option Nummer 66, die den Server veranlasst, den Namen eines TFTP-Servers zu senden, und Option 150, durch die der Server eine Liste mit den IP-Adressen von einem oder zwei TFTP-Servern sendet. Diese Optionen werden ab der Version 6.2 der Firewall-Software unterstützt und mit folgenden Befehlen konfiguriert:

```
dhcpd option 66 ascii <server_name>
dhcpd option 150 ip <server1_ip> [<server2_ip>]
```

Beispiel:

```
PIX1(config)# dhcpd option 66 ascii tftp.example.com
PIX1(config)# dhcpd option 150 ip 1.2.3.4 2.3.4.5
```

Da der Server nur auf der internen Schnittstelle ausgeführt werden kann, sollten die IP-Telefone im direkt an diese Schnittstelle angeschlossenen Netzwerk untergebracht werden.

4.6 Andere erweiterte Features

Die Cisco-PIX-Firewall bietet noch viele andere Sicherheitsmerkmale. Einige dieser Merkmale können zum Schutz des Netzwerks vor verschiedenen DoS-Angriffen verwendet werden. Einige davon stehen im Zusammenhang mit der Verarbeitung von Routing-Informationen – und zwar unicast und auch multicast.

4.6.1 Fragmentation Guard

Fragmentierte Pakete stellen für Firewalls eine Herausforderung dar. Nichts in den aktuellen Internet-Standards hält eine Person davon ab, IP-Pakete so fragmentiert zu senden, dass sich IP-Quell- und Zieladressen und TCP-Port-Informationen in verschiedenen oder gar in überlappenden Fragmenten befinden. Die Firewall kann erst entscheiden, was mit dem Paket geschehen soll, wenn sie den kompletten TCP/IP-Header sieht. Einige Firewalls lassen diese Fragmente einfach passieren, ohne den Versuch zu unternehmen, die ursprünglichen Pakete wieder zusammenzusetzen, während andere diese Zusammensetzung durchführen. Das Zusammensetzen kann gefährlich sein – es ist beispielsweise nicht sehr schwierig Fragmente zu senden, durch die ein wieder zusammengesetztes Paket eine nicht zulässige Größe erreicht, die wiederum die internen Puffer des IP-Stacks sprengen kann.

Die PIX setzt fragmentierte Pakete immer zusammen, bevor sie gegen Access Lists geprüft werden. Sie kann für den fragmentierten Datenverkehr, der sie passiert, einige Einschränkungen geltend machen. Wenn das FragGuard-Feature aktiviert ist, sorgt es dafür, dass

- jedes nicht anfängliche IP-Fragment einem bereits verarbeiteten Anfangsfragment zugeordnet wird (Prävention von Teardrop-Angriffen).
- die Rate von IP-Fragmenten zu den internen Hosts jeweils auf 100 Fragmente pro Sekunde beschränkt ist.

Theoretisch werden auf diese Weise einige der Regeln für das Verarbeiten von fragmentierten Paketen gebrochen, doch im Internet geschieht derzeit eine immense Fragmentierung gewöhnlich nicht von selbst, sondern wird fast immer durch einen Hacker vorsätzlich verursacht, der Firewall-Regeln umgehen oder einen Flood-Angriff auf einen Internet-Host starten will. Daher ist es im Allgemeinen besser, dieses Feature zu aktivieren, es sei denn, auf Ihrer Verbindung ist seltsamerweise die Fragmentierungsrate sehr hoch – in diesem Fall könnte es allerdings sein, dass mit der Leitung selbst etwas nicht stimmt.

Standardmäßig ist die FragGuard-Funktion deaktiviert. Sie kann nur auf allen Schnittstellen gemeinsam aktiviert bzw. deaktiviert werden. Der Befehl zum Aktivieren der Funktion lautet:

```
sysopt security fragguard
```

Mit dem zugehörigen no-Befehl schalten Sie die Funktion wieder aus. Mit dem Befehl show sysopt können Sie den Status verschiedener Einstellungen, einschließlich der Konfiguration von FragGuard, anzeigen.

> **Hinweis**
> Ein unerwünschter Nebeneffekt von FragGuard ist, dass Sie die Verbindung mit Hosts verlieren können, wenn auf diesen bestimmte Linux-Versionen laufen und die Fragmentierung von IP-Paketen ausgeführt wird. Diese Versionen senden das Anfangsfragment nicht immer an erster Stelle, daher wird die PIX-Firewall die empfangene Sequenz von Fragmenten verwerfen. Obwohl das selten geschieht, sollten Sie darauf Acht geben.

Mitunter können die FragGuard-Einstellungen zu restriktiv sein. Sie können den virtuellen Zusammensetzungsprozess manuell mit den fragment-Befehlen anpassen. Die Syntax ist wie folgt:

```
fragment size <database-limit> [<interface>]
fragment chain <chain-limit> [<interface>]
fragment timeout <seconds> [<interface>]
clear fragment
```

Mit dem ersten Befehl wird die maximale Anzahl an Blöcken gesetzt, die für das wieder Zusammensetzen verwendet werden kann. Wenn keine Schnittstelle angegeben ist, gilt die Einstellung global, sonst nur für die spezifische Schnittstelle. Der Standardwert für die Anzahl der Blöcke liegt bei 200. Er sollte nie größer sein als die Anzahl verfügbarer Blöcke, die eine Größe von 1550 Byte haben. Im Allgemeinen macht eine größere Datenbank die PIX anfälliger für einen DoS-Angriff, indem sie mit Fragmenten überflutet wird und schließlich in Speichernot gerät.

Mit dem zweiten Befehl wird die maximal zulässige Anzahl an Fragmenten gesetzt, in die ein IP-Paket aufgeteilt wird. Die Standardeinstellung ist 24 Fragmente, der Maximalwert liegt bei 8200. Weitere Fragmente werden verworfen und das Paket wird nicht wieder zusammengebaut. Mit der Timeout-Einstellung wird der Zeitrahmen bestimmt, in dem sämtliche Fragmente eines IP-Pakets angekommen sein sollten. Die Standardeinstellung für den Timeout ist 5 Sekunden. Als Maximum können 30 Sekunden eingestellt werden.

Mit dem letzten Befehl, clear fragment, werden alle drei Einstellungen auf ihre Standardwerte zurückgesetzt. Der Status der Fragmentdatenbank kann mit dem Befehl show fragment angezeigt werden:

```
pix(config)# show fragment outside
Interface:outside
Size:200, Chain:24, Timeout:5
Queue:150, Assemble:300, Fail:0, Overflow:0
```

Anhand dieser Ausgabe können Sie erkennen, dass die Datenbank mit Standardwerten arbeitet: mit der Größe von 200 Blöcken, 24 Fragmenten in einer Kette und einem Timeout-Wert von 5 Sekunden. Es warten 150 Pakete auf den Zusammenbau, bei 300 Paketen ist dies bereits erfolgreich geschehen und es traten keine Fehler oder Datenbanküberläufe auf.

4.6.2 AAA Floodguard

Es gibt ein weiteres Problem im Zusammenhang mit der Überflutung: Ein böswilliger Anwender könnte den AAA-Authentifizierungsmechanismus missbrauchen, indem er einfach eine große Anzahl von Anmeldeversuchen ohne Angabe von Anmeldedaten durchführt und die Verbindungen offen lässt. Die PIX-Firewall wartet dann, bis ein Timeout abgelaufen ist. Bei ausreichend vielen Versuchen könnten die AAA-Ressourcen überstrapaziert werden, so dass keine Reaktion auf weitere Anmeldeversuche erfolgt – ein DoS-Angriff auf Anmelderessourcen. Die PIX-Firewall verfügt über einen internen Mechanismus zum Zurückfordern von AAA-Ressourcen, um diese Situation zu vermeiden. Es handelt sich um Floodguard, eine Funktion, die standardmäßig aktiviert ist. Wenn die Funktion aktiviert ist, überwacht die PIX-Firewall die Nutzung der Ressourcen. Wenn diese Ressourcen aufgebraucht sind, wird eine Syslog-Meldung generiert. Wenn zusätzliche Ressourcen erforderlich sind, fordert die PIX jene zurück, die sich nicht in einem aktiven Status befinden. Das geschieht in folgender Reihenfolge (nach Priorität):

- Ressourcen, die sich im Status *Timewait* befinden, werden zurückgefordert.
- Ressourcen, die sich im Status *Finwait* befinden, werden zurückgefordert.
- Rudimentäre Ressourcen werden zurückgefordert.
- Ressourcen im Leerlauf (Idle) werden zurückgefordert.

Die zugehörigen Befehle (Konfigurationsmodus) für diese Funktion sind recht einfach:

```
floodguard enable
floodguard disable
show floodguard
```

Diese Befehle sollten sich selbst erklären.

4.6.3 SYN Floodguard

Ein anderer, weit verbreiteter DoS-Angriff ist das SYN-Flooding. Dabei sendet ein Angreifer eine große Anzahl anfänglicher SYN-Pakete an den Host, ohne diese halb offenen Verbindungen zu bestätigen oder zu schließen. Bei einigen TCP/IP-Implementierungen führt das dazu, dass ein großer Teil der Ressourcen während des Wartens auf die Verbindungsbestätigung gebunden wird und dadurch keine neuen Verbindungen mehr angenommen werden, bis diese halb offenen Verbindungen wieder gelöscht sind. Die einfachste Möglichkeit, diese Situation zu verhindern, ist die ständige Kontrolle der Häufigkeit, mit der neue Verbindungen geöffnet werden, oder der Anzahl von halb offenen Verbindungen (andere Bezeichnungen für diese beiden Sachverhalte sind *SYN Received* bzw. *embryonic* (rudimentär)). Die Kontrolle der halb offenen Verbindungen erreichen Sie, indem Sie die Anzahl der zulässigen Embryonic-Verbindungen in den Konfigurationsbefehlen static und nat begrenzen. Beispiel:

```
PIX1(config)# static (dmz, outside) 123.4.5.6 10.1.1.0 netmask
    255.255.255.255 100 50
```

Auf diese Weise wird ein statischer NAT-Eintrag für den DMZ-Server 101.1.0 mit einer externen IP-Adresse von 123.4.5.6 erzeugt. Die Zahl 100 besagt, dass sich zu jedem beliebigen Zeitpunkt nur 100 von außen in diesen Server eingehende Verbindungen in einem offenen Zustand befinden dürfen. Die Zahl 50 legt die zulässige Anzahl von halb offenen oder Embryonic-Verbindungen zu diesem Server fest, die zu jedem beliebigen Zeitpunkt existieren können. Der nat-Befehl ist identisch: Die zwei Zahlen am Ende geben die Anzahl von offenen und halb offenen Verbindungen an, die zu jedem beliebigen Zeitpunkt zu jedem übersetzten Host bestehen dürfen.

```
nat (inside) 1 10.0.0.0 255.0.0.0 100 50
```

Wenn eine dieser Zahlen null ist, ist die Anzahl der Verbindungen nicht beschränkt. Das tatsächliche Verhalten der PIX beim Überschreiten der zulässigen Anzahl an Verbindungen zu einem Host ist bei den Versionen 5.2 und höher (ab 5.3) unterschiedlich; weitere Einzelheiten finden Sie in der folgenden Anmerkung.

> **Entwerfen & Planen ...**
>
> **Das TCP-Intercept-Feature in den PIX-Versionen 5.3 und höher**
>
> Die Implementierung des SYN-Floodguard-Features in den Versionen vor 5.3 war nicht ganz gelungen. Wenn die maximal zulässige Anzahl halb offener Verbindungen zu einem Host erreicht war, ging die Firewall einfach dazu über, alle weiteren SYN-Pakete, die für den betroffenen Host bestimmt waren, zu verweigern.

Während einerseits der Host vor einer Überlastung geschützt wurde, blockierte die PIX-Firewall im Fall einer SYN-Überflutung andererseits jeden Datenverkehr zu oder von diesem Host. Wenn die maximal zulässige Anzahl Embryonic-Verbindungen nicht angegeben wurde, beschränkte die PIX die Anzahl der halb offenen Verbindungen nicht, was wiederum zu einem erfolgreichen SYN-Flood-Angriff auf den Host führen konnte.

Mit der Version 5.3 wurde ein neues Feature namens TCP Intercept eingeführt. Ab der Version 5.3 verhält sich die PIX anders, wenn die Anzahl zulässiger Embryonic-Verbindungen für einen Host erreicht ist. Wenn das geschieht, wird jedes neue SYN-Paket an den betroffenen Host so lange abgefangen statt verworfen, bis die Anzahl der Embryonic-Verbindungen unter den Schwellenwert fällt. Dann antwortet die PIX statt dem Ziel-Server dem Sender selbst mit einem SYN/ACK. Wenn der Client schließlich mit einem legitimen ACK antwortet, sendet die PIX-Firewall das ursprüngliche SYN-Paket an sein Ziel (den Server), führt einen korrekten, dreiteiligen Handshake zwischen PIX und Server aus und die Verbindung zwischen einem Client und einem Server ist wieder aufgenommen.

Abbildung 4.12 zeigt die Funktionsweise des TCP-Intercept-Features:

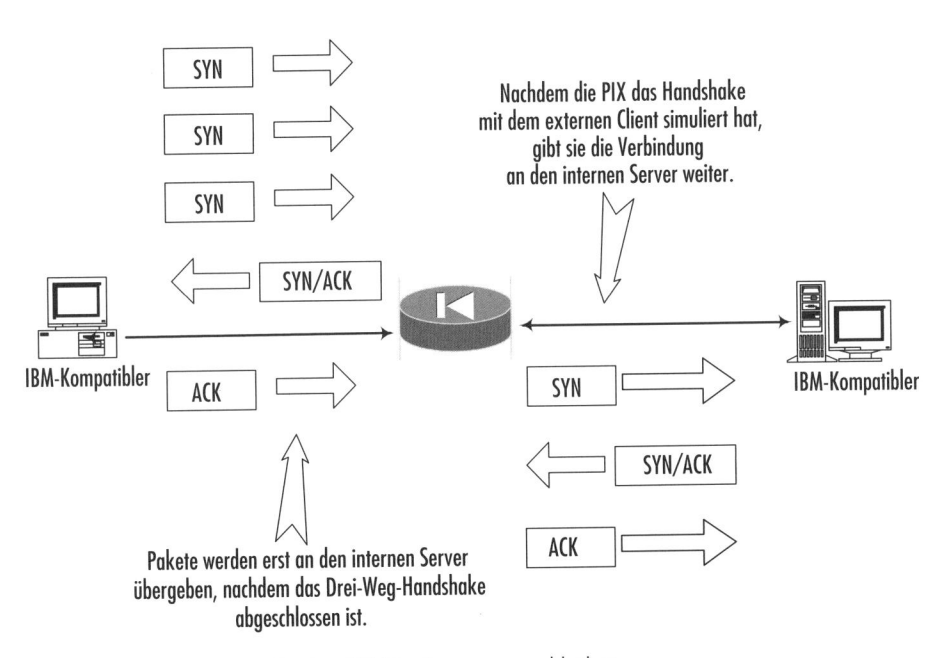

Abb. 4.12: TCP Intercept in den PIX-Versionen 5.3 und höher

4.6.4 Reverse-Path Forwarding

Das Konzept des Reverse-Path Forwarding wird selten richtig verstanden, obwohl es eigentlich recht einfach ist. Als Grundlage dient eine umfassende Routing-Tabelle. Bei jedem ankommenden Paket wird die Quelladresse gegen diese Tabelle geprüft. Aus diesem Grund wir dieses Vorgehen als »*Reverse*«-*Lookup* (Umgekehrtes Lookup) bezeichnet. Wenn eine Route zu dieser Quelle aufgefunden wird (wenn es also einen umgekehrten Pfad zur Quelle gibt), ist gewährleistet, dass das Paket auf derselben Schnittstelle angekommen ist, die in dem zugehörigen Routen-Eintrag aufgelistet ist (also ist das Paket auf dem besten Pfad zurück zu seinem Ursprung angekommen). Wenn die Schnittstelle korrekt ist, stammt das Paket von einer nachprüfbaren Quelle und ist damit legitim. Wenn keine umgekehrte Route gefunden wird oder das Paket auf einer falschen Schnittstelle ankommt, wird es als Spoof-Paket (vorgetäuschtes Paket) betrachtet und verworfen.

Dieses Feature dient zur Implementierung der Eintritt- und Austritt-Filterung (Ingress und Egress Filtering), wie in RFC 2267 spezifiziert. Standardmäßig ist sie deaktiviert. Mit folgendem Befehl kann sie auf einer speziellen Schnittstelle aktiviert werden:

```
ip verify reverse-path interface <interface_name>
```

Bei der Eintritt-Filterung wird überprüft, ob externe Hosts tatsächliche externe Adressen haben. Da die PIX-Firewall jedoch keine Tabelle mit allen möglichen Routen im Internet verwalten kann, wird in den meisten Konfigurationen per Überprüfung sichergestellt, dass Pakete, die aus dem Internet auf der externen Schnittstelle ankommen, keine »interne« Quelladresse aufweisen. Die Austritt-Filterung funktioniert genau umgekehrt. Per Überprüfung wird sichergestellt, dass Pakete, deren Ziel das Internet ist, tatsächlich eine interne Quelladresse aufweisen. Durch diese Filterung wird das Verfolgen von Paketen zu ihren Quellen viel einfacher, und die meisten Spoof-Angriffe können verhindert werden. Sie können diese Resultate zwar auch mithilfe von Access Lists erzielen, doch das RPF-Feature bietet eine viel einfachere und elegantere Lösung.

Betrachten wir folgendes Beispiel:

```
PIX1(config)# ip address inside 192.168.1.254 255.255.0.0
PIX1(config)# route inside 192.168.2.0 255.255.255.0 192.168.1.254 1
PIX1(config)# route inside 192.168.3.0 255.255.255.0 192.168.1.254 1
PIX1(config)# ip address outside 1.2.3.1 255.255.255.0 2
PIX1(config)# route outside 0.0.0.0 0.0.0.0 1.2.3.127
PIX1(config)# ip verify reverse-path interface outside
PIX1(config)# ip verify reverse-path interface inside
```

Hier sind zwei Netzwerke – 192.168.2.0/24 und 192.168.3.0/24 – mit der internen Schnittstelle verbunden. Entsprechende Einträge wurden in der Routing-Tabelle erstellt. Die Standard-Route der externen Schnittstelle lautet 1.2.3.127. Das RPF-Feature ist auf beiden Schnittstellen aktiviert. Wenn nun ein Paket von dem mit der internen Schnittstelle verbundenen Netzwerk ankommt, wird dessen Quelladresse gegen die Routing-Tabelle geprüft. Wenn diese Adresse zu einem der beiden Netzwerke (192.168.2.0/24 oder 192.168.3.0/24) gehört, wird das Routen-Lookup als erfolgreich betrachtet und das Paket darf die Firewall passieren. Stammt die Adresse nicht aus einem dieser Netzwerke, wird keine Route aufgefunden werden und das Paket wird verworfen.

Wenn ein Paket aus dem Internet auf der externen Schnittstelle ankommt, wird auch dessen Quelle überprüft, da RPF auf der externen Schnittstelle aktiviert ist. Wenn diese Adresse zu einem der beiden Netzwerke (192.168.2.0/24 oder 192.168.3.0/24) gehört, wird das Routen-Lookup zwar als erfolgreich betrachtet, doch es wird bemerkt, dass dieses Paket nicht auf dem besten Pfad zu seinem Ursprung angelangt ist. (Der beste Pfad führt durch die interne Schnittstelle.) Das Paket ist offensichtlich ein Spoof-Paket und damit zu verwerfen. In allen anderen Fällen ist das Routen-Lookup ebenfalls erfolgreich, weil es auf der externen Schnittstelle eine Standard-Route gibt. Das Paket darf passieren. Damit veranlasst der Befehl `ip verify reverse-path interface inside` die Austritt-Filterung, während `ip verify reverse-path interface outside` die Eintritt-Filterung aktiviert.

> **Hinweis**
>
> Es gibt einige Beschränkungen bei der RPF-Überprüfung. Wenn auf der externen Schnittstelle keine Standard-Route angegeben ist, können nur die in der Routing-Tabelle aufgeführten Netzwerke Pakete an die Hosts hinter der Firewall senden. Aus dem gleichen Grund sollten Sie die RPF-Überprüfung nicht aktivieren, bevor das Routing komplett spezifiziert wurde. Wenn auf Ihrem Netzwerk asymmetrisches Routing verwendet wird, funktioniert die RPF-Überprüfung nicht korrekt.

Wenn wir in dieser Konfiguration keine RPF-Überprüfung für die externe Schnittstelle konfigurieren würden, würde nur eine Austritt-Filterung auf der internen Schnittstelle ausgeführt und Spoof-Pakete aus dem Internet dürften passieren, während alle Spoofing-Versuche durch interne Hosts abgewehrt würden. Wenn die RPF-Überprüfung nur auf der externen Schnittstelle aktiviert ist und Routen zu den internen Netzwerken vorhanden sind, wird nur eine Eintritt-Filterung durchgeführt; externe Pakete mit Quell-IPs, die den internen Netzwerken angehören, werden verworfen.

Statistische Informationen im Zusammenhang mit RPF können mit folgendem Befehl angezeigt werden:

```
pix(config)# show ip verify statistics
interface outside: 5 unicast rpf drops
interface inside: 2 unicast rpf drops
```

Zähler zeigen hier die Anzahl der durch Unicast-RPF verworfenen Pakete an. Die Anzahl verworfener Pakete durch RPF kann auch in der Ausgabe des Befehls show interface abgelesen werden:

```
pix(config)# show interface
interface ethernet0 "outside" is up, line protocol is up
Hardware is i82559 ethernet, address is 00aa.0000.003b
IP address 1.2.3.4, subnet mask 255.255.255.224
MTU 1500 bytes, BW 100000 Kbit half duplex
1183242 packets input, 1222000001 bytes, 0 no buffer
Received 210 broadcasts, 23 runts, 0 giants
4 input errors, 0 CRC, 4 frame, 0 overrun, 0 ignored, 0 abort
1311231 packets output, 565432270 bytes, 0 underruns, 0 unicast rpf drops
0 output errors, 12332 collisions, 0 interface resets
0 babbles, 0 late collisions, 12342 deferred
0 lost carrier, 0 no carrier
input queue (curr/max blocks): hardware (128/128) software (0/1)
output queue (curr/max blocks): hardware (0/2) software (0/1)
```

Die Zeile 8 dieser Ausgabe enthält die Meldung 0 unicast rpf drops. Dies besagt, dass auf dieser Schnittstelle keine Pakete verworfen wurden.

Nicht alle Pakete werden mittels RPF überprüft. Tatsächlich geschieht Folgendes:

- Alle ICMP-Pakete werden überprüft, da für diesen Kommunikationstyp kein Sitzungsstatus existiert.
- Für TCP- und UDP-Verbindungen verwaltet die PIX Sitzungsinformationen, daher wird nur ein Anfangspaket gegen die Routing-Tabelle geprüft. Alle nachfolgenden Pakete werden nur auf die Schnittstelle hin geprüft, auf der sie ankommen. Dies sollte dieselbe Schnittstelle sein, auf der auch das Anfangspaket angekommen ist.

Mit den folgenden Befehlen werden die ip verify-Befehle aus der Konfiguration bzw. die Paketzähler gelöscht:

```
clear ip verify reverse-path
clear ip verify statistics
```

4.6.5 Unicast-Routing

Die Konfiguration des statischen Routing wurde in Kapitel 2 behandelt. In diesem Abschnitt beschreiben wir einige fortgeschrittene Aspekte im Zusammenhang mit dem Unicast-Routing, wie es die PIX-Firewall ausführt.

Statische und verbundene Routen

Sie haben bereits gelernt, wie Sie statische Routen auf der Firewall mithilfe des Befehls route konfigurieren:

```
route <interface> <ip_address> <netmask> <gateway_address> [<metric>]
```

Beispiel:

```
PIX1(config)# route outside 0.0.0.0 0.0.0.0 1.2.3.4
```

Mit diesem Befehl konfigurieren Sie eine statische Standard-Route auf der externen Schnittstelle zum Gateway 1.2.3.4 – ein Standard-Gateway für den Netzwerkverkehr. Wenn Sie den Befehl show route eingeben, enthält die Ausgabe folgende Zeile:

```
route outside 0.0.0.0 0.0.0.0 1.2.3.4 1 OTHER static
```

Das Schlüsselwort OTHER bedeutet einfach, dass diese Route eine manuell eingegebene statische Route ist. Es gibt eine interessante Variante des route-Befehls: Es ist möglich, dass Sie statt einer Gateway-Adresse eine IP-Adresse für die eigene Schnittstelle der PIX angeben. Das mag sich aus der Sicht des klassischen statischen Routing ein wenig merkwürdig anhören, doch manchmal ist es sehr nützlich, besonders in einer Cisco-Infrastruktur. Die PIX selbst erstellt automatisch Routen dieses Typs, wenn Sie eine IP-Adresse für eine Schnittstelle eingeben.

Was geschieht also, wenn eine Route auf die PIX-Schnittstelle eingerichtet wird? Die einfache Antwort ist, dass die PIX-Firewall das Netzwerk als direkt verbunden ansieht und selbst eine ARP-Anforderung für die Zieladresse sendet, anstatt die Zieladresse eines Gateways anzufordern und das Paket an das Gateway zu leiten. Der Ziel-Host muss nicht wirklich direkt verbunden sein. Wenn er über einen Router, bei dem die Proxy-ARP-Funktion aktiviert ist, verbunden ist, antwortet der Router anstelle des Hosts und die PIX leitet das Paket weiter an diesen Router. Der Router wiederum leitet das Paket an den Host. Bei Cisco-Routern und PIX-Firewalls ist das Proxy-ARP-Feature standardmäßig aktiviert. Wenn die interne Schnittstelle beispielsweise die IP-Adresse 192.168.1.254/24 hat und zwei Netzwerke mit dieser Schnittstelle über einen Router verbunden sind, können Sie mit den beiden folgenden Statements korrekte Routen zu diesen Netzwerken konfigurieren (beachten Sie, dass die IP des Routers nicht verwendet wird; sie muss sich lediglich in demselben Netzwerk wie die interne Schnittstelle der PIX befinden):

```
PIX1(config)# route inside 192.168.2.0 255.255.255.0 192.168.1.254
PIX1(config)# route inside 192.168.3.0 255.255.255.0 192.168.1.254
```

Mit dem Befehl show route können Sie die entsprechenden Einträge in der Routing-Tabelle anzeigen:

```
route inside 192.168.1.0 255.255.255.0 192.168.1.254 1 CONNECT static
route inside 192.168.2.0 255.255.255.0 192.168.1.254 1 OTHER static
route inside 192.168.3.0 255.255.255.0 192.168.1.254 1 OTHER static
```

Der erste Eintrag wurde automatisch durch die PIX-Firewall erstellt, als eine IP-Adresse auf der internen Schnittstelle konfiguriert wurde. Die anderen beiden sind das Ergebnis unserer zwei statischen Routen-Einträge.

Was genau geschieht, wenn die Standard-Route (externe Schnittstelle) auf der PIX auf sich selbst gesetzt ist? Die PIX führt nacheinander folgende Schritte aus, um das Paket korrekt weiterzuleiten:

- Die PIX empfängt ein Paket auf der internen Schnittstelle, das als Ziel den Internet-Host mit der IP a.b.c.d hat.
- Die Standard-Route auf der externen Schnittstelle ist auf die Schnittstelle selbst gesetzt. Wenn ein separates Standard-Gateway angegeben worden wäre, würde die PIX einfach eine ARP-Anforderung für die Adresse des Gateways senden und das Paket dorthin weiterleiten. Ist dies nicht der Fall, sendet die PIX eine ARP-Anforderung für IP a.b.c.d.
- Der Router (wir unterstellen aktiviertes Proxy-ARP), der eine Route zu a.b.c.d besitzt, antwortet anstelle des Hosts a.b.c.d mit seiner MAC-Adresse.
- Die PIX leitet das Paket an diesen Router, der von dort die Weiterleitung übernimmt.
- Die PIX fügt in ihre ARP-Tabelle einen Eintrag für die IP-Adresse a.b.c.d mit der MAC-Adresse des Routers ein.

Bei der PIX-Firewall ist die Proxy-ARP-Funktion ebenfalls standardmäßig aktiviert, daher kann sie auf gleiche Weise agieren wie der Router aus dem vorangegangenen Beispiel. Mit folgendem Befehl können Sie dieses Feature auf einer spezifischen Schnittstelle deaktivieren:

```
sysopt noproxyarp <interface>
```

Konfigurieren und Implementieren ...

Proxy-ARP und One-Armed Routing Mode

Für den Fall, dass Sie den Begriff »*One-Armed*«-*Routing* noch nicht gehört haben, hier eine Erklärung: Es bedeutet, dass der Router nur über eine Schnittstelle (mit mehreren IP-Adressen darauf) verfügt. Seine einzige Aufgabe besteht darin, ein Paket vom Netzwerk zu empfangen und es an einen anderen Router/Host in demselben LAN, aber vielleicht in einem anderen IP-Netzwerk weiterzuleiten. Das ist manchmal ganz nützlich, doch die PIX kann es nicht leisten, da ihr Adaptive Security Algorithm nicht zulässt, dass ein Paket auf derselben Schnittstelle hinausgehen kann, auf der es angekommen ist.

Kombiniert mit dem Standard-Proxy-ARP-Feature können Sie Ihr Routing austricksen. Wenn sich ein Router beispielsweise hinter einer internen Schnittstelle befindet und ein Host eine ARP-Anforderung für die IP-Adresse dieses Routers sendet, antwortet die PIX stattdessen (oder zusammen mit dem Router) und das Paket wird an die PIX weitergeleitet. Das Problem ist: Das Paket muss zu dem tatsächlichen Router weitergeleitet werden, doch die PIX kann das nicht leisten; das Paket darf nicht auf derselben Schnittstelle hinausgehen.

Wenn Sie die vollständige Kontrolle über Ihr statisches Routing bevorzugen und alle statischen Routen mit korrekten Gateways erstellt haben, ist es immer besser, wenn Sie das Proxy-ARP-Feature auf allen Schnittstellen deaktivieren; es hat die fiese Angewohnheit, Ihnen in die Quere zu kommen.

4.6.6 Routing Information Protocol

Neben statischen Routen unterstützt die PIX-Firewall auch das Routing Information Protocol (RIP) in den Versionen 1 und 2. Dieses Protokoll ist das einfachste dynamische Routing-Protokoll und in RCF 1058, 1388 und 2082 beschrieben. Grob gesprochen teilt ein Router seinen Nachbarn per Broadcast (oder mittels Multicast in Version 2) seine gesamte Routing-Tabelle mit, damit diese ihre Tabellen entsprechend aktualisieren.

Jede PIX-Schnittstelle kann so konfiguriert werden, dass sie sich entweder per Broadcast (Multicast) als Standard-Route für das Netzwerk darstellt oder passiv auf die Routing-Updates von anderen Routern im LAN horcht. Die einfache Syntax für die RIP-Konfiguration lautet:

```
rip <if_name> [default | passive] version [1 | 2]
```

Mit den Schlüsselworten `default` und `passive` definieren Sie den Modus, den RIP auf der Schnittstelle `if_name` ausführt. Mit dem Parameter `default` legen Sie fest, dass eine Standard-Route mitgeteilt werden soll, während der Parameter `passive` bedeutet, dass nach Updates von anderen Routern gehorcht werden soll. Der Parameter version gibt die für die Schnittstelle zu verwendende RIP-Version an. Wenn keine Version angegeben wird, wird die Version 1 unterstellt. Die Hauptunterschiede zwischen RIPv1 und RIPv2 liegen darin, dass RIPv2 statt Broadcasts Multicasts zur Adresse 224.0.0.9 und auch die Authentifizierung nutzen kann. RIPv1 nutzt ausschließlich Broadcasts und keine Authentifizierung von Updates. RIPv2 ist außerdem ein klassenloses Protokoll und kann daher Routing-Informationen für Netzwerke wie 172.16.1.0/24 austauschen, während RIPv1 nur Netzwerke der Klassen A, B und C nutzt – z.B. Klasse B Netzwerk 171.16.0.0/16. Generell empfiehlt sich der Einsatz von RIPv2, wenn keine Interaktion mit älteren RIPv1-Systemen erforderlich ist.

> **Hinweis**
>
> Vor der Version 5.3 konnte die PIX für RIPv2 nur Broadcasts nutzen. Ab Version 5.3 werden Multicasts zur Adresse 224.0.0.9 verwendet. Wenn Sie RIPv2 auf der PIX einsetzen, sendet sie die Updates standardmäßig an die Adresse 224.0.0.9. Wenn der passive Modus mit RIPv2 konfiguriert ist, akzeptiert die PIX Multicast-Updates mit der Adresse 224.0.0.9, und diese Multicast-Adresse wird auf der entsprechenden Schnittstelle registriert. Nur Intel 10/100- und Gigabit-Schnittstellen bieten Unterstützung für Multicasting. Wenn die RIP-Konfigurationsbefehle aus der Konfiguration gelöscht werden, wird diese Multicast-Adresse auf der Schnittstelle wieder ausgetragen.

Wenn Sie einen Router mit Multicast-RIPv2 betreiben, der mit einer älteren PIX (vor Version 5.3) kommunizieren soll, kann diese PIX keine Updates empfangen. Sie können den Router in den Unicast-Modus schalten, wenn Sie in den RIP-Konfigurationsabschnitt des Routers den Befehl neighbor <pix_address> eingeben. Die PIX kann Unicast-Updates in jeder Version empfangen, die RIP unterstützt.

Hier ein Beispiel für eine RIPv1-Konfiguration:

```
PIX1(config)# show rip
rip outside passive
no rip outside default
rip inside passive
no rip inside default
PIX1(config)# rip inside default
PIX1(config)# show rip
rip outside passive
no rip outside default
rip inside passive
rip inside default
```

Mit dem ersten `show rip`-Befehl wird der Standardstatus der Konfiguration angezeigt: Alle Schnittstellen horchen passiv. Dann wird die interne Schnittstelle dazu konfiguriert, sich per Broadcast als Standard-Route anzukündigen. Beachten Sie, dass der passive Horchmodus durch diesen Modus nicht deaktiviert wurde. Wenn Sie ihn deaktivieren möchten, müssen Sie den Befehl `no rip inside passive` verwenden.

RIPv2 bietet Unterstützung für zwei Typen der Authentifizierung: Kennwörter im Klartext und MD5-Hashes. Durch dieses Feature des RIPv2-Protokolls erhält das übertragene Routing-Update ein weiteres Feld – eines für die Authentifizierung. Es kann ein Kennwort im Klartext (nicht empfohlen) oder einen verschlüsselten MD5-Hash der gesamten Nachricht enthalten. Verschlüsselt bedeutet, dass es einen Schlüssel gibt, mit dem ein Hash-Wert für die Nachricht berechnet wird. Die Konfiguration der PIX ist in beiden Fällen unproblematisch: Der Befehl für die Basiskonfiguration erhält einen zusätzlichen Parameter:

```
rip <if_name> [default | passive] version 2 authentication [text | md5]
    <key_string> <key_id>
```

Der folgende Befehl nutzt beispielsweise das Klartext-Kennwort `mysecretkey`, während das Standard-Gateway per Broadcast auf der internen Schnittstelle mitgeteilt wird:

```
rip inside default version 2 authentication text mysecretkey 1
```

Der folgende Befehl listet nur Nachrichten mit einem korrekten MD5-Hash auf, die mit dem Schlüssel `anothersecretkey` verschlüsselt wurden.

```
rip outside passive version 2 authentication md5 anothersecretkey 2
```

Der Parameter `key_id` (eine Zahl am Zeilenende) ist ein Wert für eine Schlüssel-ID, der auf allen Routern, mit der die PIX kommuniziert, identisch sein muss.

Die RIP-Authentifizierung auf Routern ist komplizierter. Sie müssen eine Schlüsselkette mit einigen Schlüsseln einrichten (diese sind nummeriert und entsprechen genau der `key_id`, die Sie beim Konfigurieren der PIX zur Verfügung stellen müssen) und die Authentifizierung aktivieren. Hier beispielhaft ein Teil einer Router-Konfiguration, der unserem Fall der MD5-Authentifizierung entspricht:

```
interface ethernet 0
 ip rip authentication key-chain mykeys
 ip rip authentication mode md5
!
router rip
```

```
 network 172.16.0.0
 version 2
 !
 key chain mykeys
  key 2
  key-string anothersecretkey
```

> **Hinweis**
>
> Die PIX-Firewall kann nur eine einzige Schlüssel-ID pro Schnittstelle unterstützen. Die Lebenszeit von Schlüsseln ist unbegrenzt, Sie sollten sie in Abständen von etwa zwei Wochen auswechseln. Beachten Sie auch, dass die Schlüssel enttarnt werden könnten, wenn Sie zu ihrer Konfiguration Telnet verwenden.

Mit dem Befehl clear rip (Konfigurationsmodus) löschen Sie alle RIP-Konfigurations-Statements von der Firewall.

4.6.7 Stub Multicast Routing (SMR)

IP-Multicasting wird immer populärer, besonders in SOHO-Umgebungen, in denen Hosts über schnelle Leitungen verbunden sind. Multicasting war als Methode konzipiert, Pakete an mehrere Hosts auszuliefern. Beim Broadcasting erhält jeder Host alle von einem Server gesendeten Pakete. Beim Multicasting muss ein Host einer oder mehreren Multicast-Gruppen beitreten, die durch bestimmte IP-Adressen repräsentiert werden (224.0.0.0 - 239.255.255.255). Anschließend horcht er nur auf Pakete, die für seine Gruppe bestimmt sind. Natürlich impliziert das Wesen von Broadcasting und Multicasting, dass sie nur für UDP-Übertragungen genutzt werden können, da TCP immer zwei Endpunkte erfordert.

Wie aber funktioniert Multicasting genau? Wie angemerkt, gibt es eine Reihe von Multicast-Gruppenadressen (IP-Adressen Klasse D, 224.0.0.0 bis 239.255.255.255). Eine Gruppe von Hosts, die eine bestimmte Multicast-Gruppenadresse abhorcht, wird als *Host-Gruppe* (Host Group) bezeichnet. Eine Host-Gruppe ist nicht auf ein Netzwerk beschränkt und kann Hosts aus mehreren Netzwerken gleichzeitig enthalten. Die Mitgliedschaft in einer Gruppe ist dynamisch. Hosts können einer Gruppe nach Bedarf beitreten bzw. diese verlassen. Die Anzahl der Hosts in einer Gruppe ist nicht beschränkt. Ein Host muss nicht Mitglied einer Gruppe sein, um dieser Gruppe eine Nachricht zu senden.

Wenn ein Host eine Nachricht an eine spezielle Gruppenadresse sendet, unterliegt diese Adresse nicht dem ARP-Auflösungsprozess. Sie wird nach speziellen Regeln einfach in eine Ethernet-Adresse konvertiert. Anschließend wird ein Ethernet-Frame mit der resultierenden MAC-Zieladresse ausgesendet. Wenn sich alle Empfänger in demselben physischen Netzwerk befinden, ist der Rest ganz einfach: Die abhorchenden Hosts entscheiden, ob das Paket an sie gesendet wurde, indem sie die MAC-Adresse auf eine Übereinstimmung mit den abgehorchten Gruppenadressen hin prüfen. Doch Multicast-Gruppen sind per Definition nicht auf ein Netzwerk beschränkt. Daher müssen Methoden gefunden werden, mit denen solche Nachrichten Router überqueren können. Zudem müssen Router informiert werden, wenn sich Hosts aus einer speziellen Multicast-Gruppe in einem gegebenen physischen Netzwerk befinden. Dies leistet das Internet Group Management Protocol (IGMP).

IGMP gleicht ICMP insofern als es ebenfalls als Teil der IP-Schicht betrachtet wird. Es ist das IP-Protokoll Nummer 2. Seine Basisfunktionalität ist wie folgt:

- Wenn ein Host einer Multicast-Gruppe beitritt, informiert er den Router durch Senden einer IGMP-Nachricht.
- Wenn ein Host die Gruppe verlässt, sendet er keinen Bericht über dieses Ereignis (siehe die nächsten beiden Punkte).
- Ein Multicast-Router sendet in regelmäßigen Abständen IGMP-Anforderungen über all seine Schnittstellen, in denen er die verbundenen Hosts auffordert, Informationen über die Multicast-Gruppe, deren Mitglied sie sind, zu senden.
- Ein Host antwortet auf die Anforderung mit einem IGMP-Bericht für jede Gruppe, deren Mitglied er ist.

Abbildung 4.13 illustriert diesen IGMP-Austausch.

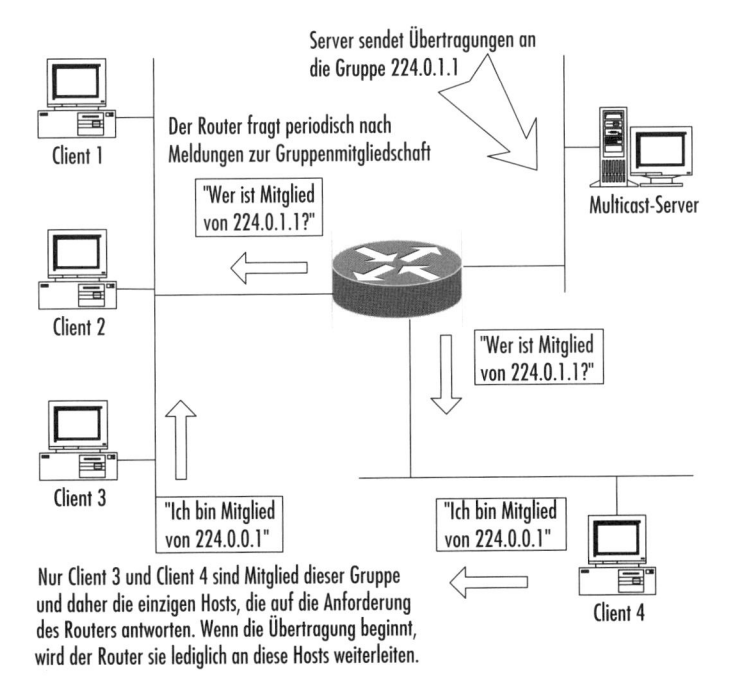

Abb. 4.13: Mittels IGMP Informationen über die Mitgliedschaft in Multicast-Gruppen senden

Ab der Version 6.2 unterstützt die PIX die Verarbeitung von Multicast- und IGMP-Nachrichten. Sie bietet zwar nicht die volle Funktionalität eines Multicast-Routers, doch sie kann als so genannter »*Stub-Router*« oder als IGMP-Proxy-Agent agieren. Ein IGMP-Proxy-Agent kann IGMP-Anforderungen und Antworten zwischen Multicast-Routern und -Gruppen weiterleiten. Wenn Ziel und Quelle von Multicast-Übertragungen durch eine PIX-Firewall voneinander getrennt sind, sind zwei Fälle denkbar: Die Quelle der Übertragung (oder ein Multicast-Router) befindet sich auf einer Schnittstelle mit niedrigerer Sicherheitsstufe als das Ziel oder die Quelle (Router) befindet sich auf einer Schnittstelle mit höherer Sicherheitsstufe als das Ziel. Wir wollen die beiden Fälle getrennt betrachten.

SMR-Konfiguration mit Clients auf einer Schnittstelle mit höherer Sicherheitsstufe

In diesem Fall befinden sich ein Multicast-Router und ein Server auf der externen Schnittstelle der PIX-Firewall und die Clients auf der internen. Die PIX muss Multicast-Verkehr vom Server und IGMP-Anforderungen vom Router an die internen Clients übermitteln können. Außerdem muss sie IGMP-Nachrichten von den internen Hosts an den externen Router übermitteln können.

Alle SMR-Konfigurationen beginnen mit dem folgenden Befehl (Konfigurationsmodus):

```
multicast interface <interface> [max-groups <number>]
```

Mit diesem Befehl werden Multicast-Funktionen auf der angegebenen Schnittstelle aktiviert. Die Schnittstelle wird in den Multicast-Promiscuous-Modus gesetzt und wechselt in einen Untermodus der Multicast-Konfiguration für eine spezifische Schnittstelle. (Das ist bei der PIX ein seltener Fall, denn im Konfigurationsmodus gibt es nur sehr wenige Untermodi.) Mit einem optionalen Parameter, max-groups, wird die Anzahl der Multicast-Gruppen definiert, die zu jedem beliebigen Zeitpunkt auf der Schnittstelle vorhanden sein können. Die Standardeinstellung beträgt 500, die maximale Anzahl liegt bei 2000. Dieser Modus verfügt über untergeordnete Befehle, wie z. B.:

```
igmp <command>
```

> **Hinweis**
> Wenn Sie die zu verwendende Version von IGMP einrichten möchten, verwenden Sie folgenden untergeordneten Befehl von multicast: igmp version {1 | 2}.

In unserem Fall muss die PIX zumindest auf ihrer externen Schnittstelle Multicast-Übertragungen empfangen können. Daher konfigurieren wir Folgendes:

```
PIX(config)# multicast interface outside
```

Viel mehr muss auf der externen Schnittstelle nicht konfiguriert werden. Sie können optional einige Zähler und Protokolloptionen oder auch die Zugriffssteuerung konfigurieren, doch für unseren Fall ist das im Moment nicht nötig. Nach dem Verlassen dieses Multicast-Konfigurationsmodus (dennoch befinden wir uns weiterhin im Konfigurationsmodus), müssen wir Multicast auf der internen Schnittstelle konfigurieren:

```
PIX1(config)# multicast interface inside
```

Die Konfiguration der internen Schnittstelle ist umfangreicher. Nach dem Wechseln in diesen Modus müssen wir die Schnittstelle konfigurieren, zu der die PIX alle IGMP-Nachrichten von Clients weiterleiten soll. Dies ist die Schnittstelle mit niedrigerer Sicherheitsstufe, auf der sich der Router befindet:

```
PIX1(config-multicast)# igmp forward interface outside
```

Dieser Befehl wird innerhalb des Multicast-Konfigurationsmodus für diese Schnittstelle eingegeben. Outside ist der Name der Schnittstelle, zu der die IGMP-Nachrichten von der zuvor konfigurierten Schnittstelle weitergeleitet werden sollen. Wenn Sie einen Multicast-Router auf einer Schnittstelle namens dmz1 betreiben, würde der Befehl wie folgt aussehen:

```
PIX1(config-multicast)# igmp forward dmz1
```

Wenn einige Clients auf dem internen Netzwerk nicht IGMP-fähig sind, aber dennoch Multicast-Verkehr von einer Gruppe erhalten sollen, müssen wir die interne Schnittstelle so konfigurieren, dass sie dieser Gruppe statisch beitritt:

```
igmp join-group <multicast_address>
```

Beispiel:

```
PIX1(config-multicast)# igmp join-group 224.1.1.1
```

Mit der Konfiguration dieser Schnittstelle agiert die externe Schnittstelle der PIX als Host, der Übertragungen für diese Gruppe empfangen möchte. Die dann empfangenen Daten werden an das interne Netzwerk weitergeleitet. Hier ein Beispiel für die einfachste Multicast-Konfiguration:

```
PIX1(config)# multicast interface outside
PIX1(config-multicast)# exit
PIX1(config)# multicast interface inside
PIX1(config-multicast)# igmp forward interface outside
```

Hier ein komplizierteres Beispiel mit nicht IGMP-fähigen Multicast-Clients, die Übertragungen für die Gruppe 224.10.0.9 empfangen möchten:

```
PIX1(config)# multicast interface outside
PIX1(config-multicast)# exit
PIX1(config)# multicast interface inside
PIX1(config-multicast)# igmp forward interface outside
PIX1(config-multicast)# igmp join-group 224.10.0.9
```

Clients auf zwei Schnittstellen, inside und dmz:

```
PIX1(config)# multicast interface outside
PIX1(config-multicast)# exit
PIX1(config)# multicast interface inside
PIX1(config-multicast)# igmp forward interface outside
PIX1(config-multicast)# exit
PIX1(config)# multicast interface dmz
PIX1(config-multicast)# igmp forward interface outside
```

SMR-Konfiguration mit Clients auf einer Schnittstelle mit niedrigerer Sicherheitsstufe

Dieser Fall ist einfacher. Sie müssen lediglich auf beiden Schnittstellen die Multicast-Verarbeitung aktivieren und statische Multicast-Routen erstellen, damit der Verkehr zwischen den Clients und Servern (und Routern) übertragen werden kann. Die Multicast-Verarbeitung wird wie folgt aktiviert:

```
PIX1(config)# multicast interface outside
PIX1(config-multicast)# exit
PIX1(config)# multicast interface inside
```

Multicast-Routen werden mit dem Befehl mroute erstellt (der kein Unterbefehl des multicast-Befehls ist):

```
mroute <src> <srcmask> <in-if-name> <dst> <dstmask> <out-if-name>
```

Die Parameter src und srcmask stehen für die IP-Adresse und Subnet Mask eines Multicast-Quell-Hosts/Routers (normale IP-Adressen, keine Multicast-Adressen). Mit dem Parameter in-if-name wird die mit der Quelle verbundene Schnittstelle angegeben. Bei dst und dstmask handelt es sich um die Parameter für die Multicast-Gruppenadresse und die zugehörige Subnet Mask, zu der der Server seine Übertragung sendet. Schließlich steht out-if-name für die mit den Multicast-Clients verbundene Schnittstelle. Beispiel:

```
PIX1(config)# mroute 192.168.2.25 255.255.255.255 inside 224.0.1.1 255.
   255.255.255 outside
```

Hier eine Beispielkonfiguration für den Fall mit zwei Servern: 192.168.2.25 auf der internen Schnittstelle sendet Multicasts zu Gruppe 224.1.1.1 und 10.2.3.4 auf der dmz-Schnittstelle sendet Multicasts an die Gruppe 230.1.1.1 – ohne interne Clients:

```
PIX1(config)# multicast interface outside
PIX1(config-multicast)# exit
PIX1(config)# multicast interface inside
PIX1(config-multicast)# exit
PIX1(config)# multicast interface dmz1
PIX1(config-multicast)# exit
PIX1(config)# mroute 192.168.2.25 255.255.255.255 inside 224.1.1.1 255.
   255.255.255 outside
PIX1(config)# mroute 10.2.3.4 255.255.255.255 dmz 230.1.1.1 255.255.255.
   255 outside
```

Zugriffskontrolle und andere Optionen

Sie können den Zugriff auf Multicast-Übertragungen mit den üblichen PIX-Funktionen einschränken: Access Lists. Im vorangegangenen Fall mit Hosts auf der internen Schnittstelle könnten wir die Gruppen einschränken, von denen die internen Hosts Nachrichten erhalten dürfen. Wenn Sie beispielsweise nur zu der Gruppenadresse 224.1.1.1 Multicast-Übertragungen zulassen möchten, sollten Sie eine Access List wie diese erstellen:

```
PXI1(config)# access-list 10 permit igmp any 224.1.1.1 255.255.255.255
```

Wenden Sie diese dann auf die externe Schnittstelle an:

```
PIX1(config)# multicast interface outside
PIX1(config-multicast)# igmp access-group 10
```

Nun können nur IGMP-Polls für Gruppe 224.1.1.1 die PIX passieren, und damit werden einem Multicast-Router nur Mitglieder dieser Gruppe bekannt sein. So wird verhindert, dass der Router für irgendeine andere Gruppe Nachrichten in diese Richtung sendet.

Andere Unterbefehle des `multicast`-Befehls sind:

```
igmp query-interval <seconds>
```

Mit diesem Befehl wird der zeitliche Abstand bestimmt, in dem IGMP-Nachrichten von dieser Schnittstelle ausgesendet werden. Der Standardabstand beträgt 60 Sekunden. Der maximale Timeout-Wert für die Antwort (nur IGMP Version 2) kann mit folgendem Befehl gesetzt werden:

```
igmp query-max-response-time <seconds>
```

Die Standardeinstellung beträgt 10 Sekunden.

Bereits konfigurierte Einstellungen können mit den entsprechenden `clear`-Befehlen gelöscht werden. Mit folgendem Befehl löschen Sie den IGMP-Cache entweder für eine spezielle Gruppenadresse oder den gesamten Cache auf der angegebenen Schnittstelle:

```
clear igmp group [<group-addr> | interface <interface-name>]
```

Der folgende Befehl dient zum Löschen von Multicast-Routen für die angegebene Übertragungsquelle, für eine Gruppenadresse oder aller Routen auf der Schnittstelle:

```
clear mroute [<src-addr> | <group-addr> | interface <interface-name>]
```

Weitere Befehle dienen der Anzeige der Multicast-Konfiguration einer Schnittstelle, einer Multicast-Gruppe, Routen usw.:

```
show igmp
show multicast [interface <interface-name>]
show igmp group [grou<p-addr> | interface <interface-name>]
show mroute [<src-addr> | <group-addr> | interface <interface-name>]
```

Eine Beispielausgabe für den Befehl `show igmp`:

```
pix(config)# show igmp
IGMP is enabled on interface inside
Current IGMP version is 2
```

```
IGMP query interval is 60 seconds
IGMP query timeout is 125 seconds
IGMP max query response time is 10 seconds
Last member query response interval is 1 seconds
Inbound IGMP access group is
IGMP activity: 0 joins, 0 leaves
IGMP querying router is 10.0.1.1 (this system)
IGMP Connected Group Membership
Group Address Interface Uptime Expires Last Reported
```

Zur Überwachung von Multicast-Ereignissen stehen zwei debug-Befehle zur Verfügung. Mit diesem Befehl überwachen Sie alle IGMP-Nachrichten, die die PIX passieren:

```
debug igmp
```

Dieser Befehl dient zur Überwachung aller Ereignisse im Zusammenhang mit der Multicast-Weiterleitung:

```
debug mfwd
```

4.6.8 PPPoE

Point-to-Point Protocol over Ethernet (PPPoE), dokumentiert in RFC 2516, ist eine Kapselung des Point-to-Point Protocol (PPP, RFC 1661) für Ethernet-Netzwerke (mit DSL-Modems und Zuleitungen). PPPoE wird oft in SOHO-Umgebungen verwendet, da es ISPs ermöglicht, ihre vorhandene Remote-Access-Infrastruktur zu nutzen und, als wichtigstes Feature, eine authentifizierte IP-Adresszuordnung erlaubt. PPPoE-Verbindungen werden in zwei Phasen aufgebaut:

- Active Discovery Phase – Während dieser ersten Phase versucht ein PPPoE-Client den PPPoE-Server, der auch als *Address concentrator* (AC) bezeichnet wird, zu kontaktieren. Der PPPoE-Layer wird eingerichtet und es wird eine Sitzungs-ID zugeordnet.
- PPP Session Phase – Mit üblichen Mitteln wird eine PPP-Verbindung aufgebaut (gekapselt in Ethernet): Optionen und Verbindungsschichtprotokoll werden ausgehandelt, PPP-Authentifizierung (PAP, CHAP oder MS-CHAP) wird ausgeführt usw.

Nachdem die Sitzung aufgebaut ist, bewegen sich die Daten gekapselt in PPPoE-Headern zwischen den Endpunkten.

Die PIX bietet ab der Software-Version 6.2 Unterstützung für PPPoE. Der Großteil der PPPoE-Konfiguration wird über den vpdn-Befehl abgewickelt. Die PPPoE-Konfiguration beginnt mit der Einrichtung des Benutzernamens und des Kennworts, das von der PIX beim Aufbau einer Verbindung zum Server verwendet wird.

> **Hinweis**
>
> Die PIX bietet nur Unterstützung für die PPPoE-Client-Funktionalität. Derzeit können PPPoE-Clients nur auf der externen Schnittstelle aktiviert werden (Version 6.2).

Zunächst muss eine VPDN-Gruppe erstellt werden:

```
vpdn group <group_name> request dialout pppoe
```

Den Parameter group_name können Sie beliebig besetzen. Es ist ein Name, unter dem alle PPPoE-Einstellungen zusammengefasst werden. Beispiel:

```
PIX1(config)# vpdn group my-pppoe-group request dialout pppoe
```

Dann muss der Authentifizierungstyp ausgewählt werden (wenn es ein ISP erfordert):

```
vpdn group <group_name ppp> authentication pap | chap | mschap
```

PAP steht für Password Authentication Protocol, CHAP für Challenge-Handshake Authentication Protocol und MS-CHAP für die Microsoft-Version von CHAP. Mit demselben Gruppennamen wird mit diesem Befehl ein Authentifizierungsprotokoll für diese spezifische PPPoE-Gruppe ausgewählt – z. B. mit CHAP:

```
PIX1(config)# vpdn group my-pppoe-group ppp authentication chap
```

Ihr ISP weist Ihrem System den Benutzernamen und das Kennwort zu. Diese werden mit den folgenden Befehlen auf der PIX konfiguriert:

```
vpdn group <group_name> localname <username>
vpdn username <username> password <pass>
```

Der zweite dieser Befehle ordnet dem Benutzernamen das Kennwort zu. Mit dem ersten Befehl wird der Benutzername einer bestimmten Gruppe zugeordnet, z. B.:

```
PIX1(config)# vpdn group my-ppoe-group localname witt
PIX1(config)# vpdn username witt password cruelmail
```

Mit diesen Befehlen wurden der Benutzername witt und das Kennwort cruelmail der PPPoE-Dialout-Gruppe my-pppoe-group zugewiesen. Nach der Konfiguration der Authentifizierung müssen Sie im nächsten Schritt den PPPoE-Client auf der PIX aktivieren. Das erfolgt bei der Konfiguration der externen Schnittstelle:

```
ip address outside pppoe [setroute]
```

Wenn dieser Befehl eingegeben wurde, wird die aktuelle PPPoE-Sitzung beendet und eine neue aufgebaut. Mit dem Parameter setroute können Sie die Standard-Route für die externe Schnittstelle automatisch setzen. Die MTU auf der äußeren Schnittstelle wird automatisch auf 1492 gesetzt. Dies ist die korrekte Einstellung für die PPPoE-Kapselung. Sie können für die externe Schnittstelle auch eine feste IP-Adresse bestimmen. Die PIX muss dem ISP immer noch den korrekten Benutzernamen und das Kennwort liefern, um die Sitzung aufzubauen:

```
PIX1(config)# ip address outside 1.2.3.4 255.255.255.0 pppoe
```

Sie können den Befehl dhcp auto_config nutzen, wenn Sie den DHCP-Server auf der PIX ausführen, um über den PPPoE-Client DNS- und WINS-Einstellungen von Ihrem Provider aufzunehmen:

```
PIX1(config)# dhcpd auto_config outside
```

Zum Überwachen und Troubleshooting des PPPoE-Clients dienen folgende Befehle:

```
show ip address outside pppoe
debug pppoe event | error | packet
show vpdn session pppoe [id <sess_id>|packets|state|window]
```

Hier eine Beispielausgabe:

```
PIX1(config)# show vpdn
Tunnel id 0, 1 active sessions
time since change 10240 secs
Remote Internet Address 10.0.1.1
Local Internet Address 192.168.2.254
1006 packets sent, 1236 received, 98761 bytes sent, 123765 received
Remote Internet Address is 10.0.1.1
Session state is SESSION_UP
Time since event change 10237 secs, interface outside
PPP interface id is 1
1006 packets sent, 1236 received, 98761 bytes sent, 123765 received
PIX1(config)# show vpdn tunnel
PPPoE Tunnel Information (Total tunnels=1 sessions=1)
```

```
Tunnel id 0, 1 active sessions
time since change 10240 secs
Remote Internet Address 10.0.1.1
Local Internet Address 192.168.2.254
1006 packets sent, 1236 received, 98761 bytes sent, 123765 received
PIX1(config)# show vpdn session
PPPoE Session Information (Total tunnels=1 sessions=1)
Remote Internet Address is 10.0.1.1
Session state is SESSION_UP
Time since event change 100238 secs, interface outside
PPP interface id is 1
1006 packets sent, 1236 received, 98761 bytes sent, 123765 received
```

4.7 Zusammenfassung

Die Cisco-PIX-Firewall ist ein ausgereiftes Produkt, das viele verschiedene Optionen zur Unterstützung unterschiedlicher Protokolle der Anwendungsschicht zur Verfügung stellt und auch Schutz vor Angriffen auf der Netzwerkschicht bietet. Weitere Features, die die Firewall unterstützt, sind: Content-Filtering für Outbound-Web-Zugriffe, Intrusion Detection, verschiedene Optionen wie RIP und Stub-Multicast-Routing sowie DHCP-Server und -Client-Funktionalität.

Viele Protokolle betten zusätzliche IP-Adressinformationen in die ausgetauschten Paketen ein oder handeln zusätzliche Verbindungen auf nicht festgelegten Ports aus, um ordnungsgemäß zu funktionieren. Diese Funktionen werden durch ein Feature der PIX namens *Application Inspection* (auch als Fixup bezeichnet) übernommen. Die PIX unterstützt FTP-Clients und -Server im aktiven und passiven Modus, DNS, RHS, RPC, SQL*Net und LDAP. Ferner unterstützt sie verschiedene Streaming-Protokolle wie Real-Time Streaming Protocol, NetShow und VDO Live. Eine weitere Gruppe von in VoIP-Anwendungen genutzten Protokollen findet ebenfalls Unterstützung: H.323, SCCP und SIP. Die PIX untersucht passierende Pakete auf eingebettete Informationen und aktualisiert ihre Tabellen oder gestattet halb offene Verbindungen in Abhängigkeit von der aufgefundenen Information. In vielen Fällen kann sie die einbetteten Adressen per NAT übersetzen.

Content-Filtering auf der PIX kann dazu dienen, die Acceptable-Use-Richtlinie eines Unternehmens durchzusetzen. Die PIX bietet Schnittstellen zu Websense- (www.websense.com) oder N2H2-Servern (www.n2h2.com), um den Zugriff interner Clients auf spezifische Websites zu gestatten oder zu blockieren. Die PIX kann auch Java-Applets und ActiveX-Code aus eingehenden Webseiten herausfiltern, um die Clients vor schädlichem Code zu schützen.

Die PIX-Firewall unterstützt dieselbe Gruppe von Intrusion-Detection-Signaturen wie die Cisco-IOS-Firewall. Es handelt sich dabei um eine Untergruppe von Signaturen aus Cisco Secure IDS. Diese Signaturen sind in zwei Klassen aufgeteilt: informativ oder Angriff. Sie können für die jeweiligen Signaturen verschiedene Reaktionen konfigurieren. Die Reaktionen reichen von der einfachen Warnmeldung (Alarm) über Syslog bis zum Blockieren der Verbindung, in der die Signatur entdeckt wurde.

Für SOHO-Umgebungen bietet die PIX DHCP-Server- und -Client-Funktionalität, obwohl die Server-Fähigkeiten sehr eingeschränkt sind. Der DHCP-Server bietet einige spezifische Optionen für Cisco-IP-Telefone. Andere nützliche PIX-Funktionen sind: Stub-Multicast-Routing und PPPoE-Client-Funktionen. Ferner werden RIP Version 1 und 2 unterstützt (mit Authentifizierung und Multicast-Updates für Version 2).

Schließlich bietet die PIX integrierte Schutzmaßnahmen vor verschiedenen DoS-Angriffen wie SYN-Floods, Angriffen auf AAA-Mechanismen und durch exzessive Fragmentierung. Antispoofing wird durch das Reverse-Path Forwarding unterstützt.

4.8 Lösungen im Schnelldurchlauf

Erweitertes Protokoll-Handling

- Viele Anwendungen nutzen mehr als eine Verbindung, um korrekt funktionieren zu können. Nur eine dieser Verbindungen nutzt einen Well-Known-Port, während andere dynamisch zugeordnete Ports nutzen, die im Verlauf der Kommunikation ausgehandelt werden. Die Arbeit von Firewalls mittels Access Lists wird dadurch sehr erschwert. Die PIX bietet ein Feature namens *Application Inspection* für viele solcher Protokolle, um ordnungsgemäß mit ihnen arbeiten zu können.
- Der Hauptbefehl zur Konfiguration der Application Inspection ist der fixup-Befehl. Er kann für einfachere Protokolle wie FTP, SMTP oder RSH verwendet werden.
- Neuere Versionen der PIX-Firewall bieten Unterstützung für verschiedene VoIP-Protokolle wie H.323, SCCP und SIP.

Filtern von Web-Datenverkehr

- Das Filtern von Web-Verkehr ist besonders in zwei Fällen nützlich. Im ersten Fall können Sie Ihre Firewall einsetzen, um bestimmte Sicherheitsrichtlinien durchzusetzen, wie z.B. eine Acceptable-Use-Richtlinie, die internen Anwendern die Nutzung der firmeneigenen Internet-Verbindung für das Durchsuchen bestimmter Kategorien von Websites untersagen könnte. Im zweiten Fall nutzen Sie die Firewall, um interne Anwender vor feindlich gesinnten Web-Servern zu schützen, die ausführbare Applets in ihre Webseiten einbetten, denn solch ausführbare Inhalte können Viren oder Trojanische Pferde enthalten.

- Die PIX bietet Unterstützung für zwei verschiedene Content-Filtering-Server: Websense und N2H2. Die wichtigsten Befehle für die Konfiguration dieses Features sind `filter-url` und `url-server`. Die PIX bietet zudem viele Befehle zur Überwachung und Feineinstellung des Filterungsprozesses.
- Das Filtering von aktivem Code ist auf das Entfernen der <object>- und <applet>-Tags aus dem Quelltext von Inbound-Webseiten beschränkt. Das funktioniert nur, wenn sich die öffnenden und schließenden Tags im selben IP-Paket befinden. Dieses Filtering wird mit den Befehlen `filter java` und `filter activex` konfiguriert.

Konfigurieren von Intrusion Detection

- Die PIX unterstützt ein begrenztes, integriertes Set von (über 55) IDS-Signaturen. Diese Signaturen können durch Untersuchung eines einzelnen Pakets erkannt werden. Sitzungsinformationen sind nicht erforderlich. Sie können dieses Set nur aktualisieren, indem Sie ein Upgrade der PIX-Software durchführen.
- Diese Signaturen sind in zwei Klassen aufgeteilt: informativ oder Angriff. Sie können für jedes Set verschiedene Optionen für die Reaktion konfigurieren – Syslog-Warnmeldung, Verwerfen des Pakets oder Verwerfen der gesamten Verbindung, in der der Angriff auftrat.
- Jede Signatur kann deaktiviert werden, so dass sie nicht mehr erkannt wird. Diese Änderung hat globale Auswirkungen; die Signatur wird auf keiner Schnittstelle und bei keiner Überwachung mehr erkannt, bis sie wieder aktiviert wird.

DHCP-Funktionalität

- Die Cisco-PIX-Firewall kann sowohl als DHCP-Server als auch als DHCP-Client agieren. Die PIX-DHCP-Features eignen sich am besten für den Einsatz in kleinen Netzwerken, da sie einigen Einschränkungen unterliegen – ein DHCP-Server kann nur maximal 256 Clients unterstützen. Es gibt keinen BOOTP- und keinen Failover-Support.
- Der DHCP-Client kann nur auf der externen Schnittstelle konfiguriert werden. Er kann eine IP-Adresse, eine Subnet Mask, eine Standard-Route sowie DNS- und WINS-Einstellungen vom Server erhalten. Die erhaltene Adresse kann für NAT oder PAT auf der externen Schnittstelle verwendet werden.
- Der DHCP-Server kann nur auf der internen Schnittstelle konfiguriert werden und bedient nur direkt verbundene Clients. Die Anzahl aktiver Clients ist abhängig von PIX-Modell und Software-Version. Es können einige Einstellungen, die PIX-DHCP-Clients von der externen Schnittstelle erhalten haben, an den auf der internen Schnittstelle ausgeführten DHCP-Server übermittelt werden.

Andere erweiterte Features

- Die PIX bietet einen integrierten Schutz vor DoS-Angriffen wie SYN-Floods oder Verbrauch von AAA-Ressourcen. Sie unterstützt zudem die virtuelle Zusammensetzung von IP-Fragmenten und kann bei fragmentiertem Verkehr einige zusätzliche Einschränkungen einrichten.
- Antispoofing wird durch das Reverse-Path Forwarding (RPF) unterstützt. Die PIX bietet erweiterte Routing-Funktionen wie das dynamische Routing über RIP in den Versionen 1 und 2 und Stub-Multicast-Routing.
- Die PIX-Firewall kann als PPPoE-Client auf DSL- oder Zuleitungen agieren.

4.9 Häufig gestellte Fragen/FAQs

Was geschieht, wenn das FTP-Fixup nicht aktiviert ist?

Es gibt verschiedene Fälle:

- Aktive Outbound-FTP-Sessions können nicht funktionieren, da die externen Server keinen Datenkanal zu einem internen Client öffnen können.
- Passive Outbound-FTP-Sessions können normal ausgeführt werden, wenn Outbound-Verkehr nicht explizit deaktiviert wurde, da alle Verbindungen in diesem Fall von einem internen Client ausgehen.
- Aktive Inbound-FTP-Verbindungen können normal funktionieren, wenn es einen statischen NAT-Eintrag und eine Access List gibt, die externen Clients eine Verbindung zum internen Server gestattet.
- Passive Inbound-FTP-Verbindungen werden nicht funktionieren, da externe Clients keine Datenverbindungen zum internen Server öffnen können.

Ich habe auf der internen Schnittstelle meiner PIX einen SMTP-Server konfiguriert. Mitunter erhalte ich zwei Kopien von eingehenden Mail-Nachrichten. Was stimmt nicht mit meinem Server?

Es ist nichts falsch an Ihrem Server. Das Problem liegt an einem kleinen Fehlverhalten der PIX. Wahrscheinlich haben Sie `fixup protocol smtp` konfiguriert. Einige Versionen der PIX senden eine Fehlermeldung an die verteilenden Server, wenn sich ein abschließender Punkt aus dem Hauptteil der Nachricht und ein <CR><LF> nicht im selben IP-Paket befinden. In diesem Fall akzeptiert Ihr interner Server die Nachricht für die Auslieferung, doch der externe, verteilende Server behandelt diese als fehlerhaft und startet einen neuen Auslieferungsversuch. Meist geschieht dies nicht zweimal hintereinander, so dass die zweite Auslieferung fehlerfrei erfolgt und Sie zwei Kopien derselben Nachricht erhalten. Wenn Sie dieses Verhalten sehr stört, sollten Sie entweder das SMTP-Fixup deaktivieren oder ein Upgrade der PIX-Software durchführen.

Kann man E-Mail-Content ähnlich dem Web-Content filtern?

Nein, das ist nicht möglich. Die PIX führt keine Untersuchung von TCP-E-Mail-Paketen aus, und derzeit bietet sie keine Unterstützung für entsprechende externe Filtering-Server.

Ich betreibe zwei Verbindungen zu meinem ISP und habe RPF aktiviert. Die Hälfte meines Datenverkehrs wird durch die PIX abgelehnt. Was kann ich tun?

Die einzige Lösung ist hier, die RPF-Überprüfung zu deaktivieren. In Situationen mit asymmetrischem Routing funktioniert sie nicht, wenn eine Antwort auf das Paket auf einem anderen Pfad kommen kann als das Paket selbst.

Ich versuche vergeblich, NFS über die PIX arbeiten zu lassen, obwohl ich eine Access List konfiguriert habe, die Clients Zugriff auf den Portmapper des Servers gestattet.

Wahrscheinlich nutzen Sie NFS over TCP. Die PIX bietet keine Unterstützung für die Application Inspection für RPC-Verbindungen over TCP. Konfigurieren Sie Ihren Server, um nur UDP zu nutzen.

Kapitel 5

Konfiguration von Authentifizierung, Autorisierung und Accounting

Lösungen in diesem Kapitel:

- AAA-Konzepte
- Cisco Secure ACS für Windows
- Konfigurieren der Konsolenauthentifizierung
- Konfigurieren der Befehlsautorisierung (Command Authorization)
- Konfigurieren der Authentifizierung für den die Firewall passierenden Verkehr
- Konfigurieren der Autorisierung für den die Firewall passierenden Verkehr
- Konfigurieren des Accounting für den die Firewall passierenden Verkehr
- Konfigurieren von herunterladbaren Access Lists

5.1 Einführung

Es wird immer populärer, die Sicherheit auch auf der Benutzerebene zu konfigurieren. Bei dieser Art von Sicherheit können Sie Richtlinien pro Benutzer entwickeln und durchsetzen. Selten werden Netzwerke so konzipiert, dass sie für alle oder für keinen Anwender offen sind. Üblicherweise sollten einige Personen Zugriff erhalten, andere nicht. Ein Server, auf dem sensible Gehaltsdaten abgelegt sind, sollte bestimmten Mitarbeitern aus der Personalabteilung zugänglich sein und sonst keinem. Wie aber können Sie gewährleisten, dass die Person, die auf diese Daten zugreift, auch wirklich entsprechend befugt ist? Diese Administrationsebene, die auf Benutzer- oder Gruppennamen basiert, ist möglich, wenn Sie das so genannte AAA-Konzept nutzen; AAA steht dabei für *Authentifizierung*, *Autorisierung* und *Accounting*. In diesem Kapitel werden Sie erfahren, wie Sie AAA auf der Cisco-PIX-Firewall verwenden und konfigurieren. Wir stellen Ihnen die Sicherheitsprotokolle RADIUS und TACACS+ und deren Vor- und Nachteile beim Einsatz vor.

Die PIX-Firewall kann als AAA-Client agieren. Die AAA-Funktionalität der PIX bietet einerseits den administrativen Zugriff auf das Firewall-System selbst, andererseits geht es um den Datenverkehr, der die Firewall passiert. In diesem Kapitel lernen Sie, wie Sie diese Funktionalität mit Cisco Secure Access Control Server für Windows, dem AAA-Server von Cisco einsetzen.

5.2 AAA-Konzepte

Bei AAA handelt es sich um einen architektonischen Rahmen, in dem eigenständige, doch verwandte Funktionen für Authentifizierung, Autorisierung und Accounting bereitgestellt werden:

- *Authentifizierung* ist der Prozess, der einen Benutzer identifiziert und authentifiziert, bevor er einen Zugriff auf Geräte, Systeme und Dienste des Netzwerks erhält. Benutzeridentifizierung und -authentifizierung sind entscheidend für das einwandfreie Funktionieren der Autorisierung und des Accounting.
- *Autorisierung* ist ein Prozess, bei dem die Privilegien und Zugriffsrechte eines Benutzers nach der Authentifizierung bestimmt bzw. überprüft werden.
- *Accounting* ist der Prozess, der die Benutzeraktivitäten zum Zwecke der Verfolgbarkeit, Berechnung, Überwachung oder für die Erstellung von Berichten aufzeichnet.

Das AAA-System umfasst typischerweise einen Client und einen Server. Der AAA-Client (gewöhnlich ein Router, NAS oder eine Firewall) fordert von einem Server Authentifizierungs-, Autorisierungs- und/oder Accounting-Services an. Der AAA-Server (gewöhnlich ein UNIX- oder Windows-Server mit der zugehörigen Software) verwaltet entweder selbst eine lokale Datenbank mit den relevanten AAA-Informationen oder kommuniziert mit einer externen Datenbank, die diese Daten enthält. Beispiel für externe Datenbanken sind eine Windows NT-Domain, Active Directory, LDAP, eine SQL-Server-Datenbank und die UNIX-Kennwortdatenbank. Es folgen typische Bedingungen, unter denen die Verwendung eines AAA-Systems von Nutzen wäre:

- Um eine zentralisierte Authentifizierung für die Administration einer großen Anzahl an Firewalls zu ermöglichen – Ein Beispiel wäre ein kleines bis mittelgroßes Unternehmen, in dem das Verhältnis von Firewalls zur Anzahl der Sicherheitsadministratoren relativ groß ist. Eine zentralisierte Authentifizierung würde den administrativen Aufwand verringern, doch aufgrund der wenigen Administratoren ist die Zentralisierung von Autorisierung und Accounting nicht unbedingt vorteilhaft.
- Um flexible Autorisierungsfunktionen zur Verfügung zu stellen – Ein Beispiel wäre ein großes Unternehmen mit vielen Firewalls und auch zahlreichen Administratoren. Die administrativen Pflichten und Aufgaben könnten nach Betrieb und Konfiguration aufgeteilt werden, so dass die Implementierung einer zentralisierten Autorisierung eine wirkungsvolle Ergänzung zu einer zentralisierten Authentifizierung wäre.
- Um relevante Informationen zur Systemnutzung oder für die Berechnung zur Verfügung zu stellen – Ein Beispiel wäre ein Service-Provider, der die Gebühren seiner Kunden auf der Grundlage von Netzwerknutzungsstatistiken berechnet. In diesem Fall wäre die zentralisierte Authentifizierung und Autorisierung ein

wirkungsvolles Mittel für die Unterstützung der Firewall-Administration, während ein zentralisiertes Accounting das Unternehmen mit Netzwerknutzungsinformationen für die Berechnung versorgen würde.

Fernab von Computern und Cisco-Systemen gibt es auch im täglichen Leben viele Beispiele für den Einsatz von AAA. Wenn Sie beispielsweise zu einem Bankautomaten gehen um Geld abzuheben, müssen Sie zunächst Ihre Bankkarte einführen und dann Ihre persönliche Identifikationsnummer (PIN) eingeben. An diesem Punkt authentifizieren Sie sich als eine Person, die befugt ist, von diesem Konto Geld abzuheben. Wenn Karte und PIN gültig sind, ist die Authentifizierung erfolgreich und Sie können Ihr Geld abheben. Wenn Sie eine ungültige PIN eingeben oder Ihre Karte beschädigt ist (oder gestohlen wurde), wird der Vorgang abgebrochen. Sobald Sie einmal authentifiziert sind, werden Ihnen bestimmte Aktionen gestattet. Sie können Geld abheben, Geld einzahlen oder den Kontostand überprüfen. Auf der Grundlage Ihrer Identität (Ihre Bankkarte und Ihre PIN) haben Sie die Befugnis erhalten, bestimmte Funktionen wie das Abheben Ihres hart verdienten Geldes auszuführen. Nachdem Sie die Aufgaben, für die Sie befugt waren, abgeschlossen haben, erhalten Sie eine Quittung (z. B. einen Kontoauszug), auf der Ihre Transaktionen und der verbleibende Kontostand aufgelistet sind. Auch die Bank zeichnet Ihre Transaktionen (wahrscheinlich ausführlicher als auf Ihrer Quittung oder Ihrem Kontoauszug) für die Buchführung auf.

Betrachten wir nun ein Beispiel mit ähnlichem Prinzip, angewandt auf eine Website. In Abbildung 5.1 möchte Client A auf die Website www.syngress.com zugreifen. Um dies zu erreichen, muss Client A sich zunächst mit seinem lokalen ISP (Internet Service Provider) verbinden, um ins Internet zu gelangen. Wenn Client A sich mit dem ISP verbindet, wird er durch den Network Access Server (NAS, Netzwerkzugriffs-Server) aufgefordert, seine Anmeldedaten (Authentifizierung) einzugeben, um Zugang zum Internet zu erhalten.

Bei einem NAS handelt es sich um ein System, das Zugriff auf ein Zielnetzwerk (z. B. Intranet, Unternehmensnetzwerk) bietet und gewöhnlich über eine Schnittstelle mit dem Zielnetzwerk und über eine oder mehrere Schnittstellen mit einem externen Netzwerk (wie dem Internet oder dem öffentlichen Telefonnetz) verbunden ist. Er empfängt auf der externen Schnittstelle Verbindungen von Clients und bietet Zugriff auf das Zielnetzwerk. Bei einem Sicherheits-Server handelt es sich gewöhnlich um ein System wie einen Windows NT- oder UNIX-Server, auf dem TACACS+, RADIUS oder ein anderer Sicherheits-Service ausgeführt wird. In Abbildung 5.1 ist der AAA-Server ein Beispiel für einen Sicherheits-Server. Nachdem der Client seine Anmeldedaten eingegeben hat und diese durch den AAA-Server für gültig befunden wurden, kann er sich mit der gewünschten Website (www.syngress.com) verbinden, vorausgesetzt, die Sicherheitsrichtlinie lässt den Zugriff auf das Internet zu. Der ISP hat eine Richtlinie aufgesetzt, in der er festge-

Kapitel 5
Konfiguration von Authentifizierung, Autorisierung und Accounting

legt hat, dass alle Kundenverbindungen zum AAA-Server protokolliert werden (Accounting). In diesem Beispiel werden die drei Elemente von AAA illustriert: Authentifizierung, Autorisierung und Accounting.

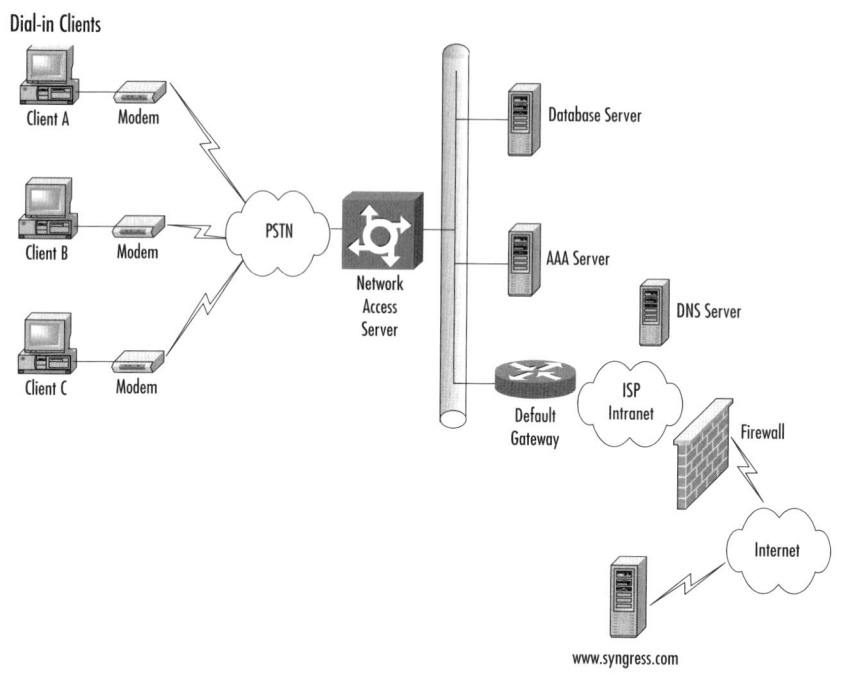

Abb. 5.1:   Implementierung von AAA bei einem ISP

> **Hinweis**
>
> Lassen Sie sich durch die AAA-Terminologie nicht in die Irre leiten. Im Beispiel aus Abbildung 5.1 ist der AAA-Client der NAS, nicht die PCs, die sich über Modems einwählen.

5.2.1 Authentifizierung

Die *Authentifizierung* ist der Prozess, in dem ein Benutzer identifiziert und authentifiziert wird. Dieser Prozess stützt sich auf eine oder mehrere der folgenden Methoden:

- Etwas, das der Benutzer weiß – Dieser Ansatz ist die Authentifizierung durch Wissen; die Identität wird über Wissen verifiziert, das nur der Benutzer hat. Dies ist der üblichste und auch der schwächste Ansatz für die moderne Authentifizierung. Beispiele dafür sind die UNIX- und Windows NT/2000-Anmeldeprozesse, bei denen der Benutzer gewöhnlich ein Kennwort eingeben muss. Die Integrität dieses Authentifizierungsprozesses hängt ganz von diesem »Etwas« ab, das gleichzeitig geheim und schwer zu erraten sein muss – ein doppelter Anspruch, der nicht leicht zu erfüllen ist. In einigen Unternehmen wurden die UNIX- und Windows NT/2000-Anmeldeprozesse erweitert. Dabei werden Tokens, Smart-Cards oder biometrische Verfahren genutzt – andere Authentifizierungsmethoden, die im weiteren Verlauf erläutert werden.

- Etwas, das der Benutzer besitzt – Dieser Ansatz ist die Authentifizierung durch Besitz; die Identität wird über ein »Etwas« verifiziert, das nur der Benutzer besitzt. Dieser Authentifizierungsprozess gewinnt zunehmend an Popularität. Auch im täglichen Leben begegnen wir zunehmend diesem Ansatz in Form von Schlüsseln und Sicherheitskennungen. Die Integrität dieses Authentifizierungsprozesses hängt von dem »Etwas« ab, das eindeutig sein muss und nur dem Benutzer gehört, z. B. eine Smart-Card. Wenn dieses Objekt verloren geht oder gestohlen wird, kann der Authentifizierungsprozess unterlaufen werden.
- Etwas, das der Benutzer ist – Dieser Ansatz ist die Authentifizierung durch Benutzereigenschaften; die Identität wird über ein Merkmal verifiziert, das den Benutzer eindeutig kennzeichnet. Dieser Ansatz zählt zu den biometrischen Verfahren. Derzeit werden zahlreiche Produkte entwickelt und produziert, die Techniken zur Analyse von Fingerabdrücken, Augenmerkmalen und Stimmen einsetzen. In Bankautomaten kommt die biometrische Authentifizierung neuerdings zum Einsatz. Dies ist der sicherste Ansatz für die Authentifizierung, der die üblichen Probleme der anderen Ansätze (wie etwa das Erraten von Kennwörtern oder verloren gegangene und gestohlene Karten) umgeht. Es ist jedoch auch die Methode, die am schwierigsten zu implementieren ist.

Bei der Two-Factor-Authentifizierung werden zwei der beschriebenen Methoden kombiniert, um die Identität eines Benutzers zu authentifizieren. Eine typische Two-Factor-Authentifizierung besteht aus einer Kombination der ersten beiden Ansätze. Ein gängiges Beispiel ist die Benutzung einer EC-Karte (etwas, das der Benutzer besitzt) und einer zugehörigen PIN (etwas, das der Benutzer weiß), um über einen Bankautomaten Zugriff auf ein Konto zu erhalten. In der Computerwelt finden Sie die Two-Factor-Authentifizierung in Form von Tokens; dabei wird eine Kombination aus einer PIN und einem sich ändernden Wert auf dem Token für die Authentifizierung verwendet.

Innerhalb des AAA-Systems findet die Authentifizierung statt, wenn ein AAA-Client die zugehörigen Anmeldedaten an den AAA-Server übergibt und von diesem Server die Authentifizierung des Benutzers anfordert. Der AAA-Server validiert die Anmeldedaten und antwortet mit einer Zu- oder Absage. Die AAA-Authentifizierung wird gewöhnlich in folgenden Szenarien eingesetzt:

- Als Zugangskontrolle auf ein Netzwerksystem wie einen Router, einen NAS oder eine Firewall

- Als Zugangskontrolle auf eine Netzwerkressource über ein Netzwerksystem wie einen Router, einen NAS oder eine Firewall

5.2.2 Autorisierung

Die *Autorisierung* kann beschrieben werden als ein Vorgang, bei dem einem Benutzer, einer Benutzergruppe, einem System oder einem Prozess vordefinierte Rechte oder Privilegien zugewiesen werden. Innerhalb des AAA-Systems fragt ein Client beim AAA-Server die befugten Aktionen eines Benutzers ab. Der AAA-Server liefert eine Reihe von AV-(Attribute-Value-)Paaren zurück, die die Befugnisse des Benutzers beschreiben. Der Client ist dann dafür verantwortlich, die Benutzerzugriffskontrolle, die sich aus diesen AV-Paaren ableitet, geltend zu machen. Die AAA-Autorisierung wird gewöhnlich in folgenden Szenarien eingesetzt:

- Um die Befugnis für bestimmte Aktionen zu gewähren, während der Benutzer an einem Netzwerksystem angemeldet ist
- Um die Befugnis für die Nutzung von Netzwerkdiensten über ein Netzwerksystem zu gewähren

5.2.3 Accounting

Das *Accounting* ist eine Methode, mit der aufgezeichnet wird, wer, wann und wo was gemacht hat. Über das Accounting können Sie die Dienste, die ein Benutzer verwendet und auch die Ressourcen, die ein Benutzer verbraucht, verfolgen. Die gewonnenen Informationen können für verschiedene Zwecke eingesetzt werden, nämlich Verfolgbarkeit, Berechnung, Netzwerk-Management, Überwachung und Berichtswesen. Innerhalb des AAA-Systems sendet der Client Accounting-Datensätze, die aus Accounting-AV-Paaren bestehen, an den AAA-Server, damit diese zentral gespeichert werden.

5.2.4 AAA-Protokolle

Im vorangegangenen Abschnitt haben Sie einen Überblick über AAA und die Vorteile beim Einsatz dieser Funktionalität bekommen. Dieser Abschnitt beschreibt, wie Sie AAA-Services auf Cisco-Netzwerksystemen implementieren können.

Sie können die meisten Cisco-Systeme wie Router, Access Server, Firewalls und VPN-Systeme so konfigurieren, dass sie als AAA-Clients agieren. Diese Systeme lassen sich so konfigurieren, dass sie AAA-Services anfordern, die sie selbst vor unbefugtem Zugriff schützen. Sie können diese Systeme aber auch so konfigurieren, dass sie AAA-Services anfordern, um das Netzwerk vor dem unbefugten Zugriff von Benutzern zu schützen, die versuchen, dieses System als Zugangspunkt zu missbrauchen.

RADIUS

Das Remote Access Dial In User Service-Protokoll (RADIUS) wurde von Livingston Enterprises, Inc. als ein Authentifizierungs- und Autorisierungsprotokoll für Access Server entwickelt. Obwohl zu RADIUS viele RFCs zur Verfügung stehen, finden Sie die Hauptspezifikation in RFC 2058, die durch RFC 2865 abgelöst wurde. Der RADIUS-Accounting-Standard ist in RFC 2059 dokumentiert, durch RFC 2866 aktualisiert.

RADIUS kann als Sicherheitsprotokoll für ein Netzwerk beliebiger Größe eingesetzt werden, von großen Netzwerken wie bei ISPs bis zu kleinen Netzwerken, die nur aus wenigen Benutzern bestehen, die Remote-Zugriff benötigen. RADIUS ist ein Client/Server-Protokoll. Der RADIUS-Client ist gewöhnlich ein NAS, eine Firewall, ein Router oder VPN-Gateway, der/die/das vom RADIUS-Server Authentifizierungs- oder Autorisierungsdienste anfordert. Bei einem RADIUS-Server handelt es sich gewöhnlich um einen Daemon auf einem UNIX-Computer oder einen Dienst auf einem Windows NT/2000-Server. Der Daemon besteht in einer Software wie Cisco Secure ACS oder einem anderen RADIUS-Server-Programm, das die Anforderungen der RADIUS-Clients ausführt. Ursprünglich nutzte RADIUS Port 1645 für die Authentifizierung und 1646 für das Accounting. Bedingt durch ein Versehen im Standardisierungsprozess wurden diese Ports durch die IANA anderen Diensten zugeordnet. Um das Problem zu lösen, wurden den RADIUS-Diensten neue Nummern zugeordnet (1812 für die Authentifizierung und 1813 für das Accounting). Es gibt dennoch viele RADIUS-Implementierungen, bei denen die alten Port-Nummern noch immer genutzt werden.

Wenn ein Client eine Authentifizierung anfordert, sendet er die Benutzeranmeldedaten an den bestimmten RADIUS-Server. Der Server reagiert auf die Konfigurationsdaten des Client, die notwendig sind, um dem Benutzer die Dienste bereitzustellen. Ein RADIUS-Server kann auch als Proxy-Client für andere RADIUS-Server agieren. Abbildung 5.2 zeigt, was geschieht, wenn ein Benutzer sich mittels RADIUS an einem NAS anmelden und authentifizieren lassen möchte.

Der Ablauf ist wie folgt:

1. Der Remote-Anwender wählt sich beim NAS ein und wird zur Eingabe der Anmeldedaten in Form von Benutzername und Kennwort aufgefordert.
2. Der Benutzername und das verschlüsselte Kennwort werden vom RADIUS-Client (NAS) über das Netzwerk an den RADIUS-Server gesendet.
3. Der RADIUS-Server fragt die Datenbank ab, in der die Definitionen der Benutzerkonten gespeichert sind.

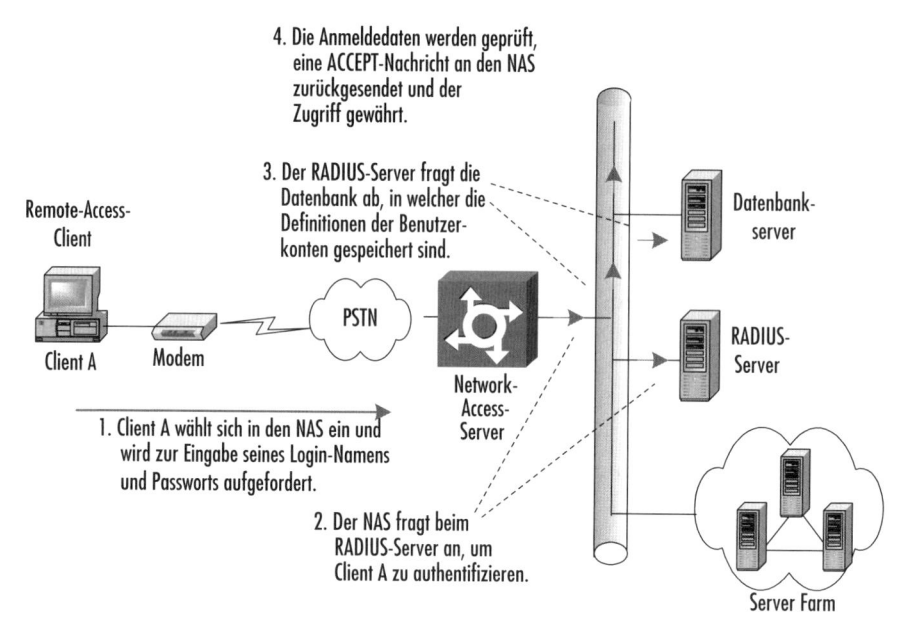

Abb. 5.2: Authentifizierung mit RADIUS

4. Der RADIUS-Server bewertet die Anmeldedaten und reagiert mit einer der folgenden Antworten:

- **REJECT** – Der Benutzer wurde nicht authentifiziert; er wird aufgefordert, Benutzernamen und Kennwort erneut einzugeben. Abhängig von der RADIUS-Konfiguration steht dem Benutzer eine bestimmte Anzahl Anmeldeversuche zur Verfügung, bis ihm der Zugriff verweigert wird.
- **ACCEPT** – Der Benutzer wurde authentifiziert.
- **CHALLENGE** – Der RADIUS-Server sendet diese Antwort mit der Aufforderung, zusätzliche Informationen vom Benutzer abzurufen.
- **CHANGE PASSWORD** – Der RADIUS-Server sendet die Aufforderung, dass der Benutzer sein aktuelles Kennwort ändern muss.

TACACS+

Ein weiteres Sicherheitsprotokoll ist TACACS+ (Terminal Access Controller Access Control System Plus). Sie sollten dieses nicht mit TACACS und XTACACS verwechseln; bei beiden handelt es sich um Open-Standard-Protokolle, dokumentiert in RFC 1492, die nicht mehr eingesetzt werden. Trotz der ähnlich klingenden Namen sind TACACS und XTACACS nicht kompatibel mit TACACS+. TACACS+ bietet eine Methode zur Validierung von Benutzern, die über einen Router oder einen NAS Zugriff auf einen Service erhalten möchten. Wie bei RADIUS antwortet ein zentralisierter Server, auf dem die TACACS+-Software ausgeführt wird, auf Client-Anforderungen für die Ausführung von AAA-Diensten.

AAA-Konzepte

> **Hinweis**
> Obwohl die Spezifikation für TACACS+ niemals als Standard herausgegeben wurde, können Sie einen Entwurf der Spezifikation unter ftp://ftpeng.cisco.com/pub/tacacs/tac-rfc.1.78.txt abrufen.

TACACS+-Pakete stützen sich auf TCP als Transportprotokoll – damit ist die Verbindung zuverlässig. TACACS+ kann den Datenteil des zwischen dem TACACS+-Server und -Client fließenden Verkehrs verschlüsseln. Nur der Paket-Header bleibt unverschlüsselt. Mit TACACS+ kann ein Administrator die Authentifizierungs-, Autorisierungs- und Accounting-Mechanismen trennen. Die einzelnen Services können somit unabhängig voneinander implementiert werden. Jeder der AAA-Mechanismen kann an eine separate Datenbank gebunden werden. TACACS+ nutzt TCP-Port 49 für die Kommunikation.

Abbildung 5.3 zeigt, was geschieht, wenn ein Benutzer sich mittels TACACS+ an einem NAS anmelden und authentifizieren lassen möchte.

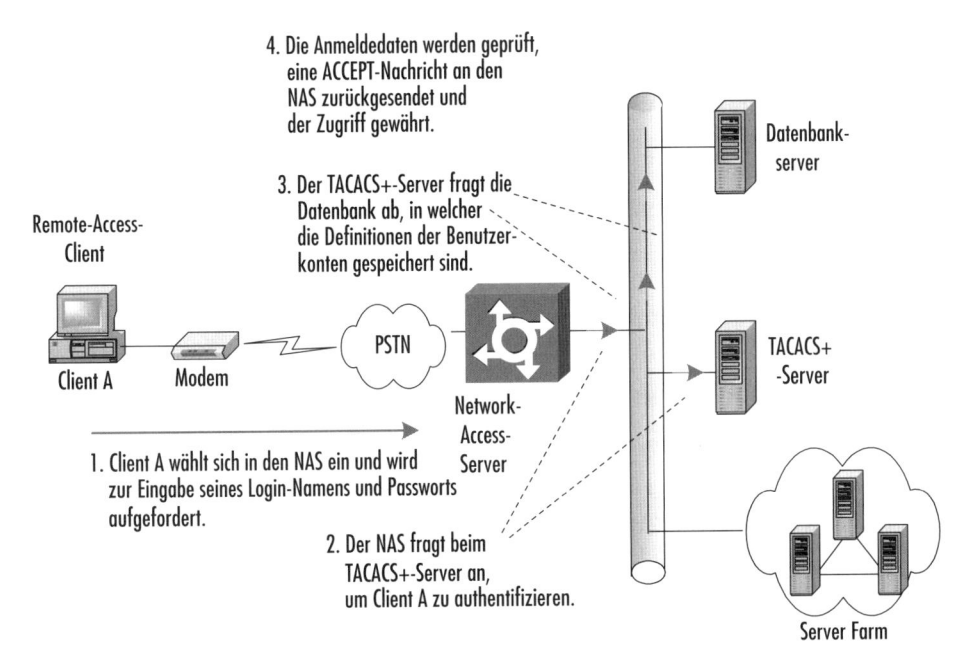

Abb. 5.3: Authentifizierung mit TACACS+

1. Wenn die Verbindung aufgebaut ist, kontaktiert der NAS den TACACS+-Server, um eine Authentifizierungsaufforderung zu erhalten, die dem Benutzer dann angezeigt wird. Der Benutzer gibt seinen Benutzernamen ein und der NAS kontaktiert dann den TACACS+-Server, um eine Kennworteingabeaufforderung zu erhalten. Der NAS präsentiert dem Benutzer diese Kennworteingabeaufforderung.

2. Der Benutzer gibt sein Kennwort ein. Diese Anmeldedaten werden an den TACACS+-Daemon, der auf einem Server ausgeführt wird, gesendet.

3. Der TACACS+-Server fragt die Benutzerdatenbank ab und vergleicht die Anmeldedaten von Client A mit jenen, die in der Datenbank abgelegt sind.

4. Schließlich empfängt der NAS eine der folgenden Antworten von dem TACACS+-Daemon:

- **ACCEPT** – Der Benutzer wurde authentifiziert und der Service kann beginnen.
- **REJECT** – Die Benutzerauthentifizierung ist fehlgeschlagen. Abhängig von der Konfiguration des TACACS+-Daemons kann dem Benutzer der weitere Zugriff verweigert werden oder eine Aufforderung zur erneuten Eingabe der Anmeldedaten erfolgen.
- **ERROR** – Während des Authentifizierungsprozesses ist ein Fehler aufgetreten. Dieser Fehler kann beim Daemon selbst oder in der Netzwerkverbindung zwischen Daemon und NAS aufgetreten sein. Wenn die Antwort ERROR empfangen wird, bietet der NAS gewöhnlich eine alternative Methode für die Authentifizierung an.
- **CONTINUE** – Der Benutzer wird aufgefordert, weitere Authentifizierungsdaten anzugeben.

Entwerfen & Planen ...

Überlegungen zum Sicherheitsprotokoll

Die Auswahl eines Sicherheitsprotokolls kann sich für einen Administrator als sehr schwierig erweisen. Es müssen viele Faktoren berücksichtigt werden. Kann dieses Protokoll beispielsweise nur für Cisco-Router verwendet werden? Sollen für den Fall, dass Fehler auftreten, ein oder zwei Server bereitgestellt werden? Lässt sich ein Protokoll möglicherweise einfacher konfigurieren als ein anderes?

Die beiden populärsten Sicherheitsprotokolle sind RADIUS und TACACS+. Welches von beiden sollte in Ihrem Unternehmen implementiert werden? Ihre Entscheidung wird von vielen Faktoren beeinflusst:

Hersteller-Interoperabilität – RADIUS wird von mehr Herstellern unterstützt als TACACS+.

- **Transportprotokoll** – RADIUS nutzt UDP als Protokoll der Transportschicht, während TACACS+ TCP nutzt. Dies bedeutet, dass TACACS+-Verkehr zuverlässiger ist als RADIUS-Verkehr. Wenn es zu Problemen kommt (wie beschädigte oder verworfene Pakete), werden nicht bestätigte Pakete bei TACACS+ erneut übertragen. Für RADIUS trifft das nicht zu.
- **Paketverschlüsselung** – RADIUS verschlüsselt nur den Kennwortteil des vom AAA-Client zum AAA-Server übertragenen Zugriffsanforderungspakets. Der restliche Teil des Pakets wird in Klartext übermittelt. Er kann mit einem Netzwerk- oder Protokoll-Analyzer abgefangen und angezeigt werden. Bei TACACS+ wird der gesamte Datenteil bis auf den TACACS+-Header verschlüsselt.
- **Overhead** – RADIUS erzeugt einen geringeren CPU-Overhead und benötigt weniger Speicherressourcen als TACACS+.
- **Authentifizierung und Autorisierung** – Bei RADIUS sind Authentifizierung und Autorisierung kombiniert. Die Accept-Pakete, die zwischen RADIUS-Client und -Server ausgetauscht werden, enthalten Autorisierungsinformationen. Dadurch wird es schwierig, die beiden Elemente zu trennen. Bei TACACS+ sind die Authentifizierungs-, Autorisierungs- und Accounting-Mechanismen getrennt, wodurch Sie den Vorteil haben, verschiedene Protokolle nutzen zu können. TACACS+ könnte beispielsweise die Authentifizierungs- und Accounting-Elemente bereitstellen, während Kerberos für die Autorisierung genutzt werden könnte.
- **Protokoll-Support** – Im Gegensatz zu RADIUS unterstützt TACACS+ folgende Protokolle:
  - AppleTalk Remote Access-Protokoll (ARA)
  - NetBIOS Frame Protocol Control-Protokoll
  - Novell Asynchronous Services Interface (NASI)
  - X.25 PAD-Verbindung

Sie sollten auch wissen, dass bestimmte Features in den verschiedenen AAA-Clients nur bei einem der beiden Protokolle funktionieren. Die PIX-Firewall unterstützt nur TACACS+ für Autorisierungs-Services und nur RADIUS für herunterladbare Access Lists.

Einen detaillierten Vergleich zwischen RADIUS und TACACS+ finden Sie unter www.cisco.com/warp/public/480/10.html.

5.3 Cisco Secure ACS für Windows

Sie haben nun ein grundlegendes Verständnis der AAA-Funktionen und der gewöhnlich implementierten Protokolle (TACACS+ und RADIUS) erlangt. Um die AAA-Services auf der PIX-Firewall zu implementieren, müssen Sie einen AAA-Server einrichten und konfigurieren. Es stehen viele AAA-Server-Produkte zur Verfügung; die PIX-Firewall unterstützt folgende Produkte:

- Cisco Secure ACS für Windows
- Cisco Secure ACS für UNIX
- Livingston
- Merit

Dieses Kapitel beschäftigt sich mit Cisco Secure Access Control Server (ACS) für Windows 3.0.2. Wir werden beschreiben, welche Features die Software bietet, wie sie zu installieren und zu konfigurieren ist und wie bestimmte Basisaufgaben, z.B. das Hinzufügen von AAA-Clients und -Benutzern, ausgeführt werden.

5.3.1 Einführung und Features

Bei Cisco Secure ACS für Windows handelt es sich um AAA-Server-Software, die für als AAA-Clients agierende Netzwerksysteme wie Router, NAS, VPN-Gateways, Wireless Access Points und Firewalls zentralisierte Benutzerauthentifizierungs-, -autorisierungs- und Accounting-Mechanismen zur Verfügung stellt. Diese Software unterstützt sowohl TACACS+ als auch RADIUS, so dass Sie das Protokoll nutzen können, das sich am besten für den einzelnen Client eignet. Sie könnten beispielsweise die Befehlsautorisierung von TACACS+ für Router und Firewalls und die RADIUS-Authentifizierung für den VPN-Zugriff nutzen.

Cisco Secure ACS ist zudem in hohem Maße skalierbar und unterstützt bis zu 500.000 Benutzer und 2.000 AAA-Clients. Ein AAA-Server wie der Cisco Secure ACS kann schnell zu einem entscheidenden Bestandteil Ihrer Infrastruktur werden. Um die Verfügbarkeit der AAA-Services zu gewährleisten, bietet Cisco Secure ACS Unterstützung für die Datenbank-Replikation auf andere ACS-Server. Wenn ein Server ausfällt, springen andere ein, um AAA-Services mit aktuellen Informationen zu versorgen. Sie können die gesamte oder Teile der Datenbank replizieren und die Replikation so konfigurieren, dass sie automatisch zu bestimmten Zeiten (z.B. in Abständen von 60 Minuten) stattfindet oder manuell angestoßen werden muss. In größeren Implementierungen lässt sich auch eine Server-Hierarchie konfigurieren, bei der die Replikation zu sekundären Servern angestoßen wird, wenn ein primärer Server seine Replikation abgeschlossen hat. Cisco Secure ACS bietet eine webbasierte, grafische Benutzeroberfläche, durch die Sie die Flexibilität erhalten, den Server von einem Remote-Standort aus zu verwalten. Über die ACS-Benutzeroberfläche können Sie Benutzer, Benutzergruppen, AAA-Clients und externe Authentifizierungsdatenbanken definieren. Cisco Secure ACS verfügt über eine eigene, interne Benutzerdatenbank, doch unterstützt die Software auch folgende externe Benutzerdatenbanken:

- Windows NT/2000-Benutzerdatenbank
- Generic LDAP

- Novell NetWare Directory Services (NDS)
- Open Database Connectivity (ODBC)-kompatible relationale Datenbanken
- CRYPTOCard Token-Server
- SafeWord Token-Server
- AXENT Token-Server
- RSA SecureID Token-Server
- ActivCard Token-Server
- Vasco Token-Server

5.3.2 Installation und Konfiguration von Cisco Secure ACS

Bevor Sie Cisco Secure ACS für Windows 3.0.2 installieren, müssen Sie sicherstellen, dass Ihr Server die folgenden Hard- und Software-Minimalanforderungen erfüllt:

- Pentium III-Prozessor, 550 MHz oder höher
- 256 MB RAM
- 250 MB frei verfügbarer Festplattenplatz
- Grafikauflösung 800 x 600 mit 256 Farben
- Windows 2000 (mit SP1 oder SP2), Windows 2000 Advanced Server (ohne Microsoft Clustering Services und mit SP1 oder SP2) oder Windows NT (mit SP6a)
- Microsoft Internet Explorer (Version 5.0 oder 5.5) oder Netscape Communicator (Version 4.76); im Browser müssen Java und JavaScript aktiviert sein

> **Hinweis**
>
> Im Verlaufe des Installationsprozesses von Cisco Secure ACS muss mindestens ein AAA-Client (ein NAS) auf dem Server konfiguriert werden. Wenn Ihnen zum Zeitpunkt der Installation kein bestehender NAS zur Verfügung steht, richten Sie einen Schein-NAS ein, um den Installationsprozess durchführen zu können. Nach dem Abschluss der Installation können Sie den vorgetäuschten NAS löschen und echte NAS-Einträge erstellen.

Folgen Sie diesen Schritten, um Cisco Secure ACS zu installieren:

1. Melden Sie sich mit dem lokalen Administratorkonto beim Server an und legen Sie die Cisco Secure ACS-CD in das CD-ROM-Laufwerk ein. Wenn das Dialogfeld CISCO SECURE ACS FÜR WINDOWS 2000/NT nicht über die Windows-Autostart-Funktion angezeigt wird, führen Sie vom Stammverzeichnis der Cisco Secure ACS-CD die Datei SETUP.EXE aus. Nun sollte das Dialogfeld CISCO SECURE ACS FÜR WINDOWS 2000/NT mit der Lizenzvereinbarung angezeigt werden.

Kapitel 5
Konfiguration von Authentifizierung, Autorisierung und Accounting

2. Lesen Sie sich die Lizenzbedingungen durch und klicken Sie auf ACCEPT, wenn Sie sie akzeptieren. Abbildung 5.4 zeigt den nun folgenden Begrüßungsbildschirm.

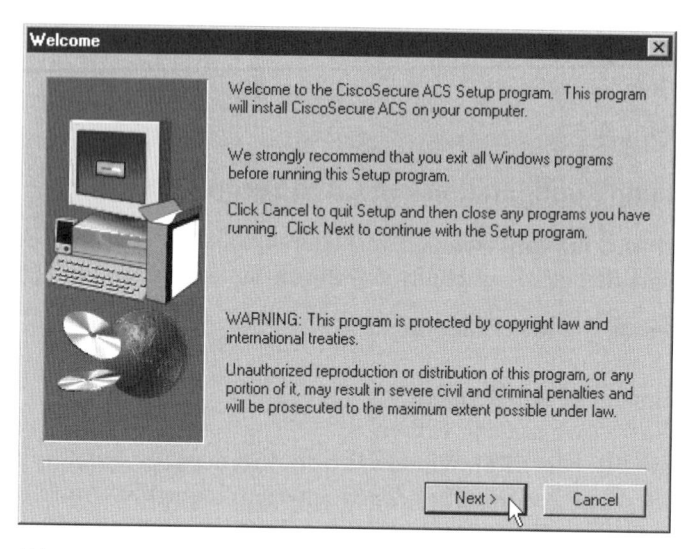

Abb. 5.4: Der Cisco Secure ACS-Begrüßungsbildschirm

3. Klicken Sie auf die Schaltfläche NEXT, um den Bildschirm BEFORE YOU BEGIN (siehe Abbildung 5.5) anzuzeigen, in dem Sie über einige Aufgaben informiert werden, die Sie vor der Installation von Cisco Secure ACS erledigen müssen.

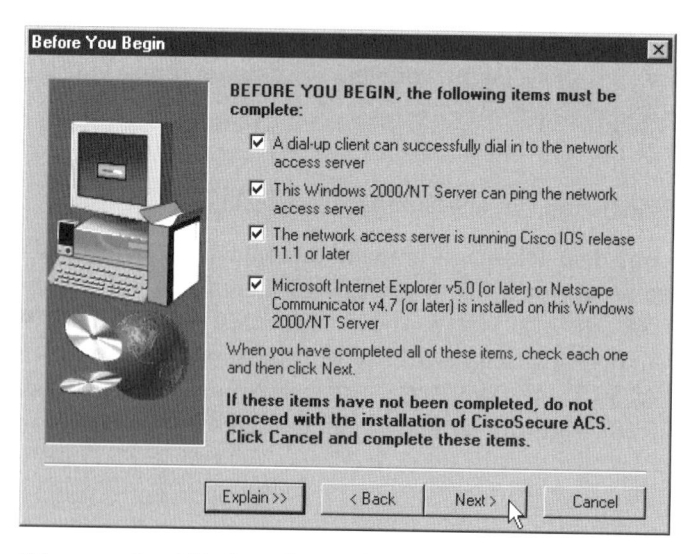

Abb. 5.5: Der Bildschirm CISCO SECURE ACS – BEFORE YOU BEGIN

4. Überprüfen Sie die aufgelisteten Positionen und aktivieren Sie das entsprechende Kontrollkästchen für Positionen, die Sie erledigt haben. Wenn alle Kontrollkästchen aktiviert sind, klicken Sie auf die Schaltfläche NEXT. Der Bildschirm CHOOSE DESTINATION LOCATION wird angezeigt.

> **Hinweis**
>
> Wenn Sie im Dialogfeld BEFORE YOU BEGIN nicht alle aufgelisteten Positionen abhaken konnten, klicken Sie zuerst auf CANCEL und anschließend auf EXIT SETUP. Führen Sie die notwendigen Aktionen aus und beginnen Sie den Installationsprozess von vorn.

5. Wählen Sie im Bildschirm CHOOSE DESTINATION LOCATION das Standardlaufwerk und den Pfad für die Installation von Cisco Secure ACS. Wenn Sie die Software an einem anderen Ablageort installieren möchten, klicken Sie auf die Schaltfläche BROWSE und wählen Sie den gewünschten Ordner aus. Klicken Sie auf die Schaltfläche NEXT, um zum Bildschirm AUTHENTICATION DATABASE CONFIGURATION zu wechseln (siehe Abbildung 5.6).

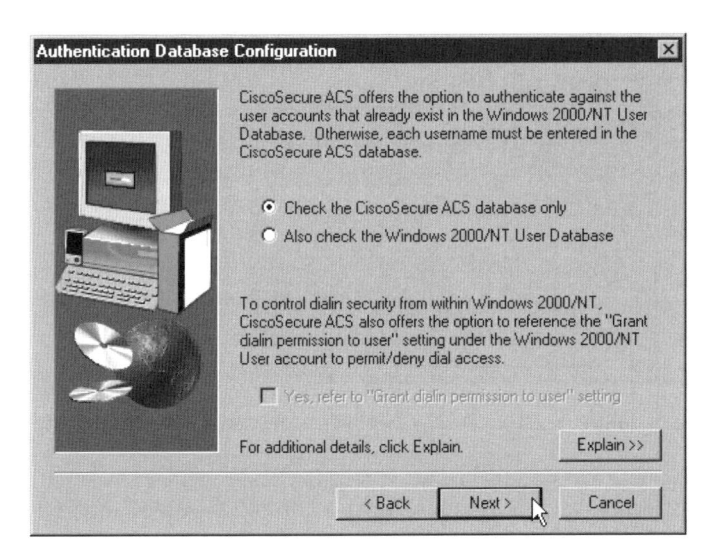

Abb. 5.6: Der Bildschirm CISCO SECURE ACS – AUTHENTICATION DATABASE CONFIGURATION

6. Im Bildschirm AUTHENTICATION DATABASE CONFIGURATION können Sie Optionen für die Authentifizierung von Benutzern wählen. Sie können entscheiden, ob Sie ausschließlich die Cisco Secure ACS-Datenbank nutzen oder Benutzer gegen eine Windows 2000/NT-Datenbank authentifizieren möchten. Wählen

Sie die entsprechende Option. Wenn Sie sich entschließen, die Windows 2000/NT-Benutzerdatenbank zu nutzen, können Sie wählen, ob die Benutzerkonten vor dem Gewähren des Zugriffs auf die Einstellung GRANT DIALIN PERMISSION hin überprüft werden sollen. Wenn Sie diese Option aktivieren, wird Benutzern nur dann der Zugriff gestattet, wenn für deren Konten die Option GRANT DIAL PERMISSION aktiviert wurde. Sonst wird der Zugriff verwehrt. Wenn Sie die erwünschten Einstellungen vorgenommen haben, klicken Sie auf NEXT, um den Bildschirm NETWORK ACCESS SERVER DETAILS (siehe Abbildung 5.7) anzuzeigen.

> **Hinweis**
>
> Nachdem Sie Cisco Secure ACS installiert haben, können Sie den Support für externe Datenbanken (z. B. für Windows NT/2000-Datenbanken) aktivieren.

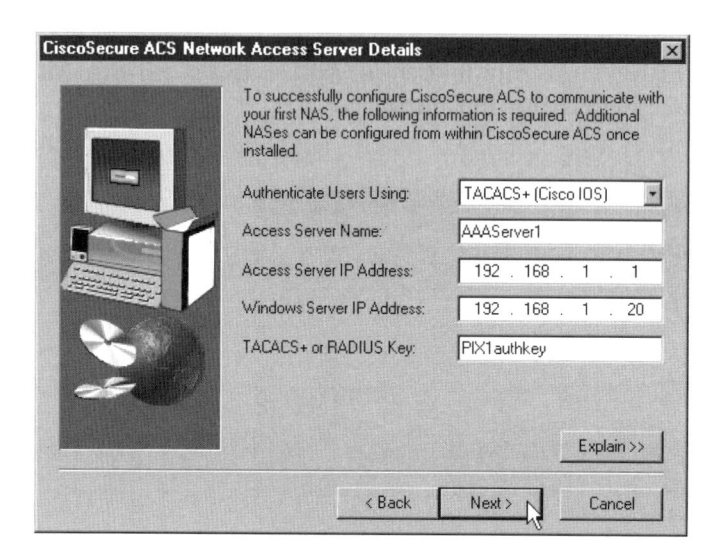

Abb. 5.7: Der Bildschirm CISCO SECURE ACS - NETWORK ACCESS SERVER DETAILS

7. Im Bildschirm NETWORK ACCESS SERVER DETAILS können Sie einen ersten NAS (einen AAA-Client) definieren, der Authentifizierungs- und Autorisierungsanforderungen an den Cisco Secure ACS-Server sendet. Wählen Sie in der Auswahlliste AUTHENTICATE USERS USING die entsprechende Authentifizierungsmethode. Geben Sie im Textfeld ACCESS SERVER NAME den Host-Namen des AAA-Clients und im Feld ACCESS SERVER IP ADDRESS die IP-Adresse des AAA-Clients ein. Die IP-Adresse des Servers, auf dem Sie Cisco Secure ACS installieren, geben Sie im Textfeld WINDOWS SERVER IP ADDRESS an. Tragen Sie im Feld TACACS+ OR RADIUS KEY den Schlüssel ein, den Sie für die Authentifizierung

zwischen dem AAA-Client und dem Cisco Secure ACS-Server verwenden werden. Wenn Sie die erforderlichen AAA-Client-Angaben eingegeben haben, klicken Sie auf NEXT, um in den Bildschirm ADVANCED OPTIONS (siehe Abbildung 5.8) zu wechseln.

> **Hinweis**
>
> Die RADIUS- oder TACACS+-Schlüssel auf ACS und AAA-Client müssen identisch sein, damit die Authentifizierung und Autorisierung ordnungsgemäß funktionieren kann.

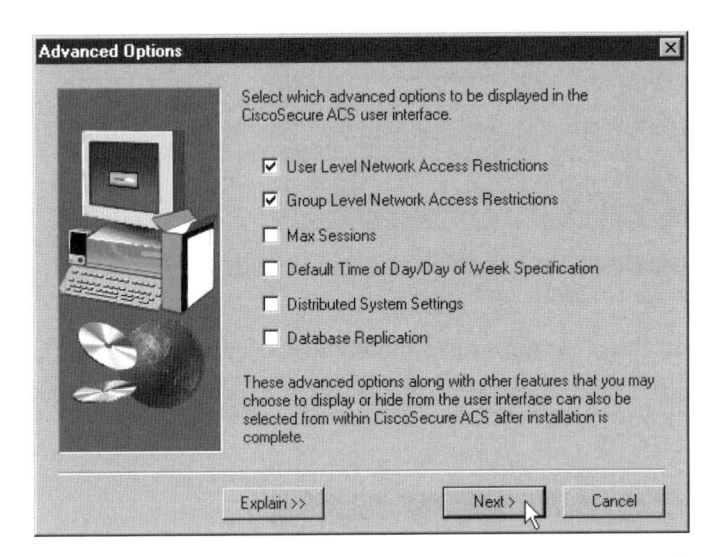

Abb. 5.8: Der Bildschirm CISCO SECURE ACS – ADVANCED OPTIONS

8. Das Dialogfeld ADVANCED OPTIONS bietet zahlreiche Optionen, die Sie aktivieren können. Diese Optionen sind standardmäßig nicht aktiviert und werden nur auf der Cisco Secure ACS-Oberfläche angezeigt, wenn Sie sie aktivieren. Sie können die erwünschten Optionen auch nachträglich über die Seite ADVANCED OPTIONS im Abschnitt INTERFACE CONFIGURATION aktivieren. Wenn Sie alle erwünschten erweiterten Optionen ausgewählt haben, klicken Sie auf die Schaltfläche NEXT, um den Bildschirm ACTIVE SERVICE MONITORING (siehe Abbildung 5.9) anzuzeigen. Auf dem Bildschirm ACTIVE SERVICE MONITORING können Sie Funktionen des Cisco Secure ACS konfigurieren, die die Verfügbarkeit der AAA-Services überwachen. Auf diesem Bildschirm können Sie diese Funktionen während des Installationsprozesses konfigurieren, doch Sie können es auch nach dem Abschluss der Installation zu jedem Zeitpunkt nachholen. Klicken Sie dazu in der Cisco Secure ACS-Benutzeroberfläche auf die Schaltfläche SYSTEM CON-

Kapitel 5
Konfiguration von Authentifizierung, Autorisierung und Accounting

FIGURATION. Klicken Sie auf die Schaltfläche EXPLAIN, um weitere Informationen zu den verfügbaren Optionen zu erhalten.

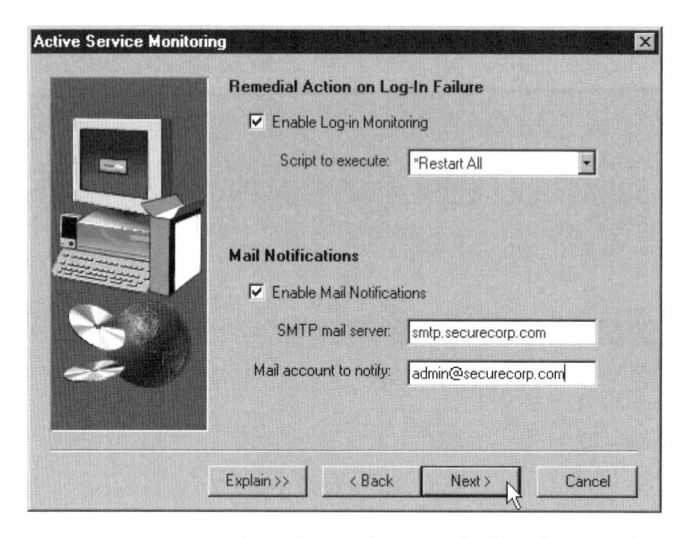

Abb. 5.9: Der Bildschirm CISCO SECURE ACS – ACTIVE SERVICE MONITORING

9. Wenn Sie die gewünschten Verwaltungsfunktionen konfiguriert haben, klicken Sie auf NEXT, um den Bildschirm NETWORK ACCESS SERVER CONFIGURATION (siehe Abbildung 5.10) anzuzeigen.

Abb. 5.10: Der Bildschirm CISCO SECURE ACS – NETWORK ACCESS SERVER CONFIGURATION

10. Der Bildschirm NETWORK ACCESS SERVER CONFIGURATION wird angezeigt, wenn Sie im Dialogfeld NETWORK ACCESS SERVER DETAILS (siehe Abbildung 5.7) als Authentifizierungsmethode entweder TACACS+ (CISCO IOS) oder RADIUS (CISCO IOS/PIX) gewählt haben. Im Bildschirm NETWORK ACCESS SERVER CONFIGURATION können Sie den erforderlichen NAS-Client konfigurieren, der die AAA-Dienste des Cisco Secure ACS-Servers nutzen soll. Er bietet Ihnen die minimal notwendigen Befehle zur Eingabe auf dem Cisco-System, um diese Aufgabe auszuführen, und gibt Ihnen die Möglichkeit, per Telnet die Konfiguration des Systems abzuschließen. Da Sie als Authentifizierungsmethode die Option TACACS+ (CISCO IOS) ausgewählt haben, werden Ihnen die notwendigen Befehle zur Konfiguration eines IOS-Systems für TACACS+ zur Verfügung gestellt. Die PIX-Firewall-Befehle unterscheiden sich von den IOS-Befehlen, deaktivieren Sie daher das Kontrollkästchen YES, I WANT TO CONFIGURE CISCO IOS SOFTWARE NOW. Klicken Sie auf die Schaltfläche NEXT, um zum Bildschirm CISCO SECURE ACS - SERVICE INITIATION zu wechseln (siehe Abbildung 5.11).

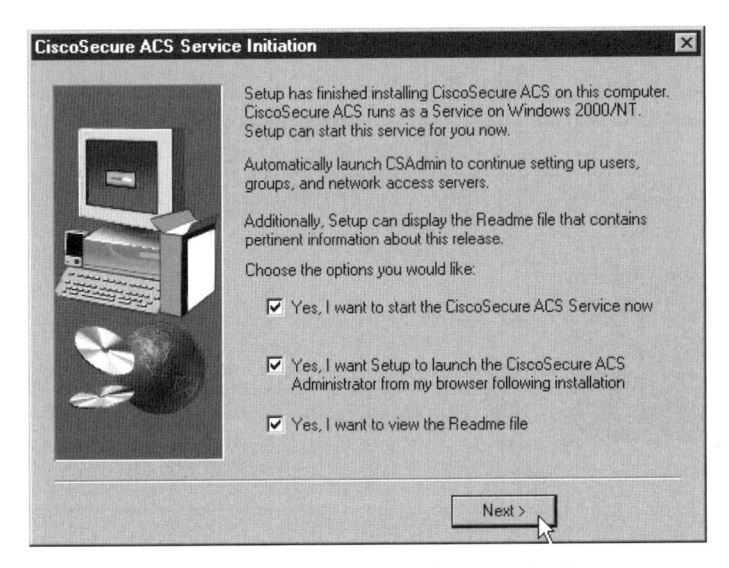

Abb. 5.11: Der Bildschirm Cisco Secure ACS – Service Initiation

11. Der Bildschirm CISCO SECURE ACS SERVICE INITIATION bietet Optionen für die Ausführung von Diensten nach Abschluss der Installation. Alle Optionen sind standardmäßig aktiviert. Deaktivieren Sie die Kontrollkästchen für die Dienste, die nicht gestartet werden sollen. Sie sollten das Kontrollkästchen im Zusammenhang mit dem Start des Cisco Secure ACS-Service nicht deaktivieren, damit der Dienst startet. Wenn Sie Ihre Auswahl abgeschlossen haben, klicken Sie auf die Schaltfläche NEXT, um in den Bildschirm SETUP COMPLETE zu wechseln.

12. Klicken Sie auf die Schaltfläche FINISH, um die Installation abzuschließen und den Dienst zu starten.

> **Hinweis**
>
> Für den Zugriff auf die Cisco Secure ACS-HTML-Benutzeroberfläche sollten Sie die URL http://*ip_address*:2002 nutzen, wobei *ip_address* für die IP-Adresse des ACS-Servers steht. Wenn der ACS-Server beispielsweise die IP-Adresse 192.168.2.20 besäße, würden Sie die URL http://192.168.2.20:2002 eingeben.

5.3.3 Ein NAS für den Cisco Secure ACS-Server

Wenn Sie für Cisco Secure ACS einen NAS (AAA-Client) konfigurieren möchten, müssen Sie auf der linken Seite der Cisco Secure ACS-HTML-Benutzeroberfläche auf die Schaltfläche NETWORK CONFIGURATION klicken (siehe Abbildung 5.12).

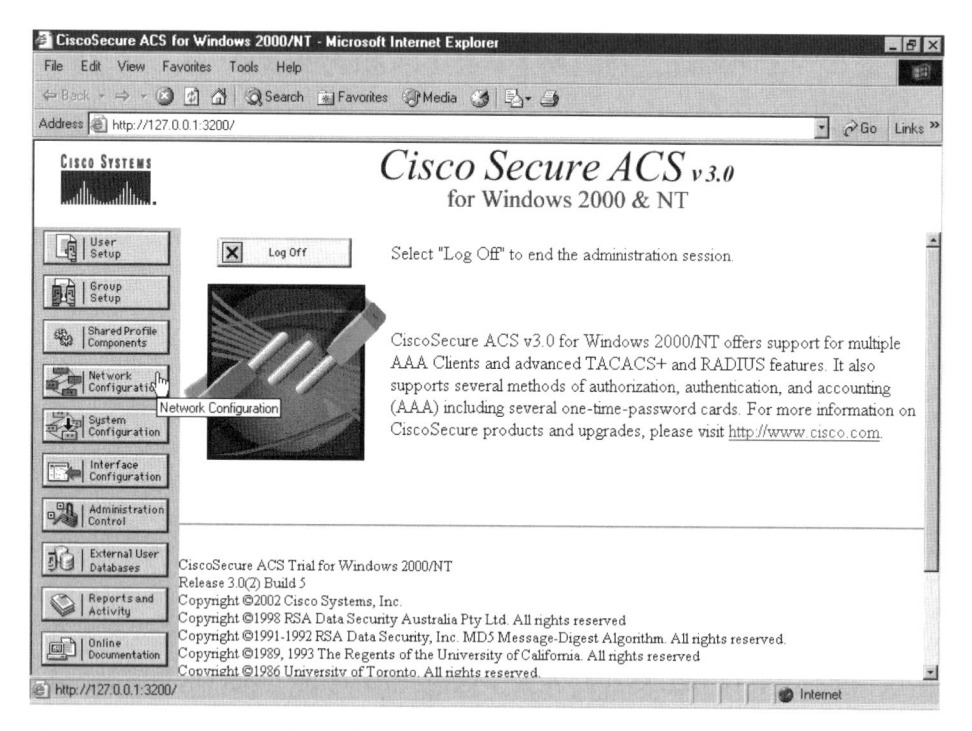

Abb. 5.12: Hauptfenster CISCO SECURE ACS – NETWORK CONFIGURATION

Wenn Sie keine Network Device Groups (NDGs) nutzen, eine Funktion, mit der Sie eine Reihe von AAA-Clients und -Servern als einzelne logische Gruppe verwalten können, klicken Sie auf die Schaltfläche ADD ENTRY unterhalb der Tabelle mit den AAA-Clients (siehe Abbildung 5.13).

> **Hinweis**
>
> Wenn Sie das NDG-Feature aktivieren möchten, klicken Sie im Hauptfenster auf die Schaltfläche INTERFACE CONFIGURATION, dann auf die Schaltfläche ADVANCED OPTIONS, aktivieren Sie das Kontrollkästchen NETWORK DEVICE GROUPS und klicken auf SUBMIT.

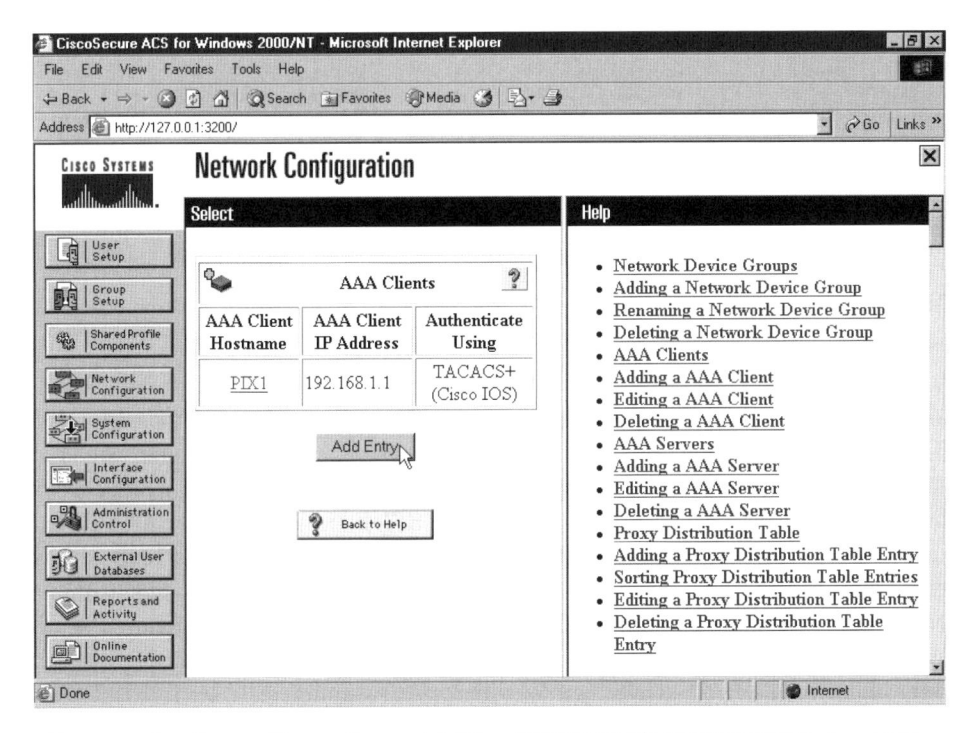

Abb. 5.13: Das Fenster CISCO SECURE ACS – NETWORK CONFIGURATION ohne NDGs

Wenn Sie NDGs verwenden, müssen Sie auf den Namen der NDG klicken, der Sie den AAA-Client zuweisen möchten (siehe Abbildung 5.14).

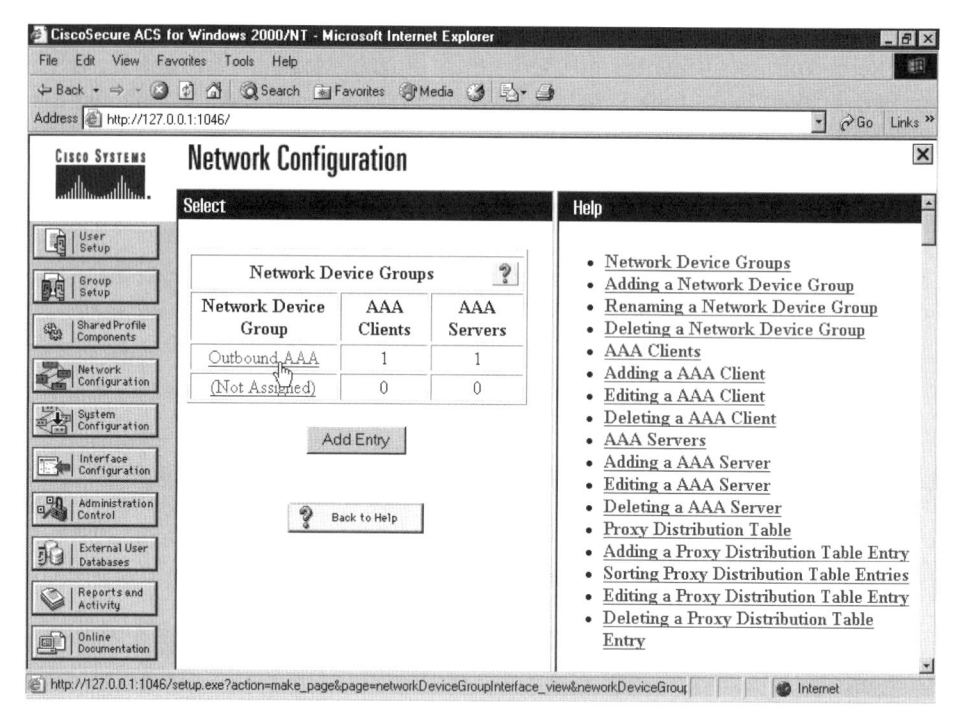

Abb. 5.14: Das Fenster CISCO SECURE ACS – NETWORK CONFIGURATION mit NDGs

Wenn die Liste der AAA-Client-Tabellen für die ausgewählte NDG angezeigt wird, klicken Sie unter der AAA-Client-Tabelle auf die Schaltfläche ADD ENTRY. Nun sollte das AAA-Client-Fenster aus Abbildung 5.15 angezeigt werden. Geben Sie den Namen und die IP-Adresse des AAA-Clients in die Felder AAA CLIENT HOSTNAME bzw. AAA CLIENT IP ADDRESS ein. Geben Sie den Geheimcode, den der AAA-Client und der AAA-Server für die Authentifizierung nutzen werden, in das Textfeld KEY ein. Wenn Sie das NDG-Feature aktiviert haben, wählen Sie aus der Auswahlliste NETWORK DEVICE GROUP die NDG aus, zu der dieser AAA-Client gehören wird. Wenn Sie das NDG-Feature nicht aktiviert haben, wird diese Auswahlliste nicht auf dem Bildschirm angezeigt. Wählen Sie aus der Auswahlliste AUTHENTICATE USING die Authentifizierungsmethode, die Sie für den AAA-Client nutzen möchten. Für die PIX-Firewall können Sie entweder TACACS+ (CISCO IOS) oder RADIUS (CISCO IOS/PIX) wählen. Nach der Auswahl der geeigneten Authentifizierungsmethode können Sie eine oder mehrere der Optionen für die Kommunikation mit den AAA-Clients (siehe Tabelle 5.1) aktivieren.

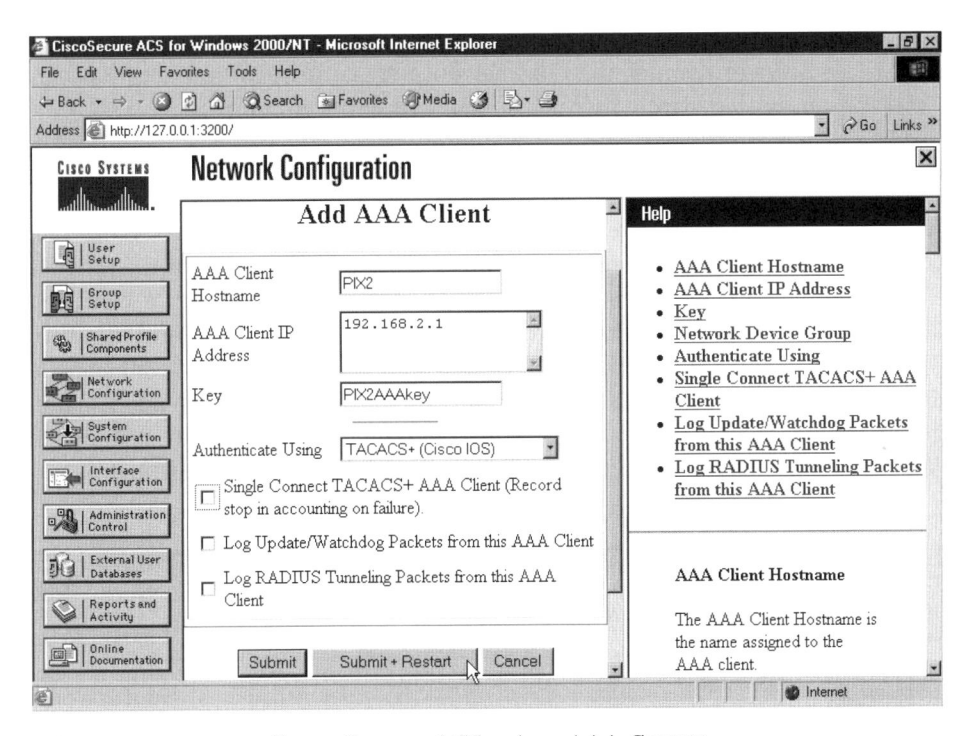

Abb. 5.15: Das Fenster CISCO SECURE ACS – ADD AAA CLIENT

Option	Beschreibung
Single Connect TACACS+ AAA Client (Record stop in accounting on failure)	Aktiviert eine einzelne Verbindung vom AAA-Client, anstatt für jede TACACS+-Anforderung eine separate Verbindung zu aktivieren
Log Update/Watchdog Packets from this AAA Client	Aktiviert Watchdog-Pakete, die in regelmäßigen Abständen während einer Session gesendet werden. Diese helfen dabei, die Länge einer Session ungefähr zu bestimmen, wenn ein AAA-Client ausfällt und kein Stopp-Paket empfangen wurde.
Log RADIUS Tunneling Packets from this AAA Client	Lässt die Aufzeichnung von RADIUS-Tunneling-Paketen zu

Tabelle 5.1: Kommunikationsoptionen für den AAA-Client

Klicken Sie nach der Auswahl der gewünschten Kommunikationsoptionen auf die Schaltfläche SUBMIT + RESTART, um die Änderungen sofort zu implementieren. Die Änderungen werden gespeichert und die Cisco Secure ACS-Services werden neu gestartet, so dass die neuen Konfigurationsdaten geladen werden. Wenn Sie die Änderungen speichern, die Implementierung aber auf einen späteren Zeitpunkt verschieben möchten, klicken Sie auf die Schaltfläche SUBMIT. In diesem Fall müssen Sie die Services manuell über das Fenster SYSTEM CONFIGURATION / SERVICE CONTROL neu starten, damit die Änderungen wirksam werden.

5.3.4 Ein Benutzer für den Cisco Secure ACS-Server

In diesem Abschnitt wird die grundlegende Einrichtung eines Benutzers für den Cisco Secure ACS-Server beschrieben. Folgen Sie diesen Schritten, um ein neues Benutzerkonto hinzuzufügen. Möglicherweise müssen Sie erweiterte Optionen konfigurieren. Dies ist abhängig davon, wie das Konto genutzt werden soll. Wenn Sie dem ACS einen Benutzer hinzufügen möchten, klicken Sie auf der linken Seite der HTML-Oberfläche von Cisco Secure ACS auf die Schaltfläche USER SETUP und geben in das Textfeld USER den gewünschten Benutzernamen für den neuen Benutzer ein (siehe Abbildung 5.16). Klicken Sie auf die Schaltfläche ADD/EDIT.

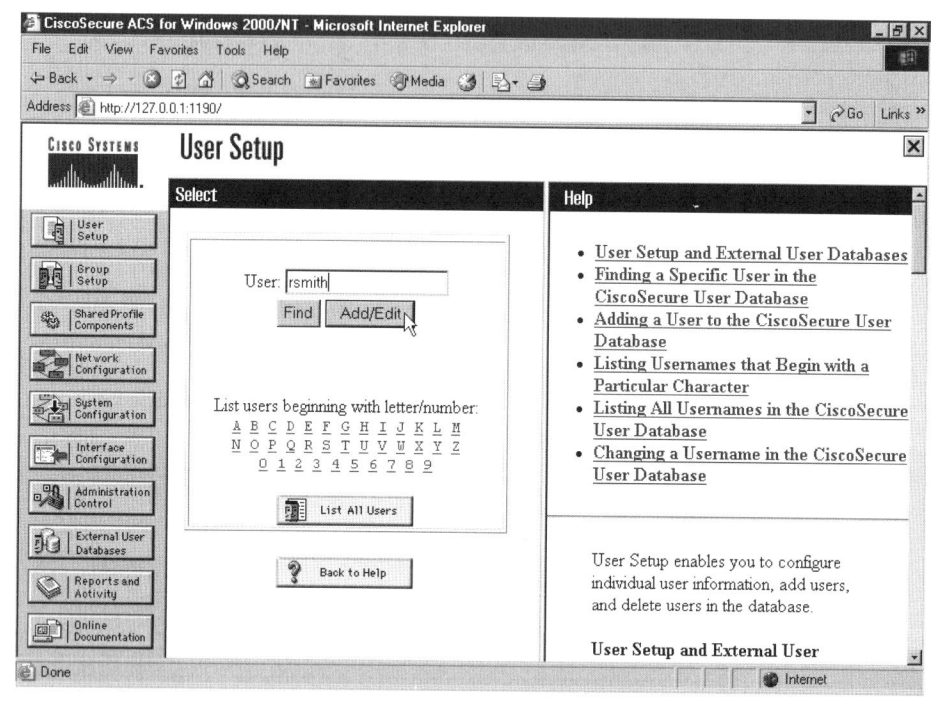

Abb. 5.16: Das Fenster CISCO SECURE ACS – USER SETUP

Im Abschnitt EDIT des Fensters USER SETUP können Sie optional den tatsächlichen Namen des Benutzers und eine Beschreibung des Kontos (siehe Abbildung 5.17) eingeben.

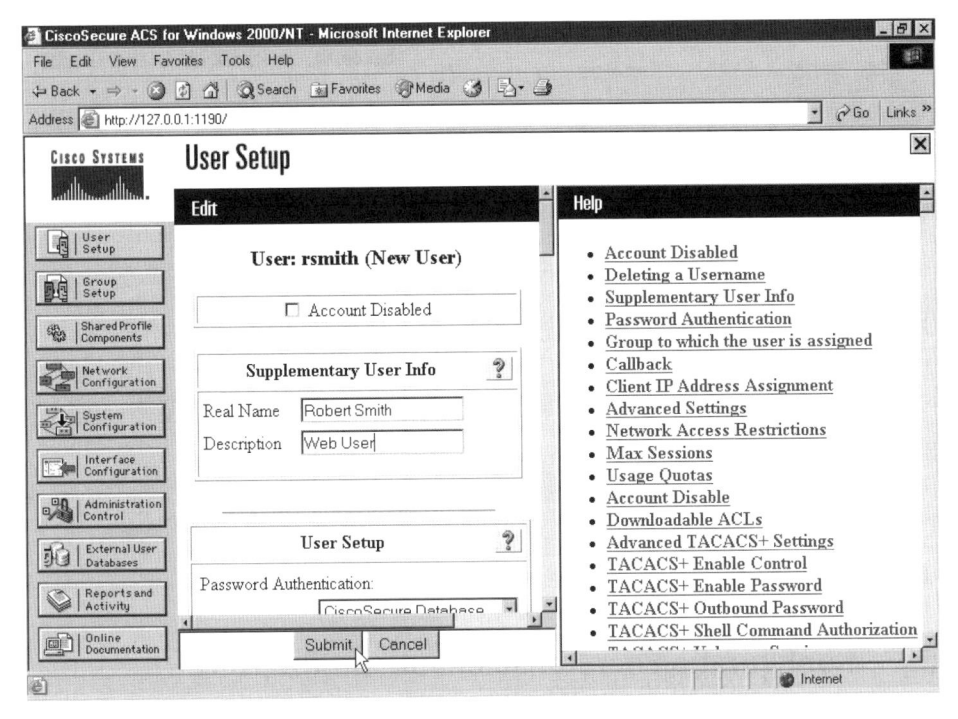

Abb. 5.17: Das Fenster CISCO SECURE ACS – ADD/EDIT USER

Wenn Sie im Abschnitt EDIT des Fensters USER SETUP nach unten blättern, werden weitere Konfigurationspunkte angezeigt (siehe Abbildung 5.18). Wählen Sie aus der Liste PASSWORD AUTHENTICATION die gewünschte Datenbank für die Authentifizierung. Wenn Sie die interne Datenbank (CiscoSecure Database) verwenden, geben Sie im Feld PASSWORD das Kennwort an und bestätigen es im Feld CONFIRM PASSWORD. Sie können in diesem Fenster zwar erweiterte Optionen konfigurieren, doch zur Einrichtung des Benutzerkontos ist dies nicht erforderlich. Klicken Sie auf die Schaltfläche SUBMIT, um die Definition des Kontos abzuschließen.

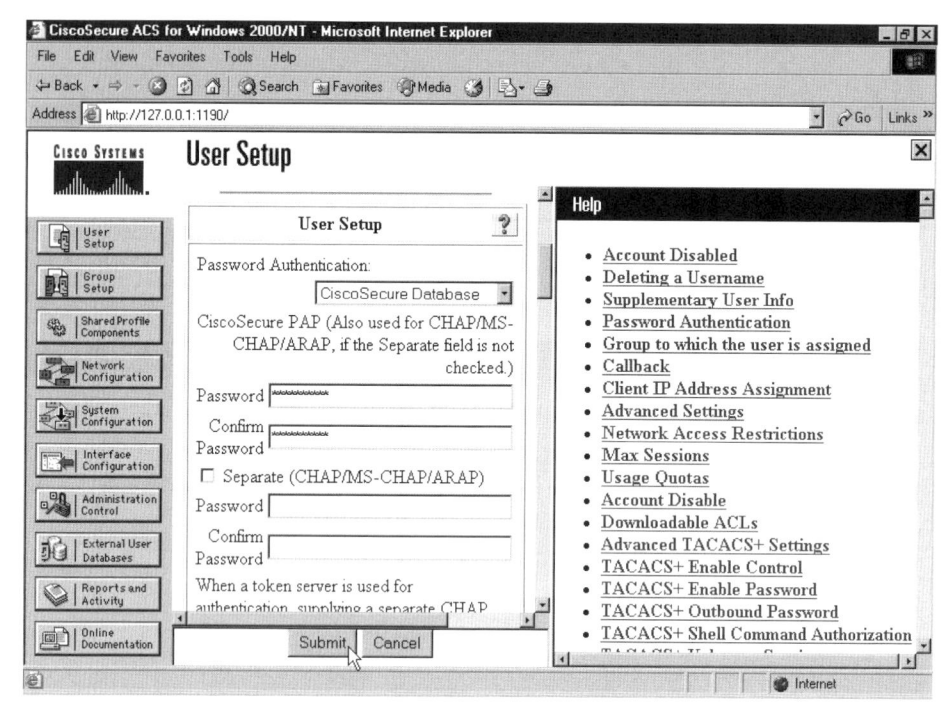

Abb. 5.18: Das Fenster CISCO SECURE ACS – ADD/EDIT USER

5.4 Konfiguration der Konsolenauthentifizierung

Wir erwähnten bereits, dass die AAA-Authentifizierung gewöhnlich entweder für die Zugriffskontrolle auf ein Netzwerksystem (z. B. eine PIX) oder für die Zugriffskontrolle auf Netzwerkressourcen über ein Netzwerksystem (z. B. auf Web-Services über eine PIX-Firewall) verwendet wird. In diesem Abschnitt beschreiben wir, wie die AAA-Mechanismen der PIX-Firewall für die Zugriffskontrolle auf die PIX-Firewall selbst über den Konsolen-Port, über Telnet, HTTP oder SSH verwendet werden. Sie konfigurieren die AAA-Authentifizierung für den Zugriff auf die Firewall mit folgenden Schritten:

1. Sie konfigurieren die AAA-Authentifizierungsdatenbank. Diese Datenbank kann sich lokal auf der Firewall oder auf einem RADIUS- oder TACACS+-Server befinden.

2. Sie legen die Methoden für den Zugriff auf die Firewall (serieller Port, Telnet, SSH, HTTP) sowie die zu verwendende AAA-Authentifizierungsdatenbank fest.

> **Achtung**
> Bei der Konfiguration der Konsolenauthentifizierung sollten Sie Ihre Einstellungen erst speichern, wenn Sie absolut sicher sind, dass sie korrekt sind. Wenn Sie sich aufgrund eines Fehlers aussperren, können Sie den Zugriff in der Regel aber wiederherstellen, indem Sie einen Neustart der PIX-Firewall mit der im Flash-Speicher abgelegten Konfiguration durchführen.

5.4.1 Konfiguration der lokalen Konsolenauthentifizierung

Wenn sich die Benutzer, die einen Zugriff auf die Firewall selbst erhalten möchten, über eine lokale Datenbank authentifizieren sollen, sollten Sie den folgenden Befehl verwenden, um Benutzer auf der Firewall zu definieren:

```
username <username> {nopassword | password <password> [encrypted]}
    [privilege <level>]
```

Geben Sie den Benutzernamen an, den Sie dem Benutzer zuweisen möchten. Verwenden Sie das Schlüsselwort nopassword, um ein lokales Konto ohne Kennwort zu erstellen. Wenn Sie dem lokalen Konto jedoch ein Kennwort zuweisen möchten, verwenden Sie das Schlüsselwort password und geben Sie das Kennwort an. Sollte das Kennwort bereits verschlüsselt sein, verwenden Sie das Schlüsselwort encrypted. Sie weisen dem Benutzerkonto eine Privilegstufe (Privilege Level) zu, indem Sie das Schlüsselwort privilege nutzen und die gewünschte Stufe mit einem Wert zwischen 0 und 15 angeben. Weitere Ausführungen zu Privilegstufen folgen im Verlaufe dieses Kapitels. Mit dem folgenden Befehl löschen Sie einen Benutzer:

```
no username <username>
```

Wenn Sie eine Liste mit konfigurierten Benutzernamen anzeigen möchten, verwenden Sie diesen Befehl:

```
show username [<username>]
```

Zum Löschen der gesamten Benutzerdatenbank dient der Befehl clear username im Konfigurationsmodus.

Nachdem Sie die lokalen Benutzer definiert haben, müssen Sie angeben, dass die lokale Datenbank für die verschiedenen Zugriffsmethoden verwendet werden soll. Führen Sie dazu folgenden Befehl aus:

```
aaa authentication [serial | enable | telnet | ssh | http] console LOCAL
```

> **Hinweis**
>
> Mit dem Begriff console ist nicht der Konsolen-Port auf der PIX-Firewall gemeint. Er bezieht sich auf alle administrativen Verbindungen zur PIX-Firewall, wie z. B. SSH oder HTTP.

Mithilfe der Schlüsselwörter serial, enable, telnet, ssh oder http geben Sie die Zugriffsmethode an, für die eine Authentifizierung durchgeführt werden soll. Mit folgenden Befehlen können Sie beispielsweise ein lokales Benutzerkonto erstellen und festlegen, dass die lokale Datenbank verwendet werden soll, wenn ein Benutzer über Telnet, SSH oder HTTP (PDM) auf die PIX-Firewall zugreifen möchte:

```
PIX1(config)# username pixadm password pixpassword
PIX1(config)# aaa authentication telnet console LOCAL
PIX1(config)# aaa authentication ssh console LOCAL
PIX1(config)# aaa authentication http console LOCAL
```

Bei den Zugriffsmethoden enable und ssh sind jeweils drei Versuche gestattet, bevor die Authentifizierung verweigert wird. Bei den Zugriffsmethoden serial oder telnet gibt es keine solche Einschränkung.

5.4.2 Konfiguration der RADIUS- und TACACS+-Konsolenauthentifizierung

Wenn Sie für die Authentifizierung von Benutzern, die versuchen, auf die Firewall selbst zuzugreifen, die PIX-Firewall für die Verwendung von RADIUS oder TACACS+ konfigurieren möchten, definieren Sie mit folgendem Befehl zunächst eine group für die AAA-Server, die die Firewall nutzen wird.

```
aaa-server <group_tag> protocol <auth_protocol>
```

Geben Sie einen Namen für die Server-Gruppe (group_tag) und entweder tacacs+ oder radius als Authentifizierungsprotokoll (auth_protocol) ein.

> **Hinweis**
>
> Sie können auf einer PIX-Firewall bis zu 14 AAA-Server-Gruppen angeben. Mit dem Befehl clear aaa-server löschen Sie eine AAA-Server-Gruppe.

Im zweiten Schritt definieren Sie mit folgendem Befehl spezielle AAA-Server, die der Gruppe zugeordnet werden:

```
aaa-server <group_tag> [(interface)] host <server_ip> [<key>] [timeout
   <seconds>]
```

Geben Sie den Namen der Gruppe (group_tag) ein, zu der der Server gehören soll, und bestimmen Sie den Namen der Schnittstelle (interface), auf der sich der Server befindet. Wenn der Parameter interface nicht angegeben wird, wird die interne Schnittstelle unterstellt. Verwenden Sie den Befehl host, um die IP-Adresse des AAA-Servers anzugeben. Geben Sie den Geheimschlüssel an, der zwischen dem AAA-Client und dem Server verwendet werden soll. Wenn der Schlüssel nicht angegeben wird, kommuniziert die PIX im unverschlüsselten Modus (Unencrypted Mode) mit dem AAA-Server. Mit dem Schlüsselwort timeout bestimmen Sie die Zeitspanne, die die PIX vor dem nächsten Zugriffsversuch abwartet. Die PIX führt vier Versuche aus, bevor sie den nächsten Server für die Authentifizierung wählt. Der Standardwert für timeout beträgt 5 Sekunden, maximal zulässig sind 30 Sekunden. Sie können maximal 16 AAA-Server in einer Gruppe definieren. Mit dem Befehl no aaa-server entfernen Sie einen Server aus der Konfiguration.

> **Hinweis**
>
> Standardmäßig kommuniziert die PIX-Firewall mit RADIUS-Servern auf Port 1645 für die Authentifizierung und auf Port 1646 für das Accounting. Neuere RADIUS-Server können die Port-Nummern 1812 und 1813 nutzen. Wenn auf Ihrem Server andere als die Ports 1645 und 1646 genutzt werden, sollten Sie die Ports auf der PIX-Firewall mit den Befehlen aaa-server radius-authport und aaa-server radius-acctport entsprechend definieren, bevor Sie die RADIUS-Server mithilfe des Befehls aaa-server definieren.

Nachdem Sie die AAA-Authentifizierungs-Server mit dem Befehl aaa-server festgelegt haben, können Sie Ihre Konfiguration mit dem Befehl show aaa-server überprüfen. Im nächsten Schritt legen Sie die AAA-Authentifizierungsdatenbank fest, die für die verschiedenen Zugriffsmethoden benutzt werden soll. Verwenden Sie folgenden Befehl, um die Authentifizierungsdatenbank festzulegen:

```
aaa authentication [serial | enable | telnet | ssh | http] console
   <group_tag>
```

Die Syntax hat große Ähnlichkeit mit jener für die lokale Authentifizierung. Mit dem Parameter group_tag legen Sie die AAA-Server-Gruppe für die Authentifizierung fest. Sie können beispielsweise folgende Befehle ausführen, um die Server-Gruppe AuthPIX zu erstellen, dieser einen TACACS+-Server zuzuweisen und fest-

Kapitel 5
Konfiguration von Authentifizierung, Autorisierung und Accounting

zulegen, dass diese Gruppe verwendet werden soll, wenn ein Benutzer über Telnet, SSH und HTTP auf die PIX-Firewall zugreifen möchte:

```
PIX1(config)# aaa-server AuthPIX protocol tacacs+
PIX1(config)# aaa-server AuthPIX (inside) host 10.5.1.20 TacacsKey
PIX1(config)# aaa authentication telnet console AuthPIX
PIX1(config)# aaa authentication ssh console AuthPIX
PIX1(config)# aaa authentication http console AuthPIX
```

Konfigurieren der TACACS+-Enable-Konsolenauthentifizierung in Cisco Secure ACS

Um die Enable-Konsolenauthentifizierung mit TACACS+ in Cisco Secure ACS zu konfigurieren, müssen Sie die ADVANCED TACACS+ FEATURES aktivieren, die Enable-Privilegien für die gewünschten Benutzer oder Gruppen einrichten und anschließend die Enable-Authentifizierung auf der PIX-Firewall konfigurieren. Die folgenden Abschnitte beschreiben die für diese Konfiguration erforderlichen Schritte.

Klicken Sie im Fenster INTERFACE CONFIGURATION auf TACACS+ (CISCO IOS), um die erweiterten TACACS+Features (ADVANCED OPTIONS) zu aktivieren (siehe Abbildung 5.19).

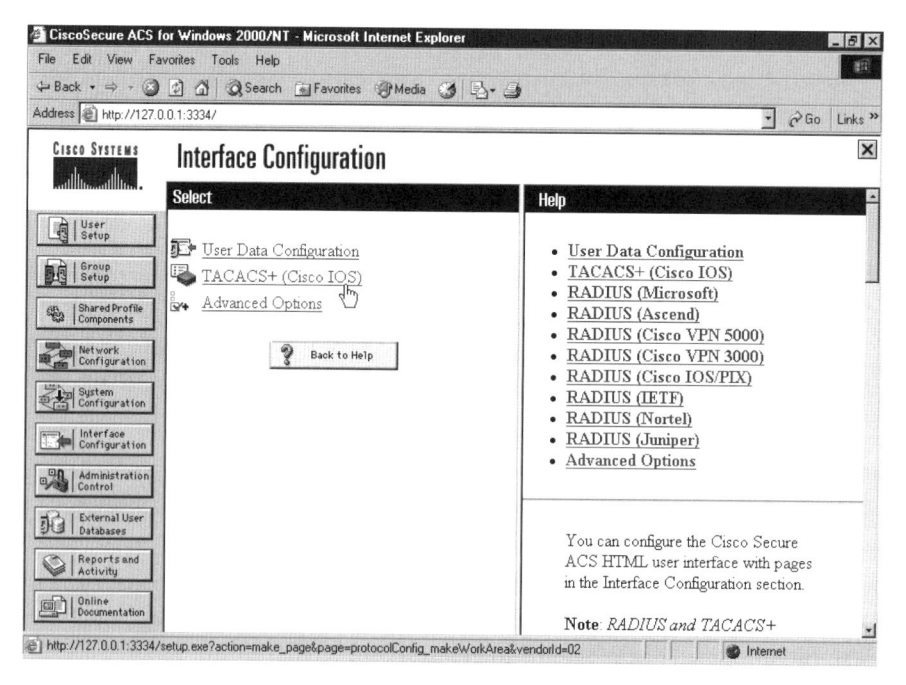

Abb. 5.19: Das Fenster CISCO SECURE ACS – INTERFACE CONFIGURATION mit den TACACS+ (Cisco IOS)-Optionen

Blättern Sie im Fenster TACACS+ (CISCO IOS) hinunter zum Abschnitt ADVANCED CONFIGURATION OPTIONS und aktivieren Sie das Kontrollkästchen ADVANCED TACACS+ FEATURES (siehe Abbildung 5.20). Klicken Sie auf die Schaltfläche SUBMIT, um die erweiterten Features zu aktivieren.

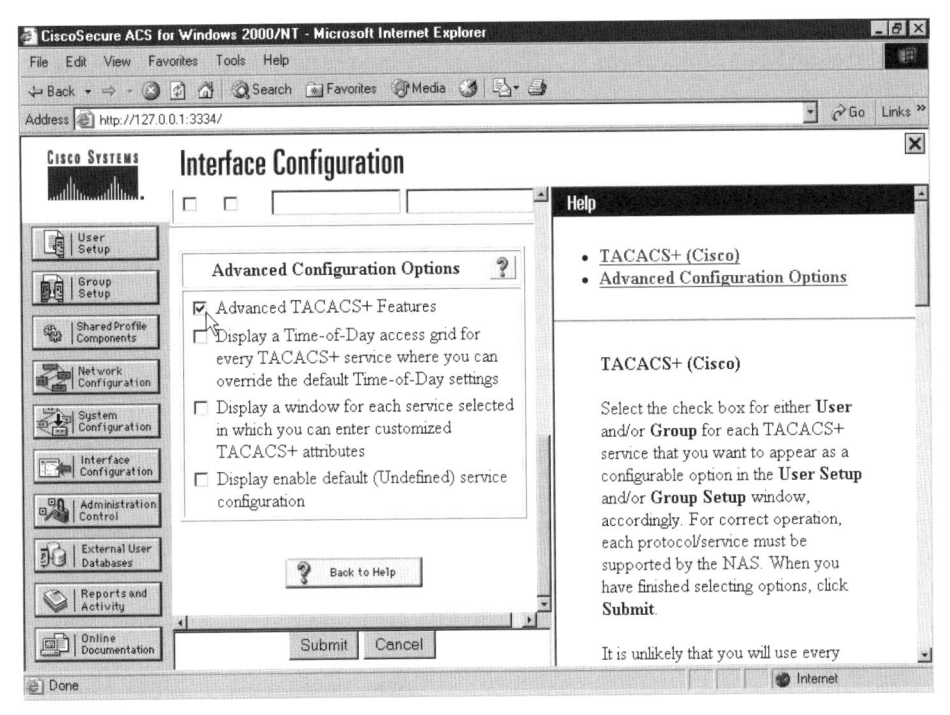

Abb. 5.20: Cisco Secure ACS: Aktivieren der ADVANCED TACACS+FEATURES

Wenn Sie einem ausgewählten Benutzer den Zugriff auf die PIX-Firewall im privilegierten Modus gestatten möchten, navigieren Sie über das Fenster USER SETUP zu dem Profil des Benutzers und blättern hinunter zu dem Abschnitt ADVANCED TACACS+ SETTINGS. Im Unterabschnitt TACACS+ ENABLE CONTROL stehen vier Optionen zur Verfügung, mit denen Sie die maximal möglichen Privilegien für den Benutzer bestimmen können. Diese Optionen sind in Tabelle 5.2 aufgelistet und beschrieben.

> **Hinweis**
>
> Mit dem Privileg wird die Zugriffsstufe für einen Benutzer bestimmt. Weitere Ausführungen zu diesem Thema folgen.

Kapitel 5
Konfiguration von Authentifizierung, Autorisierung und Accounting

TACACS+ Enable Control-Option	Beschreibung
Use Group Level Setting	Bestimmt die maximale Privilegstufe eines Benutzers auf der Basis der zugehörigen Gruppeneinstellungen
No Enable Privilege	Der Benutzer erhält keine Enable-Privilegien. Dies ist die Standardoption.
Max Privilege for any AAA Client	Bestimmt das maximale Privileg für den Benutzer beim Zugriff auf ein beliebiges AAA-Client-System
Define Max Privilege on a per network device group basis	Spezifiziert das maximale Privileg für den Benutzer auf der Basis von NDGs. Beachten Sie, dass Sie diese Option erst nutzen können, wenn Sie NDGs aktiviert haben. Weitere Informationen zum Aktivieren von NDGs finden Sie im Abschnitt »Ein NAS für den Cisco Secure ACS-Server«.

Tabelle 5.2: TACACS+ ENABLE CONTROL-Optionen

Wählen Sie den Optionsschalter MAX PRIVILEGE FOR ANY AAA CLIENT und aus der zugehörigen Auswahlliste LEVEL 15 (siehe Abbildung 5.21).

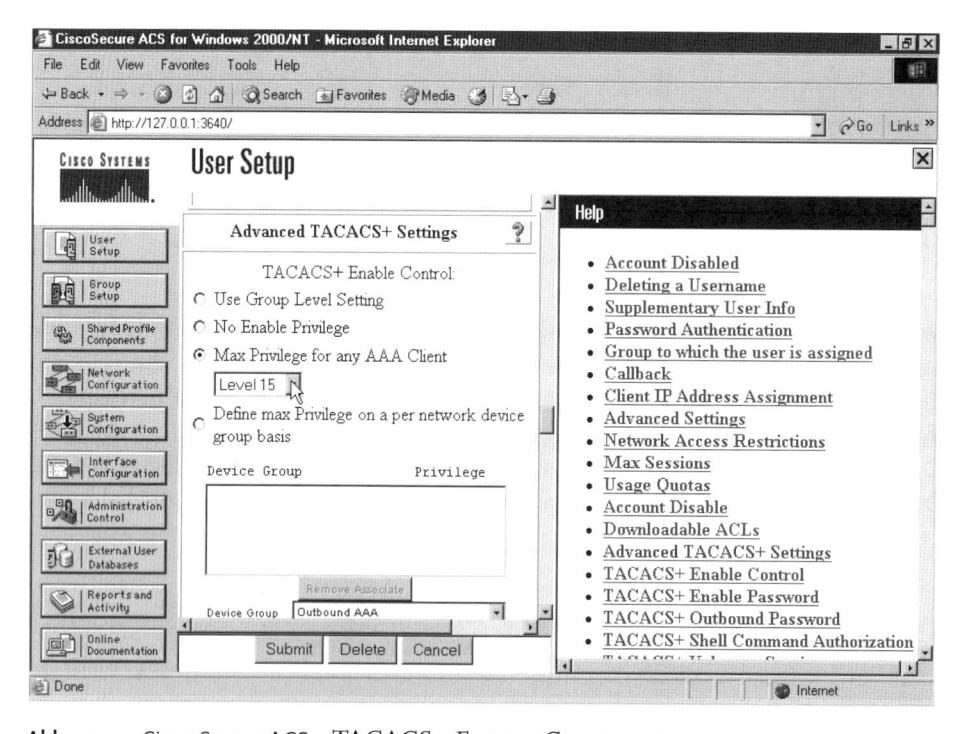

Abb. 5.21: Cisco Secure ACS – TACACS+ ENABLE CONTROL-Optionen

Blättern Sie in dem Fenster weiter hinunter zum Abschnitt TACACS+ ENABLE PASS-
WORD (siehe Abbildung 5.22), und wählen Sie das gewünschte Kennwortschema
für den Wechsel in den privilegierten Modus (Privileged Mode). Tabelle 5.3
beschreibt die TACACS+ ENABLE PASSWORD-Optionen.

TACACS+ Enable Password-Option	Beschreibung
Use CiscoSecure PAP password	Es wird das Cisco Secure-Kennwort verwendet, das während der Einrichtung des Benutzers definiert wurde. Dies wurde im Abschnitt »Ein Benutzer für den Cisco Secure ACS-Server« beschrieben.
Use external database password	Es wird eine externe Datenbank als Quelle für das Enable-Kennwort genutzt. Die entsprechende Datenbank wird aus der zugehörigen Auswahlliste ausgewählt.
Use separate password	Es wird ein separates Kennwort genutzt. Das Kennwort muss in die zugehörigen Textfelder eingegeben und (durch wiederholte Eingabe) bestätigt werden.

Tabelle 5.3: TACACS+ ENABLE PASSWORD-Optionen

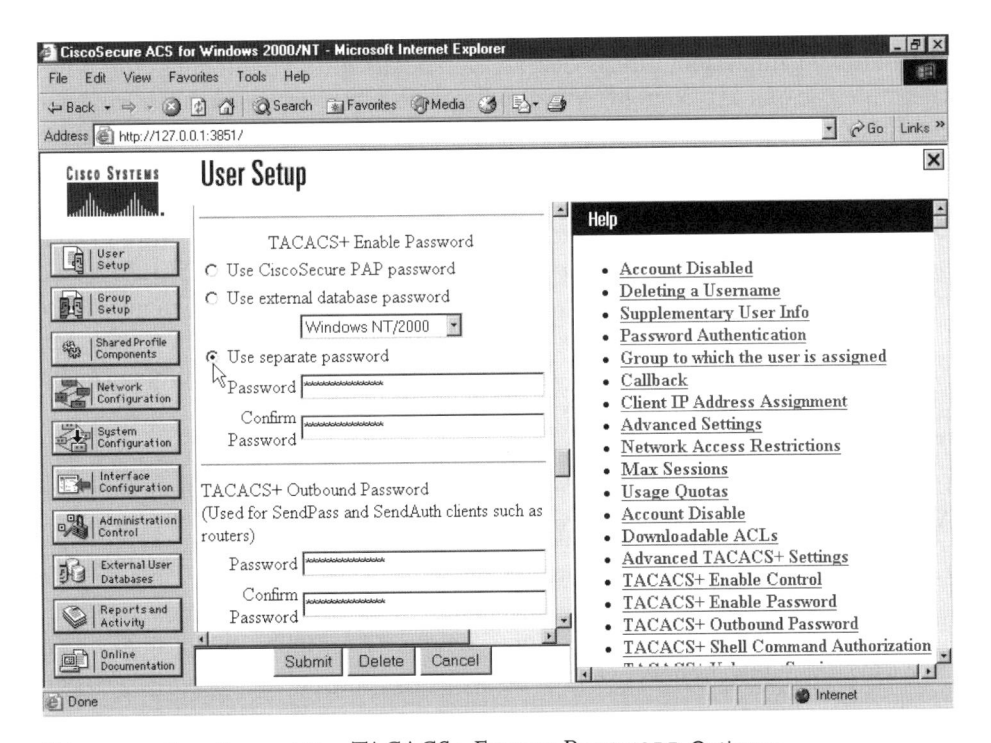

Abb. 5.22: Cisco Secure ACS – TACACS+ ENABLE PASSWORD-Optionen

Klicken Sie auf die Schaltfläche SUBMIT, um die Cisco Secure ACS-Konfiguration abzuschließen. Nutzen Sie, wie zuvor beschrieben, den Befehl `aaa authentication enable console`, um die TACACS+-Enable-Authentifizierung auf der PIX-Firewall zu konfigurieren. Wenn Sie beispielsweise die TACACS+-Enable-Authentifizierung mit einer zuvor definierten TACACS+-Server-Gruppe namens `TACACSGroup` konfigurieren möchten, führen Sie folgenden Befehl auf der PIX-Firewall aus:

```
PIX1(config)# aaa authentication enable console TACACSGroup
```

5.5 Konfiguration der Befehlsautorisierung (Command Authorization)

Sie haben bereits erfahren, dass die AAA-Autorisierung gewöhnlich dazu dient, entweder Benutzeraktionen auf einem Netzwerksystem (wie einer PIX-Firewall) oder zur Nutzung von Netzwerk-Services zu autorisieren. In diesem Abschnitt werden die AAA-Mechanismen der PIX-Firewall behandelt, die dazu dienen, Benutzeraktionen auf der Firewall selbst zu kontrollieren. Dies wird mitunter als *Befehlsautorisierung* (Command Authorization) bezeichnet.

Mit der PIX-Version 6.2 wurde die Unterstützung für bis zu 16 Privilegstufen eingeführt. Damit können Sie Benutzerprivilegien so definieren und zuordnen, dass diese auf die Pflichten und Aufgaben eine Benutzers abgestimmt werden können. Diese Funktionalität steht für das Cisco IOS ebenfalls zur Verfügung. Es gibt 16 Privilegstufen (0 bis 15); je höher die Privilegstufe, desto umfangreicher sind die Zugriffsmöglichkeiten. Standardmäßig ist ein Großteil der PIX-Firewall-Befehle der Privilegstufe 15 (gewöhnlich als Enable- oder Privileged-Modus bezeichnet) zugeordnet, und nur wenige der Privilegstufe 0. Den Privilegstufen 1 bis 14 sind keine Befehle zugeordnet. Wenn ein Benutzer nur wenige Befehle ausführen können muss, sollten Sie ihm auch keine Privilegien der höchsten Zugriffsstufe zuweisen. Dazu können Sie Befehle, die eigentlich Level 15 zugeordnet sind, in niedrigere Privilegstufen verschieben. Gleichermaßen können Befehle der Stufe 0 höheren Privilegstufen zugeordnet werden. Sie können die Befehlsautorisierung entweder über die lokale Datenbank der PIX-Firewall oder einen AAA-Server implementieren.

Unabhängig von der gewählten Methode sind die Schritte zur Konfiguration der AAA-Autorisierung auf der PIX-Firewall wie folgt:

1. Sie ordnen die Befehle den entsprechenden Privilegstufen zu. Wenn Sie die Autorisierung über die lokale Datenbank der PIX-Firewall aktivieren, verwenden Sie den Befehl `privilege`. Wenn Sie die AAA-Autorisierung über einen AAA-Server aktivieren, verwenden Sie den entsprechenden Mechanismus, den der Server bietet.

2. Sie definieren Benutzerkonten, die den entsprechenden Privilegstufen zugeordnet sind. Wenn Sie die AAA-Autorisierung über die lokale Datenbank der PIX-Firewall aktivieren, verwenden Sie den Befehl username. Wenn Sie die AAA-Autorisierung über einen AAA-Server aktivieren, verwenden Sie den entsprechenden Mechanismus, den der Server bietet.

3. Sie aktivieren die AAA-Autorisierung auf der PIX-Firewall. Dazu verwenden Sie den Befehl aaa authorization. Dabei spielt es keine Rolle, ob Sie die AAA-Autorisierung mithilfe der lokalen Datenbank der PIX-Firewall oder der eines AAA-Servers aktivieren.

> **Achtung**
> Bei der Konfiguration der Befehlsautorisierung sollten Sie Ihre Einstellungen erst speichern, wenn Sie absolut sicher sind, dass sie korrekt sind. Wenn Sie sich aufgrund eines Fehlers aussperren, können Sie den Zugriff in der Regel aber wiederherstellen, indem Sie einen Neustart der PIX-Firewall mit der im Flash-Speicher abgelegten Konfiguration durchführen.

5.5.1 Konfiguration der lokalen Befehlsautorisierung

Wenn Sie die Befehlsautorisierung unter Verwendung der lokalen Datenbank der PIX-Firewall implementieren möchten, müssen Sie zunächst mit folgendem Befehl die verschiedenen Befehle den entsprechenden Privilegstufen zuordnen:

```
privilege [show | clear | configure] level <level> [mode {enable |
    configure}] command <command>
```

Wählen Sie den entsprechenden Befehl, für den Sie eine Privilegstufe einrichten möchten (show, clear, configure oder leer, wenn es keiner dieser Befehle ist). Mit dem Parameter level wird die Privilegstufe bestimmt, der dieser Befehl zugeordnet werden soll. Über den Parameter mode wird der Modus festgelegt (enable oder configure), auf den die angegebene Privilegstufe angewendet wird. Schließlich bestimmen Sie mit dem Parameter command den Befehl, den Sie dieser Privilegstufe hinzufügen.

Nachdem Sie die Befehle den gewünschten Privilegstufen zugeordnet haben, müssen Sie den entsprechenden Privilegstufen Benutzer auf der Grundlage ihrer zu erfüllenden Aufgaben zuweisen. Beim Einsatz der lokalen Datenbank verwenden Sie den Befehl username mit dem Schlüsselwort privilege. Die Syntax für den Befehl username wurde in diesem Kapitel bereits beschrieben.

Nachdem Sie nun die Befehle und die Benutzer den passenden Privilegstufen zugeordnet haben, müssen Sie die AAA-Autorisierung auf der PIX-Firewall mit folgendem Befehl aktivieren:

```
aaa authorization command LOCAL
```

Hier ein Beispiel:

```
PIX1(config)# privilege show level 10 command access-list
PIX1(config)# privilege configure level 11 command access-list
PIX1(config)# privilege clear level 12 command access-list
PIX1(config)# username dora password wedidit privilege 12
PIX1(config)# username bootes password abre privilege 11
PIX1(config)# username swiper password noswiping privilege 10
PIX1(config)# aaa authorization command LOCAL
```

Mit den privilege-Befehlen werden den unterschiedlichen Privilegstufen verschiedene Befehlsabwandlungen des Befehls access-list zugewiesen. Der Befehl username definiert die Benutzer und weist ihnen Privilegstufen zu. Schließlich aktivieren Sie mit dem Befehl aaa authorization command die lokalen (local) Benutzerautorisierungs-Dienste. Das Ergebnis Ihrer Konfiguration besagt Folgendes: Die Benutzerin *dora* ist autorisiert, Access Lists zu konfigurieren, zu löschen und anzuzeigen, der Benutzer *bootes* ist autorisiert, Access Lists zu konfigurieren und anzuzeigen und der Benutzer *swiper* darf Access Lists lediglich anzeigen.

Mit folgendem Befehl können Sie anzeigen, welcher Privilegstufe ein bestimmter Befehl zugeordnet wurde:

```
show privilege command <command>
```

Wenn Sie anzeigen möchten, welche Befehle einer speziellen Stufe zugeordnet wurden, verwenden Sie diesen Befehl:

```
show privilege level <level>
```

Schließlich können Sie mit diesem Befehl alle Befehle und die zugeordneten Stufen anzeigen:

```
show privilege all
```

5.5.2 Konfiguration der TACACS+-Befehlsautorisierung

Neben der lokalen AAA-Autorisierung können Sie die PIX-Firewall auch so konfigurieren, dass sie die TACACS+- AAA-Autorisierung nutzt. Der Vorteil der TACACS+ -Autorisierung gegenüber der lokalen Autorisierung liegt darin, dass Sie die zentrale TACACS+-Datenbank für mehrere PIX-Firewalls nutzen können, ohne dass Sie auf jeder Firewall eine potenziell komplexe Konfiguration neu erstellen müssen.

> **Hinweis**
> Die PIX-Firewall bietet für RADIUS im Zusammenhang mit der Befehlsautorisierung keine Unterstützung.

Wenn Sie die TACACS+-Befehlsautorisierung auf der PIX-Firewall implementieren, sendet sie den Benutzernamen, den Befehl und die Befehlsabwandlung (z. B. show, clear, no) zum Zwecke der Autorisierung an den TACACS+-Server. Dies geschieht bei jedem Befehl, den ein Benutzer auf der PIX-Firewall eingibt. Beachten Sie, dass die an den TACACS+-Server gesendete Information nicht alle Argumente enthält, die der Benutzer als Teil des Befehls eingegeben hat.

Sie müssen folgende Schritte ausführen, um die Befehlsautorisierung unter Verwendung eines TACACS+-Servers zu implementieren:

1. Konfigurieren Sie die Enable-Konsolenauthentifizierung mit TACACS+. Weitere Einzelheiten finden Sie im Abschnitt »Konfiguration der TACACS+-Enable-Konsolenauthentifizierung«.
2. Konfigurieren Sie Cisco Secure ACS zur Unterstützung der TACACS+-Befehlsautorisierung.
3. Definieren Sie das gewünschte Shell Command Authorization Set.
4. Weisen Sie das Shell Command Authorization Set den gewünschten Benutzern oder Gruppen zu.
5. Aktivieren Sie die Befehlsautorisierung auf der PIX-Firewall mit dem Befehl aaa authorization command.

Konfigurieren von Cisco Secure ACS für die Unterstützung der TACACS+-Befehlsautorisierung

Bevor Sie die Befehlsautorisierung für Gruppen und Benutzer konfigurieren, müssen Sie für jeden Benutzer TACACS+-/RADIUS-Attribute aktivieren. Wechseln Sie dazu in das Fenster INTERFACE CONFIGURATION / ADVANCED OPTIONS und aktivieren Sie das Kontrollkästchen TACACS+/RADIUS ATTRIBUTES (siehe Abbildung 5.23). Klicken Sie auf die Schaltfläche SUBMIT, um die Konfiguration abzuschließen.

Kapitel 5
Konfiguration von Authentifizierung, Autorisierung und Accounting

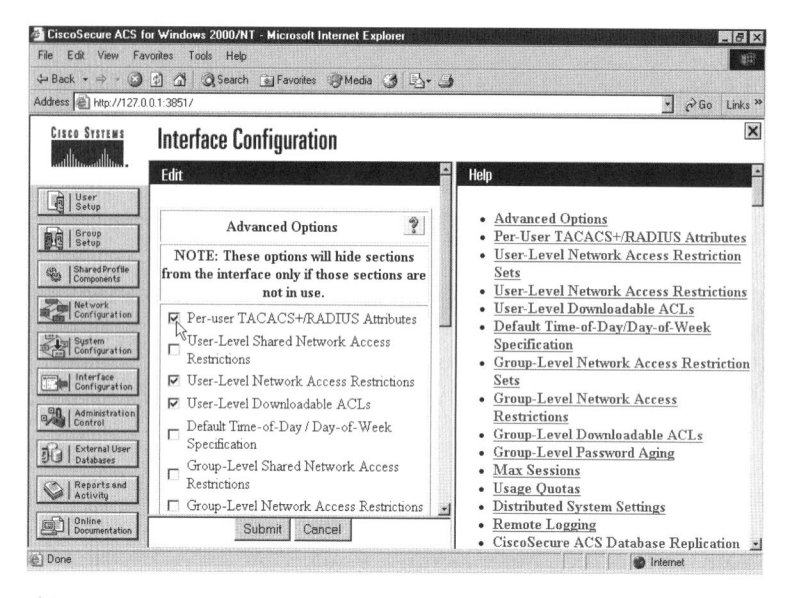

Abb. 5.23: Cisco Secure ACS: Aktivieren der Option PER-USER TACACS+/RADIUS ATTRIBUTES

Außerdem müssen Sie die TACACS+-Option SHELL (EXEC) aktivieren. Wechseln Sie dazu in das Fenster INTERFACE CONFIGURATION / TACACS+ (CISCO IOS) und aktivieren die Kontrollkästchen USER und/oder GROUP, die sich direkt neben der Option SHELL (EXEC) befinden (siehe Abbildung 5.24). Klicken Sie auf die Schaltfläche SUBMIT, um die Konfiguration abzuschließen.

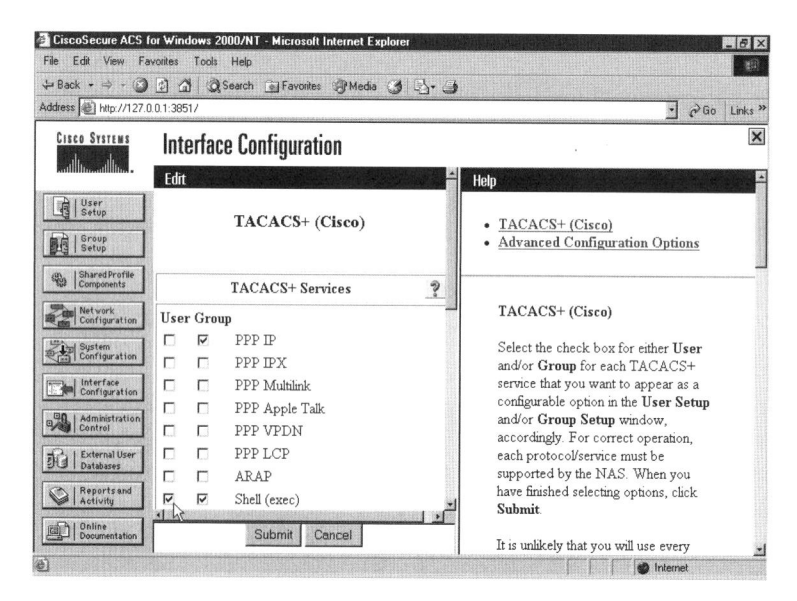

Abb. 5.24: Cisco Secure ACS: Aktivieren der TACACS+-Option SHELL (EXEC)

Definieren des Shell Command Authorization Sets

Nachdem Sie nun die erforderlichen Optionen in der HTML-Oberfläche von Cisco Secure ACS aktiviert haben, können Sie das Shell Command Authorization Set definieren, das die Befehle festlegt, die ein Benutzer verwenden kann. Wechseln Sie in das Fenster SHARED PROFILE COMPONENTS und wählen die Option SHELL COMMAND AUTHORIZATION SETS (siehe Abbildung 5.25).

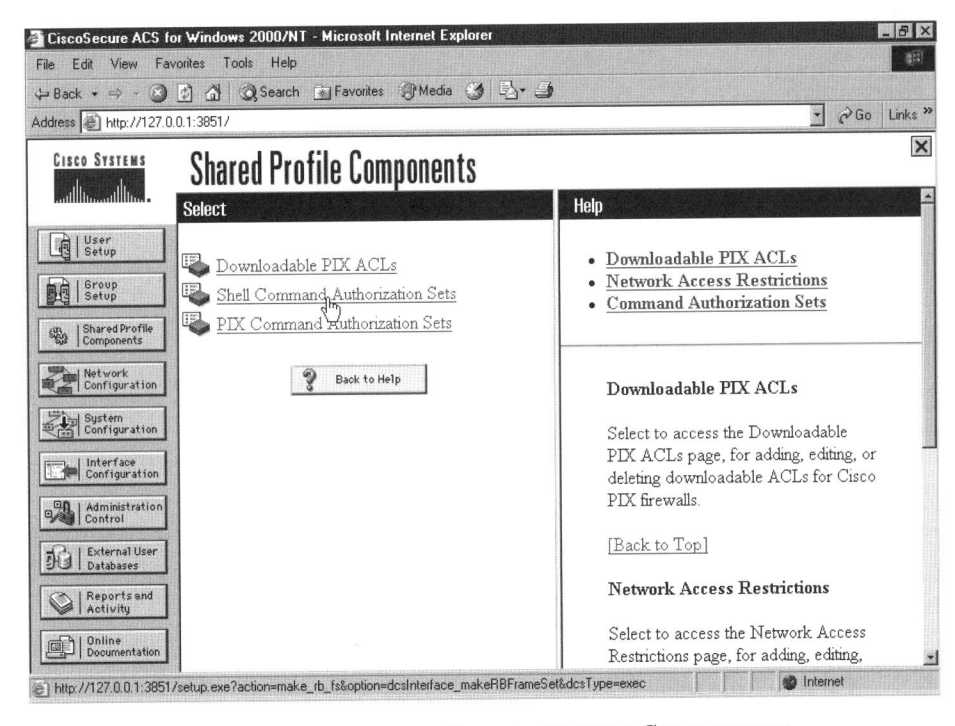

Abb. 5.25: Cisco Secure ACS: Das Fenster SHARED PROFILE COMPONENTS

Klicken Sie im Fenster SHELL COMMAND AUTHORIZATION SETS auf die Schaltfläche ADD, um ein neues Authorization Set zu definieren (siehe Abbildung 5.26).

Geben Sie im Fenster SHELL COMMAND AUTHORIZATION SET – EDIT den Namen für den Befehlssatz in das Textfeld NAME und eine optionale Beschreibung in das Textfeld DESCRIPTION ein (siehe Abbildung 5.27).

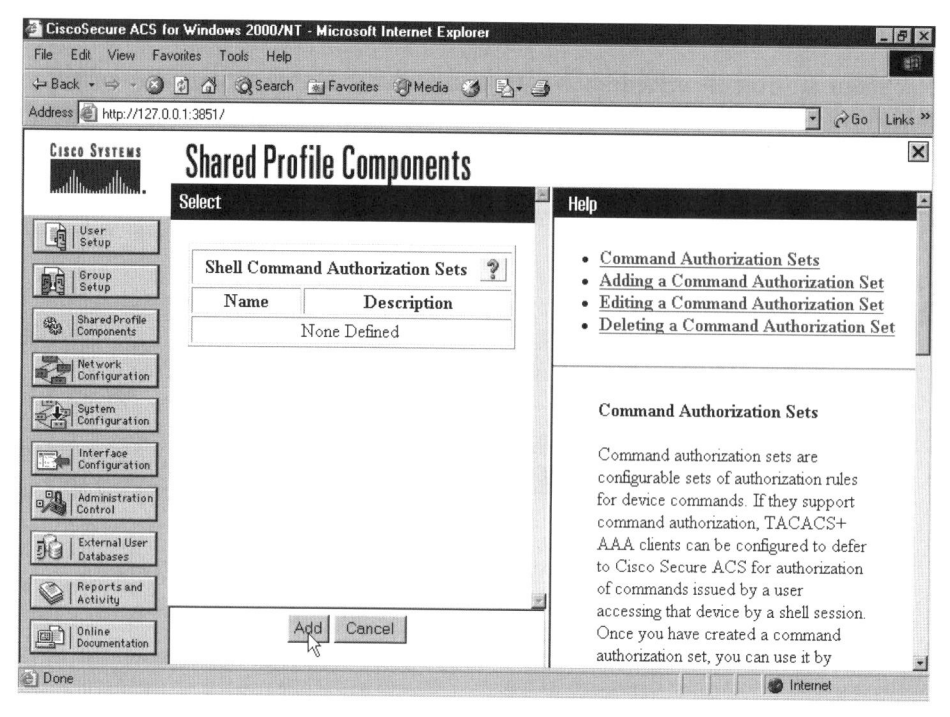

Kapitel 5
Konfiguration von Authentifizierung, Autorisierung und Accounting

Abb. 5.26: Cisco Secure ACS: Das Fenster SHELL COMMAND AUTHORIZATION SETS

> **Hinweis**
>
> Der Name für das Shell Command Authorization Set kann aus bis zu 32 Zeichen (ohne Leerzeichen) bestehen. Die folgenden Sonderzeichen sind im Namen nicht zulässig: # ? " * > <

Blättern Sie innerhalb des Fensters SHELL COMMAND AUTHORIZATION SET – EDIT nach unten und definieren Sie den Befehlssatz (siehe Abbildung 5.28). Das Command Authorization Set ist eine Liste aus Befehlen und Argumenten, die ein Benutzer ausführen darf. Sie beginnen mit der Erstellung der Liste, indem Sie die Aktion auswählen, die erfolgen soll, wenn Befehle ausgeführt werden sollen, die keinem aus dem Command Authorization Set entsprechen. Aktivieren Sie neben dem mit UNMATCHED COMMANDS beschriebenen Optionsschalter eine der beiden Optionen PERMIT oder DENY (siehe Abbildung 5.28). Nun können Sie mit dem Aufbau der Liste beginnen, indem Sie einen Befehl in das Textfeld eingeben und auf die Schaltfläche ADD COMMAND klicken. Wiederholen Sie dies für jeden Befehl, den Sie in das Autorisierungs-Set aufnehmen möchten.

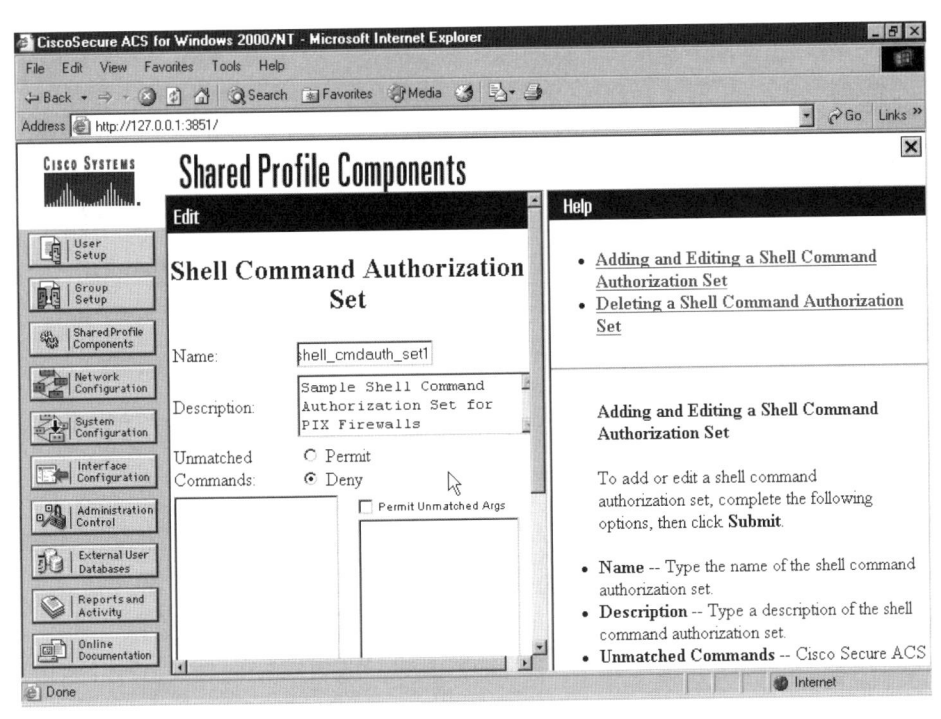

Abb. 5.27: Cisco Secure ACS: Ein Name für das Shell Command Authorization Set

> **Hinweis**
>
> Wenn Sie der Liste einen Befehl hinzufügen, stellen Sie sicher, dass Sie nur den Befehl (ohne Argumente) eingeben. Sie erhalten die Möglichkeit, spezielle und nicht zutreffende Argumente innerhalb des Befehls zu gestatten oder zu untersagen.

Für jeden Befehl können Sie spezielle Argumente auflisten, die Sie zulassen oder verbieten möchten, indem Sie den Befehl markieren und Einträge in die Auswahlliste rechts neben dem Befehl eingeben (siehe Abbildung 5.28). Jeder Eintrag sollte folgendes Format aufweisen:

```
{permit | deny} <argument>
```

Wenn Sie nicht langwierig jedes Befehlsargument, das Sie möglicherweise gestatten möchten, auflisten wollen, können Sie einfach das Kontrollkästchen PERMIT UNMATCHED ARGS rechts neben dem hervorgehobenen Befehl aktivieren. Wenn Sie die Definition des Command Authorization Sets abgeschlossen haben, klicken Sie auf die Schaltfläche SUBMIT, um die Konfiguration zu beenden.

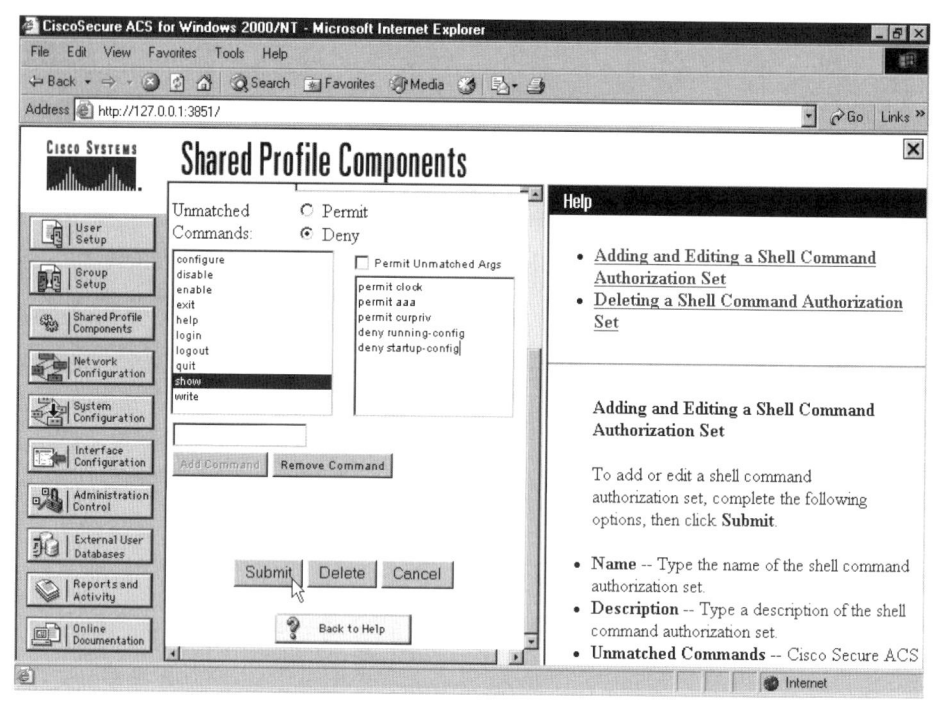

Abb. 5.28: Cisco Secure ACS: Definieren eines Shell Command Authorization Sets

Zuweisen des Command Authorization Sets zu Benutzern oder Gruppen

Nachdem Sie das Shell Command Authorization Set definiert haben, können Sie es Gruppen und/oder Benutzern zuweisen. Wechseln Sie zum Fenster USER SETUP oder GROUP SETUP, um die gewünschten Benutzer oder Gruppen auswählen zu können. Blättern Sie in diesem Fenster hinunter zum Bereich TACACS+ SETTINGS. Aktivieren Sie das Kontrollkästchen SHELL (EXEC) (siehe Abbildung 5.29).

Um mit der Zuordnung eines Command Authorization Sets fortfahren zu können, müssen Sie innerhalb des Abschnitts TACACS+ SETTINGS weiter hinunterblättern bis zum Bereich SHELL COMMAND AUTHORIZATION SET (siehe Abbildung 5.30). Tabelle 5.4 beschreibt die vier Optionen für die Zuordnung eines Command Authorization Sets.

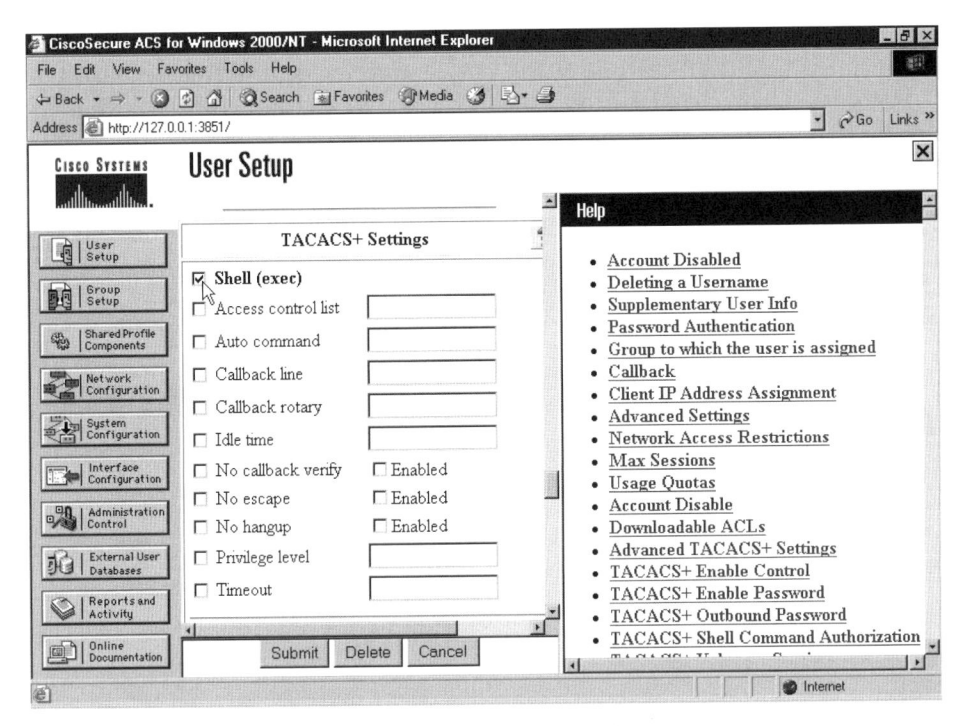

Abb. 5.29: Cisco Secure ACS: Zuordnen von Command Authorization Sets

Optionen für die Zuordnung von Command Authorization Sets	Beschreibung
None	Es wird kein Command Authorization Set zugeordnet. Dies ist die Standardoption.
As Group	Bestimmt das Command Authorization Set eines Benutzers auf der Basis der zugehörigen Gruppeneinstellungen
Assign a Shell Command Authorization Set for any network device	Bestimmt das Command Authorization Set, das auf einen Benutzer angewendet wird. Dabei spielt es keine Rolle, auf welches AAA-Client-System der Benutzer zugreift.
Assign a Shell Command Authorization Set on a per Network Device Group basis	Bestimmt auf der Basis von NDGs das Command Authorization Set, das auf einen Benutzer angewendet wird. Beachten Sie, dass Sie diese Option erst nutzen können, wenn Sie NDGs aktiviert haben. Weitere Informationen zum Aktivieren von NDGs finden Sie im Abschnitt »Ein NAS für den Cisco Secure ACS-Server«.

Tabelle 5.4: Cisco Secure ACS: Optionen für die Zuordnung von Command Authorization Sets

Kapitel 5
Konfiguration von Authentifizierung, Autorisierung und Accounting

Die Abbildung 5.30 illustriert die Auswahl der Option ASSIGN A SHELL COMMAND AUTHORIZATION SET FOR ANY NETWORK DEVICE und eines Command Authorization Sets aus der entsprechenden Auswahlliste. Klicken Sie auf die Schaltfläche SUBMIT, um die Konfiguration abzuschließen.

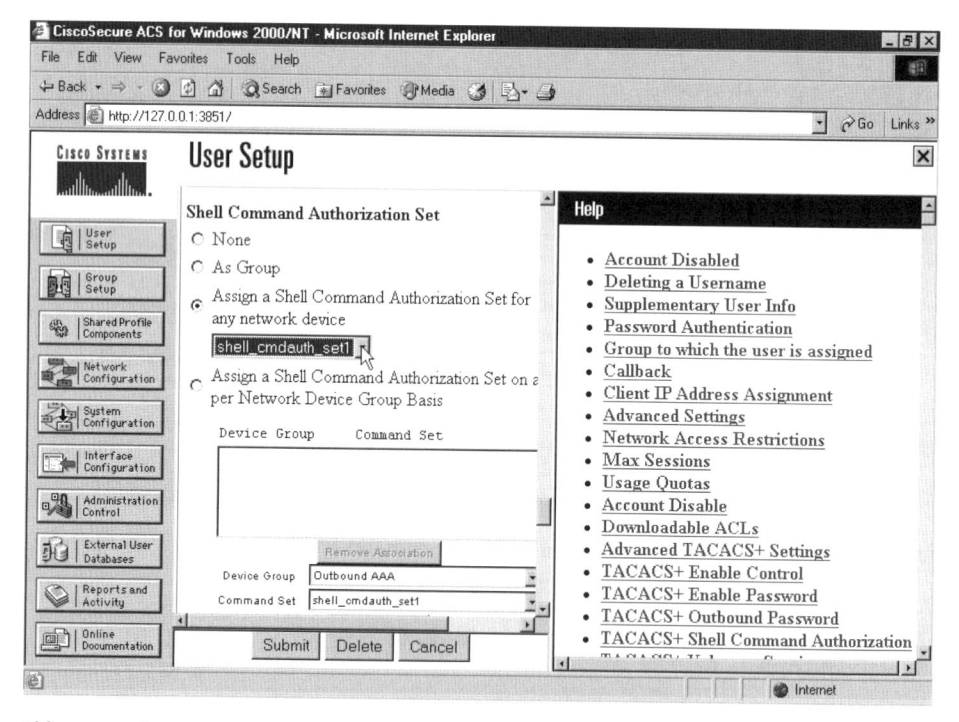

Abb. 5.30: Cisco Secure ACS: Zuordnen von Command Authorization Sets

Aktivieren der Befehlsautorisierung (Command Authorization) auf der PIX-Firewall

Wenn Sie die Konfiguration der TACACS+-Befehlsautorisierung abschließen möchten, müssen Sie die PIX-Firewall so konfigurieren, dass sie über den TACACS+-Server prüft, ob ein Benutzer zur Ausführung bestimmter Befehle berechtigt ist. Dies erreichen Sie mit folgendem Befehl:

```
aaa authorization command <tacacs_server_tag>
```

Der Parameter `tacacs_server_tag` steht für den Namen der TACACS+-Server-Gruppe. Wenn Sie beispielsweise die TACACS+-Befehlsautorisierung mit einer zuvor definierten TACACS+-Server-Gruppe namens `TACACSGroup` konfigurieren möchten, führen Sie folgenden Befehl auf der PIX-Firewall aus:

```
PIX1(config)# aaa authorization command TACACSGroup
```

5.6 Konfiguration der Authentifizierung für Verkehr durch die Firewall

Die PIX-Firewall kann Authentifizierungs- und Autorisierungs-Services bieten, wenn Benutzer Zugriff auf Services *über* die PIX-Firewall erhalten möchten. Insbesondere ermöglicht die PIX-Firewall die Implementierung von Authentifizierungs- und Autorisierungs-Diensten für eingehende und ausgehende HTTP-, FTP- und Telnet-Sessions. Diese Funktionalität wird durch die Cut-Through-Proxy-Funktionalität zur Verfügung gestellt. Darüber hinaus kann die PIX Unterstützung für andere Service-Typen mittels Virtual Telnet bieten.

5.6.1 Konfiguration der Cut-Through-Proxy-Funktionalität

Mittels der Cut-Through-Proxy-Funktionalität können Sie die Dienste, die über die Firewall zur Verfügung stehen, statt über eine IP-Adresse über einen Benutzer steuern, wodurch Sie noch feinere Kontrollmöglichkeiten erhalten. Verbindungsanforderungen von Benutzern können gegen einen TACACS+- oder einen RADIUS-Server authentifiziert und autorisiert werden. Eines der beeindruckendsten Merkmale von Cut-Through Proxy ist die Performance. Bei traditionellen Proxy-basierten Firewalls muss jedes Datenpaket in einer Session auf der Anwendungsschicht verarbeitet werden, wodurch ein ungeheurer Overhead entsteht und die Performance beeinträchtigt wird. Mithilfe der Cut-Through-Proxy-Funktionalität authentifiziert und autorisiert die PIX transparent den anfänglichen Verbindungsversuch auf der Anwendungsschicht. Nach Ausführung der Authentifizierung und Autorisierung wird die Session verschoben und der Verkehr fließt direkt zwischen den beiden Hosts, während die State-Informationen verfolgt werden; dadurch entsteht gegenüber Proxy-Firewalls ein signifikanter Performance-Vorteil.

> **Hinweis**
>
> Die lokale Datenbank kann nicht für die Authentifizierung von Verkehr verwendet werden, der die PIX passiert.

Wenn Sie die AAA-Authentifizierung implementieren möchten, um den Zugriff von Benutzern auf Services über die PIX-Firewall zu kontrollieren, müssen Sie die folgenden anspruchsvollen Aufgaben erledigen:

1. Sie müssen die PIX-Firewall ordnungsgemäß als AAA-Client für Ihren AAA-Server definieren. Wenn Sie Cisco Secure ACS als Ihren AAA-Server verwenden, finden Sie im Abschnitt »Ein NAS für den Cisco Secure ACS-Server« eine Beschreibung der Vorgehensweise. Wenn Sie die PIX als AAA-Client auf

Ihrem Cisco Secure ACS-Server definieren, stellen Sie sicher, dass Sie die entsprechende Authentifizierungsmethode (z. B. TACACS+ oder RADIUS) definieren.

2. Definieren Sie die Benutzer innerhalb des AAA-Servers. Wenn Sie Cisco Secure ACS als Ihren AAA-Server verwenden, finden Sie im Abschnitt »Ein Benutzer für den Cisco Secure ACS-Server« eine Beschreibung der Vorgehensweise.

3. Definieren Sie die AAA-Server-Gruppe und die AAA-Server auf der PIX-Firewall mit dem bereits erläuterten Befehl aaa-server.

4. Aktivieren und konfigurieren Sie die AAA-Authentifizierung auf der PIX-Firewall mit dem Befehl aaa authentication, um den Benutzerzugriff auf Dienste über die PIX-Firewall zu kontrollieren. Die Syntax für den Befehl lautet:

```
aaa authentication {include | exclude} <authen_service> {inbound |
    outbound | <interface>} <local_ip> <local_mask> <foreign_ip>
        <foreign_mask> <group_tag>
```

Verwenden Sie das Schlüsselwort include, um eine neue Regel zu erstellen und das Schlüsselwort exclude, um eine Ausnahme zu einer zuvor erstellten Regel einzurichten. Der Parameter authen_service steht für eine der folgenden Optionen: any, ftp, http oder telnet. Mit den Schlüsselworten inbound oder outbound werden Inbound- bzw. Outbound-Services angegeben. Mit dem Parameter interface wird die Schnittstelle festgelegt, von der Verbindungen authentifiziert werden. Die Parameter local_ip und local_mask geben den Host oder das Netzwerk an, der/das authentifiziert werden soll. Wenn alle Hosts eingeschlossen werden sollen, müssen Sie für beide Parameter den Wert 0 einsetzen. Die Parameter foreign_ip und foreign_mask geben den Host oder das Netzwerk an, auf das local_ip zugreifen möchte. Wenn alle Hosts eingeschlossen werden sollen, müssen Sie für beide Parameter den Wert 0 einsetzen. Mit dem Parameter group_tag legen Sie die AAA-Server-Gruppe für die Authentifizierung fest.

Konfigurieren und Implementieren ...

Einrichten von Autorisierungs-Timern

Obwohl die Implementierung und Konfiguration der Cut-Through-Proxy-Authentifizierung nicht erforderlich ist, stellt der uauth-Timer ein wichtiges Feature dar, mit dem Sie sicherstellen können, dass Ihre Proxy-Authentifizierungsfunktionen in der geplanten Weise funktionieren. Mit dem uauth-Timer kann kontrolliert werden, wie häufig sich Benutzer erneut authentifizieren müssen.

Wenn ein Benutzer über den Cut-Through-Proxy authentifiziert wird, legt die PIX-Firewall eine erfolgreiche Authentifizierung für einen mit diesem Timer bestimmten Zeitraum in den Cache. Wenn diese Zeitspanne abläuft, muss der Benutzer erneut authentifiziert werden, indem er wieder Benutzername und Kennwort angibt. Die PIX-Firewall fordert den Benutzer nicht sofort nach Ablauf des uauth-Timers auf, die Anmeldedaten einzugeben. Dies erfolgt nur, wenn nach Ablauf des Timers ein Verbindungsversuch unternommen wird.

Der uauth-Timer verfügt über zwei Optionen, die Sie unabhängig voneinander konfigurieren können, um die erneute Authentifizierung zu steuern: inactivity und absolute. Bei Auswahl der Option inactivity muss sich der Benutzer nach einer bestimmten Zeitspanne, in der er inaktiv ist, erneut authentifizieren; bei der Option absolute muss sich der Benutzer nach einer absoluten Zeitspanne wieder authentifizieren. Im Zusammenhang mit der Konfiguration des uauth-Timers sollten die folgenden allgemeinen Richtlinien beachtet werden:

- Wenn Sie beide Timer auf 0 setzen, wird das Caching der Authentifizierung deaktiviert und der Benutzer muss sich bei jedem Verbindungsversuch authentifizieren.
- Sie sollten nicht beide Timer auf 0 setzen, wenn passives FTP über die PIX-Firewall verwendet wird.
- Sie sollten nicht beide Timer auf 0 setzen, wenn für die Web-Authentifizierung der Befehl virtual verwendet wird. (Weitere Informationen finden Sie im Abschnitt »Virtual HTTP«.)
- Wenn sich Benutzer nur nach einer Zeit der Inaktivität erneut authentifizieren sollen, setzen Sie den Inactivity-Timer auf die gewünschte Zeitspanne und den Absolute-Timer auf 0.
- Sie können beide Timer konfigurieren, doch stellen Sie sicher, dass die Zeitspanne für den Absolute-Timer länger ist als die für den Inactivity-Timer; andernfalls kommt der Inactivity-Timer niemals zum Einsatz.

Die Syntax für die Einrichtung des Timers ist wie folgt:

```
timeout uauth <hh:mm:ss> [absolute | inactivity]
```

Wenn die Schlüsselworte absolute oder inactivity nicht verwendet werden, wird die Option absolute unterstellt. Zum Anzeigen der Timeout-Werte dient folgender Befehl:

```
show timeout uauth
```

Kapitel 5
Konfiguration von Authentifizierung, Autorisierung und Accounting

> **Sicherheitswarnung**
>
> Es besteht die Gefahr, dass ein feindlich gesinnter Anwender einen DoS-Angriff auf die PIX-Firewall vornimmt, indem er zahlreiche Anmeldeversuche an den AAA-Authentifizierungsmechanismus ohne Angabe von Anmeldedaten initiiert. Bei jedem Anmeldeversuch entsteht eine Verbindung, die so lange geöffnet bleibt, bis ein PIX-Timeout abläuft. Wenn der Angreifer sehr viele Anmeldeversuche anstößt, kann das dazu führen, dass die AAA-Ressourcen so gebunden werden, dass keine weiteren Anmeldeversuche mehr bedient werden können. Die PIX-Firewall verfügt über eine Funktion namens Floodguard, die Schutz vor solchen Angriffen bietet, indem sie Ressourcen, die sich nicht in einem aktiven Zustand befinden, zurückfordert. Floodguard ist standardmäßig aktiviert. Weitere Informationen zu dieser Funktion finden Sie in Kapitel 4.

Hier ein Beispiel mit einer AAA-Authentifizierung für Telnet-Services über die Firewall:

```
PIX1(config)# aaa-server AuthOut protocol tacacs+
PIX1(config)# aaa-server AuthOut (inside) host 192.168.1.20 PIX1authkey
PIX1(config)# aaa authentication include telnet outbound 0 0 0 0 AuthOut
```

In diesem Beispiel ist die Cut-Through-Proxy-Funktionalität für Telnet von jedem Host zu jedem Host aktiviert. Nach Abschluss der Konfiguration resultiert jede Outbound-Telnet-Verbindung zu einem System über die PIX-Firewall in einer Authentifizierungsaufforderung von der PIX-Firewall. Danach wird der Benutzer mit dem System verbunden, zu dem er eine Verbindung initiiert hat. Die Abbildung 5.31 zeigt eine erfolgreiche Telnet-Verbindung über die PIX-Firewall zu einem Cisco-Router. Der Benutzer muss sich gegen die PIX-Firewall authentifizieren. Danach wird die Telnet-Session zu dem Router eingerichtet.

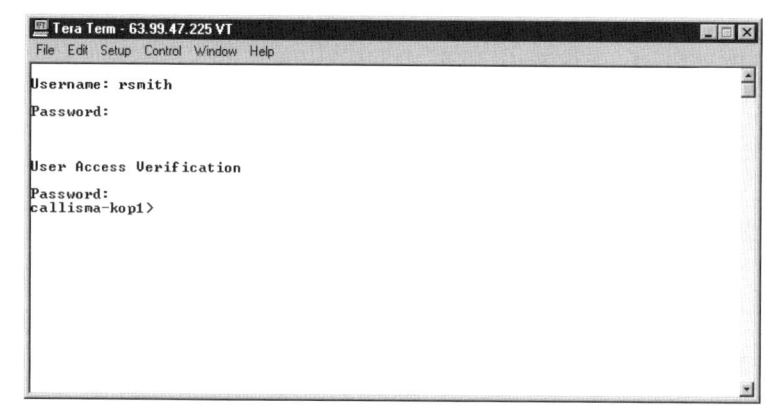

Abb. 5.31: Cut-Through Proxy – Telnet-Eingabeaufforderung

Konfiguration der Authentifizierung für Verkehr durch die Firewall

Hier ein Beispiel einer AAA-Authentifizierung für FTP-Services über die Firewall:

```
PIX1(config)# aaa-server AuthOut protocol tacacs+
PIX1(config)# aaa-server AuthOut (inside) host 192.168.1.20 PIX1authkey
PIX1(config)# aaa authentication include ftp outbound 0 0 0 0 AuthOut
```

In diesem Beispiel führt jede Outbound-FTP-Verbindung zu einem Host über die PIX-Firewall zunächst zu einer Authentifizierungsaufforderung von der PIX-Firewall und dann zu einer Authentifizierungsaufforderung von dem System, mit dem sich der Benutzer verbinden möchte. Die Abbildung 5.32 zeigt die Cut-Through-Proxy-Authentifizierungsaufforderung für eine FTP-Verbindungsaufforderung über die PIX-Firewall.

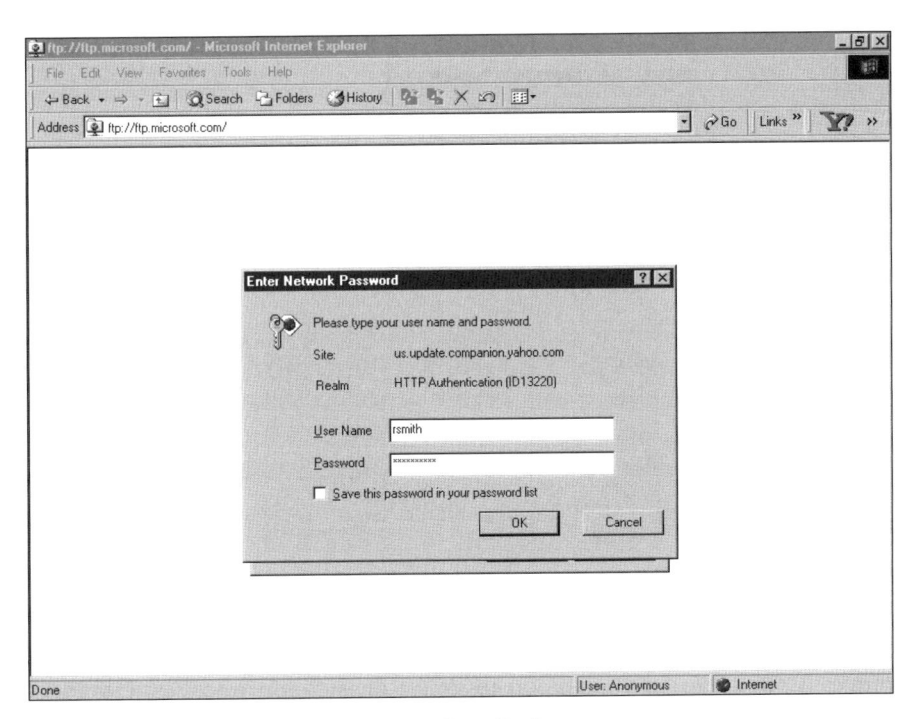

Abb. 5.32: Cut-Through Proxy – FTP-Eingabeaufforderung

Hier ein Beispiel einer AAA-Authentifizierung für HTTP-Services über die Firewall:

```
PIX1(config)# aaa-server AuthOut protocol tacacs+
PIX1(config)# aaa-server AuthOut (inside) host 192.168.1.20 PIX1authkey
PIX1(config)# aaa authentication include http outbound 0 0 0 0 AuthOut
```

In diesem Beispiel führt jede Outbound-HTTP-Verbindung zu einem Host über die PIX-Firewall zunächst zu einer Authentifizierungsaufforderung von der PIX-Firewall, dann wird eine Session mit dem System eingerichtet, mit dem sich der Benutzer verbinden möchte. Der HTTP-Host, mit dem sich der Benutzer verbindet, kann erneut zu einer Authentifizierung auffordern. Abbildung 5.33 zeigt die Authentifizierungsaufforderung für eine HTTP-Verbindungsaufforderung über die PIX-Firewall.

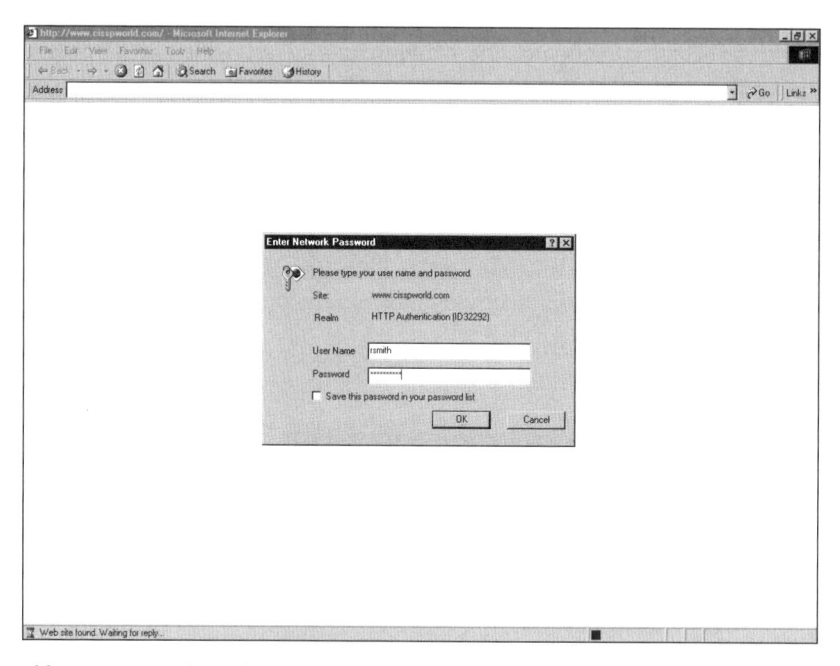

Abb. 5.33: Cut-Through Proxy – HTTP-Eingabeaufforderung

5.6.2 Virtual HTTP

Wenn die Cut-Through-Proxy-Authentifizierung für Web-Verkehr (HTTP) aktiviert ist, kann es für Benutzer zu Problemen kommen, die sich mit Websites verbinden, auf denen Microsoft IIS mit aktivierter Basic Authentication oder NT Challenge ausgeführt wird. Dies ist problematisch, wenn der Web-Server andere Anmeldedaten erwartet als der AAA-Server der PIX-Firewall. Wenn die HTTP-Authentifizierung auf einer Microsoft-IIS-Website mit aktivierter Basic Authentication oder NT Challenge verwendet wird, hängt der Browser den String »Authorization:Basic=Uuhjksdkfhk==« an die HTTP-GET-Befehle an. Da dieser String die Anmeldedaten für die PIX-Authentifizierung, nicht die für die IIS-Authentifizierung enthält, wird dem Benutzer der Zugriff verweigert, es sei denn, AAA-Benutzername und -Kennwort des Benutzers entsprechen den auf dem Web-Server definierten Daten.

Konfiguration der Authentifizierung für Verkehr durch die Firewall

Um dieses Problem zu umgehen, bietet die PIX-Firewall ein Feature namens *Virtual HTTP*. Die anfängliche Verbindung des Web-Browsers wird auf die Virtual-HTTP-IP-Adresse auf der PIX-Firewall umgeleitet. Der Benutzer wird dann authentifiziert, und der Browser wird umgeleitet auf die tatsächliche URL, die der Benutzer angefordert hat. Virtual HTTP arbeitet transparent für Benutzer. Nutzen Sie folgenden Befehl, um einen Virtual-HTTP-Server zu definieren:

```
virtual http <ip_address> [warn]
```

Im Parameter ip_address wird eine ungenutzte IP-Adresse festgelegt, die auf die PIX-Firewall geroutet wird. Über das Schlüsselwort warn wird der Benutzer informiert, dass seine Anforderung umgeleitet wurde. Es wird nur bei Browsern angewendet, die keine automatische Umleitung bieten.

Verwenden Sie folgenden Befehl, wenn Sie Virtual HTTP unter Verwendung der IP-Adresse 10.5.1.15 aktivieren möchten.

```
PIX1(config)# virtual http 10.5.1.15
```

In Abbildung 5.34 wird der Ablauf der Ereignisse illustriert, wenn Virtual HTTP aktiviert ist.

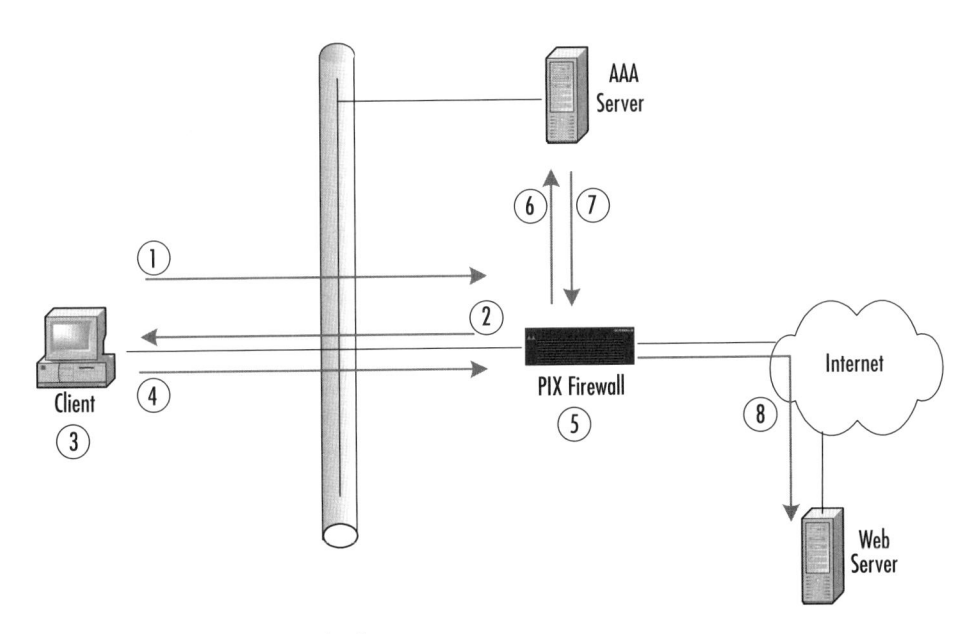

Abb. 5.34: Virtual HTTP – Ablauf

Die in Abbildung 5.34 gezeigten Schritte werden hier beschrieben:

1. Der Web-Browser sendet eine HTTP-Anforderung an den Web-Server.

2. Die PIX-Firewall fängt den Verbindungsversuch ab und antwortet mit »HTTP 401 Authorization Required«.

3. Der Web-Browser empfängt die Antwort von der Firewall und ruft ein Dialogfeld auf, in das der Benutzer Benutzernamen und Kennwort eingeben kann. Der Benutzer gibt Benutzernamen und Kennwort ein und klickt auf OK.

4. Der Web-Browser sendet die ursprüngliche HTTP-Anforderung mit Benutzername und Kennwort, eingebettet als Base64-Verschlüsselung von »username:password« erneut. Das tatsächliche Feld könnte dann wie folgt aussehen:
Authorization: Basic ZnJlZDpoaGFocyBtZQ==
dabei ist ZnJlZDpoaGFocyBtZQ== das Base64-verschlüsselte »username:password«-Paar.

5. Die PIX-Firewall empfängt die HTTP-Anforderung und teilt sie in zwei Anforderungen auf: in die AAA-Authentifizierungsanforderung, die Benutzernamen und Kennwort enthält, und in die ursprüngliche HTTP-Anforderung ohne Benutzername und Kennwort.

6. Die PIX-Firewall sendet eine AAA-Authentifizierungsanforderung zum AAA-Server.

7. Der AAA-Server nimmt anhand der übermittelten Anmeldedaten einen Authentifizierungsversuch vor und antwortet mit einer ACCEPT- oder REJECT-Nachricht.

8. Wenn wir unterstellen, dass die Authentifizierung erfolgreich war, leitet die PIX-Firewall die ursprüngliche HTTP-Anforderung (ohne Benutzername und Kennwort) an den Web-Server weiter. Wenn der Web-Server eine eigene Authentifizierung erfordert, sendet er seine Authentifizierungsanforderung zurück an den Anwender.

Wenn Virtual HTTP aktiviert ist, muss sich der Benutzer, nachdem er authentifiziert wurde, nicht erneut authentifizieren, solange eine Web-Browser-Instanz aktiv ist. Der uauth-Timer läuft nicht ab, da jede nachfolgende Web-Anforderung das verschlüsselte und eingebettete Benutzer/Kennwort-Paar enthält.

> **Achtung**
>
> Wenn Virtual HTTP aktiviert ist, sollten Sie den uauth-Timer nicht auf 0 setzen, da dies Verbindungen zum angeforderten (tatsächlichen) Web-Server verhindern würde.

Zur Anzeige der Konfiguration dient der Befehl show virtual http. Mit dem Befehl no virtual http deaktivieren Sie den Einsatz von Virtual HTTP.

5.6.3 Virtual Telnet

Die Syntax für den Befehl virtual telnet ist zwar der für den Befehl virtual http ähnlich, doch mit diesem Befehl wird ein ganz anderes Problem gelöst. Diese Funktion ist recht nützlich, wenn Sie Benutzer im Vorfeld für Dienste, die keine Authentifizierung unterstützen (d.h. andere Dienste als HTTP, FTP oder Telnet), authentifizieren möchten. Virtual Telnet bietet Benutzern eine Methode, sich selbst über Telnet zu authentifizieren, bevor sie diese Dienste nutzen. Nehmen wir beispielsweise an, dass Sie die Authentifizierung für alle Protokolle mit dem Schlüsselwort any aktiviert haben:

```
PIX1(config)# aaa authentication include any outbound 0 0 0 0 AuthOut
```

Wenn der erste Outbound-Verbindungsversuch eines Benutzers keine HTTP-, FTP- oder Telnet-Verbindung beabsichtigt, wird der Benutzer nicht authentifiziert werden können und der Zugriff bleibt ihm verwehrt. Sie können jedoch einen virtuellen Telnet-Server konfigurieren, der den Benutzer im Vorfeld authentifiziert und ihm dadurch den Zugriff ermöglicht. Dies bewerkstelligen Sie mit folgendem Befehl:

```
virtual telnet <ip_address>
```

Im Parameter ip_address wird eine ungenutzte IP-Adresse festgelegt, die auf die PIX-Firewall geroutet wird. Verwenden Sie folgenden Befehl, wenn Sie Virtual Telnet unter Verwendung der IP-Adresse 10.5.1.15 aktivieren möchten.

```
PIX1(config)# virtual telnet 10.5.1.15
```

Der Benutzer kann nun eine Telnet-Verbindung zu der virtuellen IP-Adresse erstellen, um sich zu authentifizieren, bevor er einen Dienst nutzt, der die Authentifizierung nicht unterstützt. Der Benutzer erstellt einfach eine Telnet-Verbindung zu der IP-Adresse des virtuellen Servers und gibt AAA-Benutzernamen und -Kennwort an. Die PIX führt dann die Authentifizierung durch, schließt die Telnet-Verbindung und legt die Authentifizierungsdaten für die Zeitspanne, die mithilfe des uauth-Timers festgelegt wurde, in den Cache. Abbildung 5.35 zeigt ein Beispiel für die Authentifizierung mit Virtual Telnet.

```
C:\WINNT\System32\cmd.exe
LOGIN Authentication
Username: rsmith
Password:

Authentication Successful

Connection to host lost.
C:\>
```

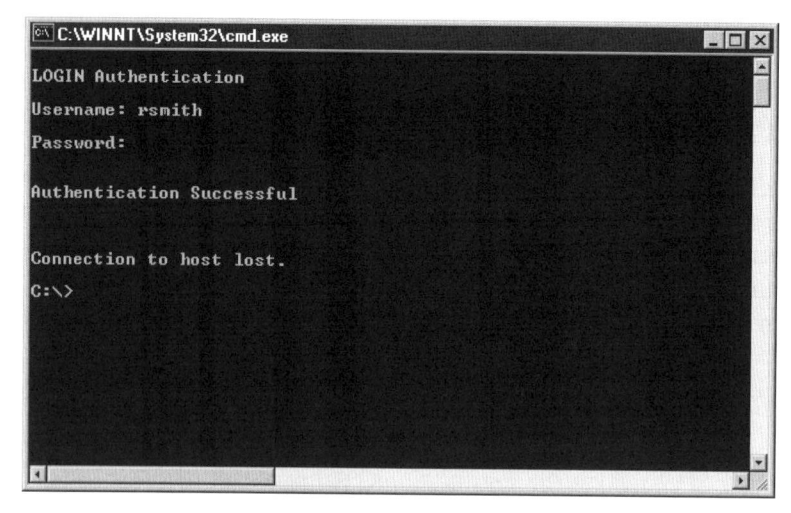

Abb. 5.35: Eine Virtual-Telnet-Session

Sie können Virtual Telnet nicht nur für die Anmeldung, sondern auch für die Abmeldung verwenden. Nach der erfolgreichen Authentifizierung über Virtual Telnet brauchen Sie sich erst erneut zu authentifizieren, wenn der uauth-Timer abläuft. Wenn Sie Ihre Aufgaben erledigt haben und verhindern möchten, dass weiterer Datenverkehr unter Verwendung Ihrer Authentifizierungsdaten die PIX passiert, sollten Sie eine neue Telnet-Verbindung zu der virtuellen IP-Adresse erstellen. Auf diese Weise wird die Session definitiv beendet und Sie werden abgemeldet.

Zur Anzeige der Konfiguration dient der Befehl show virtual telnet. Mit dem Befehl no virtual telnet deaktivieren Sie den Einsatz von Virtual HTTP.

Konfigurieren und Implementieren ...

Ändern der Authentifizierungsaufforderung für den HTTP-, FTP- und Telnet-Zugriff

Die PIX-Firewall bietet die Möglichkeit, die für HTTP, FTP und Telnet verwendeten Authentifizierungsaufforderungen zu ändern. Dies bewerkstelligen Sie mit folgendem Befehl:

auth-prompt [accept | reject | prompt] <string>

Richten Sie die accept-, reject- und prompt -Nachrichten entsprechend ein. Wenn Sie die Schlüsselworte accept, reject oder prompt nicht angeben, wird das Schlüsselwort prompt unterstellt. Der Parameter string kann bis zu 235 alphanumerische Zeichen enthalten. Leerzeichen und Satzzeichen sind zulässig, doch Sonderzeichen sollten nicht verwendet werden. Beispiel:

```
PIX1(config)# auth-prompt prompt Please enter your login credentials
PIX1(config)# auth-prompt accept Authentication Successful
PIX1(config)# auth-prompt reject Authentication Failed
```

Zum Anzeigen der Prompt-Konfiguration dient der Befehl show auth-prompt. Zum Löschen der Konfiguration können Sie den Befehl no auth-prompt verwenden.

5.7 Konfiguration der Autorisierung für Verkehr durch die Firewall

Nachdem Sie die Authentifizierung für den Datenverkehr, der die Firewall passiert, unter Verwendung der Cut-Through-Proxy-Funktionalität konfiguriert haben, können Sie die Autorisierung für den die Firewall passierenden Verkehr konfigurieren. Die Authentifizierung ist eine Voraussetzung für die Autorisierung. Sie müssen zunächst einen TACACS+-Server für die Autorisierung konfigurieren, um die Autorisierung von Verkehr durch die Firewall zu implementieren.

> **Hinweis**
> RADIUS und die lokale Datenbank auf der PIX-Firewall werden für die Autorisierung von Datenverkehr, der die PIX-Firewall durchfließt, nicht unterstützt.

Um Cisco Secure ACS für die Autorisierung von dem die Firewall passierenden Verkehr zu konfigurieren, müssen Sie ein Shell Command Authorization Set definieren. Weitere Einzelheiten zur Definition eines Shell Command Authorization Sets finden Sie in Abschnitt »Konfiguration von Cisco Secure ACS für die Unterstützung der TACACS+-Befehlsautorisierung«. Der Konfigurationsprozess für Dienste, auf die über die Firewall zugegriffen werden soll, ist sehr ähnlich. Die Befehle, die Sie eingeben, sollten jedoch den Namen der Dienste entsprechen, die Sie zulassen möchten (z. B. HTTP, Telnet, FTP). Wenn Sie die Ziele, auf die ein Benutzer unter Verwendung des benannten Dienstes zugreifen kann, kontrollieren möchten, geben Sie einfach das gewünschte Schlüsselwort (permit oder deny) und die IP-Adresse in das Textfeld argument ein. Abbildung 5.36 zeigt ein Beispiel, in dem ein Shell Command Authorization Set für Services über die Firewall definiert wird.

> **Hinweis**
> Bevor Sie ein Shell Command Authorization Set konfigurieren können, müssen Sie Cisco Secure ACS für die Unterstützung der TACACS+-Befehlsautorisierung konfigurieren.

Kapitel 5
Konfiguration von Authentifizierung, Autorisierung und Accounting

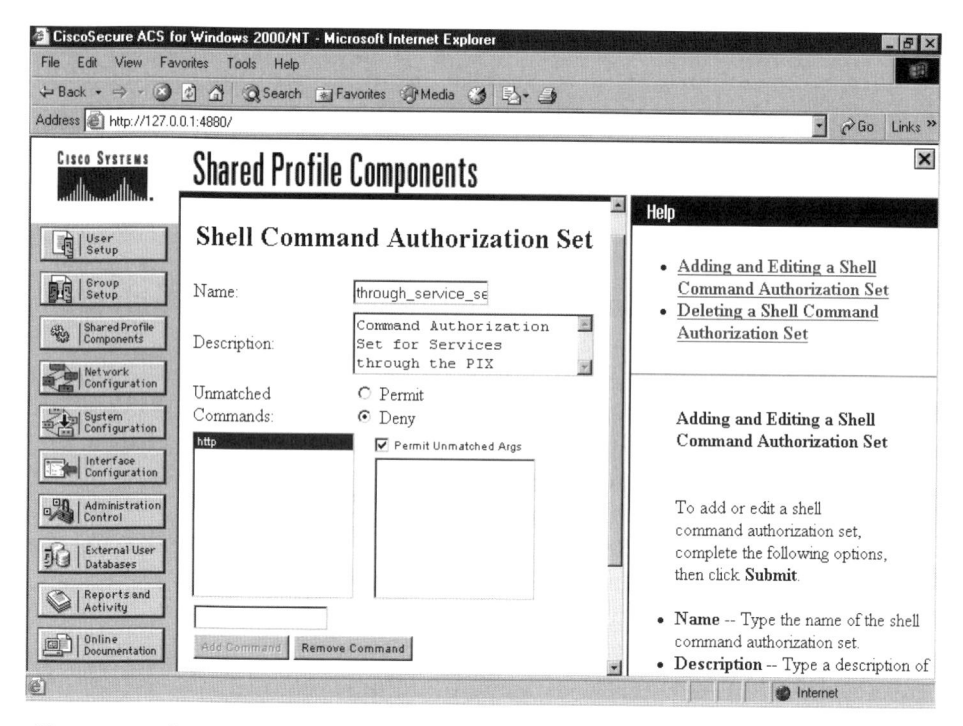

Abb. 5.36: Definieren eines Shell Command Authorization Sets für Dienste über die Firewall

Nachdem Sie den TACACS+-Server für die Autorisierung konfiguriert haben, müssen Sie die AAA-Autorisierung auf der PIX-Firewall mit folgendem Befehl aktivieren:

```
aaa authorization {include | exclude} <author_service> {inbound |
    outbound} [<interface>] <local_ip> <local_mask> <foreign_ip>
        <foreign_mask> <group_tag>
```

Die Syntax für diesen Befehl ist nahezu identisch mit jener für den Befehl aaa authentication. Alle Parameter sind dieselben, bis auf author_service. Mögliche Werte für den Parameter author_service sind any, ftp, http, telnet oder <protocol/port>. Die möglichen Werte für protocol sind 6 (TCP), 17 (UDP), 1 (ICMP) usw. Der Wert für port kann zwischen 1 und 65535 liegen und gilt nur für die Protokolle TCP und UDP. Wenn Sie den Wert für port auf 0 setzen, werden alle Ports eingeschlossen.

Mit den folgenden Befehlen wird eine Autorisierung aller Hosts für ausgehende Telnet-, HTTP- und FTP-Service-Anforderungen erforderlich gemacht:

```
PIX1(config)# aaa authorization include telnet outbound 0 0 0 0
   AuthOutbound
PIX1(config)# aaa authorization include http outbound 0 0 0 0
   AuthOutbound
PIX1(config)# aaa authorization include ftp outbound 0 0 0 0
   AuthOutbound
```

5.8 Konfiguration des Accounting für Verkehr durch die Firewall

Sie können das Accounting für den die Firewall passierenden Verkehr unter Verwendung von TACACS+ oder RADIUS konfigurieren. Dies bewerkstelligen Sie mit folgendem Befehl:

```
aaa accounting {include | exclude} acct_service {inbound | outbound |
   <interface>} <local_ip> <local_mask> <foreign_ip> <foreign_mask>
      <group_tag>
```

> **Hinweis**
>
> Das Accounting kann nur mit RADIUS oder TACACS+ konfiguriert werden. Ein lokales Accounting ist nicht vorgesehen.

Die Syntax für diesen Befehl ist nahezu identisch mit jener für den Befehl aaa authentication. Alle Parameter sind dieselben, bis auf acct_service. Mögliche Werte für den Parameter acct_service sind any, ftp, http, telnet oder <protocol/port>. Die zulässigen Werte für protocol sind 6 (TCP) und 17 (UDP). Der Wert für port kann zwischen 1 und 65535 liegen. Wenn Sie den Wert für port auf 0 setzen, werden alle Ports eingeschlossen.

Der folgende Befehl generiert beispielsweise Accounting-Daten für alle Hosts, die Outbound-Service-Anforderungen erstellen, und sendet die Daten an den AAA-Server in der Gruppe AuthOutbound:

```
PIX1(config)# aaa accounting include any outbound 0 0 0 0 AuthOutbound
```

Auf dem Cisco Secure ACS-Server müssen keine weiteren Konfigurationsaufgaben durchgeführt werden, damit dieser die Accounting-Daten von einer PIX-Firewall empfangen kann. Wenn Sie die auf einem Cisco Secure ACS-Server gespeicherten Accounting-Daten anzeigen möchten, klicken Sie im Hauptbildschirm auf REPORTS AND ACTIVITY (siehe Abbildung 5.37).

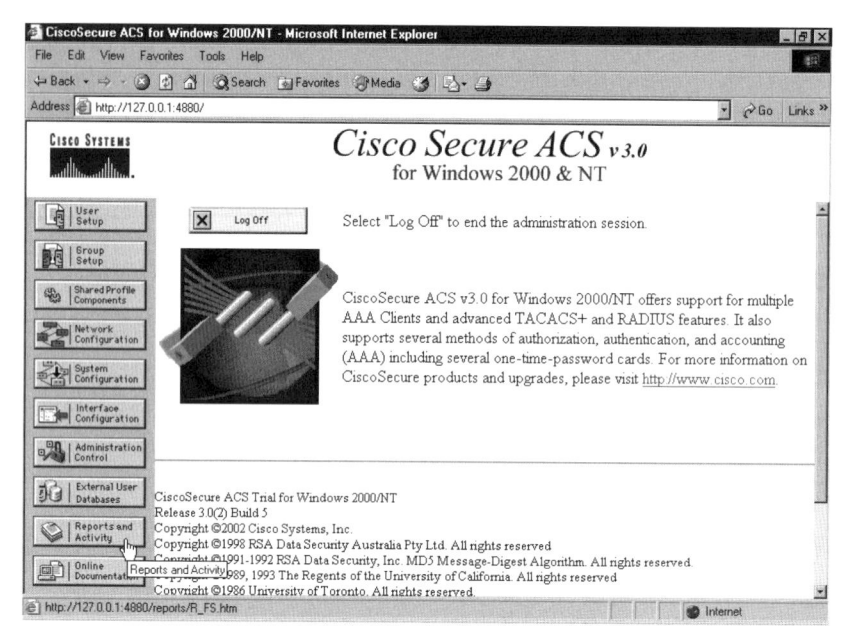

Kapitel 5
Konfiguration von Authentifizierung, Autorisierung und Accounting

Abb. 5.37: Cisco Secure ACS: Navigieren zu den Accounting-Daten

Klicken Sie innerhalb des Fensters REPORTS AND ACTIVITY auf den Link TACACS+ ACCOUNTING (siehe Abbildung 5.38).

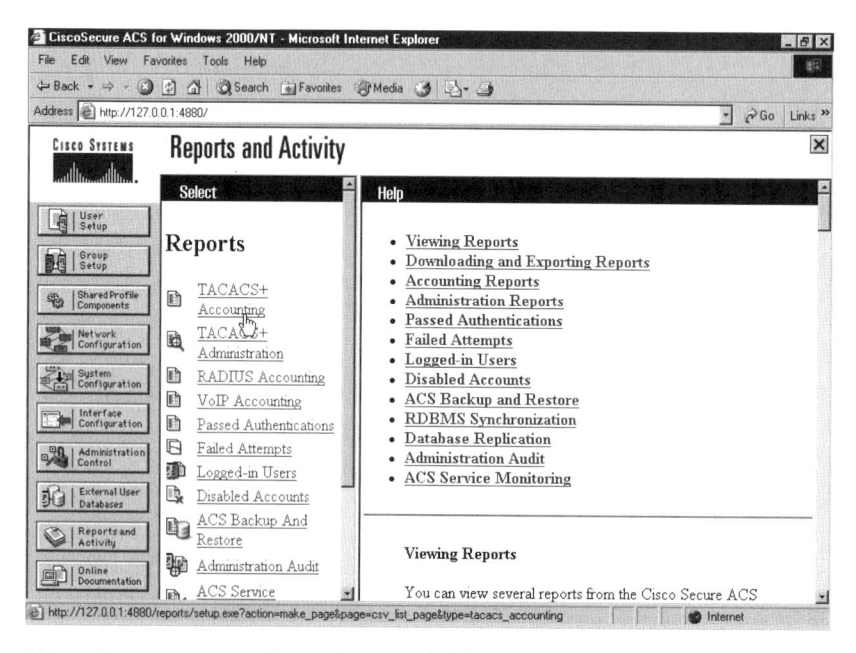

Abb. 5.38: Das Fenster CISCO SECURE ACS – REPORTS AND ACTIVITY

Wählen Sie die gewünschte TACACS+-Accounting-Datei (siehe Abbildung 5.39).

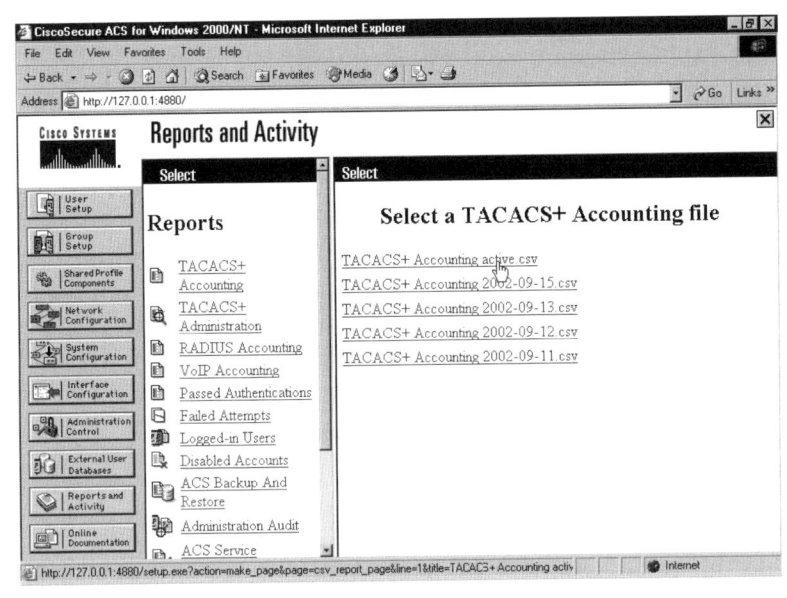

Abb. 5.39: Cisco Secure ACS: Auswählen einer TACACS+-Accounting-Datei

Abbildung 5.40 zeigt die Daten, die nach der Auswahl der gewünschten TACACS+-Accounting-Datei auf dem Bildschirm angegeben werden.

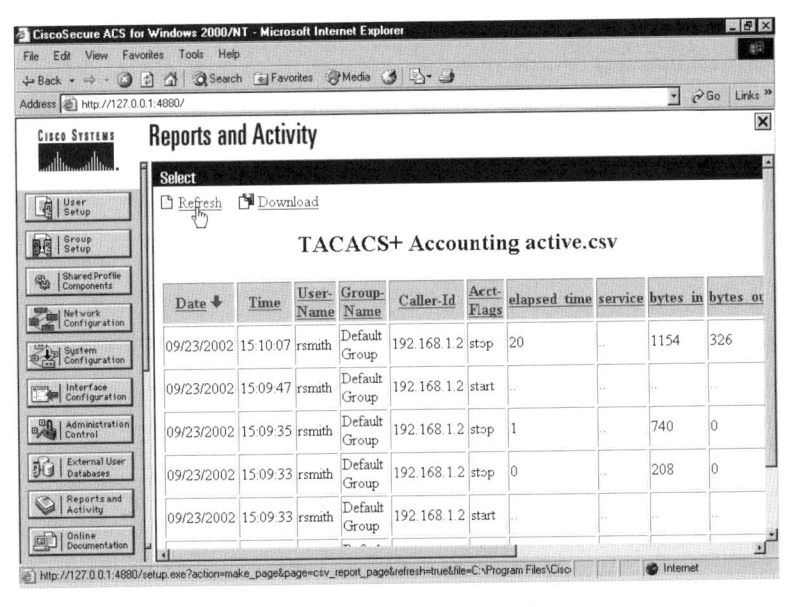

Abb. 5.40: Cisco Secure ACS: TACACS+-Accounting-Daten

5.9 Konfiguration von herunterladbaren Access Lists

Wenn Sie Benutzern oder Gruppen unterschiedliche Privilegien in Hinblick auf Dienste (FTP oder HTTP) und Hosts, auf die sie über die Firewall zugreifen können, gewähren möchten, bietet die PIX-Firewall die Möglichkeit, Access Lists pro Benutzer zu definieren, wenn sie mit einem AAA-Server verwendet werden. Anders als bei früheren Versionen der PIX-Firewall brauchen Sie ab Version 6.2. keine Konfiguration auf der PIX-Firewall selbst vorzunehmen, um diese Funktionalität zu implementieren (es wird unterstellt, dass RADIUS-Authentifizierung und -Autorisierung bereits konfiguriert sind). Sie müssen nur die gewünschte Access List innerhalb des Benutzerprofils auf dem Cisco Secure ACS-Server definieren und die Access List wird während der Benutzerauthentifizierung auf die PIX-Firewall heruntergeladen. Auf diese Weise wird die Konfiguration vereinfacht und die Skalierbarkeit erhöht. Es gibt zwei Optionen für die Implementierung von Benutzer-Access-Lists auf dem Cisco Secure ACS-Server:

- **Benannte herunterladbare Access Lists** – Die PIX-Firewall lädt eine benannte Access List einmal herunter und kann sie wiederverwenden, wenn Sie sie anderen Benutzern zugeordnet haben. Sie sollten benannte Access Lists verwenden, wenn Sie viele Benutzer haben, die gemeinsam eine Access List verwenden, oder wenn Sie eine sehr große Access List haben, die mehreren Benutzern zugeordnet ist.
- **Unbenannte herunterladbare Access Lists** – Die PIX-Firewall lädt eine unbenannte Access List für jeden Benutzer herunter, dem Sie eine Access List zugeordnet haben. Diese Access Lists werden nicht gemeinsam verwendet. Sie werden jedes Mal heruntergeladen, wenn ein Benutzer authentifiziert wird. Sie sollten eine unbenannte Access List verwenden, wenn für jeden Benutzer eine andere Access List definiert wurde.

> **Hinweis**
>
> Herunterladbare ACLs werden nur durch RADIUS, nicht durch TACACS+ unterstützt.

5.9.1 Konfiguration von benannten herunterladbaren Access Lists

Benannte herunterladbare Access Lists sind gemeinsam genutzte Profilkomponenten innerhalb von Cisco Secure ACS. Bei gemeinsam genutzten Profilkomponenten handelt es sich um wieder verwendbare Autorisierungsdefinitionen, die nur einmal erstellt werden müssen und von Benutzern und Gruppen gemeinsam genutzt werden können. Sie brauchen somit nicht bei jedem neu hinzugefügten Benutzer eine bestimmte Access List neu zu erstellen, stattdessen erstellen Sie die Access List nur einmal und wenden sie beim Hinzufügen von Benutzern auf diese an. Der administrative Aufwand kann auf diese Weise erheblich verringert werden. Gleichzeitig wird die Skalierbarkeit von Autorisierungskontrollen erhöht.

Sie müssen zwei Dinge erledigen, um herunterladbare Access Lists innerhalb von Cisco Secure ACS zu konfigurieren:

1. Definieren Sie die benannte herunterladbare Access List innerhalb von Cisco Secure ACS im Abschnitt SHARED PROFILE COMPONENTS.
2. Wenden Sie die benannte herunterladbare Access List innerhalb von Cisco Secure ACS im Abschnitt USER SETUP auf die entsprechenden Benutzer an.

Wenn Sie eine benannte, herunterladbare Access List definieren möchten, klicken Sie auf der linken Seite der HTML-Oberfläche von Cisco Secure ACS auf die Schaltfläche SHARED PROFILE COMPONENTS (siehe Abbildung 5.41).

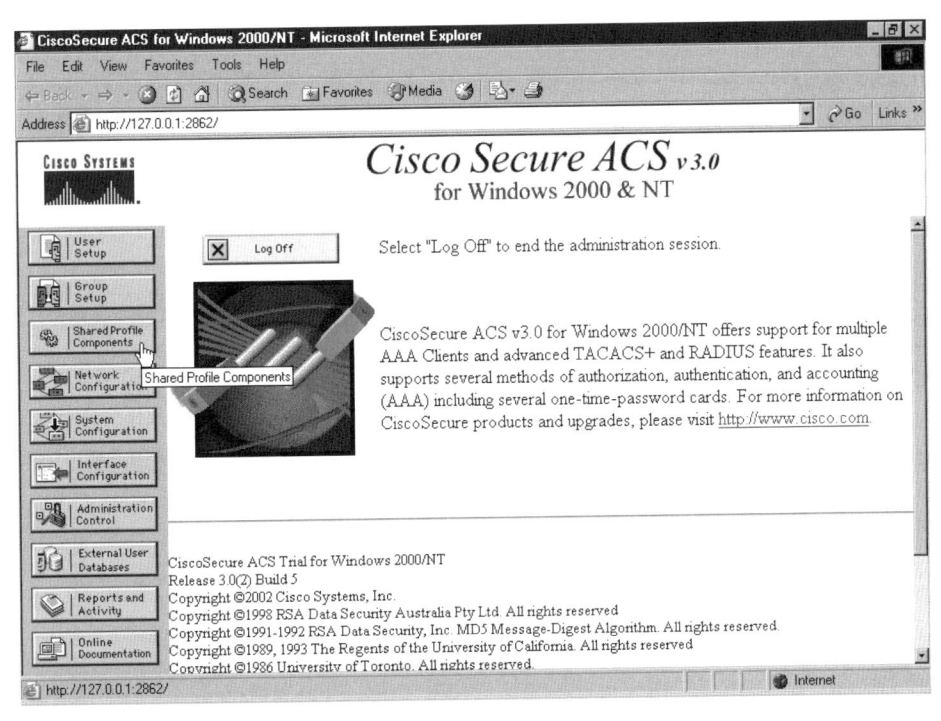

Abb. 5.41: Hauptfenster CISCO SECURE ACS – USER SETUP

Klicken Sie im Fenster SHARED PROFILE COMPONENTS auf DOWNLOADABLE PIX ACLS (siehe Abbildung 5.42).

Klicken Sie im Fenster DOWNLOADABLE PIX ACLS auf die Schaltfläche ADD, um eine neue herunterladbare Access List zu definieren (siehe Abbildung 5.43).

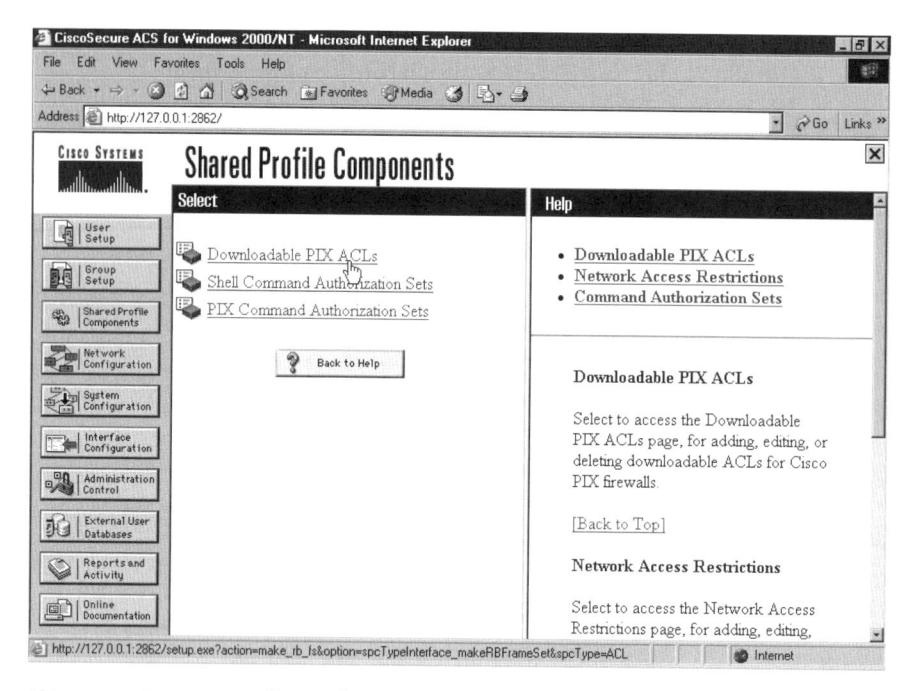

Abb. 5.42: Das Fenster CISCO SECURE ACS – SHARED PROFILE COMPONENTS

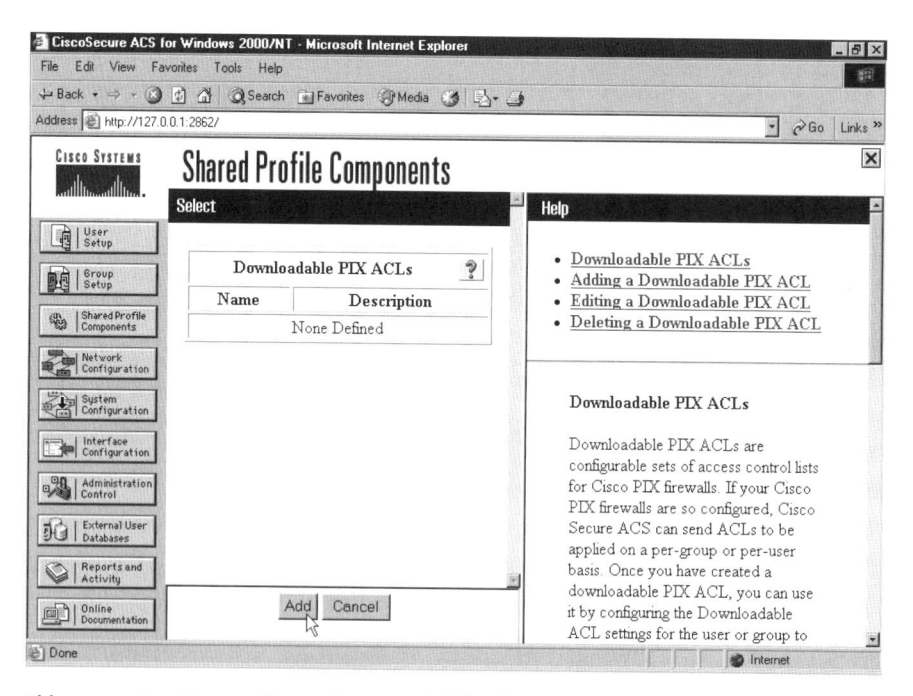

Abb. 5.43: Das Fenster CISCO SECURE ACS – DOWNLOADABLE PIX ACLS

Im Fenster DOWNLOADABLE PIX ACLS – EDIT (siehe Abbildung 5.44) können Sie eine neue herunterladbare Access List definieren. Geben Sie im Textfeld NAME einen Namen und im Textfeld DESCRIPTION eine optionale Beschreibung ein. Geben Sie im Textfeld ACL DEFINITIONS die Einträge für die Access List an. Erstellen Sie einen Eintrag unter Verwendung der Syntax für den Befehl `access-list`. Lassen Sie dabei jedoch das Schlüsselwort `access-list` und den Namen der Access List aus. Abbildung 5.44 zeigt ein Beispiel. Wenn Sie die gewünschten Einträge erstellt haben, klicken Sie auf die Schaltfläche SUBMIT.

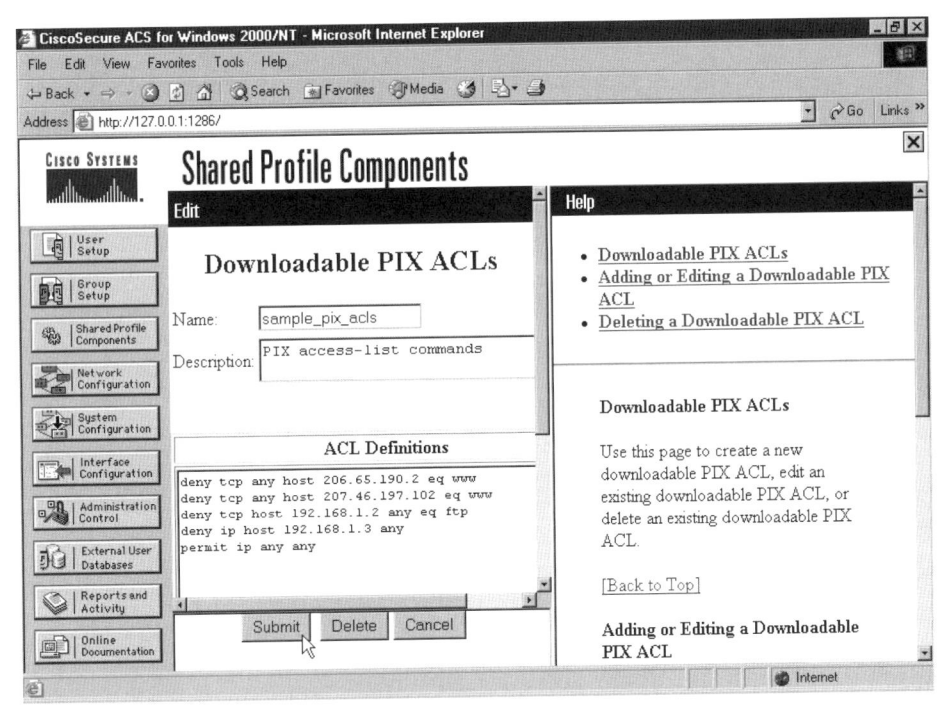

Abb. 5.44: Das Fenster CISCO SECURE ACS - EDIT - DOWNLOADABLE ACLS

Nachdem Sie die benannte Access List definiert haben, können Sie sie nun Ihren Benutzern zuweisen. Klicken Sie auf der linken Seite der HTML-Oberfläche von Cisco Secure ACS auf die Schaltfläche USER SETUP und wählen Sie einen Benutzereintrag, den Sie bearbeiten möchten (oder fügen Sie einen neuen Benutzer ein, wie es im Abschnitt »Ein Benutzer für den Cisco Secure ACS-Server« beschrieben wurde). Blättern Sie im Fenster USER SETUP hinunter bis zum Abschnitt DOWNLOADABLE ACLS (siehe Abbildung 5.45). Aktivieren Sie das Kontrollkästchen ASSIGN PIX ACL und wählen Sie die entsprechende benannte Access List aus der zugehörigen Auswahlliste. Klicken Sie auf die Schaltfläche SUBMIT, um dem Benutzer die Access List zuzuweisen.

Kapitel 5
Konfiguration von Authentifizierung, Autorisierung und Accounting

> **Hinweis**
>
> Sollte der Bereich *Downloadable ACLs* auf Ihrem System nicht angezeigt werden, müssen Sie diese Option zunächst aktivieren. Klicken Sie im Hauptfenster der HTML-Oberfläche von Cisco Secure ACS auf die Schaltfläche INTERFACE CONFIGURATION und anschließend auf ADVANCED OPTIONS. Aktivieren Sie dann die Kontrollkästchen USER-LEVEL DOWNLOADABLE ACLS und GROUP-LEVEL DOWNLOADABLE ACLS.

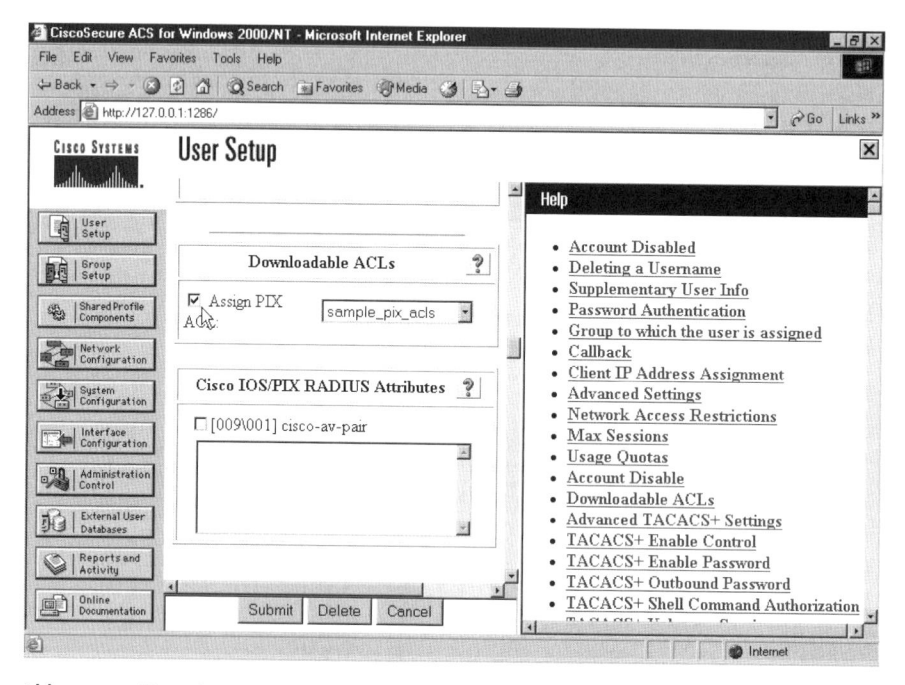

Abb. 5.45: Cisco Secure ACS: Zuordnen von herunterladbaren ACLs

Es müssen keine weiteren Maßnahmen auf der PIX-Firewall ergriffen werden, um die Konfiguration der herunterladbaren Access Lists abzuschließen. Wenn sich ein Benutzer gegen die PIX-Firewall authentifiziert, wird die Access List mit einem Namen in folgendem Format heruntergeladen:

```
#ACSACL#-<acl_name>-<version_id>
```

In dieser Syntax steht `acl_name` für den Namen der Access List, den Sie innerhalb von Cisco Secure ACS vergeben haben. Bei `version_id` handelt es sich um eine eindeutige ID, die der Access List zugeordnet wurde. Die Abbildung 5.46 zeigt ein Beispiel für das Aussehen einer herunterladbaren Access List auf der PIX-Firewall. Der erste show access-list-Befehl wurde vor der Benutzerauthentifizierung ausgeführt, der zweite danach. Wie Sie sehen können, wurden vor der Benutzerauthentifizierung keine Access Lists definiert. Nach der Authentifizierung wird jedoch eine herunterladbare Access List definiert, deren Name mit dem zuvor beschriebenen Format übereinstimmt.

```
PIX1(config)# show access-list
PIX1(config)# show access-list
access-list #ACSACL#-PIX-sample-pix_acls-3d7fe64e; 5 elements
access-list #ACSACL#-PIX-sample-pix_acls-3d7fe64e deny tcp any host
    206.65.190.2 eq www (hitcnt=0)
access-list #ACSACL#-PIX-sample-pix_acls-3d7fe64e deny tcp any host
    207.46.197.102 eq www (hitcnt=0)
access-list #ACSACL#-PIX-sample-pix_acls-3d7fe64e deny tcp any host
    192.168.1.2 any eq ftp (hitcnt=0)
access-list #ACSACL#-PIX-sample-pix_acls-3d7fe64e deny ip host
    192.168.1.3 any (hitcnt=0)
access-list #ACSACL#-PIX-sample-pix_acls-3d7fe64e permit ip any any
    (hitcnt=2)
```

Abb. 5.46: Benannte, herunterladbare Access List: Ansicht auf der PIX-Firewall

5.9.2 Konfiguration von herunterladbaren Access Lists ohne Namen

Sie konfigurieren herunterladbare Access Lists ohne Namen, indem Sie im Fenster USER SETUP zu dem ausgewählten Benutzer navigieren und dort zum Abschnitt CISCO IOS/PIX RADIUS ATTRIBUTES hinunterblättern. Aktivieren Sie das Kontrollkästchen [009\001] CISCO-AV-PAIR und richten Sie im Textfeld die gewünschten Access-List-Einträge ein (siehe Abbildung 5.47). Jeder Eintrag sollte folgendes Format aufweisen:

```
ip:inacl#<n>=<acl_entry>
```

Das Schlüsselwort ip:inacl# steht für eine Nummer (n) zwischen 0 und 999999999, die für die Reihenfolge des access-list-Eintrags steht. Der Parameter acl_command ist ein Statement für einen Access-List-Eintrag ohne den access-list-Befehl und den Namen der Access List.

> **Hinweis**
>
> Wenn auf Ihrem System die Cisco-IOS/PIX-Attribute innerhalb des Fensters USER SETUP nicht angezeigt werden, müssen Sie diese Option über das Fenster INTERFACE CONFIGURATION aktivieren.

Kapitel 5
Konfiguration von Authentifizierung, Autorisierung und Accounting

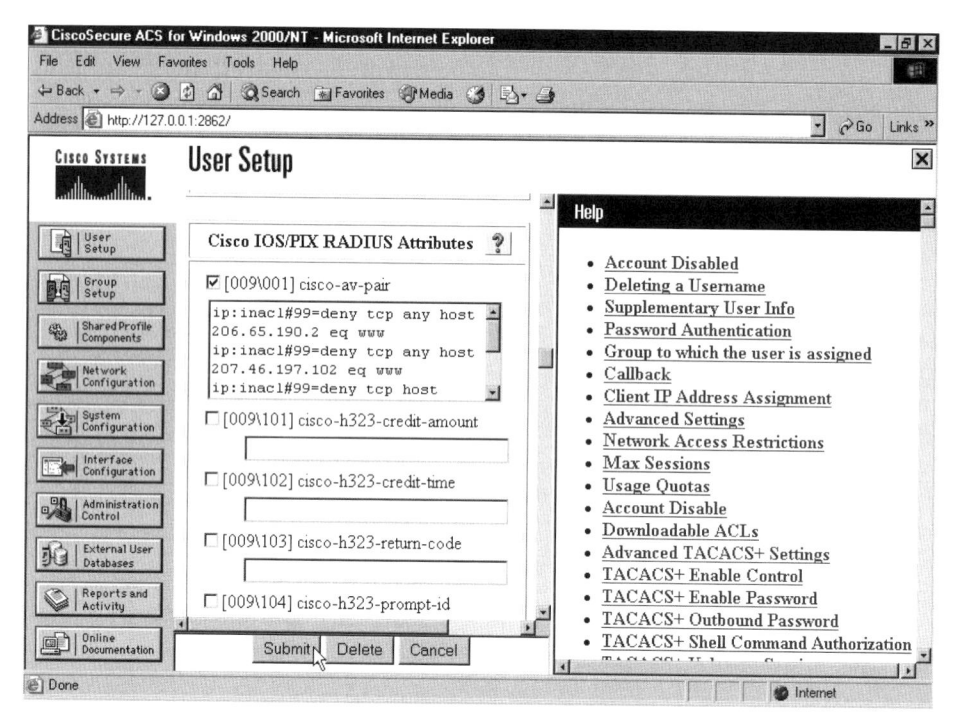

Abb. 5.47: Cisco Secure ACS: USER SETUP–CISCO IOS/PIX RADIUS ATTRIBUTES

Die Abbildung 5.48 zeigt ein Beispiel für das Aussehen einer unbenannten, herunterladbaren Access List auf der PIX-Firewall. Der erste show access-list-Befehl wurde vor der Benutzerauthentifizierung ausgeführt, der zweite danach. Wie Sie sehen können, wurden vor der Benutzerauthentifizierung keine Access Lists definiert. Nach der Authentifizierung wird jedoch eine herunterladbare Access List definiert.

```
PIX1(config)# show access-list
PIX1(config)# show access-list
access-list AAA-user-rsmith; 5 elements
access-list AAA-user-rsmith deny tcp any host 206.65.190.2 eq www
    (hitcnt=0)
access-list AAA-user-rsmith deny tcp any host 207.46.197.102 eq www
    (hitcnt=0)
access-list AAA-user-rsmith deny tcp any host 192.168.1.2 any eq ftp
    (hitcnt=0)
access-list AAA-user-rsmith deny ip host 192.168.1.3 any (hitcnt=0)
access-list AAA-user-rsmith permit ip any any (hitcnt=4)
```

Abb. 5.48: Unbenannte, herunterladbare Access List: Ansicht auf der PIX-Firewall

5.10 Zusammenfassung

Dieses Kapitel lieferte einen Überblick über die AAA-Funktionen und deren Vorteile. In diesem Zusammenhang wurden die Sicherheitsprotokolle TACACS+ und RADIUS beschrieben. Bei AAA handelt es sich um die drei eigenständigen, doch verwandten Funktionen im Zusammenhang mit der Authentifizierung, Autorisierung und dem Accounting, die wie folgt definiert sind:

- *Authentifizierung* ist der Prozess, der einen Benutzer identifiziert und authentifiziert, bevor er einen Zugriff auf Geräte, Systeme und Dienste des Netzwerks erhält. Benutzeridentifizierung und -authentifizierung sind entscheidend für das einwandfreie Funktionieren der Autorisierung und des Accounting.
- *Autorisierung* ist ein Prozess, bei dem die Privilegien und Zugriffsrechte eines Benutzers nach der Authentifizierung bestimmt bzw. überprüft werden.
- *Accounting* ist der Prozess, der die Benutzeraktivitäten zum Zwecke der Verfolgbarkeit, Berechnung, Überwachung oder für die Erstellung von Berichten aufzeichnet.

Die Implementierung von AAA bietet folgende Vorteile: Skalierbarkeit, höhere Flexibilität und Kontrollmöglichkeiten, standardisierte Protokolle und Methoden sowie Redundanz. Die Cisco-PIX-Firewall unterstützt die Sicherheitsprotokolle TACACS+ und RADIUS für den Einsatz innerhalb der AAA-Mechanismen. Jedes der beiden Protokolle hat eigene Vor- und Nachteile; das Protokoll, das sich am besten für Sie eignet, hängt von Ihrer Situation und von Ihren Anforderungen ab.

Wenn Sie die Vorteile von AAA nutzen möchten, müssen Sie einen AAA-Server implementieren und konfigurieren. Mit Cisco Secure Access Control Server (ACS) steht Ihnen eine AAA-Server-Software zur Verfügung, die die beiden Sicherheitsprotokolle TACACS+ und RADIUS unterstützt. Nach der Installation der Software können Sie verschiedene Basisaufgaben wie das Hinzufügen von AAA-Clients ebenso ausführen wie anspruchsvollere Verwaltungsaufgaben, wie z. B. die Definition von herunterladbaren Access Lists und Command Authorization Sets.

Auf der PIX-Firewall können Sie die Authentifizierung und Autorisierung konfigurieren, um sowohl die Benutzeraktionen *auf* der Firewall als auch *über* die Firewall zu kontrollieren. Die Authentifizierung von Benutzern, die auf die PIX-Firewall selbst zugreifen möchten, wird als *Konsolenauthentifizierung* bezeichnet. Die Autorisierung von Benutzeraktionen auf der PIX-Firewall wird als *Befehlsautorisierung* (Command Authorization) bezeichnet. Für die Konsolenauthentifizierung und die Befehlsautorisierung können Sie die lokale Datenbank, RADIUS oder TACACS+ verwenden.

Für Benutzeraktionen über (oder besser gesagt, durch) die PIX-Firewall bietet Cisco ein Feature namens *Cut-Through Proxy*, das die Benutzerauthentifizierung und -autorisierung unterstützt. Die Cut-Through-Proxy-Funktionalität ermöglicht die

Implementierung von Authentifizierungs- und Autorisierungs-Diensten für eingehende und ausgehende HTTP-, FTP- und Telnet-Verbindungen. Mit dieser Funktionalität können Sie die Dienste, die über die Firewall zur Verfügung stehen, statt über eine IP-Adresse, über einen Benutzer steuern, wodurch Sie noch feinere Kontrollmöglichkeiten erhalten. Da beim Cut-Through Proxy nur der anfängliche Verbindungsversuch authentifiziert und autorisiert wird, bietet dieser gegenüber traditionellen Proxy-Firewalls Performance-Vorteile. Die nachfolgende Kommunikation findet nämlich direkt zwischen den Endpunkten statt, während sie durch die Firewall untersucht wird.

Virtual HTTP und Virtual Telnet sind Features, die im Zusammenhang mit der Cut-Through-Proxy-Funktionalität stehen. Mit Virtual HTTP kann das Problem mit einigen Microsoft-IIS-Servern gelöst werden, bei denen die Basic Authentication oder NT Challenge aktiviert ist. Virtual Telnet bietet einen Mechanismus, mit dem Benutzer gegen die PIX-Firewall authentifiziert werden, bevor sie Dienste nutzen, die keine Authentifizierung unterstützen.

Mit herunterladbaren Access Lists erhalten Sie die Möglichkeit, Access Lists auf einer Pro-Benutzer- oder Pro-Gruppen-Basis auf dem AAA-Server zu konfigurieren. Der administrative Aufwand kann auf diese Weise erheblich verringert und die Skalierbarkeit erhöht werden.

5.11 Lösungen im Schnelldurchlauf

AAA-Konzepte

- Bei AAA handelt es sich um einen architektonischen Rahmen, der sich aus den drei eigenständigen, doch verwandten Funktionen zur Authentifizierung, Autorisierung und dem Accounting zusammensetzt. Die Implementierung von AAA bietet folgende Vorteile: Skalierbarkeit, höhere Flexibilität und Kontrollmöglichkeiten, standardisierte Protokolle und Methoden sowie Redundanz.
- Authentifizierung ist der Prozess, der einen Benutzer identifiziert und authentifiziert, bevor er einen Zugriff auf Geräte, Systeme und Dienste des Netzwerks erhält.
- Autorisierung ist ein Prozess, bei dem die Privilegien und Zugriffsrechte eines Benutzers nach der Authentifizierung bestimmt bzw. überprüft werden.
- Accounting ist der Prozess, der die Benutzeraktivitäten zum Zwecke der Verfolgbarkeit, Berechnung, Überwachung oder für die Erstellung von Berichten aufzeichnet.

Cisco Secure ACS für Windows

- Wenn Sie die Vorteile von AAA nutzen möchten, müssen Sie einen AAA-Server implementieren und konfigurieren. Mit Cisco Secure Access Control Server (ACS) steht Ihnen eine AAA-Server-Software zur Verfügung, die Unterstützung für die beiden Sicherheitsprotokolle TACACS+ und RADIUS bietet.

- Cisco Secure ACS verfügt über eine eigene, interne Datenbank, doch es unterstützt auch folgende externe Benutzerdatenbanken: Windows NT/2000, Generic LDAP, Novell NetWare Directory Services (NDS), Open Database Connectivity (ODBC)-kompatible relationale Datenbanken, CRYPTOCard Token-Server, SafeWord Token-Server, AXENT Token-Server, RSA SecureID Token-Server, ActivCard Token-Server und Vasco Token-Server.

Konfigurieren der Konsolenauthentifizierung

- Die Konsolenauthentifizierung dient zur Authentifizierung von Benutzern, die auf die PIX-Firewall selbst zugreifen möchten. Sie kann zur Verwendung der lokalen, der TACACS+- oder der RADIUS-Datenbank konfiguriert werden.
- Wenn Sie die lokale Authentifizierung nutzen möchten, müssen Sie die Benutzer auf der PIX-Firewall mit dem Befehl username definieren.
- Wenn Sie die TACACS+/RADIUS-Konsolenauthentifizierung nutzen möchten, müssen Sie entsprechende Konfigurationsaufgaben auf dem TACACS+/RADIUS-Server ausführen. Sie müssen die PIX-Firewall als AAA-Client für den Server definieren und Benutzerkonten auf dem Server erstellen.

Konfigurieren der Befehlsautorisierung (Command Authorization)

- Mit der Befehlsautorisierung können Benutzeraktionen auf der PIX-Firewall kontrolliert werden. Sie können in diesem Zusammenhang die lokale oder die TACACS+-Datenbank verwenden.
- Wenn Sie die lokale Befehlsautorisierung einsetzen möchten, müssen Sie Benutzer mit dem Befehl username auf der PIX-Firewall definieren und Befehle ausgewählten Privilegstufen mit dem Befehl privilege zuordnen.
- Bei der Verwendung der TACACS+-Befehlsautorisierung müssen Sie so genannte Command Authorization Sets auf dem TACACS+-Server definieren und diese anschließend den Benutzern zuweisen.

Konfigurieren der Authentifizierung für Verkehr durch die Firewall

- Die Cut-Through-Proxy-Funktionalität ermöglicht die Authentifizierung und Autorisierung von Benutzeraktionen, die über die PIX-Firewall erfolgen sollen. Insbesondere können Sie die Authentifizierung und Autorisierung für ein- oder ausgehende HTTP-, FTP- und Telnet-Verbindungen implementieren. Mit dieser Funktionalität können Sie die Dienste, die über die Firewall zur Verfügung stehen, statt über eine IP-Adresse über einen Benutzer steuern, wodurch Sie noch feinere Kontrollmöglichkeiten erhalten.
- Da beim Cut-Through Proxy nur der anfängliche Verbindungsversuch authentifiziert und autorisiert wird, bietet dieser gegenüber traditionellen Proxy-Firewalls Performance-Vorteile. Die nachfolgende Kommunikation findet nämlich direkt zwischen den Endpunkten statt, während sie durch die Firewall untersucht wird.

- Sie können steuern, wie häufig Cut-Through-Proxy-Benutzer sich erneut authentifizieren müssen, indem Sie uauth-Timer mit den Optionen inactivity und absolute besetzen.
- Wenn die Cut-Through-Proxy-Authentifizierung für Web-Verkehr (HTTP) aktiviert ist, kann es für Benutzer zu Problemen kommen, die sich mit Websites verbinden, auf denen Microsoft IIS mit aktivierter Basic Authentication oder NT Challenge ausgeführt wird. Die PIX-Firewall umgeht dieses Problem mit Virtual HTTP. Wenn dieses Feature aktiviert ist, leitet die PIX-Firewall eingehende HTTP-Anforderungen, die authentifiziert werden müssen, an die IP-Adresse des virtuellen Servers. Dort erfolgt die Authentifizierung des Benutzers. Anschließend wird der Browser zurück an das ursprünglich angeforderte Ziel geleitet.
- Wenn Sie die AAA-Authentifizierung für Services aktiviert haben, die keine Authentifizierung unterstützen (d.h. andere Dienste als HTTP, FTP oder Telnet), bietet Virtual Telnet Benutzern eine Methode, sich selbst zu authentifizieren, bevor sie diese Dienste nutzen.

Konfigurieren der Autorisierung für Verkehr durch die Firewall

- Nachdem Sie die Authentifizierung für den Datenverkehr, der die Firewall passiert, unter Verwendung der Cut-Through-Proxy-Funktionalität konfiguriert haben, können Sie auch die Autorisierung für den Verkehr durch die Firewall konfigurieren.
- Um Cisco Secure ACS für die Autorisierung des Verkehrs durch die Firewall zu konfigurieren, müssen Sie beispielsweise ein Shell Command Authorization Set definieren. Sie definieren ein Shell Command Authorization Set für die Autorisierung von Verkehr, der die Firewall passiert, auf gleiche Weise wie für die Befehlsautorisierung; die Befehle, die Sie eingeben, sollten jedoch dem Namen des Dienstes, den Sie zulassen möchten, entsprechen (z. B. HTTP, Telnet, FTP).

Konfigurieren des Accounting für Verkehr durch die Firewall

- Auf dem Cisco Secure ACS-Server müssen keine weiteren Konfigurationsaufgaben durchgeführt werden, damit dieser die Accounting-Daten von einer PIX-Firewall empfangen kann.
- Wenn Sie die auf einem Cisco Secure ACS-Server gespeicherten Accounting-Daten anzeigen möchten, klicken Sie im Hauptbildschirm auf REPORTS AND ACTIVITY und anschließend auf den Link TACACS+ ACCOUNTING. Wählen Sie dann die gewünschte TACACS+-Accounting-Datei.

Konfigurieren von herunterladbaren Access Lists

- Wenn Sie Benutzern oder Gruppen unterschiedliche Privilegien in Hinblick auf Dienste und Hosts, auf die sie über die Firewall zugreifen können, gewähren müssen, bietet die PIX-Firewall die Möglichkeit, Access Lists pro Benutzer zu definieren, wenn sie mit einem AAA-Server verwendet werden.
- Benannte herunterladbare Access Lists können auf dem Cisco Secure ACS-Server definiert und von Benutzern und Gruppen gemeinsam genutzt werden. Sie brauchen somit nicht bei jedem neu hinzugefügten Benutzer eine bestimmte Access List neu zu erstellen; stattdessen erstellen Sie die Access List nur einmal und wenden sie beim Hinzufügen von Benutzern auf diese an.

5.12 Häufig gestellte Fragen/FAQs

Gibt es neben TACACS+ und RADIUS weitere AAA-Protokolle?

Ja. Wir haben TACACS und XTACACS in unseren Ausführungen kurz erwähnt, doch diese Protokolle werden durch Cisco nicht mehr unterstützt und daher nicht mehr eingesetzt. DIAMETER ist ein AAA-Protokoll, das für eine Koexistenz mit RADIUS angelegt ist. Es befindet sich immer noch in der Entwicklungsphase bei der IETF AAA Working Group. Weitere Informationen finden Sie unter www.diameter.org.

Ich habe großes Interesse an der Implementierung eines RADIUS-Servers. Wo finde ich Informationen zu RADIUS-Produkten?

Sie können sicherlich eine Web-Recherche durchführen, um Informationen zu RADIUS-Produkten zu finden, doch eine gute Übersicht erhalten Sie unter http://ing.ctit.utwente.nl/WU5/D5.1/Technology/radius/index.html#products. Eine Informationsquelle zu TACACS+-Produkten finden Sie zudem unter http://ing.ctit.utwente.nl/WU5/D5.1/Technology/tacacs+/index.html#products.

Ich bin ein Anfänger, was die Konfiguration der PIX-Firewall angeht, und bin nun nicht sicher, ob ich die AAA-Funktionalität korrekt konfiguriert habe. Wie kann ich meine Konfiguration überprüfen?

Auf der Support-Website von Cisco finden Sie ein Tool namens *Output Interpreter*, das Ihre PIX-Konfiguration analysieren und Berichte über Fehler, potenzielle Probleme und mögliche Lösungen anfertigen kann. Wählen Sie einfach PIX aus der Auswahlliste und markieren Sie die Auswahl SHOW TERMINAL. Geben Sie auf Ihrer PIX den Befehl `show terminal` ein, fügen Sie die Ausgabe in das Textfeld ein und klicken Sie auf SUBMIT. Das Tool Output Interpreter führt dann eine Analyse der Konfiguration durch und liefert Ihnen ein entsprechendes Feedback. Sie finden das Tool unter www.cisco.com/cgi-bin/Support/OutputInterpreter/home.pl.

Unterstützt die PIX-Firewall AAA für die Authentifizierung von Cisco Software VPN-Clients?

Ja. Die PIX bietet Unterstützung für die Authentifizierung von Cisco-VPN-Clients über xauth. Weitere Informationen zu diesem Thema finden Sie in Kapitel 7.

Kapitel 6

Konfiguration des System-Managements

Lösungen in diesem Kapitel:

- Konfigurieren der Protokollierung
- Konfigurieren von Remote Access (Fernzugriff)
- Konfigurieren des Simple Network Management Protocol
- Konfigurieren der Systemzeit

6.1 Einführung

Das System-Management ist ein wichtiger Bestandteil bei der Konfiguration und Wartung Ihrer Firewall. Ohne ein angemessenes Management können Sicherheitsrichtlinien nicht durchgesetzt und überwacht werden, so dass die Gefahr einer Kompromittierung von Systemen besteht. In diesem Kapitel beschäftigen wir uns mit der Verwaltung individueller PIX-Firewalls.

Die Protokollierung ist ein wichtiger Aspekt, nicht nur für die Überwachung und das Troubleshooting; sie ist ein unschätzbares Werkzeug für das Messen der Systemleistung, das Aufdecken möglicher Netzwerk-Engpässe und das Erkennen potenzieller Sicherheitsverletzungen in unserer schönen, neuen, sicherheitsbewussten Welt. In diesem Kapitel erfahren Sie, wie Sie die lokale und Remote-Protokollierung aktivieren und anpassen. Remote-Administration ist ein weiterer wichtiger Bestandteil des System-Managements. Sie lernen, wie Sie eine Reihe unterschiedlicher In-Band-Management-Protokolle wie SSH, Telnet und HTTP einrichten und wie Sie die PIX-Firewall von einem Remote-Standort aus konfigurieren und überwachen. Wir werden die Konsequenzen der einzelnen Protokolle für die Sicherheit analysieren und untersuchen, welches Protokoll in speziellen Situationen geeigneter ist als ein anderes. Weiterhin werden Sie erfahren, wie Sie mittels SNMP ein Out-of-Band-Management nutzen. Wir werden erläutern, wie Systemzeit und Systemdatum konfiguriert werden und weshalb dieser Aspekt eine so wesentliche Rolle innerhalb des System-Managements spielt. Im Zuge unserer Ausführungen zum Thema Systemdatum und -uhrzeit beschreiben wir, wie Sie mithilfe von NTP die Verwaltung einer genauen und synchronen Systemzeit über viele Geräte hinweg vereinfachen können.

6.2 Konfiguration der Protokollierung

Die Protokollierung ist eine der wichtigsten, wenn auch der am wenigsten verstandenen Methoden für das Management von PIX-Firewalls. Über die Protokollierung können Sie eine Fülle von Informationen abrufen, die Ihnen zeigen, was auf der PIX geschieht, welcher Anwender welche Aktionen ausführt, welcher Anwender auf welche Ressourcen zugreift und wo und wann es zu Angriffen oder Angriffsversuchen gekommen ist oder potenziell kommen kann. Es herrscht ein gewisses Vorurteil, dass die Umsetzung einer Protokollierung sehr kompliziert und schwierig sei, aber so schlimm ist es in Wirklichkeit gar nicht.

Die Cisco-PIX-Firewall bietet ein umfassendes Spektrum an Protokollierungsfunktionen. Standardmäßig ist die gesamte Protokollierung jedoch deaktiviert. Sie müssen entscheiden, in welchem Ausmaß Sie die Protokollierung aktivieren, konfigurieren und einsetzen möchten. Auf der PIX stehen Ihnen zwei Möglichkeiten für die Aufzeichnung von Informationen zur Verfügung: lokal oder remote. Die lokale Protokollierung bietet nur einen begrenzten Nutzen hinsichtlich einer Archivierung, daher wird die Remote-Protokollierung empfohlen, wenn Sie Informationen sammeln möchten. Bei der Remote-Protokollierung von Meldungen können Sie diese speichern und mit geeigneten Skripts ausgiebig untersuchen, die gesammelten Daten bearbeiten und detaillierte Berichte erzeugen. Bei der Remote-Protokollierung können Sie Ereignisse archivieren und so historische Aufzeichnungen pflegen. Die PIX-Firewall nutzt dabei ein mit *Syslog* bezeichnetes Systemprotokoll. Dabei handelt es sich um eine traditionelle UNIX-Methode für die Protokollierung, die in RFC 3164 beschrieben ist. Der Remote-Protokollierungs-Server (der als Syslog-Server bezeichnet wird) kann auf einer Windows-, Linux/UNIX- oder Macintosh-Plattform basieren. Wir werden uns in diesem Kapitel auf die Windows- und Linux/UNIX-Syslog-Server konzentrieren.

Die Protokollierung auf der PIX-Firewall kann in einem von mehreren Detailgraden ausgeführt werden: Level 3 (Error) ist die Standardstufe für die PIX. Level 7 (Debug) liefert die meisten Informationen und wird nur beim Troubleshooting der PIX empfohlen. Bei normalem Netzwerkbetrieb empfiehlt Cisco den Einsatz von Level 4 (Warning) oder Level 3 (Error).

Bei der normalen Protokollierung (Level 3) zeichnet die PIX-Firewall Warnmeldungen (wenn beispielsweise eine Failover-Verbindung ausfällt), Fehlerbedingungen (wenn beispielsweise der ICMP-Verkehr blockiert wird) und informative Meldungen (z.B. bei Speicherzuordnungsfehlern) auf. Wenn die PIX-Firewall für einen höheren Protokollierungs-Level konfiguriert ist, zeichnet sie Daten zum Verbindungsauf- und -abbau auf sowie Informationen zu den Datenmengen, die in den einzelnen Sessions übertragen werden. Sie können diese Funktionalität nutzen, um statistische Informationen zu sammeln, die Ihnen angeben, welche Datenmengen pro Protokoll oder pro Session bewegt werden.

Über eine Telnet- oder SSH-Session oder am Konsolen-Port können Sie die Protokollierung von Meldungen in Echtzeit verfolgen. Beide Methoden bergen das Risiko, dass Sie abhängig von dem gewählten Protokollierungs-Level mit Daten überhäuft werden. Das Timeout für eine Telnet- oder SSH-Session kann ablaufen und die Verbindung beenden, und der Konsolen-Port kann derart blockiert werden, dass Sie an einen Punkt gelangen, an dem Sie den Befehl zum Deaktivieren der Protokollierung nicht mehr eingeben können. Sie sollten daher äußerst vorsichtig sein, wenn Sie Protokollierungsmeldungen mittels dieser Methoden anzeigen möchten.

6.2.1 Lokale Protokollierung

Die PIX bietet Funktionen für die lokale und für die Remote-Protokollierung von Meldungen. Normalerweise wird die Remote-Protokollierung bevorzugt, doch beim Troubleshooting oder bei der Konfiguration der Cisco-PIX-Firewall kann die Aktivierung der lokalen Protokollierung recht nützlich sein. Es stehen drei Methoden für die lokale Protokollierung zur Verfügung: gepufferte Protokollierung (Buffered Logging), Konsolen-Protokollierung (Console Logging) und Terminal-Protokollierung (Terminal Logging). Da die Protokollierung auf der PIX standardmäßig deaktiviert ist, müssen Sie sie mit folgendem Befehl zunächst aktivieren:

```
PIX1(config)# logging on
```

Dieser Befehl ist erforderlich, um die Protokollierung auf alle Ausgabeziele wie Puffer, Konsole, Terminal oder Syslog-Server zu beginnen. Nach der Eingabe dieses Befehls müssen Sie jedoch die individuellen Protokollierungsmethoden festlegen. Zum Deaktivieren der Protokollierung dient die no-Form des Befehls:

```
PIX1(config)# no logging on
```

Gepufferte Protokollierung (Buffered Logging)

Die erste Methode für die lokale Protokollierung, die wir untersuchen werden, wird als *gepufferte Protokollierung* (Buffered Logging) bezeichnet. Wenn Sie diese Methode wählen, werden alle Protokollierungsmeldungen an einen internen Puffer auf der PIX-Firewall gesendet. Sie aktivieren die gepufferte Protokollierung mit folgendem Befehl:

```
PIX1(config)# logging buffered <level>
```

Der Parameter level dient zur Angabe des Detailgrads Ihrer Aufzeichnungen. (Weitere Ausführungen zum Thema Protokollierungs-Level folgen.) Wenn Sie die im Puffer gehaltenen Meldungen anzeigen möchten, nutzen Sie diesen Befehl:

```
show logging
```

Mit diesem Befehl zeigen Sie sowohl die Konfiguration der Protokollierung als auch die im Puffer vorhandenen Meldungen an. Die PIX-Firewall kann nur bis zu 100 Meldungen im Protokollierungspuffer aufzeichnen, daher ist es normalerweise nicht erforderlich, den Puffer zu löschen. Wenn Sie jedoch neu beginnen und daher den Puffer löschen möchten, steht Ihnen im Enable-Modus der Befehl clear logging zur Verfügung. Verwenden Sie zum Deaktivieren der gepufferten Protokollierung den Befehl no logging buffered (im Konfigurationsmodus). Hier ein Beispiel für den Befehl show logging:

```
PIX1# show logging
Syslog logging: enabled
    Facility: 20
    Timestamp logging: disabled
    Standby logging: disabled
    Console logging: level debugging, 37 messages logged
    Monitor logging: disabled
    Buffer logging: level debugging, 9 messages logged
    Trap logging: disabled
    History logging: disabled
111008: User 'enable_15' executed the 'logging buffered 7' command.
111009: User 'enable_15' executed cmd: show logging
```

Dieser Befehl lieferte detaillierte Informationen zur Protokollierungskonfiguration und auch zu den Inhalten des Protokollierungs-Puffers. Sie können die aktivierten Protokollierungsmethoden und die Anzahl der aufgezeichneten Meldungen ablesen. In diesem Beispiel sind die gepufferte und die Konsolen-Protokollierung (beide mit dem Level Debug) aktiviert. Es sind in diesem Beispiel außerdem zwei Meldungen im Protokollierungs-Puffer enthalten. Im nächsten Absatz beschäftigen wir uns mit der Konsolen-Protokollierung.

Konsolen-Protokollierung (Console Logging)

Wenn die Konsolen-Protokollierung (Console Logging) aktiviert ist, werden die Protokollierungsmeldungen an die Konsole (serieller Port) der PIX-Firewall gesendet. Sie aktivieren die Konsolen-Protokollierung mit folgendem Befehl:

```
PIX1(config)# logging console <level>
```

Der Parameter level dient dem zuvor erwähnten Zweck. Nachdem Sie diesen Befehl eingegeben haben, werden die Protokollierungsmeldungen auf der Konsole ausgegeben. Wenn sehr viele Meldungen ausgegeben werden, kann es sehr schwierig sein, dazwischen einen Befehl einzugeben. Darüber hinaus führt die Konsolen-Protokollierung zu Leistungseinbußen auf der PIX-Firewall. Wenn Sie die Ausgabe der Meldungen auf der Konsole beenden möchten, nutzen Sie diesen Befehl:

```
PIX1(config)# no logging console
```

Terminal-Protokollierung (Terminal Logging)

Bei der Terminal-Protokollierung (Terminal Logging) werden die Protokollierungsmeldungen an eine Telnet- oder SSH-Session gesendet. Sie aktivieren die Terminal-Protokollierung mit folgendem Befehl:

```
PIX1(config)# logging monitor <level>
```

Zusätzlich zur Aktivierung dieser Funktion auf globaler Ebene muss die Protokollierungsausgabe pro Session aktiviert werden. Wenn Sie die Anzeige von Syslog-Meldungen in der aktuellen Telnet- oder SSH-Session aktivieren möchten, nutzen Sie folgenden Befehl:

```
PIX1# terminal monitor
```

Sie beenden die Anzeige von Protokollierungsmeldungen in Ihrer Telnet- oder SSH-Session, wenn Sie im Enable-Modus die Überwachung mit dem Befehl terminal no monitor deaktivieren. Es besteht potenziell die Gefahr, dass Sie die Kontrolle über Ihre Telnet- oder SSH-Session verlieren, wenn zu viele Daten auf dem Bildschirm ausgegeben werden.

6.2.2 Syslog

Syslog ist eine der populärsten Methoden für das Aufzeichnen und Speichern von Protokollierungsmeldungen. Damit Syslog funktionieren kann, müssen Sie sowohl einen Host konfigurieren, der die Syslog-Meldungen sendet, als auch einen Syslog-Server, der die Syslog-Daten empfängt. In unserem Fall wird die PIX-Firewall als Host die Protokollierungsmeldungen an einen Syslog-Server senden, bei dem es sich um einen Windows-, Linux/UNIX- oder sogar um einen Macintosh-Server handeln kann.

Der Syslog-Server bestimmt, wo die Protokollierungsmeldungen abgelegt werden. Abhängig von der verwendeten Syslog-Server-Software und der entsprechenden Konfiguration schreibt der Syslog-Server die Meldungen entweder in eine Datei oder er sendet per E-Mail oder Pager eine Warnmeldung an einen Systembetreuer.

In einem typischen Unternehmensnetzwerk kann eine betriebsame PIX-Firewall, abhängig von dem konfigurierten Protokollierungs-Level, täglich bis zu einigen Gigabyte Speicherplatz auf dem Syslog-Server mit Daten füllen. Ein umsichtiger Systembetreuer wird im Vorfeld Maßnahmen ergreifen (in Form einer speziellen Festplattenplatzzuteilung oder -überwachung), damit der verfügbare Speicherplatz nicht durch die Syslog-Meldungen aus allen Nähten platzt.

Wie bereits erwähnt, ist die Protokollierung auf der PIX standardmäßig deaktiviert. Nutzen Sie zur Aktivierung folgenden Befehl:

```
PIX1(config)# logging on
```

Bei der Konfiguration von Syslog auf der PIX müssen Sie zunächst den Host angeben, zu dem die Firewall die Syslog-Meldungen senden soll. Das erreichen Sie mit folgendem Befehl:

```
logging host [<interface>] <ip_address>
```

Mit dem Parameter interface geben Sie die Schnittstelle an, über die die Meldungen ausgesendet werden sollen. Der Parameter ip_address bestimmt die IP-Adresse des Syslog-Servers auf dieser Schnittstelle. Wenn der Parameter interface nicht angegeben wird, wird die interne Schnittstelle unterstellt. Erst wenn Sie mit folgendem Befehl den Protokollierungs-Level konfigurieren, sendet die PIX Protokollierungsmeldungen an Syslog.

```
logging trap <level>
```

Im Parameter level wird ein Schweregrad für die Protokollierung festgelegt. Entsprechende Ausführungen folgen in diesem Kapitel.

Hier ein Beispiel für die Konfiguration von Syslog auf der PIX-Firewall:

```
PIX1(config)# logging host inside 192.168.50.8
PIX1(config)# logging trap debugging
PIX1(config)# logging on
PIX1(config)#
PIX1# show logging
Syslog logging: enabled
   Facility: 20
   Timestamp logging: disabled
   Standby logging: disabled
   Console logging: disabled
   Monitor logging: disabled
   Buffer logging: disabled
   Trap logging: level debugging,.38 messages logged
      Logging to inside 192.168.50.8
   History logging: disabled
```

In diesem Beispiel wurde konfiguriert, dass die Meldungen an den Syslog-Server 192.168.50.8 auf der internen Schnittstelle mit Schweregrad Debug gesendet werden.

Wenn die Verwendung von Syslog auf der PIX-Firewall konfiguriert wurde, sendet diese die Protokollierungsmeldungen an den Syslog-Server standardmäßig über UDP-Port 514. Sie können dieses Standardverhalten ändern, indem Sie das längere Format des Befehls `logging host` verwenden:

```
logging host [<interface>] <ip address> [tcp|udp/<port_number>]
```

Sie können sowohl UDP als auch TCP für Syslog konfigurieren und der Parameter `port_number` kann einen Wert zwischen 1025 und 65535 annehmen. TCP ist zwar keine Standardmethode für das Handling von Syslog, und viele Server bieten keine entsprechende Unterstützung, doch es bietet eine zuverlässige Protokollierung. Wenn Sie eine TCP-Verbindung zum Syslog-Server nutzen werden, sollten Sie vor einem wichtigen Aspekt gewarnt sein: Wenn der Syslog-Server beim Einsatz von TCP ausfällt, bestimmt das Standardverhalten der PIX-Firewall, dass der gesamte Netzwerkverkehr, der die PIX passieren will, blockiert wird. Ein weiterer wichtiger Faktor ist, dass die TCP-Syslog-Verbindung langsamer als die UDP-Syslog-Verbindung sein wird, da eine TCP-Verbindung immer mit einem dreiteiligen Handshake beginnt und jedes Paket bestätigt werden muss. Dies führt zu zusätzlichem Overhead und einer verlangsamten Übertragung von Syslog-Meldungen zum Server.

Im folgenden Beispiel nutzen wir TCP zur Konfiguration von Syslog. Der Parameter `port_number` wurde auf 1468 gesetzt. Dies ist der Standard-TCP-Port von Syslog-Servern, die eine TCP-Syslog-Verbindung von PIX-Firewalls akzeptieren. Versäumen Sie nicht, den Syslog-Server so zu konfigurieren, dass er TCP-Port 1468 auf Syslog-Meldungen hin abhorcht.

```
PIX1(config)# logging host inside 192.168.50.9 tcp/1468
PIX1(config)# logging trap debugging
PIX1(config)# logging on
PIX1(config)#
PIX1# show logging
Syslog logging: enabled
    Facility: 20
    Timestamp logging: disabled
    Standby logging: disabled
    Console logging: disabled
    Monitor logging: disabled
    Buffer logging: disabled
    Trap logging: level debugging, 31 messages logged
        Logging to inside 192.168.50.9 tcp/1468
    History logging: disabled
```

Obwohl für die PIX-Firewall mehrere Protokollierungs-Hosts konfiguriert werden können, kann nur ein Protokoll für die einzelnen Protokollierungs-Hosts verwendet werden. Sollte Ihr Syslog-Server ausfallen, schreibt die PIX die Syslog-Meldungen in eine Warteschlange im Speicher und beginnt mit dem Überschreiben der enthaltenen Meldungen, wenn diese gefüllt ist. Dabei wird die älteste Meldung zuerst überschrieben usw. Mit folgendem Befehl können Sie die Größe der Syslog-Nachrichtenwarteschlange im Speicher konfigurieren:

```
logging queue <msg_count>
```

Der Standardwert liegt bei 512 Meldungen. Mit dem Parameter msg_count wird die Größe der Syslog-Warteschlange eingerichtet. Wenn msg_count auf 0 gesetzt ist, wird die Größe der Warteschlange nicht beschränkt und richtet sich nach den verfügbaren Speicherblöcken.

Wenn Sie statistische Daten zu Warteschlangen und verworfenen Meldungen anzeigen möchten, steht Ihnen folgender Befehl zur Verfügung:

```
PIX1# show logging queue

     Logging Queue length limit : 512 msg(s)
     Current 3 msg on queue, 5 msgs most on queue
```

Eines der Leistungsmerkmale von Cisco-PIX-Firewalls ist die Möglichkeit, eine Failover-PIX einzusetzen. Ein logging-Befehl dient dazu, die Failover-PIX so zu konfigurieren, dass sie Syslog-Meldungen sendet, damit die Protokollierungsdateien (Log-Dateien) im Falle eines Failovers synchronisiert sind. Dieser Befehl, logging standby, ist standardmäßig deaktiviert, da durch die Aktivierung der Option die Menge des Syslog-Verkehrs auf dem Netzwerk verdoppelt wird. Wenn diese Funktion aktiviert ist, können Sie sie mit dem Befehl no logging standby wieder deaktivieren.

Um sicherzustellen, dass die Syslog-Meldungen mit einem Zeitstempel versehen an den Syslog-Server gesendet werden, verwenden Sie im Konfigurationsmodus den Befehl logging timestamp. Dieser Befehl erfordert, dass die Option clock auf der PIX gesetzt ist. Zur Deaktivierung der Zeitstempel dient der Befehl no logging timestamp im Konfigurationsmodus.

Hinweis

Mitunter wird nicht bedacht, dass die Syslog-Meldungen in Klartext gesendet werden und daher nicht als sicher gelten. In Abbildung 6.1 sehen Sie einen Sniffer-Mitschnitt, der die Protokollierungsmeldung in Klartext zeigt. Wenn Sie Protokollierungsdateien (Log-Dateien) über WAN-Verbindungen oder das Internet senden und ein erhöhtes Sicherheitsbedürfnis haben, sollten Sie für die Übertragung eine verschlüsselte Verbindung wählen.

Konfiguration der Protokollierung

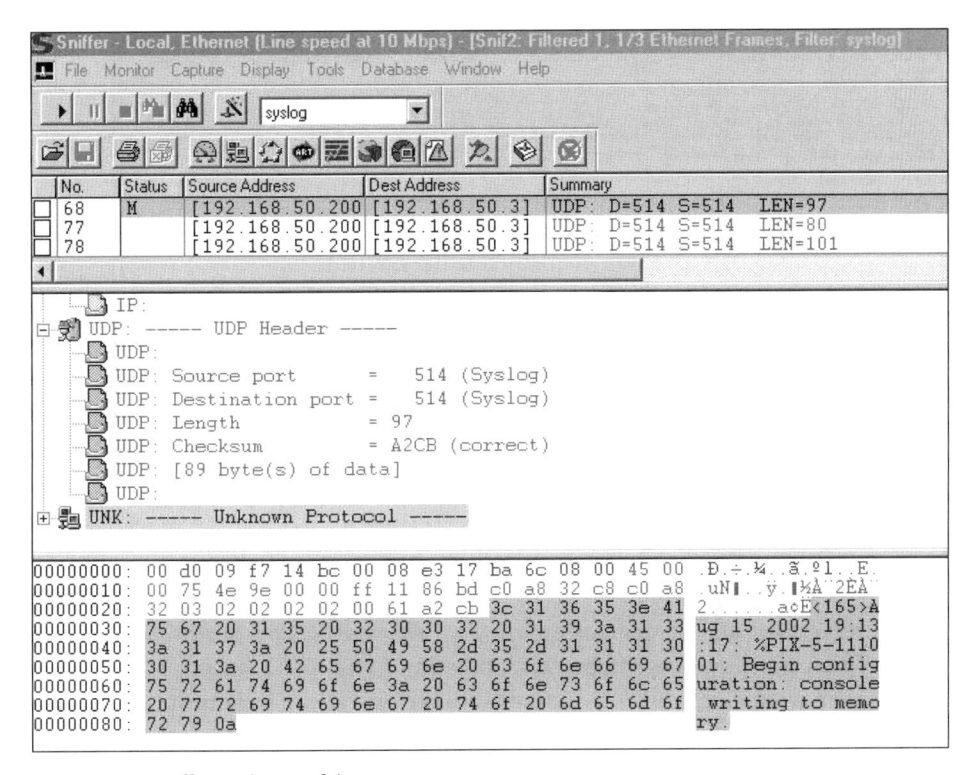

```
Sniffer - Local, Ethernet (Line speed at 10 Mbps) - [Snif2: Filtered 1, 1/3 Ethernet Frames, Filter: syslog]
File  Monitor  Capture  Display  Tools  Database  Window  Help

▶ ‖ ■ ▲ ▲ ✕  syslog              ▼

No. Status Source Address      Dest Address      Summary
68   M    [192.168.50.200] [192.168.50.3]    UDP: D=514 S=514 LEN=97
77        [192.168.50.200] [192.168.50.3]    UDP: D=514 S=514 LEN=80
78        [192.168.50.200] [192.168.50.3]    UDP: D=514 S=514 LEN=101

    IP:
    UDP: ----- UDP Header -----
    UDP:
    UDP: Source port        =  514 (Syslog)
    UDP: Destination port   =  514 (Syslog)
    UDP: Length             =  97
    UDP: Checksum           =  A2CB (correct)
    UDP: [89 byte(s) of data]
    UDP:
    UNK: ----- Unknown Protocol -----

00000000: 00 d0 09 f7 14 bc 00 08 e3 17 ba 6c 08 00 45 00   .Ð.÷.¼...ã..l..E.
00000010: 00 75 4e 9e 00 00 ff 11 86 bd c0 a8 32 c8 c0 a8   .uN.....ÿ.|½À¨2ÈÀ¨
00000020: 32 03 02 02 02 00 61 a2 cb 3c 31 36 35 3e 41      2.....a¢Ë<165>A
00000030: 75 67 20 31 35 20 32 30 30 32 20 31 39 3a 31 33   ug 15 2002 19:13
00000040: 3a 31 37 3a 20 25 50 49 58 2d 35 2d 31 31 31 30   :17: %PIX-5-1110
00000050: 30 31 3a 20 42 65 67 69 6e 20 63 6f 6e 66 69 67   01: Begin config
00000060: 75 72 61 74 69 6f 6e 3a 20 63 6f 6e 73 6f 6c 65   uration: console
00000070: 20 77 72 69 74 69 6e 67 20 74 6f 20 6d 65 6d 6f    writing to memo
00000080: 72 79 0a                                          ry.
```

Abb. 6.1: Sniffer-Syslog-Verfolgung

Es stehen viele Syslog-Server-Anwendungen für Microsoft Windows und Linux/UNIX zur Verfügung. Bei nahezu allen Linux/UNIX-Systemen sind die Systemprotokolle (Syslogs) für die Aufzeichnung lokaler Meldungen aktiviert, und meistens sind nur geringere Anpassungen erforderlich, um die Remote-Protokollierung zu aktivieren. Bei Microsoft Windows muss ein Syslog-Server installiert werden, da solche Syslog-Dienste nicht Bestandteil des Betriebssystems sind. Ein populärer Syslog-Server für Microsoft Windows ist der Kiwi Syslog Daemon (www.kiwisyslog.com), der auf allen Windows-Versionen von Windows 98 bis Windows XP ausgeführt werden kann. Unter Windows NT und Windows 2000 kann der Kiwi Syslog Daemon als Dienst installiert werden. Sie können den Kiwi Syslog Server zur Unterstützung von TCP- oder UDP-Syslog-Verbindungen von der Cisco-PIX-Firewall konfigurieren. Abbildung 6.2 zeigt den Standard-Protokollierungsbildschirm des Kiwi Syslog Daemons.

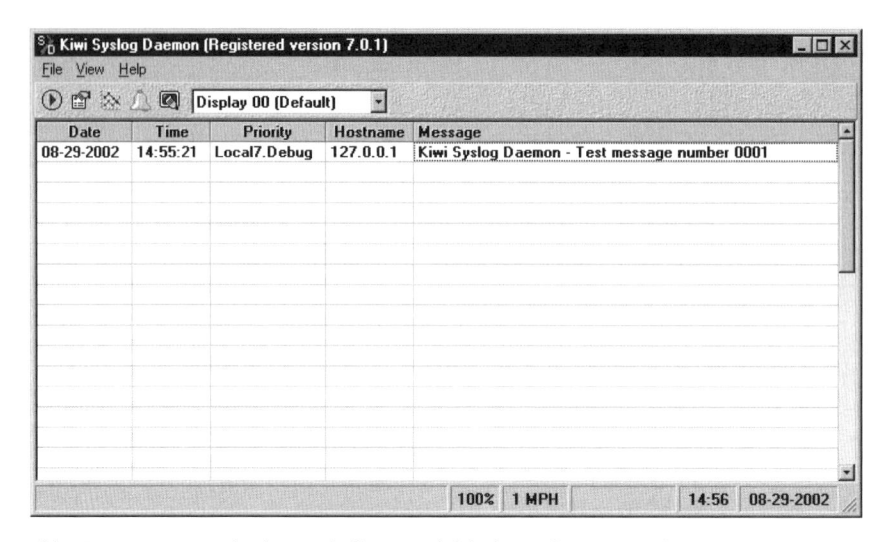

Abb. 6.2: Der Standard-Protokollierungsbildschirm des Kiwi Syslog Daemons

Ein weiteres Produkt ist der kostenlose PIX Firewall Syslog Server (PFSS) von Cisco. Wenn Sie eine Zugriffsberechtigung für Cisco CCO haben, steht Ihnen PFSS unter www.cisco.com/cgi-bin/tablebuild.pl/pix zum Download zur Verfügung. Bei PFSS handelt es sich um einen sehr elementaren Syslog-Server für Windows, der UDP- und TCP-Syslog-Verbindungen von der PIX-Firewall unterstützt. PFSS läuft unter Windows NT als Dienst. Windows 95, Windows 98 oder Windows ME werden nicht unterstützt. Anders als beim Kiwi Syslog Server ist die PFSS-Log-Datei recht einfach gehalten (siehe Abbildung 6.3).

Abb. 6.3: Die Cisco PFFS-Log-Datei

In der Linux/UNIX-Welt ist Syslog normalerweise ein Dienst oder ein Daemon, der standardmäßig installiert ist, um die lokale Protokollierung von Meldungen durchzuführen. Um die Remote-Syslog-Funktionen zu aktivieren, sind meist einige kleine Anpassungen erforderlich. Der Daemon, der auf Linux/UNIX-Systemen für die Kontrolle von Syslog zuständig ist, wird als *Syslogd* bezeichnet. Dieser Daemon wird beim normalen Start eines Linux-Systems mitgestartet. In den folgenden Abbildungen sehen Sie Beispiele mit einem RedHat 7.1-Linux-Server.

Im ersten Schritt müssen Sie Syslogd so konfigurieren, dass Remote-Syslog-Meldungen angenommen werden. Melden Sie sich an dem Linux-System mit den entsprechenden Berechtigungen an und überprüfen Sie mit dem Befehl ps, ob der Sylogd-Daemon ausgeführt wird:

```
linux1# ps -ef | grep syslogd
root      2000    1  0 22:03 ?        00:00:00 syslogd -m 0
```

Die Ausgabe dieses Befehls zeigt, dass auf diesem System der Syslogd-Daemon mit der Prozess-ID 2000 ausgeführt wird. Damit der Linux-Syslogd-Daemon Meldungen von Remote-Hosts akzeptiert, müssen Sie die Syslog-Konfiguration ändern, indem Sie der Startkonfiguration den Schalter -r hinzufügen. Dazu müssen Sie die Datei /ETC/SYSCONFIG/SYSLOG editieren und den Eintrag SYSLOGD_OPTIONS wie folgt modifizieren:

```
SYSLOGD_OPTIONS="-m 0 -r"
```

Anschließend muss der Syslog-Daemon mit folgendem Befehl neu gestartet werden:

```
linux1# /etc/rc.d/init.d/syslog restart
```

Wenn Syslogd neu gestartet wurde, sollten Sie erneut mit dem Befehl ps überprüfen, ob der Daemon auch ausgeführt wird:

```
linux1# ps -ef | grep syslogd
root      2160    1  0 22:05 ?        00:00:00 syslogd -m 0 -r
```

Das System sollte nun bereit sein, Syslog-Meldungen von Remote-Hosts zu empfangen.

6.2.3 Protokollierungs-Level

Obwohl der logging-Befehl über acht verschiedene Schweregrade für die Verwendung auf der PIX verfügt (Level 0 bis 7), wird Level 0 (Emergency) nicht verwendet.

Er wird lediglich aus Kompatibilitätsgründen zum UNIX-Syslogging aufgelistet. Bei der Konfiguration der Protokollierung müssen Sie durch Angabe einer Zahl oder eines Schlüsselworts einen Schweregrad angeben. Wenn Sie einen Level angeben, zeichnet die PIX-Firewall alle Ereignisse auf, die dem angegebenen Level und auch den darunter liegenden zugeordnet sind. Der Standard- Schweregrad für die PIX ist beispielsweise 3 (Error), bei dem auch alle Ereignisse aufgezeichnet werden, die Level 2 (critical), Level 1 (Alert) und Level 0 (Emergency) zugeordnet sind. In Tabelle 6.1 finden Sie eine vollständige Liste der Schlüsselworte und der zugehörigen Levels.

Schlüsselwort	Level	Meldung
emergency	0	System unusable
alert	1	Immediate action needed
critical	2	Critical condition
error	3	Error condition
warning	4	Warning condition
notification	5	Normal but significant condition
informational	6	Informational message only
debugging	7	Only used during debugging

Tabelle 6.1: Protokollierungs-Level und -Meldungen

Eine Systemprotokollmeldung, die der Syslog-Server empfängt, ist wie folgt strukturiert:

```
%PIX-Level-message_number: Message_text
```

Die Syslog-Meldungen werden eingeleitet mit einem Zeit- und Datumstempel und der Quell-IP-Adresse. Dem folgt Level, ein Parameter, der für den Protokollierungs-Level der Meldung steht. Anhand des Meldungsfragments %PIX-2-106016 lässt sich ablesen, dass der Protokollierungs-Level für diese Meldung 2 (critical) entspricht. Bei message_number handelt es sich um einen numerischen Code, der eindeutig für diesen Meldungstyp ist. Dieses Beispiel mit dem Code 106016 steht für die Meldung Deny IP spoof from (IP_addr) to IP_addr on interface int_name. Wenn Sie die PIX konfigurieren, um bestimmte Meldungen zu deaktivieren, müssen Sie mit dem numerischen Code festlegen, welche Meldung deaktiviert werden soll.

Hier einige Beispielmeldungen der verschiedenen Protokollierungs-Level:

- Level 1

  ```
  %PIX-1-101002: (Primary) Bad fail over cable.
  %PIX-1-101003: (Primary) Fail over cable not connected (this unit)
  ```

- Level 2

  ```
  %PIX-2-106016: Deny IP spoof from (IP_addr) to IP_addr on interface
      int_name.
  %PIX-2-106017: Deny IP due to Land Attack from IP_addr to IP_addr.
  ```

- Level 3

  ```
  %PIX-3-201005: FTP data connection failed for IP_addr
  %PIX-3-201008: The PIX is disallowing new connections.
  ```

- Level 4

  ```
  %PIX-4-403110: PPP virtual interface int_name, user: user missing MPPE
      key from aaa server.
  %PIX-4-404101: ISAKMP: Failed to allocate address for client from pool
      pool_id
  ```

- Level 5

  ```
  %PIX-5-500001: ActiveX content modified src IP_addr dest IP_addr on
      interface int_name.
  %PIX-5-500002: Java content modified src IP_addr dest IP_addr on
      interface
      int_name.
  ```

- Level 6

  ```
  %PIX-6-109005: Authentication succeeded for user 'user' from laddr/
      lport to
      faddr/fport on interface int_name.
  %PIX-6-109006: Authentication failed for user 'user' from laddr/lport
      to
      faddr/fport on interface int_name.
  ```

- Level 7

```
%PIX-7-702301: lifetime expiring
%PIX-7-702303: sa_request
```

Die Cisco-PIX-Firewall hat die Fähigkeit, URL- und FTP-Anforderungen aufzuzeichnen. Bei der URL-Protokollierung werden die URL-IP-Adresse und die Namen der Dateien, auf die ein Zugriff erfolgte, aufgezeichnet. Bei der FTP-Protokollierung werden die IP-Adresse, auf die ein Zugriff erfolgte, die ausgeführten Aktionen (Dateien abgerufen oder gespeichert) und die Namen der übertragenen Dateien aufgezeichnet. Wenn Sie die URL-Protokollierung aktivieren möchten, müssen Sie das Fixup für HTTP aktivieren, den Protokollierungs-Level auf 5 (Notification) setzen und nach dem Meldungstyp 304001 suchen. Beispiel:

```
%PIX-5-304001: 192.168.0.10 Accessed URL 10.20.1.20:/index.html
```

Wenn Sie die FTP-Protokollierung aktivieren möchten, müssen Sie das Fixup für FTP aktivieren, den Protokollierungs-Level auf 6 (informational) setzen und nach dem Meldungstyp 303002 suchen. Beispiel:

```
%PIX-6-303002: 192.168.0.10 Retrieved 10.20.1.20:file1.bin
%PIX-6-303002: 192.168.0.10 Stored 10.20.1.20:file2.bin
```

6.2.4 Protokollierungs-Facility

Jede Syslog-Meldung hat eine Facility-Nummer, mit der quasi bestimmt wird, wo die Meldung aufgezeichnet werden soll. Es stehen 24 Facilities mit einem numerischen Code zwischen 0 und 23 zur Verfügung (weitere Informationen finden Sie in RFC 3164). Die acht gewöhnlich für Syslog verwendeten Facilities sind local0 bis local7. Sie können sich Facilities als Kanäle (Pipes) vorstellen, die zum Syslogd-Prozess führen. Der Syslogd-Prozess archiviert oder platziert die Meldungen auf Basis der Facility (oder Inbound-Pipe) in die korrekte Log-Datei. Auf der PIX-Firewall ist die Konfiguration von Facilities optional. Wenn Sie sich dazu entschließen, muss die Facility mit dem numerischen Code angegeben werden:

```
logging facility <facility_code>
```

Tabelle 6.2 zeigt die Facility-Namen, die den numerischen Codes zugeordnet sind.

Numerischer Code	Name
16	local0
17	local1
18	local2
19	local3
20	local4
21	local5
22	local6
23	local7

Tabelle 6.2: Numerische Codes und Namen der Facilities

Die Standardeinstellung für die Facility-Konfiguration auf einer Cisco-PIX-Firewall ist local4 (20). Wenn Sie die Facility-Nummer ändern, können Sie die Syslog-Meldungen von verschiedenen Cisco-PIX-Firewalls (oder sogar verschiedenen Typen und Modellen von Systemen) in verschiedene Dateien leiten. Auf einem Linux/UNIX-System wurde die Datei ETC/SYSLOG.CONF FILE beispielsweise wie folgt konfiguriert:

```
# PIX Firewall syslog messages
local7.*    /var/log/pix/pix1
```

Sie können die PIX-Firewall so konfigurieren, dass die Syslog-Meldungen zur local7-Log-Datei (/VAR/LOG/PIX/PIX1) gesendet werden. Verwenden Sie dazu folgenden Befehl:

```
PIX1(config)# logging facility 23
```

Nach diesem Befehl sendet die PIX Syslog-Meldungen an Facility local7 auf dem Linux-Server. Alle Syslog-Meldungen, die im Linux-Syslogd-Prozess für Facility local7 ankommen, werden in der Log-Datei /VAR/LOG/PIX/PIX1 gespeichert, während alle Syslog-Meldungen für local4 (20) weiterhin in der Standard-Meldungs-Log-Datei abgelegt werden.

6.2.5 Deaktivierung von speziellen Syslog-Meldungen

Hin und wieder kann es vorkommen, dass Sie bestimmte Syslog-Meldungen deaktivieren möchten. Nehmen wir beispielsweise an, Sie zeichnen alle Informationen auf, während Sie eine Verbindung auf Fehler überprüfen und dabei fortwährend Ping-Pakete senden. In diesem Fall möchten Sie möglicherweise einige ICMP-Syslog-Meldungen deaktivieren, um die Flut von ICMP-Meldungen zu reduzieren.

Unterstellen wir in einem anderen Beispiel, dass jemand einen Angriff auf Ihre PIX-Firewall verübt hat. Natürlich möchten Sie dazu einige Meldungen überprüfen, doch zu viele Meldungen würden Ihren Festplattenplatz an die Grenze der Kapazität bringen. Cisco bietet ein sehr nützliches Dokument mit einer vollständigen Liste von allen Syslog-Meldungen und ihren IDs an. Es steht unter www.cisco.com/univercd/cc/td/doc/product/iaabu/pix/pix_62/syslog/pixemsgs.htm zum Download bereit. Dieses Dokument hilft Ihnen nicht nur bei der Erstellung einer Liste mit zu deaktivierenden Meldungen, es ist zudem ein besondere Hilfe beim Troubleshooting. Zu jeder Syslog-Meldung finden Sie Vorschläge zum Vorgehen, wenn es sich bei der Meldung um einen Fehler handelt. Hier eine vollständige Syslog-Meldung mit Erläuterung und Empfehlung:

```
%PIX-1-103001: (Primary) No response from other firewall (reason code =
    code).
```

- Erläuterung – Dies ist eine Failover-Meldung. Diese Meldung wird aufgezeichnet, wenn das primäre System über das Failover-Kabel nicht mit dem sekundären System kommunizieren kann. (Primary) kann auch als (Secondary) für das sekundäre System aufgelistet sein.
- Aktion – Stellen Sie sicher, dass das sekundäre System exakt über dieselbe Hardware, dieselbe Software-Version und dieselbe Konfiguration verfügt wie das primäre System.

Sie sehen, dass das Dokument sehr detaillierte Angaben liefert. Dieses Dokument deckt die Meldungen von 100001 bis 709007 ab. Es gibt nur eine Syslog-Meldung, die Sie nicht deaktivieren können:

```
%PIX-6-199002: PIX startup completed. Beginning operation.
```

Alle anderen Meldungen können Sie mit dem folgenden Befehl deaktivieren:

```
no logging message <message_number>
```

Der Parameter message_number bestimmt die eindeutige numerische Meldungs-ID für die einzelnen Syslog-Meldungen. Beispiel:

```
PIX1(config)# no logging message 303002
```

Mit dem Befehl show logging disabled können Sie anzeigen, welche Meldungen deaktiviert wurden. Beispiel:

```
PIX1# show logging disabled
no logging message 303002
```

Wenn Sie die deaktivierten Meldungen wieder in die Protokollierung aufnehmen möchten, nutzen Sie folgenden Befehl:

```
logging message <message_number>
```

Der Parameter message_number bestimmt die eindeutige numerische Meldungs-ID der deaktivierten Syslog-Meldung. Wenn Sie alle deaktivierten Meldungen wieder aktivieren möchten, steht Ihnen folgender Befehl zur Verfügung:

```
PIX1(config)# clear logging disabled
```

6.3 Konfiguration von Remote Access (Fernzugriff)

Die Möglichkeit, eine Cisco-PIX-Firewall per Fernzugriff zu verwalten, ist eine der Segnungen, die das Remote-Management mit sich bringt. Sie können die PIX zwar immer über den Konsolen-Port verwalten, doch dies erfordert Ihre physische Präsenz an der PIX mit einer Konsolen-Verbindung. Diese Lösung ist im Kontext moderner Unternehmensnetzwerke nicht sehr praktikabel. Glücklicherweise besteht die Möglichkeit, die PIX mittels einer Art von Fernzugriff (Remote Access) zu verwalten. Die Tools für die Remote-Verwaltung von PIX-Firewalls sind z. B. Telnet, SSH, SNMP oder Cisco PDM. All diese Remote-Management-Methoden haben ihren Platz in dem großen Gefüge des System-Managements, doch manche sind in speziellen Situationen besser geeignet als andere. In diesem Abschnitt möchten wir Ihnen die verschiedenen Methoden für das Remote-Management vorstellen und die Unterschiede zwischen ihnen darlegen. So können Sie fundierte Entscheidungen darüber treffen, welche Methode Sie in Ihrer speziellen Situation einsetzen sollten.

> **Hinweis**
>
> Terminal-Server können über den Konsolen-Port einen Fernzugriff auf PIX-Firewalls ermöglichen.

Es stehen zwei Methoden für den Remote Access zur Verfügung. Am häufigsten wird das Command Line Interface (CLI, Befehlszeilenschnittstelle) verwendet. Das CLI ist eine sehr schnelle Management-Methode mit wenig Overhead. Es bietet zudem die Möglichkeit, Konfigurationen per *Cut & Paste* zu erstellen. Der Nachteil ist, dass Sie die Befehle und die zugehörige Syntax kennen müssen. Cisco PDM bietet eine benutzerfreundlichere Methode für das Remote-Management der PIX, da es mit einer Windows-ähnlichen grafischen Oberfläche arbeitet. Sie können die PIX-Firewall per Mausklick konfigurieren und überwachen. Leider entsteht bei der

Verwendung des PDM ein höherer Overhead als bei der Verwendung des CLI. Wenn Sie über eine »satte« Netzwerk-Pipe wie eine LAN-Verbindung verfügen, ist der Einsatz von PDM durchaus sinnvoll, doch bei einer langsamen Einwählverbindung ist die Verwendung des CLI die bevorzugte Methode für das Management. Sie können per Fernzugriff auf das CLI über Secure Shell oder Telnet zugreifen.

6.3.1 Secure Shell

Secure Shell (SSH) ist eine Methode zur Absicherung von TCP-Kommunikations-Sessions durch Verschlüsseln der Daten. Bei verschlüsselten Verbindungen werden weder die Daten noch das Kennwort in Klartext übermittelt. Der Einsatz von SSH ist nicht auf die PIX beschränkt, es wird an vielen Stellen verwendet, wie z.B. bei X.11-Verbindungen. SSH ist als Ersatz für rlogin, rsh und rcp gedacht, bei denen es sich um unsichere Protokolle handelt. Für unsere Ausführungen werden wir SSH als bevorzugte Methode gegenüber der traditionellen Telnet-Methode für die Verbindung zur Cisco-PIX-Firewall nutzen.

> **Hinweis**
>
> Die PIX bietet nur die Server-Komponente von SSH. Eine PIX kann nicht als SSH-Client für einen anderen SSH-Server agieren.

Wenn Sie Windows, UNIX, Linux oder MAC OS als Betriebssystem einsetzen, stehen Ihnen mehrere SSH-Clients zur Auswahl. Der populärste kostenfreie Client für Windows ist Tera Term mit SSH-Erweiterungen (SSH Extensions). Für Linux und UNIX gibt es OpenSSH und für den Mac NiftyTelnet. In den folgenden Beispielen verwenden wie Tera Term auf einer Windows-Plattform.

> **Hinweis**
>
> Die PIX-Firewall bietet nur Unterstützung für SSH in der Version 1, nicht für die Version 2.

Aktivieren des SSH-Zugriffs

Damit die PIX SSH-Verbindungen akzeptiert, muss das Feature zunächst aktiviert werden.

Bevor Sie SSH nutzen können, müssen Sie ein RSA-Key-Set (Schlüsselpaar) generieren. Dieser RSA-Key wird dann durch den Client an den SSH-Server gesendet, um den Session-Key zu verschlüsseln. Führen Sie folgende Schritte aus:

1. Um den RSA-Key zu generieren, müssen Sie der PIX zunächst einen Host- und einen Domain-Namen zuweisen:

```
PIX1(config)# hostname PIX1
PIX1(config)# domain-name SecureCorp.com
```

2. Nach der Zuweisung von Host- und Domain-Namen müssen Sie das RSA-Key-Paar (ein privater und ein öffentlicher Schlüssel) generieren und es im Flash-Speicher ablegen. Der Befehl zum Generieren des Schlüsselpaars lautet:

```
ca generate rsa key <modulus>
```

Cisco empfiehlt 1.024 Bit für modulus. Dies entspricht den Angaben von RSA Security, das einen Schlüssel von 1.024 Bit für die Verwendung im Unternehmen und 2.048 Bit für noch sicherere Schlüssel empfiehlt. Je größer der Schlüssel, desto länger dauert es, bis er generiert – aber auch bis er gecrackt – wird. Der zugehörige Befehl für dieses Beispiel ist:

```
PIX1(config)# ca generate rsa key 2048
For <key_modulus_size> >= 1024, key generation could take up to several
   minutes. Please wait.
```

3. Nach Abschluss des Generierungsprozesses können Sie den neuen RSA-Public-Key mit folgendem Befehl anzeigen. (Es wurden einige Stellen ausgelassen, die mit *weitere Ausgabe ignoriert* gekennzeichnet sind.)

```
PIX1(config)# show ca mypubkey rsa
% Key pair was generated at: 13:13:04 UTC Aug 1 2002
Key name: PIX1.SecureCorp.com
 Usage: General Purpose Key
 Key Data:
  30820122 300d0609 2a864886 f70d0101 01050003 82010f00 3082010a
   02820101
  00b92dfe ac9a3fd1 f3c0bfd7 6920b498 b2722dbe d9aa8d4c f0bf0c0c
   a5bf1d3f
 << weitere Ausgabe ignoriert >>
% Key pair was generated at: 13:47:47 UTC Aug 10 2002
Key name: PIX1.SecureCorp.com.server
 Usage: Encryption Key
 Key Data:
  307c300d 06092a86 4886f70d 01010105 00036b00 30680261 00c150ba
   b244378c
 << weitere Ausgabe ignoriert >>
```

> **Hinweis**
>
> Wenn auf der PIX bereits ein RSA-Key gespeichert ist, werden Sie aufgefordert, den vorhandenen Key zu löschen. Das bewerkstelligen Sie ganz einfach mit dem Befehl ca zeroize rsa. Mit diesem Befehl wird der vorhandene RSA-Key gelöscht, so dass Sie ein neues RSA-Key-Set generieren können.

4. Nach dem Generieren des RSA-Key-Paars müssen Sie es mit folgendem Befehl im Flash speichern:

```
PIX501(config)# ca save all
```

5. Nun können Sie die PIX für die zulässigen Hosts oder Subnets konfigurieren, die als SSH-Clients für die Firewall agieren sollen. An dieser Stelle können Sie auch das SSH-Inactivity-Timeout setzen. Die Syntax für das Zulassen von SSH-Verbindungen lautet:

```
ssh <ip_address> [<netmask>] [<interface>]
```

Wenn der Parameter netmask nicht angegeben wird, wird die Subnet Mask 255.255.255.255 unterstellt; wird interface nicht besetzt, ist standardmäßig die interne Schnittstelle gemeint. Im folgenden Beispiel verwenden wir für ip_address den Wert 192.168.50.0 und für netmask 255.255.255.0. Dadurch erhält der gesamte Subnet-Bereich von 192.168.50.0/24 SSH-Zugriff auf die PIX. Im Parameter interface wird der Name der Schnittstelle angegeben, auf der sich dieses Subnet befindet. In diesem Fall ist es die interne Schnittstelle.

```
PIX1(config)# ssh 192.168.50.0 255.255.255.0 inside
```

6. Standardmäßig löst die PIX die SSH-Verbindung nach 5 Minuten ohne Aktivität. Sie können für den Inactivity-Timeout einen Wert zwischen 1 und 60 Minuten setzen. Wenn Sie den Inactivity-Timeout auf 10 Minuten setzen möchten, verwenden Sie folgenden Befehl:

```
PIX1(config)# ssh timeout 10
```

7. Schließlich speichern Sie die Änderungen im Flash-Speicher:

```
PIX1# write memory
```

Mit dem Befehl show ssh können Sie Ihre SSH-Konfiguration im Enable-Modus überprüfen.

Für den Zugriff auf die PIX-Firewall müssen Sie einen SSH-Client konfigurieren. In diesem Beispiel verwenden wir den populären Windows-SSH-Client Tera Term. Tera Term mit SSH Extensions steht unter www.zip.com.au/~roca/ttssh.html zum Download bereit. Installieren Sie zunächst Tera Term. Folgen Sie nach der Installation den Anweisungen in der Readme-Datei, um die SSH Extensions im Stammverzeichnis von Tera Term zu installieren. Wenn Sie die SSH Extensions installiert haben, müssen Sie eine SSH_KNOWN_HOSTS-Datei angeben. Die Abbildung 6.4 illustriert, wo sich in der Tera Term-Oberfläche das SSH-Setup-Menü befindet.

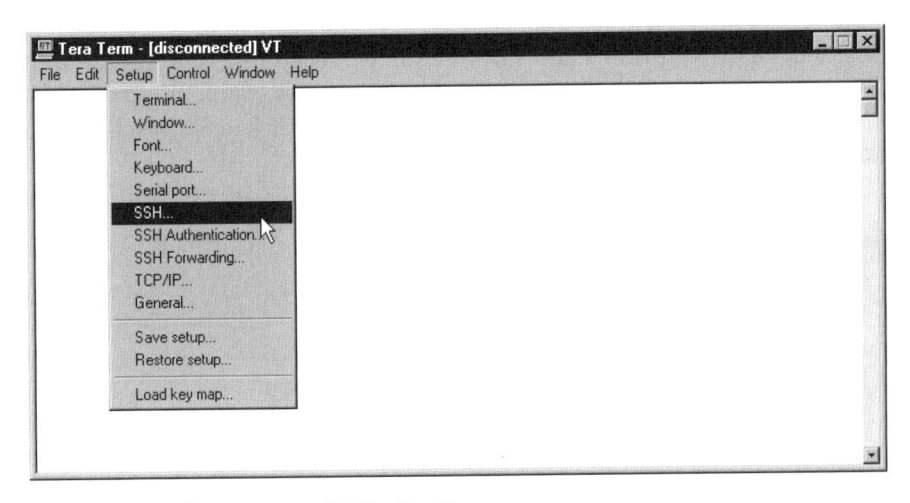

Abb. 6.4: Konfigurieren von SSH in Tera Term

Klicken Sie auf den Menüpunkt SSH. Es wird ein Dialogfeld (siehe Abbildung 6.5) angezeigt, in dem Sie zwei Optionen konfigurieren müssen. Die erste Option steht in Zusammenhang mit der bevorzugten Verschlüsselungsreihenfolge (PREFERRED CIPHER ORDER). In dieser Konfiguration wird DES an die erste Stelle gesetzt, da auf der PIX-Firewall in diesem Beispiel 3DES nicht aktiviert wurde.

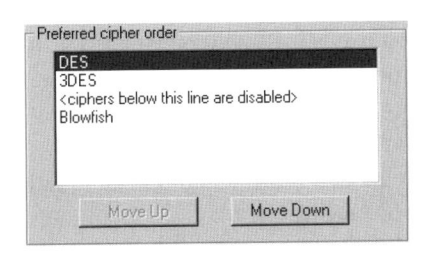

Abb. 6.5: Auswahl von Verschlüsselungen in Tera Term SSH

Die zweite Option, die Sie einrichten müssen, ist die SSH_KNOWN_HOSTS-Datei (siehe Abbildung 6.6). Das kann eine leere Textdatei sein, in die Tera Term bekannte Hosts und Keys einfügen wird.

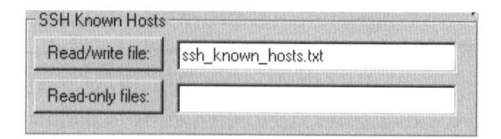

Abb. 6.6: Konfigurieren der Datei SSH_KNOWN_HOSTS.TXT

Wenn Sie Tera Term starten, wird ein Dialogfeld (siehe Abbildung 6.7) angezeigt. Hier müssen Sie die IP-Adresse der PIX-Firewall eingeben und durch Aktivieren eines Optionsschalters den Service-Typ auswählen. Der Standard-Service ist TELNET, achten Sie also darauf, dass Sie hier SSH wählen. Klicken Sie anschließend auf OK.

Abb. 6.7: Konfigurieren einer neuen Verbindung in Tera Term

Nach kurzer Zeit wird Ihnen ein weiterer Bildschirm angezeigt (siehe Abbildung 6.8):

Der Standardbenutzername für eine Cisco-PIX-SSH-Verbindung, bei der AAA *nicht* für die Authentifizierung verwendet wird, ist *pix*. Mit *Passphrase* ist das Kennwort für Telnet gemeint. Nachdem Benutzername und Passphrase authentifiziert wurden, kann die SSH-Session beginnen. Da diese Authentifizierung einen Augenblick dauern kann, sollten Sie sich auf eine Wartezeit einstellen. Abbildung 6.9 zeigt die SSH-Verbindung zur Cisco PIX. Ein kleines Symbol in der oberen linken Ecke des Tera Term-Fensters zeigt die aktive SSH-Verbindung an.

Konfiguration von Remote Access (Fernzugriff)

Abb. 6.8: SSH-Authentifizierung

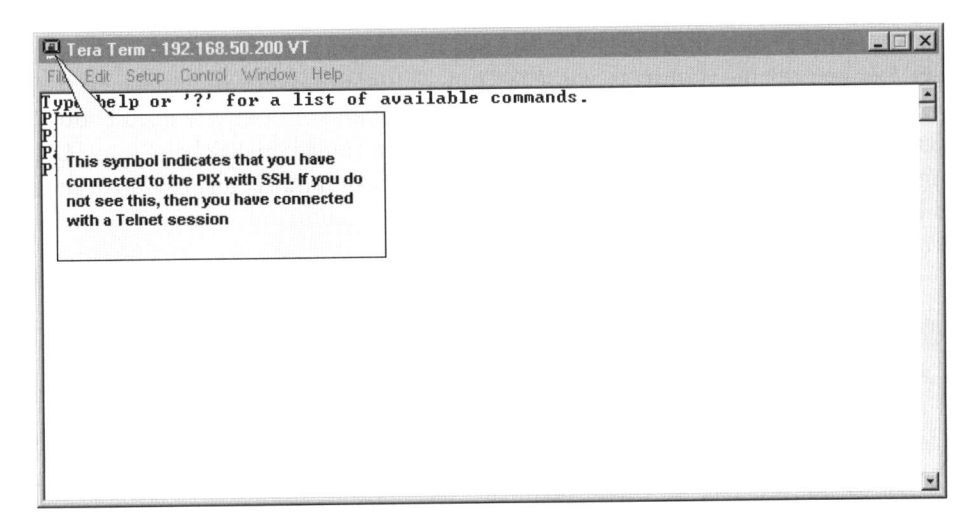

Abb. 6.9: Überprüfen der SSH-Verbindung

Wenn Sie Tera Term für die automatische Nutzung von SSH und einer speziellen IP-Adresse konfigurieren möchten, richten Sie zunächst die korrekte Verschlüsselung, die gewünschten Bildschirmfarben und die anderen Einstellungen für Tera Term ein. Speichern Sie die Einstellungen anschließend unter einem Namen Ihrer Wahl, indem Sie im Menü SETUP auf die Option SAVE SETUP klicken (siehe Abbildung 6.10).

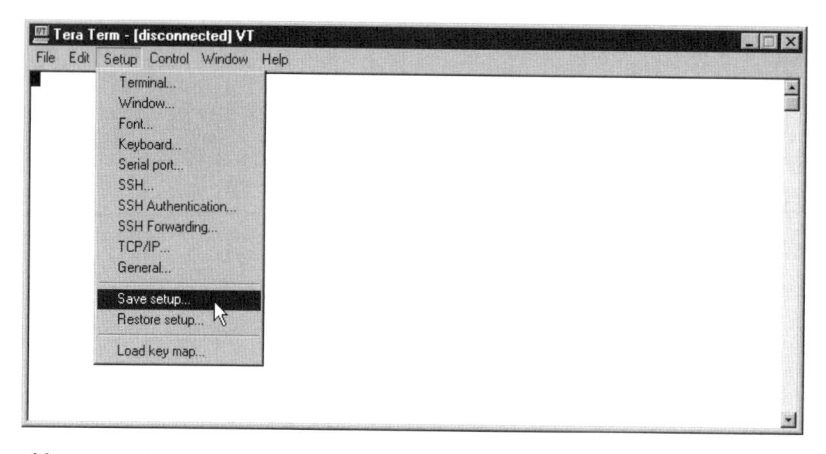

Kapitel 6
Konfiguration des System-Managements

Abb. 6.10: Speichern der Tera Term-Konfiguration

Erstellen Sie nach dem Speichern eine Verknüpfung zur Tera Term-Anwendung. Klicken Sie mit der rechten Maustaste auf die zuvor erstellte Verknüpfung und wählen Sie aus dem angezeigten Dialogfeld die Option PROPERTIES. Im Eingabefeld TARGET werden der Ablageort von Tera Term und die Parameter, mit denen die Anwendung gestartet werden soll, angezeigt. Fügen Sie zwei weitere Parameter ein. Der erste ist die IP-Adresse der PIX-Firewall und der zweite ist der Schalter /F, mit dem Sie die zuvor gespeicherte ini-Datei angeben können. Wie in Abbildung 6.11 gezeigt, müssen Sie für den Schalter /F den Pfad angeben. Klicken Sie auf OK, um Ihre Einstellungen zu übernehmen. Beim nächsten Start von Tera Term über diese Verknüpfung wird die gespeicherte ini-Datei geladen und eine automatische Verbindung zu dem Ziel-Host erstellt.

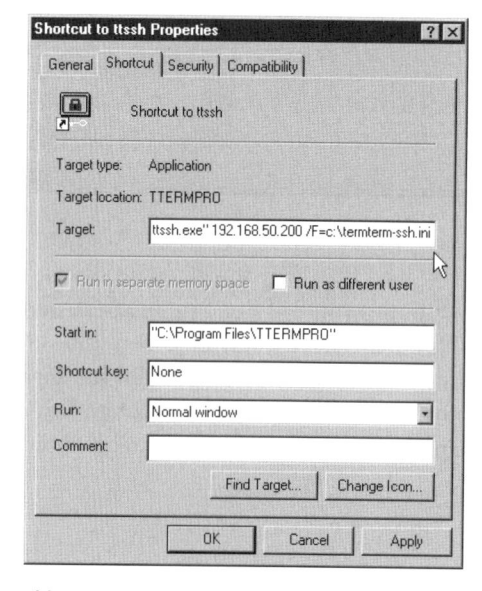

Abb. 6.11: Bearbeiten der Tera Term-Verknüpfung

SSH-Troubleshooting

Mitunter werden Sie herausfinden müssen, weshalb eine SSH-Verbindung nicht funktioniert. In diesem Fall können Sie den Befehl debug ssh auf der PIX ausführen. Die Ausgabe des debug-Befehls ist relativ einfach zu verstehen. Abbildung 6.12 zeigt die Ausgabe des Befehls debug ssh bei einer erfolgreichen SSH-Verbindung.

```
152: SSH: Device opened successfully.
153: SSH: host key initialized
154: SSH0: SSH client: IP = '192.168.50.7' interface # = 1
155: SSH0: starting SSH control process
156: SSH0: Exchanging versions - SSH-1.5-Cisco-1.25

157: SSH0: send SSH message: outdata is NULL
158: SSH0: receive SSH message: 83 (83)
159: SSH0: client version is - SSH-1.5-TTSSH/1.5.4 Win32
160: SSH0: begin server key generation
161: SSH0: complete server key generation, elapsed time = 4170 ms
162: SSH0: declare what cipher(s) we support: 0x00 0x00 0x00 0x04
163: SSH0: send SSH message: SSH_SMSG_PUBLIC_KEY (2)
164: SSH0: SSH_SMSG_PUBLIC_KEY message sent
165: SSH0: receive SSH message: SSH_CMSG_SESSION_KEY (3)
166: SSH0: SSH_CMSG_SESSION_KEY message received - msg type 0x03, length
     272
167: SSH0: client requests DES cipher: 2
168: SSH0: send SSH message: SSH_SMSG_SUCCESS (14)
169: SSH0: keys exchanged and encryption on
170: SSH0: receive SSH message: SSH_CMSG_USER (4)
171: SSH0: authentication request for userid PIX
172: SSH(PIX): user authen method is 'no AAA', aaa server group ID = 0
173: SSH0: send SSH message: SSH_SMSG_FAILURE (15)
174: SSH0: receive SSH message: SSH_CMSG_AUTH_PASSWORD (9)
175: SSH0: send SSH message: SSH_SMSG_SUCCESS (14)
176: SSH0: authentication successful for PIX
177: SSH0: receive SSH message: SSH_CMSG_REQUEST_PTY (10)
178: SSH0: send SSH message: SSH_SMSG_SUCCESS (14)
179: SSH0: receive SSH message: SSH_CMSG_EXEC_SHELL (12)
180: SSH0: starting exec shell
```

Abb. 6.12: Ein Beispiel für eine erfolgreiche SSH-Verbindung

Abbildung 6.13 zeigt ein Beispiel für einen fehlerhaften Benutzernamen. Die Cisco-PIX-Firewall verweigert die Anmeldung, selbst wenn das Kennwort korrekt ist.

```
184: SSH: Device opened successfully.
185: SSH: host key initialised
186: SSH0: SSH client: IP = '192.168.50.7' interface # = 1
187: SSH0: starting SSH control process
188: SSH0: Exchanging versions - SSH-1.5-Cisco-1.25
189: SSH0: send SSH message: outdata is NULL
190: SSH0: receive SSH message: 83 (83)
191: SSH0: client version is - SSH-1.5-TTSSH/1.5.4 Win32
192: SSH0: begin server key generation
193: SSH0: complete server key generation, elapsed time = 7090 ms
194: SSH0: declare what cipher(s) we support: 0x00  0x00  0x00  0x04
195: SSH0: send SSH message: SSH_SMSG_PUBLIC_KEY (2)
196: SSH0: SSH_SMSG_PUBLIC_KEY message sent
197: SSH0: receive SSH message: SSH_CMSG_SESSION_KEY (3)
198: SSH0: SSH_CMSG_SESSION_KEY message received - msg type 0x03, length
   272
199: SSH0: client requests  DES cipher: 2
200: SSH0: send SSH message: SSH_SMSG_SUCCESS (14)
201: SSH0: keys exchanged and encryption on
202: SSH0: receive SSH message: SSH_CMSG_USER (4)
203: SSH0: authentication request for userid badname
204: SSH(badname): user authen method is 'no AAA', aaa server group ID = 0
205: SSH0: invalid userid badname
206: SSH0: send SSH message: SSH_SMSG_FAILURE (15)
207: SSH0: receive SSH message: SSH_CMSG_AUTH_PASSWORD (9)
208: SSH0: send SSH message: SSH_SMSG_FAILURE (15)
209: SSH0: receive SSH message: SSH_MSG_DISCONNECT (1)
210: SSH0: authentication failed for badname
211: SSH0: Session disconnected by SSH server - error 0x36 "Reset
   by client"
```

Abb. 6.13: Ein Beispiel mit einem falschen Benutzernamen

Der folgende Befehl dient zur Anzeige der Anzahl der SSH-Sessions auf der PIX-Firewall:

```
show ssh sessions [<ip_address>]
```

Mit dem optionalen Parameter `ip_address` können Sie SSH-Verbindungen von einer bestimmten IP-Adresse überprüfen. Hier ein Beispiel für eine Ausgabe dieses Befehls:

```
PIX1# show ssh sessions

Session ID      Client IP       Version Encryption      State   Username
1               192.168.50.8    1.5     DES             6       pix
```

Um die Verbindung für eine spezielle SSH-Session zu unterbrechen, verwenden Sie folgenden Befehl:

```
ssh disconnect <session_id>
```

Beispiel:

```
PIX1(config)# ssh disconnect 0
```

Der Parameter `session_id` gibt die der SSH-Session zugeordnete Nummer an, die angezeigt wird, wenn Sie den Befehl `show ssh sessions` ausführen.

Sie entfernen alle SSH-Konfigurations-Statements von der Cisco PIX mit folgendem Befehl:

```
PIX1(config)# clear ssh
```

6.3.2 Telnet

Telnet ist eine der einfachsten Methoden für eine Verbindung zu einem Netzwerksystem. Telnet arbeitet zeichen-orientiert und sendet jedes Zeichen als Klartext über das Netzwerk. Das bedeutet, dass jemand, der eine Methode zum Abfangen von Paketen entwickelt hat, die übertragenen Benutzername/Kennwort-Paare stehlen kann. Wie Sie sich vielleicht vorstellen können, birgt diese Schwachstelle ein hohes Sicherheitsrisiko bei der Verwaltung der PIX über eine WAN-Verbindung, das Internet oder selbst über eine LAN-Verbindung. Das ist ein sehr gutes Argument für die Konfiguration und Verwendung von SSH anstelle von Telnet.

> **Hinweis**
> Die Cisco-PIX-Firewall kann nur als Telnet-Server, nicht als Telnet-Client agieren. Das ist anders als bei Cisco-Routern und -Switches, bei denen Sie Telnet-Verbindungen von einem System zum nächsten einrichten können.

Mit folgendem Befehl konfigurieren Sie den Einsatz von Telnet auf der PIX:

```
telnet <ip_address> [<netmask>] [<interface>]
```

Der Parameter `ip_address` kann für einen einzelnen IP-Host oder für einen IP-Bereich stehen. Der Parameter `netmask` steht für die Subnet Mask, die der IP-Adresse oder dem IP-Adressbereich zugeordnet ist. Der Parameter `interface` dient zur Angabe des Namens der Schnittstelle, auf der Sie Telnet aktivieren möchten.

Die Konfiguration aus dem folgenden Beispiel besagt, dass für das gesamte 192.168.50.0/24-Netzwerk auf der internen Schnittstelle Telnet-Verbindungen zur PIX zugelassen sind.

```
PIX1(config)# telnet 192.168.50.0 255.255.255.0 inside
```

Abhängig von der verwendeten Schnittstelle unterliegt Telnet einigen Einschränkungen. Auf der internen Schnittstelle ist Telnet ohne Verschlüsselung möglich, während für die externe Schnittstelle die Verschlüsselung (über VPN) erforderlich ist. Sie können den Idle-Timeout-Wert für die Telnet-Session einrichten. Der Timeout-Wert wird in Minuten angegeben und darf zwischen 1 und 60 liegen. Der Standardwert beträgt 5 Minuten. In diesem Beispiel konfigurieren wir den Timeout mit einem Wert von 15 Minuten:

```
PIX1(config)# telnet timeout 15
```

Mit dem Befehl show telnet können Sie die aktuelle Liste der IP-Adressen und ihrer Schnittstellen anzeigen, die befugt sind, via Telnet auf die PIX zuzugreifen. Beispiel:

```
PIX1# show telnet
192.168.50.0 255.255.255.0 inside
```

Mit den Befehlen clear telnet oder no telnet löschen Sie das Telnet-Privileg einer bis dato befugten IP-Adresse. Das Format für diesen Befehl ist:

```
clear telnet [<ip_address> [<netmask>] [<interface>]
```

Im Parameter ip_address geben Sie das IP-Subnet oder den IP-Host an, auf das/den Sie den Befehl anwenden möchten. Der Parameter netmask steht für die Subnet Mask, die der IP-Adresse oder dem IP-Adressbereich zugeordnet ist. Mit dem Parameter interface geben Sie den Namen der zugehörigen Schnittstelle an. Beispiel:

```
PIX1(config)# clear telnet 192.168.50.0 255.255.255.0 inside
```

Wenn keine Parameter angegeben werden, löschen Sie mit dem Befehl clear telnet das Zugriffsprivileg aller Hosts.

Mit dem Befehl who können Sie die IP-Adressen anzeigen, die aktuell eine Telnet-Verbindung zur PIX haben. Das folgende Beispiel zeigt zwei Telnet-Sessions, eine von der IP 192.168.50.3 und eine zweite von der IP 192.168.50.8.

```
PIX1# who
      0: 192.168.50.3
      1: 192.168.50.8
```

Mit dem Befehl `kill <telnet_id>` wird eine aktive Telnet-Session terminiert. Der Benutzer erhält keine Warnmeldung, wenn die Session beendet wird. Im Parameter `telnet_id` geben Sie die Session-Nummer an, die mit dem Befehl who angezeigt werden kann. Beispiel:

```
PIX1# kill 0
```

Einschränkungen

Vor der Version 5.0 der PIX-Software konnten Sie nur von der internen Schnittstelle Telnet-Verbindungen zur PIX einrichten. Ab der Version 5.0 können Sie zu jeder Schnittstelle Telnet-Verbindungen aufbauen, doch die PIX-Firewall erfordert, dass der gesamte Telnet-Verkehr zur externen Schnittstelle durch Verschlüsselung geschützt werden muss. Sie können Access Lists und eine statische Route nutzen, um eine Telnet-Verbindung durch die Cisco PIX von der externen Schnittstelle zu einem internen Telnet-Server passieren zu lassen, und dann den Telnet-Server für eine Telnet-Verbindung zurück zur internen Schnittstelle nutzen. Es ist jedoch viel einfacher, mit SSH eine CLI-Verbindung zur externen Schnittstelle der Firewall zu erstellen. Damit entsprechen Sie der Cisco-PIX-Anforderung, eine verschlüsselte Verbindung für die Telnet-Session zu nutzen. Sie können Telnet zu einer externen Schnittstelle über eine verschlüsselte VPN-Verbindung nutzen.

6.3.3 HTTP über den PIX Device Manager

Beim Cisco PIX Device Manager (PDM) handelt es sich um ein webbasiertes Java-Applet, mit dem Sie etwa 98 Prozent dessen konfigurieren können, das auch über die Befehlszeile konfiguriert werden kann. Informationen zum vollen Leistungsumfang von PDM finden Sie in Kapitel 9. In diesem Abschnitt geben wir Ihnen nur einen kurzen Überblick über die Möglichkeiten, die PDM bietet. Der Cisco PDM verfügt über eine grafische Benutzeroberfläche, mit der Sie eine einzelne PIX-Firewall schnell und problemlos konfigurieren können. PDM bietet Registerkarten, Dropdown-Menüs und andere GUI-Werkzeuge, die eine benutzerfreundliche Administrationsoberfläche ergeben. Des Weiteren stehen Ihnen Diagramme zur Firewall- und Datenverkehrsaktivität zur Verfügung, die Sie auch ausdrucken können.

6.4 Konfiguration des Simple Network Management Protocol

Das Simple Network Management Protocol (SNMP) ist eine der einfachsten Methoden zur Verwaltung eines Netzwerksystems und zum Abrufen von Informationen über das System. Viele unserer Leser mögen SNMP im Zusammenhang mit Cisco-Routern kennen, doch auf der Cisco PIX laufen die Dinge ein wenig anders. Für SNMP auf der Cisco PIX gilt ausschließlich ein Lesezugriff.

Sie sollten keinen unsicheren SNMP-Community-String verwenden. Nutzen Sie keinesfalls den Standard-SNMP-String *public*. Dieser ist allgemein bekannt und unterläuft die Absicht, Ihre PIX-Firewall abzusichern. Wählen Sie einen String, der nicht aus einem Wörterbuch stammt (und nicht mit Dictionary-Crack-Programmen enthüllt werden kann). *UcanNotGuEe$$ME* wäre beispielsweise ein schwer zu erratender Community-String, der auch den meisten Dictionary-Angriffen standhalten würde.

Es gibt drei verschiedene Versionen von SNMP. Hier werden wir uns auf die von der PIX-Firewall unterstützte Version 1 konzentrieren. Für die Verwaltung der PIX-Firewall stehen verschiedene SNMP-Manager zur Verfügung. Hier einige Beispiele:

- HP OpenView
- SolarWinds
- CiscoWorks
- Castle Rock SNMPc
- Multi Router Traffic Grapher (MRTG)

Die SNMP-Anwendung, die eine besondere Erwähnung verdient, ist der Multi Router Traffic Grapher (MRTG). Genau genommen handelt es sich bei MRTG eigentlich nicht um eine SNMP-Manager-Anwendung, sondern um ein Programm, das SNMP zum Sammeln von Daten nutzt, um daraus Diagramme zu generieren. MRTG erstellt Diagramme auf Basis der abgefragten SNMP-Werte. Diese Diagramme können dann in Dokumente, Webseiten oder in E-Mails eingefügt werden. MRTG steht kostenlos unter www.mrtg.org zum Download zur Verfügung. MRTG arbeitet reibungslos mit der PIX-Firewall zusammen. Unter www.somix.com/software/mrtg/ finden Sie ein Beispiel für den Einsatz von MRTG zusammen mit der PIX-Firewall. Auf dieser Website finden Sie ein Skript, mit dem Sie die Anzahl der Verbindungen auf einer PIX überwachen können.

Damit Sie SNMP für die Überwachung der PIX-Firewall vernünftig nutzen können, müssen Sie die Cisco PIX Management Information Bases (MIBs) herunterladen. Sie finden diese MIBs unter www.cisco.com/public/sw-center/netmgmt/cmtk/mibs.shtml. Nachdem Sie die MIBs heruntergeladen haben, müssen Sie sie in Ihrem SNMP-Manager kompilieren, damit Sie die Cisco PIX nicht nur anhand von einigen simpleren OIDs verwalten können.

Es gibt zwei Möglichkeiten, um Informationen von der PIX-Firewall zu erhalten. Sie können die PIX per SNMP abfragen. Der Host sendet eine Abfrage an die PIX (auch als *Polling* von Informationen bezeichnet) und erhält eine Antwort. Beim zweiten Ansatz muss die PIX so konfiguriert werden, dass sie »Traps« an die SNMP-Management-Station sendet. Bei den gesendeten Traps handelt es sich um etwas anderes als um die abgefragten OIDs. Ein Trap ist eine Nachricht, die die PIX aufgrund eines eingetretenen Ereignisses sendet, z.B. eine Verbindung, die aktiviert oder deaktiviert wird, oder ein Syslog-Ereignis. Sie können mittels Polling Informationen oder Werte abrufen, die durch die SNMP-Management-Station in Form von Messanzeigen, Balkendiagrammen oder anderen Formaten dargestellt werden können. Mit dem Polling können Sie auch Systeminformationen über die PIX abrufen, z.B. die Software-Version, Schnittstellenstatistiken und CPU-Nutzung.

6.4.1 Konfiguration der Systemidentifikation

Die grundlegende SNMP-Identifikation ist relativ einfach auf der PIX-Firewall zu konfigurieren. Verwenden Sie im Konfigurationsmodus folgende Befehle:

```
snmp-server location <word>
snmp-server contact <word>
```

Beide Befehle sind optional. Bei beiden Befehlen kann der Parameter word ein String mit bis zu 127 Zeichen enthalten. Mit location kann ein Gebäude, ein Kabinett, eine Rack-Position oder jeder andere Standardstandort in Ihrem Netzwerk beschrieben werden. Mit contact können Sie eine Kontaktperson oder eine Firma angeben, die verantwortlich für die PIX-Administration ist. Überprüfen Sie Ihre SNMP-Konfiguration mit dem Befehl show snmp im Enable-Modus.

6.4.2 Konfiguration des Polling

Eine Methode zur Sammlung von Informationen und statistischer Daten von einer Cisco-PIX-Firewall ist das SNMP-Polling. Wenn auf der Cisco-PIX-Firewall das SNMP-Polling konfiguriert ist, kann eine SNMP-Management-Station mittels PIX-SNMP-OIDs Daten abrufen. Um das Polling zu konfigurieren, müssen Sie im Konfigurationsmodus mit folgendem Befehl eine SNMP-Community einrichten:

```
snmp-server community <word>
```

Im Parameter word wird die SNMP-Community (das Kennwort) eingerichtet. Verwenden Sie keine leicht zu erratenden Wörter oder den normalerweise verwendeten String PUBLIC. Auf dem Markt befinden sich viele kostenlose, Dictionary-basierte Programme zum Cracken von SNMP-Community-Strings, daher sollten Sie keinen String verwenden, der in Wörterbüchern gefunden werden kann. Es handelt sich um einen obligatorischen Parameter für das ordnungsgemäße Funktionieren von SNMP. Es wird zwischen Groß- und Kleinschreibung unterschieden und Sie dürfen bis zu 32 Zeichen verwenden. Damit das Polling funktioniert, muss die PIX-Firewall mit der IP-Adresse der Polling-Station konfiguriert werden. Das bewerkstelligen Sie mit folgendem Befehl:

```
snmp-server host [<interface>] <ip_address> poll
```

Der Parameter `ip_address` steht für die IP-Adresse der SNMP-Management-Station. Im Parameter `interface` geben Sie die Schnittstelle an, auf der sich die Management-Station befindet. Wenn der Parameter `interface` nicht angegeben wird, wird die interne Schnittstelle unterstellt. Mit dem Parameter `poll` wird festgelegt, dass die Management-Station die PIX abfragen wird. Sie können mehrere IP-Adressen von Polling-Stationen angeben, indem Sie den Befehl `snmp-server host` mehrfach ausführen.

Castle Rock SNMPc ist ein SNMP-Manager, den Sie unter der Adresse www.castle-rock.com/products/products.htm finden können. Die Abbildung 6.14 zeigt ein Beispiel, in dem mit dem Castle Rock SNMPc Manager Systeminformationen von der Cisco-PIX-Firewall abgerufen werden.

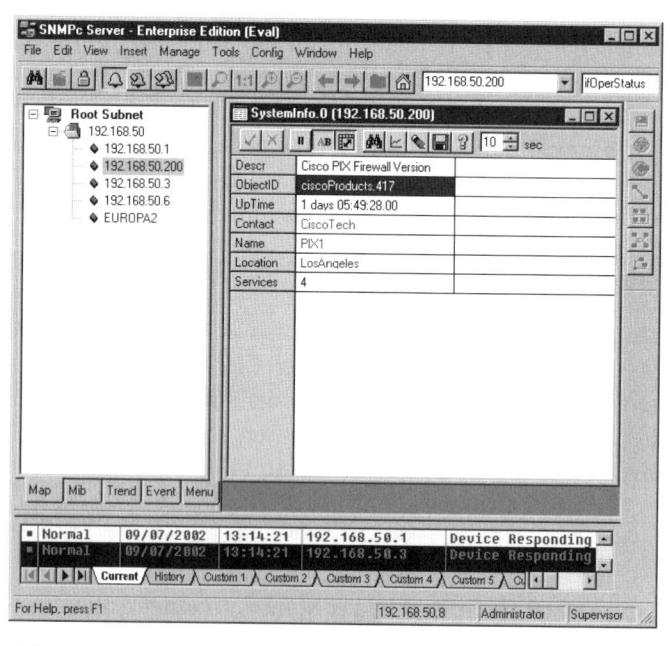

Abb. 6.14: Polling einer PIX-Firewall mit dem Castle Rock SNMPc Manager

Die Abbildung 6.15 zeigt den Castle Rock MIB Browser, mit dem die ciscoFirewall-MIB nach der OID 1.3.6.1.4.1.9.9.147.1.2.2.2.1.4 durchsucht wird, die den Status der

Verbindungszählvariablen angibt. Diese OID wird gern überwacht, wenn für die PIX keine unbegrenzte Lizenz vorhanden ist. Weitere, gern genutzte OIDs sind in Tabelle 6.3 aufgelistet. Wenn Sie alle OIDs für die PIX-Firewall benötigen, laden Sie die zugehörige MIB unter der Adresse ftp://ftp.cisco.com/pub/mibs/oid/ herunter.

Beschreibung	OID
Systembeschreibung	1.3.6.1.2.1.1.1.0
Zeit, in der das System zur Verfügung stand	1.3.6.1.2.1.1.3.0
Speicherverbrauch	1.3.6.1.4.1.9.9.48.1.1.1.5.1
Freier Speicher	1.3.6.1.4.1.9.9.48.1.1.1.6.1
Failover-Status	1.3.6.1.4.1.9.9.147.1.2.1.1.1.4.7
Aktuell aktive Verbindungen	1.3.6.1.4.1.9.9.147.1.2.2.2.1.5.40.6
Max. benutzte Verbindungen	1.3.6.1.4.1.9.9.147.1.2.2.2.1.5.40.7
CPU-Nutzung (5 Sekunden)	1.3.6.1.4.1.9.9.109.1.1.1.1.3.1
CPU-Nutzung (1 Minute)	1.3.6.1.4.1.9.9.109.1.1.1.1.4.1
CPU-Nutzung (5 Minuten)	1.3.6.1.4.1.9.9.109.1.1.1.1.5.1

Tabelle 6.3: Nützliche PIX-OIDs

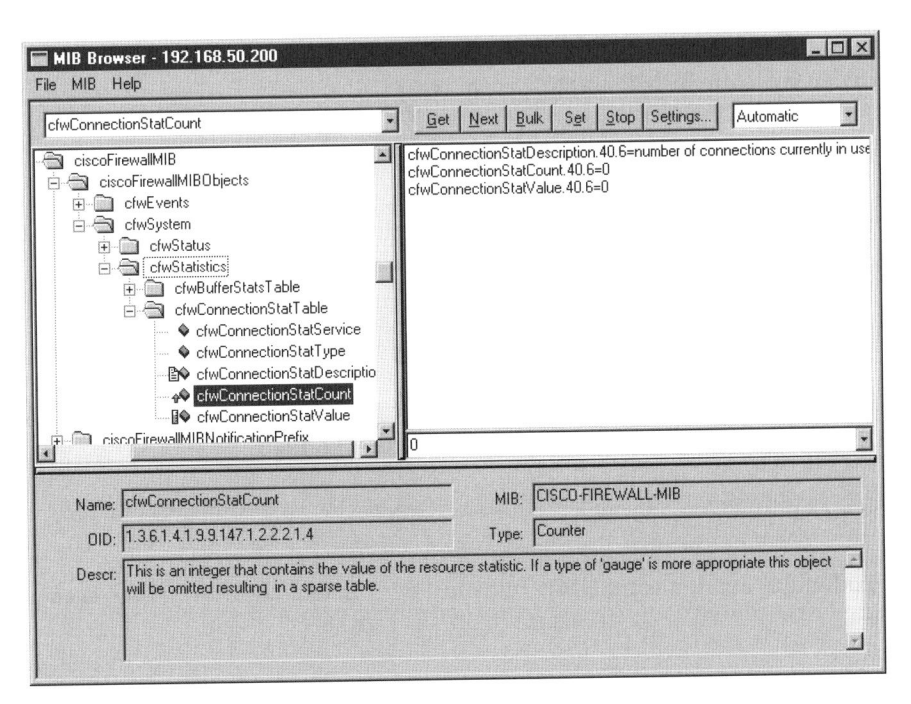

Abb. 6.15: Durchsuchen der PIX-MIB

6.4.3 Konfiguration von Traps

Vereinfacht ausgedrückt handelt es sich bei SNMP-Traps um Nachrichten, die durch ein Ereignis, z.B. wenn eine Schnittstelle ausfällt, ausgelöst werden. Die SNMP-Traps werden auf UDP-Port 162 gesendet. Sie sind unverschlüsselt. Folgen Sie diesen Schritten, um SNMP-Traps zu konfigurieren und zu nutzen:

1. Konfigurieren Sie die SNMP-Community:

   ```
   PIX1(config)# snmp-server community Il0v3CiSCo
   ```

2. Konfigurieren Sie den SNMP-Host, der die Traps empfangen soll. Die Syntax ist fast identisch mit jener für die Konfiguration eines Polling-Hosts, nur statt des Schlüsselworts poll nutzen Sie hier trap:

   ```
   PIX1(config)# snmp-server host inside 192.168.50.8 trap
   ```

> **Hinweis**
> Wenn Sie einen SNMP-Host ohne die Schlüsselworte poll oder trap konfigurieren, wird dieser Host für beide Funktionen genutzt.

3. Aktivieren Sie die SNMP-Traps:

   ```
   PIX1(config)# snmp-server enable traps
   ```

4. Setzen Sie den Protokollierungs-Level für die SNMP-Traps mit dem Befehl logging history. Beispiel:

   ```
   PIX1(config)# logging history errors
   ```

5. Aktivieren Sie mit dem Befehl logging on die Protokollierung, damit Traps an die SNMP-Management-Station gesendet werden können:

   ```
   PIX1(config)# logging on
   ```

Sie beenden das Senden von SNMP-Traps mit dem Befehl no snmp-server enable traps.

6.5 Konfiguration der Systemzeit

Eine korrekt funktionierende Systemuhr ist eine der wichtigsten, wenn auch häufig übersehenen Voraussetzungen für das System-Management. Viele Aspekte im Zusammenhang mit dem System-Management und der Sicherheit hängen von korrekt funktionierenden Zeit- und Datumsmechanismen ab.

Sie mögen sich fragen, weshalb die Konfiguration der Systemuhr und der Zeitzone so wichtig ist. Bei der Verwaltung der PIX-Firewall können Sie durch eine korrekt konfigurierte Systemuhr und Zeitzone eine exakte Historie der in den Log-Dateien aufgezeichneten Ereignisse pflegen. Wenn Sie sich beispielsweise in einen Rechtsstreit begeben und die Log-Dateien der PIX verwenden, erwartet das Gericht Protokolle im Coordinated Universal Time (UTC)-Format sowie eine systemübergreifende Konsistenz. Diese Zeitstempelkonsistenz der Log-Dateien stellt einen konstanten Bezugspunkt für das gesamte Netzwerk dar. Ohne eine solche Konsistenz über alle Log-Dateien hinweg wird es schwierig, wenn nicht unmöglich, den Zeitablauf eines Vorkommnisses zu rekonstruieren.

Wenn wir über UTC sprechen, beziehen wir uns eigentlich auf den älteren Standard Greenwich Mean Time (GMT). Bei der Cisco Implementierung der Public Key Infrastructure (PKI) wird ebenfalls diese Zeitgebung verwendet um sicherzustellen, dass die Certificate Revocation List (CRL) nicht abgelaufen ist. Wenn die Uhrzeit nicht korrekt ist, kann es geschehen, dass die Zertifizierungsstelle (Certificate Authority, CA) ein digitales Zertifikat mit falschem Zeitstempel ablehnt oder zulässt.

Obwohl eine korrekte Uhrzeit so wichtig ist, wird dieser Aspekt häufig übersehen oder als zu »aufwändig« in der Konfiguration betrachtet. Die Konfiguration der korrekten Systemzeit ist auf der PIX glücklicherweise ganz problemlos zu bewerkstelligen. Zudem steht über NTP eine einfache Methode zur Verfügung, mit der die Uhrzeit konsistent und korrekt über Zeitzonen hinweg gehalten werden kann.

In diesem Abschnitt erfahren Sie, wie einfach die PIX-Firewall für eine akkurate Uhrzeit konfiguriert werden kann und wie Sie NTP zur Verwaltung der Uhrzeit nutzen können. Sie erfahren, wie Sie die Sommerzeitumstellung auf der PIX konfigurieren können. Darüber hinaus lernen Sie, dass Sie mehrere PIX-Firewalls von einem zentralen Server aus einrichten können und wie Sie NTP auf der PIX konfigurieren, um einen zentralen Server sicher betreiben zu können.

6.5.1 Einrichtung und Verifizierung der Systemuhr und der Zeitzone

Durch neue Erweiterungen bietet die PIX-Firewall die Möglichkeit, die angezeigte Zeitzoneninformation anzupassen und auch der Sommerzeitumstellung Rechnung zu tragen. Durch diese Erweiterungen können Sie die Zeitinformationen in einem direkt verständlichen Zeitformat anzeigen, ohne dass Sie das interne UTC-Format in Ihr lokales Zeitformat konvertieren müssen.

> **Hinweis**
>
> Der Vorteil von UTC ist, dass die Basiszeit unabhängig von Ihrem Standort immer dieselbe ist. Sie addieren oder subtrahieren eine Anzahl von Stunden zu bzw. von der UTC-Zeit, um die lokale Zeit zu berechnen. Das bietet einem Unternehmensnetzwerk, das verschiedene Zeitzonen umspannt, eine konsistente Zeitgebung.

Es gibt drei Vorschläge für die unternehmensweite Konfiguration der PIX-Uhren im Netzwerk:

- Zeigen Sie auf jedem System immer die lokale Uhrzeit auf der Basis des Standorts an. Dieses Vorgehen ist nützlich, wenn Sie regionale Administratoren für die Firewalls einsetzen und diese ihre lokalen Firewalls häufig verwalten und überwachen.
- Setzen Sie alle Systeme intern auf das UTC-Format für eine Standarduhrzeit über mehrere Zeitzonen hinweg. Wir haben die Vorteile dieser Methode bereits erörtert.
- Setzen Sie alle Systeme auf die Anzeige der Zeitzone, die für die lokalen Hauptgeschäftsstellen gilt. Dies ist nützlich, wenn in Ihrem Unternehmen eine zentralisierte IT-Abteilung die Firewalls rund um den Globus verwaltet.

Sie können die Uhrzeit auf einer PIX mit dem Befehl show clock überprüfen. Wenn Sie die lokale Uhrzeit auf der PIX verwenden möchten, können Sie dies mit folgendem Befehl einrichten:

```
clock set <hh:mm:ss month day year>
```

Der Parameter hh:mm:ss entspricht den üblichen Angaben von *Stunden:Minuten:Sekunden* im 24-Stunden-Format. Den Monat geben Sie mit den ersten drei Zeichen im (englischen) Namen des Monats an, für den Tag des Monats verwenden Sie numerische Werte von 1 bis 31 und schließlich bestimmen Sie das Jahr mit einem numerischen Wert zwischen 1993 und 2035. Ab der Version 6.2 bietet die PIX Unterstützung für die Sommerzeitumstellung (summer-time) und für Zeitzonen.

Mit folgendem Befehlsformat setzen Sie den Parameter summer-time zone:

```
clock summer-time <zone> date <week weekday month hh:mm week weekday month hh:mm [offset]>
```

Der Parameter zone steht für den Namen der Zeitzone, z. B. PST. Die anderen Parameter dienen zur Einrichtung von Beginn und Ende der Sommerzeit. Wenn Sie das als wiederkehrendes Ereignis konfigurieren möchten, müssen Sie den Befehl leicht abändern:

```
clock summer-time <zone> recurring <week weekday month hh:mm week weekday
month hh:mm [offset]>
```

Mit dem neuen Parameter `recurring` können Sie steuern, dass die `summer-time`-Anpassung jedes Jahr zum gleichen Zeitpunkt beginnt und endet. Hier ein Beispiel:

```
PIX1# show clock
04:22:19.659 UTC Mon Oct 7 2002
PIX1# configure terminal
PIX1(config)# clock summer-time pst date 7 april 2002 00:00 27 october
    2002 00:00
PIX1(config)#
PIX1# show clock
05:23:02.890 pst Mon Oct 7 2002
PIX1# show clock detail
05:23:05.751 pst Mon Oct 7 2002
Time source is user configuration
Summer time starts 00:00:00 UTC Sun Apr 7 2002
Summer time ends 00:00:00 pst Sun Oct 27 2002
```

Wenn Sie die Zeitzone nur für die Anzeige einrichten möchten, nutzen Sie im Konfigurationsmodus folgenden Befehl:

```
clock timezone <zone> <hours> [<minutes>]
```

Merken Sie sich, dass Sie mit dem Befehl `clock timezone` nur die angezeigte Zeit einrichten. Die interne Zeit wird weiterhin im UTC-Format verwaltet. Der Parameter zone steht für den Namen der Zeitzone. Der Parameter hours steht für den Zeitabstand vom UTC-Format. Sie deaktivieren die Zeitzone, indem Sie den Befehl `no clock timezone` eingeben.

Wenn Sie die Uhrzeiteinstellungen löschen möchten, führen Sie den Befehl `clear clock` aus. Im folgenden Beispiel können Sie sehen, dass mit dem Befehl die `summer-time`-Einstellungen gelöscht wurden:

```
PIX1# show clock detail
17:01:43.480 pst Fri Sep 20 2002
Time source is user configuration
Summer time starts 00:00:00 UTC Sun Apr 7 2002
Summer time ends 00:00:00 pst Sun Oct 27 2002
PIX1# configure terminal
PIX1(config)# clear clock
PIX1# show clock detail
16:02:36.301 UTC Fri Sep 20 2002
Time source is user configuration
```

6.5.2 Konfiguration und Verifizierung des Network Time Protocols

Es ist zwar möglich, dass Sie einfach die Uhrzeit auf einer einzelnen PIX einrichten, doch wenn Sie versuchen, auf diese Weise einen akkuraten Zeit- und Datumstempel auf mehreren Cisco-PIX-Firewalls einzurichten, stehen Sie möglicherweise vor einem ernsten und zeitraubenden Management-Problem. Vorzuziehen ist daher die Verwendung des Network Time Protocol (NTP). NTP nutzt Server als Master-Bezugspunkt. Der NTP-Client, in diesem Fall die PIX-Firewall, ruft die akkurate Uhrzeit dann von diesem NTP-Server ab. Der NTP-Server selbst erhält seine Systemzeit über eine Funkquelle oder eine Atomuhr. Der NTP-Server horcht UDP-Port 123 auf Anforderungen ab. Die Cisco-PIX-Firewall fragt einen NTP-Server ab und aktualisiert die eigene Systemzeit entsprechend. Wenn NTP auf allen PIX-Firewalls konfiguriert wurde, weisen alle Log-Dateien konsistente und akkurate Zeitstempel auf.

Es gibt zwei Ausführungen oder Klassen von NTP-Servern. Stratum-1-NTP-Server sind direkt mit der Zeitquelle verbunden. Stratum-2-NTP-Server entsprechen einer zweiten Schicht und betrachten Stratum-1-Server als maßgebend. Cisco unterstützt nur Stratum-2-Server.

Sie können die Zeit von den öffentlichen Stratum-2-Servern im Internet abrufen oder einen eigenen NTP-Server im LAN oder WAN konfigurieren. Eine Schnellsuche nach öffentlichen NTP-Servern im Internet liefert Ihnen viele dieser öffentlichen Stratum-2-NTP-Server, die Sie verwenden können. Mit folgendem Befehl aktivieren Sie den NTP-Client auf der Cisco-PIX-Firewall:

```
ntp server <ip_address> source <interface>
```

Der Parameter `ip_address` dient zur Angabe der IP-Adresse des NTP-Servers, von dem die Cisco PIX ihre Systemzeit erhalten soll. Im Parameter `interface` wird die Quellschnittstelle festgelegt, auf der die PIX-Firewall den NTP-Server finden kann. Nutzen Sie folgenden Befehl, um einen NTP-Server zu löschen:

```
no ntp server <ip_address>
```

Das folgende Beispiel zeigt die Verwendung dieses Befehls. Außerdem sehen Sie, wie Sie mit den Befehlen `show ntp status` und `show ntp association` die Konfiguration und die korrekte Verbindung der PIX mit dem Zeit-Server überprüfen können:

```
PIX1(config)# ntp server 192.168.1.3 source inside
PIX1(config)# show ntp status

Clock is unsynchronized, stratum 16, no reference clock
```

```
nominal freq is 99.9967 Hz, actual freq is 99.9967 Hz, precision is 2**6
reference time is 00000000.00000000 (06:28:16.000 UTC Thu Feb 7 2036)
clock offset is -4.0684 msec, root delay is 0.00 msec
root dispersion is 0.00 msec, peer dispersion is 15875.02 msec
PIX1(config)# show ntp associations

      address          ref clock       st   when  poll reach   delay   offset
   disp
 ~192.168.1.3         0.0.0.0          16    -    64    0      0.0     0.00
   16000.
master (synced), # master (unsynced), + selected, - candidate, ~
   configured
```

Sie können die NTP-Konfiguration im Enable-Modus mit dem Befehl show ntp anzeigen. Sie löschen die NTP-Konfiguration, indem Sie im Konfigurationsmodus den Befehl clear ntp eingeben. Damit wird die NTP-Konfiguration komplett gelöscht.

NTP-Authentifizierung

Angesichts der Tatsache, dass wir es mit einem Sicherheitssystem zu tun haben, sollten wir stets versuchen, die NTP-Authentifizierung zu aktivieren. Wenn die NTP-Authentifizierung nicht aktiviert ist, besteht die Gefahr, dass ein ausgefuchster Hacker die Uhrzeit zurücksetzt. Dadurch würden die Zeitstempel der Log-Dateien geändert und möglicherweise die Anzeichen des Sicherheitseinbruchs verdeckt. Ein weiterer Hack-Angriff könnte darin bestehen, durch Zurücksetzen von Systemuhren zeitbasierte Sicherheitseinstellungen zu unterlaufen und Pakete mit gefälschten Informationen an die Cisco-Firewall zu senden. Die Einrichtung der NTP-Authentifizierung auf der PIX ist einfach: Bei der Authentifizierung werden vertraute Schlüssel (Trusted Keys) zwischen NTP-Server und dem NTP-Client verwendet. Damit die Authentifizierung erfolgen kann, muss der Authentifizierungs-Key auf der PIX jenem auf dem Server entsprechen. Es handelt sich dabei um einen String, der einschließlich Leerzeichen aus bis zu 32 Zeichen bestehen darf.

Standardmäßig ist die NTP-Authentifizierung auf der PIX deaktiviert. Beginnen Sie bei der Konfiguration der NTP-Authentifizierung zunächst mit der Aktivierung des Features:

```
ntp authenticate
```

Nun müssen Sie den Authentifizierungs-Key definieren. Als einzige Verschlüsselungsmethode steht Ihnen MD5 zur Verfügung:

```
ntp authentication-key <number> md5 <value>
```

Der Parameter number kann einen Wert von 1 bis 4294967295 annehmen, mit dem der Key eindeutig identifiziert wird. Der Parameter value entspricht einem willkürlichen String aus bis zu 32 Zeichen, einschließlich aller druckbaren und Leerzeichen.

Nun definieren Sie den Trusted Key, der in den NTP-Paketen übertragen wird:

```
ntp trusted-key <key_number>
```

Der Parameter key_number muss einem Wert zwischen 1 und 4294967295 entsprechen. Im letzten Schritt konfigurieren Sie die Server-Zuordnung, durch die die Cisco-PIX-Firewall eine Synchronisierung mit dem Server durchführen kann. Führen Sie folgenden Befehl aus:

```
ntp server <ip_address> key <number> source <if_name> [prefer]
```

> **Hinweis**
> Die Cisco PIX lässt es nicht zu, dass andere Zeit-Server sich mit ihr synchronisieren. Die NTP-Synchronisierung ist, was die PIX-Firewall angeht, eine Einbahnstraße. Die PIX agiert als Client und bleibt ein Client.

Im Parameter ip_address wird die IP-Adresse des Servers festgelegt, gegen den sich die Cisco PIX authentifizieren soll. Der Parameter key steht für den numerischen Wert des gemeinsam genutzten Schlüssels (Shared Key), den Sie bei der Konfiguration des trusted-key-Befehls verwendet haben. Der letzte Parameter, interface, steht für die Schnittstelle, die die NTP-Pakete an den Server senden soll. Mit dem optionalen Schlüsselwort prefer können Sie bestimmen, dass die Cisco PIX diesen Server zuerst für die Einrichtung der Zeit kontaktiert.

Hier ein Beispiel für die Konfiguration einer NTP-Authentifizierung:

```
PIX1(config)# ntp authenticate
PIX1(config)# ntp authentication-key 10 md5 ciscoisgreat
PIX1(config)# ntp trusted-key 10
PIX1(config)# ntp server 192.168.50.3 key 10 source inside
PIX1(config)# show ntp
ntp authentication-key 10 md5 ********
ntp authenticate
ntp trusted-key 10
ntp server 192.168.50.3 key 10 source inside
```

6.6 Zusammenfassung

In diesem Kapitel haben Sie gesehen, dass das Netzwerk-Management, obwohl es oberflächlich betrachtet einfach scheint, relativ kompliziert sein kann. Eine effektive Verwaltung der Cisco PIX konzentriert sich nicht nur auf die PIX selbst – auch netzwerkübergreifende Probleme müssen berücksichtigt werden.

Bei der Konfiguration der PIX für die Protokollierung können Sie zwischen verschiedenen Protokollierungsmethoden wählen. Zur Auswahl stehen die gepufferte Protokollierung, die Konsolen-Protokollierung, Telnet/SSH-Sessions, Syslog-Server oder SNMP. Für jede dieser Protokollierungsmethoden können Sie entsprechend Ihrer persönlichen Bedürfnisse Schweregrade einrichten, die von Level 1 (`Alert`) bis zu Level 7 (`Debug`) reichen. Neben der Auswahl eines Schweregrads können Sie verschiedene Facility-Level wählen, über die Sie den Fluss der Syslog-Meldungen steuern können. Als Standard-Facility-Level gilt `local4` (20), doch Sie können andere Facility-Level wählen, um Syslog-Meldungen von verschiedenen Quellen auf einen Syslog-Server-Ablageort Ihrer Wahl umzuleiten. Dieses System bietet eine Möglichkeit, Syslog-Meldungen verschiedener Quellen in eigenen Dateien auf dem Syslog-Server zu speichern.

Sie können festlegen, dass alle Syslog-Meldungen aufgezeichnet werden oder dass bestimmte Meldungen ausgefiltert und damit nicht übertragen werden. Diese Funktionalität hilft Ihnen beim Troubleshooting eines Netzwerkproblems, wobei Sie möglicherweise im Debug-Modus arbeiten und der normale Meldungsfluss nicht zu bewältigen wäre.

Die Cisco-PIX-Firewall kann über einen Konsolen-Port verwaltet werden, doch meistens wird das System über Fernzugriff (Remote Access) verwaltet. Die beiden populären Protokolle für den Fernzugriff sind Telnet und SSH. Telnet ist schon sehr lange im Einsatz und wird bei verschiedensten Netzwerksystemen genutzt, doch es handelt sich um ein unsicheres Protokoll, das die Informationen in Klartext über das Netzwerk sendet. SSH dagegen verschlüsselt die Verbindung, so dass Informationen wie Kennwörter nicht im Klartextformat übertragen werden. SSH bietet darüber hinaus eine Methode für die Verbindung mit der externen Schnittstelle der Cisco PIX. Für Telnet gilt das nicht; eine direkte Verbindung an die externe Schnittstelle ist ohne eine Verschlüsselung nicht zulässig. Die Cisco-PIX-Firewall kann für Telnet und SSH nur als Server, nicht als Client agieren.

Eine alternative Methode für den Remote-Zugriff auf die PIX-Firewall zum Zwecke der Systemverwaltung bietet das Cisco-PDM-Utility. Bei PDM handelt es sich um eine Java-Anwendung, die die Verwaltung der Cisco PIX über einen Web-Browser ermöglicht. PDM verfügt über gute Berichtsfunktionen, mit denen Diagramme mit verschiedenen Leistungsstatistiken, Angriffsberichten und Datenverkehrsaktivitäten generiert werden können.

Die Cisco PIX unterstützt nur schreibgeschützte SNMP-Berichte und kann entweder Traps an einen Host senden oder nach Informationen abgefragt werden (Polling).

Die Cisco-PIX-Firewall bietet zahlreiche Funktionen im Zusammenhang mit Systemuhrzeit und -datum. Mit diesen Funktionen können die Basiszeit und der Datumstempel eingestellt werden. Darüber hinaus gibt es Funktionen, mit denen die Umstellung auf die Sommerzeit automatisiert werden kann. Sie können die Systemuhr der Cisco PIX lokal einstellen oder NTP nutzen, um die Uhrzeit über einen zentralen Zeit-Server zu konfigurieren. Die PIX verwendet das UTC-Zeitformat, doch sie kann zur Anzeige der Zeit in einem Zeitzonenformat wie PST konfiguriert werden. Die PIX kann die NTP-Authentifizierung verwenden, um eine sichere Verbindung zum Zeit-Server aufzubauen, die vor unbefugten Einstellungen der Systemzeit geschützt ist. Das bietet eine Sicherheitsstufe für die Verwendung von digitalen Zertifikaten.

6.7 Lösungen im Schnelldurchlauf

Konfigurieren der Protokollierung

- Standardmäßig ist die gesamte Protokollierung auf der PIX deaktiviert. Nachdem Sie die Protokollierung konfiguriert haben, vergessen Sie nicht, sie über den Befehl logging on zu aktivieren.
- Sie können Protokollierungsmeldungen auf der Konsole, über Telnet/SSH-Sessions, über Syslog-Server, SNMP oder Cisco PDM anzeigen. Sie können auch eine Kombination dieser Methoden nutzen.
- Die Syslog-Funktionalität auf der PIX bietet eine Methode, mit der Sie Protokollierungsmeldungen über eine UDP- oder TCP-Verbindung an einen Remote-Server übertragen können.
- Es stehen acht Level für die Aufzeichnung von Meldungen zur Verfügung, doch auf der PIX werden nur sieben davon eingesetzt. Level 0 wird nicht verwendet.
- Sie müssen beim Aktivieren der Protokollierung und beim Einrichten des Protokollierungs-Levels umsichtig vorgehen, da eine PIX in einer Produktiv-Umgebung durch die hohe Anzahl von Meldungen leicht an den Rand ihrer Kapazitäten gerät.

Konfigurieren von Remote Access (Fernzugriff)

- Telnet ist ein unsicheres Protokoll, das Informationen in Klartext über das Netzwerk sendet. Daher wird SSH für das Remote-Management der PIX empfohlen.
- Sie können keine direkte Verbindung zur externen Schnittstelle aufbauen, es sei denn, die Verbindung ist verschlüsselt.
- Damit SSH funktioniert, müssen Sie DES oder 3DES auf der PIX aktivieren.

- PDM bietet eine benutzerfreundliche GUI für die Konfiguration und Verwaltung der PIX und für die Anzeige von statistischen Informationen.
- Für das ordnungsgemäße Funktionieren von SSH müssen Sie zunächst mit dem Befehl `ca generate rsa key <modulus>` RSA-Keys erstellen und diese anschließend mit dem Befehl `ca save all` speichern.

Konfigurieren des Simple Network Management Protocol
- Für SNMP auf der Cisco PIX gilt ausschließlich ein Lesezugriff.
- Der Community-String ist das Kennwort für die SNMP-Informationen. Sie sollten einen String wählen, der nicht leicht zu erraten oder zu cracken ist. Bei dem Community-String wird zwischen Groß- und Kleinschreibung unterschieden.
- Die PIX-Firewall kann von einem SNMP-System aus abgefragt werden (Polling). Die PIX kann auch SNMP-Traps senden.
- Wenn Sie die SNMP-Management-Funktionen auf der PIX umfassend ausschöpfen möchten, müssen Sie die PIX-MIBs von der Cisco-Website herunterladen und sie mithilfe Ihrer SNMP-Management-Anwendung kompilieren.

Konfigurieren der Systemzeit
- Die interne Systemzeit der PIX nutzt die UTC-Zeitgebung, doch Sie können die Anzeige auf Ihre normale Zeitzone setzen.
- Sie sollten NTP verwenden, um die Zeitgebung zu automatisieren und um eine einzelne Zeitquelle für das Unternehmensnetzwerk zur Verfügung zu stellen. Damit erhalten Sie systemweit eine konsistente und akkurate Zeitgebung.
- NTP ist ein unsicheres Protokoll und sollte, um einen maximalen Schutz zu erzielen, so konfiguriert werden, dass eine Verschlüsselung angewendet wird.
- Die Cisco-PIX-Firewall kann nur als NTP-Client, nicht als NTP-Server agieren.

6.8 Häufig gestellte Fragen/FAQs

Ich erhalte folgende Fehlermeldung: `201008: The PIX is disallowing new connections.` **Nun lässt meine PIX weder Inbound- noch Outbound-Verkehr passieren. Was könnte die Ursache sein?**

Ihre PIX ist dazu konfiguriert TCP-Syslog zu nutzen. Irgendetwas führt zum Abbruch der TCP-Verbindung zwischen der PIX und dem Syslog-Server. Die Ursache könnte darin liegen, dass der Dienst beendet wurde oder dass der reservierte Meldungsspeicher keine Kapazität mehr aufweist. Korrigieren Sie das Problem oder verwenden Sie den UDP-Syslog-Service.

Meine SSH-Verbindung zur PIX schlägt regelmäßig fehl. Was könnte die Ursache sein?

Die häufigste Ursache liegt darin, dass der RSA-Key zwar generiert, nicht aber gespeichert wurde. Erstellen Sie den Key erneut und vergessen Sie nicht, den Befehl `ca save all` anschließend auszuführen.

Ich habe auf meiner PIX-Firewall Syslog konfiguriert und auch der Syslog-Server ist eingerichtet. Es wird jedoch keine Meldung aufgezeichnet. Wo liegt der Fehler?

Protokoll und Port-Nummer müssen auf der PIX und auf dem Syslog-Server identisch sein. Stellen Sie zudem sicher, dass die Facility identisch ist. Die Standard-Facility ist local4 (20). Wenn Sie diese Einstellung verändert haben, muss dies auf beiden Seiten erfolgen.

Beim Polling meiner PIX mittels SNMP ist eine verminderte Durchsatzleistung der PIX zu beobachten. Was kann ich tun?

Wenn zu viele SNMP-OIDs gleichzeitig oder zu häufig abgefragt werden, kann dies den PIX-Prozessor so überlasten, dass es zu Leistungseinbußen beim Durchsatz kommt. Überprüfen Sie Ihre SNMP-Management-Station, um zu erfahren, welche Variablen wie häufig abgefragt werden. Ein zweites SNMP-Problem kann darin liegen, dass der Schweregrad für die Traps zu hoch angesetzt ist und zu viele Traps an die SNMP-Management-Station übertragen werden. Ein klassisches Beispiel ist, dass der Schweregrad beim Troubleshooting eines Problems auf Debugging gesetzt und dann vergessen wurde, bis ein Leistungsabfall auftrat.

Wenn ich im PDM auf der Registerkarte MONITORING Diagramme anzeigen möchte, ist die Uhrzeit nicht korrekt.

Die PDM-Anwendung unterstellt, dass die PIX-Systemuhr auf das UTC-Format gesetzt wurde. Sie addiert oder subtrahiert den Unterschied zwischen der UTC-Zeitgebung und Ihrer Zeitzone. Die resultierende Zeiteinstellung wird dann bei den Diagrammen verwendet. Sie können diese Situation einfach mit dem Befehl clock korrigieren.

Ich habe meine PIX-Firewall zur Verwendung der NTP-Authentifizierung konfiguriert, doch ich kann keine Verbindung zum Zeit-Server erstellen. Was könnte der Grund sein?

Verschlüsseltes NTP erfordert die Verwendung von Authentifizierungs-Keys. Diese Schlüssel müssen auf PIX und NTP-Server identisch sein. Ist das nicht der Fall, kann sich die PIX nicht mit dem Server verbinden und keine Updates empfangen.

Kapitel 7

Konfiguration von Virtual Private Networks (VPNs)

Lösungen in diesem Kapitel:

- IPsec-Konzepte
- Konfiguration von Site-to-Site-IPsec unter Verwendung von IKE
- Konfiguration von Site-to-Site-IPsec ohne Verwendung von IKE (Manuelles IPsec)
- Konfiguration des Point-to-Point Tunneling Protocol
- Konfiguration des Layer 2 Tunneling Protocol mit IPsec
- Konfiguration der Unterstützung für den Cisco Software VPN Client

7.1 Einführung

Die Virtual Private Network (VPN)-Technologie stellt einen Kanal für die sichere Kommunikation zwischen internen Netzwerken über ein öffentliches Netzwerk (z. B. das Internet) bereit und gewährleistet dabei Vertraulichkeit und Authentifizierung. VPNs werden gewöhnlich eingesetzt, um Zweigstellen, mobile Anwender und Geschäftspartner zu verbinden. Die Möglichkeit, private Netzwerke oder Hosts über sichere Tunnel durch eine öffentliche Netzwerkinfrastruktur zu verbinden, stellt eine große Herausforderung dar. VPNs über das Internet bieten Lösungen für verschiedenste Business-Probleme; dazu zählen die wirtschaftlich günstige Connectivity zwischen Büros (Site-to-Site-VPNs) und schnelle Verbindungsmöglichkeiten (durch einfaches Installieren von VPN-Hardware auf einer bereits bestehenden Internet-Verbindung – anstatt darauf warten zu müssen, bis dedizierte Mietleitungen oder Frame Relay PCV installiert werden). Remote-Access-VPNs bieten andererseits Connectivity für mobile Mitarbeiter oder Außendienstmitarbeiter, indem sich diese bei einem beliebigen ISP einwählen oder im Home-Office oder in einem Hotel Hochgeschwindigkeits-Breitbandverbindungen nutzen, um Zugriff auf das Firmennetzwerk zu erhalten.

Die PIX bietet Unterstützung von Site-to-Site- und Remote-Access-VPNs unter Verwendung verschiedener Protokolle: IPsec, L2TP und PPTP. Von der technischen Seite betrachtet können VPNs sehr kompliziert sein. Eine einzelne Verbindung muss unter Umständen mit einer Kombination aus vielen Protokollen implementiert werden, die verschiedene Funktionen wie Tunneling, Verschlüsselung, Authentifizierung, Zugriffskontrolle und Überwachung bereitstellen.

In diesem Kapitel erfahren Sie, wie Sie VPNs auf der PIX-Firewall konfigurieren. Wir werden Site-to-Site-VPNs (auch als Office-to-Office-VPNs bezeichnet) unter Verwendung von IPsec und IKE mit vorverteilten, gemeinsam genutzten Schlüsseln (Pre-Shared-Keys) und digitalen Zertifikaten konfigurieren. Sie erhalten auch Informationen zum Manuellen IPsec und erfahren, wie Sie PPTP- und L2TP-Tunneling auf der PIX-Firewall konfigurieren. Schließlich werden wir beschreiben, wie die PIX-Firewall als Concentrator zur Terminierung von Cisco Software VPN Clients agieren kann.

7.2 IPsec-Konzepte

Eine der beim Aufbau von VPNs beteiligten Technologien ist IPsec, das von der Internet Engineering Task Force (IETF) als Bestandteil von IPv6 entwickelt wurde und in IPv4 implementiert werden kann. IPsec ist ein Rahmen von offenen Standards, der auf Schicht 3 des OSI-Modells arbeitet – d.h., es kann Verbindungen ab der Netzwerkschicht (IP) und höher schützen. Die Dokumente zum IPsec-Standard (von denen es viele gibt) finden Sie unter www.ietf.org/html.charters/ipsec-charter.html. Wenn Sie Interesse an detaillierten Informationen zur Organisation des IPsec-Framework haben, sollten Sie vielleicht mit RFC 2411 (»IP Security Road Map«) beginnen, in der die Organisation der Standarddokumente beschrieben ist.

Das allgemeine Technologiekonzept ist in RFC 2401 (»Security Architecture for the Internet Protocol«) beschrieben. IPsec bietet zwei Sicherheitsprotokolle für die Übertragung von Daten: Encapsulating Security Payload (ESP) und Authentication Header (AH), die in RFC 2406 bzw. RFC 2402 beschrieben sind. In diesen Dokumenten finden Sie Informationen zu den Protokollen, den zugehörigen Paketstrukturen und den Implementierungsalgorithmen.

Die Encryption-Algorithm-Dokumente beschreiben die in ESP-Implementierungen genutzten Verschlüsselungsalgorithmen. Der einzige in einer IPsec-Implementierung erforderliche Verschlüsselungsalgorithmus ist Data Encryption Standard (DES), der in RFC 1829 definiert ist. Mittlerweile wird der Schutz durch DES jedoch als nicht mehr angemessen betrachtet und mehr und mehr durch stärkere Verschlüsselungsmechanismen wie Triple DES (3DES), Advanced Encryption Standard (AES) und Blowfish ersetzt. Zur Bereitstellung von Authentifizierungsfunktionen nutzt IPsec die beiden Algorithmen HMAC-SHA-1 und HMAC-MD5, die in RFC 2404 bzw. RFC 2403 definiert sind.

7.2.1 IPsec

Das erklärte Entwurfsziel von IPsec ist die Bereitstellung folgender Funktionalität:

- Datenvertraulichkeit – Die Daten werden vor der Übertragung verschlüsselt, so dass sie von keinem außer den beteiligten Kommunikationspartnern gelesen werden können.

- Datenintegrität – Der einzelne Peer kann erkennen, ob ein empfangenes Paket während des Transits verändert wurde.
- Datenursprungs-Authentifizierung – Als zusätzliches Feature des Datenintegritäts-Services werden dem Empfänger Möglichkeiten geboten, um die Identität des Senders zu überprüfen.
- Antireplay – Der Empfänger kann später wiederholt gesendete Pakete erkennen und ablehnen, um sich vor Spoofing- und Man-in-the-Middle-Angriffen zu schützen.

Protokolle IPsec Core Schicht 3: ESP and AH

Wie bereits erwähnt, wurde IPsec entwickelt, um Vertraulichkeit und Integrität der übertragenen Informationen, die Authentifizierung der beteiligten Parteien und den Schutz vor wiederholt gesendetem Verkehr zu gewährleisten. Um dieses Ziel zu erreichen, werden zwei wichtige Netzwerkprotokolle, ESP und AH, verwendet. Alle anderen Komponenten des IPsec-Standards sind größtenteils Mittel für die effektive Implementierung dieser Protokolle und die Konfiguration der erforderlichen technischen Parameter. Wenn AH oder ESP auf ein IP-Paket angewendet werden, bedeutet dies, dass der Datenteil des Paketinhalts möglicherweise verändert (obwohl nicht immer der Fall) und ein zusätzlicher Header zwischen dem IP-Header und den Paketinhalten eingefügt wird. Die Abbildungen 7.1 und 7.2 illustrieren, wie diese Transformierungen durchgeführt werden.

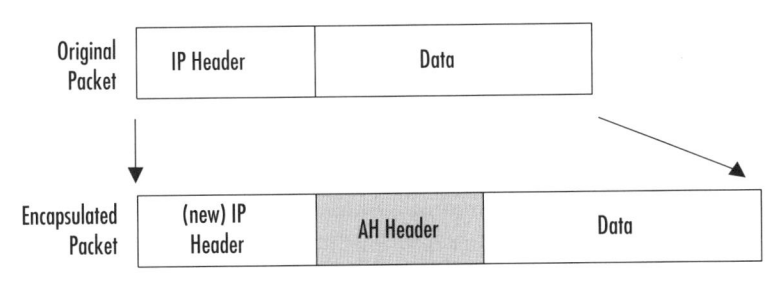

Abb. 7.1: AH Encapsulation (AH-Kapselung)

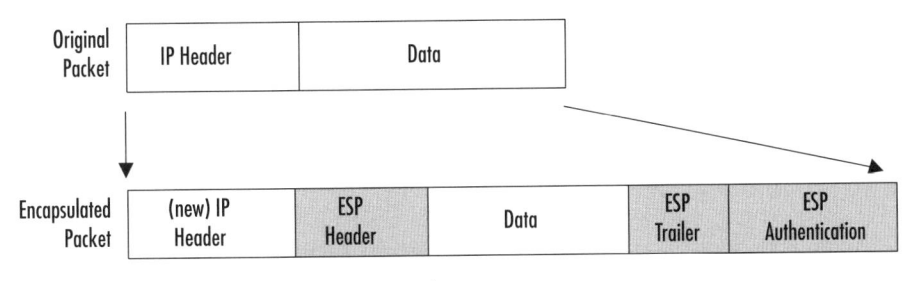

Abb. 7.2: ESP Encapsulation (ESP-Kapselung)

Authentication Header AH, definiert als IP 51, wird eingesetzt, um Folgendes zu gewährleisten:

- Datenintegrität – Dies wird erzielt durch Berechnen eines Hash-Wertes für das gesamte Paket, einschließlich des ursprünglichen IP-Headers (ausschließlich der Variablenfelder wie z. B. TTL), des Datenteils des Pakets und des Authentifizierungs-Headers (ausschließlich des Feldes, das den berechneten Hash-Wert enthalten wird). Dieser Hash-Wert wird als Integrity Check Value (ICV) bezeichnet und kann entweder ein Message Authentication Code (MAC) oder eine digitale Signatur sein. MACs werden häufiger verwendet als digitale Signaturen. Zu den Hash-Algorithmen zählen MD5 und SHA-1, die beide als *Keyed Hashes* (verschlüsselte Hashes) bezeichnet werden, da sie zur Berechnung des Hash-Wertes einen zusätzlichen Wert verwenden, der nur den beteiligten Parteien bekannt ist. Wenn das Paket empfangen wird, wird durch den Empfänger auf den gesamten Inhalt mit Ausnahme einiger Felder ein Hash-Algorithmus angewendet. Anschließend wird das Ergebnis mit dem ICV verglichen. Sind die Werte identisch, wird das Paket als authentisch deklariert.
- Datenursprungs-Authentifizierung – Als Teil der Integritätsfunktionalität bietet AH auch die Quell-IP-Authentifizierung. Da die Quell-IP in den Daten enthalten ist, kann die Integrität gewährleistet werden.
- Replay-Schutz – AH enthält auch eine IPsec-Sequenznummer, die Schutz vor Replay-Angriffen bietet, da diese Nummer auch in authentifizierten Daten enthalten ist und von der empfangenden Partei überprüft werden kann.

AH bietet keine Vertraulichkeit, da keine Verschlüsselung verwendet wird.

> **Hinweis**
>
> AH in Reinform verträgt sich nicht mit NAT. Wenn ein authentifiziertes Paket beispielsweise ein Adressübersetzungssystem durchläuft, verändert sich die IP-Adresse in dessen Header, und der durch den Empfänger für ein neues Paket berechnete MAC wird nicht korrekt sein, so dass das Paket abgelehnt wird. Es ist nicht möglich, dass ein übersetzendes Gateway den MAC wieder neu berechnet und in das Paket einfügt, da nur an den Endpunkten der Übertragung die Hashing-Keys bekannt sind. Es ist ein bekanntes Problem, wenn Sie AH einsetzen und sich irgendwo in dem Pfad ein NAT-System befindet – es funktioniert einfach nicht! Verwenden Sie ESP mit der zugehörigen Authentifizierung (sie können bei Bedarf die Verschlüsselung aktivieren) oder verzichten Sie auf NAT, wenn Sie bei AH bleiben möchten.

Encapsulating Security Payload   ESP, definiert als IP 50, bietet folgende Features:

- Padding von Paketinhalten, um Verkehrsanalysen zu verhindern, Verschlüsselung des Resultats durch Mechanismen wie DES, 3DES, AES oder Blowfish
- Optionale Authentifizierung unter Verwendung derselben Algorithmen wie im AH-Protokoll. IP-Header-Informationen werden nicht in die authentifizierten Daten eingeschlossen, wodurch durch ESP geschützte Pakete ohne Probleme NAT-Systeme passieren können. Wenn ein Paket erstellt wird, werden die Authentifizierungdaten nach der Verschlüsselung berechnet. Auf diese Weise kann der Empfänger die Authentizität des Pakets vor dem Beginn der rechenintensiven Entschlüsselung prüfen.
- Optionale Antireplay-Funktionen

In der ursprünglichen ESP-Definition waren die beiden letzten Features nicht enthalten. Es wurde unterstellt, dass Sender und Empfänger entweder eines oder beide Protokolle gleichzeitig nutzten, wenn Vertraulichkeit und Authentifizierung erforderlich war. Nun, da ESP die meisten der AH-Features auch ausführen kann, wird AH immer seltener verwendet. Da ESP auf der Basis von Kapselungsprinzipien arbeitet, hat es ein anderes Format: Sämtliche Daten werden verschlüsselt und dann zwischen einem Header und einem Trailer eingefügt. Dies unterscheidet sich von der Arbeitsweise von AH, wo nur ein Header erstellt wird.

IPsec-Kommunikationsmodi: Tunnel und Transport

AH und ESP können jeweils in zwei Modi angewendet werden: Transport und Tunnel. Im Transport-Modus ist nur der Datenteil eines IP-Pakets betroffen; der ursprüngliche IP-Header wird nicht verändert. Im Tunnel-Modus wird das komplette ursprüngliche Paket als Datenteil eines neuen Pakets gekapselt und es wird ein neuer externer IP-Header erstellt. (AH- und/oder ESP-Header werden in beiden Modi erstellt.) Der Transport-Modus wird verwendet, wenn Empfänger und Sender Endpunkte der Kommunikation sind – z.B. zwei Hosts, die direkt miteinander kommunizieren. Der Tunnel-Modus ist für Site-to-Site-VPNs besser geeignet, da er das Tunneling von Verkehr durch den zwischen zwei Gateways eingerichteten Kanal ermöglicht.

Im Transport-Modus enthält das IP-Paket direkt hinter dem ursprünglichen IP-Header und vor den Daten der oberen Schichten wie etwa einem TCP-Header oder Anwendungsdaten einen AH- oder ESP-Header. Wenn ESP auf das Paket angewendet wird, werden nur diese Daten der höheren Schichten verschlüsselt. Wenn die optionale ESP-Authentifizierung eingesetzt wird, werden nur die Daten der höheren Schichten, nicht der IP-Header authentifiziert. Wenn AH auf das Paket angewendet wird, werden sowohl der ursprüngliche IP-Header als auch die Daten der höheren Schichten authentifiziert. Abbildung 7.3 zeigt, was mit dem Paket geschieht, wenn IPsec im Transport-Modus angewendet wird.

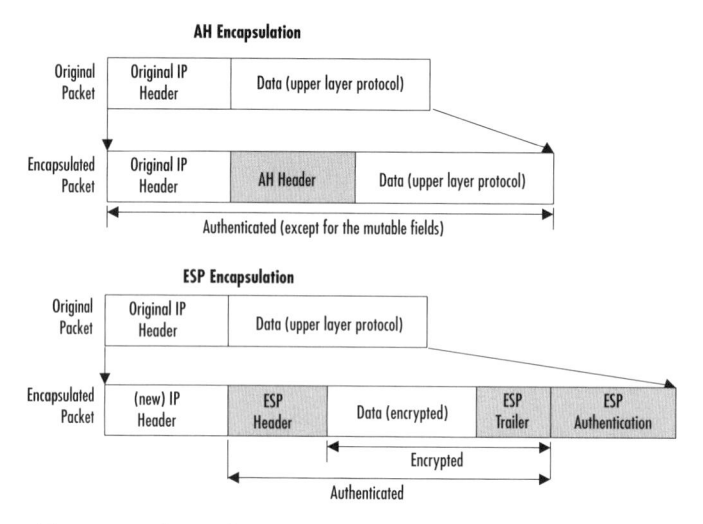

Abb. 7.3: Paketstruktur im Transport-Modus

Der Tunnel-Modus, bei dem es sich um den weitaus üblicheren Betriebsmodus handelt, ermöglicht die Einrichtung eines verschlüsselten und authentifizierten IP-Tunnels zwischen zwei Standorten. Das ursprüngliche Paket wird verschlüsselt und/oder authentifiziert und durch ein sendendes Gateway im Datenteil eines neuen IP-Pakets gekapselt. Dann wird der neue IP-Header mit der Zieladresse des empfangenden Gateway hinzugefügt. Der ESP- und/oder AH-Header wird zwischen diesem neuen Header und dem Datenteil eingefügt. Das empfangende Gateway führt die Entschlüsselung und Authentifizierung des Pakets durch, extrahiert das ursprüngliche IP-Paket (einschließlich der ursprünglichen Quell/Ziel-IPs) und leitet es an das Zielnetzwerk weiter. Abbildung 7.4 demonstriert die Kapselung, die im Tunnel-Modus ausgeführt wird.

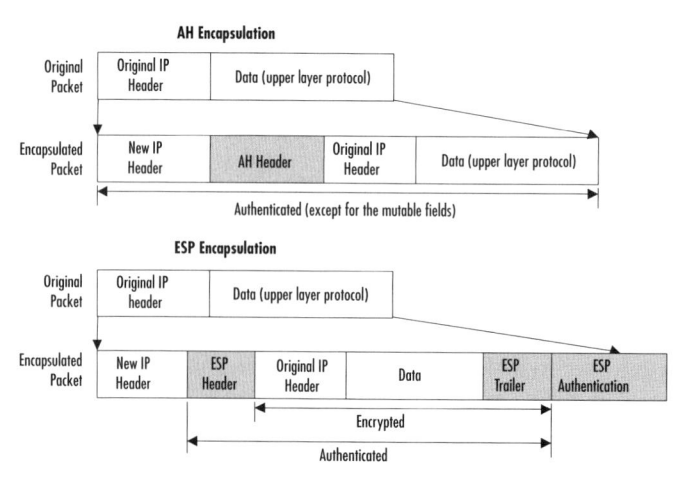

Abb. 7.4: Paketstruktur im Tunnel-Modus

Noch einmal: Wenn AH verwendet wird, werden sowohl der ursprüngliche IP-Header als auch der neue IP-Header geschützt (authentifiziert), doch wenn ESP verwendet wird, wird selbst mit der Authentifizierungsoption nur die ursprüngliche IP-Adresse, nicht die des sendenden Gateway geschützt. Dieses Setup ist gar nicht so schlecht, denn es ist sehr schwierig, ein korrektes IPsec-Paket ohne Kenntnis vieler der technischen Parameter vorzutäuschen. Der Ausschluss des neuen IP-Headers von den authentifizierten Daten ermöglicht auch Tunnel, die NAT-ausführende Systeme passieren. Bei der Erstellung des neuen Headers werden die meisten Optionen aus dem ursprünglichen Header auf den neuen abgebildet – z. B. das Feld Type of Service (ToS).

7.2.2 Internet Key Exchange

Im vorangegangenen Abschnitt wurde beschrieben, wie die IPsec-Protokolle der Netzwerkschicht funktionieren und welche Daten sie verwenden. Diese Protokolle nutzen für die Verschlüsselung und Authentifizierung kryptografische Algorithmen; daher gehören die Verschlüsselungs-/Authentifizierungs-Keys zu den wichtigsten Daten. Es ist zwar möglich, diese Schlüssel manuell zu konfigurieren, doch dieser Ansatz birgt viele Nachteile. Erstens lässt sich dieser Ansatz schwer skalieren, zweitens ist es nicht möglich, SAs neu auszuhandeln, da Sie feststehen, bis sie manuell geändert werden. Daher besteht ein großer Bedarf an geeigneten Tools für die Verwaltung von Schlüsseln und SAs. Die Schlüsselverwaltung umfasst Aspekte wie das Erstellen, Verteilen, Speichern und Löschen von Schlüsseln. Die wichtigsten Phasen sind die anfängliche Authentifizierung der Systeme untereinander und dann der Schutz für den Austausch der Schlüssel. Nach dem Austausch der Schlüssel wird der Kanal mit diesen Schlüsseln geschützt und zum Einrichten weiterer Parameter, darunter SAs, verwendet.

Das Protokoll, dass die IETF zur Ausführung dieser Funktionen angenommen hat, heißt *Internet Security Association and Key Management Protocol (ISAKMP)* und ist in RFC 2408 definiert, wo die authentifizierten Schlüssel-Austauschmethoden beschrieben werden, ohne dabei zu sehr ins Detail zu gehen. ISAKMP wurde durch die IANA der UDP-Port 500 zugewiesen. Es handelt sich um ein generisches Protokoll, das nicht an IPsec oder ein anderes Schlüssel verwendendes Protokoll gebunden ist. Es kann direkt über IP oder jedes andere Protokoll der Transportschicht implementiert werden. Wenn es mit Teilen anderer Schlüsselverwaltungsprotokolle namens *Oakley* (RFC 2412) und *Secure Key Exchange Mechanism (SKEME)*, für das keine RFC existiert, kombiniert wird, erhalten wir ein Protokoll mit dem Namen *Internet Key Exchange (IKE)*, das in RFC 2409 definiert ist. Obwohl es genau genommen nicht ganz korrekt ist, gelten die Abkürzungen IKE und ISAKMP häufig als austauschbar, selbst in Cisco-Konfigurationsbefehlen ist das so. Tatsächlich wird die gesamte IKE-Konfiguration über den Befehl isakmp ausgeführt.

Im IKE-Protokoll gibt es zwei Phasen des Informationsaustauschs, von der jede in zwei verschiedenen Modi ausgeführt werden kann. IKE-Phase 1 beginnt, wenn zwei Peers einen sicheren Kanal einrichten müssen – d.h. sie haben keine IPsec-SAs, die für die Kommunikation über IPsec benötigt werden. Diese Phase schließt ein: die gegenseitige Authentifizierung der beiden Systeme, eine Einigung über die Authentifizierungs- und Verschlüsselungsalgorithmen, die ab dann zum Schutze des IKE-Verkehrs verwendet werden, die Ausführung eines Diffie-Hellman- (DH-) Schlüsselaustausches und schließlich die Einrichtung einer IKE-Security Association (IKE-SA). IKE-SAs haben einen bidirektionalen Charakter; jeder IKE-Verbindung zwischen Peers ist nur eine IKE-SA zugeordnet. Die zweite Phase dreht sich um die Aushandlung einer oder mehrerer IPsec-SAs, die für den IPsec-Tunnel zwischen diesen Peers genutzt werden sollen. Dabei wird Schlüsselmaterial aus IKE-Phase 1 zum Ableiten von Schlüsseln für IPsec verwendet. Ein Peer teilt dem anderen mit, welchen Verkehrs er schützen will und welche Verschlüsselungs-/Authentifizierungsalgorithmen er unterstützt. Der zweite Peer stimmt einem einzelnen Schutz-Set für diesen Verkehr zu und richtet die erforderlichen Schlüssel für dieses Schutz-Set ein.

Obwohl durch die Implementierung verschiedener Phasen zusätzlicher Overhead bei der Verarbeitung entsteht, hat dieser Ansatz Vorteile:

- Das Vertrauen zwischen den Peers wird in der ersten Phase aufgebaut und in der zweiten Phase genutzt.
- Das in der ersten Phase eingerichtete Schlüsselmaterial kann in der zweiten Phase genutzt werden.
- Neuaushandlungen der ersten Phase können durch Daten der zweiten Phase unterstützt werden.

Wir wollen diese beiden Phasen genauer untersuchen. Phase 1 hat zwei Modi: Main-Modus und Aggressive-Modus. Im Main-Modus finden drei Austausche zwischen Peers statt. Jeder Austausch besteht aus zwei Nachrichten, einer Anforderung und einer Antwort:

- Im ersten Austausch im Main-Modus werden die Parameter für den Schutz der IKE-Verbindung ausgehandelt. Die initiierende Seite sendet einen Vorschlag (Proposal) an ihr Gegenüber, in dem eine Reihe möglicher, durch den Initiator unterstützter Parameter enthalten sind. Jedes Set enthält einen Verschlüsselungsalgorithmus (DES, 3DES usw.) und einen von vier Authentifizierungsalgorithmen: Pre-Shared Secret, RSA-Public-Key-Verschlüsselung mit Diffie-Hellman-Austausch Gruppe 1 und 2 oder Public-Key-RSA-Signatur (dies beinhaltet die Verwendung von Zertifikaten). Der andere Peer antwortet dann, indem er ein einzelnes Paar aus dem angebotenen Set akzeptiert, das er ebenfalls unterstützt. Wenn es zwischen den durch die Peers unterstützten Sets keine Übereinstimmung gibt, kann der IKE-Tunnel nicht erstellt werden.

- Der zweite Austausch im Main-Modus dient zur Einrichtung von DH-Schlüsseln zwischen den Peers. Dabei werden außerdem zwei Werte, die als *Nonces* bezeichnet werden, ausgetauscht, bei denen es sich um Hash-Werte handelt, die nur der andere Teil interpretieren kann. Das geschieht, um zu bestätigen, dass die Nachricht von demselben Host wie dem aus dem vorangegangenen Austausch stammt.
- Im dritten und letzten Austausch findet die tatsächliche Authentifizierung der Peers unter Verwendung der vereinbarten Methoden statt: Public-Key-Signaturen, Public-Key-Verschlüsselung oder Pre-Shared-Secret. Dieser Austausch wird ebenfalls geschützt, und zwar durch eine Methode, die im ersten Austausch ausgewählt wurde.

Weitere Informationen zu den Paketformaten und den verwendeten Algorithmen finden Sie in RFC 2408. Am Ende der ersten Phase verfügt jeder Host über eine IKE-SA, die alle Parameter für diesen IKE-Tunnel bestimmt: die Authentifizierungsmethode, den Verschlüsselungs- und Hashing-Algorithmus, die verwendete Diffie-Hellman-Gruppe, die Lebensdauer (Lifetime) dieser IKE-SA und die Key-Werte.

Im Aggressive-Modus werden statt sechs Paketen nur drei ausgetauscht, daher arbeitet er schneller, aber nicht so sicher. Die Anzahl der Pakete ist geringer, da die ersten beiden Pakete in diesem Austausch nahezu alles in einer Nachricht einschließen; jeder Host sendet einen Vorschlag für das Schutz-Set, die Diffie-Hellman-Werte und die Authentifizierungswerte. Das dritte Paket wird lediglich zur Bestätigung gesendet, und zwar nachdem die IKE-SA bereits eingerichtet ist. Die Schwäche des Aggressive-Modus liegt in der Tatsache, dass alle Daten in Klartext ausgetauscht werden und damit Abhör- oder Spoofing-Angriffen ausgesetzt sind. Das Einzige, das ein Angreifer jedoch erreichen kann, ist ein DoS bei einem der Peers, da es nicht möglich ist, die durch das Diffie-Hellman-Protokoll eingerichteten Schlüssel zu enttarnen.

Der wichtigste Modus von Phase 2 ist der Quick-Modus. Er kann mehrfach mit derselben, in Phase 1 eingerichteten IKE-SA wiederholt werden. Jeder Austausch in diesem Modus resultiert in der Einrichtung von zwei IPsec-SAs durch jeden Peer. Eine dieser SAs wird für den Inbound-Schutz und die andere für den Outbound-Schutz verwendet. Im Verlaufe des Austauschs einigen sich die Peers über die IPsec-SA-Parameter und senden einander ein neues Nonce, das zum Ableiten der Diffie-Hellman-Schlüssel aus den in Phase 1 eingerichteten Schlüsseln genutzt wird. Wenn die IPsec-SA-Lebensdauer abläuft, wird auf gleiche Weise eine neue SA ausgehandelt. Abbildung 7.5 zeigt einen Überblick über den IKE-Protokollfluss.

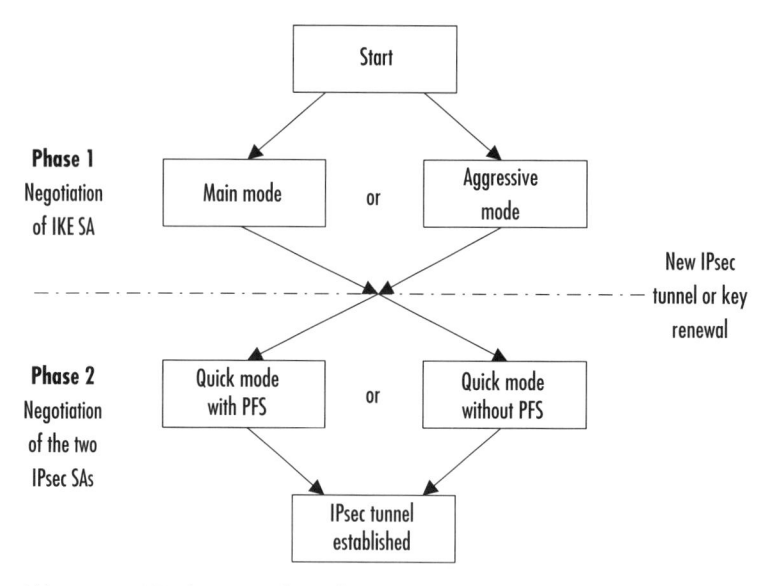

Kapitel 7
Konfiguration von Virtual Private Networks (VPNs)

Abb. 7.5: IKE-Phasen und -Modi

> **Hinweis**
>
> Es ist möglich, für den Quick-Modus die Verwendung von *Perfect Forward Secrecy (PFS)* anzufordern. PFS schreibt vor, dass die neuen Verschlüsselungs-Keys nicht von den vorherigen abgeleitet werden dürfen. Auf diese Weise wird, wenn ein Key enttarnt werden sollte, nur der durch diesen Key geschützte Verkehr enthüllt und weiter nichts. PFS wird erzielt, indem Sie in jedem Quick-Modus-Austausch einen neuen Diffie-Hellman-Schlüssel erstellen.

Ein weiterer Modus in der Phase 2 ist der New-Group-Modus, der nicht im Zusammenhang mit der Einrichtung von IPsec-Parametern steht und zur Änderung der Parameter der in IKE-Phase 1 verwendeten Diffie-Hellman-Gruppe dient.

7.2.3 Security Associations (Sicherheitszuordnungen)

Die vorangegangene Beschreibung der Funktionalität des Protokolls basierte auf der Annahme, dass bereits eine IPsec-Verbindung besteht und dass beiden Parteien alle Parameter wie Authentifizierungs- und Verschlüsselungs-Keys bekannt sind. Wir wollen untersuchen, wie diese Parameter im IPsec-Framework verwaltet werden. Dem Datenfluss in beide Richtungen ist eine Entität namens *Security Association* (SA, Sicherheitszuordnung) oder, genauer ausgedrückt, eine IPsec-SA zugeordnet. Für eine Kommunikation in beide Richtungen bedeutet dies, dass jede Partei zumindest über zwei IPsec-SAs verfügt. Der Sender besitzt eine für ausgehende

Pakete und eine weitere für eingehende Pakete vom Empfänger. Der Empfänger besitzt eine SA für eingehende Paket vom Sender und eine zweite SA für ausgehende Pakete an den Sender. In Abbildung 7.6 wird dieser Sachverhalt illustriert.

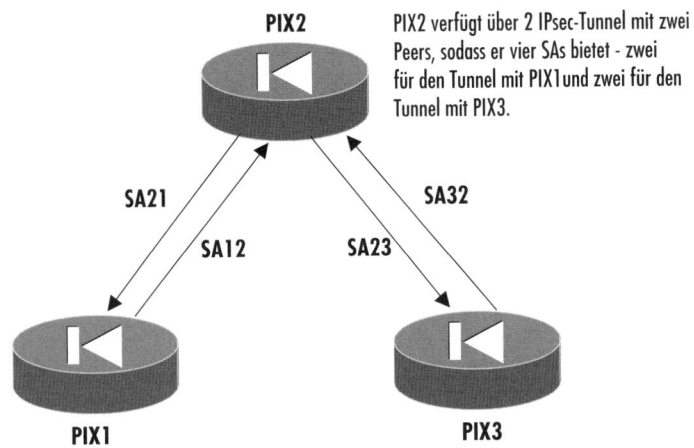

PIX2

PIX2 verfügt über 2 IPsec-Tunnel mit zwei Peers, sodass er vier SAs bietet – zwei für den Tunnel mit PIX1 und zwei für den Tunnel mit PIX3.

SA21   SA32
SA12   SA23

PIX1   **PIX3**

Der IPsec-Tunnel zwischen PIX1 und PIX2 wird durch zwei SAs geschützt – der Traffic zwischen PIX1 und PIX2 durch SA12 und zwischen PIX1 und PIX2 durch SA21.

Der IPsec-Tunnel zwischen PIX2 und PIX3 wird durch zwei SAs geschützt – der Traffic zwischen PIX2 und PIX3 durch SA23 und zwischen PIX3 und PIX2 durch SA32.

Abb. 7.6: IPsec Security Associations und ihre Verwendung bei der zweiseitigen Kommunikation

Jede SA kann anhand von drei Parametern eindeutig identifiziert werden:

- Der Security Parameter Index (SPI), der in AH- und ESP-Headern stets vorhanden ist
- Die Ziel-IP-Adresse
- Das IPsec-Protokoll, AH oder ESP – wenn beide Protokolle bei der Kommunikation verwendet werden, muss jedes eine eigene SA haben, woraus sich eine Gesamtzahl von vier SAs für eine zweiseitige Kommunikation ergibt.

Jeder/s beteiligte Host oder Gateway verwaltet eine separate Datenbank mit aktiven SAs für jede Richtung (inbound und outbound) auf jeder seiner Schnittstellen. Diese Datenbank wird als *Security Association Database (SAD)* bezeichnet. Anhand der SAs aus dieser Datenbank wird festgelegt, welche Verschlüsselungs- und Authentifizierungsparameter auf ein gesendetes oder empfangenes Paket angewendet werden. SAs können für die Dauer des Verkehrsflusses fest sein (in manchen Dokumenten als *Manuelles IPsec* bezeichnet), doch wenn ein Schlüssel-Management-Protokoll verwendet wird, werden sie viele Male während des Verbindungsflusses neu ausgehandelt. Für jede SA enthält der SAD-Eintrag folgende Daten:

1. Die Zieladresse
2. Den SPI
3. Die IPsec-Transformation (Protokoll und Algorithmus – z. B. AH, HMAC-MD5)
4. Den in dem Algorithmus verwendeten Schlüssel
5. Den IPsec-Modus (Tunnel oder Transport)
6. Die SA-Lebensdauer (in Kilobyte oder Sekunden); wenn diese Lebensdauer abläuft, muss die SA beendet und eine neue eingerichtet werden
7. Die Antireplay-Sequenzzähler
8. Einige zusätzliche Parameter wie Path MTU

Die Auswahl der Verschlüsselungsparameter und der entsprechenden SAs wird über eine andere Datenbank, die *Security Policy Database (SPD)*, verwaltet. Für jede Schnittstelle wird eine SPD verwaltet. Sie legt Folgendes fest:

- Auswahl des ausgehenden Verkehrs, der geschützt werden soll
- Überprüfung, ob der eingehende Verkehr ordnungsgemäß geschützt wurde
- Die für den Schutz dieses Verkehrs zu verwendenden SAs
- Was zu geschehen hat, wenn für diesen Verkehr keine SA vorhanden ist

Die SPD besteht aus einer nummerierten Liste mit Richtlinien. Jede Richtlinie ist einem oder mehreren Selektoren zugeordnet. Ein Selektor in einer Cisco-Implementierung ist einfach eine Access List. Ein permit-Statement bedeutet, dass IPsec auf den entsprechenden Verkehr angewendet werden soll; ein deny-Statement bedeutet, dass das Paket weitergeleitet und IPsec nicht angewendet werden soll. SPD-Richtlinien werden auf der PIX mit dem Befehl `crypto map` konfiguriert. Die resultierende Zuordnung und eine Crypto-Access-List werden auf die Schnittstelle angewendet und bilden eine SPD für diese Schnittstelle.

Wenn die IPsec-Netzwerk-Stack-Schicht zu versendende Daten empfängt, wird anhand der SPD geprüft, ob dieser Verkehr geschützt werden muss. Wenn das der Fall ist, wird die SPD verwendet, um eine SA zu beziehen, die diesem Verkehr entspricht. Wenn die SA existiert, werden deren Eigenschaften aus der SAD entnommen und auf das Paket angewendet. Wenn die SA noch nicht existiert, wird mittels IKE eine neue SA eingerichtet. Danach wird das Paket mit den Charakteristika dieser SA geschützt.

Bei eingehendem IPsec-Verkehr wird der SPI aus dem AH- oder ESP-Header bezogen. Damit wird eine entsprechende SA in der SAD gesucht. Ist sie nicht vorhanden, wird das Paket abgewiesen. Wenn eine SA existiert, wird das Paket entsprechend der Parameter in dieser SA überprüft/verschlüsselt. Schließlich wird anhand der SPD geprüft, ob das Paket ordnungsgemäß geschützt worden ist – z. B., dass es mittels 3DES verschlüsselt und mittels MD5 authentifiziert hätte werden sollen und nicht anders. Die Abbildung 7.7 illustriert den Ablauf in beiden Fällen.

IPsec-Konzepte

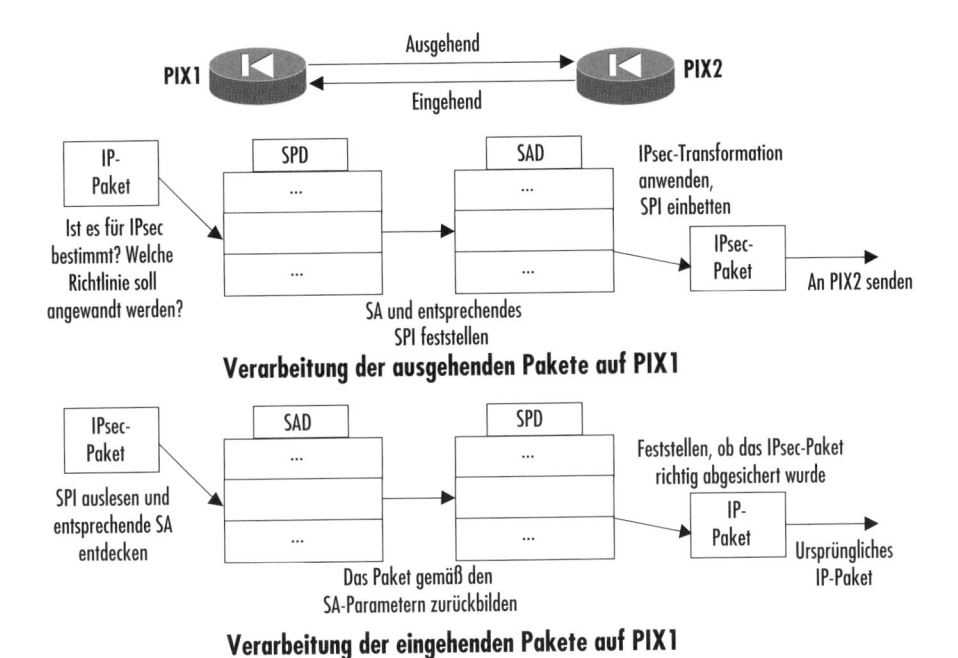

Abb. 7.7: Verarbeiten von Outbound- und Inbound-Verkehr durch IPsec

Entwerfen & Planen ...

Kryptografische Algorithmen in IPsec und deren relative Stärken

In diesem Abschnitt werden viele Begriffe im Zusammenhang mit der Kryptografie erwähnt. In allen IPsec-Implementierungen werden drei Kategorien von kryptografischen Algorithmen verwendet:

- Verschlüsselungsalgorithmen
- Algorithmen für die Nachrichtenauthentifizierung
- Algorithmen für die Erstellung von Schlüsseln

Verschlüsselungsalgorithmen dienen zur Verschlüsselung von Klartext-Nachrichten; dabei wird Text mithilfe von kryptografischen Schlüsseln zunächst chiffriert und anschließend wieder dechiffriert. Die einfachste Form von Verschlüsselungsalgorithmen ist die symmetrische Verschlüsselung. In diesem Fall können die Nachrichten mit dem gleichen Schlüssel ver- und entschlüsselt werden. Dieser Schlüssel muss geheim gehalten und gut geschützt werden; andernfalls besteht die Gefahr, dass unbefugte Personen verschlüsselte Nachrichten lesen und erstellen können. Eine allgemeine Regel besagt darüber hinaus: Je länger der Schlüssel ist, desto schwieriger ist es, eine Nachricht ohne Kenntnis des Schlüssels zu cracken.

Ein Beispiel für diese Form von Verschlüsselung ist DES. DES wurde von der US-Regierung als offizieller Standard anerkannt, bis er vor Kurzem durch AES (Advanced Encryption Standard) ersetzt wurde, der eine effizientere Verschlüsselung gewährleistet. Mittlerweile wird DES als veraltet und nicht stark genug angesehen, da sich die Geschwindigkeit von Computern bis zu einem Punkt gesteigert hat, an dem Nachrichten, die mit dem 56-Bit-Standard-DES verschlüsselt wurden, mit Leichtigkeit gecrackt werden können.

Eine stärkere Variante von DES ist Triple DES (3DES). Hierbei wird die Nachricht dreimal mittels DES verschlüsselt, jedes Mal mit einem anderen 56-Bit-Key. 3DES zählt immer noch zu den stärkeren Chiffriermechanismen, doch in einigen Jahren wird es zugunsten von AES als überholt gelten. Die PIX-Firewall unterstützt DES und 3DES als Verschlüsselungsalgorithmen für IPsec. Die zugehörigen Schlüsselworte für die ESP-Konfiguration sind esp-des und esp-3des. Bei der Konfiguration von IKE sind es die Schlüsselworte des und 3des.

Eine andere Form der Verschlüsselung ist die Public-Key-Kryptografie. Sie nutzt komplexe Exponential-Berechnungen und ist verglichen mit den schnellen, symmetrischen Key-Chiffrierungen wie DES oder 3DES sehr langsam. Der wesentliche Vorteil der Public-Key-Kryptografie liegt in der Verwendung von zwei Schlüsseln: einem für die Verschlüsselung und einem komplett eigenständigen für die Entschlüsselung. Nur der Entschlüsselungs-Key (der als Private-Key oder privater Schlüssel bezeichnet wird) muss geheim gehalten werden. Der Verschlüsselungs-Key (der als Public-Key oder öffentlicher Schlüssel bekannt ist) kann öffentlich gemacht werden. Wenn beispielsweise jemand Alice eine verschlüsselte Nachricht senden möchte, kann er ihren Public-Key zum Verschlüsseln der Nachricht nutzen, doch nur Alice kennt den Key, mit dem die Nachricht entschlüsselt werden kann. Ein weit verbreiteter Algorithmus, der auf Public-Keys basiert, ist der Rivest, Shamir und Adelman-(RSA-)Algorithmus.

Algorithmen für die Nachrichtenauthentifizierung sollen die Integrität einer Nachricht schützen. IPsec nutzt zwei Formen: Keyed Message Hash-Algorithmen und Public Signature-Algorithmen. *Keyed Message Hashing-Algorithmen* arbeiten wie folgt: Eine Nachricht wird mit einem Schlüssel kombiniert und anschließend auf ein Digest mit fester Länge reduziert. (Das Hinzufügen des Schlüssels gibt diesen Algorithmen das Attribut *Keyed*.) Ein *Hashing-Algorithmus* hat eine spezielle Eigenschaft, die es nahezu unmöglich macht, eine Nachricht mit demselben Digest wie einem gegebenen zu erstellen. Wenn ein Empfänger sicherstellen möchte, dass die Nachricht während des Transits nicht verändert wurde, führt er die gleiche Berechnung für die Nachricht durch und vergleicht das Ergebnis mit dem empfangenen Digest. Stimmen diese überein, wird die Nachricht als authentisch deklariert. Ein Spoof-Paket würde einen anderen Digest aufweisen.

Die beiden Authentifizierungsalgorithmen, die IPsec nutzt, sind MD5, das eine 128-Bit-Ausgabe erzeugt, und SHA-1, das eine 160-Bit-Ausgabe produziert und damit stärker ist als MD5. SHA-1 ist kryptografisch zwar stärker als MD5, erfordert aber einen höheren Verarbeitungsaufwand zur Berechnung des Hash-Werts als MD5. IPsec nutzt modifizierte Versionen dieser Authentifizierungsalgorithmen namens *HMAC-MD5* und *HMAC-SHA-1*, die ein zweifaches Hashing durchführen, wobei die Nachricht in verschiedenen Kombinationen mit dem Schlüssel berechnet wird. Die PIX-Firewall bietet Unterstützung für HMAC-MD5 und HMAC-SHA-1.

Schließlich bieten die Schlüsselerstellungsprotokolle Mittel für einen sicheren Austausch von symmetrischen Schlüsseln von beiden Seiten über ein unsicheres Medium (z. B. über das Internet). In IPsec wird diese Aufgabe über den Diffie-Hellman-(DH-)Algorithmus bewerkstelligt. DH basiert auf einigen Exponential-Berechnungen; während des Prozesses tauschen beide Seiten eine Reihe von Zahlen aus, anhand derer beide Peers den gleichen Schlüssel ableiten können, aber niemand sonst, der diese Zahlen sieht, könnte das Gleiche tun. DH in IPsec kann mit Schlüsseln in zwei verschiedenen Längen arbeiten: 768 Bit (DH-Gruppe 1) und 1024 Bit (DH-Gruppe 2). Schlüssel der Gruppe 2 sind zwar stärker, doch sie erfordern einen höheren Verarbeitungsaufwand. Die PIX-Firewall unterstützt beide DH-Keys, wobei Schlüssel der Gruppe 1 jedoch die Standardoption darstellen.

7.2.4 Certificate-Authority-Unterstützung

Die IKE-Authentifizierung auf der PIX-Firewall kann auf zwei verschiedene Arten durchgeführt werden:

- Unter Verwendung von Pre-Shared-Keys (vorverteilten, gemeinsam genutzten Schlüsseln), wobei die Parteien einander einfach einen Wert senden – beispielsweise die eigenen Namen, die dann mithilfe des Shared-Keys und einem Hash-Wert aus einigen Parametern verschlüsselt werden
- Unter Verwendung der RSA-Signatur-Authentifizierung (digitale Zertifikate)

Bei der zweiten Methode sendet jede Partei der anderen folgende Werte, um sich zu identifizieren: den Namen, das öffentliche Zertifikat, das durch eine Zertifizierungsstelle (Certificate Authority, CA) ausgegeben wurde, und die RSA-Signatur. Ein Public-Key-Zertifikat enthält eine Kopie des Public-Keys der Partei. Die empfangende Partei fragt dieselbe CA ab (natürlich sollte dies eine vertraute CA für die empfangende Partei sein) und prüft, ob das Zertifikat tatsächlich zum Sender gehört. Ist dies der Fall, wird die RSA-Signatur mit dem Public-Key aus dem Zertifikat verifiziert und die Identität des Systems ist bestätigt. Der größte Vorteil bei der Verwendung von CAs für die Authentifizierung in IKE liegt in der leichten Skalierbarkeit des Schemas, besonders in Umgebungen mit kompletten oder Teil-Maschennetzwerken. Wenn ein neuer Peer in das IPsec-Netzwerk eingefügt wird, muss der

Administrator nur ein Enrollment mit der CA durchführen und ein Zertifikat von der CA beziehen. Danach kann jeder Teilnehmer, der diese CA erkennt, die Identität des neuen Peers durch sein Zertifikat verifizieren.

Um ein Zertifikat zu erhalten, muss ein System einen vertrauten Kanal mit der CA einrichten, ein Public/Private-Key-Paar generieren und ein Zertifikat anfordern. Die CA verifiziert auf die eine oder andere Art (gewöhnlich mittels Offline-Methoden) die Anmeldedaten des Systems und gibt ein Zertifikat heraus. Ein Zertifikat kann zahlreiche Informationen enthalten: die IP-Adresse des Inhabers, dessen Name, die Seriennummer des Zertifikats, das Ablaufdatum des Zertifikats und eine Kopie des Public-Keys des Inhabers. Das Standardformat für das Zertifikat ist X.509. Cisco bietet Unterstützung für Version 3 dieses Standards. Die PIX-Firewall erfordert, dass die CA das Simple Certificate Enrollment Protocol (SCEP) unterstützt. Zum aktuellen Zeitpunkt werden folgende CAs unterstützt:

- VeriSign Private Certificate Services (PCS) und On-Site-Service (www.verisign.com)
- Entrust VPN Connector Version 4.1 oder höher (www.entrust.com)
- Baltimore Technologies UniCERT Certificate Management System Version 3.1.2 oder höher
- Microsoft CA, ein Bestandteil von Microsoft Windows 2000 Advanced Server

7.3 Konfiguration von Site-to-Site-IPsec unter Verwendung von IKE

Der IPsec-Konfigurationsprozess auf der Cisco PIX-Firewall setzt sich auf höherer Ebene aus drei wesentlichen Schritten zusammen:

1. **Planung** – Hier werden die Details für die zu verwendenden IPsec-Richtlinien festlegt, darunter die Methode für die SA-Einrichtung (ob IKE verwendet wird oder die SAs manuell konfiguriert werden), die IKE-Parameter, einschließlich der Peer-Authentifizierungsmethoden (Verwenden von Pre-Shared-Keys oder digitalen Zertifikaten), die zu verwendenden Protokolle (ESP und/oder AH) in welchen Modi sowie die Verschlüsselungsalgorithmen. In diesem Schritt muss auch sichergestellt werden, dass die Peers ohne IPsec kommunizieren können und dass alle IPsec-Pakete normale Access Lists und Passagen umgehen dürfen.

2. **Konfigurieren von IKE (wenn verwendet)** – In diesem Schritt wird IKE auf der Firewall aktiviert. Sie konfigurieren Richtlinienparameter für die Phasen 1 und 2 und definieren die Authentifizierungsmethode (Pre-Shared-Keys oder CA).

3. **Konfigurieren der IPsec-Parameter** – In diesem Schritt definieren Sie den betreffenden Verkehr, Sie konfigurieren Transform-Sets, erstellen ein Crypto-Map (kryptografische Zuordnung) und wenden diese Zuordnung auf eine Schnittstelle an.

Anhand eines Beispiels wollen wir den Konfigurationsprozess eines Site-to-Site-IPsec-VPNs unter Verwendung von IKE durchlaufen. Wir werden dabei auch auf die Unterschiede zwischen der Verwendung von Pre-Shared-Keys und digitalen Zertifikaten eingehen.

7.3.1 Planung

Wir beginnen die Umsetzung der drei erwähnten Schritte mit der Planung. Wenden wir uns zunächst den Konfigurationsparametern zu. Die Abbildung 7.8 zeigt die in dem Beispiel verwendeten Netzwerke und IP-Adressen.

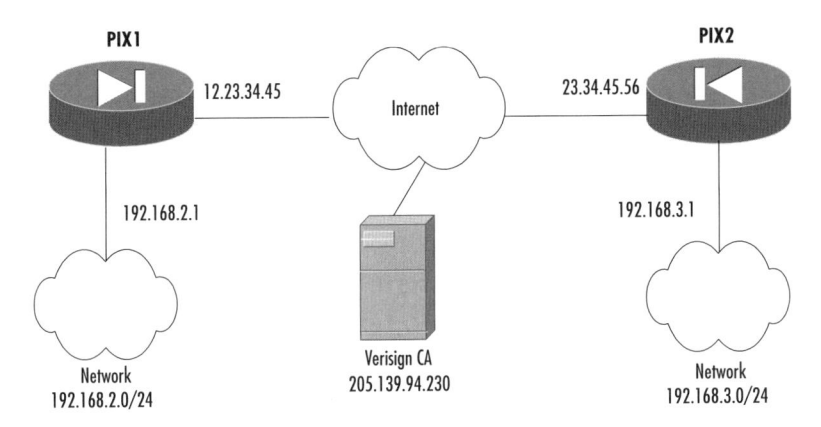

Abb. 7.8: Netzwerk-Setup für ein Site-to-Site-VPN

Zunächst müssen wir die Parameter für IKE-Phase 1 bestimmen. Zu den Schutzparametern zählen die Peer-Authentifizierungsmethode (Pre-Shared-Keys oder digitale Zertifikate), der Verschlüsselungsalgorithmus (DES oder 3DES), der Authentifizierungsalgorithmus für die Daten (MD5 oder SHA-1), die DH-Gruppen-ID (Gruppe 1 oder Gruppe 2) und die IKE-SA-Lebensdauer. Aus all diesen Parametern setzt sich eine IKE-Richtlinie zusammen. Sie können zwar für jeden Remote-Peer unterschiedliche Richtlinien konfigurieren, doch mindestens eine Richtlinie muss von beiden Firewalls gemeinsam genutzt werden, damit der IKE-Tunnel eingerichtet werden kann. In diesem Beispiel verwenden wir: 3DES-Verschlüsselung, MD5-Authentifizierung, DH-Gruppe 2 und eine IKE-SA-Lebensdauer von 2.500 Sekunden. Wir stellen Beispiele für die Verwendung von Pre-Shared-Keys und auch von digitalen Zertifikaten als Authentifizierungsmethode vor. Wenn wir Pre-Shared-Keys nutzen, müssen wir die zu verwendenden Schlüssel bestimmen. Wir entscheiden uns für die Zeichenkette mykey1.

Als Nächstes steht die Auswahl der IPsec-Parameter an. Neben der Bestätigung von Peer-IP-Adressen und -Namen müssen wir entscheiden, ob die IPsec-SAs mithilfe von IKE erstellt werden sollen, und wir müssen Transform-Sets für jeden Peer auswählen. Auch hier ist es möglich, für jeden IPsec-Tunnel viele verschiedene Transform-Sets zu konfigurieren, doch mindestens eines muss auf beiden Firewalls gleich sein, damit eine IPsec-SA und ein IPsec-Tunnel erfolgreich eingerichtet werden können. In diesem Beispiel konfigurieren wir ein Transform-Set mit Tunnel-Modus, ESP-Schutz mit DES und ESP-Authentifizierung mit SHA-1.

Nun können wir mit der Konfiguration beginnen. Wir werden schrittweise vorgehen. Bitte beachten Sie, dass die Schritte »Definition eines Pre-Shared-ISAKMP-Keys« und »Certificate-Authority-Unterstützung« sich ausschließen, also nur einer der beiden Schritte ausgeführt werden muss.

7.3.2 Zulassung von IPsec-Verkehr

Im ersten Schritt der Konfiguration muss gewährleistet werden, dass sich die beiden Firewalls erreichen können, bevor IPsec aktiviert wird. Führen Sie von jeder Firewall aus einen Ping-Befehl auf die jeweils andere Firewall aus, um sicherzustellen, dass die Netzwerk-Connectivity besteht. Natürlich funktionieren die Ping-Befehle nicht, wenn ICMP deaktiviert ist.

Im nächsten Schritt muss auf der Firewall eingehender IPsec-Verkehr zugelassen werden. Es gibt zwei verschiedene Methoden, um dies zu erreichen. Bei der ersten nutzen Sie den Befehl `sysopt connection permit-ipsec`, der implizit gestattet, dass der gesamte IPsec-Verkehr die Firewall erreichen darf. Fügen Sie dazu folgende Zeilen in die Access List auf der externen PIX-Schnittstelle ein:

```
PIX1(config)# access-list outside_access_in permit 50 any host 12.23.34.45
PIX1(config)# access-list outside_access_in permit 51 any host 12.23.34.45
PIX1(config)# access-list outside_access_in permit udp any host 12.23.34
    .45 eq 500
```

Die ersten Zeilen sorgen dafür, dass der gesamte Verkehr mit IP 50 (ESP) und 51 (AH) die externe Schnittstelle erreichen darf. Die dritte Zeile lässt IKE-Verkehr zu, der auf UDP-Port 500 geleitet wird. Anstatt den Befehl `sysopt` zu nutzen, können wir für jede Firewall eine engmaschigere Zugriffskontrolle erreichen, indem wir Access Lists oder Passagen (Conduits) verwenden, die die zweite Methode für das Zulassen von IPsec-Verkehr darstellen. Die folgende Access List lässt beispielsweise nur IPsec-Verkehr von PIX2 zu PIX1 zu:

```
PIX1(config)# access-list outside_access_in permit 50 host 23.34.45.56
    host 12.23.34.45
PIX1(config)# access-list outside_access_in permit 51 host 23.34.45.56
    host 12.23.34.45
PIX1(config)# access-list outside_access_in permit udp host 23.34.45.56
    host 12.23.34.45 eq 500
```

Die Verwendung des Befehls sysopt connection permit-ipsec ist die bevorzugte Methode für das Zulassen von IPsec-Verkehr, weil sie einfacher ist und wirklich keine Schlupflöcher in der Firewall öffnet. Da IPsec-Pakete verschlüsselt und authentifiziert werden, wird jedes Paket, das nicht von einem korrekten Peer stammt, verworfen. Wenn Sie diesen sysopt-Befehl nicht verwenden, sollten Sie jedoch nicht vergessen, auf der externen Schnittstelle (oder einer anderen Schnittstelle, auf der der Tunnel endet) eine Access List zu erstellen, um den erwünschten Verkehr zuzulassen. Durch den sysopt-Befehl wird dem gesamten entkapselten IPsec-Verkehr ohne zusätzliche Passage das Passieren erlaubt.

> **Hinweis**
>
> Sie sollten sicherstellen, dass alle Netzwerksysteme zwischen den beiden Firewalls so konfiguriert sind, dass sie den Verkehr mit IP 50 und 51 und den UDP-Verkehr mit Ziel-Port 500 passieren lassen. Einige Provider haben Acceptable-Use-Richtlinien, die keine VPNs zulassen und IPsec-Verkehr daher ausfiltern. Andere lassen IPsec-Verkehr als zusätzlichen Service für jene Kunden zu, die ein IPsec-VPN nutzen möchten und bereit sind dafür zu zahlen.

7.3.3 Aktivierung von IKE

Die Konfiguration von IKE-Richtlinien beginnt mit der Aktivierung der IKE-Verarbeitung auf der externen Schnittstelle der Firewall (oder jener Schnittstelle, die mit dem Remote-Peer verbunden ist). Dies muss auf jedem Peer mit diesem Befehl erfolgen:

```
isakmp enable <interface_name>
```

In unserem Beispiel führen wir diesen Befehl für die externen Schnittstellen der beiden Firewalls aus:

```
PIX1(config)# isakmp enable outside
PIX2(config)# isakmp enable outside
```

IKE ist standardmäßig auf allen Schnittstellen aktiviert. Es kann auf einer speziellen Schnittstelle (um DoS-Angriffe auf der Schnittstelle zu verhindern) mit der no-Form des Befehls deaktiviert werden.

```
no isakmp enable <interface_name>
```

Standardmäßig nutzt die PIX-Firewall ihre IP-Adresse, um sich gegenüber ihren Peers zu identifizieren. Die PIX kann sich selbst (und ihre Peers) entweder über eine IP-Adresse oder über einen Host-Namen identifizieren. Wenn Peers durch RSA-Signaturen authentifiziert werden sollen, empfiehlt sich die Verwendung von Host-Namen. (Der Remote-Peer muss auf der Firewall entweder mit dem Befehl name definiert werden oder er muss über DNS auflösbar sein.) Wenn Sie andererseits digitale Zertifikate, die IP-Adressen enthalten, angefordert haben, sollten Sie beim Standard bleiben und die IP-Adresse als Identifikationsmethode nutzen. Sie ändern die Identifikationsmethode mit folgendem Befehl; stellen Sie dabei aber sicher, dass Sie auf beiden Firewalls dieselbe Methode verwenden.

```
isakmp identity {address | hostname}
```

Wenn die Identifikationsmethode nicht übereinstimmt, können die Peers keine IKE-SA aushandeln und damit wird keine IPsec-SA eingerichtet.

7.3.4 Erstellung einer ISAKMP Protection Suite

Im nächsten Schritt müssen die IKE-Richtlinienparameter konfiguriert werden. Die PIX kann mehrere IKE-Richtlinien haben (die auch als ISAKMP Protection Suites bekannt sind), die anhand ihrer Priorität (ein Ganzzahlwert zwischen 1 und 65.534) unterschieden werden. Je geringer dieser Wert, desto höher ist die Priorität der Richtlinie. Die IKE-Richtlinienparameter müssen exakt zwischen den Peers übereinstimmen. Die Richtlinie mit dem niedrigsten Wert wird zuerst ausprobiert. Wenn diese durch den Remote-Peer nicht akzeptiert wird, wird die nächste ausprobiert. Dieser Vorgang wird so lange wiederholt, bis eine der Richtlinien durch den anderen Peer akzeptiert wird oder keine weiteren Richtlinien vorhanden sind und die IKE-Einrichtung damit fehlschlägt. Mit dem folgenden Befehl erstellen Sie eine Richtlinie:

```
isakmp policy <priority> authentication {pre-share | rsa-sig}
isakmp policy <priority> encryption {des | 3des}
isakmp policy <priority> hash {md5 | sha}
isakmp policy <priority> group {1 | 2}
isakmp policy <priority> lifetime <lifetime>
```

Die Befehle legen (nacheinander) den Verschlüsselungsalgorithmus, den Datenauthentifizierungsalgorithmus, die Peer-Authentifzierungsmethode, die Diffie-Hellman-Gruppen-ID und die IKE-SA-Lebensdauer in Sekunden fest. Der Parameter lifetime kann einen Wert zwischen 2 und 3.600 Sekunden annehmen.

Entsprechend unserer Planung konfigurieren wir folgende Einstellungen auf beiden Firewalls unter Verwendung einer Priorität von 10:

```
isakmp policy 10 encryption 3des
isakmp policy 10 hash md5
```

```
isakmp policy 10 group 2
isakmp policy 10 lifetime 2400
```

Wird einer dieser Parameter nicht angegeben, gilt die jeweilige Standardeinstellung. Die Standardwerte für die einzelnen Parameter sind wie folgt: des für Verschlüsselung, md5 für die Datenauthentifizierung, 1 für die DH-Gruppe und 3600 für die IKE-SA-Lebensdauer. Natürlich müssen wir auch die Peer-Authentifizierungsmethode angeben. Wenn Sie Pre-Shared-Keys verwenden, müssen Sie folgenden Befehl eingeben:

```
isakmp policy 10 authentication pre-share
```

Wenn Sie digitale Zertifikate verwenden, geben Sie folgenden Befehl ein (obwohl dies eigentlich nicht erforderlich ist, da es sich um die Standardeinstellung handelt):

```
isakmp policy 10 authentication rsa-sig
```

Mit dem Befehl show isakmp policy können Sie die Konfiguration der IKE-Richtlinien überprüfen. Bei der Verwendung von Pre-Shared-Keys könnte die Ausgabe wie folgt aussehen:

```
PIX1# show isakmp policy
Protection suite of priority 10
    encryption algorithm:    Three key triple DES
    hash algorithm:          Message Digest 5
    authentication method:   Pre-Shared-Key
    Diffie-Hellman group:    #2 (1024 bit)
    lifetime:                2400 seconds, no volume limit
Default protection suite
    encryption algorithm:    DES -
 Data Encryption Standard (56 bit keys).
    hash algorithm:          Secure Hash Standard
    authentication method:   Rivest-Shamir-Adleman Signature
    Diffie-Hellman group:    #1 (768 bit)
    lifetime:                86400 seconds, no volume limit
```

Wie Sie erkennen können, ist auch eine Standard-IKE-Richtlinie vorhanden. Obwohl das in der Ausgabe zu diesem Befehl nicht sichtbar ist, hat die Standardrichtlinie eine Priorität von 65.535. Wenn die konfigurierten ISAKMP-Richtlinien keinem der durch den Remote-Peer erfolgten Vorschläge entspricht, versucht die Firewall die Standardrichtlinie anzuwenden. Wenn auch die Standardrichtlinie nicht übereinstimmt, schlagen die ISAKMP-Aushandlungen fehl.

7.3.5 Definition eines Pre-Shared-ISAKMP-Keys

Die gängigste Einrichtung eines Site-to-Site-VPNs zwischen zwei PIX-Firewalls erfolgt über die Konfiguration eines IPsec-Tunnels mit IKE unter Verwendung eines Pre-Shared-Keys. Wenn Sie die Firewall nutzen, um mehrere VPNs mit verschiedenen Peers einzurichten, müssen Sie unbedingt darauf achten, dass der Pre-Shared-Key für jedes Gateway-Paar eindeutig ist. Der zur Einrichtung eines IKE-Tunnels mit einem speziellen Peer zu verwendende Schlüssel wird auf der Basis der Peer-IP-Adresse ausgewählt. Der Schlüssel selbst ist eine alphanumerische Zeichenkette aus bis zu 128 Zeichen und muss auf beiden Gateways mit folgendem Befehl konfiguriert werden:

```
isakmp key <keystring> address <peer-address> netmask [netmask]
```

Sie müssen den Schlüssel auf beiden Firewalls konfigurieren:

```
PIX1(config)# isakmp key mykey1 address 23.34.45.56 netmask 255.255.255
    .255
PIX2(config)# isakmp key mykey1 address 12.23.34.45 netmask 255.255.255
    .255
```

Um den gleichen Key für die Verbindung zu jedem Peer zu nutzen, verwenden Sie 0.0.0.0 als Peer-Adresse und als Net Mask.

7.3.6 Certificate-Authority-Unterstützung

Die Verwendung von CAs ist sehr nützlich, wenn Sie ein sehr großes und skalierbares Netzwerk aus untereinander verbundenen Peers konfigurieren, in dem Peers zu jeder Zeit hinzugefügt oder entfernt werden können. Wenn Sie ein Netzwerk mit IKE unter Verwendung von Pre-Shared-Keys konfiguriert hätten, müssten Sie bei jedem Hinzufügen oder Entfernen eines Peers die Konfiguration mehrerer Firewalls ändern. CAs bieten eine einfache Methode für die Konfiguration komplizierter Netzwerke. Der größte Vorteil liegt darin, dass jeder Peer separat und unabhängig von anderen konfiguriert wird. Wenn für die Authentifizierung der Parteien in IKE Public-Key-Zertifikate verwendet werden, hat jeder Peer ein eigenes Zertifikat, das er seinem Gegenüber während der IKE-Authentifizierungsphase präsentiert. Die andere Seite verifiziert die Authentizität und Gültigkeit dieses Zertifikats durch Konsultieren einer CA. Wenn alles in Ordnung ist, ist die IKE-Authentifizierung erfolgreich. Die CA kann entweder durch einen Computer in Ihrem Netzwerk repräsentiert werden, oder Sie verwenden eine vertraute externe CA. In unserem Beispiel nutzen wir einen externen VeriSign-Server mit einer IP-Adresse von 205.139.94.230.

Das Enrollment ist ein komplexer Prozess, der aus folgenden Schritten besteht:

1. Die PIX generiert ein eigenes Public/Private-RSA-Key-Paar.
2. Die PIX fordert den Public-Key und das Zertifikat der CA an. Dies muss entweder über einen sicheren Kanal erfolgen oder mit anderen Offline-Mitteln überprüft werden – z. B. durch den Vergleich von Zertifikat-Fingerprints.
3. Die PIX sendet eine Anforderung für ein neues Zertifikat. Diese Anforderung enthält den in Schritt 1 generierten Public-Key. Sie wird verschlüsselt mit dem Public-Key der CA, der in Schritt 2 angefordert wurde.
4. Der Administrator der CA verifiziert die Identität des Anforderers und sendet ein neues Zertifikat. Dieses Zertifikat wird durch die CA signiert, so dass seine Authentizität von jedem verifiziert werden kann, der eine Kopie des Zertifikats der CA besitzt.

> **Hinweis**
> Bevor Sie die Unterstützung für CA auf der PIX konfigurieren, sollten Sie sicherstellen, dass die interne Uhrzeit und die Zeitzone korrekt gesetzt wurden.

Sie müssen sich entscheiden, ob Sie CRLs (Certificate Revocation Lists) verwenden möchten. Diese Listen werden von manchen CAs gepflegt, um eine Methode für die Prüfung auf widerrufene Zertifikate bereitzustellen. Wenn Sie die CRL-Unterstützung aktivieren, wird jedes Zertifikat, bevor es akzeptiert wird, gegen diese Liste geprüft. Dazu muss zum Zeitpunkt der Authentifizierung eine Verbindung zwischen der Firewall und der CA bestehen, was nicht immer möglich ist. Wenn Sie auf CRLs verzichten, muss nur während des Enrollment-Prozesses eine Verbindung zur CA bestehen und die ganze Authentifizierung von Zertifikaten, die später erfolgt, geschieht über das öffentliche Zertifikat der CA, das die Firewall während des Enrollment-Prozesses von der CA angefordert hatte.

Konfiguration von Host- und Domain-Name

Das Enrollment beginnt mit der Definition von Host- und Domain-Name für die Firewall, die später in ihrem Zertifikat verwendet werden. Die entsprechenden Befehle kennen Sie bereits aus Kapitel 2:

```
hostname <hostname>
domain-name <domain-name>
```

In unserem Beispiel müssen wir folgende Befehle eingeben:

```
PIX1(config)# hostname PIX1
PIX1(config)# domain-name securecorp.com
PIX2(config)# hostname PIX2
PIX2(config)# domain-name securecorp.com
```

Generieren eines RSA-Key-Paars

Im nächsten Schritt wird ein RSA-Key-Paar erstellt. Das bewerkstelligen Sie mit folgendem Befehl:

```
ca generate rsa key <key_modulus_size>
```

Durch diesen Befehl wird auf der PIX ein Public/Private-RSA-Key-Paar erstellt und im Flash-Speicher abgelegt. Die Stärke der generierten Schlüssel wird über den Parameter key_modulus_size angegeben. Der Standardwert beträgt 768 Bit, der als relativ sicher gilt, doch Sie können bei Bedarf auch 1024 oder 2048 Bit verwenden. Stellen Sie sicher, dass Sie Host- und Domain-Namen für die PIX korrekt konfiguriert haben, bevor Sie die Schlüssel generieren. Beispiel:

```
PIX1(config)# ca generate rsa key 1024
Key name:PIX1.securecorp.com
Usage:General Purpose Key
Key Data:
30819f30 0d06092a 864886f7 0d010101 05000381 8d003081 89028181 00c8ed4c
9f5e0b52 aea931df 04db2872 5c4c0afd 9bd0920b 5e30de82 63d834ac f2e1db1f
1047481a 17be5a01 851835f6 18af8e22 45304d53 12584b9c 2f48fad5 31e1be5a
bb2ddc46 2841b63b f92cb3f9 8de7cb01 d7ea4057 7bb44b4c a64a9cf0 efaacd42
e291e4ea 67efbf6c 90348b75 320d7fd3 c573037a ddb2dde8 00df782c 39020301
   0001
```

Die generierten Schlüssel werden im Flash-Speicher gespeichert. Sie können den Public-Key anzeigen, indem Sie folgenden Befehl eingeben:

```
show ca mypubkey rsa key
```

Beispiel:

```
PIX1(config)# show ca mypubkey rsa
% Key pair was generated at: 09:45:23 Sep 11 2002
Key name:PIX1.securecorp.com
Usage:General Purpose Key
Key Data:
```

```
30819f30 0d06092a 864886f7 0d010101 05000381 8d003081 89028181 00c8ed4c
9f5e0b52 aea931df 04db2872 5c4c0afd 9bd0920b 5e30de82 63d834ac f2e1db1f
1047481a 17be5a01 851835f6 18af8e22 45304d53 12584b9c 2f48fad5 31e1be5a
bb2ddc46 2841b63b f92cb3f9 8de7cb01 d7ea4057 7bb44b4c a64a9cf0 efaacd42
e291e4ea 67efbf6c 90348b75 320d7fd3 c573037a ddb2dde8 00df782c 39020301
   0001
```

Der Private-Key kann nicht angezeigt werden.

Angabe einer CA

Nachdem das Schlüsselpaar auf der PIX-Firewall erstellt wurde, muss nun die CA angegeben werden, die für die Verifizierung der Zertifikate eingesetzt werden soll. Der entsprechende Befehl lautet:

```
ca identity <ca_nickname> <ca_ip_address>[:<script_location>] [<ldap_
   address>]
```

Mit dem Parameter ca_nickname wird ein interner Nickname festgelegt, den die PIX für diese CA nutzen wird. Im Parameter ca_ip_address wird die IP-Adresse des CA-Servers angegeben. Der Parameter script_location kann angegeben werden, wenn die CA eine nichtstandardisierte URL für das Enrollment-Skript nutzt. Standardmäßig sollte das Skript unter /CGI-BIN/PKICLIENT.EXE abgelegt sein. Wenn Sie beispielsweise eine Microsoft-CA verwenden, geben Sie /CERTSRV/mscep/mscep.dll ein. Wenn die CA Unterstützung für LDAP-Anforderungen bietet, können Sie die IP-Adresse des LDAP-Servers der CA ebenfalls in dem Befehl angeben.

Die PIX unterstützt zu einem Zeitpunkt immer nur eine CA. Zum Entfernen einer CA geben Sie einfach folgenden Befehl ein:

```
no ca identity <ca_nickname>
```

Für unser Beispiel nutzen wir folgende Konfiguration:

```
PIX1(config)# ca identity verisign 205.139.94.230
PIX2(config)# ca identity verisign 205.139.94.230
```

Sie können die identity-Einstellungen für die CA mit dem Befehl show ca identity überprüfen.

Konfiguration von CA-Parametern

Die Konfiguration der CA-Parameter erfolgt mit diesem Befehl:

```
ca configure <ca_nickname> {ca|ra} <retry_period> <retry_count>
   [crloptional]
```

Mit diesem Befehl wird festgelegt, ob es sich bei ca_nickname um eine CA oder um eine RA (Registration Authority) handelt. Einige Systeme nutzen eine RA, die die Firewall statt einer CA verwendet. Stellen Sie sich eine RA als eine Art Proxy für die CA vor. In kleinen bis mittelgroßen Netzwerken wird sie jedoch selten verwendet. Mit dem Befehl wird auch festgelegt, wie oft die PIX versuchen soll, diese Authority zu erreichen. In diesem Zusammenhang können Sie auch den Timeout (in Minuten) zwischen den Anforderungen einrichten. Durch den Parameter crloptional wird die PIX angewiesen, die Prüfung der Zertifikate gegen die CRL zu überspringen, wenn diese Liste nicht zur Verfügung steht. Wenn der Parameter crloptional nicht angegeben ist und CRL nicht zur Verfügung steht, wird das Zertifikat des Peers abgewiesen.

> **Hinweis**
>
> Sie sollten den Parameter crloptional bei VeriSign-CAs immer setzen, da sie weder die öffentlichen noch die internen Versionen einer CRL zur Verfügung stellen.

Geben Sie für unser Beispiel Folgendes ein:

```
PIX1(config)# ca configure verisign ca 1 20 crloptional
PIX2(config)# ca configure verisign ca 1 20 crloptional
```

Unsere Konfiguration besagt: Bei der zuvor als *verisign* identifizierten Authority handelt es sich um eine CA, sie bietet keine Unterstützung für CRLs und die PIX soll 20 Verbindungsversuche mit einer Verzögerung von 1 Minute zu dieser CA ausführen, bevor sie aufgibt. Zur Anzeige der CA-Konfigurationseinstellungen dient der Befehl show ca configure.

Authentifizierung der CA

Im nächsten Schritt müssen Sie den Public-Key der CA erlangen und dessen Authentizität verifizieren. Dieser Schlüssel ist im eigenen digitalen Zertifikat der CA enthalten, das durch die CA selbst signiert wurde. Daher muss die PIX nach Erhalt dieses Zertifikats verifizieren, dass sie eine Art Offline-Methode verwendet. Das kann über den Erhalt einer speziellen Eigenschaft des Zertifikats, eines *Fingerprint* vom Administrator der CA (oder durch andere Mittel) erreicht werden. Bei einem Fingerprint handelt es sich um einen Hash-Wert aus den Inhalten des Zertifikats. Wenn der berechnete und der erhaltene Hash-Wert übereinstimmen, wird das Zertifikat als echt bestätigt. Der Befehl auf der PIX zur Anforderung des CA-Zertifikats lautet:

```
ca authenticate <ca_nickname> [<fingerprint>]
```

Wenn dieser Befehl nur mit einem Parameter, dem Nickname der CA, verwendet wird, fordert die PIX einfach das Zertifikat von der CA an und das Ergebnis wird angezeigt:

```
PIX1(config)# ca authenticate verisign
Certificate has the following attributes:
Fingerprint: 1234 1234 5678 CDEF ABCD
```

Die PIX berechnet auch einen Fingerprint des empfangenen Zertifikats (10 Byte in hexadezimaler Kodierung) und zeigt das Ergebnis an. Dann kann es mit dem bekannten Fingerprint verglichen werden, um die Authentizität des Zertifikats zu verifizieren. Diese Verifizierung kann automatisch erfolgen, wenn der bekannte Fingerprint als Teil des Befehls eingegeben wird:

```
PIX1(config)# ca authenticate verisign 0123456789abcd012345
Certificate has the following attributes:
Fingerprint: 0123 4567 89AB CDEF 5432
%Error in verifying the received fingerprint. Type help or '?' for a list
   of available commands.
```

In diesem Fall stimmen der berechnete Fingerprint (0123 4567 89AB CDEF 5432) und der erwartete (0123 4567 89ab cd01 2345) nicht überein. Daher wird das Zertifikat abgewiesen. Der ca authenticate-Befehl wird nicht in der PIX-Konfiguration gespeichert; es ist nicht erforderlich, ihn mehr als einmal für jede neue CA auszuführen. Wenn es sich bei der verwendeten Authority statt um eine CA um eine RA handelt, liefert diese drei Zertifikate zurück:

- Den RA-Signierungs-Key
- Den RA-Verschlüsselungs-Key
- Den allgemeinen CA-Public-Key

Das empfangene Zertifikat wird in dem speziell zur Ablage von RSA-Keys auf der Firewall vorhandenen Speicherbereich abgelegt (der Datensatz wird insgesamt als *RSA public key chain* bezeichnet). Zur Anzeige dient folgender Befehl:

```
show ca certificate
```

Sie erhalten eine Ausgabe, die wie folgt aussehen könnte:

```
RA Signature Certificate
Status: Available
Certificate Serial Number: 38231245
```

```
Key Usage: Signature

CA Certificate
Status: Available
Certificate Serial Number: 38231256
Key Usage: Not Set

RA KeyEncipher Certificate
Status: Available
Certificate Serial Number: 38231267
Key Usage: Encryption
```

CA-Zertifikate müssen mithilfe des Befehls ca save all im Flash-Speicher abgelegt werden oder sie gehen nach dem Neustart verloren. Mit dem Befehl write memory können keine Zertifikate gespeichert werden.

Enrolling mit der CA

Während des Enrolling-Prozesses sendet die Firewall eine Anforderung an die CA, damit diese ein neues Zertifikat für diese Firewall ausgibt. Die CA antwortet, indem sie das Public-Key-Zertifikat signiert, das sie von der Firewall als Teil der Anforderung erhält, und die Ergebnisse zurück an die PIX sendet. Nach der Signierung durch die CA wird es zu einem gültigen Zertifikat, dessen Authentizität mit gewöhnlichen Public-Key-Signatur-Tools von jedem bestätigt werden kann, der den Public-Key der CA kennt. Technisch gesehen muss die CA nicht umgehend antworten (ein Zertifikat ausgeben), und das Zertifikat kann lange Zeit nach dem Senden der Anforderung abgeschickt werden (der Enrollment-Prozess selbst), doch in der Praxis erwartet die PIX, dass diese beiden Ereignisse innerhalb einer Transaktion stattfinden.

Das Enrollment wird mit folgendem Befehl gestartet:

```
ca enroll <ca_nickname> <challenge_password> [serial] [ip_address]
```

Der Parameter ca_nickname steht für eine CA, die zuvor mit den Befehlen ca identity und ca authenticate definiert wurde. Der Parameter challenge_password steht für ein Kennwort, das verwendet wird, um zukünftige Anforderungen für den Widerruf eines Zertifikats zu authentifizieren. Wenn Sie also später das in diesem Enrollment erlangte Zertifikat widerrufen müssen, müssen Sie die CA mit demselben Kennwort versorgen, das Sie während des Enrollment-Prozesses angegeben haben. Wenn der Befehl ca authenticate ausgeführt wird, fordert die PIX ein Public-Key-Zertifikat für jedes ihrer RSA-Key-Paare an. Wenn Sie nur ein Schlüsselpaar (mit dem Befehl ca generate rsa key) generiert haben, wird ein einzelnes Zertifikat angefordert. Wenn noch weitere RSA-Paare vorhanden sind (beispielsweise für die Verwendung mit SSL – ein Schlüsselpaar für einen besonderen Zweck), fordert die PIX mehrere Zertifikate an. Wenn die PIX bereits ein Zertifikat erteilt bekommen hat, werden Sie aufgefordert, vorhandene Zertifikate aus dem Speicher der PIX zu löschen. Zertifikate können auch mit folgendem Befehl gelöscht werden:

```
no ca identity <ca_nickname>
```

Mit diesem Befehl werden alle Zertifikate, die von der angegebenen Authority erteilt wurden, gelöscht.

Der Befehl ca enroll sowie das Challenge-Kennwort werden nicht in der PIX-Konfiguration gespeichert; nur dessen Ergebnisse können mithilfe des Befehls ca save all im Flash-Speicher gespeichert werden.

Die Optionen serial und ip_address dienen zum Einschluss einiger Zusatzinformationen in das Public-Key-Zertifikat. Wenn die Option serial angegeben wird, wird die Seriennummer der Firewall in die Zertifikatsanforderung und damit auch in das resultierende Zertifikat eingeschlossen. Diese Nummer wird nicht von IPsec oder IKE verwendet, möglicherweise aber später von dem CA-Administrator für eine zusätzliche Authentifizierung. Die zweite Option ist von größerer Bedeutung, wenn IKE verwendet wird, und hat mit der System-Authentifizierung zu tun. Wenn die Option ip_address nicht im ca enroll-Befehl angegeben wird, ist ein Zertifikat standardmäßig nur an den Host- und Domain-Namen der PIX gebunden (ein FQDN, Fully Qualified Domain Name), die vor den Konfigurationen im Zusammenhang mit der CA unter Verwendung der Befehle hostname und domain festgelegt werden müssen. Wenn die Option ip_address angegeben wird, wird die IP-Adresse der Firewall ebenfalls in das Zertifikat eingeschlossen. Als Konsequenz kann dieses Zertifikat nur durch das System mit dieser IP-Adresse genutzt werden. Wenn die Firewall eine neue Adresse erhält (auch wenn der FQDN gleich bleibt), benötigen Sie ein neues Zertifikat.

> **Hinweis**
>
> Es ist wichtig, dass der IKE-Identity-Typ derselbe wie der Zertifikatstyp ist. Das bedeutet, dass Sie, wenn Sie Standardzertifikate nutzen, die nur an den FQDN gebunden sind, den IKE-Identity-Typ auf hostname setzen müssen:

```
isakmp identity hostname
```

Die Standardeinstellung für den IKE-Identity-Typ ist address. Wenn Sie IP-Adressen für die Authentifizierung nutzen möchten, geben Sie ipaddress im Befehl ca enroll an und setzen Sie den Identity-Typ address:

```
isakmp identity address
```

Zurück zu unserem Beispiel: Wir werden die zuvor definierte CA verisign und eine Host-basierte Authentifizierung nutzen, daher ist das Enrollment in diesem Fall sehr einfach. (Denken Sie daran, dass wir in diesem Fall in der IKE-Konfiguration isakmp identity hostname angeben müssen.) Der Befehl

```
pix1(config)# ca enroll verisign midnightinmoscow
```

steht für das Enrollment von PIX1 zu CA verisign und setzt das Challenge-Kennwort auf midnightinmoscow. Auf der zweiten Firewall geben wir folgenden Befehl ein, der dieselbe Operation für PIX2 durchführt, allerdings mit einem anderen Challenge-Kennwort für das erteilte Zertifikat:

```
PIX2(config)# ca enroll verisign lunchtimeinLA
```

Sie können die erhaltenen Zertifikate auf der Firewall mit dem Befehl show ca certificate anzeigen. Das Beispiel wurde im vorangegangenen Abschnitt »Authentifizierung der CA« gezeigt.

An diesem Punkt sollten alle Informationen im Zusammenhang mit der CA gespeichert werden:

```
PIX1(config)# ca save all
PIX1(config)# write memory
```

Von allen ca-Befehlen werden nur ca identity und ca configure in der PIX-Konfiguration gespeichert. Bei den anderen Befehlen werden nur deren Resultate gespeichert, da es keine Notwendigkeit gibt, diese Befehle beim Neustart der Firewall auszuführen.

7.3.7 Konfiguration von Crypto-Access-Lists

Im ersten Stadium der IPsec-Konfiguration (oder der Erstellung einer SPD, um bei den Begriffen aus dem ersten Abschnitt dieses Kapitels zu bleiben) müssen wir Datenverkehrs-Selektoren für IPsec angeben. Selektoren definieren, welcher Verkehr durch IPsec geschützt werden soll. Um es präzise auszudrücken, definieren Sie den Geltungsbereich von SAs, wenn diese in IKE-Phase 2 erstellt werden. Die Selektoren werden mit dem Befehl access-list definiert. Crypto-Access-Lists werden mit dem Befehl crypto map (statt mit dem Befehl access-group) auf die Schnittstelle angewendet. Es können mehrere Crypto-Access-Lists auf eine Schnittstelle angewendet werden, um verschiedene Parameter für verschiedene Verkehrsarten angeben zu können. Die Aktionen in den Access-List-Einträgen haben folgende Bedeutung:

- **Permit** – Das bedeutet, dass IPsec auf den übereinstimmenden Verkehr angewendet werden soll.
- **Deny** – Das bedeutet, dass das Paket ohne Anwendung von IPsec weitergeleitet werden soll.

Der folgende Access-List-Eintrag auf PIX1 bezieht sich auf den gesamten IP-Verkehr vom internen Netzwerk (192.168.2.0/24), der die externe Schnittstelle verlässt, um zu PIX2 (192.168.3.0/24) getunnelt zu werden, und den zurücklaufenden, getunnelten IP-Verkehr von 192.168.3.0/24 zu 192.168.2.0/24:

```
access-list crypto1 permit ip 192.168.2.0 255.255.255.0 192.168.3.0 255
    .255.255.0
```

Ein Paket von 192.168.2.3, das als Ziel 192.168.3.4 hat, entspricht crypto1 der Access List und wird damit an die IPsec-Engine geleitet. Ein Paket von 192.168.2.3 mit dem Ziel www.cisco.com entspricht nicht diesem Eintrag und wird daher ohne Tunneling übertragen. Das gleiche gilt für den zurücklaufenden Verkehr. Wenn ein IPsec-Paket ankommt und nach der Entkapselung als Quelle 192.168.3.4 und als Ziel 192.168.2.3 aufweist, entspricht es derselben Access List und wird weitergeleitet zu 192.168.2.3. Wenn das IPsec-Paket von www.cisco.com stammt, gibt es keine Übereinstimmung und das Paket wird verworfen. Alle Pakete im Klartext, die von www.cisco.com stammen, dürfen passieren, ohne übereinstimmen zu müssen.

Wenn der erste permit-Eintrag in einer Access List übereinstimmt, definiert dieser Eintrag den Geltungsbereich der SA, die für dessen Schutz erstellt wird. In unserem Fall wird beispielsweise der gesamte Verkehr von Netzwerk 192.168.2.0/24 zu Netzwerk 192.168.3.0/24 durch dieselbe SA geschützt. Lassen Sie uns annehmen, Sie haben auf PIX1 eine Access List mit folgenden Befehlen erstellt:

```
access-list crypto2 permit ip 192.168.2.0 255.255.255.128 192.168.3.0 255
    .255.255.0
access-list crypto2 permit ip 192.168.2.128 255.255.255.128 192.168.3.0
    255.255.255.0
```

In diesem Fall wird der von 192.168.2.0/25 stammende und der von 192.168.2.128/25 stammende Verkehr durch zwei verschiedene IPsec-SAs geschützt.

Kehren wir nun zu unserem vorherigen Beispiel zurück und konfigurieren die Firewalls mit Access Lists:

```
PIX1(config)# access-list crypto1 permit ip 192.168.2.0 255.255.255.0 192
    .168.3.0 255.255.255.0
PIX2(config)# access-list crypto2 permit ip 192.168.3.0 255.255.255.0 192
    .168.2.0 255.255.255.0
```

Wir wenden diese Listen jetzt noch nicht an. Das erfolgt später mithilfe des Befehls `crypto map`.

> **Hinweis**
>
> Quelladressen in Crypto-Access-Lists sollten identisch sein mit denen, die auf der externen Schnittstelle der PIX erscheinen. Wenn NAT für die Übersetzung einiger interner Adressen verwendet wird, müssen die globalen IP-Adressen, nicht die lokalen IP-Adressen als Quelle in der Access List angegeben werden. Nehmen wir an, der Host 192.168.2.25 auf der internen Schnittstelle von PIX1 wird durch folgenden Befehl in 12.23.34.55 auf der Außenseite übersetzt:
>
> ```
> static (inside, outside) 12.23.34.55 192.168.2.25 netmask 255.255.
>    255.255 0 0
> ```
>
> In diesem Fall sollte ein Access-List-Eintrag, der IPsec nur für diesen Host zulässt, wie folgt aussehen:

```
access list crypto1 permit ip host 12.23.34.55 192.168.3.0 255.255.255.0
```

7.3.8 Definition eines Transform-Sets

Bei einem Transform-Set handelt es sich um eine Reihe von Parametern für eine spezifische IPsec-Verbindung (präzise gesagt, für eine IPsec-SA). In ihm werden die für die AH- und ESP-Protokolle verwendeten Algorithmen und der Modus (Tunnel oder Transport), in dem sie angewendet werden, festgelegt. Sie können viele verschiedene Transform-Sets konfigurieren, doch es muss ein Set geben, das von beiden Gateways für jeden `crypto map`-Eintrag gemeinsam genutzt wird, damit sie sich auf einen gemeinsamen Satz von Parametern einigen können. Transform-Sets werden mit folgendem Befehl konfiguriert:

```
crypto ipsec transform-set <transform-set-name> <transform1>
[<transform2>
   [<transform3>]]
```

Auf der PIX-Firewall wird standardmäßig der Tunnel-Modus genutzt. Der Transport-Modus steht nur bei Verwendung des L2TP-Protokolls zur Verfügung und wird mit folgendem Befehl konfiguriert:

```
crypto ipsec transform-set <transform-set-name> mode transport
```

Sie können in einem einzelnen Set bis zu drei Transforms konfigurieren: null oder ein AH-Transform und null, ein oder zwei ESP-Transforms. Wenn zwei ESP-Transforms konfiguriert werden, muss eines davon ein verschlüsseltes Transform und das andere ein Authentifizierungs-Transform sein. Die verfügbaren Transforms sind:

- ah-md5-hmac – Der MD5-HMAC-Authentifizierungsalgorithmus wurde für AH gewählt.
- ah-sha-hmac – Der SHA-1-HMAC-Authentifizierungsalgorithmus wurde für AH gewählt.
- esp-des – Der DES-Verschlüsselungsalgorithmus (56-Bit-Key) wurde für die ESP-Verschlüsselung gewählt.
- esp-3des – Der Triple-DES-Verschlüsselungsalgorithmus (168-Bit-Key) wurde für die ESP-Verschlüsselung gewählt.
- esp-md5-hmac – Der MD5-HMAC-Authentifizierungsalgorithmus wurde für ESP gewählt.
- esp-sha-hmac – Der SHA-1-HMAC-Authentifizierungsalgorithmus wurde für ESP gewählt.

In unserem Beispiel verwenden wir die ESP-Verschlüsselung mit DES und die Authentifizierung mit SHA-1-HMAC ohne AH:

```
PIX1(config)# crypto ipsec transform-set myset esp-des esp-sha-hmac
PIX2(config)# crypto ipsec transform-set myset esp-des esp-sha-hmac
```

Die konfigurierten Transform-Sets können mithilfe des Befehls show crypto ipsec transform-set überprüft werden:

```
PIX1(config)# show crypto ipsec transform-set
Transform set myset: { esp-des esp-sha-hmac }
will negotiate = { Tunnel, },
```

7.3.9 Umgehen der Network Address Translation

Nehmen wir an, dass wir NAT für den gesamten Outbound-Verkehr von internen Netzwerken zum Internet verwenden. Da wir den gesamten Verkehr zwischen den internen Netzwerken auf den Firewalls tunneln möchten, müssen wir diesen Verkehr von der Netzwerkadressübersetzung ausschließen. Um die NAT zu umgehen, können wir den Befehl nat 0 mit derselben Access List verwenden, die unseren IPsec-Verkehr definiert:

```
PIX1(config)# nat 0 access-list crypto1
PIX1(config)# nat (inside) 1 0 0
PIX1(config)# global (outside) 1 12.23.34.46
PIX2(config)# nat 0 access-list crypto2
PIX2(config)# nat (inside) 1 0 0
PIX2(config)# global (outside) 1 23.34.45.57
```

7.3.10 Konfiguration eines Crypto-Maps

Ein crypto map verbindet alle anderen Teile im Zusammenhang mit IPsec miteinander und erstellt eine SPD für eine spezifische Schnittstelle, durch die der IPsec-Verkehr getunnelt wird. Ein Crypto-Map wird über den Namen identifiziert. Einer Schnittstelle kann nur ein Crypto-Map zugewiesen werden, obwohl dieses Map viele verschiedene Einträge enthalten kann, die durch ihre Sequenznummern identifiziert werden. Einträge in einem Crypto-Map werden in aufsteigender Reihenfolge ausgewertet. Verschiedene Einträge sind Äquivalente zu den verschiedenen Richtlinien in der SPD. Der erste Eintrag, der dem Verkehr entspricht, definiert die Methoden für dessen Schutz. Ein Crypto-Map-Eintrag für IPsec mit IKE wird mit folgendem Befehl erstellt:

```
crypto map <name> <seq-num> [ipsec-isakmp]
```

Das Schlüsselwort ipsec-isakmp entspricht dem Standard und kann ausgelassen werden. Für unser Beispiel erstellen wir folgende Einträge:

```
PIX1(config)# crypto map pix1map 10 ipsec-isakmp
PIX2(config)# crypto map pix2map 10 ipsec-isakmp
```

Im nächsten Schritt legen Sie die Verkehrs-Selektoren für diese Einträge mit folgendem Befehl fest:

```
crypto map <map-name> <seq-num> match address <access-list-name>
```

In unserem Fall würde das wie folgt aussehen:

```
PIX1(config)# crypto map pix1map 10 match address crypto1
PIX2(config)# crypto map pix2map 10 match address crypto2
```

Nun müssen wir die IPsec-Peers angeben, mit denen der durch diesen Eintrag geschützte Verkehr ausgetauscht werden kann.

```
crypto map <map-name> <seq-num> set peer {<hostname> | <ip-address>}
```

IPsec-Peers werden entweder über ihre IP-Adresse oder über ihren Host-Namen identifiziert. Sie können mehrere Peers angeben, indem Sie diesen Befehl für einen Crypto-Map-Eintrag wiederholen. Für unser Beispiel nutzen wir folgende Konfiguration:

```
PIX1(config)# crypto map pix1map 10 set peer 23.34.45.56
PIX2(config)# crypto map pix2map 10 set peer 12.23.34.45
```

Nun müssen wir festlegen, welche Transform-Sets für den diesem Eintrag entsprechenden Verkehr ausgehandelt werden können. Sie können hier mehrere (bis zu sechs) zuvor definierte Transform-Sets angeben:

```
crypto map <map-name> <seq-num> set transform set <transform-set-name1>
   [<transform-set-name2> [<transform-set-name3> [<transform-set-name4>
      [<transform-set-name5> [<transform-set-name6>]]]]]
```

Damit zwei Peers einen IPsec-Tunnel unter diesem Crypto-Map-Eintrag erstellen können, muss mindestens ein Transform-Set in dem entsprechenden Crypto-Map-Eintrag jeder Firewall die Protokolle und Verschlüsselungs-/Datenauthentifizierungsalgorithmen enthalten. Für unser Beispiel verwenden wir einfach ein Transform-Set auf jeder Firewall (pix1map auf PIX1 und pix2map auf PIX2):

```
PIX1(config)# crypto map pix1map 10 set transform-set myset
PIX2(config)# crypto map pix2map 10 set transform-set myset
```

In beiden Fällen steht myset für das zuvor definierte Transform-Set. Es muss nicht auf beiden Firewalls den gleichen Namen haben, doch die Parameter müssen sich entsprechen.

Die nächsten beiden Schritte sind optional: Anforderung, dass PFS verwendet werden soll und Wählen der SA-Lebensdauer. Mit folgendem Befehl fordern Sie PFS für einen Crypto-Map-Eintrag an:

```
crypto map <map-name> <seq-num> set pfs [group1 | group2]
```

Die Schlüsselworte group1 und group2 stehen für die DH-Gruppe. Sie werden beim Generieren neuer Schlüssel für den Schlüsselaustausch verwendet. PFS muss auf beiden Seiten des Tunnels konfiguriert werden. Wenn nur ein Peer PFS unterstützt, wird die IPsec-SA nicht eingerichtet. In unserem Beispiel werden wir dieses Feature nicht verwenden.

Sie können eine vom Standard abweichende IPsec-SA-Lebensdauer für den spezifischen Crypto-Map-Eintrag konfigurieren:

```
crypto map <map-name> <seq-num> set security-association lifetime {seconds
   <seconds> | kilobytes <kilobytes>}
```

Mit diesem Befehl setzen Sie entweder ein zeitliches Limit für die Verwendung der IPsec-SA oder eine Beschränkung der maximalen Datenmenge, die über diese SA übertragen werden darf. Kurz bevor ein Timeout oder die maximale Datenmenge erreicht ist, wird die IPsec-SA für diesen Crypto-Map-Eintrag neu ausgehandelt.

Diese Neuaushandlung beginnt 30 Sekunden vor Ablauf eines Timeouts oder wenn das Verkehrsvolumen noch um 256 KB geringer ist als das angegebene Maximalvolumen. Bei dieser Aushandlung sendet ein Peer dem anderen einen Vorschlag (Proposal), wobei einer der Parameter eine SA-Lebensdauer ist. Der zweite Peer wählt die geringeren der vorgeschlagenen Werte sowie seinen eigenen Lebensdauer-Wert und setzt dies als gemeinsame SA-Lebensdauer.

Sie können die globale IPsec-SA-Standard-Lebensdauer mit folgendem Befehl (mit denselben Parametern) ändern:

```
crypto ipsec security-association lifetime {seconds <seconds> | kilobytes
    <kilobytes>}
```

Wenn Sie keine Angaben machen, gelten die Standardwerte von 28.000 Sekunden und 4.608.000 KB.

Im letzten Konfigurationsschritt muss das erstellte Crypto-Map auf eine Schnittstelle angewendet werden. Der entsprechende Befehl lautet:

```
crypto map <map-name> interface <interface-name>
```

Hier die Umsetzung für unser Beispiel:

```
PIX1(config)# crypto map pix1map interface outside
PIX2(config)# crypto map pix2map interface outside
```

Mit folgendem Befehl können Sie die Crypto-Map-Konfiguration kontrollieren:

```
PIX1(config)# show crypto map
Crypto Map: "pix1map" interface: "outside" local address: 12.23.34.45
Crypto Map "pix1map" 10 ipsec-isakmp
  Peer = 23.34.45.56
    access-list crypto1 permit ip 192.168.2.0 255.255.255.0 192.168.3.0 255
      .255.255.0 (hitcnt=0)
  Current peer: 23.34.45.56
  Security association lifetime: 4608000 kilobytes/28800 seconds
  PFS (Y/N): N
  Transform sets={ myset, }
```

Der Status der eingerichteten IPsec-SAs kann mit dem Befehl show crypto ipsec sa überprüft werden:

```
PIX1(config)# show crypto ipsec sa
interface: outside
```

```
   Crypto map tag: pix1map, local addr. 12.23.34.45
local ident (addr/mask/prot/port): (192.168.2.0/255.255.255.0/0/0)
   remote ident (addr/mask/prot/port): (192.168.3.0/255.255.255.0/0/0)
   current_peer: 23.34.45.56
    PERMIT, flags={origin_is_acl,}
   #pkts encaps: 10, #pkts encrypt: 10, #pkts digest 0
   #pkts decaps: 12, #pkts decrypt: 17, #pkts verify 0
   #pkts compressed: 0, #pkts decompressed: 0
   #pkts not compressed: 0, #pkts compr. failed: 0, #pkts decompress
       failed: 0
   #send errors 2, #recv errors 0
```

7.3.11 Troubleshooting

Mithilfe der Befehle debug isakmp und debug ipsec können Sie die Einrichtung von IKE-SAs und IPsec-SAs debuggen: Diese Befehle produzieren gewöhnlich umfangreiche Ausgaben, die jedoch leicht verständlich sind, wenn Sie mit der Funktionsweise von IPsec vertraut sind. An dem folgenden Auszug einer Protokollierung lässt sich ablesen, dass die IKE-Aushandlungen erfolgreich verlaufen sind:

```
ISAKMP (0): Checking ISAKMP transform 1 against priority 9 policy
ISAKMP:         encryption DES-CBC
ISAKMP:         hash SHA
ISAKMP:         default group 1
ISAKMP:         auth pre-share
ISAKMP:         life type in seconds
ISAKMP:         life duration (VPI) of  0x0 0x1 0x51 0x80
ISAKMP (0): atts are acceptable. Next payload is 0
ISAKMP (0): SA is doing pre-shared key authentication using id type
ID_IPV4_ADDR
return status is IKMP_NO_ERROR
```

Andererseits könnte eine ähnliche Ausgabe wie die hier folgende Ihnen zeigen, dass der Austausch im IKE-Main-Modus fehlgeschlagen ist (IKMP_NO_ERROR_NO_TRANS), da kein gemeinsames Proposal (Transform-Set) gefunden wurde:

```
VPN Peer: ISAKMP: Added new peer: ip:PIX2 Total VPN Peers:3
VPN Peer: ISAKMP: Peer ip:PIX2 Ref cnt incremented to:1 Total VPN
Peers:3
ISAKMP (0): beginning Main Mode exchange
crypto_isakmp_process_block: src PIX2, dest PIX1
return status is IKMP_NO_ERR_NO_TRANS
ISAKMP (0): retransmitting phase 1...
```

7.4 Konfiguration von Site-to-Site-IPsec ohne Verwendung von IKE (Manuelles IPsec)

Wie zu Anfang des Kapitels erwähnt, kann IPsec ohne IKE arbeiten. In diesem Fall werden alle IPsec-SAs manuell eingerichtet. Die Skalierung dieser Konfiguration gestaltet sich schwieriger und alle IP-Adressen oder DNS-Namen aller Peers müssen bekannt sein. Es gibt keine Möglichkeit, SAs erneut einzurichten, und auch SA-Lebensdauer oder PFS-Aspekte können nicht konfiguriert werden. Die auffälligsten Konfigurationsunterschiede zu Pre-Shared-Key-IKE sind wie folgt:

- Keine IKE-Konfiguration
- Bei der Erstellung eines Crypto-Map-Eintrags geben Sie `ipsec-manual` statt `ipsec-isakmp` an.
- Die Crypto-Map-Konfiguration muss die für ESP und AH verwendeten Verschlüsselungs- und/oder Authentifizierungs-Keys für jeden Tunnel angeben.

Lassen Sie uns kurz die Konfiguration eines manuellen IPsec-Tunnels zwischen PIX1 und PIX2 anschauen. Wir nehmen an, dass die gesamte, zuvor definierte IPsec-Konfiguration von beiden Firewalls gelöscht wurde. Die ersten Schritte sind identisch (IPsec-Verkehr zulassen, Crypto-Access-Lists definieren, Transform-Sets erstellen und NAT-Umgehung konfigurieren):

```
PIX1(config)# sysopt connection permit-ipsec
PIX1(config)# access-list crypto1 permit ip 192.168.2.0 255.255.255.0 192
    .168.3.0 255.255.255.0
PIX1(config)# crypto ipsec transform-set myset esp-des esp-sha-hmac
PIX1(config)# nat 0 access-list crypto1
PIX1(config)# nat (inside) 1 0.0.0.0 0.0.0.0
PIX1(config)# global (outside) 1 12.23.34.46
PIX2(config)# sysopt connection permit-ipsec
PIX2(config)# access-list crypto2 permit ip 192.168.3.0 255.255.255.0 192
    .168.2.0 255.255.255.0
PIX2(config)# crypto ipsec transform-set myset esp-des esp-sha-hmac
PIX2(config)# nat 0 access-list crypto2
PIX2(config)# nat (inside) 1 0.0.0.0 0.0.0.0
PIX2(config)# global (outside) 1 23.34.45.57
```

Im nächsten Schritt müssen die Crypto-Maps erstellt werden. Die folgenden Befehle legen fest, dass manuell konfigurierte IPSec-SAs verwendet werden:

```
PIX1(config)# crypto map pix1map 10 ipsec-manual
PIX2(config)# crypto map pix1map 10 ipsec-manual
```

Die restliche Crypto-Map-Konfiguration ist identisch mit der von IKE:

```
PIX1(config)# crypto map pix1map 10 match address crypto1
PIX1(config)# crypto map pix1map 10 set peer 23.34.45.56
PIX1(config)# crypto map pix1map 10 set transform-set myset
PIX2(config)# crypto map pix2map 10 match address crypto2
PIX2(config)# crypto map pix2map 10 set peer 12.23.34.45
PIX2(config)# crypto map pix2map 10 set transform-set myset
```

Nun müssen wir manuell die Konfiguration der SAs für jedes verwendete Transform definieren. Wir hatten ESP mit Verschlüsselung und ESP mit Authentifizierung im Transform-Set myset, daher müssen wir zwei Outbound- und zwei Inbound-SAs spezifizieren. (Denken Sie daran: Jedes SA existiert für ein Transform und in eine Richtung.) Die PIX vereinfacht diesen Prozess ein wenig, weil die Konfiguration der Verschlüsselungs- und der Authentifizierungs-Keys in einem Befehl erfolgen kann. Dennoch muss die Angabe der Daten für Inbound- und Outbound-Verkehr nach wie vor separat definiert werden. Geben Sie für unser Beispiel Folgendes ein:

```
crypto map <map-name> <seq-num> set session-key inbound | outbound esp
    <spi> cipher <hex-key-string> [authenticator <hex-key-string>]
```

Die Parameter map-name und seq-num wurden bereits erörtert. Der Parameter spi ist ein numerischer Wert des *Security Parameter Index*. Diese Nummer ist zwar willkürlich, doch es gibt die Anforderung, dass eine SPI-Nummer für z.B. die IPsec-SA, die verantwortlich ist für den ESP-Schutz von Outbound-Verkehr auf einem Peer, identisch sein muss mit der SPI für die IPsec-SA, die verantwortlich ist für den ESP-Schutz des Inbound-Verkehrs auf dem zweiten Peer. Das Gleiche gilt für die Schlüssel (hex-key-string); der Schlüssel für eine Outbound-SA auf einem Peer muss identisch sein mit dem Schlüssel für die entsprechende Inbound-SA auf dem zweiten Peer. Der Schlüsselwert kann aus 16, 32 oder 40 hexadezimalen Stellen bestehen. Es gibt einige minimale Anforderungen an die Schlüssellänge:

- Wenn ein Transform-Set für diesen Map-Eintrag DES-Verschlüsselung enthält, geben Sie einen Schlüssel mit mindestens 16 Stellen an.
- Wenn dieses Transform-Set den MD5-Algorithmus enthält, geben Sie pro Schlüssel mindestens 32 Stellen an.
- Wenn dieses Transform-Set den SHA-1-Algorithmus enthält, geben Sie pro Schlüssel mindestens 40 Stellen an.

Wenn Sie einen längeren Schlüssel angeben, wird dieser nicht abgeschnitten, sondern mittels eines Hash-Algorithmus auf die erforderliche Länge gesetzt. Für PIX1 geben wir folgende SPIs und Schlüssel an:

```
PIX1(config)# crypto map pix1map 10 set session-key inbound esp 300 cipher
    1234455667788909 authenticator
123445566778890acdefacd91234455667788909
PIX1(config)# crypto map pix1map 10 set session-key outbound esp 400
cipher
    9887766554344556 authenticator
acdefacd12238474646537485956745637485635
```

Sie enthalten einen DES-Schlüssel mit 16 Stellen und einen SHA-1-Schlüssel mit 40 Stellen.

Auf der zweiten PIX müssen wir die Konfiguration der Schlüssel und SPIs spiegeln. Wir wenden dabei die gleichen Befehle an, doch tauschen wir die Parameter inbound und outbound aus:

```
PIX2(config)# crypto map pix2map 10 set session-key outbound esp 300
    cipher 1234455667788909 authenticator 123445566778890acdefacd91234
        455667788909
PIX2(config)# crypto map pix2map 10 set session-key inbound esp 400
    cipher 9887766554344556 authenticator acdefacd12238474646537485956745674
        5637485635
```

Wenn wir AH für die Authentifizierung des Verkehrs nutzen wollten, müssten wir der Konfiguration der beiden Firewalls den folgenden Befehl zweimal hinzufügen (einmal für die Inbound- und einmal für die Outbound-IPsec-SA):

```
crypto map <map-name> <seq-num> set session-key outbound ah <spi> <hex-key-data>
```

Es gelten dieselben Vereinbarungen, doch es wird nur ein Schlüssel für jeden SPI benötigt. Mit der Anwendung des Crypto-Maps auf die externen Schnittstellen beider Firewalls ist die Konfiguration abgeschlossen:

```
PIX1(config)# crypto map pix1map interface outside
PIX2(config)# crypto map pix2map interface outside
```

7.5 Konfiguration des Point-to-Point Tunneling Protocol

Das Point-to-Point Tunneling Protocol (PPTP), definiert in RFC 2637, ist ein weiteres gängiges Protokoll für die Einrichtung von VPNs. Während IPsec schwerpunktmäßig auf das Tunneling von IP-Verkehr spezialisiert ist, arbeitet PPTP auf Schicht 2 und besitzt die Fähigkeit, jeden Schicht-3-Verkehr, darunter Nicht-IP-Protokolle, zu tunneln. Obwohl PPTP üblicherweise mit Microsoft in Verbindung gebracht wird (in das Windows-Betriebssystem wurde ab NT 4.0 eine PPTP-Client- und -Server-Funktionalität integriert), wurde es ursprünglich durch das PPTP-Forum entwickelt, an dem neben der Microsoft Corporation weitere Unternehmen wie Ascend Communications, 3Com/Primary Access, ECI Telematics und US Robotics beteiligt sind.

7.5.1 Überblick

PPTP ist viel einfacher als IPsec strukturiert (siehe Abbildung 7.9). Jeder Tunnel besteht aus folgenden Elementen:

- dem Client,
- einem Network Access Server (z.B. der Einwähl-Server eines ISP) und
- dem Gateway oder PPTP-Server.

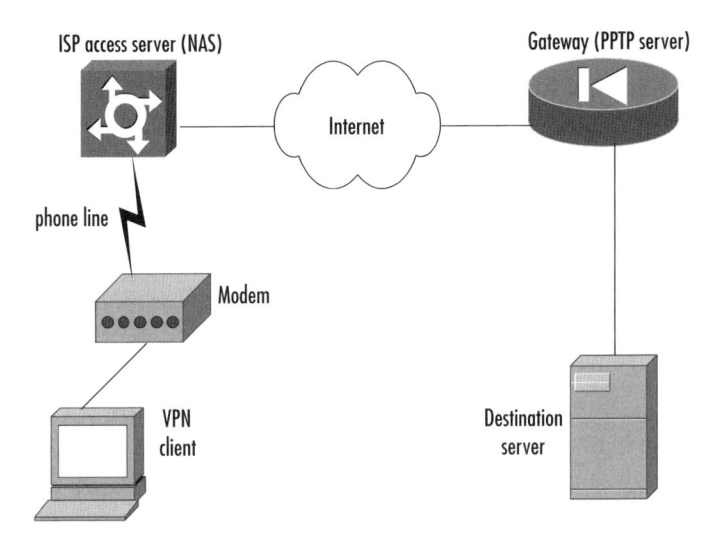

Abb. 7.9: Funktionalität des Point-to-Point Tunneling Protocol

Beim Einrichten einer Verbindung geschieht Folgendes:

1. Ein Client verbindet sich mit dem öffentlichen Netzwerk (z.B. über eine Einwählverbindung zu einem ISP). Wenn eine Verbindung besteht, ist dieser Schritt optional.
2. Es wird eine PPTP-Kontrollverbindung (vom Client zum TCP-Port 1723 auf dem Server) aufgebaut. Diese Verbindung wird als PPTP-Tunnel bezeichnet.
3. Es wird ein General Routing Encapsulation-(GRE-)Tunnel über IP 47 aufgebaut, der als PPTP-Datentunnel bezeichnet wird.

4. Alle Schicht-3-Protokolle werden durch den Client zunächst in PPP-Paketen gekapselt und dann über den GRE-Tunnel übertragen. Dieser Verkehr wird auf der anderen Seite durch das Gateway zweimal entkapselt (von GRE und von PPP) und dann an das private Netzwerk weitergeleitet.

> **Hinweis**
>
> Stellen Sie bei der Verwendung von PPTP sicher, dass sich im Netzwerkpfad zwischen Client und Gateway keine Netzwerkgeräte (z. B. ISP-Router) befinden, die IP 47 (GRE) und TCP-Verbindungen zu Port 1723 auf dem Gateway (die PIX-Firewall in unserem Beispiel) filtern.

Die PIX-Firewall bietet Unterstützung für PPTP. Sie kann als Server, nicht als Client agieren. Eine weitere Beschränkung liegt darin, dass nur auf einer ihrer Schnittstellen die PPTP-Verarbeitung aktiviert sein kann.

Da es sich bei PPTP um ein in GRE gekapseltes PPP handelt, werden alle PPP-Authentifizierungs- und Verschlüsselungs-Features verwendet. Mit Authentifizierung ist hier nur die Client-Authentifizierung (unter Verwendung von PAP, CHAP oder MS-CHAP), nicht die IPsec-Paket-Authentifizierung gemeint. Leider kann PPTP das Paket-Spoofing und -Einfügen von Dritten nicht verhindern, doch mit Verschlüsselung kann diese Bedrohung bis zu einem gewissen Grad abgewendet werden. Die Authentifizierung kann durch die PIX-Firewall unter Verwendung der internen Datenbank oder eines externen AAA-Servers (RADIUS oder TACACS+) erfolgen.

Die Verschlüsselung wird mithilfe des PPP Compression Control Protocol (CCP) ausgehandelt. Eine der verfügbaren Optionen in diesem Protokoll ist das Verschlüsselungs-Bit. Wenn es gesetzt ist, wird für die getunnelte PPP-Verbindung die RC4-Verschlüsselung mit 40- oder 128-Bit-Keys verwendet – ein Teil der Microsoft Point-to-Point Encryption-(MPPE-)Extensions. Wie bei DES werden längere Schlüssel empfohlen, besonders weil RC4 sogar als noch schwächer gilt als DES. Die Version 6.2 der PIX bietet für die Komprimierung selbst keine Unterstützung. Wenn MPPE genutzt wird, muss es sich bei dem externen AAA-Server für die Authentifizierung um einen RADIUS-Server handeln, der im Verlauf der RADIUS-Authentifizierung ein `MSCHAP_MPPE_KEY`-Attribut in seinem Accept-Paket zurückliefern kann. Dieses Microsoft-spezifische RADIUS-Attribut wird (neben anderen) in RFC 2548 beschrieben.

> **Hinweis**
> MPPE kann nur bei gleichzeitiger Unterstützung der MS-CHAP-Authentifizierung verwendet werden, da es für MPPE erforderlich ist, dass während des Authentifizierungsprozesses ein anfänglicher Schlüssel generiert wird, was nur mit MS-CHA möglich ist.

Die PIX verwendet ein anderes PPP-Unterprotokoll, das IP Control Protocol (IPCP), um einem Client eine interne IP-Adresse aus dem spezifizierten PPTP-Pool zuzuweisen. Die PIX-Firewall unterstützt nur 255 gleichzeitige PPTP-Client-Verbindungen.

7.5.2 Konfiguration

In diesem Abschnitt werden wir die PIX-Firewall so konfigurieren, dass sie PPTP-Verbindungen akzeptiert. Die meisten der PPTP-Konfigurationsoptionen auf der PIX werden über vpdn-Befehle ausgeführt. *VPDN* steht für *Virtual Private Dialup Networking*, ein üblicher Bergriff, der auf der PIX für PPTP-, L2TP- und PPPoE-Konfigurationen verwendet wird. Wie bei IPsec müssen Sie im ersten Schritt eingehenden PPTP-Verkehr zulassen. Das bewerkstelligen Sie mit folgendem Befehl:

```
sysopt connection permit pptp
```

Mit diesem Befehl darf jeder Datenverkehr von authentifizierten PPTP-Clients ohne zusätzliche Passagen oder Access Lists zu seinem Ziel passieren. Ohne diesen Befehl müssten zusätzliche Einträge auf der externen Schnittstelle erstellt werden, denn selbst wenn Einwähl-Clients interne IP-Adressen erhalten, kommen ihre Pakete immer noch auf der externen Schnittstelle an.

Die restliche Konfiguration umfasst Folgendes:

1. Erstellen eines Adress-Pools für PPTP-Clients
2. Erstellen eines AAA-Schemas, wenn externe AAA-Server verwendet werden
3. Erstellen einer Einwählgruppe (VPDN-Gruppe) und Einrichten von Einwählparametern für die Authentifizierung und Verschlüsselung
4. Erstellen von Access Lists, die PPTP-Clients den Zugriff auf interne Server gestatten (wenn Sie den Befehl sysopt connection permit pptp nicht angegeben haben)

Mit folgendem Befehl erstellen Sie einen IP-Adress-Pool:

```
ip local pool <pool_name> <pool_start_address>[-<pool_end_address>]
```

Mit diesem Befehl erstellen Sie einen benannten Pool (pool_name kann ein beliebiger alphanumerischer Name sein), der mit der Adresse pool_start_address beginnt und mit der Adresse pool_end_address endet. Beispiel:

```
PIX1(config)# ip local pool mypool 10.1.1.1-10.1.1.10
```

Mit diesem Befehl werden dem Pool verfügbarer Adressen 10 IP-Adressen zugeordnet. Mit dem Befehl show ip local pool <pool_name> können Sie den Status dieses Pools anzeigen:

```
PIX1# show ip local pool mypool
Pool     Begin       End         Free    In use
mypool   10.0.1.1    10.0.0.10   10      0
Available Addresses:
10.0.1.1
10.0.1.2
10.0.1.3
10.0.1.4
10.0.1.5
10.0.1.6
10.0.1.7
10.0.1.8
10.0.1.9
10.0.1.10
```

Wenn alle IP-Adressen aus dem Pool zugewiesen sind und eine neue Reservierung fehlschlägt, erzeugt die PIX folgende Syslog-Meldung:

```
%PIX-3-213004: PPP virtual interface number client ip allocation failed.
```

Nehmen wir für einen Augenblick an, dass wir keine externen AAA-Server nutzen werden. (Die externe Authentifizierung werden wir an späterer Stelle erörtern.) Wir müssen eine Reihe lokaler Benutzernamen und Kennwörter konfigurieren. Das erledigen Sie mit folgendem Befehl:

```
vpdn username <name> password <pass>
```

Beispiel:

```
PIX1(config)# vpdn username user1 password password1
PIX1(config)# vpdn username user2 password password2
```

Mit diesem Befehl werden zwei Benutzer erstellt: user1 mit Kennwort password1 und user2 mit Kennwort password2. Im nächsten Schritt muss eine VPDN-Gruppe erstellt werden. Für die minimale Konfiguration ohne Authentifizierung sind drei Befehle erforderlich:

```
vpdn group <group_name> accept dialin pptp
vpdn group <group_name> client configuration address local <address_pool
    _name>
vpdn enable <interface>
```

Der erste Befehl aktiviert die Verarbeitung des PPTP-Verkehrs durch die Gruppe. Im zweiten geben Sie den IP-Adress-Pool für die Clients an. Mit dem dritten Befehl wenden Sie die VPDN-Einstellungen auf die Schnittstelle (gewöhnlich eine externe Schnittstelle) an. Wenn die lokale Authentifizierung verwendet wird, werden folgende Befehle hinzugefügt:

```
vpdn group <group_name> ppp authentication {pap | chap| mschap}
vpdn group <group_name> client authentication local
```

Mit dem ersten Befehl wird der Authentifizierungsmodus (PAP, CHAP oder MS-CHAP) ausgewählt. Die PIX unterstützt nur MS-CHAP Version 1, nicht Version 2. In allen Fällen sollte das gleiche Authentifizierungsprotokoll auf der PIX und auf dem Einwähl-Client konfiguriert sein. Wenn dieser Befehl nicht in der PIX-Konfiguration vorhanden ist, wird keine Authentifizierung ausgeführt und somit kein Client zugelassen. Im zweiten Befehl bestimmen Sie, dass eine lokale Datenbank für die Authentifizierung verwendet wird. Wenn ein externer AAA-Server verwendet wird, wird dieser über die üblichen AAA-Methoden konfiguriert. Beispiel:

```
PIX1(config)# aaa-server myserver (inside) host 192.168.2.99 key
    mysecretkey
PIX1(config)# aaa-server myserver protocol radius
```

Dieser Server wird dann mit folgendem Befehl in einer VPDN-Gruppe angegeben:

```
vpdn group <group_name> client authentication aaa <aaa-server-group>
```

Hier die Umsetzung für unser Beispiel:

```
PIX1(config)# vpdn group mygroup client authentication aaa myserver
```

Die Verschlüsselung geben Sie mit folgendem Befehl an:

```
vpdn group <group_name ppp> encryption mppe 40 | 128 | auto [ required ]
```

Mit 40, 128 oder auto geben Sie hier die Länge für den Verschlüsselungs-Key an. Auch das muss den Client-Einstellungen entsprechen. Mit dem Schlüsselwort auto legen Sie fest, dass die PIX sowohl 40- als auch 128-Bit-Keys unterstützt. Das Schlüsselwort required bedeutet, dass die Verbindung verworfen werden soll, wenn der Client keine Unterstützung für eine Verschlüsselung mit einem Key der angegebenen Länge bietet.

> **Hinweis**
> Wenn die PIX eine Verschlüsselung mit einem 128-Bit-Key erfordert, doch der Windows 95/98-Client nur eine 40-Bit-Verschlüsselung (oder ältere, exportierte Versionen) unterstützt, scheint die anfängliche Verbindung akzeptiert zu werden; Windows setzt ein Verbindungssymbol in die Taskleiste, doch die PPP-Optionsaushandlung wird noch weiter fortgeführt. Letztlich verweigert PIX den PPTP-Tunnel; die Verbindung mit einem Windows-Client wird nicht sofort abgebrochen, doch schließlich über ein Timeout beendet.

Mit den folgenden Befehlen können Sie DNS- und WINS-Server-Einstellungen an den Client übergeben:

```
vpdn group <group_name> client configuration dns <dns_server1> [<dns_
    server2>]
vpdn group <group_name> client configuration wins <wins_server1> [<wins_
    server2>]
```

Wir wollen einige Beispiele von PPTP-Konfigurationen betrachten. Es folgt eine Konfiguration mit einer lokalen MS-CHAP-Authentifizierung ohne Verschlüsselung:

```
ip local pool mypool 192.168.3.1-192.168.3.10
vpdn username user1 password password1
vpdn username user2 password password2
vpdn group 1 accept dialin pptp
vpdn group 1 ppp authentication mschap
vpdn group 1 client authentication local
vpdn group 1 client configuration address local mypool
vpdn enable outside
sysopt connection permit pptp
```

Soll ein enger definierter Zugriff auf interne Server erfolgen, können wir den Befehl sysopt aus dem vorangegangenen Listing durch eine Access List auf der externen Schnittstelle ersetzen. Wenn Sie beispielsweise PPTP-Clients nur den Telnet-Zugriff auf den internen Host 192.168.2.33, der eine externe Adresse von 12.23.34.99 hat, gestatten möchten, können Sie folgende Konfiguration nutzen:

```
ip local pool mypool 192.168.3.1-192.168.3.10
vpdn username user1 password password1
vpdn username user2 password password2
vpdn group 1 accept dialin pptp
vpdn group 1 ppp authentication mschap
vpdn group 1 client authentication local
vpdn group 1 client configuration address local mypool
vpdn enable outside
static (inside, outside) 12.23.34.99 192.168.2.33
access-list acl_out permit tcp 192.168.3.0 255.255.255.240 host 12.23.34
    .99 eq telnet
access-group acl_out in interface outside
```

Beachten Sie, dass der entkapselte PPTP-Verkehr allen Regeln und Access Lists für den Inbound-Verkehr unterliegt, wenn der Befehl sysopt connection permit pptp nicht angegeben wurde.

Hier ein komplexeres Beispiel, in dem sich Clients per MS-CHAP Version 1 über einen externen RADIUS-Server authentifizieren, eine 128-Bit-Verschlüsselung erforderlich ist und Clients DNS- und WINS-Einstellungen von der PIX erhalten:

```
ip local pool mypool 192.168.3.1-192.168.3.10
aaa-server myserver (inside) host 192.168.2.99 key mysecretkey
aaa-server myserver protocol radius
vpdn group 1 accept dialin pptp
vpdn group 1 ppp authentication mschap
vpdn group 1 client authentication aaa myserver
vpdn group 1 ppp encryption mppe auto required
vpdn group 1 client configuration address local mypool
vpdn group 1 client configuration dns 192.168.2.33
vpdn group 1 client configuration wins 192.168.2.34
vpdn enable outside
sysopt connection permit pptp
```

Der Status von PPTP-Tunneln kann über verschiedene Befehle angezeigt werden:

```
PIX1# show vpdn tunnel
% No active L2TP tunnels
% No active PPTP tunnels
```

Wenn es aktive Tunnel gegeben hätte, wären statistische Werte zu ihnen angezeigt worden:

```
PIX1# show vpdn tunnel pptp packet
PPTP Tunnel Information (Total tunnels=1 sessions=1)
LocID   Pkts-In    Pkts-Out      Bytes-In       Bytes-Out
1       1234       23            200323         553
```

Mit dem vorangegangenen Befehl werden nur die Verkehrsstatistiken für aktive PPTP-Datentunnel angezeigt. Ein weiterer Befehl dient zur Überwachung der PPTP-Tunnel selbst:

```
PIX1# show vpdn tunnel pptp summary
PPTP Tunnel Information (Total tunnels=1 sessions=1)
LocID     RemID     State     Remote Address     Port Sessions
1         1         estabd    172.16.38.194      1723 1
```

Die folgenden Befehle zeigen statistische Transportschichtdaten und Session-Informationen an:

```
show vpdn tunnel pptp transport
show vpdn pptp session
```

Einrichtung von Windows 2000-Clients

Das Client-Setup für MS Windows 2000 ist recht einfach und erfolgt über den Verbindungsassistenten unter START/EINSTELLUNGEN/NETZWERK- UND DFÜ-VERBINDUNGEN. Klicken Sie im Bildschirm WILLKOMMEN auf die Schaltfläche WEITER und wählen Sie unter NETZWERKVERBINDUNGSTYP die Option VERBINDUNG MIT EINEM PRIVATEN NETZWERK ÜBER DAS INTERNET HERSTELLEN (siehe Abbildung 7.10).

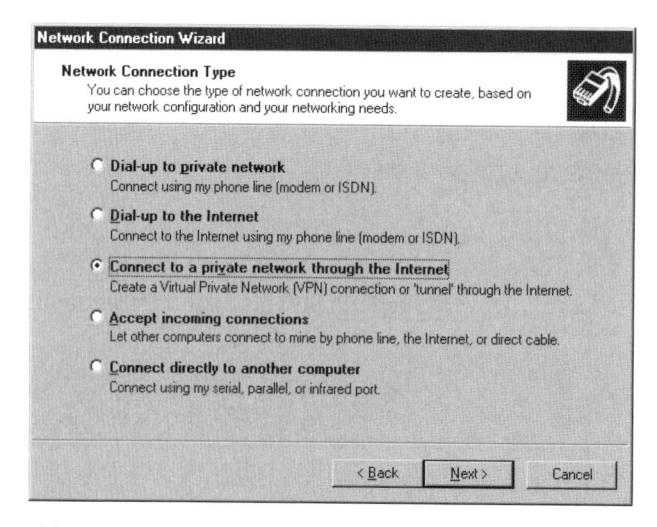

Abb. 7.10: Einrichten von Windows 2000-VPN-Clients

Im nächsten Bildschirm, ÖFFENTLICHES NETZWERK, werden Sie aufgefordert, eine ISP-Verbindung zu wählen, bevor der VPN-Tunnel eingerichtet wird (bezogen auf Abbildung 7.11 eine NAS-Verbindung). Wenn eine permanente Internetverbindung besteht, müssen Sie die Option KEINE ANFANGSVERBINDUNG AUTOMATISCH WÄHLEN auswählen.

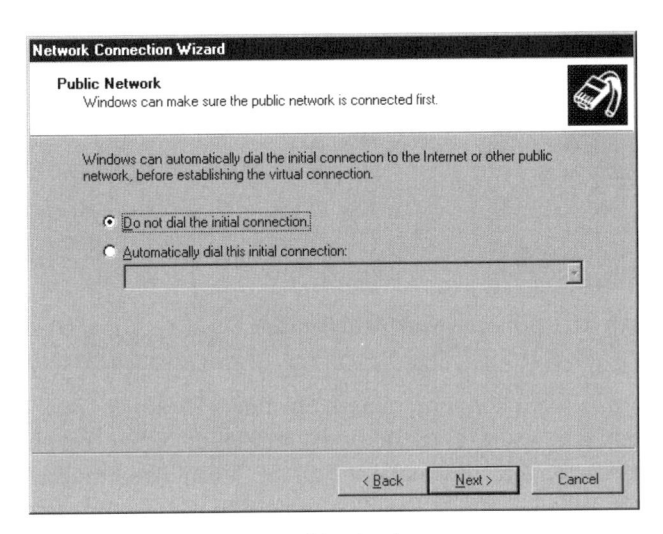

Abb. 7.11: Wahl einer Einwählverbindung

Im folgenden Bildschirm müssen Sie die IP-Adresse der externen Schnittstelle der PIX eingeben (die Schnittstelle, auf der PPTP-Verbindungen akzeptiert werden). Siehe Abbildung 7.12.

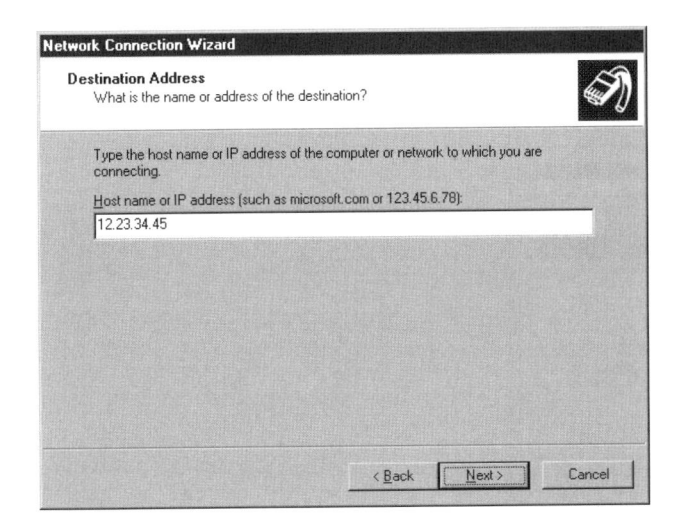

Abb. 7.12: Gateway-Adresse

In den nächsten beiden Bildschirmen wählen Sie die lokalen Benutzer aus, die diese Verbindung nutzen können, und geben den Namen der Verbindung ein. Nach Beenden des Assistenten wird ein neues Verbindungssymbol angezeigt (siehe Abbildung 7.13).

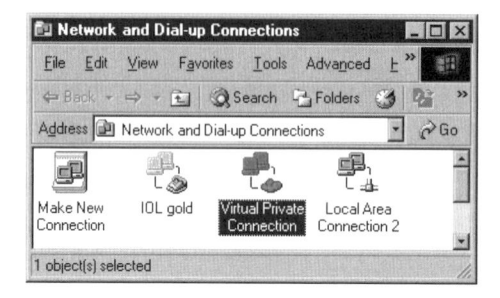

Abb. 7.13: Netzwerkverbindungen mit einer erstellten VPN-Verbindung

Bevor Sie diese Verbindung verwenden können, müssen Sie einige Parameter überprüfen. Wenn Sie das Dialogfeld EIGENSCHAFTEN für diese Verbindung öffnen, sehen Sie, dass in der Registerkarte ALLGEMEIN Informationen zu der Einwählverbindung und zu dem PPTP-Gateway enthalten sind. Die Registerkarten OPTIONEN und GEMEINSAME NUTZUNG entsprechen jenen bei Einwählverbindungen. In der Registerkarte NETZWERK müssen Sie einige Anpassungen vornehmen. Zunächst wird empfohlen, dass Sie statt der Standardeinstellung AUTOMATISCH (siehe Abbildung 7.14) einen speziellen VPN-Typ (PPTP) auswählen. Außerdem sollten nur die Protokolle, die in dieser Verbindung verwendet werden, ausgewählt sein (z. B. TCP/IP).

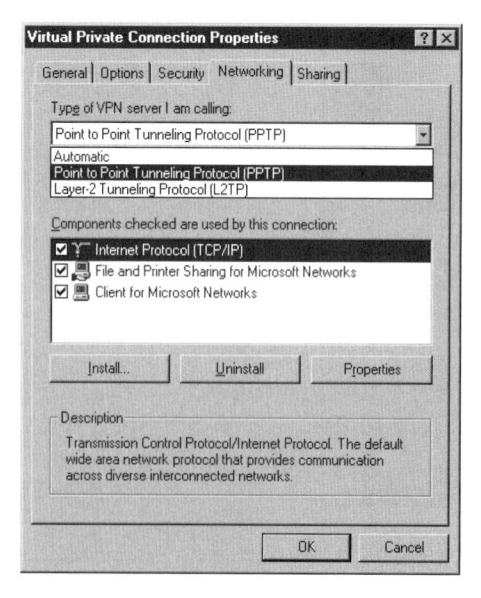

Abb. 7.14: Auswählen des VPN-Typs und der Tunnel-Protokolle

Wählen Sie auf der Registerkarte SICHERHEIT die Option ERWEITERT (BENUTZERDEFINIERTE EINSTELLUNGEN) und klicken Sie auf EINSTELLUNGEN. Auf der angezeigten Registerkarte (siehe Abbildung 7.15) müssen Sie die Einstellungen wählen, die den PIX-VPDN-Verschlüsselungs- und Authentifizierungseinstellungen entsprechen.

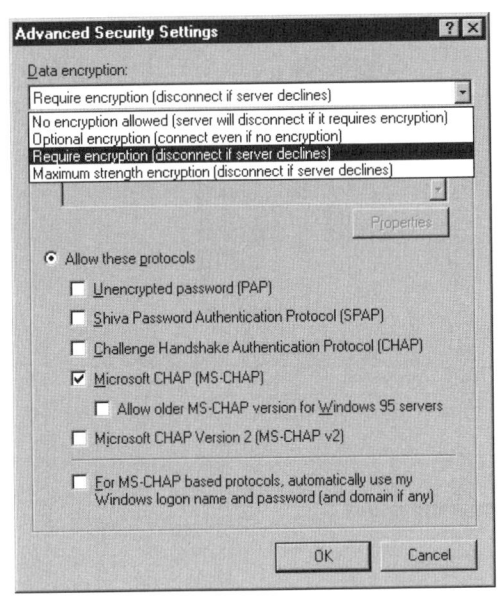

Abb. 7.15: Verschlüsselung und Authentifizierung

Die meisten dieser Einstellungen sollten sich selbst erklären. Die Option MAXIMAL unter DATENVERSCHLÜSSELUNG bedeutet, dass der Client nur eine 128-Bit-Verschlüsselung akzeptieren wird und die Verbindung unterbricht, wenn die PIX für die Verwendung von nur 40-Bit-Keys konfiguriert ist. Wenn die PIX für die Verwendung der MS-CHAP-Authentifizierung konfiguriert ist, müssen Sie nur ein Kontrollkästchen aktivieren (wie gezeigt), da die PIX nur Version 1 dieses Authentifizierungsprotokolls unterstützt.

7.6 Konfiguration des Layer 2 Tunneling Protocol mit IPsec

Ein weiteres Protokoll zum Tunneln des gesamten Schicht-2-Verkehrs über ein öffentliches Netzwerk ist das Layer 2 Tunneling Protocol (L2TP). L2TP ist ein Mittelding zwischen dem Cisco Layer 2 Forwarding Protocol (L2F) und PPTP. In diesem Abschnitt erfahren Sie, wie Sie L2TP mit IPsec konfigurieren. L2TP/IPsec arbeitet wie folgt: Die Parteien richten zunächst einen IPsec-Tunnel im Transport-Modus mit IKE oder der manuellen Konfiguration ein. Dann wird der Verkehr zwischen den Netzwerken in PPP-Paketen gekapselt und zwischen den UDP-Ports 1701 auf Client und Server über den IPsec-Tunnel übertragen (siehe Abbildung 7.16). Damit besteht die Konfiguration aus zwei Teilen: der IPsec-Konfiguration und der VPDN-Konfiguration (letztere gleicht sehr der Konfiguration von PPTP).

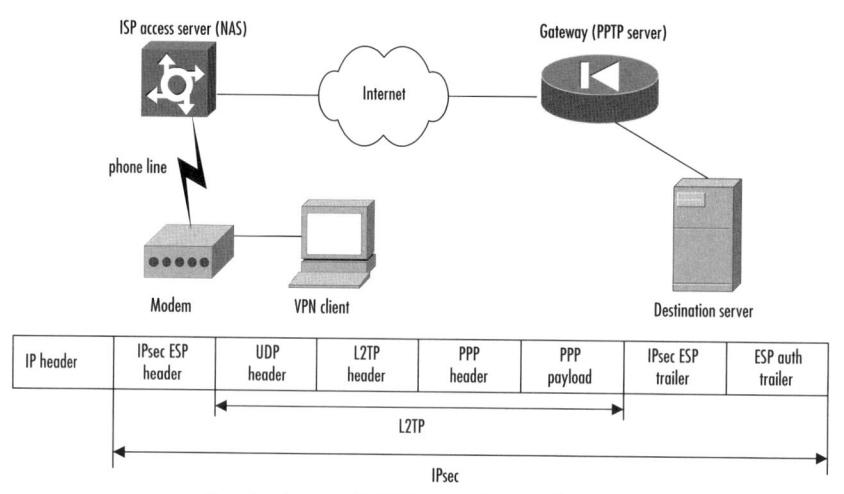

Abb. 7.16: Layer 2 Tunneling Protocol - Paketstruktur

7.6.1 Überblick

Wie in Abbildung 7.16 gezeigt, ist die L2TP-Unterstützung in der PIX in ihrer Struktur zwar ein bisschen komplizierter, doch dafür bietet sie Sicherheit, da eine vollständige Authentifizierung und Verschlüsselung der übertragenen Pakete im IPSec-Transport-Modus ermöglicht wird. Ab der Version 6.0 der PIX-Software kann diese Implementierung mit einem Windows 2000-Client betrieben werden.

Viele Features des PIX-L2TP-Servers entsprechen jenen der PPTP-Server-Implementierung. L2TP kann nur auf einer Schnittstelle konfiguriert werden und es verwendet PPP-Authentifizierungsmethoden für die Client-Authentifizierung. Die PIX kann nicht als L2TP-Client agieren.

Dynamische Crypto-Maps

Ein neues Feature in der L2TP-Konfiguration ist ein dynamisches Crypto-Map. Dabei handelt es sich um ein Crypto-Map ohne konfigurierte Parameter. Es wird als Teil des Crypto-Maps der Schnittstelle hinzugefügt und wird von der PIX verwendet, um IPsec-Verbindungen mit Peers zu erstellen, deren Adressen im Vorfeld nicht bekannt sind. Ein typisches Beispiel ist der Fall eines mobilen Anwenders; er hat keine vorausbestimmte IP-Adresse, sondern erhält bei jeder Einwahl bei seinem ISP eine neue Adresse. Wenn die PIX dynamische Crypto-Maps verwendet, müssen sich mobile Benutzer zuerst während des IKE-Austauschs gegenüber der Firewall (z. B. über den Host-Namen) authentifizieren. Dann wird der von ihnen erzeugte Verkehr nach den Regeln verarbeitet, die in dem dynamischen Crypto-Map-Eintrag definiert sind.

Um einen dynamischen Crypto-Map-Eintrag zu konfigurieren, müssen Sie nur ein Transform-Set angeben. Alle anderen Parameter können aus den Vorschlägen des anderen Peers (oder mobilen Clients) übernommen werden. Dynamische Maps können nur für eingehende Verbindungen verwendet werden und sie müssen die geringste Priorität aufweisen. Wenn sich die PIX zur Verwendung eines spezifischen dynamischen Maps entscheidet (also ein erfolgreicher IKE-Austausch mit dem Peer stattgefunden hat), erstellt sie einen temporären Crypto-Map-Eintrag und installiert diesen in ihrer SPD. Der Eintrag wird mit den Resultaten der IKE-Aushandlungen gefüllt. Nachdem er erstellt ist, wird der temporäre Eintrag ganz normal verwendet. Wenn alle diesem Eintrag zugeordneten IPsec-SAs ablaufen, wird der temporäre Eintrag gelöscht.

Die Konfigurationsbefehle für dynamische Crypto-Maps entsprechen jenen für statische Crypto-Map-Einträge. Die entsprechenden Befehle lauten wie folgt:

```
crypto dynamic-map <dynamic-map-name> <dynamic-seq-num>
crypto dynamic-map <dynamic-map-name> <dynamic-seq-num> match address
    <acl_name>
crypto dynamic-map <dynamic-map-name> <dynamic-seq-num> set peer
    {<hostname> | <ip-address>}
crypto dynamic-map <dynamic-map-name> <dynamic-seq-num> set pfs [group1 |
    group2]
crypto dynamic-map <dynamic-map-name> <dynamic-seq-num> set security-
    association lifetime {seconds <seconds> | kilobytes <kilobytes>}
crypto dynamic-map <dynamic-map-name> <dynamic-seq-num> set transform-
    set transform-set-name1 [transform-set-name2 [transform-set-name3
        [transform-set-name4 [transform-set-name5 [transform-set-name6
            [transform-set-name7 [transform-set-name8 [transform-set-
                name9]]]]]]]]
```

Nur der letzte Teil des Befehls, die Angabe des Transform-Sets, muss in der Konfiguration eines dynamischen Crypto-Map-Eintrags vorhanden sein. Außerdem wird die Angabe einer Access List im Befehl match address empfohlen, um die Sicherheit zu erhöhen. Broadcast- und Multicast-Verkehr muss beispielsweise selten getunnelt werden.

Ein konfiguriertes dynamisches Crypto-Map wird dann als Eintrag in einem normalen Crypto-Map zugewiesen. Beispiel:

```
crypto ipsec transform-set myset1 esp-des esp-md5-hmac
crypto ipsec transform-set myset2 ah-sha-hmac
crypto dynamic-map dynmap 10
crypto dynamic-map dynmap set transform-set myset2
crypto dynamic-map dynmap match address 101
crypto dynamic-map dynmap 20
crypto dynamic-map dynmap set transform-set myset1
crypto dynamic-map dynmap match address 102
crypto map gorilla 10 ipsec-isakmp
crypto map gorilla 10 set peer 23.34.45.56
crypto map gorilla 10 set transform-set myset1 myset2
crypto map gorilla 10 match address 103
crypto map gorilla 20 ipsec-isakmp dynamic dynmap
access-list 103 permit ip 192.168.3.0 255.255.255.0 any
access-list 101 permit ip host 192.168.2.33 any
access-list 102 permit ip host 192.168.2.34 any
```

Hier hat ein normales Map, gorilla, einen dynamischen Map-Eintrag namens dynmap mit einer Priorität von 20. Das dynamische Map selbst hat zwei Einträge mit den Prioritäten 10 und 20. Das bedeutet, dass die PIX zunächst den statischen Eintrag mit der Priorität 10 (den mit Peer 23.34.45.65) auswertet. Wenn dieser Eintrag nicht passt, werden die beiden Einträge aus dem dynamischen Map getestet – zuerst der mit der Priorität 10 und dann der Eintrag mit der Priorität 20. Nachdem eine IPsec-SA eingerichtet wurde, wird nur der über die entsprechende Access List angegebene Verkehr getunnelt.

7.6.2 Konfiguration

Die Konfiguration von L2TP auf der PIX für einen Windows 2000-Client beinhaltet drei Schritte:

1. Sie konfigurieren IKE.

2. Sie konfigurieren IPsec im Transport-Modus.

3. Sie konfigurieren VPDN-Einwähleinstellungen für L2TP.

IKE wird konfiguriert wie zuvor. Da der interne Windows 2000-VPN-Client keine Pre-Shared-Keys unterstützt, muss für ihn die CA-Unterstützung konfiguriert werden. Wenn die normale Konfigurationsprozedur für IPsec mit CA-Unterstützung abgeschlossen ist, können wir PIX1 so konfigurieren, dass sie L2TP-VPN-Verbindungen von mobilen Windows 2000-Benutzern gestattet. In unserem Beispiel erhalten sie Zugriff auf einen internen Host mit der IP-Adresse 192.168.2.33. Die

IKE-Authentifizierung findet unter Verwendung von VeriSign-Zertifikaten statt und die Benutzerauthentifizierung übernimmt ein RADIUS-Server im internen Netzwerk. Zunächst müssen wir gestatten, dass der IPsec- und L2TP-Verkehr von Passagen ausgeschlossen wird. Dies bewerkstelligen Sie mit folgendem Befehl:

```
PIX1(config)# sysopt connection permit ipsec
PIX1(config)# sysopt connection permit l2tp
```

Die CA-Unterstützung wird wie zuvor konfiguriert:

```
PIX1(config)# hostname PIX1
PIX1(config)# domain-name securecorp.com
PIX1(config)# ca generate rsa key 1024
PIX1(config)# ca identity verisign 205.139.94.230
PIX1(config)# ca configure verisign ca 1 20 crloptional
PIX1(config)# ca authenticate verisign
PIX1(config)# ca enroll verisign midnightinmoscow
PIX1(config)# ca save all
PIX1(config)# write memory
```

IKE wird wie zuvor konfiguriert:

```
PIX1(config)# isakmp policy 10 authentication rsa-sig
PIX1(config)# isakmp policy 10 encryption 3des
PIX1(config)# isakmp policy 10 hash md5
PIX1(config)# isakmp policy 10 group 2
PIX1(config)# isakmp policy 10 lifetime 2400
PIX1(config)# isakmp identity hostname
PIX1(config)# isakmp enable outside
```

> **Hinweis**
>
> Es ist wichtig, dass die IKE- und IPsec-SA-Lifetimes auf der PIX den zugehörigen Einstellungen auf dem Windows-Computer entsprechen. Die Standardeinstellungen sollten funktionieren; die IKE-SA-Lifetime ist 3600 Sekunden und die IPsec-SA-Lifetime beträgt 86400 Sekunden unter Windows, doch wenn Sie anhand von debug crypto isakmp oder debug crypto ipsec erkennen, dass die Aushandlungen fehlgeschlagen sind, obwohl die Transform-Sets korrekt sind, sollten Sie immer die Lifetime-Einstellungen auf der PIX und auch auf dem Windows-Client überprüfen. Die Windows-Einstellungen finden Sie im Snap-In IP-SICHERHEITSRICHTLINIEN der Microsoft Management Console. Weitere Einzelheiten finden Sie in der Microsoft Knowledge Base in Artikel Q259335.

Wir fahren fort mit der IPsec-Konfiguration und definieren die Crypto-Access-List und die NAT-Umgehung:

```
PIX1(config)# access-list 99 permit ip 192.168.2.0 255.255.255.0 any
```

Der IPsec-Verkehr muss von der NAT ausgeschlossen werden (wie zuvor):

```
PIX1(config)# nat (inside) 0 access-list 99
```

Im nächsten Schritt wird das Transform-Set konfiguriert. Der einzige Unterschied zum generischen IPsec besteht hier darin, dass wir den Transport-Modus angeben müssen:

```
PIX1(config)# crypto ipsec transform-set myset esp-des esp-md5-hmac
PIX1(config)# crypto ipsec transform-set myset mode transport
```

Wir erstellen ein einfaches dynamisches Crypto-Map, um mobile Clients mit nicht festgelegten IP-Adressen zu verarbeiten:

```
PIX1(config)# crypto dynamic-map mobileclients 10 set transform-set myset
PIX1(config)# crypto dynamic-map mobileclients 10 match address 99
```

Wir konfigurieren das normale Crypto-Map, das dieses dynamische Map als Eintrag enthält, und wenden es an:

```
PIX1(config)# crypto map partners 20 ipsec-isakmp dynamic mobileclients
PIX1(config)# crypto map partners interface outside
```

IKE- und IPsec-Konfiguration sind damit abgeschlossen. Nun müssen die VPDN-Einstellungen konfiguriert werden. Fast alle Befehle sind identisch mit jenen aus der PPTP-Konfiguration:

```
vpdn group <group_name> accept dialin l2tp
vpdn group <group_name> l2tp tunnel hello <hello_timeout>
vpdn group <group_name> client configuration address local <address_pool_
    name>
vpdn group <group_name> client configuration dns <dns_ip1> [<dns_ip2>]
vpdn group <group_name> client configuration wins <wins_ip1> [<wins_ip2>]
vpdn group <group_name> client authentication aaa <aaa_server_group>
vpdn group <group_name> client authentication local
vpdn group <group_name> ppp authentication {pap | chap | mschap}
vpdn group <group_name> client accounting <aaa_server_group>
```

Mit dem ersten Befehl wird die Verarbeitung von L2TP-Anforderungen aktiviert. Der zweite dient zur Konfiguration eines L2TP-Keep-Alive-Timeouts, der standardmäßig 60 Sekunden beträgt und Werte zwischen 10 und 300 Sekunden annehmen kann. Die anderen Befehle kennen Sie aus der Konfiguration von PPTP. Wir verwenden das letzte Beispiel aus dem PPTP-Abschnitt (mit einem externen AAA-Server) und ändern die Konfiguration auf L2TP. Die resultierende VPDN-Konfiguration ist wie folgt:

```
PIX1(config)# ip local pool mypool 192.168.5.1-192.168.5.10
PIX1(config)# aaa-server myserver (inside) host 192.168.2.99 key
   mysecretkey
PIX1(config)# aaa-server myserver protocol radius
PIX1(config)# vpdn group 1 accept dialin l2tp
PIX1(config)# vpdn group 1 ppp authentication mschap
PIX1(config)# vpdn group 1 client authentication aaa myserver
PIX1(config)# vpdn group 1 client configuration address local mypool
PIX1(config)# vpdn group 1 client configuration dns 192.168.2.33
PIX1(config)# vpdn group 1 client configuration wins 192.168.2.34
PIX1(config)# vpdn enable outside
```

Einrichtung des Windows 2000-Client

Die Erstellung einer VPN-Verbindung für die Verwendung mit L2TP folgt denselben Schritten wie bei jener für PPTP. Der einzige Unterschied ist, dass Sie statt PPTP L2TP wählen müssen. Auch hier gilt, dass die Authentifizierungseinstellungen den Einstellungen auf der PIX entsprechen müssen.

Zusätzlich müssen Sie Zertifikate und Zertifizierungsstellen (CAs) konfigurieren, die zum Einrichten eines IPsec-Tunnels verwendet werden. In Windows 2000 wird die Zertifikatsverwaltung über das Snap-In ZERTIFIKATE der Microsoft Management Console durchgeführt (verwenden Sie MMC.EXE, um C:\WINNT\SYSTEM32\CERTMGR.MSC zu öffnen). Sie finden ein Beispiel in Abbildung 7.17.

Stellen Sie sicher, dass das Zertifikat der von der PIX genutzten CA unter VERTRAUENSWÜRDIGE STAMMZERTIFIZIERUNGSSTELLEN aufgelistet ist. Ist das nicht der Fall, müssen Sie es von der CA abrufen (das Vorgehen hängt von der verwendeten CA ab, aber es ist gewöhnlich recht unkompliziert) und importieren. Das Gleiche ist mit dem Zertifikat für Ihren Computer zu tun (es sollte sich unter EIGENE ZERTIFIKATE befinden).

Weitere Einzelheiten finden Sie im Microsoft-Support-Artikel Q253498: *How to Install a Certificate for Use with IP Security*. Ein nützlicher Artikel im Zusammenhang mit dem L2TP-Troubleshooting ist Q259335: *Basic L2TP/IPSec Troubleshooting in Windows*.

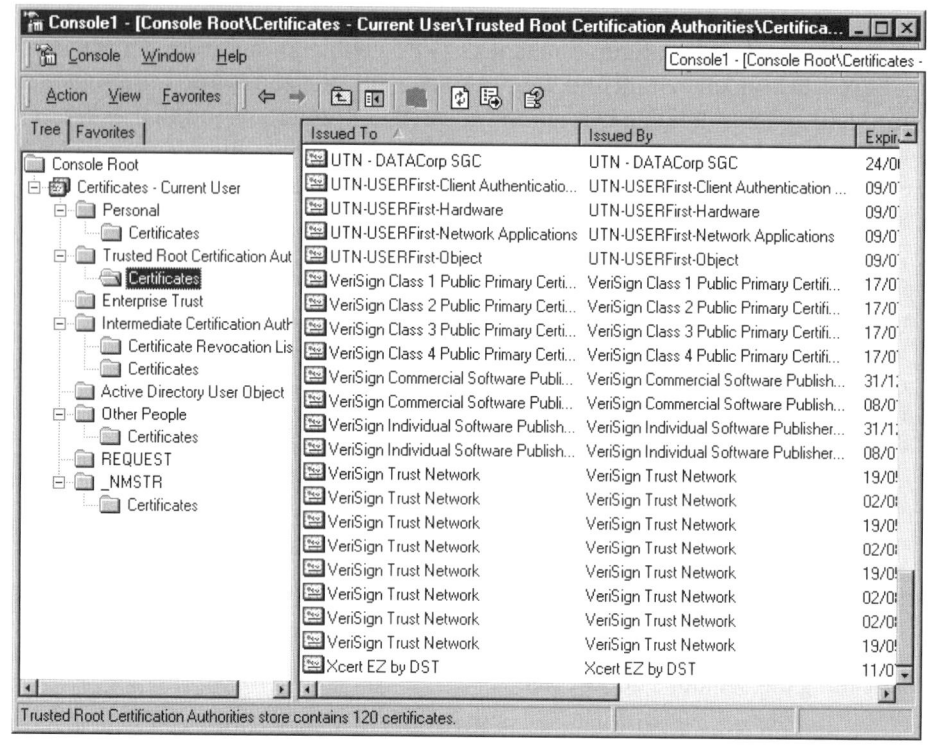

Abb. 7.17: Die MMC für die Verwaltung von Zertifikaten

7.7 Konfiguration der Unterstützung für den Cisco Software VPN Client

Bei dem Cisco Software VPN Client handelt es sich um Client-Software für die Verwendung mit Cisco-basierten IPsec-Gateways. Sie bietet Unterstützung für Cisco-VPN-Concentrators, PIX-Firewalls und IOS-basierte Systeme. Der VPN-Client wird auf einem Client-Computer installiert und erhält Vorrang über den internen Windows-IPsec-Client.

> **Hinweis**
>
> Der interne Windows-Client funktioniert nicht, wenn der Cisco Software VPN Client installiert ist, da dieser den IKE-Port 500 übernimmt. Daher würde das im vorherigen Abschnitt beschriebene L2TP-Tunneling nicht funktionieren.

Die neueste Version des Cisco-VPN-Client steht auf der Cisco-Website zum Download bereit. (Möglicherweise müssen Sie sich zuerst anmelden.) Die Installation der Cisco-VPN-Clients ist recht unproblematisch. Sie werden einige Fragen beantworten müssen, z. B. ob Sie die gemeinsame Nutzung der Internetverbindung entfernen und den internen Windows-IPsec-Richtliniendienst deaktivieren möchten, da der VPN-Client nicht kompatibel mit diesen beiden Features ist.

7.7.1 Modus-Konfiguration

Die IKE-Modus-Konfiguration ist eine Erweiterung des IKE-Protokolls, die es Ihnen ermöglicht, dem VPN-Client während des IKE-Aushandlungsprozesses eine bekannte interne IP-Adresse zuzuweisen. Der Client nutzt diese Adresse später als interne IP-Adresse in seiner Kommunikation über den IPsec-Tunnel. Da diese Adresse der Firewall bereits bekannt ist, kann sie ganz einfach gegen die Sicherheitsrichtlinie (SPD) geprüft werden. Die IKE-Modus-Konfiguration ermöglicht eine einfache Skalierbarkeit von VPN-Netzwerken, in denen viele Clients ohne feste IP-Adressen vorhanden sind.

Die IKE-Modus-Konfiguration findet zwischen Phase 1 und 2 der IKE-Aushandlung statt. Während dieses Prozesses können eine IP-Adresse und andere IP-Einstellungen wie z. B. zum DNS-Server auf den Client heruntergeladen werden. Es gibt zwei Aushandlungsarten bei der IKE-Modus-Konfiguration:

- **Gateway-Initiierung** – Der Server initiiert den Konfigurations-Modus mit dem Client. Wenn der Client antwortet, modifiziert IKE die Identität des Senders, die Nachricht wird verarbeitet und der Client erhält eine Antwort.
- **Client-Initiierung** – Der Client initiiert den Konfigurations-Modus mit dem Gateway. Das Gateway antwortet mit einer IP-Adresse, die es für den Client reserviert hat.

Die IKE-Modus-Konfiguration auf der PIX-Firewall erfolgt in drei Schritten:

1. Sie definieren einen IP-Adress-Pool, wie es im Abschnitt zu L2TP beschrieben wurde. Die Syntax ist wie folgt:

```
ip local pool pool_name pool_start_address[-pool_end_address]
```

2. Sie referenzieren den IP-Adress-Pool in der IKE-Konfiguration mit diesem Befehl:

```
isakmp client configuration address-pool local <pool-name> [<interface
    -name>]
```

Dieser Befehl besagt, dass IKE auf Schnittstelle `interface-name` den Adress-Pool namens `pool-name` verwenden soll, um VPN-Clients lokale IP-Adressen zuzuweisen.

3. Definieren Sie in den Crypto-Map-Einstellungen diejenigen Einstellungen, die die IKE-Modus-Konfiguration mit dem Client aushandeln sollen, und ob der Client oder das Gateway den Prozess initiieren soll. Die Syntax für diesen Befehl ist wie folgt:

```
crypto map <map-name> client configuration address initiate | respond
```

In diesem Befehl ist `map-name` der Name des Crypto-Maps. `initiate` bedeutet, dass das Gateway die IKE-Modus-Konfiguration initiiert und `respond` besagt, dass der Client selbst den Prozess anstößt und das Gateway antwortet. Beispiel:

```
ip local pool modeconf 172.16.1.1-172.16.1.126
isakmp client configuration address-pool local modeconf outside
crypto map mymap client configuration address initiate
```

Diese Einstellungen (wenn die restliche Konfiguration von IKE und IPsec abgeschlossen ist) zwingen die PIX, mit jedem Client, der dem Crypto-Map `mymap` entspricht, die IKE-Modus-Konfiguration zu initiieren. Den Clients werden IP-Adressen aus dem Adressbereich 172.16.1.1 – 172.16.1.126 zugeordnet.

Ein kleines Problem entsteht, wenn die gleiche Schnittstelle zur Terminierung von VPN-Clients und Peers mit statischen IP-Adressen (Site-to-Site-Gateways) verwendet wird. Solche Peers müssen von dem IKE-Modus-Konfigurationsprozess ausgeschlossen werden. Sie erreichen diesen Ausschluss mit folgendem Befehl:

```
isakmp key <keystring> address <ip-address> [<netmask>] no-config-mode
```

Für Peers, die Pre-Shared-Keys für die Authentifizierung nutzen, und für Peers, die RSA-Signaturen nutzen, geben Sie folgenden Befehl ein:

```
isakmp peer fqdn <fqdn> no-config-mode
```

Um beispielsweise anzugeben, dass der Peer 23.34.45.56, der den Pre-Shared-Key `mysecretkey` für die IKE-Authentifizierung nutzt, von der IKE-Modus-Konfiguration ausgeschlossen werden soll, verwenden Sie diesen Befehl:

```
isakmp key mysecretkey address 23.34.45.56 255.255.255.255 no-config-mode
```

7.7.2 Extended Authentication

Die IKE Extended Authentication (*xauth*) ist eine Erweiterung zu IKE. Die entsprechende RFC befindet sich im Entwurfsstadium. Xauth ist bei der Konfiguration des Cisco Software VPN Client für den Zugriff auf die PIX-Firewall nützlich, da dadurch die Authentifizierung nach IKE Phase 1 und vor Phase 2 durchgeführt werden kann. Ohne xauth kann IKE nur ein Gerät, keinen Benutzer authentifizieren. Mit xauth wird IKE so erweitert, dass auch Benutzerauthentifizierungen unterstützt werden, indem der Server einen Benutzernamen und ein Kennwort von einem Client anfordern kann. Auf der PIX-Firewall wird der Benutzer gegen einen externen RADIUS- oder TACACS+-Server verifiziert. (Die lokale Authentifizierung ist nicht möglich.) Wenn die Verifizierung fehlschlägt, wird die IKE-SA für diese Verbindung gelöscht und die IPsec-SAs werden nicht eingerichtet. Die xauth-Aushandlung wird vor der IKE-Modus-Konfiguration durchgeführt.

Bevor Sie xauth aktivieren, müssen Sie eine AAA-Server-Gruppe mit AAA-Servern über folgende Befehle definieren:

```
aaa-server <group_tag> protocol <auth_protocol>
aaa-server <group_tag> [(interface)] host <server_ip> [<key>] [timeout
   <seconds>]
```

Beispiel:

```
PIX1(config)# aaa-server vpnauthgroup protocol radius
PIX1(config)# aaa-server vpnauthgroup (inside) host 192.168.2.33 secret-
key
   timeout 60
```

Dieser Befehl besagt, dass sich der RADIUS-Server 192.168.2.33 in der Gruppe vpnauthgroup befindet, dass er den Key secretkey verwendet und einen Timeout von 60 Sekunden hat.

Die xauth-Aushandlung wird innerhalb des Crypto-Maps aktiviert. Das erreichen Sie mit folgendem Befehl:

```
crypto map <map-name> client authentication <group_tag>
```

map-name ist der Name des Crypto-Maps, für das xauth aktiviert wurde; group_tag ist der Name einer zuvor definierten AAA-Gruppe. Der folgende Befehl zwingt beispielsweise IKE-Aushandlungen unter Map mymap, xauth zu nutzen, und die Authentifizierung wird über den zuvor definierten Server 192.168.2.33 durchgeführt:

```
PIX1(config)# crypto map mymap client authentication vpnauthgroup
```

Bei xauth entstehen die gleichen Probleme wie bei der IKE-Modus-Konfiguration, wenn dieselbe Schnittstelle für die Terminierung von Clients mit dynamischen Adressen und Site-to-Site-Tunneln verwendet wird. Sie können die bekannte Technik zum Ausschluss einiger IP-Adressen von der xauth-Aushandlung verwenden. Der Befehl zur Konfiguration von Ausschlüssen lautet:

```
isakmp key <keystring> address <ip-address> [<netmask>] no-xauth
```

Beispiel:

```
PIX1(config)# isakmp key mysecretkey address 23.34.45.56 255.255.255.255
    no-xauth
```

7.7.3 VPN-Gruppen

Das letzte Feature bei der Konfiguration der VPN-Client-Unterstützung sind die VPN-Gruppen. Ein Cisco-VPN-Client muss sich in einer dieser Gruppen anmelden, um seine Sicherheitsparameter von einem VPN-Concentrator oder, wie in unserem Fall, von einer PIX-Firewall herunterzuladen. Sie konfigurieren eine Gruppe auf der PIX mit einer Reihe von vpngroup-Befehlen. Zu diesen Befehlen gehören:

```
vpngroup <group_name> address-pool <pool_name>
vpngroup <group_name> default-domain <domain_name>
vpngroup <group_name> dns-server <dns_ip_prim> [<dns_ip_sec>]
vpngroup <group_name> idle-time <idle_seconds>
vpngroup <group_name> max-time <max_seconds>
vpngroup <group_name> password <preshared_key>
vpngroup <group_name> pfs
vpngroup <group_name> split-tunnel <acl_name>
vpngroup <group_name> wins-server <wins_ip_prim> [<wins_ip_sec>]
```

Die meisten dieser Befehle sollten sich selbst erklären. Mit default-domain wird ein Domain-Name eingerichtet, der einem authentifizierten Client zugewiesen werden soll; dns-server und wins-server stehen für die Standard-DNS-Server und -WINS-Server, die der Client verwenden soll, und mit dem Parameter pfs wird die Verwendung von Perfect Forward Secrecy durch alle Clients erzwungen, die gegen diese Gruppe authentifiziert wurden. Der Parameter idle-time setzt den Maximalwert für den Inactivity-Timeout, nach dem die Verbindung des Client gelöst wird. Die Standardeinstellung beträgt 1800 Sekunden. Mit max-time wird die maximale Verbindungszeit bestimmt, nach der der Client die Verbindung abbrechen muss. Die Standardverbindungszeit ist unbegrenzt.

Im Befehl password wird ein Pre-Shared-IKE-Key festgelegt. Wenn sich ein VPN-Client mit der PIX verbindet, gibt er seinen Gruppennamen an, und die PIX versucht, unter Verwendung dieses Kennworts als Shared-IKE-Key die IKE-Aushandlung durchzuführen. Der Gruppenname und das Kennwort können im VPN-Dialer beim Erstellen eines Eintrags gesetzt werden. (Im nächsten Abschnitt folgen Beispiele für eine VPN-Client-Konfiguration.) Es gibt eine weitere Option für die Zuweisung von Kennwörtern (Shared Keys) für die IKE-Authentifizierung. Sie können einen einzelnen Pre-Shared-Key für alle möglichen Peers verwenden. Dazu dient folgender Befehl:

```
isakmp key <keystring> address 0.0.0.0 netmask 0.0.0.0
```

Dieser Schlüssel wird als Wildcard-IKE-Key bezeichnet. Das bedeutet, dass dieser Schlüssel unabhängig von der IP-Adresse eines Peers verwendet wird. Wenn Sie also keine unterschiedlichen Schlüssel für verschiedene Gruppen und nur xauth verwenden möchten, ist es einfacher, wenn Sie einen Wildcard-IKE-Key einrichten und keine Kennwörter in der VPN-Gruppenkonfiguration angeben.

Wenn die Aushandlung in IKE Phase 1 erfolgreich ist, wird die IKE-Modus-Konfiguration ausgeführt (die bei Verwendung eines VPN-Clients immer konfiguriert werden muss) – und möglicherweise auch xauth (bei entsprechender Konfiguration, da es sich hier um ein optionales Feature handelt). Während der IKE-Modus-Konfiguration wird einem Client eine interne IP-Adresse entweder aus einem gemeinsamen Pool (dieser Pool wird definiert wie im Abschnitt zur Modus-Konfiguration beschrieben) oder aus einem speziellen Pool für diese VPN-Gruppe zugewiesen. Gruppenspezifische Pools definieren Sie mit folgendem Befehl:

```
vpngroup <group_name> address-pool <pool_name>
```

> **Hinweis**
> Wenn eine Gruppe mit dem Namen *default* konfiguriert ist, entspricht dieser jedem Gruppennamen, den der VPN-Client vorschlägt. Wenn die IKE-Aushandlung beginnt, sucht die PIX zunächst nach der durch den Client vorgeschlagenen Gruppe und dann nach dieser default-Gruppe. Wenn keine von beiden gefunden wird, schlägt die Aushandlung fehl.

Wenn die IKE-Aushandlung unter Verwendung von Pre-Shared-Keys und die optionale erweiterte Authentifizierung (xauth) erfolgreich ist, lädt die PIX alle für diese VPN-Gruppe definierten Parameter auf den Client herunter und ein IPsec-Tunnel wird eingerichtet. Standardmäßig wird der gesamte Verkehr von dem Computer, auf dem der VPN-Client installiert ist, zur PIX getunnelt. Eines der Probleme, die durch diesen Prozess auftreten, besteht darin, dass der Internet-Zugriff des Client beendet wird, da der gesamte Verkehr an die PIX gesendet wird. Es ist jedoch möglich, den Verkehr in zwei Bereiche aufzuteilen: in einen, der getunnelt werden soll, und in einen, der ohne Tunneling übertragen wird. Das bewerkstelligen Sie mit folgendem Befehl:

```
vpngroup <group_name> split-tunnel <acl_name>
```

Mit diesem Befehl wird eine Access List angegeben, die den zu tunnelnden Verkehr definiert. Es handelt sich um eine gewöhnliche Access List, mit einer anderen Bedeutung eines permit-Statements. permit-Zeilen bedeuten, dass der übereinstimmende Verkehr vom Client zur PIX getunnelt werden soll. Wenn das Ziel einem deny-Statement oder aber keinem Eintrag in dieser Access List entspricht, wird das IP-Paket ohne Tunneling durch den Client übertragen. Abbildung 7.18 zeigt eine Minimalkonfiguration (nur mit Pre-Shared-Key-Authentifizierung ohne xauth) einer VPN-Gruppe auf PIX1 mit aufgeteiltem Tunneling und entsprechenden IPsec-Einstellungen.

```
: only traffic between 192.168.2.0/24 and 192.168.10.0/24 will be tunneled
access-list 90 permit ip 192.168.2.0 255.255.255.0 192.168.10.0 255.255
   .255.0
: clients are assigned with ip addresses from 192.168.10.0/24
ip local pool vpnpool 192.168.10.1-192.168.10.254
: common dynamic map settings
crypto ipsec transform-set vpnset esp-des esp-sha-hmac
crypto dynamic-map dynmap 20 set transform-set vpnset
crypto map dialinmap 10 ipsec-isakmp dynamic dynmap
: pix will initiate ike mode configuration
crypto map dialinmap client configuration address initiate
crypto map dialinmap interface outside
: usual isakmp settings
isakmp enable outside
isakmp identity hostname
isakmp policy 5 authentication pre-share
isakmp policy 5 encryption 3des
isakmp policy 5 hash md5
isakmp policy 5 group 1
: vpn group "mygroup" is defined
: clients will be assigned ip addresses from "vpnpool"
vpngroup mygroup address-pool vpnpool
: dns, wins and domain are pushed to the client
vpngroup mygroup dns-server 192.168.2.33
vpngroup mygroup wins-server 192.168.2.34
```

Abb. 7.18: VPN-Gruppenkonfiguration

```
vpngroup mygroup default-domain securecorp.com
: splitting according to access list 90 is defined
vpngroup mygroup split-tunnel 90
: timeouts are defined
vpngroup mygroup idle-time 1800
vpngroup mygroup max-time 86400
: ike shared key for this group is defined.
: it is actually shown as ****** in the PIX configuration
vpngroup mygroup password mypassword
```

Abb. 7.18: VPN-Gruppenkonfiguration (Forts.)

7.7.4 Beispielkonfigurationen von PIX und VPN-Clients

In diesem Abschnitt untersuchen wir ein vollständiges Konfigurationsbeispiel der PIX und eines VPN-Client. In unserem Beispiel verwenden wir IKE mit Pre-Shared-Keys, IKE-Modus-Konfiguration und die erweiterte Authentifizierung (xauth) gegen einen internen RADIUS-Server. Danach werden wir kurz die Änderungen erläutern, die bei der Verwendung digitaler Zertifikate für die IKE-Authentifizierung erforderlich sind. Abbildung 7.19 zeigt das zugehörige Netzwerk-Setup.

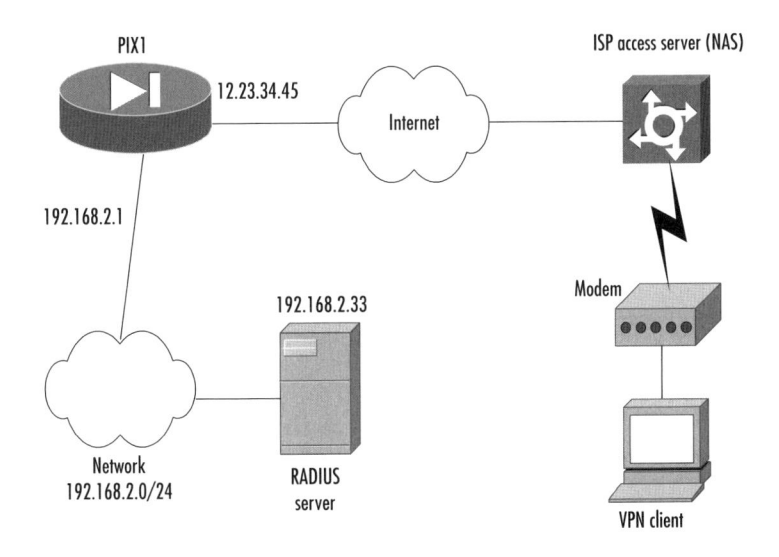

Abb. 7.19: Netzwerk-Setup für die Cisco-VPN-Client-Konfiguration

Den Clients werden IP-Adressen aus dem Pool 192.168.10.1 – 192.168.10.254 zugewiesen und für die IKE-Authentifizierung verwenden wir einen Wildcard-Key. Es wird lediglich die *default*-VPN-Gruppe konfiguriert. Die Konfiguration (wir nehmen an, dass die PIX-IP-Adressen bereits konfiguriert sind) beginnt mit der Definition eines Authentifizierungs-Servers:

```
PIX1(config)# aaa-server vpnauthgroup protocol radius
PIX1(config)# aaa-server vpnauthgroup (inside) host 192.168.2.33 abcdef
    timeout 5
```

Im nächsten Schritt wird eine IKE-Richtlinie konfiguriert (3DES-Verschlüsselung und MD5-Hashing):

```
PIX1(config)# isakmp enable outside
PIX1(config)# isakmp policy 10 encryption 3des
PIX1(config)# isakmp policy 10 hash md5
PIX1(config)# isakmp policy 10 authentication pre-share
```

Der Cisco-VPN-Client 3.x erfordert die Verwendung der Diffie-Hellman-Gruppe 2 (1024-Bit-Keys), nicht der Standardgruppe 1 (768-Bit-Keys):

```
PIX1(config)# isakmp policy 10 group 2
```

Es wird ein Wildcard-Pre-Shared-Key konfiguriert, so dass alle Clients denselben Schlüssel nutzen werden:

```
PIX1(config)# isakmp key mysecretkey address 0.0.0.0 netmask 0.0.0.0
```

Es wird eine Access List zum Aufteilen des zu tunnelnden Verkehrs konfiguriert. Nur der Verkehr von oder zu Netzwerk 192.168.2.0/24 soll geschützt werden:

```
PIX1(config)# access-list 80 permit ip 192.168.2.0 255.255.255.0 192.168
    .10.0 255.255.255.0
```

Es soll keine NAT für den IPsec-Verkehr durchgeführt werden:

```
PIX1(config)# nat (inside) 0 access-list 80
```

Transform-Sets und Crypto-Maps werden konfiguriert und angewendet. Es handelt sich um ein einfaches Crypto-Map mit nur einem dynamischen Map als Untereintrag:

```
PIX1(config)# crypto ipsec transform-set strong esp-3des esp-sha-hmac
PIX1(config)# crypto dynamic-map cisco 10 set transform-set strong
PIX1(config)# crypto map partner-map 20 ipsec-isakmp dynamic cisco
PIX1(config)# crypto map partner-map interface outside
```

Xauth wird für dieses Map aktiviert:

```
PIX1(config)# crypto map partner-map client authentication authserver
```

Die IKE-Modus-Konfiguration wird aktiviert und es wird ein IP-Pool erstellt:

```
PIX1(config)# ip local pool dealer 192.168.10.1-192.168.10.254
PIX1(config)# isakmp client configuration address-pool local dealer
    outside
PIX1(config)# crypto crypto map partner-map client configuration address
    initiate
```

Der initiate-Modus ist für den VPN-Client 3.x optional, für Clients der Version 2.x ist er jedoch obligatorisch. In den beiden vorangegangenen Zeilen wurden globale IKE-Modus-Konfigurationseinstellungen gesetzt. Diese können durch einen Befehl ersetzt werden:

```
PIX1(config)# vpngroup default address-pool dealer
```

Es besteht ein feiner Unterschied, da wir die default-Gruppe konfiguriert haben und ihre Einstellungen auf jeden Gruppennamen, den der VPN-Client liefert, angewendet werden. Wenn Sie den globalen IKE-Modus konfigurieren, wird dies auch auf Endpunkte von Site-to-Site-Tunneln angewendet. Wenn solche vorhanden sind, müssen Sie sie ausschließen. Sind keine vorhanden, gibt es keinen Unterschied. Eine gute Methode für eine einfache Konfiguration in dem Fall, in dem Site-to-Site-Tunnel und VPN-Clients vorhanden sind, kann die Verwendung der VPN-Gruppe default und die Definition der IKE-Modus-Konfiguration nur für diese Gruppe sein, da dann keine Site-to-Site-Gateways betroffen sind.

Weitere VPN-Gruppeneinstellungen werden konfiguriert:

```
PIX1(config)# vpngroup default dns-server 192.168.2.44
PIX1(config)# vpngroup default wins-server 192.168.2.45
PIX1(config)# vpngroup default default-domain securecorp.com
PIX1(config)# vpngroup default split-tunnel 80
PIX1(config)# vpngroup default idle-time 1800
```

IPsec-Verbindungen werden implizit gestattet:

```
PIX1(config)# sysopt connection permit-ipsec
```

Abbildung 7.20 zeigt die vollständige Konfiguration von PIX1.

```
nameif ethernet0 outside security0
nameif ethernet1 inside security100
nameif ethernet2 dmz security10
enable password 8Ry2YjIRX7RXXU24 encrypted
passwd 2KFQnbNIdIXZJH.YOU encrypted
hostname PIX1
domain-name securecorp.com
fixup protocol ftp 21
fixup protocol http 80
fixup protocol smtp 25
fixup protocol h323 1720
fixup protocol rsh 514
fixup protocol sqlnet 1521
names
pager lines 24
no logging on
interface ethernet0 auto
interface ethernet1 auto
interface ethernet2 auto
mtu outside 1500
mtu inside 1500
mtu dmz 1500
ip address outside 12.23.34.54 255.255.255.0
ip address inside 192.168.2.1 255.255.255.0
no failover
failover ip address outside 0.0.0.0
failover ip address inside 0.0.0.0
arp timeout 14400
nat (inside) 1 0.0.0.0 0.0.0.0 0 0
access-list 80 permit ip 192.168.2.0 255.255.255.0 192.168.10.0 255.255
   .255.0
nat (inside) 0 access-list 80
global (outside) 1 12.23.34.55
route outside 0.0.0.0 0.0.0.0 12.23.34.254 1
timeout xlate 3:00:00 conn 1:00:00 half-closed 0:10:00 udp 0:02:00
timeout rpc 0:10:00 h323 0:05:00
timeout uauth 0:05:00 absolute
ip local pool dealer 192.168.10.1-192.168.10.254
aaa-server TACACS+ protocol tacacs+
aaa-server RADIUS protocol radius
aaa-server authserver protocol radius
aaa-server authserver (inside) host 192.168.2.33 abcdef timeout 5
no snmp-server location
no snmp-server contact
```

Abb. 7.20: PIX1-Konfiguration

```
snmp-server community public
no snmp-server enable traps
crypto map dialinmap client configuration address initiate
crypto ipsec transform-set strong esp-3des esp-sha-hmac
crypto dynamic-map cisco 10 set transform-set strong-des
crypto map partner-map 20 ipsec-isakmp dynamic cisco
crypto map partner-map client authentication authserver
crypto map partner-map interface outside
isakmp key mysecretkey address 0.0.0.0 netmask 0.0.0.0
isakmp enable outside
isakmp policy 10 authentication pre-share
isakmp policy 10 encryption 3des
isakmp policy 10 hash md5
isakmp policy 10 group 2
vpngroup default address-pool dealer
vpngroup default dns-server 192.168.2.44
vpngroup default wins-server 192.168.2.45
vpngroup default default-domain securecorp.com
vpngroup default split-tunnel 80
vpngroup mygroup idle-time 1800
sysopt connection permit-ipsec
telnet timeout 5
terminal width 80
```

Abb. 7.20: PIX1-Konfiguration (Forts.)

Der Cisco VPN-Client wird wie folgt konfiguriert. Wählen Sie START/PROGRAMME/ CISCO SYSTEMS VPN CLIENT/VPN DIALER und klicken Sie dann auf die Schaltfläche NEW, um einen neuen Verbindungseintrag zu erstellen (siehe Abbildung 7.21).

Abb. 7.21: Erstellen eines neuen Verbindungseintrags

Der NEW CONNECTION ENTRY WIZARD wird gestartet. Sie werden aufgefordert, einen (beliebigen) Namen für die Verbindung und die IP-Adresse des Servers anzugeben. In unserem Fall ist dies die IP-Adresse der externen Schnittstelle von PIX1, wo der Tunnel terminiert werden soll (siehe Abbildung 7.22). Geben Sie die IP-Adresse ein und klicken Sie auf NEXT.

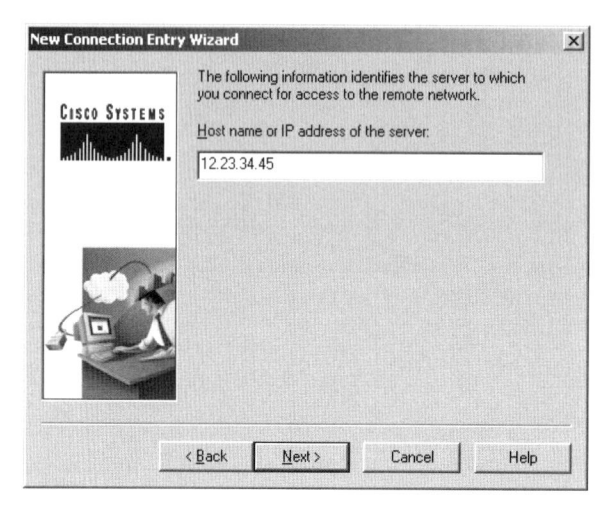

Abb. 7.22: Eingeben der IP-Adresse des Servers

Im nächsten Schritt müssen Sie den Namen der Gruppe und das Shared-IKE-Secret eingeben. Da wir eine default-Gruppe auf der PIX definiert haben, spielt der Gruppenname in unserem Fall keine Rolle, jeder Name wird der default-Gruppe entsprechen. Wenn wir andererseits einen anderen Namen in der PIX-Konfiguration angegeben hätten, müssten wir in diesem Dialogfeld exakt denselben Namen eingeben. Das Kennwort ist der Shared-Key mysecretkey (siehe Abbildung 7.23). Auch hier gilt: Wenn wir ein separates Kennwort für jede einzelne VPN-Gruppe definiert hätten, müsste hier das Kennwort für den zugehörigen Gruppennamen eingegeben werden.

Klicken Sie nun auf NEXT und anschließend auf FINISH, um die Konfiguration abzuschließen. Sie können die Eigenschaften dieses Eintrags ändern, indem Sie im Hauptfenster des VPN Dialers auf OPTIONS und anschließend auf PROPERTIES klicken. Neben anderen Eigenschaften können Sie den Gruppennamen und das Kennwort ändern, Timeout-Werte setzen und die Einwählverbindung bestimmen, die angewählt werden muss, bevor der Tunnel eingerichtet wird.

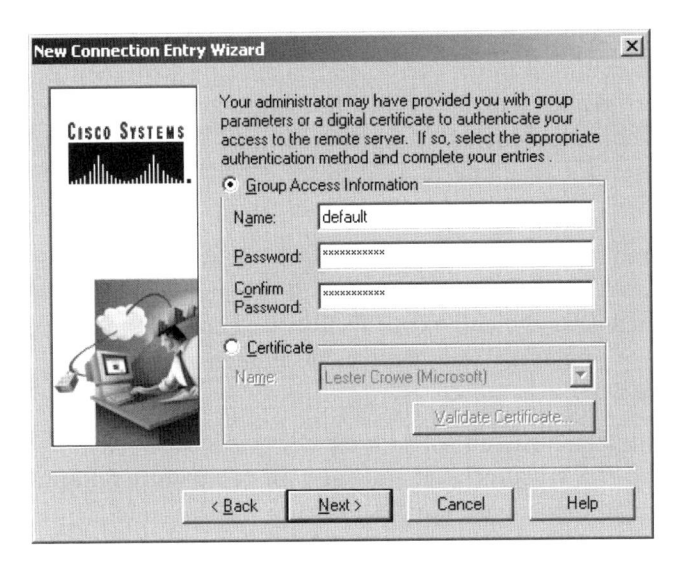

Abb. 7.23: Angeben der VPN-Gruppe und des Shared-IKE-Secret

Nun müssen Sie die gerade erstellte Verbindung auswählen und auf die Schaltfläche CONNECT (siehe Abbildung 7.24) klicken.

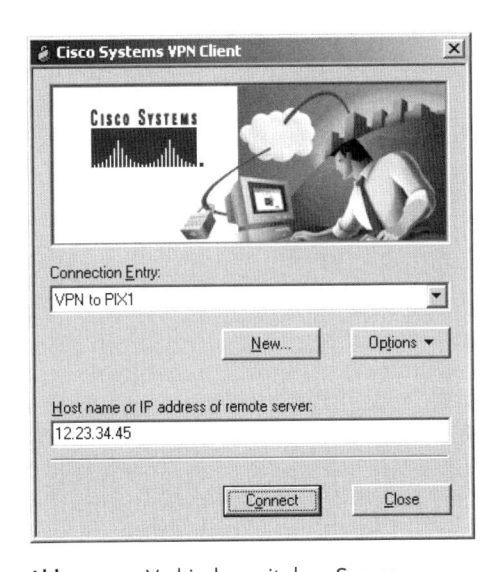

Abb. 7.24: Verbinden mit dem Server

Wenn die Netzwerkverbindung funktioniert (nichts blockiert IKE-Port UDP/500 zwischen Ihrem Host und der Firewall), beginnt die IKE-Aushandlung. Zunächst wird nach dem Shared-Secret gesucht, dann beginnt die erweiterte Authentifizierung (xauth) und der VPN-Client zeigt ein neues Fenster an, in dem Sie aufgefordert werden, Benutzernamen und Kennwort einzugeben. Danach werden Benutzername und Kennwort gegen den in der PIX-Konfiguration angegebenen RADIUS-Server geprüft. Wenn alles korrekt ist, wird der Tunnel eingerichtet und die PIX lädt die Einstellungen wie eine interne IP-Adresse, DNS- und WINS-Einstellungen auf den VPN-Client herunter.

Sie können das Funktionieren der Verbindung prüfen, indem Sie vom Client-Computer Ping-Befehle an einige interne PIX-Hosts senden. Sie können eingerichtete Tunnel auch mit den üblichen debug-Befehlen der PIX überwachen, z. B. mit debug vpdn event, debug vpdn error und debug vpdn packet. Sie können auch alle IPsec- und IKE-zugehörigen debug-Befehle nutzen.

Um digitale Zertifikate zu nutzen, müssen wir nun die CA (wie zuvor verwenden wir VeriSign) einrichten und IKE entsprechend anpassen. In der gesamten Konfiguration werden einige wenige Befehle geändert. Abbildung 7.25 zeigt ein Listing der PIX-Konfiguration, wobei neue oder geänderte Befehle kursiv hervorgehoben sind.

```
nameif ethernet0 outside security0
nameif ethernet1 inside security100
nameif ethernet2 dmz security10
enable password 8Ry2YjIRX7RXXU24 encrypted
passwd 2KFQnbNIdIXZJH.YOU encrypted
hostname PIX1
domain-name securecorp.com
fixup protocol ftp 21
fixup protocol http 80
fixup protocol smtp 25
fixup protocol h323 1720
fixup protocol rsh 514
fixup protocol sqlnet 1521
names
pager lines 24
no logging on
interface ethernet0 auto
interface ethernet1 auto
interface ethernet2 auto
mtu outside 1500
mtu inside 1500
mtu dmz 1500
ip address outside 12.23.34.54 255.255.255.0
ip address inside 192.168.2.1 255.255.255.0
no failover
```

Abb. 7.25: PIX1-Konfiguration für die Verwendung mit der IKE-CA-Authentifizierung

```
failover ip address outside 0.0.0.0
failover ip address inside 0.0.0.0
arp timeout 14400
nat (inside) 1 0.0.0.0 0.0.0.0 0 0
access-list 80 permit ip 192.168.2.0 255.255.255.0 192.168.10.0 255.255
   .255.0
nat (inside) 0 access-list 80
global (outside) 1 12.23.34.55
route outside 0.0.0.0 0.0.0.0 12.23.34.254 1
timeout xlate 3:00:00 conn 1:00:00 half-closed 0:10:00 udp 0:02:00
timeout rpc 0:10:00 h323 0:05:00
timeout uauth 0:05:00 absolute
ip local pool dealer 192.168.10.1-192.168.10.254
aaa-server TACACS+ protocol tacacs+
aaa-server RADIUS protocol radius
aaa-server authserver protocol radius
aaa-server authserver (inside) host 192.168.2.33 abcdef timeout 5
no snmp-server location
no snmp-server contact
snmp-server community public
no snmp-server enable traps
crypto map dialinmap client configuration address initiate
crypto ipsec transform-set strong esp-3des esp-sha-hmac
crypto dynamic-map cisco 10 set transform-set strong-des
crypto map partner-map 20 ipsec-isakmp dynamic cisco
crypto map partner-map client authentication authserver
crypto map partner-map interface outside
isakmp enable outside
isakmp policy 10 authentication rsa-sig
isakmp policy 10 encryption 3des
isakmp policy 10 hash md5
isakmp policy 10 group 2
vpngroup mygroup address-pool dealer
vpngroup mygroup dns-server 192.168.2.44
vpngroup mygroup wins-server 192.168.2.45
vpngroup mygroup default-domain securecorp.com
vpngroup mygroup split-tunnel 80
vpngroup mygroup idle-time 1800
ca identity verisign 205.139.94.230
ca configure verisign ca 1 20 crloptional
sysopt connection permit-ipsec
telnet timeout 5
terminal width 80
```

Abb. 7.25: PIX1-Konfiguration für die Verwendung mit der IKE-CA-Authentifizierung (Forts.)

Der Gruppenname (`default`) wurde geändert, da der Name der Gruppe in digitalen Zertifikaten dem Abschnitt ORGANIZATIONAL UNIT des Zertifikats der Cisco-VPN-Clients entsprechen muss. Dieses Zertifikat muss vor der Konfiguration des Verbindungseintrags beschafft und installiert werden. Der Vorgang zum Erhalt des Zertifikats ist in der Dokumentation zum VPN-Client beschrieben. Sie finden sie unter www.cisco.com/univercd/cc/td/doc/product/vpn/index.htm. Client-Zertifikate werden durch den Certificate Manager verwaltet, der zusammen mit dem VPN-Client installiert wird.

Die Client-Konfiguration weicht nach Erhalt des Zertifikats nicht großartig von der mit den Pre-Shared-Keys ab. Nur der in Abbildung 7.23 gezeigte Schritt ändert sich; anstatt einen Namen für die Gruppe zu wählen, wählen Sie Ihr Zertifikat. Siehe Abbildung 7.26.

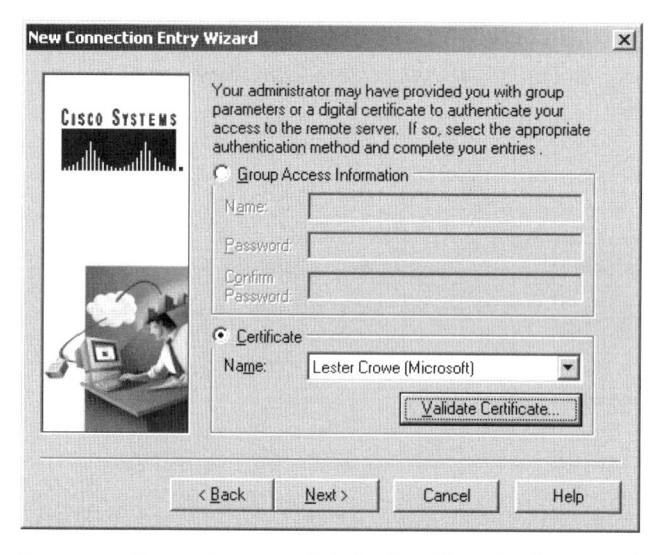

Abb. 7.26: Verwenden eines digitalen Zertifikats für die IKE-Authentifizierung

Die Connectivity lässt sich wie zuvor beschrieben überprüfen. Auch für das Troubleshooting können Sie die bekannten `debug`-Befehle der PIX verwenden.

7.8 Zusammenfassung

Virtual Private Networks dienen zum sicheren Tunneln von Verkehr zwischen zwei Standorten über ein öffentliches Netzwerk wie z.B. das Internet. VPNs werden gewöhnlich eingesetzt, um Zweigstellen, mobile Anwender und Geschäftspartner zu verbinden. Die zwei üblichen Typen sind Site-to-Site- und Remote-Access-VPNs.

Die PIX-Firewall unterstützt beide VPN-Typen unter Verwendung der folgenden Protokolle: IPsec, L2TP und PPTP.

Die stabilste Tunneling-Lösung für IP-Netzwerke bietet die IPsec-Protokoll-Suite. Sie wurde durch die IETF als Teil von IPv6 entwickelt. IPsec arbeitet auf Schicht 3 des OSI-Modells – d.h. es kann Verbindungen von der Netzwerkschicht an (IP) und höher schützen. IPsec spezifiziert Verschlüsselungs- und Authentifizierungsalgorithmen, AH- und ESP-Protokolle für das Tunneling selbst und das IKE/ISAKMP-Key-Management-Protokoll. Die Hauptziele von IPsec sind Datenvertraulichkeit, Datenintegrität, Datenursprungs-Authentifizierung und Antireplay-Dienste.

Bei der Konfiguration eines Site-to-Site-IPsec-Tunnels auf einer PIX-Firewall wird eine von zwei Hauptmethoden der IKE-Authentifizierung verwendet: Pre-Shared-Keys oder digitale Zertifikate. Die erste ist einfacher einzurichten, doch diesem Ansatz mangelt es an Skalierbarkeit, die die Lösung mit digitalen Zertifikaten bietet. Es ist auch möglich, ganz auf die Verwendung von IKE zu verzichten. In dieser Konfiguration können alle IPsec-Parameter manuell konfiguriert werden; daher leitet sich auch der Name *Manuelles IPsec* ab. In IPsec gibt es zwei Kapselungs-Modi: Transport und Tunnel. Die PIX verwendet fast immer den Tunnel-Modus, außer beim L2TP-Tunneling, wo der Transport-Modus verwendet wird.

Beim zweiten VPN-Typ verbinden sich Remote-Clients mit einem Gateway. Die PIX unterstützt verschiedene Protokolle für diesen VPN-Typ. Das Point-to-Point Tunneling Protocol (PPTP) nutzt die PPP-Kapselung für das Tunneln von Verkehr vom Client zur PIX. Es kann jedes durch die PPP-Spezifikation unterstützte Protokoll der Schicht 3 transportieren. PPTP ist in Begriffen des ISO/OSI-Modells ein Schicht-2-Tunneling-Protokoll, während IPsec mit Schicht-3-Tunneln arbeitet.

Ein weiterer Typ für das Schicht-2-Tunneling ist das Layer 2 Tunneling Protocol (L2TP). Die PIX nutzt es zusammen mit IPsec im Transport-Modus, um Pakete zu entschlüsseln und zu authentifizieren. Die L2TP-Konfiguration ähnelt einer Kombination der Konfigurationen von IPsec und PPTP. Beide Protokolle, PPTP und L2TP, werden durch den internen Windows 2000-VPN-Client unterstützt.

Cisco bietet auch eine eigene Software als VPN-Client an, die im Zusammenspiel mit der PIX umfassende IPsec-Features bietet. Diese Software kann die IKE-Authentifizierung mit Pre-Shared-Keys und digitalen Zertifikaten durchführen. Die PIX nutzt zwei Erweiterungen zu IKE, um VPN-Clients mit einer internen IP-Adresse (IKE-Modus-Konfiguration) zu versorgen und um eine zusätzliche Authentifizierung von Clients während der IKE-Aushandlung mittels *xauth* (Extended Authentication) durchzuführen.

7.9 Lösungen im Schnelldurchlauf

IPsec-Konzepte

- Die Hauptziele von IPsec sind Datenvertraulichkeit, Datenintegrität, Datenursprungs-Authentifizierung und Antireplay-Dienste.
- IPsec spezifiziert Low-Level-Verschlüsselungs- und -Authentifizierungsalgorithmen, IP-Kapselungsprotokolle und Key-Management-Tools.
- Es gibt zwei VPN-Typen: Site-to-Site- und Remote-Access-VPNs.
- IPsec kann in zwei Modi verwendet werden: Transport und Tunnel. Alle PIX-Site-to-Site-VPNs nutzen den Tunnel-Modus.

Konfiguration von Site-to-Site-IPsec unter Verwendung von IKE

- Site-to-Site-Tunnel können IKE im Modus mit Pre-Shared-Keys oder mit digitalen Zertifikaten nutzen. Ersteres ist einfacher zu konfigurieren, doch Letzteres bietet eine höhere Skalierbarkeit.
- Die PIX verfügt über separate Konfigurationen für IKE-Parameter und für den Rest von IPsec, wie z. B. den Satz von Verschlüsselungsprotokollen und Sicherheitsrichtlinien zum Schutz des Datenverkehrs.
- Sie können implizit jeden authentifizierten IPsec-Verkehr durch eine PIX-Firewall zulassen, so dass keine speziellen Passagen (Conduits) für die einzelnen Tunnel erforderlich sind. Dies erreichen Sie über den Befehl sysopt connection permit-ipsec.

Konfiguration des Point-to-Point Tunneling Protocol

- PPTP ist die Kapselung von Verkehr mithilfe von PPP und GRE (Generic Routing Encapsulation). Da es auf Schicht 2 operiert, kann es auch andere Protokolle als IP tunneln.
- PPTP wird allgemein für Remote-Access-Netzwerke verwendet. Es wird durch den internen Windows 2000-VPN-Client unterstützt.
- Die Authentifizierung für PPTP-Verbindungen wird auf der PIX bereitgestellt und kann gegen die lokale Datenbank oder einen externen AAA-Server durchgeführt werden.

Konfiguration des Layer 2 Tunneling Protocol mit IPsec

- Das Layer 2 Tunneling Protocol (L2TP) ist ein weiteres Schicht-2-Tunneling-Protokoll, das auch Nicht-IP-Protokolle tunneln kann. Nur bei Verwendung von L2TP kann die PIX im IPsec-Transport-Modus konfiguriert werden.
- Der interne Windows 2000-Client unterstützt nur die Authentifizierung mit digitalen Zertifikaten, obwohl Microsoft Dokumentationen zu möglichen Methoden für die Unterstützung der IKE-Authentifizierung mit Pre-Shared-Keys bietet. L2TP-Benutzer werden weiter authentifiziert mit PPP-Methoden wie PAP, CHAP oder MS-CHAP.

- Ein IPsec-Tunnel bietet Verschlüsselung, Paketauthentifizierung und Antireplay-Services.

Konfiguration von Site-to-Site-IPsec ohne Verwendung von IKE (Manuelles IPsec)

- Sie können IPsec auch ohne IKE konfigurieren. Dies wird auch als *Manuelles IPsec* bezeichnet.
- Manuelles IPsec ist schwer zu skalieren und nicht zu empfehlen. Außerdem ist es weniger sicher, da keine SA-Lebensdauer konfiguriert und auch kein PFS aktiviert werden kann.
- Damit Manuelles IPsec funktionieren kann, müssen ein Inbound- und ein Outbound-Session-Key manuell konfiguriert werden.

Konfiguration der Unterstützung für den Cisco Software VPN Client

- Der Cisco-VPN-Client 3.x bietet Unterstützung für alle IPsec-Features, einschließlich IKE mit Pre-Shared-Keys oder digitalen Zertifikaten.
- Die Cisco-PIX-Firewall nutzt Erweiterungen zur IKE-Modus-Konfiguration und Extended Authentication, um Remote-Clients interne IP-Adressen zuzuordnen, Konfigurationseinstellungen auf die Clients herunterzuladen und eine zusätzliche Authentifizierung durchzuführen.
- Die Benutzerauthentifizierung mittels xauth kann nur über externe AAA-Server durchgeführt werden. Die lokale PIX-Datenbank kann nicht verwendet werden.
- Wenn der Cisco-VPN-Client installiert ist, wird der interne Windows 2000-IPsec-Client unterdrückt, so dass dieser nicht mehr korrekt funktionieren kann.
- Sie können angeben, welcher Datenverkehr über die IPsec-Verbindung getunnelt werden soll und welcher nicht, damit Benutzer-Internet- und LAN-Verbindungen nicht beendet sind, wenn der Tunnel eingerichtet ist.

7.10 Häufig gestellte Fragen/FAQs

Welche IKE-lifetime-Parameter werden unterstützt?

Obwohl es zwei Parameter, time lifetime und volume lifetime, gibt, wird nur der erste von beiden unterstützt, so dass die Ausgabe des Befehls show isakmp policy stets die Einstellung no volume limit zeigen wird.

Ich habe Schwierigkeiten, einen Windows 2000-VPN-Client mit einem PIX-L2TP-Gateway zu verbinden. Was kann das Problem sein?

Solche Probleme entstehen meistens durch Nichtübereinstimmung der Transform-Sets oder der IKE- oder IPsec-Lifetime-Einstellungen. Theoretisch sollten sie ausgehandelt werden, doch besser ist es, wenn sie als exakt übereinstimmend konfiguriert werden.

Alle IPsec-Verbindungen werden verworfen, wenn ich ein Crypto-Map erneut auf die Schnittstelle anwende. Ist dieses Verhalten normal?

Ja. Wenn ein Crypto-Map auf eine Schnittstelle angewendet wird, werden alle internen IPsec-bezogenen Strukturen wie SPD und SAD neu initialisiert, so dass alle SAs gelöscht und alle Tunnel verworfen werden. Leider muss ein Crypto-Map aber erneut angewendet werden, wenn darin vorgenommene Änderungen Wirkung erhalten sollen.

Ich verliere meine Internet-Connectivity, sobald ich unter Verwendung eines VPN-Client eine VPN-Verbindung zur PIX eingerichtet habe. Was ist die Ursache für dieses Problem?

Wahrscheinlich haben Sie in der PIX-Konfiguration versäumt, das Tunneling aufzuteilen, so dass der gesamte Verkehr zur PIX geleitet wird und Sie deshalb das Internet nicht mehr erreichen können. Teilen Sie das Tunneling auf, damit nur der erwünschte Verkehr getunnelt und alles andere normal übertragen wird.

Worauf muss man achten, wenn die PIX zur Unterstützung des VPN-Client 2.x bzw. 3.x konfiguriert werden soll?

Der VPN-Client v3.x erfordert die Verwendung der Diffie-Hellman-Gruppe 2 beim IKE-Austausch. Der VPN-Client v2.x erfordert, dass die IKE-Modus-Konfiguration durch die PIX initiiert wird, da er diesen Prozess nicht selbst anstoßen kann.

Kapitel 8

Konfiguration des Failover-Features

Lösungen in diesem Kapitel:

- Failover-Konzepte
- Standard-Failover mittels Failover-Kabel
- LAN-basiertes Failover

8.1 Einführung

Bei vielen Unternehmen steht die Verfügbarkeit der Daten und Dienste sehr stark im Mittelpunkt. In vielen Umgebungen ist die 99,99-prozentige Verfügbarkeit Teil des Service-Level-Agreements (SLA). Dies entspricht einer Ausfallzeit von weniger als 53 Minuten in einem Jahr. Um diesen Ansprüchen gerecht zu werden, muss die Hochverfügbarkeit mit Mitteln wie Redundanz und Failover-Mechanismen implementiert werden. Die PIX-Firewall unterstützt die Hochverfügbarkeit durch Bereitstellung von Stateless- und Stateful-Failover-Mechanismen.

In diesem Kapitel erfahren Sie, wie diese Failover-Funktionen auf der PIX arbeiten. Wir werden verschiedene Konfigurationsbeispiele untersuchen, um alle Failover-Typen kennen zu lernen. Darüber hinaus erfolgen Ausführungen zum LAN-basierten Failover-Betrieb, wobei es sich um eines der neueren Leistungsmerkmale der PIX handelt.

8.2 Failover-Konzepte

Das Failover-Feature (Übernahme im Fehlerfall) der Cisco-PIX-Firewall bietet Lösungen bei Firewall-Fehlern und -Ausfällen. Zu diesem Zweck wird eine zweite Firewall betrieben, die automatisch die Aufgaben der aktiven Firewall übernimmt, wenn diese ausfallen sollte. Der Failover-Mechanismus wird mit zwei, und nur mit zwei, Firewalls realisiert. Wenn eine dieser beiden Firewalls ausfällt, übernimmt die andere die Funktionen der ausgefallenen PIX. Failover funktioniert auf allen Schnittstellentypen. Die beiden maßgeblichen Firewalls müssen in folgender Hinsicht identisch sein:

- Gleiches Firewall-Modell (Sie können beispielsweise keine PIX 515 zusammen mit einer PIX 515E verwenden.)
- Übereinstimmende Größe von Flash-Speicher und RAM
- Gleiche Software-Versionen (Sie können beispielsweise nicht Version 6.1 auf einer und Version 6.2 auf der anderen PIX einsetzen.)

- Übereinstimmende Anzahl und Typen von Schnittstellen
- Ein identischer Aktivierungsschlüsseltyp (z. B. DES- oder 3DES-Unterstützung)

Darüber hinaus gibt es einige Lizenzierungseinschränkungen in Bezug auf die Verwendung des Failover-Features:

- Für die primäre Firewall ist eine unbeschränkte Lizenz erforderlich.
- Für die zweite Firewall ist entweder eine unbeschränkte oder eine reine Failover-Lizenz erforderlich.

Nur die High-End-Modelle der PIX-Firewall – PIX 515, 515E, 520, 525 und 535 – unterstützen das Failover. Keine Unterstützung bieten die Modelle PIX 501, 506 und 506E.

Firewalls mit reinen Failover-Lizenzen sind gewöhnlich zu sehr günstigen Konditionen von Cisco zu beziehen. Cisco bietet zudem Bundles mit zwei PIX-Firewalls (eine mit einer unbeschränkten und eine mit einer reinen Failover-Lizenz) zu günstigeren Preisen an.

Entwerfen & Planen ...

Lastausgleich oder Redundanz

Das Failover-Feature der PIX-Firewall ist nur dazu angelegt, Redundanz zu bieten. Ein System arbeitet als aktive Firewall, während das andere im Standby-Modus betrieben wird. Es ist nicht möglich, beide Firewalls gleichzeitig im aktiven Modus zu betreiben. Wenn Sie die Kapazität durch Verwendung von zwei oder mehreren Firewalls im aktiven Modus erhöhen möchten, sollten Sie eine entsprechende Ausrüstung für den Lastausgleich (Load-Balance) erwerben. Load-Balancers wie die Cisco Content Services Switches (CSS) der 11000-Serie bieten die Möglichkeit des Lastausgleichs, indem der Netzwerkverkehr auf mehrere PIX-Firewalls verteilt wird, um eine höhere Kapazität und bessere, kombinierte Durchsatzraten zu erzielen. Achten Sie darauf, dass Ihre Load-Balancers auf einer Pro-Verbindungs-Basis arbeiten. Wenn sie konfiguriert sind, um auf einer Paketbasis zu arbeiten, führt das Stateful-Inspection-Feature der PIX-Firewall letztendlich dazu, dass gültiger Verkehr abgelehnt wird.

Hinweis

Eine Firewall mit einer reinen Failover-Lizenz ist nur für den Einsatz als sekundäre Firewall in einer Failover-Konfiguration, nicht für den Standalone-Betrieb gedacht. Wenn Sie im Standalone-Modus betrieben wird, führt die PIX in Abständen von 24 Stunden einen Neustart durch und zeigt folgende Meldung auf der Konsole an:

```
===========================NOTICE ===========================
This machine is running in secondary mode without
a connection to an active primary PIX. Please
check your connection to the primary system.
REBOOTING....
=============================================================
```

Diese Neustarts werden so lange durchgeführt, bis Sie die Firewall wieder für den Betrieb als Failover-System konfigurieren.

Bei der Konfiguration des Failover-Mechanismus wird die eine Firewall als primäres und die andere als sekundäres Failover-System eingerichtet. Im normalen Betriebsmodus, wenn alles ordnungsgemäß funktioniert, ist die primäre Firewall aktiv und verarbeitet den gesamten Netzwerkverkehr. Die sekundäre Firewall befindet sich im Standby-Modus und ist bereit, die Funktionen der aktiven Firewall zu übernehmen, sollte diese ausfallen. Wenn das primäre System ausfällt, wird die sekundäre Firewall aktiv und die primäre wechselt in den Standby-Modus. Auch eine Standby-Firewall kann ausfallen. Wenn das Standby-System ausfällt, wird dieser Umstand in der primären Firewall registriert. Als Konsequenz wird dem sekundären System die Möglichkeit entzogen, überhaupt noch einmal die Kontrolle zu übernehmen. Es findet also keine Übernahme mehr statt, selbst wenn das primäre System später ausfallen sollte. Die Firewalls können zwar die Rollen aktiv und Standby tauschen, doch die Zuordnung als primäres bzw. sekundäres System bleibt immer bestehen. Für das Verständnis weiterer Failover-Konzepte ist es sehr wichtig, dass Sie die Begriffe *primär*, *sekundär*, *aktiv* und *standby* verstehen.

Das führt uns zu einer sehr wesentlichen Frage: Wann wird eine Firewall als ausgefallen eingestuft? Wenn eine der folgenden Bedingungen zutrifft, gilt die Firewall als ausgefallen:

- Der Blockspeicher auf der aktiven Firewall ist für 15 aufeinander folgende Sekunden oder länger komplett aufgebraucht.
- Der Verbindungsstatus einer der Netzwerkschnittstellen auf der aktiven PIX wird für die Dauer von mehr als zwei Polling-Intervallen nicht als aktiv bestätigt. Das gilt nicht für Schnittstellen, die aus administrativen Gründen stillgelegt wurden.
- Zwischen der primären und der sekundären PIX-Firewall findet über alle Netzwerkschnittstellen ein ständiger Austausch von Hello-Paketen statt. (Standardmäßig werden diese Pakete in Abständen von 15 Sekunden ausgesendet, doch dieses Intervall kann angepasst werden.) Wenn nach zwei aufeinander folgenden Pollings keine Hello-Meldungen empfangen werden, wird die nicht antwortende Schnittstelle in einen Test-Modus versetzt. Wenn die Schnittstelle den Test nicht besteht, wird sie, und damit auch die Firewall, als ausgefallen betrachtet.

- Auch zwischen der primären und der sekundären PIX-Firewall werden über das serielle Failover-Kabel Hello-Pakete ausgetauscht. Wenn die Standby-Firewall über zwei Polling-Intervalle hinweg keine Antwort von der aktiven Firewall erhält, obwohl das Failover-Kabel als funktionsbereit angezeigt wird, betrachtet die Standby-Firewall die aktive PIX-Firewall als ausgefallen und wechselt daher in den aktiven Status. Wenn das aktive System über zwei Polling-Intervalle hinweg keine Antwort von der Standby-Firewall erhält, betrachtet sie das Standby-System als ausgefallen.
- Wenn die Standby-Firewall erkennt, dass die aktive Firewall ausgeschaltet oder neu gestartet wurde, wird das Standby-Gerät aktiv. Wenn das Failover-Kabel nicht angeschlossen ist, findet kein Failover statt.

> **Hinweis**
>
> Das Failover-Kabel ist in der Lage zu unterscheiden, ob beim anderen System ein Ausfall der Stromversorgung, ein nicht angeschlossenes Kabel auf der einen Seite oder eine fehlende Verbindung auf der eigenen Seite vorliegt. Wenn das Kabel auf einer Seite nicht angeschlossen ist, erfolgt daher kein Failover. Stattdessen wird eine entsprechende Syslog-Meldung generiert. Wenn die aktive Firewall jedoch ausgeschaltet wurde (sei es durch einen Reload-Befehl oder durch einen Ausfall der Stromversorgung), übernimmt die Standby-Firewall die aktive Rolle.

Es gibt zwei Failover-Typen, Standard-Failover und LAN-basiertes Failover, die beide auf ähnliche Weise funktionieren. Der wichtigste Unterschied zwischen den beiden Ansätzen liegt in der Art, wie die Failover-Informationen zwischen der primären und der sekundären Firewall ausgetauscht werden. Beim Standard-Failover wird ein spezielles serielles Kabel für die Verbindung der beiden Firewalls verwendet. Dieses Kabel wird als Failover-Kabel bezeichnet. Bei diesem Failover-Kabel handelt es sich um ein proprietäres, durch Cisco modifiziertes RS-232-Kabel, das speziell für PIX-Firewalls entwickelt wurde. Beim LAN-basierten Failover wird statt des seriellen Failover-Kabels eine dedizierte Ethernet-Verbindung für den Austausch der Failover-Informationen verwendet.

Folgende Daten sind im Failover-Informationsaustausch über das serielle Failover-Kabel (bzw. über die Ethernet-Verbindung beim LAN-basierten Failover) enthalten:

- Die MAC-Adressen der Firewalls
- Hello-Pakete (Keep-Alive-Pakete)
- Statusinformationen (aktiv oder Standby)
- Verbindungsstatus der Netzwerkschnittstellen
- Konfigurationsreplikation

Die Kommunikation über das Failover-Kabel geschieht über Meldungen, die jeweils bestätigt werden müssen. Wenn eine Meldung durch die andere Firewall nicht innerhalb von 3 Sekunden bestätigt wird, erfolgt eine Neuübertragung. Nach fünf Neuübertragungen ohne Bestätigung wird die Firewall, die die Meldungen nicht bestätigt, als ausgefallen angesehen.

8.2.1 Konfigurationsreplikation

Die Konfigurationsreplikation ist der Prozess, bei dem die Konfiguration von der primären PIX-Firewall auf die sekundäre Firewall repliziert wird. Wenn der Replikationsvorgang beginnt, wird auf der Konsole die Meldung Sync started angezeigt. Entsprechend wird dort die Meldung Sync complete angezeigt, sobald die Replikation abgeschlossen ist. Der Replikationsprozess findet nur zwischen Speicher und Speicher (also zwischen den ausgeführten Konfigurationen) statt und wird nicht im Flash gespeichert. Daher sollte nach dem Abschluss der Replikation auf der aktiven und auf der Standby-Firewall der Befehl write memory ausgeführt werden.

Der Replikationsprozess wird automatisch ausgeführt, wenn:

- die Standby-PIX ihr erstes Booten abgeschlossen hat. Die primäre Firewall repliziert ihre gesamte Konfiguration auf die sekundäre Firewall.
- auf der aktiven Firewall Befehle eingegeben werden. Jeder auf der aktiven PIX-Firewall eingegebene Befehl wird über die Failover-Verbindung an das Standby-System übertragen.
- der Befehl write standby auf der aktiven PIX-Firewall ausgeführt wird. Dieser Befehl erzwingt, dass die gesamte Konfiguration von der primären Firewall auf das Standby-System repliziert wird.

Konfigurationsänderungen an der Standby-Firewall werden nicht auf das primäre System repliziert. Wenn Sie versuchen, Befehle auf der Standby-Firewall einzugeben, zeigt die PIX eine Warnmeldung an, die Ihnen mitteilt, dass Sie das falsche System konfigurieren.

8.2.2 IP- und MAC-Adressen für das Failover

Für jede Schnittstelle, auf der Sie das Failover-Feature konfigurieren möchten, müssen Sie zwei IP-Adressen reservieren: eine IP-Adresse für die primäre Firewall und eine zweite für das Failover-System. Wenn alles ordnungsgemäß funktioniert, nutzt die primäre Firewall ihre System-IP- und -MAC-Adresse, während die sekundäre PIX die Failover-IP- und -MAC-Adresse nutzt. Wenn ein Failover erfolgt, ist die primäre Firewall ausgefallen und die sekundäre Firewall aktiv geworden, und die IP- und MAC-Adressen werden ausgetauscht. Mit anderen Worten, die sekundäre (nun aktive) Firewall übernimmt die System-IP- und -MAC-Adresse der primären Firewall. Die primäre Firewall (nun das Standby-System) übernimmt die Failover-IP- und -MAC-Adresse der sekundären Firewall. Da sich neben den IP-Adressen auch die MAC-Adressen der Firewall ändern, müssen die Hosts, die sich über die Firewall verbinden, keine erneute ARP-Anforderung ausführen.

Standardmäßig handelt es sich bei der MAC-Adresse der aktiven Firewall um die eingebrannte MAC-Adresse der NIC, die in der primären Firewall implementiert ist. Gleichermaßen handelt es sich bei der MAC-Adresse der Standby-Firewall um die eingebrannte MAC-Adresse der NIC, die in der sekundären Firewall implementiert ist. Anstatt diese eingebrannten Adressen zu verwenden, steht Ihnen eine Option zur Verwendung virtueller MAC-Adressen zur Verfügung. Wenn Sie beschließen, diese Option zu nutzen, können Sie den einzelnen Schnittstellen mit folgendem Befehl virtuelle MAC-Adressen zuordnen:

```
failover mac address <if_name> <active_mac> <standby_mac>
```

Beispiel:

```
PIX1(config)# failover mac address inside 00c0.1715.3341 00c0.1715.3342
```

Nutzen Sie die no-Form des Befehls, um eine virtuelle MAC-Adresse zu löschen.

8.2.3 Ausfallerkennung

Die primären und sekundären Firewalls tauschen über das Failover-Kabel und auch über alle Netzwerkschnittstellen Hello-Pakete aus. Standardmäßig werden diese Hello-Pakete in Abständen von 15 Sekunden ausgetauscht. Zum Ändern dieses Intervalls dient folgender Befehl:

```
failover poll <seconds>
```

Der Minimalwert für den Parameter seconds liegt bei 3 Sekunden, der Maximalwert bei 15 Sekunden. Je kürzer dieses Intervall konfiguriert ist, desto früher wird ein Ausfall erkannt, doch gleichzeitig besteht die Gefahr, dass es zu einem überflüssigen Failover kommt, wenn temporär Netzwerkstaus entstehen.

Die Failover-Funktion auf der PIX-Firewall überwacht einerseits den Fluss der Hello-Pakete und andererseits den Stromversorgungsstatus der anderen Firewall. Wenn ein Ausfall erkannt wird und dieser nicht auf einen Verlust der Stromversorgung oder einen Neustart der sekundären PIX-Firewall zurückzuführen ist, führt die PIX (primär oder sekundär, je nachdem, wer den Ausfall erkennt) eine Reihe von Tests durch um festzustellen, welche Firewall ausgefallen ist. Die Tests beginnen, wenn nach zwei aufeinander folgenden Pollings (in Standard-Abständen von 15 Sekunden) keine Antwort mit Hello-Paketen erfolgt ist. Bei jedem Test wird das Vorhandensein von Netzwerkverkehr geprüft. Für jeden dieser Tests gilt: Wenn eine Firewall während eines Tests Netzwerkverkehr empfängt, die andere jedoch nicht, wird die Firewall, die keinen Datenverkehr empfangen hat, als ausgefallen betrachtet. Wenn keine Firewall Datenverkehr empfängt, wird der nächste Test in der Reihe ausgeführt. Die folgenden vier Tests werden durchgeführt:

- **Verbindung steht/ausgefallen** – Die Firewall testet den Verbindungsstatus um sicherzustellen, dass die Verbindung steht. Bei diesem Test werden Probleme wie ein nicht verbundenes Kabel, fehlerhafte Hub-/Switch-Ports oder Hub-/Switch-Ausfälle erkannt. Wenn die Schnittstelle den Test besteht, beginnt die PIX mit dem Netzwerkaktivitätstest. Andernfalls wird die Schnittstelle und die zugehörige Firewall als ausgefallen eingestuft.
- **Netzwerkaktivität** – Die Firewall überprüft für bis zu 5 Sekunden das Vorhandensein von Netzwerkverkehr. Wenn innerhalb dieser Testphase Pakete empfangen werden, wird die Schnittstelle als funktionierend eingestuft und der Test wird beendet. Wenn keine Aktivität erkannt wurde, beginnt die PIX mit dem ARP-Test.
- **ARP** – Wenn der Netzwerkaktivitätstest fehlschlägt, wird der ARP-Test (Address Resolution Protocol) durchgeführt. Die PIX verwendet die 10 aktuellsten Einträge aus ihrer ARP-Tabelle und sendet entsprechende, separate ARP-Anforderungen, um ein wenig Netzwerkverkehr zu erzeugen. Nach dem Aussenden der einzelnen Anforderungen überwacht die PIX den empfangenen Datenverkehr für die Dauer von bis zu 5 Sekunden. Wenn kein Datenverkehr empfangen wird, testet die PIX den nächsten Eintrag aus der Liste. Wenn während dieser Testphase Netzwerkverkehr empfangen wird, wird die Schnittstelle als funktionierend eingestuft und der Test beendet. Wenn die Liste abgearbeitet ist und kein Netzwerkverkehr empfangen wurde, beginnt die PIX mit dem Broadcast-Ping-Test.
- **Broadcast-Ping** – Die Firewall sendet auf der Schnittstelle ein Broadcast-Ping und untersucht für die Dauer von 5 Sekunden nach Aussenden des `Ping`-Befehls, ob Pakete empfangen werden. Ist das der Fall, erklärt die PIX diese Schnittstelle als funktionierend und der Test wird beendet. Werden jedoch keine Pakete empfangen, beginnt die Firewall erneut mit dem ARP-Test.

Hinweis

Alle zugehörigen Schnittstellen (die nicht aus administrativen Gründen stillgelegt wurden) auf beiden Firewalls müssen in der Lage sein, miteinander zu kommunizieren, selbst wenn sie nicht verwendet werden. Sie können beispielsweise mit Crossover-Kabeln oder an den gleichen Switch angeschlossen werden. Andernfalls schlägt der Test fehl.

8.2.4 Stateful-Failover

Ab der Software-Version 5.1 bietet die PIX-Firewall Unterstützung für Stateful-Failover. Vor der Einführung des Stateful-Failover-Features wurden beim Ausfall des primären Systems und Übernahme durch das sekundäre System alle aktiven, durch die Firewall laufenden Verbindungen abgebrochen, und die Anwendungen mussten neue Verbindungen durch die Firewall aufnehmen. Dieses Problem kann durch den Einsatz des Stateful-Failover-Features vermieden werden. Wenn Stateful-Failover aktiviert ist, repliziert die primäre Firewall ihre TCP-Verbindungstabelle ständig auf die sekundäre PIX-Firewall. Wenn die primäre Firewall ausfällt, besitzt die sekundäre Firewall bereits die Verbindungstabelle. Daher bleiben die Verbindungen erhalten. Client-Anwendungen können ohne Unterbrechung fortgeführt werden, ohne dass die eingetretene Failover-Situation bemerkt wird.

Wenn das Stateful-Failover-Feature aktiviert ist, werden neben den Konfigurationsdaten folgende Informationen auf die Standby-PIX-Firewall repliziert:

- Die Übersetzungstabelle (xlate) mit statischen und dynamischen Übersetzungen
- Die TCP-Verbindungstabelle (mit Timeout-Informationen für die einzelnen Verbindungen)
- Die Systemuhrzeit und Betriebszeitinformationen

Die meisten UDP-Verbindungen werden mit Ausnahme einiger Multichannel-Protokolle wie H.323 nicht repliziert. Die folgenden Informationen werden nicht auf das Standby-System repliziert:

- ISAKMP- und IPsec-Statusinformationen; das bedeutet, dass im Falle eines Failovers alle ISAKMP- und IPsec-SAs verloren gehen
- DHCP-Leases
- Die Benutzerauthentifizierungstabelle (uauth); wenn ein Failover stattfindet, müssen alle authentifizierten Benutzer erneut authentifiziert werden
- Die Routing-Tabelle; alle dynamisch (durch RIP) erlernten Routen müssen also neu erlernt werden
- Die ARP-Tabelle

Standardmäßig werden HTTP-Verbindungsinformationen nicht repliziert. Ab der Version 6.2 kann dieses Feature auf der PIX jedoch mit folgendem Befehl aktiviert werden:

```
PIX1(config)# failover replicate http
```

Mithilfe des Befehls show failover können Sie die Konfiguration der HTTP-Replikation überprüfen. Zur Deaktivierung der HTTP-Replikation dient die no-Form des Befehls:

```
PIX1(config)# no failover replicate http
```

Damit das Stateful-Failover-Feature funktioniert, muss auf jeder Firewall (primär und sekundär) eine dedizierte Fast-Ethernet- oder Gigabit-Ethernet-Schnittstelle ausschließlich für die Übermittlung von Statusinformationen vorhanden sein. (Diese wird als Stateful-Failover-Schnittstelle bezeichnet.) Diese Schnittstelle muss mittels einer der folgenden Methoden eine Verbindung zwischen der primären und der sekundären Firewall bereitstellen:

- Ein Crossover-Ethernet-Kabel
- Ein dedizierter Hub oder Switch ohne weitere Hosts
- Ein dediziertes VLAN auf einem Switch, wobei nur die zwei Ports mit den im VLAN aktiven Firewalls verbunden sind

> **Hinweis**
> Es wird empfohlen, dass die Stateful-Failover-Schnittstelle mindestens so schnell ist wie die schnellste auf der Firewall genutzte Schnittstelle.

> **Hinweis**
> Token-Ring- und FDDI-Schnittstellen werden nicht in der Funktion einer dedizierten Stateful-Failover-Schnittstelle unterstützt.

8.3 Standard-Failover mittels Failover-Kabel

Beim Standard-Failover wird ein spezielles serielles Kabel, das als Failover-Kabel bezeichnet wird, für die Verbindung zwischen der primären und der sekundären Firewall genutzt. Ein Ende des Failover-Kabels wird als *primary* und das andere als *secondary* bezeichnet. Der gesunde Menschenverstand lässt vermuten, dass das *primary*-Ende des Kabels an die Firewall angeschlossen wird, die als primäres System agieren soll, und das *secondary*-Ende an das geplante Sekundärsystem. Dieses Kabel sollte angeschlossen werden, wenn die sekundäre Firewall ausgeschaltet ist.

Das Failover-Kabel überträgt Statusdaten zwischen den Firewalls mit einer Geschwindigkeit von 115 Kbps. Folgende Daten werden über das Failover-Kabel übertragen:

- Hello-Pakete (Keep-Alive-Pakete)
- MAC-Adressen für den Austausch
- Statusinformationen – aktiv bzw. Standby
- Netzwerkverbindungsstatus
- Konfigurationsreplikation

Kapitel 8
Konfiguration des Failover-Features

> **Hinweis**
> Vor der Software-Version 5.2 der PIX-Firewall wies das Failover-Kabel eine Geschwindigkeit von 9600 bps auf.

> **Hinweis**
> Schließen Sie das Failover-Kabel auf keinen Fall umgekehrt an. Wenn Sie dies missachten, findet eine Replikation von der sekundären Firewall auf die primäre Firewall statt und sämtliche Konfigurationsdaten werden gelöscht!

8.3.1 Konfiguration und Aktivierung des Failover-Features

Die Failover-Konfiguration ist recht unproblematisch und erfordert nur eine Hand voll Befehle. In diesem Abschnitt werden wir anhand einer Fallstudie Schritt für Schritt eine Standard-Failover-Konfiguration untersuchen. In jedem Schritt der Konfiguration verwenden wir show-Befehle, um den Status zum jeweiligen Zeitpunkt zu überprüfen. Abbildung 8.1 zeigt die zugehörige Netzwerktopologie. In diesem Beispiel agiert PIX1 als primäres und PIX2 als sekundäres System. Es werden zwei Schnittstellen verwendet: ethernet0 (extern) und ethernet1 (intern)

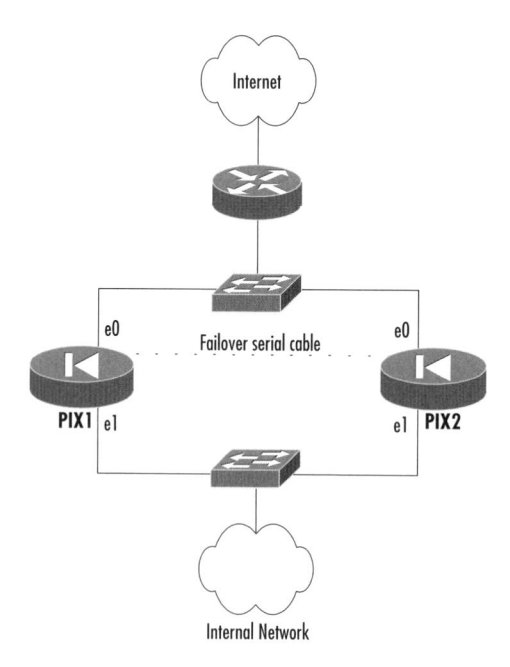

Abb. 8.1: Beispiel Standard-Failover

Bevor wir beginnen, muss das Failover-Kabel angeschlossen werden. Achten Sie darauf, dass Sie das *primary*-Ende an das primäre System und das *secondary*-Ende an das sekundäre System anschließen. Jede Schnittstelle auf der primären Firewall muss auch mit der entsprechenden Schnittstelle auf der sekundären Firewall entweder über einen Switch oder ein Crossover-Kabel verbunden werden. In diesem Beispiel nutzen wir Schicht-2-Switches, und alle Ports auf den Switches sind auf dem gleichen VLAN. Stellen Sie außerdem sicher, dass alle Switches konfiguriert und angeschaltet sowie alle Ethernet-Kabel korrekt angeschlossen sind. Wir lassen die sekundäre Firewall noch ausgeschaltet und schalten die primäre Firewall an. Im nächsten Schritt konfigurieren wir die Uhrzeit auf der primären Firewall mit dem clock-Befehl.

> **Hinweis**
> Schalten Sie die sekundäre Firewall erst an, wenn die primäre Firewall vollständig konfiguriert ist.

Cisco empfiehlt, dass Sie beim Einsatz der Failover-Funktionalität auf eine automatische Aushandlung bei den Netzwerkschnittstellen verzichten. Mit anderen Worten: Sie sollten bei den Konfigurationsbefehlen für Ihre Schnittstellenkonfiguration auf die Schlüsselworte auto oder 1000auto verzichten. Jede Schnittstelle, die am Failover-Mechanismus beteiligt ist, sollte festkodierte Geschwindigkeits- und Duplex-Einstellungen aufweisen. Verwenden Sie dazu die Schlüsselworte 10baset, 100basetx, 100full, 1000basesx oder 1000sxfull. Stellen Sie sicher, dass diese Einstellungen dem Hub oder Switch entsprechen, an den die Schnittstelle angeschlossen ist. In unserem Beispiel verwenden wir nur 100-Mbps-Schnittstellen, so dass wir die Schnittstelle fest auf einen 100-Mbps-Voll-Duplex-Betrieb kodieren:

```
PIX1(config)# interface ethernet0 100full
PIX1(config)# interface ethernet1 100full
```

Natürlich wurden auch unsere Switches für den 100-Mbps-Voll-Duplex-Betrieb konfiguriert. Bevor wir das Failover-Feature aktivieren, müssen wir den einzelnen Schnittstellen auf der primären Firewall IP-Adressen zuweisen:

```
PIX1(config)# ip address inside 192.168.1.1 255.255.255.0
PIX1(config)# ip address outside 10.5.1.1 255.255.255.0
```

Sie überprüfen die IP-Adressen mit dem Befehl show ip address:

```
PIX1# show ip address
System IP addresses:
        ip address outside 10.5.1.1 255.255.255.0
```

```
        ip address inside 192.168.1.1 255.255.255.0
Current IP addresses:
        ip address outside 10.5.1.1 255.255.255.0
        ip address inside 192.168.1.1 255.255.255.0
```

An diesem Punkt sollten die aktuellen IP-Adressen auf der primären Firewall mit den System-IP-Adressen übereinstimmen. Wenn ein Failover stattfindet, werden die aktuellen IP-Adressen in die Failover-IP-Adressen umgewandelt. Bevor wir die Konfiguration weiterführen, wollen wir mit den Befehl show failover den aktuellen Failover-Status anzeigen:

```
PIX1# show failover
Failover Off
Cable status: Other side powered off
Reconnect timeout 0:00:00
Poll frequency 15 seconds
```

Die erste Zeile der Befehlsausgabe zeigt, dass das Failover derzeit noch deaktiviert (off) ist. In der zweiten Zeile können wir ablesen, dass das andere Ende des Failover-Kabels korrekt angeschlossen und die sekundäre Firewall ausgeschaltet ist.

Um das Failover-Feature zu aktivieren, verwenden wir auf der primären Firewall den Befehl failover:

```
PIX1(config)# failover
```

Nun können wir mit dem Befehl show failover auf der primären Firewall verifizieren, dass das Failover aktiviert wurde und dass diese Firewall als aktives System agiert (siehe Abbildung 8.2).

```
PIX1# show failover
Failover On
Cable status: Other side powered off
Reconnect timeout 0:00:00
Poll frequency 15 seconds
    This host: primary - Active
            Active time: 60 (sec)
                Interface outside (10.5.1.1): Normal (Waiting)
                Interface inside (192.168.1.1): Normal (Waiting)
    Other host: secondary - Standby
            Active time: 0 (sec)
                Interface outside (0.0.0.0): Unknown (Waiting)
                Interface inside (0.0.0.0): Unknown (Waiting)
```

Abb. 8.2: Ausgabe des Befehls show failover nach Aktivierung des Failover-Features

In der fünften Zeile der Befehlsausgabe lesen wir This host: primary – Active, was bedeutet, Sie befinden sich auf der primären Firewall und diese ist das aktive System. Im nächsten Schritt konfigurieren wir die Failover-IP-Adressen mit dem Befehl failover ip address. Dies muss für jede Schnittstelle erfolgen. Im normalen, fehlerfreien Status werden diese IP-Adressen den zugehörigen Schnittstellen des Standby-Systems zugewiesen. Stellen Sie sicher, dass sich die Failover-IP-Adressen im gleichen Subnet wie die aktiven IP-Adressen befinden:

```
PIX1(config)# failover ip address inside 192.168.1.2
PIX1(config)# failover ip address outside 10.5.1.2
```

Wir können erneut den Befehl show failover auf der primären Firewall ausführen, um den Status der Failover-IP-Adressen zu überprüfen (siehe Abbildung 8.3). In der Ausgabe des Befehls können Sie sehen, dass die sekundäre Firewall nun unterhalb von Other host für jede Schnittstelle eine IP-Adresse aufweist:

```
PIX1# show failover
Failover On
Cable status: Other side powered off
Reconnect timeout 0:00:00
Poll frequency 15 seconds
    This host: primary - Active
            Active time: 300 (sec)
                Interface state (172.16.1.1): Normal (Waiting)
                Interface outside (10.5.1.1): Normal (Waiting)
    Other host: secondary - Standby
            Active time: 0 (sec)
                Interface state (172.16.2.1): Unknown (Waiting)
                Interface outside (10.5.2.1): Unknown (Waiting)
```

Abb. 8.3: Ausgabe des Befehls show failover nach Konfiguration der Failover-Adressen

Hiermit ist die Failover-Konfiguration auch schon abgeschlossen. Ja, es ist wirklich so einfach! Nun muss die sekundäre Firewall eingeschaltet werden. Nach dem Booten der sekundären Firewall wird diese durch die primäre Firewall erkannt und die Synchronisierung der Konfigurationen beginnt. Auf der Konsole wird folgende Meldung angezeigt:

```
Sync Started
```

Wenn die Synchronisierung abgeschlossen ist, lautet die Meldung:

```
Sync Completed
```

Wir können erneut den Befehl show failover auf der primären Firewall ausführen, um den Status zu überprüfen (siehe Abbildung 8.4).

```
PIX1# show failover
Failover On
Cable status: Normal
Reconnect timeout 0:00:00
Poll frequency 15 seconds
     This host: primary - Active
             Active time: 350 (sec)
             Interface state (172.16.1.1): Normal
             Interface outside (10.5.1.1): Normal
     Other host: secondary - Standby
             Active time: 0 (sec)
             Interface state (172.16.2.1): Normal
             Interface outside (10.5.2.1): Normal
```

Abb. 8.4: Ausgabe des Befehls showfailover nach Abschluss der Konfiguration

Die Ausgabe des Befehls zeigt, dass sich der Status Unknown in Normal geändert hat. Auch der Kabelstatus wird als Normal angezeigt, was bedeutet, dass ein normaler Betrieb abläuft. Dies ist die Art von Ausgabe, die Sie gewöhnlich auf Ihrer primären Firewall sehen möchten.

Wir wollen nun das Stateful-Failover-Feature auf diesen Firewalls aktivieren. Zunächst müssen wir eine dedizierte Netzwerkverbindung zwischen beiden Firewalls einrichten, die zum Austausch von Statusinformationen dient. Wie in Abbildung 8.5 gezeigt, haben wir ethernet2 auf beiden Firewalls für diese Funktion ausgewählt und zwischen den Schnittstellen auf beiden Firewalls einen Switch angeschlossen. (Statt des Switches hätten wir auch ein Crossover-Kabel verwenden können.)

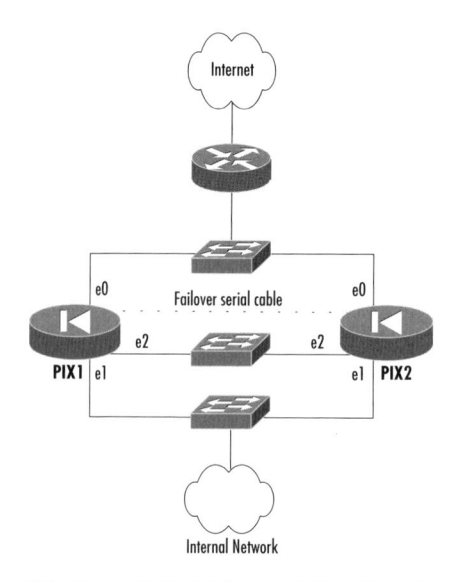

Abb. 8.5: Beispiel Standard-Stateful-Failover

Nun müssen die Schnittstelleneinstellungen für ethernet2 konfiguriert werden. Wir vergeben einen Namen (state) und weisen System- und Failover-IP-Adressen zu:

```
PIX1(config)# nameif ethernet2 state security25
PIX1(config)# interface ethernet2 100full
PIX1(config)# ip address state 172.16.1.1 255.255.255.0
PIX1(config)# failover ip address state 172.16.1.2
PIX2(config)# nameif ethernet2 state security25
PIX2(config)# interface ethernet2 100full
```

Nachdem die Schnittstelle konfiguriert ist, müssen wir mit nur einem Befehl die Stateful-Failover-Schnittstelle erstellen:

```
PIX1(config)# failover link state
```

> **Hinweis**
>
> Die MTU der Stateful-Failover-Schnittstelle (*ethernet2* in unserem Beispiel) muss auf 1500 Byte oder höher gesetzt werden.

Mit dem Befehl show failover können wir den Stateful-Failover-Status überprüfen (siehe Abbildung 8.6).

```
PIX1# show failover
Failover On
Cable status: Normal
Reconnect timeout 0:00:00
Poll frequency 3 seconds
        This host: Primary - Active
                Active time: 400 (sec)
                Interface state (172.16.1.1): Normal
                Interface outside (10.5.1.1): Normal
                Interface inside (192.168.1.1): Normal
        Other host: Secondary - Standby
                Active time: 0 (sec)
                Interface state (172.16.2.1): Normal
                Interface outside (10.5.2.1): Normal
                Interface inside (192.168.1.2): Normal

Stateful Failover Logical Update Statistics
```

Abb. 8.6: Ausgabe des Befehls show failover nach Aktivierung des Stateful-Failover-Features

```
Link : intf3
Stateful Obj     xmit      xerr      rcv       rerr
General          3         0         3         0
sys cmd          3         0         3         0
up time          0         0         0         0
xlate            0         0         0         0
tcp conn         0         0         0         0
udp conn         0         0         0         0
ARP tbl          0         0         0         0
RIP Tbl          0         0         0         0

Logical Update Queue Information
                 Cur       Max       Total
Recv Q:          0         1         3
Xmit Q:          0         1         3
```

Abb. 8.6: Ausgabe des Befehls show failover nach Aktivierung des Stateful-Failover-Features (Forts.)

Wie Sie sehen, werden einige zusätzliche Zeilen angezeigt. Diese zusätzlichen Zeilen liefern detaillierte Stateful-Failover-Statistiken.

8.3.2 Überwachung des Failover-Features

Die primäre Methode zur Überwachung der Failover-Aktivität ist die Verwendung des Befehls show failover, der auf beiden Firewalls ausgeführt werden kann. Dieser Befehl liefert Antworten auf nahezu alle Fragen, die Sie bezogen auf das Failover beantwortet haben möchten. Zu den wichtigsten Informationen, die dieser Befehl liefert, gehört der Status des Failover-Kabels. Die zugehörigen Daten werden in der zweiten Zeile der Ausgabe angezeigt. Es können vier mögliche Werte angezeigt werden:

- Normal – Das Kabel arbeitet normal (ohne Probleme) und primäre und sekundäre Firewall sind ordnungsgemäß miteinander verbunden.
- My side is not connected – Das serielle Kabel ist nicht an der Firewall (primär oder sekundär) angeschlossen, auf der Sie den Befehl eingegeben haben.
- Other side is not connected – Das serielle Kabel ist nicht an der anderen Firewall angeschlossen (gemeint ist die Firewall, auf der Sie *nicht* den Befehl eingegeben haben).
- Other side powered off – Das serielle Kabel ist ordnungemäß an das andere System angeschlossen, doch die andere Firewall ist ausgeschaltet.

In der Ausgabe des Befehls werden neben den einzelnen Schnittstellen verschiedene Flags angezeigt. Die Bedeutung der einzelnen Flags ist wie folgt:

- **Normal** – Die Schnittstelle funktioniert ordnungsgemäß.
- Link Down – Das Verbindungsprotokoll auf der Schnittstelle ist ausgefallen.

- **Failed** – Die Schnittstelle ist ausgefallen.
- Shut Down – Die Schnittstelle wurde aus administrativen Gründen stillgelegt.
- Unknown – Dieser Schnittstelle wurde bisher noch keine IP-Adresse zugewiesen. Der Status dieser Schnittstelle wurde bisher noch nicht bestimmt.
- Waiting – Die Überwachung dieser Schnittstelle auf der anderen Firewall wurde noch nicht gestartet.

Wenn das Stateful-Failover-Feature aktiviert ist, zeigt der Befehl show failover auch die Logical-Update-Statistiken an. Das Protokoll, das die Statusinformationen von der aktiven Firewall auf der Standby-Firewall über die dedizierte Stateful-Failover-LAN-Verbindung aktualisiert, ist das Logical Update-(LU-)Protokoll. Beim LU-Protokoll handelt es sich um ein UDP-ähnliches Echtzeitprotokoll, das asynchron im Hintergrund über IP 105 arbeitet. Wenn Sie das Stateful-Failover-Feature nutzen, sehen Sie folgende Stateful-Objekte im statistischen Abschnitt *Logical Update* aufgelistet:

- General – Die Summe aller Objekte
- sys cmd – Logische Systemaktualisierungsbefehle wie login
- up time – Betriebszeitinformationen, die vom aktiven an das Standby-System übergeben werden
- xlate – Die Übersetzungstabelle
- tcp conn – TCP-Verbindungsinformationen
- udp conn – Dynamische UDP-Verbindungsinformationen
- ARP tbl – Dynamische ARP-Tabelleninformationen
- RIPP Tbl – Dynamische Routing-Tabelleninformationen

Für jedes dieser Stateful-Objekte stehen folgende Statistikdaten zur Verfügung:

- xmit – Die Anzahl der über die Firewall übertragenen Pakete
- xerr – Die Anzahl von Fehlern, die während der Übertragung zur anderen Firewall auftraten
- rcv – Die Anzahl empfangener Pakete
- rerr – Die Anzahl von Fehlern, die während des Empfangs von Paketen der anderen Firewall auftraten

Der Befehl zeigt auch die Anzahl der aktuellen, maximalen und gesamten Pakete, die sich in den Logical-Unit-Übertragungs- und -Empfangswarteschlangen (Xmit bzw. Recv) befinden (können).

Wie immer stehen für die sehr technische und detaillierte Überwachung des Failover-Betriebs die debug-Befehle der PIX zur Verfügung. Die Syntax ist wie folgt:

```
debug fover <option>
```

Der Parameter option kann eines der in Tabelle 8.1 aufgelisteten Schlüsselworte aufnehmen:

Schlüsselwort	Beschreibung
cable	Failover-Kabel-Status
fail	interne Failover-Ausnahme
fmsg	Failover-Meldung
get	IP-Netzwerk-Paket empfangen
ifc	Netzwerkschnittstellen-Statusverfolgung
open	Failover-System geöffnet
put	IP-Netzwerk-Paket übertragen
rx	Failover-Kabel-Empfang
rxdmp	Kabel-Empfang Meldungs-Speicherauszug (nur serielle Konsole)
rxip	IP-Netzwerk-Failover-Paket empfangen
tx	Failover-Kabel-Übertragung
txdmp	Kabel-Übertragung Meldungs-Speicherauszug (nur serielle Konsole)
txip	IP-Netzwerk-Failover-Paket übertragen
verify	Failover-Meldung verifizieren
switch	Failover-Rollenwechsel-Status

Tabelle 8.1: Failover-Debug-Optionen

8.3.3 Failing-Back

Wenn ein Failover stattgefunden hat und die primäre Firewall im Standby-Modus und die sekundäre Firewall im aktiven Modus arbeitet, wird diese Übernahme nicht automatisch wieder rückgängig gemacht. Es besteht auch eigentlich kein Grund, die aktive und die Standby-Rolle zu wechseln (besonders, wenn Sie kein Stateful-Failover verwenden). Wenn die primäre Firewall repariert und die Fehlerursache behoben ist, wird sie nicht automatisch zur aktiven Firewall (es sei denn, die sekundäre Firewall fällt nun aus!). Sie können auf zwei verschiedene Arten erzwingen, dass die primäre Firewall aktiv wird:

- Sie verwenden den Befehl failover active auf der primären Firewall.
- Sie verwenden den Befehl no failover active auf der sekundären Firewall.

Wenn Sie einen dieser Befehle verwenden, wird die primäre Firewall aktiv. Wenn das Stateful-Failover-Feature aktiviert ist, werden alle Verbindungen beibehalten und keine Sessions verworfen. Wenn das nicht der Fall ist, werden die Verbindungen verworfen und die Anwendungen müssen die Sessions über die Firewall erneut einrichten.

Konfigurieren und Implementieren ...

Manuelles Failover aus Wartungsgründen

Manuelles Failover und Failing-Back wird sehr häufig bei Wartungsarbeiten auf der PIX-Firewall durchgeführt. Nehmen wir beispielsweise an, Sie möchten gerne auf beiden PIX-Firewalls ein Upgrade von der Version 6.1 auf die Version 6.2 durchführen. Sie können beginnen, indem Sie die sekundäre Firewall zum aktiven System machen. Geben Sie dazu auf dieser Firewall den Befehl failover active ein. Dann können Sie die primäre Firewall ausschalten, sämtliche Netzwerk- und Failover-Kabel von dem System trennen und es anschließend wieder anschalten. Nun führen Sie das Upgrade der Software auf der primären Firewall durch. Schließen Sie das primäre System danach wieder an, doch schalten Sie es noch nicht ein. Hier müssen Sie eine minimale Ausfallzeit einplanen. Schalten Sie nun die sekundäre Firewall aus und die primäre Firewall umgehend ein. Trennen Sie nun alle Kabel von der sekundären Firewall, führen Sie das Upgrade durch und schließen Sie dann alle Kabel wieder an. Herzlichen Glückwunsch! Sie haben die Software auf beiden Geräten mit einer minimalen Ausfallzeit aktualisiert!

8.3.4 Deaktivierung des Failover-Features

Zum Deaktivieren des Failover-Features dient die no-Form des failover-Befehls:

```
PIX1(config)# no failover
```

Sie können die Aktion wieder mit dem Befehl show failover überprüfen:

```
PIX1# show failover
Failover Off
Cable Status: My side not connected
Reconnect timeout: 0:00:00
```

Wenn Sie das Failover-Feature langfristig deaktivieren möchten, sollten Sie unter allen Umständen Ihre Konfiguration bereinigen, indem Sie sämtliche failover-Befehle von den Systemen löschen. Geben Sie in unserem Fall dazu die folgenden Befehle auf der primären Firewall ein:

```
PIX1(config)# no failover ip address inside 192.168.1.2
PIX1(config)# no failover ip address outside 10.5.1.2
PIX1(config)# no failover ip address state 172.16.1.2
PIX1(config)# no failover link state
```

Am besten löschen Sie auch die entsprechende Konfiguration komplett von der sekundären Firewall.

8.4 LAN-basiertes Failover

Ab der Version 6.2 bietet die PIX-Software Unterstützung für ein LAN-basiertes Failover. Beim LAN-basierten Failover wird statt des seriellen Failover-Kabels eine Ethernet-Verbindung für die Überwachung des Failover-Status und den Austausch der Failover-Informationen verwendet. Das LAN-basierte Failover bietet den großen Vorteil, dass Sie die Einschränkung durch das nur etwa 1,8 Meter lange Failover-Kabel umgehen können. Die im LAN-basierten Failover genutzte Ethernet-Verbindung zur Überwachung des Failover-Status muss über eine dedizierte LAN-Schnittstelle erfolgen. Wenn Sie das Stateful-Failover-Feature einsetzen und wir von einer ausreichenden Kapazität ausgehen, können Sie die gleiche Schnittstelle zum Austausch der Statusinformationen verwenden. Sie können einen dedizierten Hub oder ein dediziertes VLAN auf einem Switch zum Verbinden der zwei PIX-Firewalls für das LAN-basierte Failover verwenden. Ein Ethernet-Crossover-Kabel kann jedoch nicht verwendet werden.

> **Hinweis**
>
> Einer der Nachteile beim LAN-basierten Failover ist, dass eine fehlende Stromversorgung auf der anderen Firewall nicht erkannt wird. Daher wird anders als beim Standard-Failover über das serielle Kabel ein Fehler durch Stromausfall erst beim Fehlschlagen des NIC-Tests festgestellt.

8.4.1 Konfiguration und Aktivierung des Failover-Features

Wir wollen anhand des Beispiels aus Abbildung 8.7 das LAN-basierte Failover konfigurieren. Wenn eine der beiden Firewalls mit einem seriellen Failover-Kabel verbunden ist, sollte sie an diesem Punkt davon getrennt werden. Verbinden Sie alle Netzwerkkabel wie im Diagramm gezeigt. Wir beginnen mit der ausgeschalteten sekundären Firewall.

Wie beim Failover mit dem seriellen Kabel müssen wir zuerst die Einstellungen für die Ethernet-Schnittstelle einrichten und jeder Schnittstelle IP-Adressen zuordnen. Standardmäßig sind der internen Schnittstelle (`ethernet0` bzw. e0 in der Abbildung) und der internen Schnittstelle (`ethernet1` bzw. e1 in der Abbildung) bereits Namen zugeordnet. Für `ethernet2` bzw. e2, die unserer dedizierten LAN-Verbindung für das Failover-Feature dienen soll, trifft das nicht zu. Hier die Konfiguration für unser Beispiel:

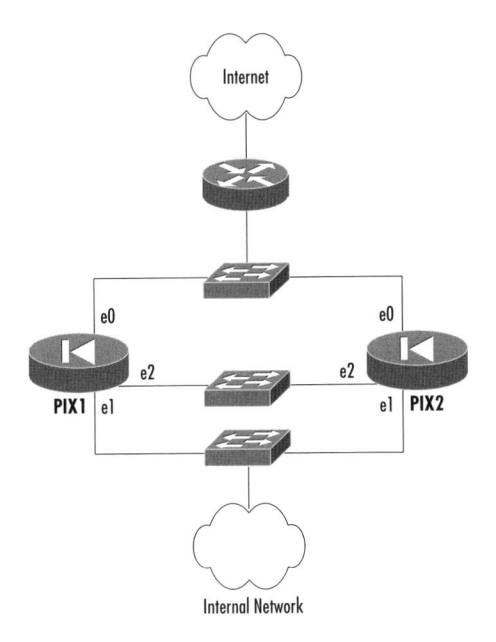

Abb. 8.7: Beispiel für ein LAN-basiertes Failover

```
PIX2(config)# nameif ethernet2 lanlink security25
PIX1(config)# interface ethernet0 100full
PIX1(config)# interface ethernet1 100full
PIX1(config)# interface ethernet2 100full
PIX1(config)# ip address inside 192.168.1.1 255.255.255.0
PIX1(config)# ip address outside 10.5.1.1 255.255.255.0
PIX1(config)# ip address lanlink 172.16.1.1 255.255.255.0
```

Zuerst aktivieren wir das Failover-Feature auf dem primären System:

```
PIX1(config)# failover
```

Im nächsten Schritt konfigurieren wir die Failover-IP-Adressen mit dem Befehl failover ip address:

```
PIX1(config)# failover ip address inside 192.168.1.2
PIX1(config)# failover ip address outside 10.5.1.2
PIX1(config)# failover ip address lanlink 172.16.1.2
```

Wir können erneut den Befehl show failover ausführen, um den Status der Failover-IP-Adressen zu überprüfen (siehe Abbildung 8.8).

```
PIX1# show failover
Failover On
Cable status: Other side powered off
Reconnect timeout 0:00:00
Poll frequency 15 seconds
    This host: primary - Active
            Active time: 300 (sec)
            Interface lanlink (172.16.1.1): Normal (Waiting)
            Interface outside (10.5.1.1): Normal (Waiting)
            Interface inside (192.168.1.1): Normal (Waiting)
    Other host: secondary - Standby
            Active time: 0 (sec)
            Interface lanlink (172.16.2.1): Unknown (Waiting)
            Interface outside (10.5.2.1): Unknown (Waiting)
            Interface inside (192.168.1.2): Unknown (Waiting)
```

Abb. 8.8: Ausgabe des Befehls show failover nach Konfiguration der Failover-Adressen

Mit folgendem Befehl bestimmen Sie die primäre Firewall zum primären System für das LAN-basierte Failover:

```
PIX1(config)# failover lan unit primary
```

Nun müssen wir die Schnittstelle angeben, die als Failover-Schnittstelle dienen soll. Auf beiden Firewalls (primär und sekundär) dient folgender Befehl zur Auswahl der Schnittstelle:

```
failover lan interface <if_name>
```

Geben Sie in unserem Fall dazu den folgenden Befehl auf der primären Firewall ein:

```
PIX1(config)# failover lan interface lanlink
```

Beim LAN-basierten Failover werden Failover-Meldungen über Ethernet-Verbindungen übertragen. Da diese Ethernet-Verbindungen unter Umständen weniger sicher sind als solche über ein serielles Kabel, kann ein manueller Pre-Shared-Key zur Verschlüsselung und Authentifizierung der Inhalte dieser Meldung verwendet werden. Obwohl es nicht obligatorisch ist, sollten Sie auf jeden Fall von dieser Option Gebrauch machen, wenn Sie ein LAN-basiertes Failover konfigurieren. Geben Sie folgenden Befehl auf der Firewall ein, um den Pre-Shared-Key zu konfigurieren:

```
failover lan key <secret_key>
```

In unserem Fall geben wir folgenden Befehl auf der primären Firewall ein und setzen den Key auf cisco:

```
PIX1(config)# failover lan key cisco
```

Um das LAN-basierte Failover auf der primären Firewall zu aktivieren, geben Sie folgenden Befehl ein:

```
PIX1(config)# failover lan enable
PIX1(config)# failover
```

An diesem Punkt können Sie die sekundäre Firewall einschalten (nach dem Trennen der LAN-basierten Failover-Schnittstelle). Führen Sie folgende Befehle aus:

```
PIX2(config)# interface ethernet2 100full
PIX2(config)# nameif ethernet2 lanlink security25
PIX2(config)# ip address lanlink 172.16.1.1 255.255.255.0
PIX2(config)# failover ip address lanlink 172.16.1.2
PIX2(config)# failover lan unit secondary
PIX2(config)# failover lan interface lanlink
PIX2(config)# failover lan key cisco
PIX2(config)# failover lan enable
PIX2(config)# failover
```

An diesem Punkt ist die LAN-basierte Failover-Konfiguration vollständig abgeschlossen. Nun können Sie die LAN-basierte Failover-Schnittstelle wieder anschließen. Sie sollten folgende Meldungen auf der sekundären PIX-Firewall sehen:

```
LAN-based Failover: trying to contact peer??
LAN-based Failover: Send hello msg and start failover monitoring
```

Auf der primären PIX-Firewall sollten folgende Meldungen angezeigt werden:

```
LAN-based Failover: Peer is UP
Sync Started
Sync Completed
```

Wenn alle Verbindungen funktionieren und die Konfigurationsbefehle korrekt eingegeben wurden, sollte der Befehl show failover das anzeigen (siehe Abbildung 8.9).

```
PIX1# show failover
Failover On
Cable status: My side not connected
```

Abb. 8.9: Ausgabe des Befehls show failover nach Abschluss der Konfiguration

```
Reconnect timeout 0:00:00
Poll frequency 15 seconds
        This host: Primary - Active
                Active time: 400 (sec)
                Interface state (172.16.2.1): Normal
                Interface outside (10.5.1.1): Normal
                Interface inside (192.168.1.1): Normal
        Other host: Secondary - Standby
                Active time: 0 (sec)
                Interface state (172.16.2.2): Normal
                Interface outside (10.5.2.1): Normal
                Interface inside (192.168.1.2): Normal

LAN-based Failover is Active
        Interface lanlink (172.16.1.1): Normal, peer (172.16.1.2): Normal
```

Abb. 8.9: Ausgabe des Befehls show failover nach Abschluss der Konfiguration

> **Hinweis**
>
> Beim LAN-basierten Failover steht der Befehl failover mac address nicht zur Verfügung.

Das Stateful-Failover-Feature kann ganz einfach aktiviert werden: Wir fügen Schnittstelle ethernet3 für den Austausch von Statusinformationen hinzu (siehe Abbildung 8.10) und konfigurieren sie für das Stateful-Failover:

```
PIX1(config)# interface ethernet3 100full
PIX1(config)# nameif ethernet3 state security20
PIX1(config)# ip address state 172.16.2.1 255.255.255.0
PIX1(config)# failover ip address state 172.16.2.2
PIX1(config)# failover link state
PIX2(config)# interface ethernet3 100full
PIX2(config)# nameif ethernet3 state security20
```

Wie gewohnt können Sie mit dem Befehl show failover den Status der Stateful-Failover-Konfiguration überprüfen (siehe Abbildung 8.11).

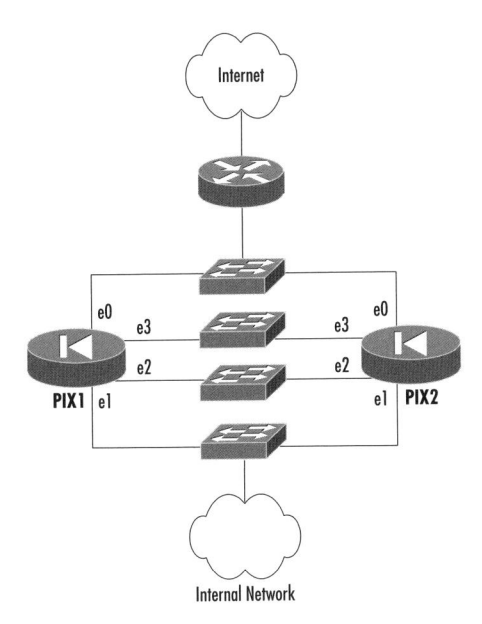

Abb. 8.10: Beispiel für ein LAN-basiertes Stateful-Failover

```
PIX1# show failover
Failover On
Cable status: My side not connected
Reconnect timeout 0:00:00
Poll frequency 15 seconds
        This host: Primary - Active
                Active time: 400 (sec)
                Interface state (172.16.2.1): Normal
                Interface outside (10.5.1.1): Normal
                Interface inside (192.168.1.1): Normal
        Other host: Secondary - Standby
                Active time: 0 (sec)
                Interface state (172.16.2.2): Normal
                Interface outside (10.5.2.1): Normal
                Interface inside (192.168.1.2): Normal

Stateful Failover Logical Update Statistics
        Link : state
        Stateful Obj    xmit        xerr        rcv         rerr
        General         12          0           12          0
        sys cmd         12          0           12          0
        up time         0           0           0           0
        xlate           0           0           0           0
```

Abb. 8.11: Ausgabe des Befehls show failover nach Aktivierung des Stateful-Failover-Features

```
                   tcp conn        0           0           0           0
                   udp conn        0           0           0           0
                   ARP tbl         0           0           0           0
                   RIP Tbl         0           0           0           0

                   Logical Update Queue Information
                                   Cur         Max         Total
                   Recv Q:         0           1           13
                   Xmit Q:         0           1           13

LAN-based Failover is Active
          Interface lanlink (172.16.1.1): Normal, peer (172.16.1.2): Norma
l
```

Abb. 8.11: Ausgabe des Befehls show failover nach Aktivierung des Stateful-Failover-Features (Forts.)

8.4.2 Überwachung des Failover-Features

Wie beim Standard-Failover mit dem seriellen Kabel können Sie den Failover-Status mit dem Befehl show failover überwachen. Zusätzlich können Sie einen schnellen Status zum LAN-basierten Failover über folgenden Befehl abrufen:

```
PIX1# show failover lan
LAN-based Failover is Active
        interface fail (10.20.1.1): Normal, peer (10.20.1.2): Normal
```

Der Befehl show failover lan detail dient zur Anzeige LAN-basierter Failover-Details (siehe Abbildung 8.12).

```
PIX1# show failover lan detail
LAN-based Failover is Active
This PIX is Primary
Command Interface is lanlink
My Command Interface IP is 172.16.2.1
Peer Command Interface IP is 172.16.2.2
My interface status is Normal
Peer interface status is Normal
Peer interface down time is 0x0

Total cmd msgs sent: 111, rcvd: 107, dropped: 0, retrans: 0, send_err: 0
Total secure msgs sent: 0, rcvd: 0
bad_signature: 2, bad_authen: 0, bad_hdr: 0, bad_osversion: 0,
    bad_length: 0
Total failed retx lck cnt: 0
```

Abb. 8.12: Ausgabe des Befehls show failover lan detail

```
Total/Cur/Max of 87:0:1 msgs on retransQ, 87 ack msgs
Cur/Max of 0:21 msgs on txq
Cur/Max of 0:1 msgs on rxq
Number of blk allocation failure: 0, cmd failure: 0, Flapping: 0
Current cmd window: 1, Slow cmd Ifc cnt: 0
Cmd Link down: 0, down and up: 0, Window Limit: 141
Number of fmsg allocation failure: 0, duplicate msgs: 0
Cmd Response Time History stat:
< 100ms:          84
100 - 250ms:      0
250 - 500ms:      0
500 - 750ms:      0
750 - 1000ms:     0
1000 - 2000ms:    0
2000 - 4000ms:    0
> 4000ms:         0
Cmd Response Retry History stat:
Retry 0 = 87, 1 = 0, 2 = 0, 3 = 0, 4 = 0
Failover enable state is 0x1
Failover state is 0x7d
Failover peer state is 0x58
Failover switching state is 0x0
Failover config syncing is not in progress
Failover poll cnt is 0
Failover Fmsg cnt is 0
Failover OS version is 6.2(2)
failover interface 0, tst_mystat = 0x0, tst_peerstat = 0x0
    zcnt = 0, hcnt = 1, my_rcnt = 10186, peer_rcnt = 23408
    myflag = 0x1, peer_flag=0x0, dchp = 0x80791f90
    act_ip: 10.5.1.171, stn_ip:10.5.1.2
    act_mac: 00d0.b7b2.97ee, stb_mac: 0090.273a.1240
failover interface 1, tst_mystat = 0x0, tst_peerstat = 0x0
    zcnt = 0, hcnt = 1, my_rcnt = 26191, peer_rcnt = 39296
    myflag = 0x1, peer_flag=0x0, dchp = 0x80791ff0
    act_ip: 192.168.1.1, stn_ip:192.168.1.2
    act_mac: 00d0.b783.9a79, stb_mac: 0090.273a.1288
failover interface 3, tst_mystat = 0x0, tst_peerstat = 0x2
    zcnt = 0, hcnt = 0, my_rcnt = 539, peer_rcnt = 404
    myflag = 0x0, peer_flag=0x0, dchp = 0x80791e10
    act_ip: 172.16.1.1, stn_ip:172.16.1.2
    act_mac: 00a0.c9ef.cfa0, stb_mac: 00a0.c9ef.cfa0
LAN-based Failover command link
```

Abb. 8.12: Ausgabe des Befehls show failover lan detail (Forts.)

Wenn Sie das LAN-basierte Failover verwenden, stehen Ihnen vier neue debug-Optionen (in der Form debug fover <option>) zur Verfügung: lanrx, lanretx, lantx und lancmd. Weitere Einzelheiten entnehmen Sie Tabelle 8.2.

Option	Beschreibung
lanrx	LAN-basiertes Failover – Empfang
lanretx	LAN-basiertes Failover – Neuübertragung
lantx	LAN-basiertes Failover – Übertragung
lancmd	LAN-basiertes Failover – Haupt-Thread

Tabelle 8.2: Debug-Optionen beim LAN-basierten Failover

8.4.3 Failing-Back

Wie beim Standard-Failover können die Befehle failover active und no failover active verwendet werden, um die Rollen *aktiv* und *Standby* der Firewall auszutauschen.

8.4.4 Deaktivierung des Failover-Features

Sie deaktivieren das LAN-basierte Failover auf gleiche Weise wie das Standard-Failover. Führen Sie den einzelnen Befehl aus:

```
PIX1(config)# no failover
```

Sie können die Aktion wieder mit dem Befehl show failover überprüfen:

```
PIX1# show failover
Failover Off
Cable Status: My side not connected
Reconnect timeout: 0:00:00
```

Wenn Sie das Failover-Feature langfristig deaktivieren möchten, sollten Sie unter allen Umständen Ihre Konfiguration bereinigen, indem Sie sämtliche failover-Befehle von den Systemen löschen.

8.5 Zusammenfassung

In diesem Kapitel haben Sie erfahren, wie die Failover-Funktionen auf der PIX arbeiten. Um Hochverfügbarkeit zu gewährleisten, bietet die Cisco-PIX-Firewall Lösungen bei Firewall-Fehlern und -Ausfällen. Zu diesem Zweck wird eine zweite Firewall betrieben, die automatisch die Aufgaben der aktiven Firewall übernimmt, wenn diese ausfallen sollte. Der Failover-Mechanismus wird mit zwei, und nur mit zwei, identischen Firewalls realisiert. Wenn die aktive Firewall ausfällt, übernimmt das Standby-System deren Funktionen.

Es gibt zwei Failover-Typen, Standard-Failover und LAN-basiertes Failover, die beide auf ähnliche Weise funktionieren. Der wichtigste Unterschied zwischen den beiden Ansätzen liegt in der Art, wie die Failover-Informationen zwischen der primären und der sekundären Firewall ausgetauscht werden. Beim Standard-Failover wird ein spezielles serielles Kabel für die Verbindung der beiden Firewalls verwendet. Dieses Kabel wird als Failover-Kabel bezeichnet. Beim LAN-basierten Failover wird statt des seriellen Failover-Kabels ein Ethernet-Kabel für die Verbindung der Firewalls verwendet. Bei beiden Failover-Typen kann die PIX so eingerichtet werden, dass sie wahlweise im Stateless- oder Stateful-Modus operiert. Nur die High-End-Modelle der PIX-Firewall, PIX 515, 515E, 520, 525 und 535, unterstützen das Failover. Keine Unterstützung bieten die Modelle PIX 501, 506 und 506E.

Bei der Konfiguration des Failover-Features wird eine Firewall als primäres und die andere als sekundäres System bestimmt. Im normalen Betriebsmodus, wenn alles ordnungsgemäß funktioniert, ist die primäre Firewall aktiv und verarbeitet den gesamten Netzwerkverkehr. Die sekundäre Firewall befindet sich im Standby-Modus und ist bereit, die Funktionen der aktiven Firewall zu übernehmen, sollte diese ausfallen. Wenn das primäre System ausfällt, wird die sekundäre Firewall aktiv und die primäre wechselt in den Standby-Modus. Für das Verständnis weiterer Failover-Konzepte ist es sehr wichtig, die Begriffe *primär*, *sekundär*, *aktiv* und *Standby* zu verstehen.

8.6 Lösungen im Schnelldurchlauf

Failover-Konzepte

- Der Failover-Mechanismus wird mit zwei, und nur mit zwei, identischen Firewalls realisiert. Wenn eine dieser beiden Firewalls ausfällt, übernimmt die andere die Funktionen der ausgefallenen PIX.
- Nur die High-End-Modelle der PIX-Firewall, PIX 515, 515E, 520, 525 und 535, unterstützen das Failover. Keine Unterstützung bieten die Modelle PIX 501, 506 und 506E.
- Die Konfigurationsreplikation ist der Prozess, bei dem die Konfiguration von der primären PIX-Firewall auf die sekundäre Firewall repliziert wird.
- Im normalen Betriebsmodus, wenn alles ordnungsgemäß funktioniert, ist die primäre Firewall aktiv und verarbeitet den gesamten Netzwerkverkehr. Die sekundäre Firewall befindet sich im Standby-Modus und ist bereit, die Funktionen der aktiven Firewall zu übernehmen, sollte diese ausfallen. Wenn das primäre System ausfällt, wird die sekundäre Firewall aktiv und die primäre wechselt in den Standby-Modus.

Standard-Failover mittels Failover-Kabel

- Das Standard-Failover-Feature wird über ein Failover-Kabel realisiert, mit dem die primäre PIX mit der sekundären PIX verbunden wird. Die Kommunikation über dieses Kabel enthält Hello-Pakete (Keep-Alive-Pakete), MAC-Adressen für den Austausch, den Status (aktiv oder Standby), den Netzwerkverbindungsstatus und die Konfigurationsreplikation.
- Beim Stateful-Failover werden bestimmte Tabellen der Firewall, wie z.B. die Übersetzungs- und Verbindungstabellen, von der aktiven Firewall auf die Standby-Firewall repliziert. Diese Replikation erfolgt über eine dedizierte Schnittstelle. Wenn eine Failover-Situation eintritt, werden die Statusinformationen bewahrt.
- Die primäre Methode zur Überwachung der Failover-Aktivität ist die Verwendung des Befehls `show failover`, der auf beiden Firewalls ausgeführt werden kann.
- Wenn ein Failover stattgefunden hat und die primäre Firewall im Standby-Modus und die sekundäre Firewall im aktiven Modus arbeitet, wird diese Übernahme nicht automatisch wieder rückgängig gemacht. Sie können im Konfigurationsmodus den Befehl `failover active` verwenden, um eine Firewall zur aktiven zu machen.

LAN-basiertes Failover

- Beim LAN-basierten Failover kann statt des seriellen Failover-Kabels eine Ethernet-Verbindung verwendet werden. Das LAN-basierte Failover bietet den großen Vorteil, dass Sie die Einschränkung durch das nur etwa 1,8 Meter lange Failover-Kabel umgehen können.
- Sie können einen dedizierten Hub oder ein dediziertes VLAN auf einem Switch zum Verbinden der zwei PIX-Firewalls für das LAN-basierte Failover verwenden. Ein Ethernet-Crossover-Kabel kann nicht verwendet werden.
- Um das LAN-basierte Stateful-Failover zu aktivieren, können Sie die dedizierte LAN-basierte Failover-Verbindung für den Austausch von Statusinformationen nutzen, oder sie richten eine separate dedizierte LAN-Verbindung für diesen Zweck ein.
- Zur Überwachung des LAN-basierten Failover-Features dienen die Befehle `show failover lan` und `show failover lan detail`.

8.7 Häufig gestellte Fragen/FAQs

Wie schnell wird eine Ausfallsituation erkannt?

Die Zeit, die es dauert, bis ein Ausfall erkannt wird, hängt vom Failover-Polling-Intervall ab. Wenn das Polling-Intervall auf 15 Sekunden (Standardeinstellung) eingerichtet ist, werden Netzwerk- und Failover-Kommunikationsfehler innerhalb von 30 Sekunden erkannt. Kabelfehler oder Ausfälle bedingt durch mangelnde Stromversorgung werden innerhalb von 15 Sekunden erkannt.

Welche Methode eignet sich am besten für eine tägliche Failover-Überwachung? Wie erkenne ich, dass die primäre Firewall ausgefallen ist?

Die PIX-Firewall generiert für alle Failover-Ereignisse (einschließlich aller Fehler) Syslog-Meldungen. Am besten überwachen Sie das Failover-Feature durch regelmäßige Überprüfung der Syslog-Meldungen. Failover-Meldungen werden stets mit einem Schweregrad von 2 (`critical`) gesendet. Es empfiehlt sich, die Installation eines Syslog-Überwachungsprogramms, das Sie bei einem Failover-Fehler oder bei einem Rollenwechsel informiert.

Wie soll ich bei der Konfiguration des Failover-Features mit nicht genutzten Schnittstellen verfahren?

Wenn Sie eine spezielle Schnittstelle nicht verwenden, sollten Sie diese aus administrativen Gründen stilllegen. Wenn Sie das versäumen, bezieht die PIX-Firewall die Schnittstelle in die Failover-Überwachung mit ein und Sie müssen dieser Schnittstelle System- und Failover-IP-Adressen zuweisen und sie mit der entsprechenden Schnittstelle auf der anderen Firewall verbinden.

Gibt es einen Fall, in dem ein Failover von der sekundären auf die primäre Firewall stattfindet?

Ja, es gibt eine Situation, in der dieses Failover möglicherweise geschehen könnte. Stellen Sie sich vor, Sie haben eine primäre und eine sekundäre Firewall konfiguriert und das Failover-Feature läuft ganz normal. In diesem Fall ist die primäre Firewall das aktive System und die sekundäre das Standby-System. Unterstellen wir nun, dass es zu einem Ausfall der primären Firewall kommt. Die sekundäre Firewall übernimmt die aktive Rolle, während die primäre PIX zum Standby-System wird. Nehmen wir weiter an, dass Sie den Fehler, der den Ausfall auf der primären Firewall verursacht hat, behoben haben. Wie Sie sich erinnern mögen, gibt es kein automatisches Failback auf der PIX-Firewall. Das bedeutet, dass, selbst wenn beide Firewalls nun normal funktionieren, die sekundäre Firewall weiterhin in der Rolle des aktiven Systems arbeitet und die primäre das Standby-System bleibt. Wenn in dieser Situation die sekundäre Firewall ausfällt, übernimmt die primäre Firewall wieder die Rolle des aktiven Systems und die sekundäre Firewall wird zum Standby-System.

Kann ich in einer LAN-basierten Failover-Verbindung zwischen der primären und der sekundären Firewall einen Router platzieren?

Nein. Sie können nur einen Hub, einen Switch oder ein dediziertes VLAN auf einem Switch verwenden. Die LAN-basierten Failover-Schnittstellen beider Firewalls müssen sich im gleichen VLAN und Subnet befinden. Nur wenn Ihr Router im Transparent-Bridging-Modus ausgeführt wird, kann das funktionieren.

Kapitel 9

PIX Device Manager

Lösungen in diesem Kapitel:

- Funktionen, Einschränkungen und Anforderungen
- Installation, Konfiguration und Start von PDM
- Konfiguration der PIX-Firewall mithilfe von PDM
- Überwachung der PIX-Firewall mithilfe von PDM
- Überwachung und Unterbrechung von Sessions

9.1 Einführung

In den vorherigen Kapiteln wurden nahezu alle Administrationsaufgaben bezüglich der PIX-Firewall über die Befehlszeilenschnittstelle bzw. CLI (Command Line Interface) besprochen. Außer der Befehlszeilenschnittstelle für Konfiguration und Überwachung unterstützt die PIX-Firewall auch eine grafische Benutzeroberfläche. Mithilfe des PIX Device Manager (PDM) kann ein Administrator über einen Web-Browser die PIX-Firewall installieren, konfigurieren und verwalten.

Bei PDM handelt es sich um eine Benutzeroberfläche auf Java-Basis, mit deren Hilfe die Cisco-PIX-Firewall verwaltet wird. PDM ist ein Software-Image, das ausgehend vom Flash-Speicher auf der PIX-Firewall läuft und über eine mit Secure Sockets Layer (SSL) verschlüsselte HTTPS-Session Admin-Zugriff gewährt. PDM ersetzt den unter PIX-Version 5.3(x) und früheren Versionen integrierten PIX Firewall Manager (PFM). PDM ermöglicht dem Firewall-Administrator die Arbeit auf unterschiedlichen autorisierten, mit einem kompatiblen Browser konfigurierten Workstations und enthält nahezu den vollständigen Umfang der PIX-CLI-Funktionalität. Beispiel: Mithilfe von PDM kann ein Administrator Firewall-Regeln ergänzen, ändern und löschen, Network Address Translation (NAT) oder ein VPN konfigurieren.

Außer der Änderung von PIX-Konfigurationen ermöglicht PDM die administrative Überwachung der PIX-Firewall über leistungsfähige Diagramm- und Tabellenanzeigen und erzielt somit eine Fast-Echtzeit-Darstellung der PIX-Performance.

Im vorliegenden Kapitel werden Installation und Aktivierung von PDM, insbesondere der Version 2.1, sowie die Konfiguration und die Überwachung der PIX-Firewall mithilfe der PDM-Benutzeroberfläche beschrieben.

> **Hinweis**
>
> PDM wird für die Administration einer einzelnen Firewall eingesetzt. Cisco Secure Policy Manager (CSPM) unterstützt die zentralisierte Verwaltung von mehreren Cisco-Sicherheitsmechanismen, beispielsweise Firewalls, VPNs und IDS-Sensoren. Die Diskussion von CSPM geht über den Rahmen dieses Handbuchs hinaus. Weitere Informationen zu diesem Thema sind unter www.cisco.com/warp/public/cc/pd/sqsw/sqppmn/ zu finden.

9.2 Funktionen, Einschränkungen und Anforderungen

PDM bietet nahezu alle Admin-Funktionen der Befehlszeilenschnittstelle der PIX-Firewall, beispielsweise die Möglichkeit, Zugriff, AAA und Filterregeln der Firewall zu ändern sowie NAT zu implementieren und zu kontrollieren. Darüber hinaus ermöglicht PDM dem Firewall-Administrator eine engmaschige Kontrolle administrativer Funktionalitäten wie beispielsweise der Protokollierung, IDS-Konfiguration und Benutzerkontenverwaltung sowie die Einsicht in die aktuelle Performance über die detaillierten grafischen Überwachungsfunktionen dieser Software. Mit PDM lassen sich zahlreiche Performance-Parameter und Echtzeitstatistiken problemlos und ohne großen Aufwand erfassen und anzeigen.

PDM enthält leistungsstarke Assistenten wie beispielsweise den Setup Wizard und den VPN Wizard. Beide Werkzeuge unterstützen den Firewall-Administrator bei der häufig komplizierten Konfiguration von Funktionen wie der automatischen Aktualisierung und DHCP-Server-Konfiguration oder Site-to-Site- und Software-Client-Konfiguration von VPN. PIX Device Manager 2.1 unterstützt außerdem Objektgruppierung, bidirektionale NAT, LAN-Failover, eine Reihe von Fixup-Konfigurationen, TurboACLs und Befehlsautorisierung. Hinweise zu diesen und etlichen anderen unterstützten Funktionen der PDM-Schnittstelle sind in den Release-Hinweisen zu PDM 2.1 unter www.cisco.com/univercd/cc/td/doc/product/iaabu/pix/pdm/v_21/pdmrn21/pdmrn21.htm zu finden.

Cisco hat PDM mithilfe von Java-Applets erzeugt; diese sind im PDM-Image eingebettet, das auf der PIX-Firewall gespeichert ist. Diese Applets werden direkt aus dem PIX-Flash-Speicher heruntergeladen und ermöglichen eine PIX-Administration ohne Zuhilfenahme umständlicher Client-Software. Daher ist für den PDM-Client nur ein kompatibler Web-Browser erforderlich. Der reibungslose Betrieb von PDM ist jedoch an eine Reihe von Hardware-, Software- und Client-Voraussetzungen gebunden; diese werden in den folgenden Abschnitten beschrieben.

9.2.1 PIX-Firewall: unterstützte Hardware- und Software-Versionen

Ab Version 6.0 der PIX-Firewall-Software ersetzt die PDM-Anwendung die PFM-Software. Für PDM Version 2.0 und 2.1 ist PIX-Software Version 6.2 erforderlich, für PIX-Firewall Version 6.0 und 6.1 PDM Version 1.1. Für die Arbeit mit dem Firewall Services Module (FWSM) Version 1.1 auf einem Switch der Catalyst-Serie 6500 ist mindestens PDM Version 2.1 erforderlich.

PIX: Systemanforderungen

PDM 2.1 wird auf sämtlichen PIX 501-, PIX 506/506E-, PIX 515/515E-, PIX 520-, PIX 525- und PIX 535-Plattformen mit PIX-Firewall-Software ab Version 6.2 und FWSM Version 1.1 auf dem Switch der Catalyst-Serie 6500 unterstützt. Überdies muss die PIX-Plattform für den Betrieb von PDM folgende Bedingungen erfüllen:

- Mindestens 8 MB Flash-Speicher
- Data Encryption Standard- (DES-) bzw. 3DES-Aktivierungsschlüssel

Der DES- bzw. 3DES-Aktivierungsschlüssel ermöglicht die Kommunikation zwischen dem Remote-Java-Management-Client und dem PIX-System auf SSL-Basis. PIX-Rechner mit vorinstallierter Software ab Version 6.0 besitzen bereits einen DES-Aktivierungsschlüssel und Verschlüsselungsmöglichkeiten. 3DES mit seinen stärker ausgeprägten Verschlüsselungsmöglichkeiten ist als Zusatzlizenz von Cisco erhältlich.

Für PIX-Systeme mit Versionen vor 6.0 ist ein Upgrade auf mindestens 6.0 und die Konfiguration mit einem DES-Aktivierungsschlüssel für den Betrieb von PDM erforderlich. PIX-Software kann von der Cisco-Website unter www.cisco.com/cgi-bin/tablebuild.pl/pix abgerufen werden; DES-Aktivierungsschlüssel sind kostenlos von Cisco unter www.cisco.com/cgi-bin/Software/FormManager/formgenerator.pl?pid=221&fid=324 erhältlich.

> **Hinweis**
> Die PIX-Software-Version, die RAM-Kapazität und die DES-Funktionen können mithilfe des Befehls show version auf der ausgewählten Firewall ermittelt werden.

Anforderungen an einen Host für den Betrieb des PDM-Client

Da PDM unter Verwendung von Java-Technologie entstanden ist, kann die PDM-Client-Software auf unterschiedlichen Client-Workstations betrieben werden, nicht jedoch auf Macintosh, Windows 3.1 oder Windows 95. Die möglichen Betriebssysteme für PDM sind in Tabelle 9.1 aufgelistet.

Client-Betriebssysteme	Betriebssystemversion
Solaris	Solaris ab 2.6 mit CDE- oder OpenWindows Window Manager
Linux	Red Hat 7.0 mit GNOME- oder KDE-2.0-Desktop-Umgebung
Windows	Windows 98, Windows NT 4.0, Windows 2000, Windows XP oder Windows ME

Tabelle 9.1: PDM-Client: Betriebssysteme

Beim Arbeiten mit PDM unter Sun Solaris gelten die folgenden Mindestanforderungen:

- Prozessor: SPARC-Prozessor; PDM unterstützt Solaris nicht auf einem x86-Prozessor
- Arbeitsspeicher: 128 MB RAM
- Display: Auflösung 800 x 600 Pixel mit mindestens 256 Farben (1024 x 768 Pixel und mindestens 16 Bit Farben empfohlen)
- Browser: Netscape Communicator 4.5x oder 4.7x; Netscape 6.x und 7.x werden nicht unterstützt

Beim Arbeiten mit PDM unter Linux gelten die folgenden Mindestanforderungen:

- Arbeitsspeicher: 64 MB RAM
- Display: Auflösung 800 x 600 Pixel mit mindestens 256 Farben (1024 x 768 Pixel und mindestens 16 Bit Farben empfohlen)
- Browser: Netscape Communicator 4.7x; Netscape 6.x und 7.x werden nicht unterstützt

Beim Arbeiten mit PDM unter Windows gelten die folgenden Mindestanforderungen:

- Prozessor: Intel Pentium oder ein kompatibler Prozessor mit mindestens 350 MHz
- Arbeitsspeicher: 128 MB RAM (192 MB oder mehr empfohlen)
- Display: Auflösung 800 x 600 Pixel mit mindestens 256 Farben (1024 x 768 Pixel und mindestens 16 Bit Farben empfohlen)
- Browser: Internet Explorer ab 5.0 bzw. Netscape Communicator 4.5x oder 4.7x; Netscape 6.x und 7.x werden nicht unterstützt. Internet Explorer wird für bessere Performance empfohlen.

> **Hinweis**
>
> Beim Einsatz von Anti-Virus-Software auf dem Client ist mit Einschränkungen der PDM-Performance zu rechnen.

Zum Starten von PDM müssen für den Web-Browser JavaScript und Java aktiviert sein; überdies muss der Browser das Java Development Kit (JDK) ab 1.14 sowie SSL-Connectivity unterstützen. Sämtliche eben aufgeführten Browser erfüllen diese Bedingungen.

Durch JDK wird die Java-Funktionalität aktiviert, auf der PDM basiert; dieses Kit kann für unterstützte Plattformen direkt von Sun Microsystems unter http://java.sun.com/j2se/downloads.html abgerufen werden.

9.2.2 PIX Device Manager: Einschränkungen

PDM erkennt und konfiguriert nahezu die gesamte CLI-Funktionalität der Cisco-PIX-Firewall. Einige CLI-Konfigurationen sind jedoch in Verbindung mit PDM nicht möglich. Bei Vorhandensein der folgenden Befehle auf der PIX-Firewall ist in PDM nur die Registerkarte MONITORING verfügbar:

- Befehl `alias`
- Befehl `established`
- Befehl `aaa` erscheint mit der Option `match` zusammen mit anderen aaa-Befehlen mit den Optionen `include` oder `exclude`
- Kombinationen der Befehle `access-list` und `access-group` mit den Befehlen `conduit` und/oder `outbound`
- Dieselbe Access List für mehrere Schnittstellen
- Eine ACL für mehrere Zwecke, beispielsweise in den Befehlen `access-group` und `aaa`
- Eine ACL für mehrere Schnittstellen
- Beliebige `outbound`-Befehls-Statement-Gruppe für mehrere Schnittstellen
- Beliebige `outbound`-Befehls-Statement-Gruppe mit der Option `except`

Eine Reihe von CLI-Konfigurationen wird von PDM nicht analysiert. In solchen Fällen behält PDM seine Funktionalität uneingeschränkt bei und löscht oder ändert das CLI-Format nicht. Dies gilt für folgende PIX-Firewall-Konfigurationen:

- Access Lists, die nicht auf eine Schnittstelle oder auf den Befehl `aaa` angewendet wurden
- Eine Liste mit `outbound`-Befehlen ohne zugehörigen Befehl `apply`
- *isakmp*-Client-Konfigurationsbefehle

PDM ignoriert überdies OSPF-Befehle im FWSM.

9.3 Installation, Konfiguration und Start von PDM

In diesem Abschnitt des Kapitels werden die für die Installation, Konfiguration und das Starten von PDM erforderlichen logischen Schritte und Prozeduren erläutert. Wie in den vorherigen Abschnitten beschrieben, sind die PDM- und DES-Aktivierungsschlüssel bereits auf Rechnern vorinstalliert, auf denen werkseitig PIX-Firewall-Software ab Version 6.0 installiert ist. Außerdem enthalten einige kombinierte Versionen der PIX-Firewall wie beispielsweise das Modell PIX 501 3DES für zusätzliche Sicherheit einen vorinstallierten 3DES-Schlüssel. Falls Ihre PIX-Firewall nicht mit Software ab Version 6 ausgeliefert wurde oder Sie sie auf PDM Version 2.1 aufrüsten möchten, installieren bzw. aktualisieren Sie die PIX-Firewall-Software auf Version 6.2 und PDM 2.1 anhand der Schritte in diesem Abschnitt.

9.3.1 Installationsvorbereitung

Vor dem Versuch, mit PDM 2.1 zu arbeiten oder einen PIX-Rechner mittels PDM zu konfigurieren, muss überprüft werden, ob mindestens Version 6.2 der PIX-Firewall-Software installiert ist. Ist das nicht der Fall, muss die Software aufgerüstet und DES aktiviert werden, damit PDM funktioniert.

Wenn Sie die PIX-Firewall-Version überprüfen möchten, melden Sie sich in der Befehlszeilenschnittstelle an und geben show version ein. In den beiden ersten Zeilen der Ausgabe sollte die aktuelle Version der PIX-Firewall zu sehen sein und angegeben werden, ob PDM auf dem Rechner installiert ist. Das folgende Beispiel zeigt eine PIX-Firewall mit Software-Version 6.2 (2) und PDM-Version 2.1 (1):

```
PIX1# show version
Ciso PIX-Firewall Version 6.2(2)
Cisco PIX Device Manager Version 2.1(1)
```

Ist die PIX-Firewall ab Version 6.2 oder PDM 2.1(1) installiert, arbeiten Sie im Abschnitt »Konfiguration der PIX-Firewall mithilfe von PDM« weiter. Sind diese Programme nicht installiert, erhalten Sie in den folgenden Schritten eine Anleitung zum Upgrade der PIX-Firewall, der Installation des DES-Aktivierungsschlüssels sowie der Installation bzw. Aufrüstung von PDM.

9.3.2 Installation und Upgrade von PDM

Wie bei allen Upgrade- und Installationsmaßnahmen empfiehlt es sich, ein Backup sämtlicher auf dem aufzurüstenden PIX-Firewall-System befindlichen Konfigurationsdaten anzulegen. Das Upgrade einer PIX-Firewall in einer Produktionsumgebung sollte nach Dienstschluss stattfinden und die Mitarbeiter des Unternehmens sollten über mögliche Ausfälle informiert werden. Das gewährleistet ein reibungsloses Upgrade und verhindert Klagen der Benutzergemeinde.

Vor der eigentlichen Aufrüstung bzw. Installation ist zu überprüfen, ob die PIX-Firewall alle oben genannten Anforderungen erfüllt. Hierfür sollten Sie alle Release-Hinweise aufmerksam durchlesen um festzustellen, ob bestimmte Funktionen im neuen Release entfernt oder geändert wurden. Schließlich sollten Sie ein

Backup des Software-Image der derzeit auf dem PIX-System aktiven PIX-Firewall-Version anlegen, für den Fall, dass die Aufrüstung auf die neue Version nicht gelingt und Sie auf die ursprüngliche Version zurückgreifen müssen. Die Installation verläuft in der Regel problemlos, doch es empfiehlt sich stets, im Falle eines Fehlers für den Rückgriff auf die ursprüngliche Version gerüstet zu sein.

> **Hinweis**
> Ein Administrator mit einer gültigen CCO-Anmeldung findet Cisco-PIX-Firewall-Software und PDM-Images auf der Cisco-Website unter www.cisco.com/cgi-bin/tablebuild.pl/pix.

Die wesentlichen Schritte für die Installation bzw. Aufrüstung von PDM:

1. Besorgen Sie einen DES-Aktivierungsschlüssel.
2. Konfigurieren Sie die PIX-Firewall für die grundlegende Netzwerk-Connectivity.
3. Installieren Sie einen TFTP-Server und stellen ihn der PIX-Firewall zur Verfügung.
4. Rüsten Sie auf die Version der PIX-Firewall-Software auf und konfigurieren Sie den DES-Aktivierungsschlüssel auf dem PIX-Rechner.
5. Installieren Sie PDM auf dem PIX-Rechner bzw. führen Sie das Upgrade durch.

Die einzelnen Schritte werden im Folgenden ausführlicher besprochen.

DES-Aktivierungsschlüssel besorgen

Zunächst muss bei der Konfiguration von PDM auf einer PIX-Firewall ein neuer Aktivierungsschlüssel besorgt werden (sofern nicht bereits vorhanden), damit DES-Verschlüsselung aktiviert werden kann. Ein solcher Aktivierungsschlüssel ist kostenlos bei Cisco zu beziehen und für die PDM-Funktionalität erforderlich. Da es einige Zeit dauern könnte, bis Cisco den neuen Schlüssel zur Verfügung stellt, empfiehlt es sich, ihn vor dem Upgrade der Software auf der PIX-Firewall zu bestellen. Die PIX-Seriennummer können Sie mit dem Befehl show version ermitteln. Diese Nummer ist für die Bestellung eines neuen Aktivierungsschlüssels erforderlich. Hierfür rufen Sie in einem Web-Browser www.cisco.com/cgi-bin/Software/FormManager/formgenerator.pl?pid=221&fid=324 auf und füllen Sie das Schlüsselbestellformular aus. Ein Cisco-Mitarbeiter sendet den DES-Aktivierungsschlüssel kurz danach per E-Mail.

Konfiguration der PIX-Firewall für Netzwerk-Connectivity

Damit eine PIX-Firewall aufgerüstet und PDM installiert werden kann, muss die PIX-Firewall zunächst über grundlegende Netzwerk-Connectivity verfügen. Ist die PIX-Firewall bereits im Netzwerk integriert und in der Lage, auf andere Rechner zuzugreifen, arbeiten Sie im folgenden Abschnitt weiter und installieren einen TFTP-Server:

1. Stellen Sie eine Verbindung zum Konsolen-Port des PIX-Rechners her und melden Sie sich bei der Befehlszeilenschnittstelle an.
2. Rufen Sie den Enable-Modus durch Eingabe von `enable` am Konsolen-Prompt auf.
3. Rufen Sie den Konfigurationsmodus der PIX-Firewall durch Eingabe von `configure terminal` auf.
4. Rufen Sie durch Eingabe von `setup` nach der Aktivierung des Konfigurationsmodus das Dialogfeld SETUP (Konfiguration) auf.
5. Geben Sie nach entsprechender Aufforderung die Daten für die folgenden Variablen ein:
   - Enable-Kennwort
   - Uhrvariablen
   - IP-Adressdaten
   - Host-Name
   - Domain-Name
6. Speichern Sie die Daten auf die entsprechende Aufforderung hin, damit die Konfiguration in den Arbeitsspeicher geschrieben wird.

Danach stellen Sie eine physikalische Verbindung zwischen der PIX-Firewall und dem Netzwerk her und überprüfen die Netzwerk-Connectivity durch Eingabe des Befehls `ping` auf der PIX-Firewall.

Installation eines TFTP-Servers

Nach der Konfiguration der PIX-Firewall im Netzwerk muss zum Ablegen der neuen PIX-Firewall und der PDM-Software ein TFTP-Server installiert werden. Eine entsprechende Anleitung finden Sie in Kapitel 2 dieses Handbuchs. Ist ein TFTP-Server bereits vorhanden, arbeiten Sie im nächsten Abschnitt weiter und rüsten die PIX-Firewall-Software auf.

Upgrade der PIX-Firewall und Konfiguration des DES-Aktivierungsschlüssels

Für PIX-Rechner mit Versionen vor 6.2 ist ein Upgrade erforderlich, da PDM 2.1 nur auf PIX ab Version 6.2 läuft. Überdies ist für die Arbeit mit PDM für eine sichere verschlüsselte Management-Session die Aktivierung von DES bzw. 3DES unabdingbar. Zur Aktivierung von DES muss der in den vorherigen Schritten bestellte neue Schlüssel während eines neuen PIX-Image-Ladevorgangs mit dem

Monitormodus auf der PIX-Firewall oder mit dem Befehl `activation-key` aktiviert werden. Eine Aktivierung des Schlüssels auf der PIX-Firewall mit dem gängigen Befehl `copy tftp flash` ist nicht möglich.

Die Aufrüstung der PIX-Firewall-Software ist in Kapitel 2 beschrieben. Läuft auf dem PIX-Rechner bereits Software der Version 6.2 und braucht nur noch der neue DES- bzw. 3DES-Lizenzschlüssel installiert zu werden, genügt hierfür die Eingabe des Befehls `activation-key` in der Befehlszeilenschnittstelle. Geben Sie hierfür `activation-key` im Konfigurationsmodus und danach den von Cisco gelieferten Hexadezimal-Aktiverungsschlüssel ein. Durch Eingabe des Befehls `show activation-key` lässt sich die Gültigkeit des Schlüssels überprüfen.

Installation bzw. Upgrade von PDM auf dem PIX-Rechner

Nach der Aufrüstung der PIX-Firewall-Software auf 6.2 und der Installation des DES- bzw. 3DES-Schlüssels muss PDM in den Flash-Speicher geladen werden. Wie bei der Aufrüstung der PIX-Firewall-Software ist auch bei der Installation von PDM mit Problemen zu rechnen. Daher empfiehlt sich vor dem Fortsetzen der Installation ein Backup der Konfigurationsdateien und der Software-Images. Darüber hinaus müssen Sie stets überprüfen, ob die PIX-Firewall den für PDM geltenden Anforderungen entspricht.

Sie installieren PDM mit den folgenden Schritten:

1. Melden Sie sich vom TFTP-Server aus bei CCO an und laden Sie das PDM-Image herunter. PDM ist unter www.cisco.com/cgi-bin/tablebuild.pl/pix zu finden.
2. Speichern Sie die Software in einem Verzeichnis, auf das über TFTP zugegriffen werden kann, und notieren Sie sich den Namen des Software-Images zwecks späterer Verwendung.
3. Melden Sie sich über SSH, Telnet oder die Konsole bei der PIX-Befehlszeilenschnittstelle an.
4. Rufen Sie nach entsprechender Aufforderung den Enable-Modus durch Eingabe von `enable` auf.
5. Geben Sie `copy tftp flash:pdm` ein.

> **Hinweis**
> Das PDM-Image wird mit Hilfe des Befehls *copy tftp flash:pdm* installiert und nicht mit *copy tftp flash*, da durch den zweiten Befehl das Betriebssystem der PIX-Firewall überschrieben wird.

6. Geben Sie nach der Aufforderung zur Eingabe der Remote-Adresse des Hosts die IP-Adresse des TFTP-Servers ein.

7. Geben Sie nach der Aufforderung zur Eingabe des Namens der Quelldatei den Namen des PDM-Software-Images auf dem TFTP-Server ein.

8. Geben Sie auf die entsprechende Aufforderung hin yes zur Fortsetzung der PDM-Installation ein.

9. Überprüfen Sie nach Abschluss der Installation durch Eingabe von show version, dass PDM installiert und DES bzw. 3DES aktiviert sind. Hierbei sollten Sie in etwa folgende Ausgabe erhalten:

```
PIX1# show version
Cisco PIX-Firewall Version 6.2(2)
Cisco PIX Device Manager Version 2.1(1)
<<weitere Ausgabe ignoriert>>
Licensed Features:
Failover:Disabled
VPN-DES:    Enabled
VPN-3DES:   Disabled
<<weitere Ausgabe ignoriert>>
Serial Number:  480501351 (0x1ca20729)
Activation Key: 12345678 12345678 12345678 12345678
```

Aktivieren und Deaktivieren von PDM

Vor der Arbeit mit PDM muss der PDM-Dienst aktiviert werden; überdies müssen Sie bestimmte autorisierte Clients für den Admin-Zugriff konfigurieren. Für die Aktivierung von PDM geben Sie zunächst den folgenden Konfigurationsmodusbefehl ein:

```
PIX (config)# http server enable
```

PDM-Management-Clients werden mit folgendem Befehl konfiguriert:

```
http <ip_address> [<netmask>] [<interface>]
```

Im vorliegenden Befehl werden mit ip_address und netmask die Client- bzw. Netzwerk-IP-Adresse sowie die Netmask angegeben, die über PDM auf die PIX-Firewall zugreifen kann. Sofern nicht anders angegeben, wird als Netmask 255.255.255.255 (einzelner Host) angenommen. Der Parameter interface gibt den Namen der PIX-Schnittstelle an, an die sich der Management-Client anschließt. Sofern nicht anders angegeben, wird davon ausgegangen, dass es sich hierbei um die interne Schnittstelle handelt; Beispiel:

```
PIX1 (config)# http 192.168.1.0 255.255.255.0 inside
```

PDM ist nun für alle Clients auf der internen Schnittstelle aktiviert; diese Schnittstelle befindet sich auf dem Netzwerk 192.168.1.0/24. Falls mehr Clients konfiguriert werden müssen, wiederholen Sie den Befehl http.

> **Hinweis**
> Die IP-Adresse 0.0.0.0 mit einer Netmask von ebenfalls 0.0.0.0 ermöglicht PDM-Zugriff von sämtlichen Clients aus.

Durch Eingabe von no http server enable am Konfigurations-Prompt wird PDM deaktiviert, und zwar für alle Clients. Für die Deaktivierung bestimmter Clients ist folgende Eingabe erforderlich:

```
no http <ip-address> <netmask> <interface>
```

Bei diesem Befehl sind alle drei Parameter (ip-address, netmask und interface) erforderlich.

> **Hinweis**
> Durch die werkseitige Konfiguration der Modelle PIX 501 und 506 wird PDM standardmäßig für interne Adressen aktiviert. Außerdem sind die Firewalls PIX 501 und 506 mit der internen Schnittstellen-Adresse 192.168.1.1 und einem DHCP-Server konfiguriert, der 192.168.1.0/24-Adressen verteilt.

9.3.3 Start von PDM

PDM-Management-Clients sind nur von autorisierten IP-Adressen aus zulässig (wie zuvor durch den Befehl http angegeben). Vor dem Versuch, über PDM eine Verbindung zur PIX herzustellen, ist zu überprüfen, dass die Management-Workstation sämtliche zuvor genannten Funktionsanforderungen erfüllt. Darüber hinaus müssen Sie überprüfen, ob der PDM-Management-Client in der http-Konfigurationsanweisung auf der PIX-Firewall enthalten ist. Mit dem Befehl show http auf dem PIX-Rechner stellen Sie fest, ob die Client-Management-Workstation für den Zugriff auf PDM konfiguriert ist.

Der Anschluss zur PIX-Firewall mit PDM wird wie folgt hergestellt:

1. Starten Sie einen JDK-1.14-fähigen Browser auf einer autorisierten PDM-Management-Workstation und stellen Sie über SSL eine Verbindung zur internen IP-Adresse der PIX-Firewall her.

> **Hinweis**
>
> Im URL-String muss https und nicht http eingegeben werden. PDM lässt nur verschlüsselten Zugriff zu und funktioniert nicht über einen unverschlüsselten Link.

2. Bei erstmaliger Verbindung mit PDM erscheint ein Sicherheitswarnungs-Fenster (siehe Abbildung 9.1).

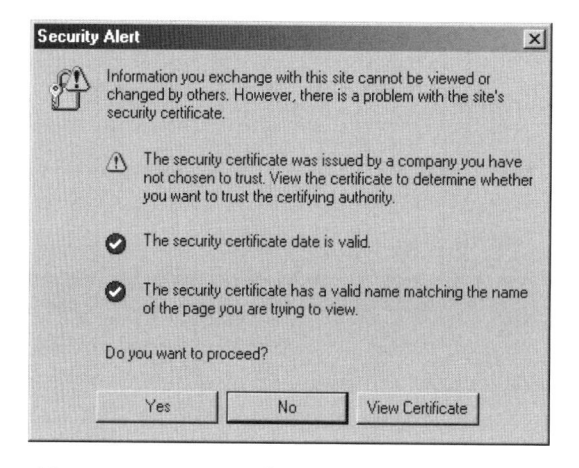

Abb. 9.1: Das Fenster SECURITY ALERT

3. Akzeptieren Sie zur Fortsetzung das SSL-Sicherheitszertifikat mit einem Klick auf YES.
4. Geben Sie auf die Aufforderung zur Eingabe von ID-Daten hin nur dann einen Benutzernamen ein, wenn Sie zuvor über das PIX-CLI Benutzerkonten konfiguriert haben. Geben Sie das Enable-Kennwort in das Kennwortfeld ein und klicken Sie auf OK.

> **Hinweis**
>
> Standardmäßig sind die Plattformen PIX 501 und 506 nicht mit einem Kennwort konfiguriert. Beim erstmaligen Anschluss an diese Plattformen mittels PDM erfolgt die Fortsetzung der Arbeit einfach durch Klicken auf OK.

Installation, Konfiguration und Start von PDM

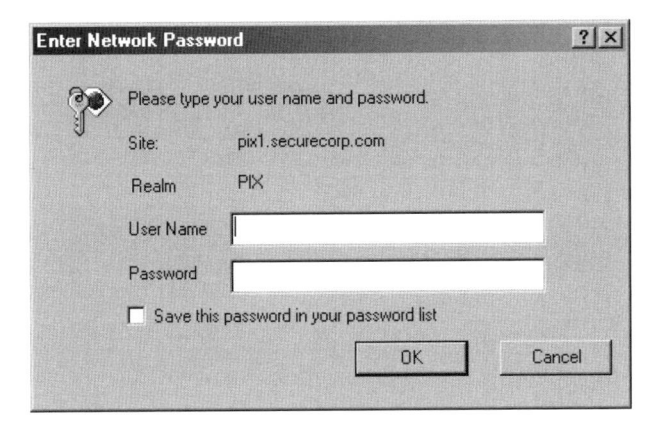

Abb. 9.2: Das Fenster PDM LOGIN

5. Ein Sicherheitshinweis wird angezeigt (siehe Abbildung 9.3). Klicken Sie auf YES.

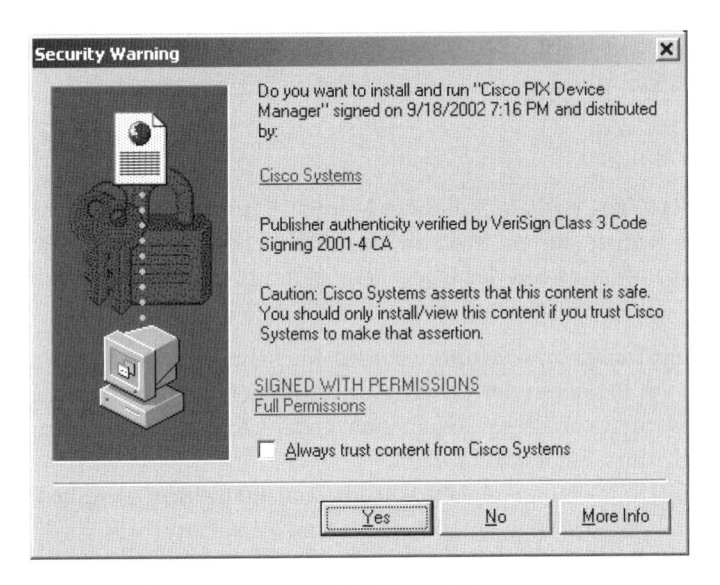

Abb. 9.3: Das Fenster SECURITY WARNING

6. PDM startet ein separates Fenster ähnlich dem in Abbildung 9.4.

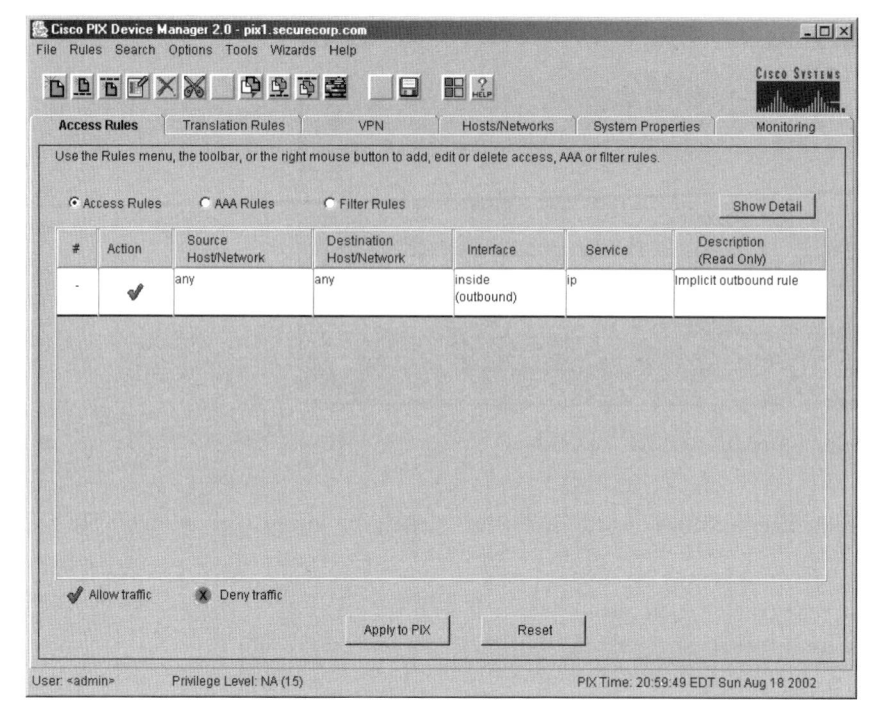

Abb. 9.4: PIX Device Manager

Der PDM-Hauptbildschirm enthält Pulldown-Menüs, Symbolschaltflächen und fünf Bildschirme mit Registerkarten. Machen Sie sich durch Klicken auf die Registerkarten und Pulldown-Menüs mit der Oberfläche vertraut. Die fünf Bildschirme mit Registerkarten:

- Access Rules (Zugriffsregeln) – Mithilfe dieses Bildschirms wird bestimmter Netzwerkverkehr am Passieren der PIX-Firewall gehindert bzw. durchgelassen. Darüber hinaus werden von dieser Registerkarte aus AAA-Authentifizierungs- und URL-/ActiveX-/Java-Filter konfiguriert.
- Translation Rules (Übersetzungsregeln) – In diesem Bildschirm werden NAT-Pools und -Regeln konfiguriert.
- VPN – In diesem Bildschirm werden Site-to-Site- und Remote-Zugriffs-VPNs konfiguriert.
- Hosts/Networks (Hosts/Netzwerke) – In diesem Bildschirm werden Objekte wie beispielsweise Netzwerke und Hosts konfiguriert. Darüber hinaus können hier Gruppenobjekte erzeugt werden.
- System Properties (Systemeigenschaften) – Dieser Bildschirm ermöglicht die grundlegende Verwaltung/Wartung des PIX-Firewall-Systems. Hier können Eigenschaften wie beispielsweise das Verhalten des DHCP-Client, IDS-Konfiguration, Schnittstellen-Attribute, AAA und weitere Variablen konfiguriert werden.

- Monitoring (Überwachung) – Mithilfe dieses Bildschirms wird die PIX-Firewall überwacht.

PDM enthält neben den Hauptbildschirmen mit Registerkarten eine Reihe nützlicher Schaltflächen und Pulldown-Menüs (siehe Abbildung 9.5).

Abb. 9.5: PDM-Hauptbildschirm und Schaltflächen

Vom Pulldown-Menü FILE aus können Sie Konfigurationsänderungen an unterschiedliche Positionen wie beispielsweise einen TFTP-Server schreiben; darüber hinaus kann hier die aktive Konfiguration angezeigt und gedruckt, die PDM-Konfiguration aktualisiert oder auf die werkseitige Standardkonfiguration für die PIX zurückgesetzt werden. Cisco liefert die Modelle 501, 506 und 506E der PIX-Firewall mit einer werkseitigen Standardkonfiguration; sie befindet sich im Flash-Speicher der PIX-Firewall. Diese Konfiguration schützt das interne Netzwerk vor unerwünschtem Verkehr und aktiviert DHCP auf der externen Schnittstelle zwecks automatischer Beschaffung von IP-Adressen. Ein standardmäßiger Adressen-Pool auf dem DHCP-Server im 192.168.1.0/24-Netzwerk steht für Hosts auf der internen Schnittstelle bereit. Standardmäßig sind sämtliche Dienste *outbound* und werden in die externe Schnittstelle der Firewall übersetzt. Die interne IP-Adresse der PIX-Firewall ist als 192.168.1.1 vorkonfiguriert.

Das Wiederherstellen der werkseitigen Standardkonfiguration der PIX ist ein bequemer Weg, um die seit der Installation vorgenommenen Konfigurationsänderungen rückgängig zu machen und den Ausgangsbetriebszustand wieder aufzunehmen.

Im Pulldown-Menü RULES können Zugriffs-, NAT- und VPN-Regeln eingetragen, gelöscht und geändert werden. Im gleichnamigen Menü können Sie überdies zwecks einfacherer Verwaltung Regeln kopieren, ausschneiden und einfügen. Die gesamte PDM-Oberfläche bietet darüber hinaus die Möglichkeit, durch Betätigen der rechten Maustaste Funktionen wie im Pulldown-Menü RULES aufzurufen. Diese Maustastenfunktionen sind überall dort verfügbar, wo Regeln auf die Konfiguration angewandt werden.

Das Pulldown-Menü SEARCH ermöglicht die Suche nach Zugriffs-, NAT- und VPN-Regeln auf der Grundlage von Kriterien. Ein Administrator mit umfangreichen, komplexen Regelsätzen weiß diese Funktion beispielsweise zum raschen Ermitteln bestimmter Zugriffsregeln zu schätzen.

Vom Pulldown-Menü OPTIONS aus kann der PDM-Administrator nicht vom PDM analysierte PIX-Befehle wie beispielsweise nicht zum Einsatz gekommene Access

Lists einsehen und im Fenster PREFERENCES PDM-spezifische Einstellungen ändern (siehe Abbildung 9.6).

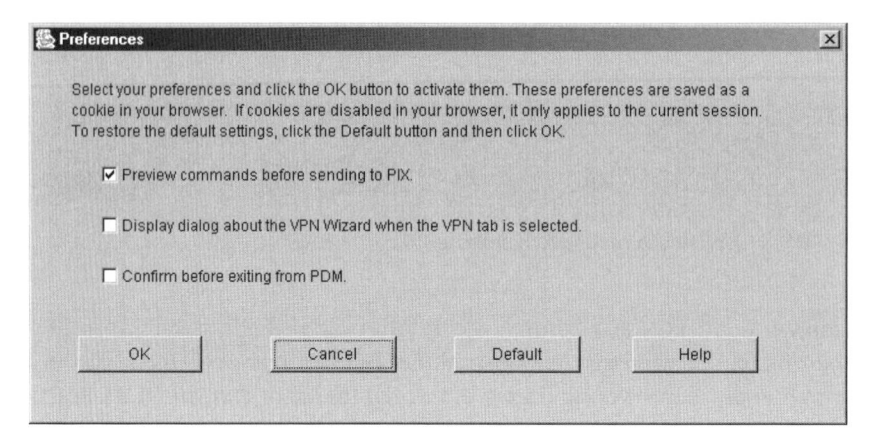

Abb. 9.6: Das Fenster PREFERENCES

> **Hinweis**
>
> Beim Ändern der PIX-Firewall über PDM lassen sich mit der Option PREVIEW COMMANDS BEFORE SENDING TO PIX entsprechende CLI-Befehle der PIX-Firewall anzeigen.

Das Pulldown-Menü TOOLS bietet eine Ping-Funktion und die Möglichkeit, die PIX-Firewall direkt von einer Befehlszeilenschnittstelle auf Web-Basis zu ändern. Diese Schnittstelle erweist sich als sehr nützlich, wenn mehrzeilige oder Batch-Aktualisierungen der Firewall-Konfiguration erforderlich sind. Im Menü TOOLS können Firewall-Dienstegruppen für die logische Gruppierung von TCP- und UDP-Diensten durch den Administrator zusammengestellt werden.

Das Pulldown-Menü WIZARDS bietet zwei äußerst nützliche Funktionen: STARTUP WIZARD und VPN WIZARD. Diese Assistenten fordern systematisch zur Eingabe von Daten für die Ausgangskonfiguration der VPNs der PIX-Firewall auf.

HELP bildet das letzte Pulldown-Menü. Hier befinden sich Links zu ausführlichen Informationen zu PDM und der PIX-Firewall. Hilfefunktionen in PDM sind kontextabhängig. Dieses Menü enthält darüber hinaus Angaben zur Version von PDM und der PIX-Firewall.

Außerdem bietet eine Reihe von Schaltflächen Abkürzungen zu Optionen der Pulldown-Menüs, beispielsweise die Schaltflächen NEW RULE. Diese Schaltflächen sind an den blauen Seiten mit orangefarbenen Sternchen zu erkennen und für das schnelle, problemlose Eintragen neuer Regeln gedacht. Weitere Schaltflächen: DELETE RULE, CUT RULE, PASTE RULE, REFRESH PDM WITH RUNNING CONFIGURATION und SAVE RUNNING CONFIGURATION TO FLASH.

Sehr wichtig ist die Schaltfläche SAVE TO FLASH NEEDED; sie erscheint, wenn an der aktiven Konfiguration Änderungen vorgenommen wurden, die im PIX-Flash-Speicher gespeichert werden müssen. Geschieht das nicht, gehen sämtliche Änderungen an der PIX-Firewall beim Neustart verloren. Durch Steuern des Mauszeigers auf eine solche Schaltfläche wird ein Popup-Fenster mit weiteren Hinweisen angezeigt.

Die Bildschirme mit Registerkarten, die Pulldown-Menüs und die Schaltflächen der Symbolleiste werden in den folgenden Abschnitten ausführlich behandelt.

9.4 Konfiguration der PIX-Firewall mithilfe von PDM

Die Konfiguration einer PIX-Firewall über PDM, PIX-CLI oder Cisco Secure Policy Manager (CSPM) sollte eine Umsetzung sorgfältig entwickelter und wohl durchdachter Sicherheitsrichtlinien sein. Darüber hinaus stellen die in der PIX-Firewall implementierten Regeln häufig die Durchsetzung der Sicherheitsrichtlinie dar. Vor der Konfiguration von Sicherheitsrichtlinien auf einem Rechner sollte der Firewall-Administrator sich über die unternehmensspezifischen Sicherheitsrichtlinien informieren. Auf diese Weise wird eine zusammenhängende und umfassende technische Sicherheitslösung realisiert.

> **Entwickeln und Planen ...**
>
> **Entwicklung von Sicherheitsrichtlinien**
>
> Am Anfang einer effizienten Sicherheitspraxis in einem Unternehmen steht ein sinnvolles und sorgfältig entwickeltes Sicherheitssystem. Dieser Rahmen bildet die Quelle für Richtlinien, Standards, Anleitungen und Standardprozeduren. Vor Beginn der Konfiguration der Sicherheitsmaßnahmen auf den einzelnen Rechnern sollten Unternehmen diesen Rahmen eindeutig definieren; nur so ist eine einheitliche und verlässliche Realisierung der Sicherheitsmaßnahmen möglich.

Nach der Installation von PDM stellen Sie eine Verbindung zur PIX-Firewall über PDM her und beginnen mit der Konfiguration spezifischer, für das Unternehmen geeigneter Sicherheitsrichtlinien. Der folgende Abschnitt enthält eine Erläuterung der Hauptregisterkarten von PDM sowie eine Reihe von typischen Übungen für die Implementierung von PIX-Firewalls, beispielsweise:

- Arbeiten mit dem Startup Wizard
- Konfiguration der Systemeigenschaften der Firewall
- Implementieren von NAT
- Zulassen von Inbound-Netzwerkverkehr aus externen Quellen
- Konfiguration von VPNs

Die einzelnen Übungen werden in den entsprechenden Abschnitten dieses Kapitels besprochen; Grundlage der Übungen ist die Beispielnetzwerkarchitektur in Abbildung 9.7.

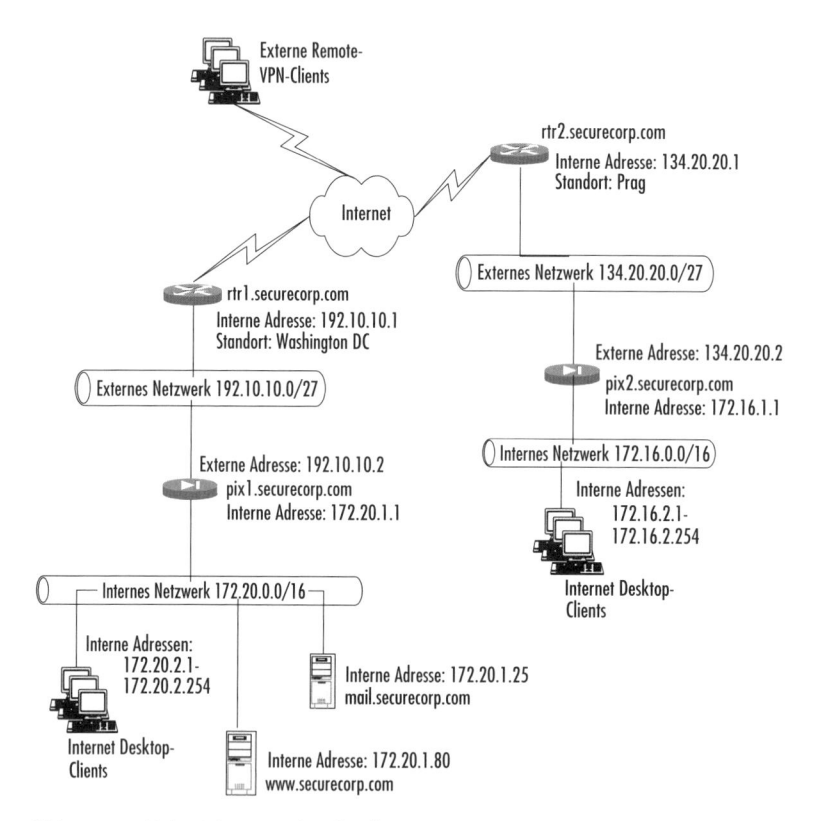

Abb. 9.7: Beispielnetzwerkarchitektur

9.4.1 Arbeiten mit dem Startup Wizard

PDM enthält Assistenten zur Unterstützung des Firewall-Administrators bei der Ausgangskonfiguration und der anschließenden Verwaltung der PIX-Firewall. Einer dieser Assistenten, der Startup Wizard, führt Sie durch die typische Ausgangskonfiguration mit Anweisungen zur Eingabe von Daten beispielsweise für Schnittstellen-Einstellungen, Kennwörter, Infos zur automatischen Aktualisierung und Ähnlichem. Dieser Assistent ist hervorragend geeignet für den anfänglichen Gebrauch und regelmäßige Konfigurationsänderungen; er extrahiert die aktuelle Konfiguration und liefert diese PIX-Attribute automatisch an den Administrator. Daher wird die aktuelle Konfiguration der PIX-Firewall durch den Startup Wizard nicht überschrieben.

Dieser Abschnitt enthält eine in einzelne Schritte gegliederte Übung zum Startup Wizard; dieser wird durch Auswahl von STARTUP WIZARD im Menü PDM WIZARDS aufgerufen. Danach erscheint das Fenster STARTUP WIZARD WELCOME (siehe Abbildung 9.8).

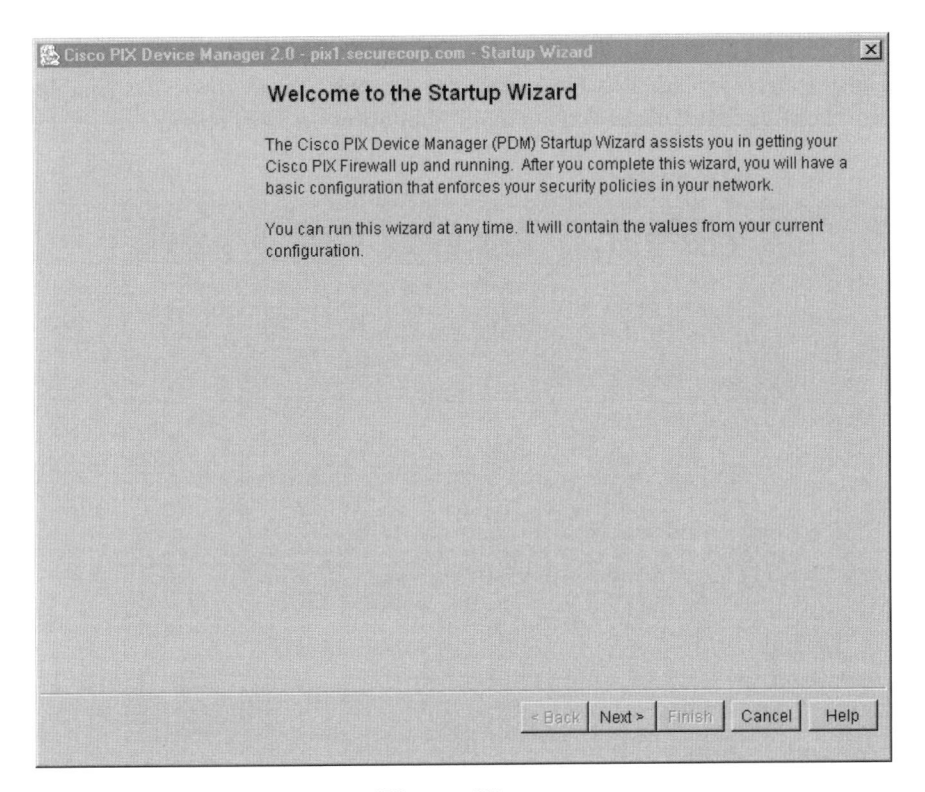

Abb. 9.8: Das Fenster STARTUP WIZARD WELCOME

Durch Klicken auf NEXT setzen Sie den Assistenten fort; er kann jederzeit durch Klicken auf CANCEL unterbrochen werden. Beim Beenden des Startup Wizard wird ein Bestätigungsfenster angezeigt (siehe Abbildung 9.9).

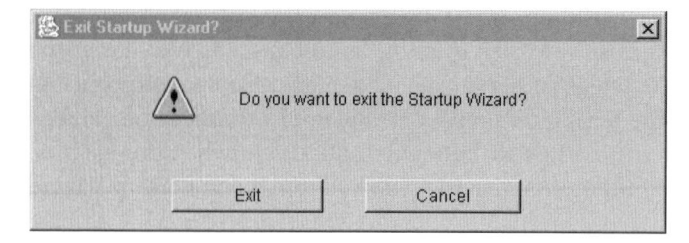

Abb. 9.9: Das Fenster EXIT STARTUP WIZARD CONFIRMATION

Durch Klicken auf EXIT schließen Sie das STARTUP WINDOW und kehren zum PDM-Hauptfenster zurück. An dieser Stelle kann durch Klicken auf CANCEL die Arbeit mit dem Startup Wizard fortgesetzt werden.

Durch Klicken auf NEXT wird das Fenster BASIC CONFIGURATION geöffnet. Von diesem Fenster aus wird der PIX-Host- und der Domain-Name sowie das Enable-Kennwort konfiguriert. Dieses Fenster ist in Abbildung 9.10 zu sehen.

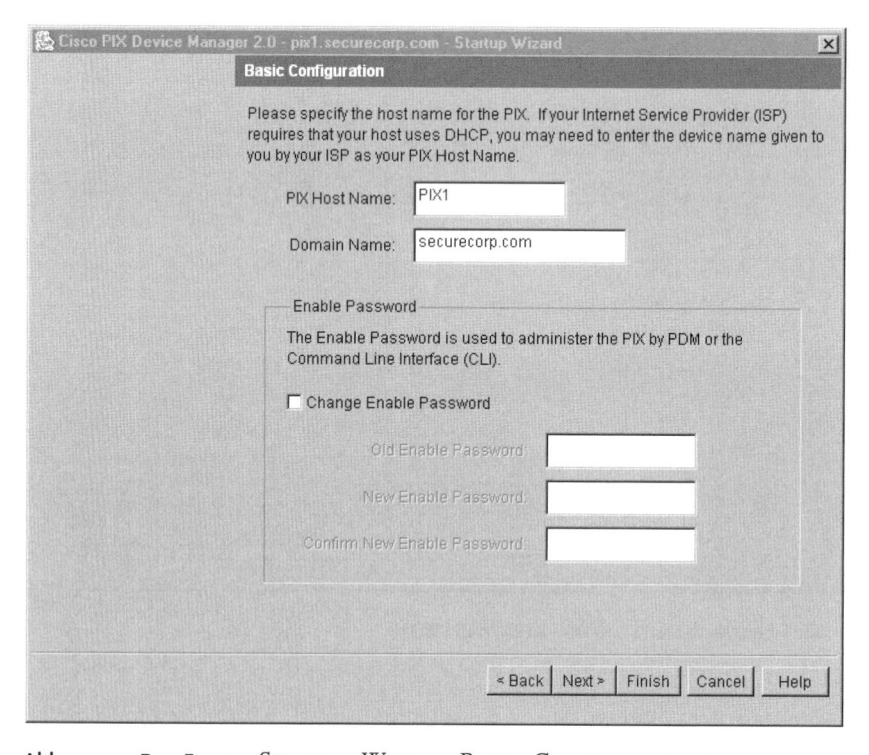

Abb. 9.10: Das Fenster STARTUP WIZARD BASIC CONFIGURATION

Zum Ändern einer Einstellung geben Sie einfach einen neuen Host- oder Domain-Namen ein oder klicken auf das Kontrollkästchen CHANGE ENABLE PASSWORD; danach geben Sie neue ID-Daten ein. Diese Einstellungen können auch auf der Registerkarte SYSTEM PROPERTIES im PDM-Hauptbildschirm geändert werden. Durch Klicken auf FINISH werden die Änderungen gespeichert und der Assistent wird beendet. PDM aktualisiert die aktive PIX-Konfiguration und das PDM-Hauptfenster wird wieder angezeigt. Durch Klicken auf NEXT setzen Sie die Arbeit mit dem Assistenten fort; nun wird das Fenster OUTSIDE INTERFACE CONFIGURATION angezeigt (siehe Abbildung 9.11).

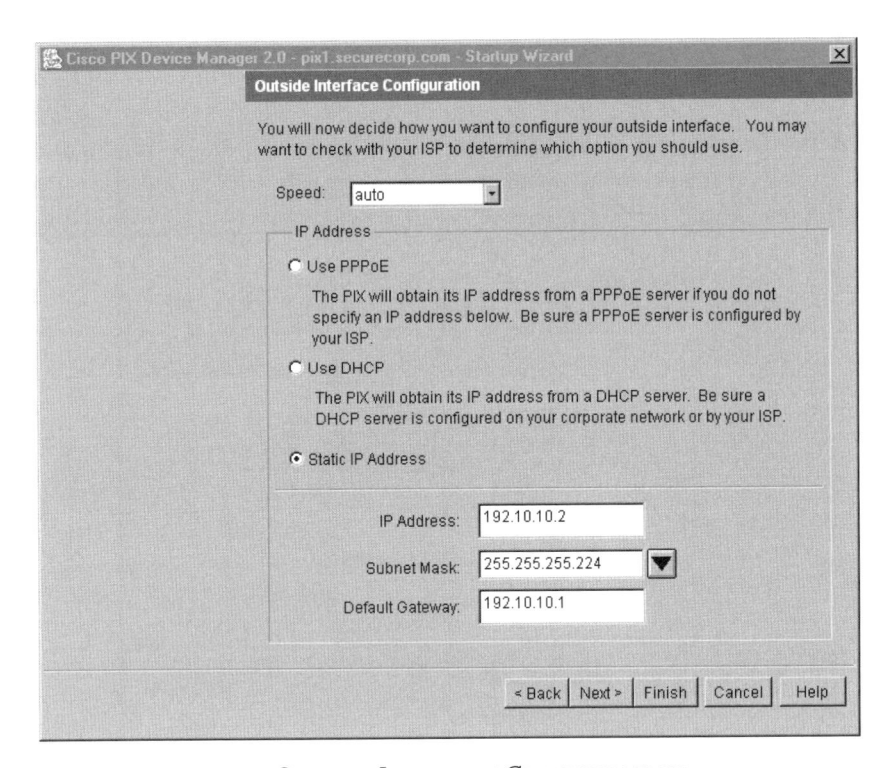

Abb. 9.11: Das Fenster OUTSIDE INTERFACE CONFIGURATION

In diesem Fenster legen Sie die Geschwindigkeit der externen Schnittstelle fest und bestimmen, wie diese adressiert werden soll. Im Assistenten legen Sie fest, dass die Schnittstelle automatisch über PPPoE konfiguriert werden soll; überdies geben Sie an, dass DHCP automatisch die Adresse der externen Schnittstelle ermittelt.

> **Hinweis**
>
> Vor der Konfiguration der externen Schnittstelle mit PPPoE oder DHCP überprüfen Sie bitte, ob der jeweilige ISP diese Dienste anbietet.

Für die statische Konfiguration der externen Schnittstelle wählen Sie STATIC IP ADDRESS; danach geben Sie die IP-Adresse, Subnet Mask und Standard-Gateway in die entsprechenden Felder ein. Durch Klicken auf NEXT setzen Sie die Arbeit mit dem Assistenten fort; nun wird die Funktionalität für automatische Aktualisierung konfiguriert. Hierfür wird das Fenster AUTO UPDATE CONFIGURATION angezeigt (siehe Abbildung 9.12).

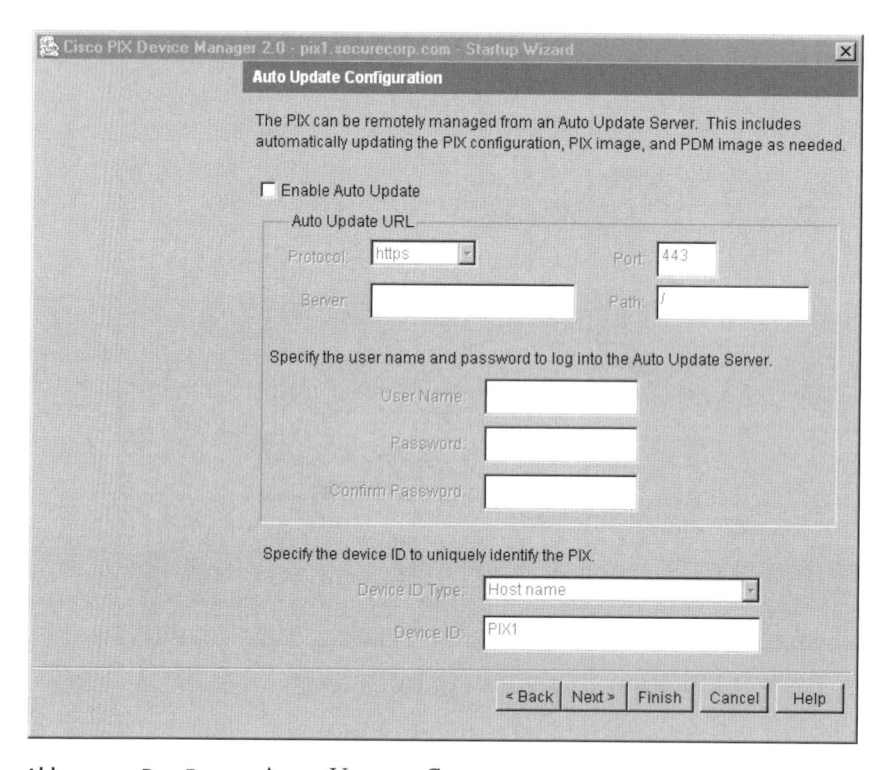

Abb. 9.12: Das Fenster AUTO UPDATE CONFIGURATION

Die automatische Konfigurationsaktualisierung erleichtert das automatische Push/Pull der PIX-Rechnerkonfiguration, der PIX-Firewall-Software sowie der PIX-PDM-Software. Bei dieser Funktionalität handelt es sich um eine Funktionsweiterentwicklung; sie benötigt für den Betrieb extern verfügbare Dienste, ist jedoch sehr nützlich für Unternehmen mit zahlreichen PIX-Rechnern. Für die Konfiguration wählen Sie ENABLE AUTO UPDATE; danach geben Sie die benötigten Einstellungen ein. Durch Klicken auf NEXT wird anschließend das Fenster OTHER INTERFACES CONFIGURATION angezeigt (siehe Abbildung 9.13).

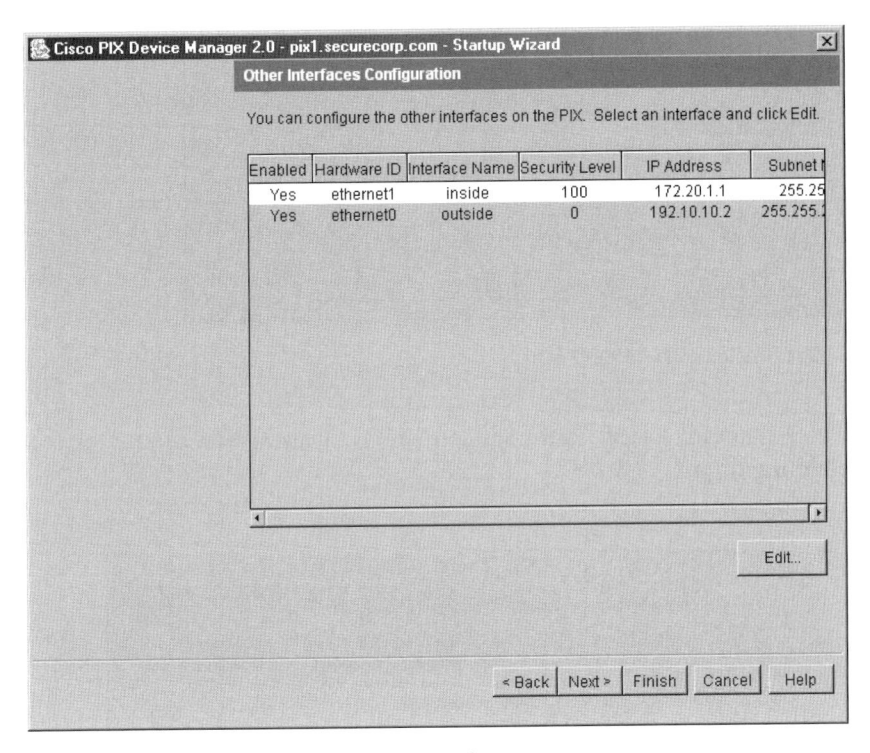

Abb. 9.13: Das Fenster Other Interfaces Configuration

In diesem Fenster werden die übrigen PIX-Firewall-Schnittstellen konfiguriert. Hierfür wählen Sie aus der Liste dieses Fensters eine Schnittstelle aus; durch Klicken auf EDIT ändern Sie die Schnittstellen-Parameter. Ein Fenster ähnlich demjenigen in Abbildung 9.14 erscheint.

In diesem Fenster wird die Schnittstelle aktiviert bzw. deaktiviert; ferner werden hier weitere Schnittstellen-Parameter wie beispielsweise Geschwindigkeit, Sicherheitsstufe, Name und IP-Adresse konfiguriert. Nach der Änderung der Konfiguration rufen Sie durch Klick auf OK wieder das Fenster OTHER INTERFACES CONFIGURATION auf; anschließend setzen Sie die Arbeit mit dem Startup Wizard durch Klick auf NEXT fort.

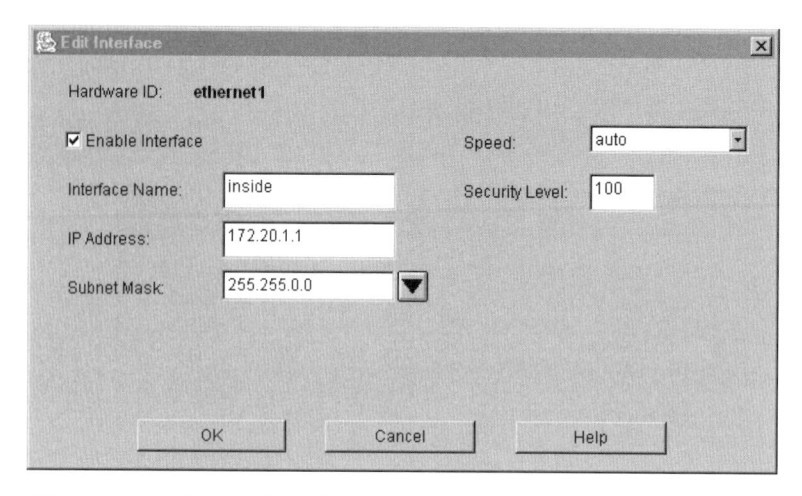

Abb. 9.14: Das Fenster EDIT INTERFACE

Das nächste Fenster im Assistenten trägt den Titel NAT AND PAT CONFIGURATION (siehe Abbildung 9.15).

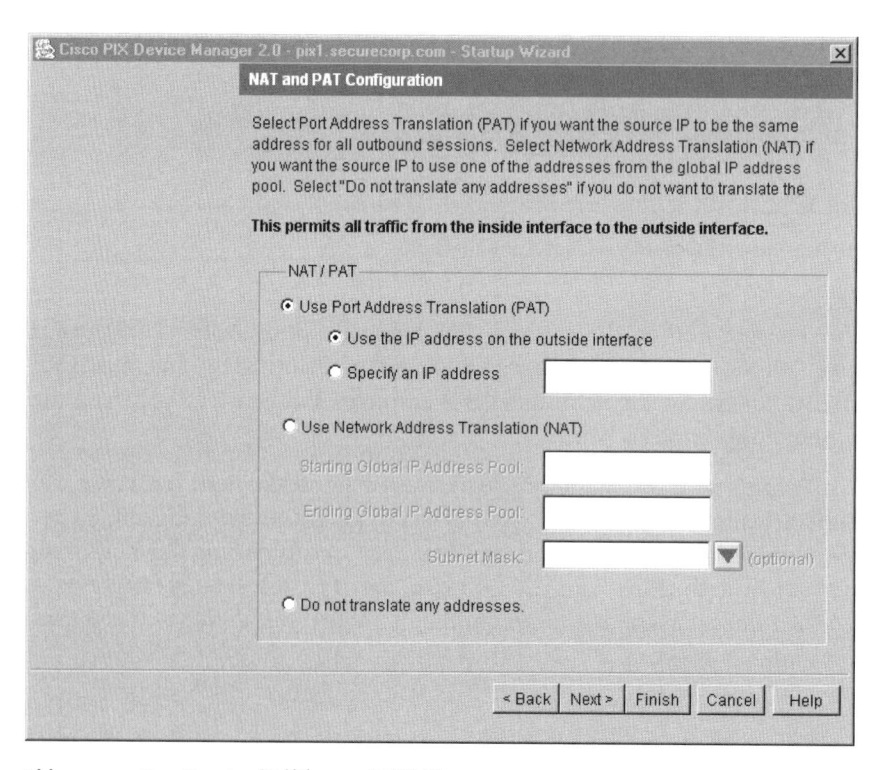

Abb. 9.15: Das Fenster NAT AND PAT CONFIGURATION

In diesem Fenster werden die unterschiedlichen Formen der Adressübersetzung auf der PIX-Firewall konfiguriert. Für die Konfiguration von PAT aktivieren Sie USE PORT ADDRESS TRANSLATION (PAT); als PAT-Adresse wird die externe Schnittstelle oder die in das entsprechende Feld eingegebene IP-Adresse verwendet. Zum Konfigurieren von NAT wählen Sie USE NETWORK ADDRESS TRANSLATION (NAT); danach geben Sie die entsprechenden globalen Adressparameter ein. Mit DO NOT TRANSLATE ANY ADDRESSES deaktivieren Sie NAT. Nach dem Klick auf NEXT wird das Fenster DHCP SERVER CONFIGURATION angezeigt (siehe Abbildung 9.16).

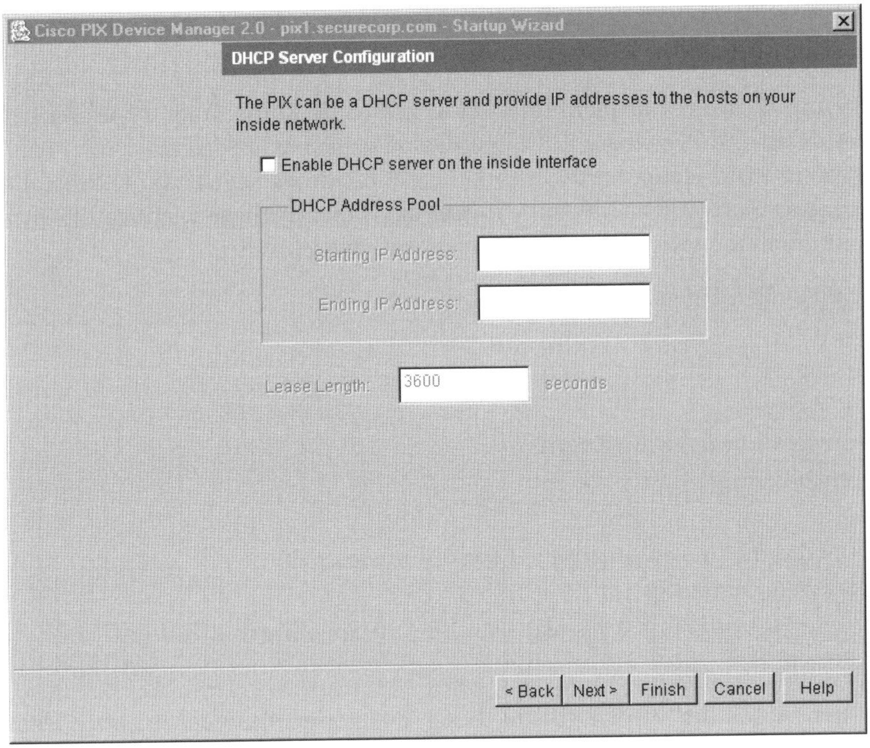

Abb. 9.16: Das Fenster DHCP SERVER CONFIGURATION

Die PIX-Firewall kann als DHCP-Server für interne Clients fungieren; das ist recht sinnvoll in SOHO-Umgebungen (Small Office/Home Office). Im Fenster DHCP SERVER CONFIGURATION können Sie eine Grundkonfiguration des DHCP-Servers vornehmen. Zum Starten des Betriebs des DHCP-Servers auf der Firewall klicken Sie auf ENABLE DHCP SERVER ON THE INSIDE INTERFACE; danach geben Sie in das entsprechende Feld einen DHCP-Adressbereich ein. Im Assistenten können Sie außerdem die DHCP-Lease-Length (Bereitstellungsraum) ändern. Wenn Sie fertig sind, klicken Sie auf NEXT.

Zur Bestätigung des Abschlusses wird ein Fenster angezeigt. Mit FINISH verlassen Sie den Assistenten; hierbei werden die im Assistenten durchgeführten Änderungen gespeichert. Anschließend wird wieder das PDM-Fenster angezeigt.

Nach Abschluss des Assistenten sendet PDM die aktualisierten Konfigurationsdaten an die PIX-Firewall und aktualisiert die auf der PDM-Oberfläche sichtbare PIX-Konfiguration. Nach Änderungen an der PIX-Firewall müssen die aktualisierten Konfigurationsdaten durch Klick auf die Schaltfläche SAVE TO FLASH NEEDED im PIX-Flash-Speicher gespeichert werden. Geschieht das nicht, ist die neue Konfiguration nach einem Neustart nicht mehr verfügbar.

9.4.2 Konfiguration der Systemeigenschaften

Der Startup Wizard ist bequem und nützlich; für die Konfiguration spezifischer Eigenschaften und Regeln der PIX-Firewall sind jedoch die Bildschirme mit Registerkarten im PDM-Hauptfenster erforderlich. Eine dieser Registerkarten trägt die Bezeichnung SYSTEM PROPERTIES. Von hier aus werden etliche wichtige PIX-Systemkonfigurationen wie beispielsweise die folgenden verwaltet:

- Schnittstellen-Eigenschaften
- Failover
- Routing
- DHCP-Server
- Kennwörter und Admin-Zugriff
- Protokollierung
- AAA
- URL-Filtering und automatische Aktualisierung
- IDS-Eigenschaften
- Weitere Eigenschaften wie beispielsweise Anti-Spoofing und TurboACLs
- Multicast

In diesem Abschnitt werden etliche dieser Kategorien besprochen. Nach dem Anschluss an die PIX-Firewall mittels PDM können die Firewall-Eigenschaften durch Klick auf die Registerkarte SYSTEM PROPERTIES geändert werden. Der hierbei angezeigte gleichnamige Bildschirm ist in Abbildung 9.17 zu sehen.

Die Registerkarte für Systemeigenschaften enthält auf der linken Seite eine Kategorieliste. Klicken Sie auf eine Kategorie, so werden rechts im Bildschirm die Konfigurationsoptionen für diese Kategorie angezeigt; etliche dieser Kategorien verfügen über mehrere Teilkomponenten für die Konfiguration. Durch Klick auf das kleine Pluszeichen neben der Kategorie können Sie auf diese Teilkomponenten zugreifen.

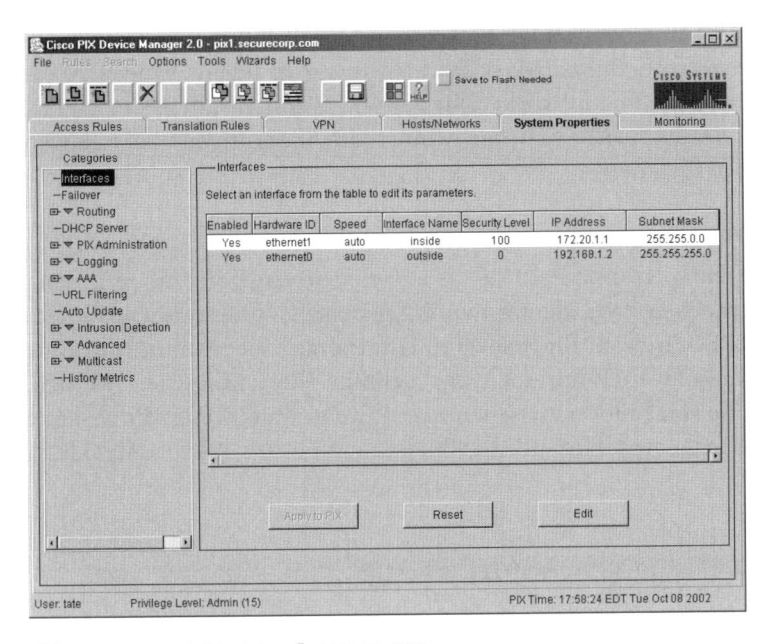

Abb. 9.17: Der Bildschirm INTERFACES

Die Kategorie Interfaces

Mithilfe dieser Kategorie können Änderungen an sämtlichen PIX-Schnittstellen vorgenommen werden. Hierfür markieren Sie die zu ändernde Schnittstelle; anschließend wählen Sie EDIT. Hierdurch wird der Bildschirm EDIT INTERFACE aufgerufen (siehe Abbildung 9.18).

Abb. 9.18: Das Fenster EDIT INTERFACE

In diesem Beispiel ist eine statisch konfigurierte externe Schnittstelle mit der IP-Adresse 192.10.10.2 und der Subnet Mask 255.255.255.224 zu sehen. Ändern Sie die zu modifizierenden Attribute und klicken Sie auf OK. Wenn Sie auf APPLY TO PIX im Bildschirm SYSTEM PROPERTIES klicken, werden die Änderungen in der aktiven PIX-Konfiguration gespeichert.

Die Kategorie Failover

Dies ist die zweite unter SYSTEM PROPERTIES aufgelistete Kategorie. Hiermit können Sie Failover zwischen zwei identischen PIX-Firewalls konfigurieren. Bei der Konfiguration von PIX-Firewalls für Failover müssen zunächst bestimmte Attribute wie beispielsweise Failover-IP-Adressen der Schnittstelle konfiguriert werden. Nach der Aktivierung von Failover zwischen zwei PIX-Firewalls erfolgt die gesamte Verwaltung auf der primären Firewall. Der Bildschirm FAILOVER ist in Abbildung 9.19 zu sehen.

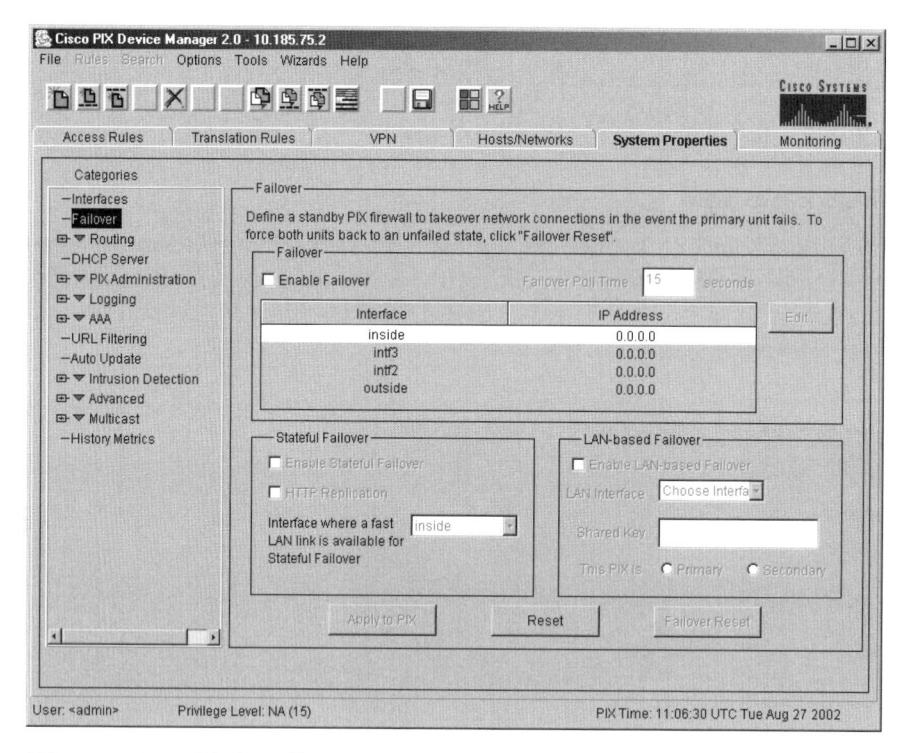

Abb. 9.19: Der Bildschirm FAILOVER

In diesem Bildschirm aktivieren bzw. deaktivieren Sie Failover, indem Sie das Kontrollkästchen neben ENABLE FAILOVER anklicken. Zur Konfiguration der Failover-IP-Adressen für die einzelnen Schnittstellen markieren Sie eine Schnittstelle und klicken auf EDIT. Diese Adressen werden von der PIX im Standby-Betrieb während des regulären Betriebs übernommen.

> **Hinweis**
> Für den Zugriff auf die Kategorie *Failover* ist eine entsprechende Failover-Lizenz erforderlich. Ohne diese Lizenz können Sie Failover nicht von PDM oder CLI aus konfigurieren.

Im Bildschirm FAILOVER können Sie überdies die Eigenschaften von Stateful Failover und Failover auf LAN-Basis kontrollieren. Zur Aktivierung von Stateful Failover markieren Sie das Kontrollkästchen ENABLE STATEFUL FAILOVER; anschließend wählen Sie aus der Pulldown-Liste für Stateful-Synchronisierung eine Hochgeschwindigkeits-Schnittstelle. Über diese Schnittstelle übertragen die PIX-Firewalls Daten zum Verbindungsstatus. Sie aktivieren HTTP-Replikation, indem Sie auf das Kontrollkästchen neben HTTP REPLICATION klicken. Hierdurch werden die PIX-Firewalls für den Austausch von HTTP-Verbindungsdaten über den Stateful-Synchronisations-Link konfiguriert.

Failover auf LAN-Basis ermöglicht eine stärkere physikalische Trennung der in einem Failover-Paar konfigurierten PIX-Rechner. Früher durfte der Abstand der Firewalls in einem solchen Paar aufgrund der durch serielle Kabel bedingten Einschränkungen maximal sechs Meter betragen. Zur Aktivierung dieser Failover-Form klicken Sie auf das Kontrollkästchen ENABLE LAN-BASED FAILOVER und wählen aus der Dropdown-Liste LAN INTERFACE die Schnittstelle für die Überprüfung des Failover-Status. Außerdem müssen Sie einen von den Failover-PIX-Rechnern gemeinsam zu nutzenden Schlüssel wählen. Dieser Schlüssel wird in das Feld SHARED KEY eingegeben; merken Sie ihn sich gut, da er auch auf der zweiten PIX-Firewall eingegeben werden muss. Schließlich legen Sie durch Klicken auf PRIMARY oder SECONDARY fest, ob die PIX-Firewall während des Normalbetriebs als primäre oder sekundäre Firewall agieren soll.

Danach klicken Sie auf APPLY TO PIX. Mit RESET können Sie die Failover-Attribute jederzeit wieder auf ihre ursprünglichen Werte zurücksetzen. Mit der Schaltfläche FAILOVER RESET wird der ursprüngliche Failover-Status wiederhergestellt.

Die Kategorie Routing

Diese Kategorie ist ebenfalls auf der Registerkarte für Systemeigenschaften enthalten. Hier konfigurieren Sie dynamisches Routing über RIP und Proxy-ARP; außerdem werden statische Routen in der PIX-Firewall integriert. Dieser Vorgang wird in diesem Abschnitt beschrieben. Die PIX-Firewall kann RIP-Routing-Aktualisierungen akzeptieren; in Unternehmensumgebungen ist RIP jedoch aufgrund langsamer Konvergenz und begrenzter Skaliermöglichkeiten nicht unbedingt das Mittel der Wahl. Ein statischer Standardpfad wird wie folgt integriert: Zunächst klicken Sie auf die Kategorie ROUTING links im Bildschirm SYSTEM PROPERTIES; danach wählen Sie aus der erweiterten Kategorieliste STATIC ROUTE (siehe Abbildung 9.20).

Kapitel 9
PIX Device Manager

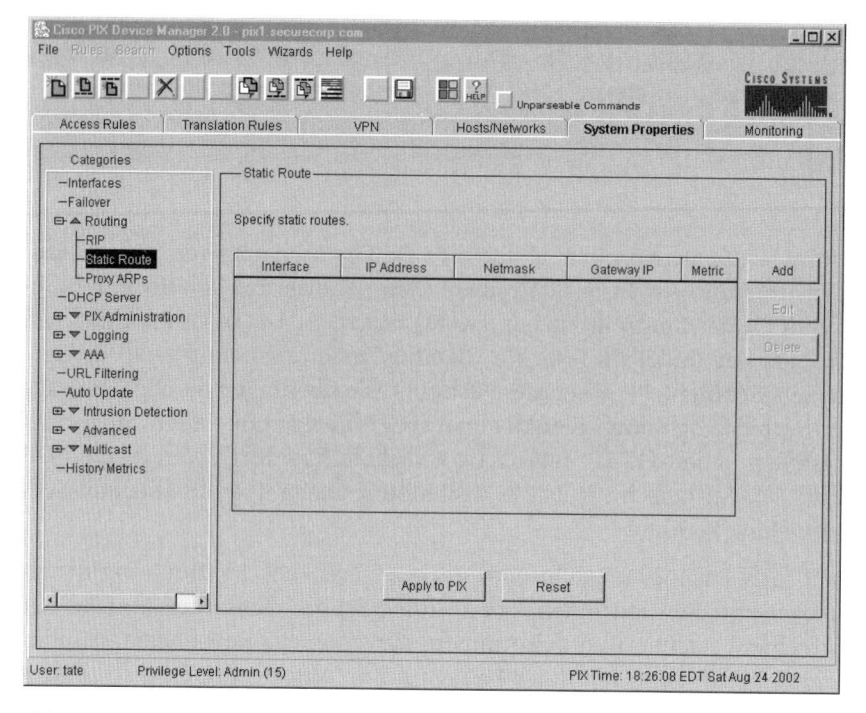

Abb. 9.20: Routing – der Bildschirm STATIC ROUTE

Klicken Sie auf ADD, um eine neue statische Route zu integrieren; daraufhin wird das Fenster ADD STATIC ROUTE angezeigt (siehe Abbildung 9.21).

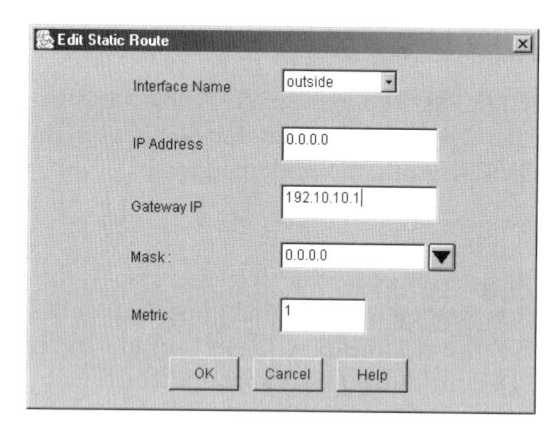

Abb. 9.21: Das Fenster ADD STATIC ROUTE

Im vorliegenden Beispiel wird ein Standardpfad durch Eingabe von 0.0.0.0 in die Felder IP ADDRESS und MASK integriert. Durch Auswahl der externen Schnittstelle in der Dropdown-Liste INTERFACE NAME wird die PIX so konfiguriert, dass sämtlicher Verkehr über die externe Schnittstelle zu der IP-Adresse geleitet wird, die im Feld GATEWAY IP angegeben ist. Wenn Sie die benötigten Routen-Daten (siehe weiter unten) eingegeben haben, klicken Sie auf OK.

Mit APPLY TO PIX im Bildschirm für Systemeigenschaften werden die Routen-Daten in der aktiven PIX-Konfiguration gespeichert.

Die Kategorie DHCP Server

Wie bereits erwähnt, kann die PIX-Firewall als DHCP-Server verwendet werden. Das ist sehr nützlich in SOHO-Umgebungen, in denen der Zugriff auf weitere Server unter Umständen beschränkt ist. Mithilfe der Kategorie DHCP SERVER auf der Registerkarte SYSTEM PROPERTIES werden DHCP-Server-Konfigurationen eingetragen oder geändert. Hierbei erscheint der in Abbildung 9.22 dargestellte Bildschirm DHCP SERVER.

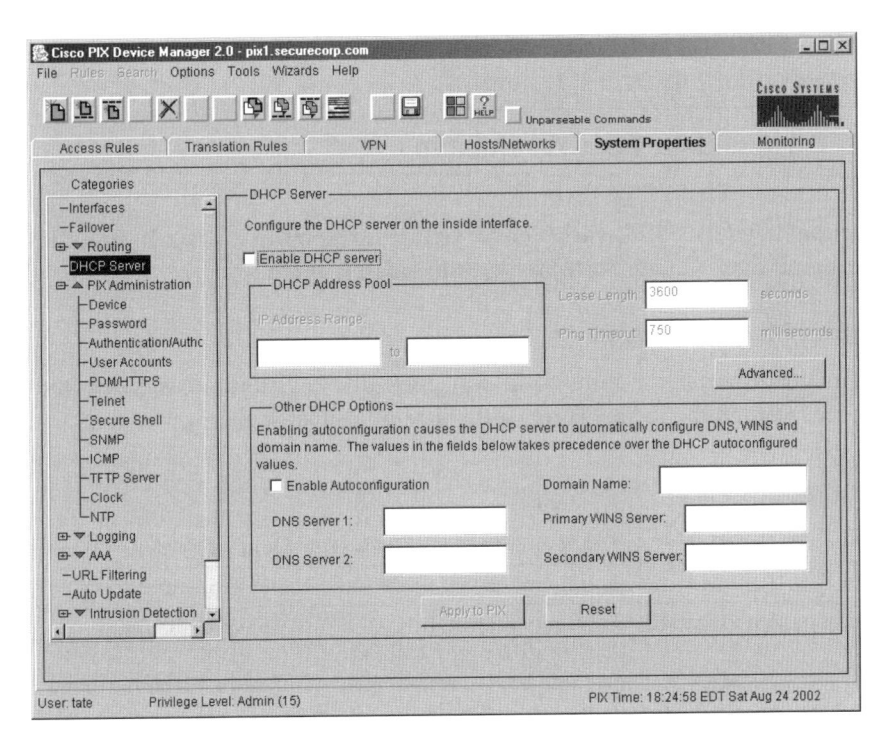

Abb. 9.22: Der Bildschirm DHCP SERVER

Indem Sie auf das Kontrollkästchen ENABLE DHCP SERVER klicken, werden DHCP-Dienste auf der PIX-Firewall aktiviert. In diesem Bildschirm können Sie außerdem den DHCP-Adressen-Pool und weitere DHCP-Optionen wie beispielsweise DNS-

Server, Domain-Namen und WINS-Server sowie DHCP-Lease-Length und Ping-Timeout angeben. Mit ADVANCED konfigurieren Sie IP-Telefonie-Optionen. Hierfür wird das Fenster DHCP SERVER ADVANCED angezeigt (siehe Abbildung 9.23).

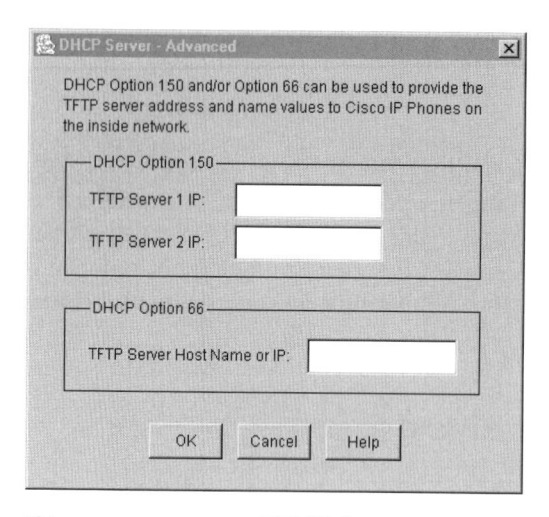

Abb. 9.23: Das Fenster DHCP SERVER ADVANCED

Diese Optionen liefern TFTP-Variablen an Geräte im Netzwerk, wie z. B. Cisco-IP-Telefone, damit diese Geräte Software herunterladen können.

Die Kategorie PIX Administration

Dies ist möglicherweise die nützlichste Kategorie der Registerkarte SYSTEM PROPERTIES; hier werden die in Tabelle 9.2 aufgelisteten Teilkategorien verwaltet.

Teilkategorie	Funktion
Device	Konfiguration des PIX-Host- und Domain-Namens
Password	Konfiguration von Enable- und Telnet-Kennwort
Authentication/Authorization	Konfiguration von LOCAL-, TACACS+- oder RADIUS-Authentifizierung/-Autorisierung für PDM-, serielle, Telnet- und SSH-Verbindungen, Administration bestimmter Autorisierungsstufen
User Accounts	Administration lokaler Benutzerkonten, Definition von Privilegstufen
PDM/HTTPS	Angabe von Hosts und Netzwerken, die Zugriff auf die Firewall über PDM haben
Telnet	Angabe von Hosts und Netzwerken, die Zugriff auf die Firewall über Telnet haben

Tabelle 9.2: Teilkategorien PIX-Administration

Teilkategorie	Funktion
Secure Shell	Angabe von Hosts und Netzwerken, die Zugriff auf die Firewall über SSH haben
SNMP	Konfiguration von SNMP-Variablen wie beispielsweise Community-Strings und Trap-Zielen
ICMP	Konfiguration von ICMP-Rechten für die Firewall-Schnittstellen
TFTP Server	Angabe von TFTP-Diensten
Clock	Konfiguration von Zeitvariablen wie beispielsweise Zeitzone und Kalenderdatum
NTP	Konfiguration von Network Time Protocol-Servern zur automatischen Synchronisation der Uhrzeit

Tabelle 9.2: Teilkategorien PIX-Administration (Forts.)

Indem Sie auf eine Teilkategorie klicken, wird der jeweilige Konfigurationsbildschirm geöffnet. Der Bildschirm DEVICE ist derselbe wie der im Fenster des Startup Wizard gezeigte. Weitere Hinweise zum Ändern von Host- und Domain-Namen für den PIX-Rechner sind im Abschnitt »Startup Wizard« zu finden.

Durch Klicken auf die Teilkategorie PASSWORD in der Kategorie PIX ADMINISTRATION (siehe Abbildung 9.24) ändern Sie die Variablen für die administrative Authentifizierung auf der PIX-Firewall.

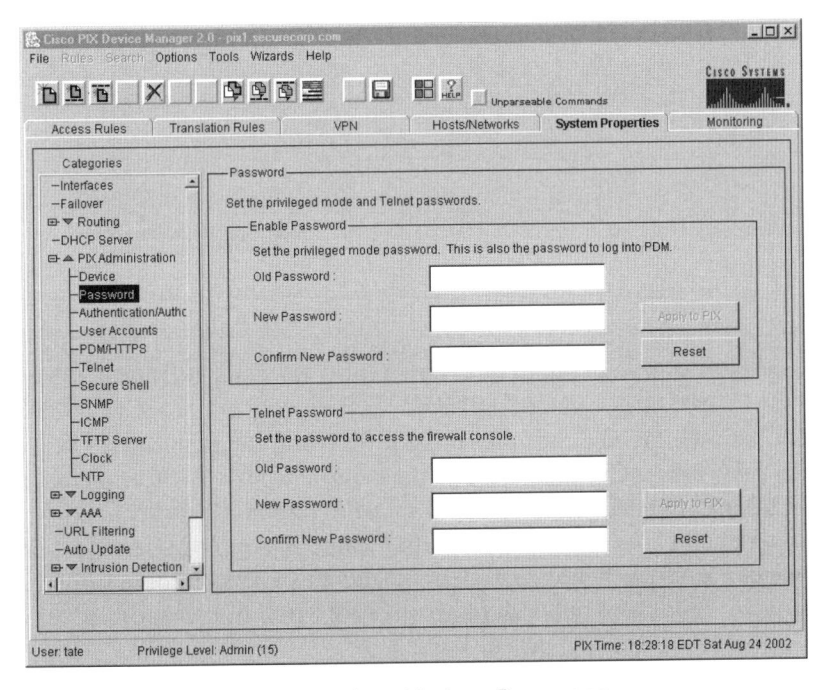

Abb. 9.24: PIX Administration – der Bildschirm PASSWORD

Zur Änderung von Kennwörtern geben Sie zunächst das bereits vorhandene Enable- oder Telnet-Kennwort in das Feld OLD PASSWORD ein. Anschließend geben Sie das neue Kennwort in die Felder NEW PASSWORD und CONFIRM NEW PASSWORD ein. Danach wählen Sie APPLY TO PIX. Das neue Kennwort wird in einem Dialogfenster bestätigt. Über RESET wird das ursprüngliche Aktivierungs- bzw. Telnet-Kennwort wiederhergestellt.

Mithilfe des Teilkategoriebildschirms AUTHENTICATION/AUTHORIZATION PIX ADMINISTRATION (siehe Abbildung 9.25) lassen sich hochspezifische Authentifizierungs- bzw. Autorisierungsattribute steuern.

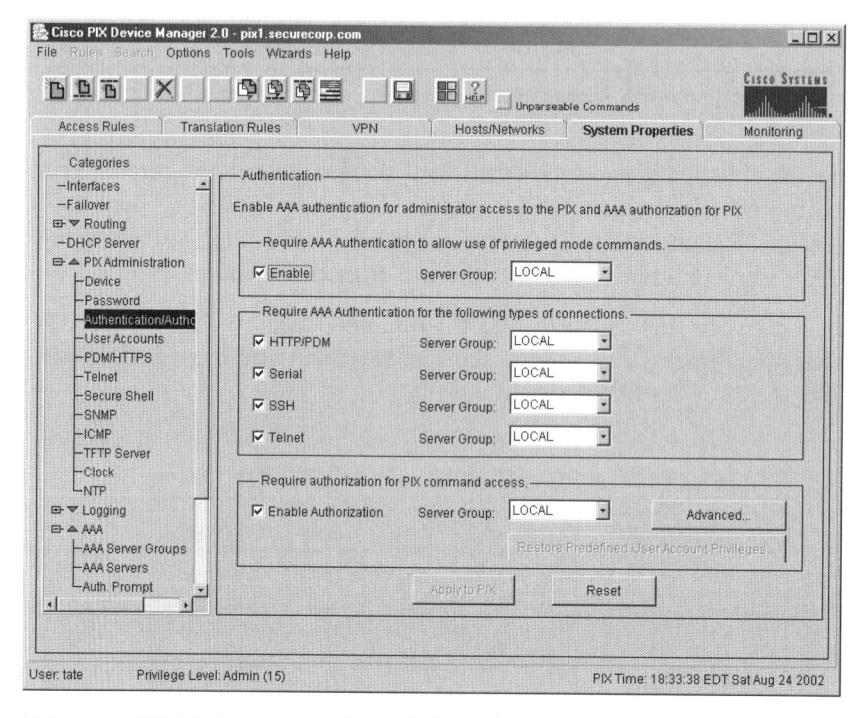

Abb. 9.25: PIX Administration – der Bildschirm AUTHENTICATION/AUTHORIZATION

Der Zugriff auf die PIX-Firewall über PDM, seriell (über Konsole), SSH oder Telnet wird über LOCAL-, TACACS+- oder RADIUS-Server-Gruppen gesteuert. Über diesen Bildschirm können Sie überdies die Authentifizierung für privilegierte Modi konfigurieren. AAA-Server-Gruppen werden über die Kategorie AAA im Fenster für Systemeigenschaften festgelegt (AAA wird später in diesem Kapitel behandelt). Falls das Netzwerk nicht über AAA-Dienste verfügt, können Sie LOCAL-Authentifizierung verwenden und die Benutzerkonten auf der PIX-Firewall konfigurieren. Die Verwaltung von Benutzerkonten wird an späterer Stelle in diesem Abschnitt behandelt.

Authentifizierungs- und Autorisierungsattribute werden mithilfe von Kontrollkästchen und Pulldown-Menüs geändert. Von PDM ausgehend können Sie darüber hinaus den Benutzerzugriff auf Admin-Befehle steuern. Diese PDM-Funktion (sie wird über ENABLE AUTHORIZATION aufgerufen) ermöglicht eine verteilte Verwaltung und den Benutzerzugriff auf PDM mit Nur-Lese- oder Nur-Überwachungs-Rechten. Bei erstmaliger Aktivierung der Autorisierung erscheint die Aufforderung zur Konfiguration vordefinierter Account-Privilegien. Hierbei wird das in Abbildung 9.26 dargestellte Fenster angezeigt.

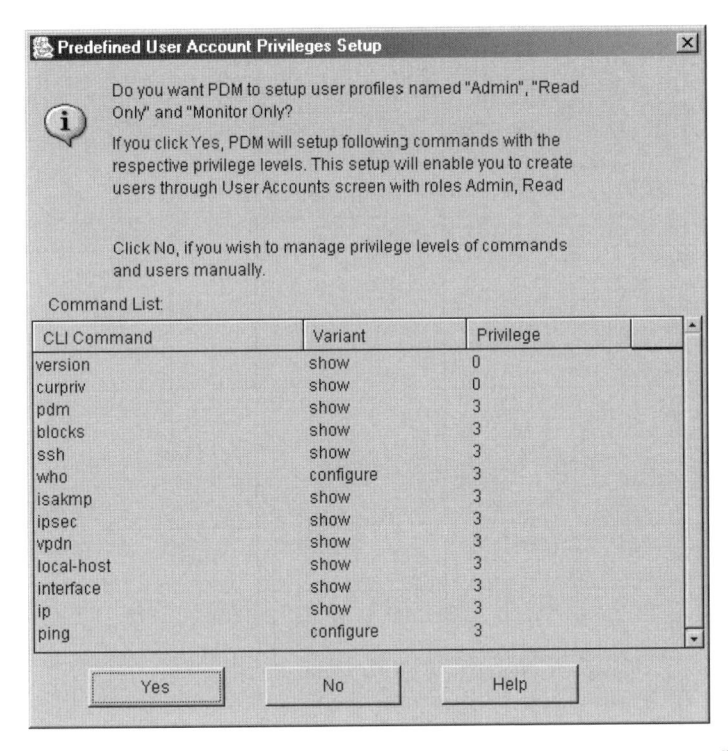

Abb. 9.26: Das Fenster PREDEFINED USER ACCOUNT PRIVILEGES SETUP

In diesem Bildschirm werden die drei in Tabelle 9.3 beschriebenen Autorisierungsstufen definiert.

Vordefinierte Autorisierung	CLI-Ebene	Beschreibung
Admin	15	Zugriff auf CLI-Funktionalität
Read-only	5	Lesezugriff auf CLI-Funktionalität
Monitor-only	3	Zugriff nur auf Überwachungsfunktionalität

Tabelle 9.3: Vordefinierte Autorisierungsstufen

Mit YES erzeugen Sie diese vordefinierten Autorisierungsstufen; mit NO können Sie selbst solche Stufen definieren. Mit ADVANCED werden hochspezifische Befehlszugriffsattribute festgelegt. Hierbei wird das in Abbildung 9.27 dargestellte Fenster COMMAND LIST angezeigt.

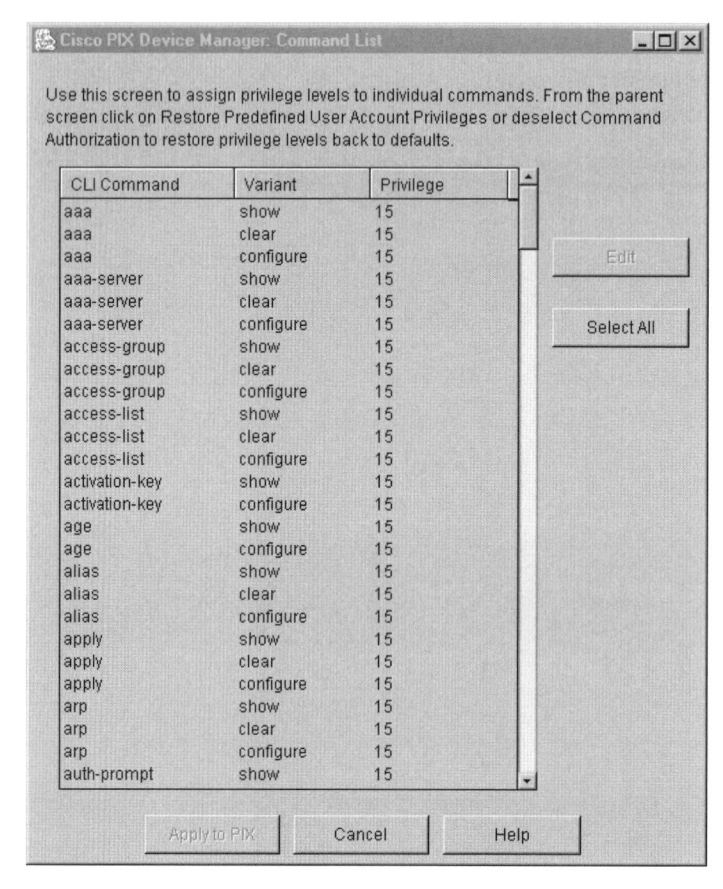

Abb. 9.27: Das Fenster AUTHENTICATION/AUTHORIZATION COMMAND LIST

In diesem Fenster werden die Privilegstufen für die einzelnen PIX-Firewall-Befehle festgelegt. Markieren Sie einen CLI-Befehl und wählen Sie EDIT, um eine solche Privilegstufe zu ändern. Wählen Sie im Popup-Fenster aus der Dropdown-Liste PRIVILEGE LEVEL die Privilegstufe. Danach klicken Sie auf APPLY TO PIX und kehren zur Registerkarte SYSTEM PROPERTIES zurück.

Nach Angabe der Authentifizierungsmechanismen und Autorisierungsstufen können Sie ausgehend von der Kategorie USER ACCOUNTS Admin-Benutzerkonten anlegen (siehe Abbildung 9.28).

Konfiguration der PIX-Firewall mithilfe von PDM

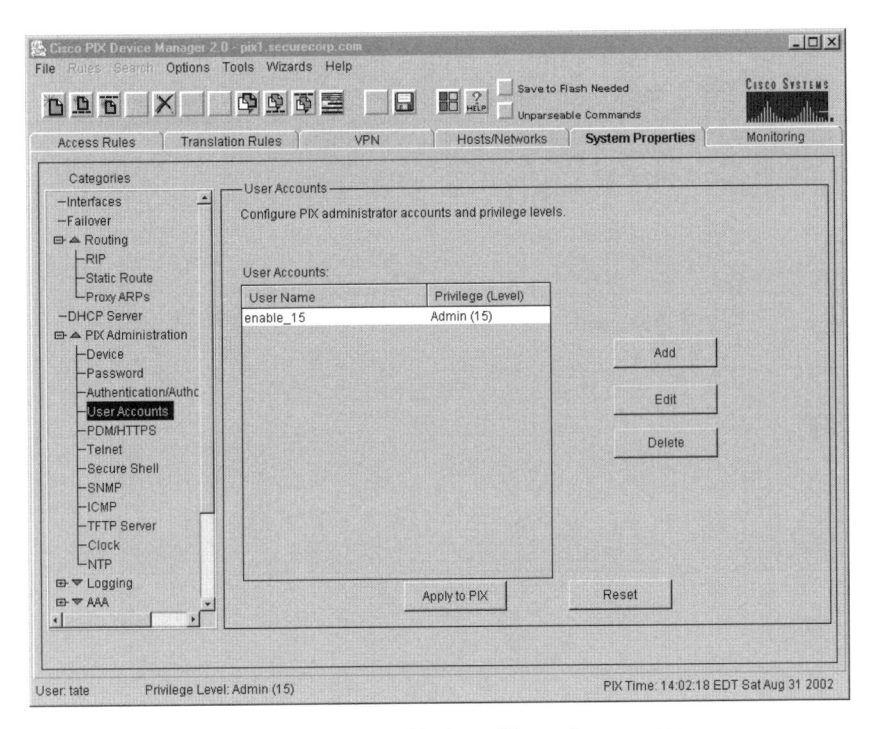

Abb. 9.28: PIX Administration – der Bildschirm USER ACCOUNTS

In diesem Bildschirm werden Benutzerkonten angelegt, geändert oder gelöscht. Mit ADD legen Sie einen neuen Benutzer an. Im daraufhin angezeigten Popup-Fenster konfigurieren Sie Benutzerattribute durch Ausfüllen der Felder USER NAME und PASSWORD und die Auswahl der gewünschten Privilegstufe aus der Pulldown-Liste (PRIVILEGE LEVEL). Wenn Sie spezifische Privilegstufen konfiguriert haben (wie zuvor besprochen), werden diese in der Pulldown-Liste PRIVILEGE LEVEL angezeigt.

Die drei folgenden Teilkategorien der PIX-Verwaltung weisen einige Ähnlichkeiten auf. Diese Teilkategorien (PDM/HTTPS, Telnet und Secure Shell) sind für die Steuerung des Zugriffs der IP-Adresse auf diese Verwaltungsmethoden konzipiert. Damit die Erläuterungen an dieser Stelle nicht ausufern, besprechen wir lediglich die Teilkategorie PDM/HTTPS.

Mit der Teilkategorie PDM/HTTPS können Sie die Ausgangs-IP-Adressen mit Erlaubnis zum Zugriff auf PDM eintragen, löschen oder ändern. Der entsprechende Bildschirm ist in Abbildung 9.29 zu sehen.

Kapitel 9
PIX Device Manager

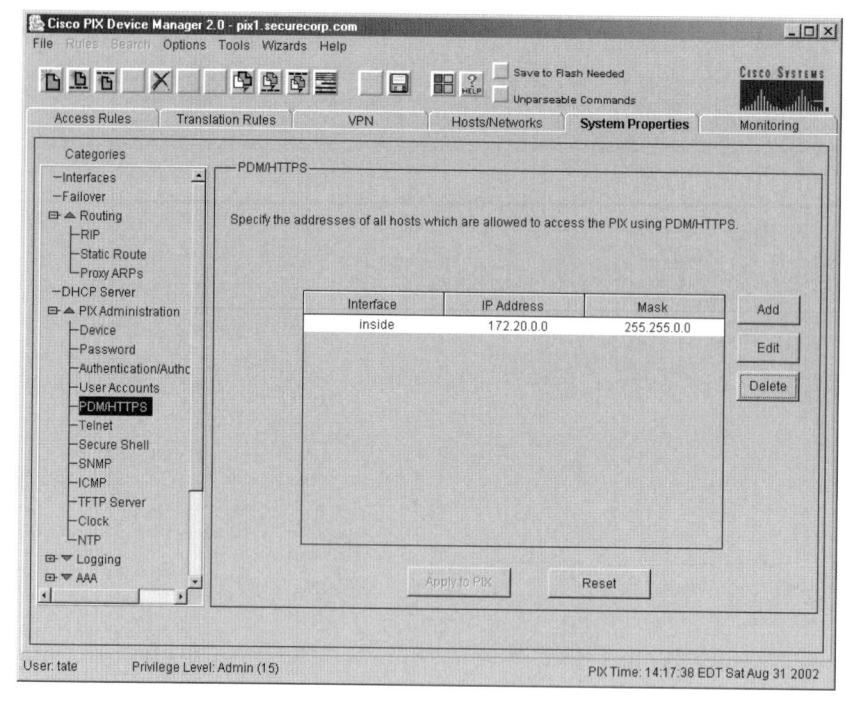

Abb. 9.29: PIX Administration – PDM/HTTPS

Mit den Schaltflächen ADD, EDIT und DELETE in diesem Bildschirm können Sie die IP-Adresse(n) mit Erlaubnis zum Zugriff auf PDM von bestimmten Schnittstellen aus steuern. Dieser Bildschirm entspricht denjenigen für die Zugriffssteuerung über Telnet und Secure Shell.

Die Kategorie PIX ADMINISTRATION ermöglicht überdies die Konfiguration von SNMP. Die Änderung von SNMP-Variablen erfolgt über die gleichnamige Teilkategorie. Der hierbei angezeigte Bildschirm SNMP ist in Abbildung 9.30 zu sehen.

In diesem Bildschirm werden Variablen wie beispielsweise der Community-String, Ansprechpartner und Standortdaten konfiguriert. Mit der Schaltfläche ADD neben dem Feld SNMP MANAGEMENT STATION können Sie SNMP-Verwaltungsrechner festlegen. Hierbei kann die PIX so konfiguriert werden, dass Polling vom Server aus und der Versand von Traps an den Server möglich sind. Indem Sie das Kontrollkästchen neben SEND SYSLOG MESSAGES AS SNMP TRAPS markieren und den Schweregrad aus der Pulldown-Liste LEVEL auswählen, konfigurieren Sie die Firewall für den Versand von Traps auf Syslog-Basis an den Server.

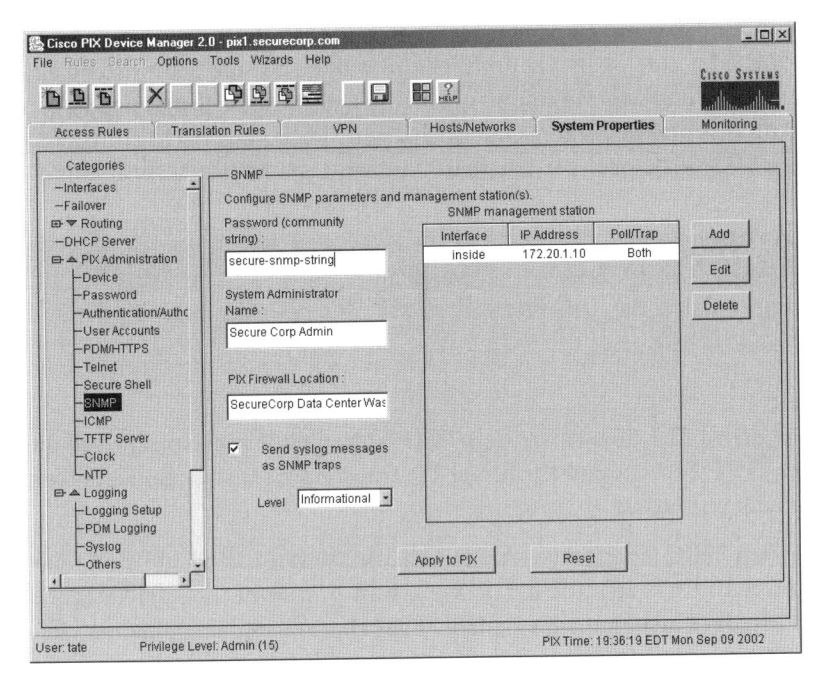

Abb. 9.30: PIX Administration – SNMP

ICMP ist hervorragend für das Testen und Beseitigen von Fehlern in einer beliebigen Umgebung geeignet. Mit dieser Teilkategorie wird der Zugriff von ICMP auf die PIX-Schnittstellen gestattet bzw. abgelehnt. Das sollte nicht verwechselt werden mit ACLs, die für die PIX-Schnittstellen gelten und den Zugriff von ICMP durch die Firewall erlauben bzw. abwehren. Mit ADD im Bildschirm ICMP deaktivieren Sie ICMP bzw. lassen bestimmte ICMP-Arten zu den PIX-Schnittstellen durch. Daraufhin erscheint das Fenster ADD ICMP RULE (siehe Abbildung 9.31).

Abb. 9.31: Das Fenster ADD ICMP RULE

Hier wählen Sie zunächst im Pulldown-Menü ICMP TYPE die ICMP-Art wie beispielsweise ECHO oder ECHO-REPLY. Anschließend wählen Sie die Schnittstelle aus dem gleichnamigen Pulldown-Menü und geben die Quelladresse durch Eingabe in die Felder IP ADDRESS und MASK an. Schließlich legen Sie die gewünschte PIX-Reaktion fest, indem Sie PERMIT oder DENY in der Pulldown-Liste ACTION auswählen.

Hinweis

Standardmäßig erlaubt die PIX-Firewall ICMP den Zugang zu sämtlichen Schnittstellen.

In der Teilkategorie TFTP SERVER werden TFTP-Variablen wie beispielsweise die IP-Adresse des TFTP-Servers und der für TFTP-Transfers zu verwendende Server-Dateisystempfad konfiguriert.

Die beiden letzten Teilkategorien unter PIX ADMINISTRATION sind für die Steuerung von Datum und Uhrzeit auf der PIX-Firewall bestimmt. Die Teilkategorie CLOCK ermöglicht die Einstellung der Zeitzone, des Datums und der genauen Uhrzeit auf der PIX-Firewall. Mithilfe der Teilkategorie NTP lassen sich die Attribute des Network Time Protocol (NTP) festlegen. Indem Sie auf diese Teilkategorie klicken, wird der gleichnamige Bildschirm geöffnet (siehe Abbildung 9.32).

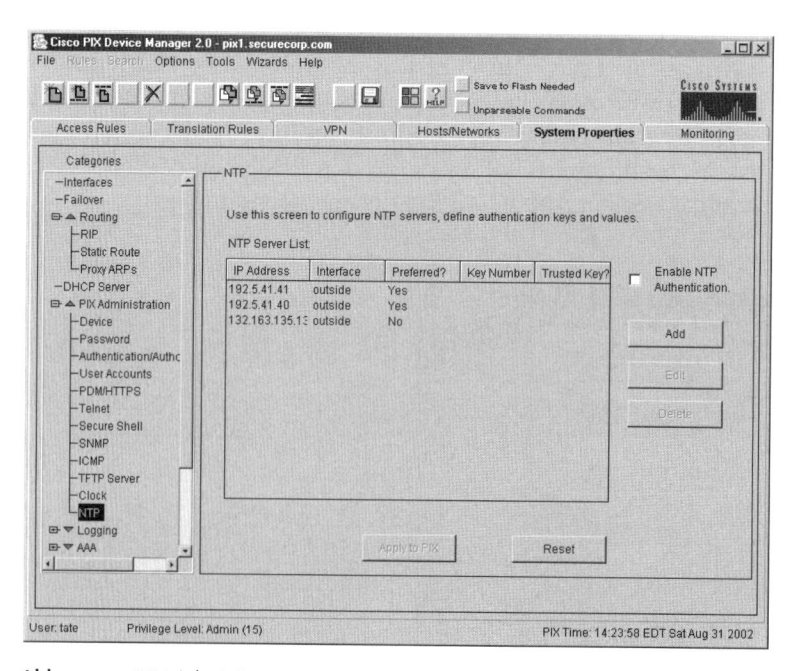

Abb. 9.32: PIX Administration – NTP

Hier können NTP-Uhren für die exakte Uhrzeit integriert werden. Mithilfe der Schaltflächen ADD, EDIT und DELETE konfigurieren Sie IP-Adressen für den NTP-Server und die Schnittstelle, über die NTP laufen soll. Mit ENABLE NTP AUTHENTICATION aktivieren Sie NTP.

Die Kategorie Logging

Die nächste auf der Registerkarte SYSTEM PROPERTIES enthaltene Kategorie ist LOGGING. Zu einer sinnvollen Sicherheitspolitik gehört das Protokollieren netzwerkbezogener Vorgänge zur Problemdiagnose und in diesem Zusammenhang möglicher Störfälle. In dieser Kategorie wird die Protokollierung aktiviert und die Protokollierungsebene festgelegt; darüber hinaus werden Syslog-Server bestimmt. Auch die Steuerung der PDM-Protokollierung sowie die Protokollierung an anderen Stellen wie gepuffertem Speicher, Konsole oder Telnet/SSH ist möglich.

Die Protokollierung wird durch Auswahl der Teilkategorie LOGGING SETUP und ENABLE LOGGING aktiviert. In diesem Bildschirm können auch bestimmte Protokollmeldungen unterdrückt werden, die häufig auf der Firewall auftreten können. Wird die Firewall häufig mit PDM verwaltet, empfiehlt es sich, diese Verwaltungsvorgänge zu erfassen, um Änderungen an der Firewall nachzuvollziehen. PDM-Protokollierung wird über die Teilkategorie PDM LOGGING konfiguriert. In dieser Teilkategorie wird die Protokollierungsstufe sowie die Größe des PDM-Protokollpuffers festgelegt; sie bestimmt die maximale Größe der auf der PIX-Firewall geführten Protokolldatei.

In der Regel konfiguriert der Firewall-Administrator im Netzwerk einen Syslog-Host für das Zusammentragen von Protokolldaten von verschiedenen Geräten, die in die Systemsicherheit und Netzwerk-Connectivity involviert sind. Syslog-Attribute werden in PDM mithilfe der Teilkategorie SYSLOG angegeben. Der entsprechende Bildschirm ist in Abbildung 9.33 zu sehen.

Mit ADD fügen Sie einen Syslog-Server ein; hierbei konfigurieren Sie auch die Schnittstelle, die IP-Adresse und das Protokoll bzw. den Port dieses Servers. Des Weiteren können Sie in der Pulldown-Liste FACILITY dieses Bildschirms die Protokollierungsfunktion wie auf dem Syslog-Server konfiguriert einstellen und die an den Syslog-Host gesendete Protokollierungsstufe wählen. Entsprechend ihrer Konfiguration kann die PIX-Firewall Protokolldaten der Stufen »kritisch« bis »Debug« an einen Syslog-Server senden. Je höher die Protokollierungsstufe, desto umfangreicher die an den Syslog-Host gesandten Daten; daher ist beim Einstellen der Syslog-Stufe Vorsicht geboten.

OTHERS lautet die letzte Teilkategorie von LOGGING. In dieser Teilkategorie wird bestimmt, ob die PIX-Firewall Protokolldaten an andere Objekte wie beispielsweise eine Konsole, Telnet-Session oder den internen PIX-Puffer sendet.

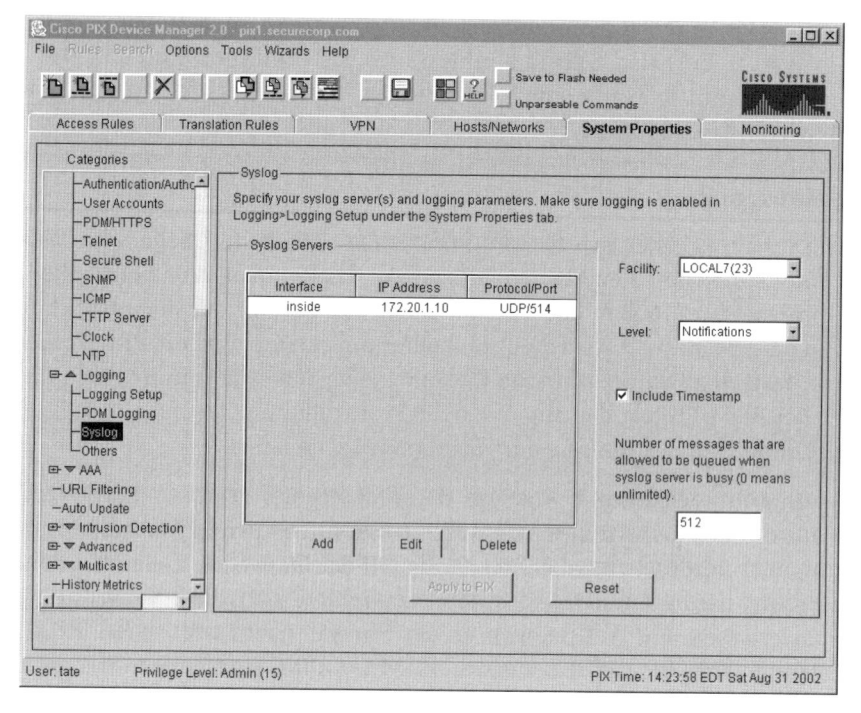

Abb. 9.33: Logging – der Bildschirm SYSLOG

Die Kategorie AAA

Diese Kategorie vereinfacht die Konfiguration von Cisco-Authentifizierungs-, Autorisierungs- und Accounting-Variablen mithilfe der Teilkategorien AAA SERVER GROUPS, AAA SERVERS und AUTH. PROMPT. Klicken Sie auf die einzelnen Teilkategorien, um die zugehörigen Optionen anzuzeigen. In der Teilkategorie AAA SERVER GROUPS sind drei AAA-Server-Gruppen vordefiniert und sichtbar: TACACS+, RADIUS und LOCAL. Diese Standardgruppen können für die Konfiguration verwendet werden; Sie können jedoch mit ADD neue Gruppen integrieren. Diese basieren auf RADIUS oder TACACS+.

Wählen Sie die Teilkategorie AAA SERVER und anschließend ADD, wenn Sie einen neuen Server aufnehmen möchten. Hierbei erscheint das in Abbildung 9.34 dargestellte Fenster ADD AAA SERVER.

Um einen neuen Server zu integrieren, wählen Sie zunächst aus der Pulldown-Liste SERVER GROUP TACACS+ oder RADIUS und anschließend aus der Pulldown-Liste INTERFACE NAME die für AAA zu verwendende Schnittstelle. Schließlich geben Sie die Adresse des neuen AAA-Servers in das Feld SERVER IP ADDRESS ein und wählen im Feld KEY einen Authentifizierungsschlüssel; anschließend legen Sie den Timeout-Wert im Feld TIMEOUT fest.

Abb. 9.34: Das Fenster ADD AAA SERVER

AUTHENTICATION PROMPT, die letzte AAA-Teilkategorie, ist in Abbildung 9.35 zu sehen.

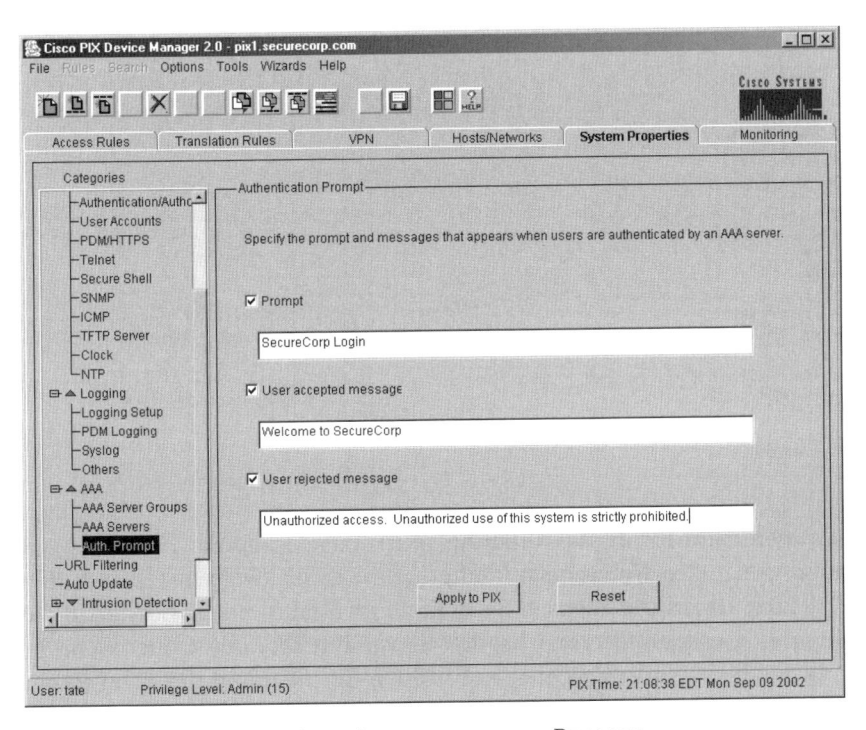

Abb. 9.35: AAA – der Bildschirm AUTHENTICATION PROMPT

In dieser Teilkategorie werden die Aufforderungen zur Authentifizierung angepasst, die der Benutzer beim Anmelden zu sehen bekommt.

Die Kategorie URL Filtering

Aus Gründen der Ethik und der Effizienz ist in einigen Unternehmen die Möglichkeit zur Einschränkung des Benutzerzugriffs auf bestimmte Websites wünschenswert. Über die Kategorie URL FILTERING (von der Registerkarte SYSTEM PROPERTIES aus zugänglich) bietet PDM eine grafische Oberfläche für die URL-Filtermechanismen der PIX-Firewall. Der Bildschirm URL FILTERING ist in Abbildung 9.36 zu sehen.

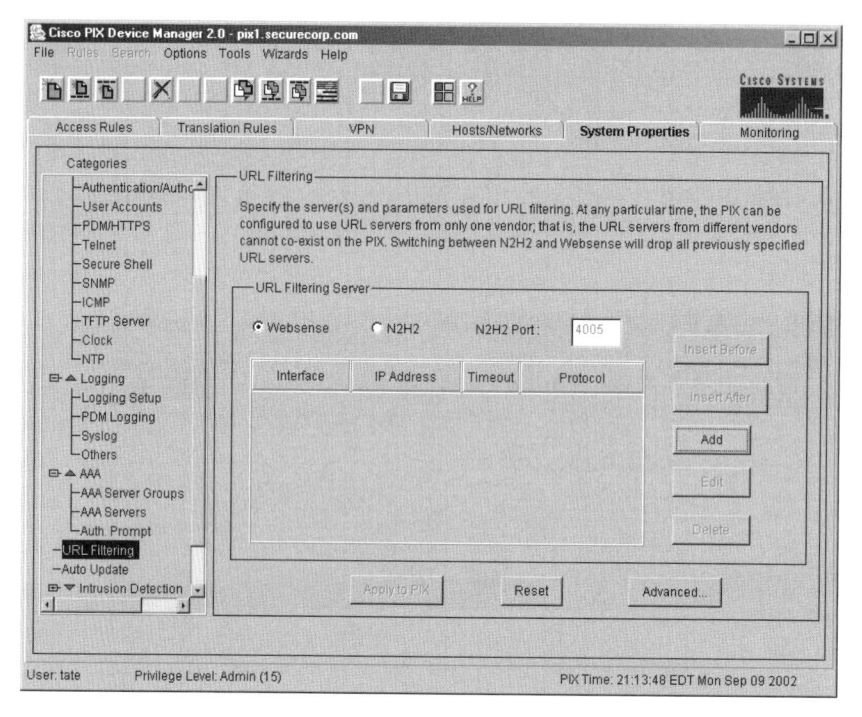

Abb. 9.36: Der Bildschirm URL FILTERING

Die PIX-Firewall kann für die Verwendung von Diensten anderer Hersteller zur Bestimmung geeigneter Web-Inhalte konfiguriert werden. Websense und N2H2 sind zwei derzeit erhältliche Dienste. Beim Einbinden eines neuen Servers in die PIX-Konfiguration wählen Sie zunächst den Server-Typ über den Optionsschalter URL FILTERING SERVER aus; anschließend wählen Sie ADD und die PIX-Schnittstelle für Filtervorgänge, die IP-Adresse des Filtering-Servers und das Filtering-Protokoll. Im Fenster ADVANCED URL FILTERING (siehe Abbildung 9.37) können Sie weitere Attribute konfigurieren.

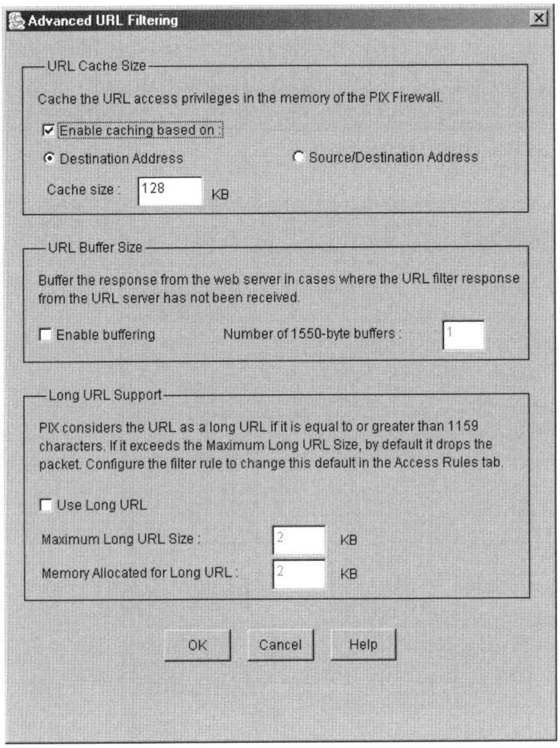

Abb. 9.37: Das Fenster ADVANCED URL FILTERING

Nach den URL-Filtering-Eigenschaften müssen Sie bestimmte Regeln auf der PIX-Firewall konfigurieren; diese Regeln werden mithilfe des Optionsschalters FILTERING RULES auf der Registerkarte ACCESS RULES festgelegt. Dieser Optionsschalter wird weiter hinten in diesem Kapitel behandelt.

Die Kategorie Auto Update

Unter PDM können die PIX-Konfiguration und das PIX-Image automatisch über HTTP- oder HTTPS-Verbindungen aktualisiert werden. Diese Möglichkeit vereinfacht die Firewall-Administration wesentlich, insbesondere in Unternehmensumgebungen mit etlichen PIX-Firewalls. Die automatische Aktualisierung wird über die Kategorie AUTO UPDATE (auf der Registerkarte SYSTEM PROPERTIES) konfiguriert. Bevor Sie mit dieser Funktion arbeiten, müssen Sie zunächst einen Web-Server für die Ablage der Konfigurationsdateien und die Bereitstellung von Aktualisierungsdiensten konfigurieren. Der Bildschirm AUTO UPDATE ist in Abbildung 9.38 zu sehen.

Mithilfe des Kontrollkästchens ENABLE AUTO UPDATE aktivieren Sie automatische Aktualisierungen. Für den ordnungsgemäßen Ablauf dieser Funktion muss eine

Reihe von Attributen konfiguriert werden. Im Abschnitt AUTO UPDATE URL des Bildschirms legen Sie die Server-Adresse, den Port, das Kennwort und das Protokoll fest. Darüber hinaus müssen Sie den Pfad zur Konfigurationsdatei auf dem Server angeben. Dieser Bildschirm ermöglicht auch das Einstellen weiterer Variablen wie beispielsweise Server-Timeout und Polling-Parameter.

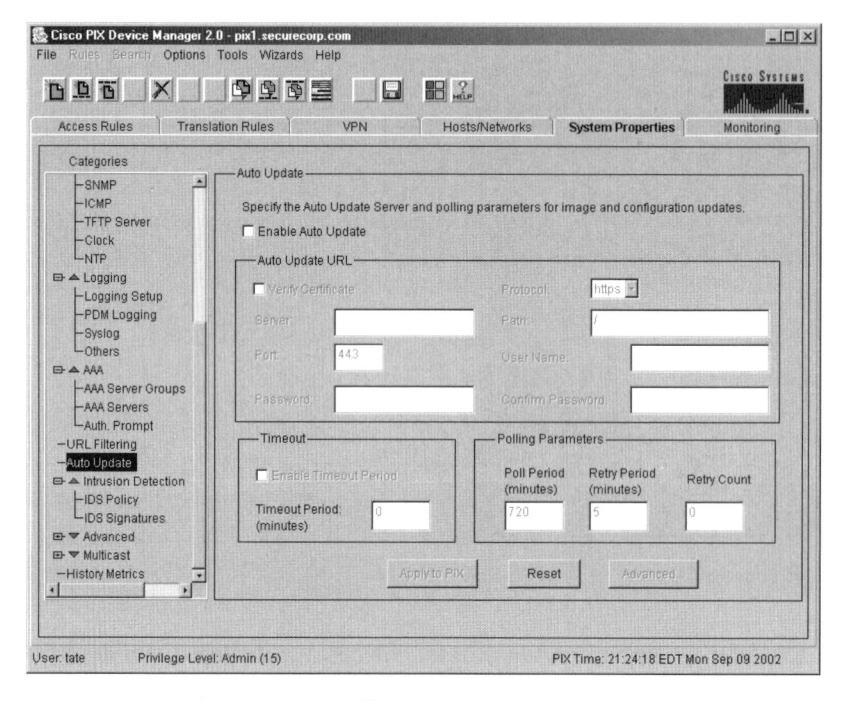

Abb. 9.38: Der Bildschirm AUTO UPDATE

> **Hinweis**
>
> Cisco Secure Policy Manager (CSPM) kann als Auto-Update-Server verwendet werden.

Die Kategorie Intrusion Detection

Die PIX-Firewall enthält Funktionen zur Intrusion Detection (zur Aufdeckung unbefugter Zugriffsversuche); diese Funktionen können auf unterschiedliche Weise auf den Firewall-Schnittstellen zum Einsatz kommen und werden über die Kategorie INTRUSION DETECTION gesteuert. Mithilfe der Teilkategorie IDS POLICY wird IDS auf der Firewall aktiviert. Der entsprechende Bildschirm ist in Abbildung 9.39 zu sehen.

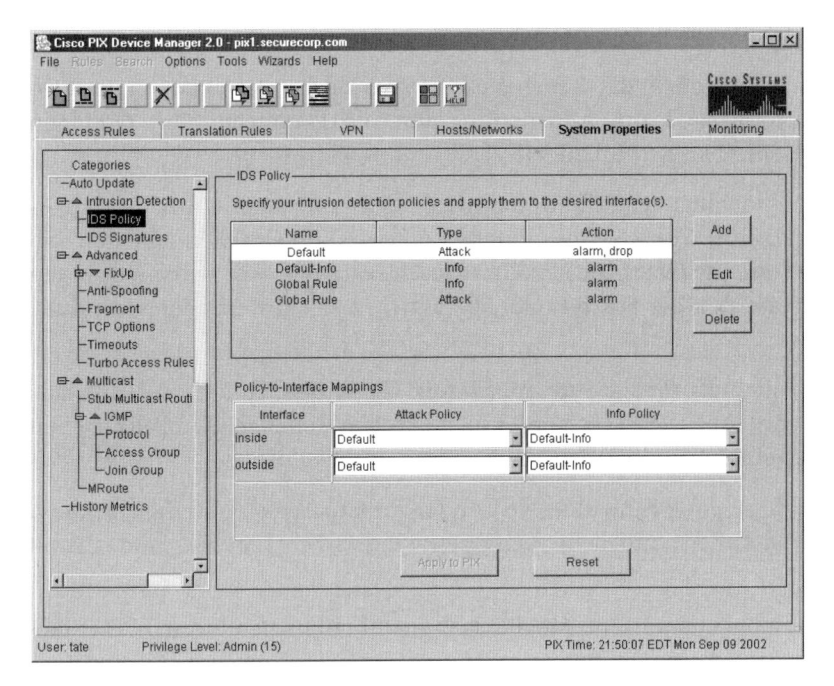

Abb. 9.39: Der Bildschirm IDS POLICY

Zur Aktivierung der Intrusion Detection müssen Sie zunächst Richtlinien definieren; diese Richtlinien werden auf eine Schnittstelle angewandt. Es gibt zwei Arten von Richtlinien: *Attack* und *Info*. Wählen Sie zur Definition neuer Richtlinien ADD im Bildschirm IDS POLICY.

Im Fenster ADD IDS POLICY legen Sie einen Namen für die Richtlinie fest; mithilfe der Optionsschalter ATTACK oder INFORMATION wählen Sie die Richtlinienart. Schließlich markieren Sie eines der Kontrollkästchen DROP, ALARM oder RESET, um eine Maßnahme festzulegen, die beim Auslösen der Richtlinie ergriffen werden soll.

Im Abschnitt POLICY-TO-INTERFACE MAPPINGS des Bildschirms IDS POLICY können Richtlinien einer bestimmten PIX-Schnittstelle zugewiesen werden, indem Sie die Richtlinie aus der Pulldown-Liste der jeweiligen Schnittstelle auswählen.

Der Administrator kann die Art der Intrusion-Signaturen bestimmen, die auf der PIX-Firewall erkannt werden sollen. Mithilfe der Teilkategorie IDS SIGNATURES werden diese Signaturen in die PIX-Firewall-Konfiguration aufgenommen bzw. daraus entfernt. Standardmäßig sind sämtliche Signaturen auf der PIX aktiviert. Um Signaturen zu entfernen, markieren Sie sie und klicken auf DISABLE; sie werden dann in das Feld DISABLED verschoben.

Die Kategorie Advanced

Diese Kategorie ermöglicht die Feineinstellung spezifischer Attribute auf der PIX-Firewall, beispielsweise Fixup, Antispoofing und TCP-Parameter; diese Optionen werden in diesem Abschnitt behandelt.

Die Fixup-Funktionalität der PIX-Firewall wird über die Kategorie ADVANCED aktiviert bzw. deaktiviert. Wenn Sie die aktuelle Konfiguration einsehen möchten, klicken Sie auf die Teilkategorie FIXUP. Durch Auswahl der entsprechenden Teilkategorien werden die Fixup-Protokolle aktiviert, deaktiviert oder individuell angepasst.

Antispoofing, auch als *Reverse-Path Forwarding (RPF)* bezeichnet, wird ebenfalls über die Kategorie ADVANCED gesteuert und durch Markieren der Kontrollkästchen neben den einzelnen Schnittstellen aktiviert bzw. deaktiviert.

Mithilfe der Teilkategorie FRAGMENT werden Fragmentparameter für die einzelnen Schnittstellen definiert; mögliche Optionen sind SIZE, TIMEOUT und CHAIN LENGTH.

Diese Kategorie bietet auch eine Möglichkeit zum Konfigurieren von TCP-Optionen. Zur Änderung dieser Optionen verwenden Sie die Teilkategorie TCP OPTIONS (siehe Abbildung 9.40).

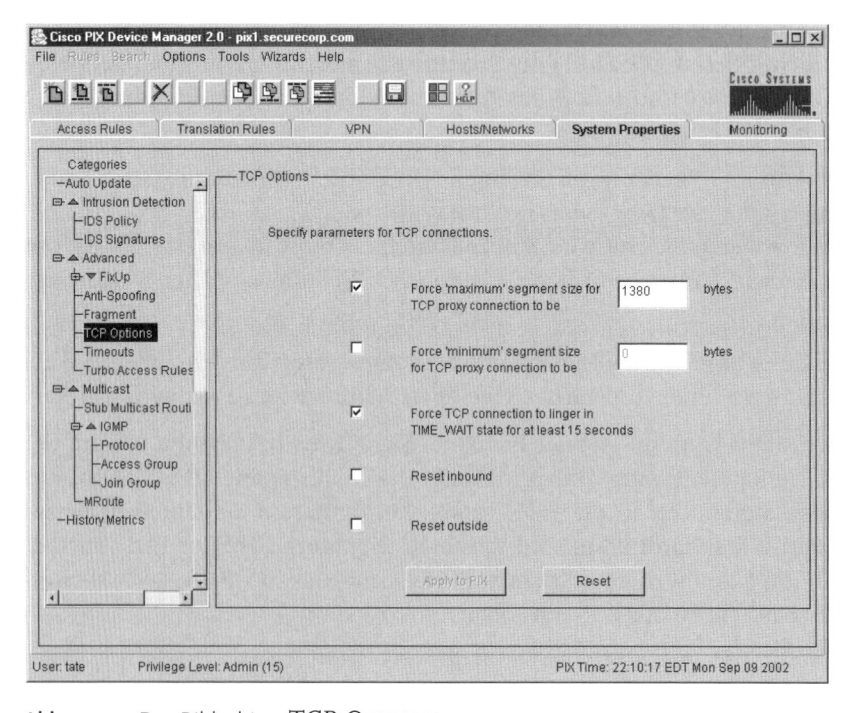

Abb. 9.40: Der Bildschirm TCP OPTIONS

Um einen Verbindungsparameter zu aktivieren, markieren Sie das Kontrollkästchen neben der Variablen; anschließend vergeben Sie nach Bedarf Attribute für den Parameter.

Für Timeouts ist die gleichnamige Teilkategorie vorgesehen. Auf der PIX-Firewall sind etliche Timeout-Werte konfigurierbar, beispielsweise Werte für *Verbindung*, *halb geschlossen* und *Autorisierung*.

Über die Teilkategorie TURBO ACCESS RULES können TurboACLs konfiguriert werden, sofern dies vom jeweiligen Firewall-Modell unterstützt wird. Aktivieren Sie diese Regeln, indem Sie das Kontrollkästchen ENABLE TURBO ACCESS RULE SEARCHES in der Teilkategorie TURBO ACCESS RULES markieren.

Die Kategorie Multicast

Multicasting wird über die Teilkategorie STUB MULTICAST ROUTING (Kategorie MULTICAST) von PIX- Schnittstellen aus aktiviert bzw. deaktiviert (siehe Abbildung 9.41).

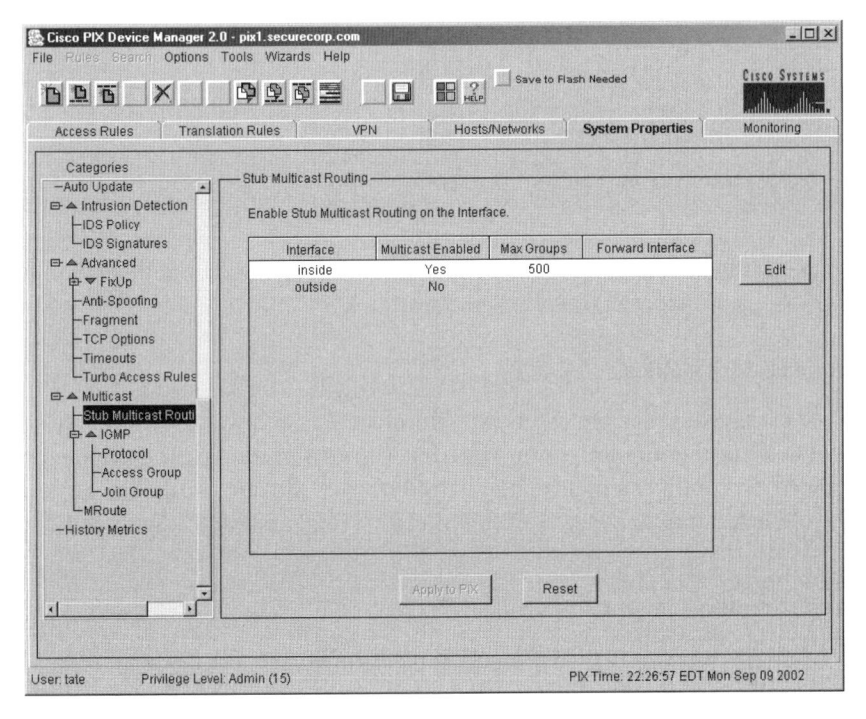

Abb. 9.41: Der Bildschirm STUB MULTICAST ROUTING

Im Rahmen dieser Teilkategorie wird außerdem die maximale Anzahl Multicast-Gruppen kontrolliert und festgelegt, ob IGMP-Weiterleitung auf bestimmten PIX-Schnittstellen möglich sein soll.

IGMP-Parameter können auch über die Kategorie MULTICAST kontrolliert werden. Wenn Sie das IGMP-Protokoll und IGMP-Zugriffsgruppen auswählen oder Gruppen verbinden möchten, klicken Sie in der Teilkategorie IGMP auf die entsprechenden Teilkategorien.

Mithilfe der Teilkategorie MROUTE werden Multicast-Routen auf der PIX-Firewall konfiguriert. Mit der Schaltfläche ADD dieser Teilkategorie können Sie eine neue Multicast-Route aufnehmen. Das entsprechende Fenster ist in Abbildung 9.42 zu sehen.

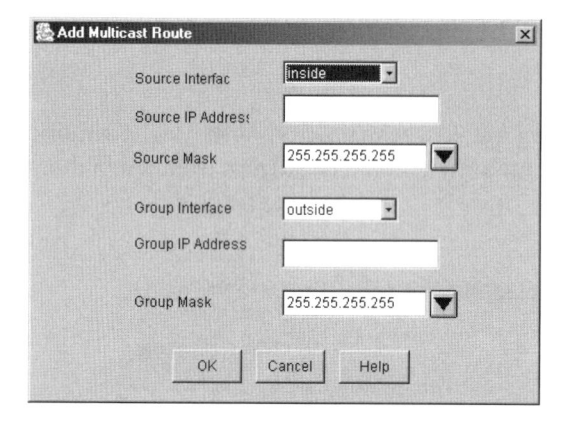

Abb. 9.42: Das Fenster ADD MULTICAST ROUTE

Für eine neue Multicast-Route auf der PIX-Firewall konfigurieren Sie die entsprechenden Quell- und Zieldaten und klicken Sie auf OK.

Die Kategorie History Metrics

PDM erfasst standardmäßig Metriken für zahlreiche PIX-Firewall-Attribute; diese Funktionalität wird über die Kategorie HISTORY METRICS gesteuert. Indem Sie die Markierung des Kontrollkästchens neben PDM HISTORY METRICS aufheben, unterbinden Sie die Erfassung der Metriken. PDM erfasst folgende Metrikdaten auf der PIX:

- Daten pro Schnittstelle, z. B.:
    - Input- und Output-Bytes
    - Input- und Output-Pakete
    - Input- und Output-Fehler
    - Verkehr
    - Weitere Daten wie beispielsweise Broadcasts, kein Puffer, Giants, CRCs, Overruns, Underruns, Kollisionen, späte Kollisionen, Zurücksetzungen, verschoben, Carrier verloren

- Verfügbare Blockzählung (4 Byte, 80 Byte, 256 Byte, 1550 Byte)
- Freier und belegter Speicher
- Performance-Daten:
  - Xlates
  - Verbindungen (UDP und TCP)
  - URL-Filter/Websense
  - TCP-Abfangvorgänge
  - Protokoll-Fixup
- IDS-Zähler
- Failover-Statistik

Diese und andere Überwachungsmetriken werden im Abschnitt über Überwachung später in diesem Kapitel behandelt.

9.4.3 Verwaltung von Hosts und Netzwerken

Etliche auf der PIX-Firewall konfigurierbaren Attribute wurden bereits besprochen, so dass Sie nun in der Lage sein sollten, die PIX-Firewall zu konfigurieren. In diesem Abschnitt wird die Konfiguration der PIX-Firewall im Hinblick auf andere Objekte im Netzwerk erläutert. Vor der Vergabe von Zugriffsregeln für das Durchlassen oder Verhindern von Verkehr durch die Firewall müssen Host- und Netzwerkobjekte und/oder Gruppen auf der Registerkarte HOSTS/NETWORKS konfiguriert werden.

Auf dieser Registerkarte werden Attribute für Remote- und lokales Netzwerk und Hosts wie beispielsweise IP-Adresse, NAT-Daten und Routing-Konfigurationen definiert. Diese Objekte können interne Ressourcen wie beispielsweise Mail- und Web-Server oder externe Ressourcen wie z. B. Remote-Niederlassungen oder -Netzwerke repräsentieren. Mit einem Klick auf die Registerkarte HOSTS/NETWORKS rufen Sie den gleichnamigen Bildschirm auf (siehe Abbildung 9.43).

Diese Registerkarte umfasst zwei Abschnitte: HOSTS/NETWORKS und HOSTS/NETWORK GROUPS. Im Pulldown-Menü SELECT INTERFACE können Sie Hosts und Netzwerkobjekte für spezifische PIX-Firewall- Schnittstellen konfigurieren. Im zuvor beschriebenen Beispiel ist die interne Schnittstelle mit der Netzwerkadresse 172.20.0.0 und der zugeordneten Adresse 172.20.1.1 konfiguriert; dies ist die interne Schnittstelle der PIX-Firewall.

Da neue Regeln für das Durchlassen spezifischen Netzwerkverkehrs zu internen Servern vergeben werden, muss auf dieser Registerkarte pro Server ein Host-Eintrag konfiguriert werden. Zur Übung wird ein neuer Web-Server-Host in die interne Netzwerkkonfiguration eingetragen; Zugriffsregeln werden später in diesem Kapitel definiert. Die Attribute dieses Hosts sind in Tabelle 9.4 aufgeführt.

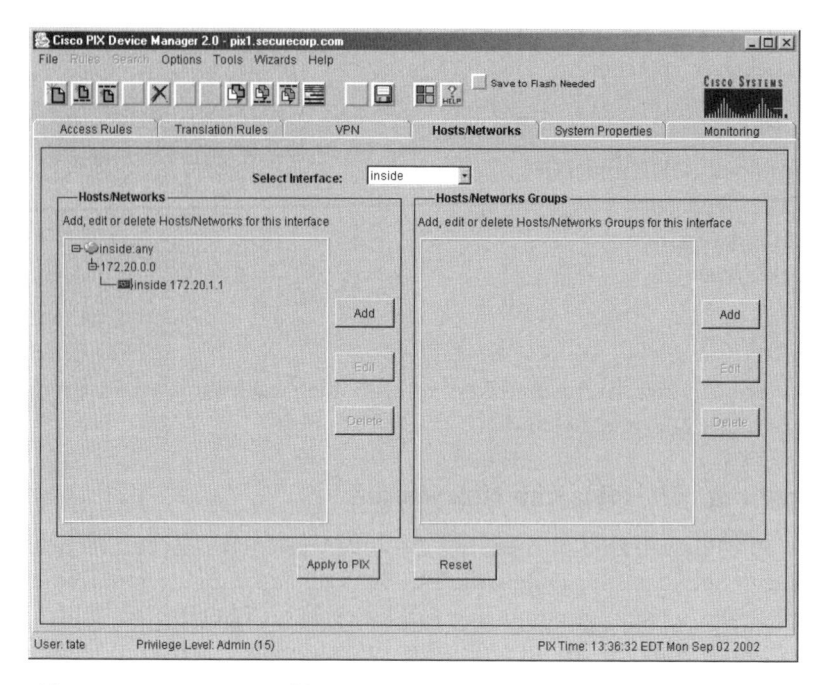

Abb. 9.43: Der Bildschirm HOSTS/NETWORKS

Attribut	Wert
Interne IP-Adresse	172.20.1.80
Mask	255.255.255.255
Externe IP-Adresse	192.168.1.20
Schnittstelle	inside
Name	www

Tabelle 9.4: Attribute des Web-Server-Hosts

Mithilfe von ADD im Abschnitt HOSTS/NETWORKS dieses Bildschirms fügen Sie einen neuen Host ein. Daraufhin wird das Fenster CREATE HOST/NETWORK BASIC INFORMATION angezeigt. Nach dem Ausfüllen der entsprechenden Felder (siehe Abbildung 9.44) klicken Sie auf NEXT.

Durch Ausfüllen dieses Formulars entsteht ein neues Objekt in der PIX-Konfiguration. In diesem Beispiel wird eine 32-Bit-Host-Mask verwendet, da ein bestimmter Host integriert wird. Diese Mask sollte nicht mit der eigentlichen Subnet Mask auf dem Host verwechselt werden. Durch Ändern der Mask im Feld MASK mittels des Dropdown-Menüs ließe sich ein Netzwerkobjekt einbauen. Nach einem Klick auf NEXT erscheint die Aufforderung zur Konfiguration von NAT im Fenster CREATE HOST/NETWORK NAT (siehe Abbildung 9.45).

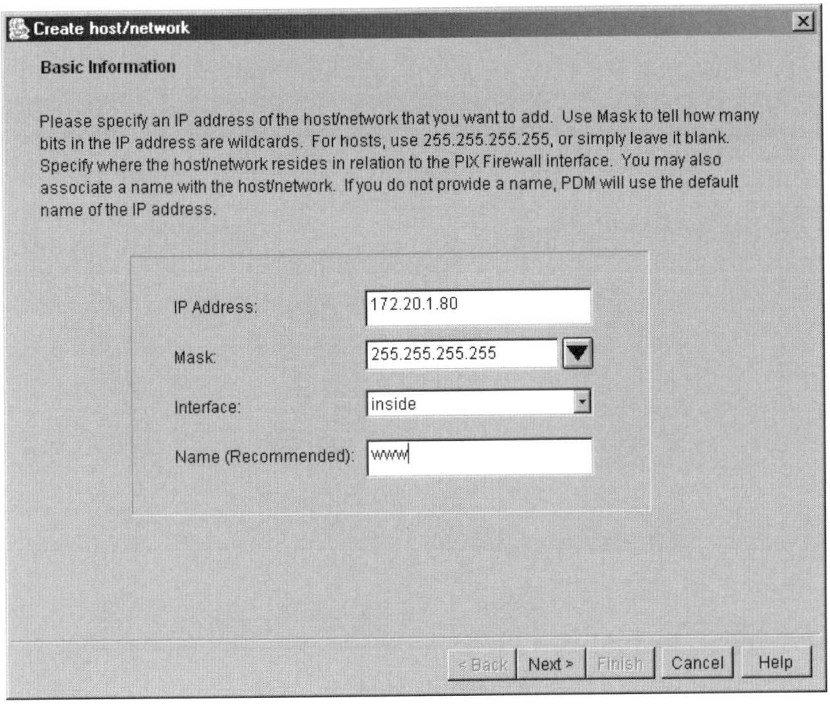

Konfiguration der PIX-Firewall mithilfe von PDM

Abb. 9.44: Das Fenster CREATE HOST/NETWORK BASIC INFORMATION

In diesem Fenster können Sie dynamische oder statische NAT konfigurieren; das ist abhängig von der auf dem neuen Host gewünschten Art der Connectivity. Mit dem Optionsschalter DYNAMIC legen Sie fest, dass nur Outbound-Connectivity (d.h. Connectivity von einer Schnittstelle mit höherer zu einer mit niedrigerer Sicherheitsstufe) von einem Host aus zulässig ist. Hierdurch wird die Adresse des neuen Hosts dynamisch in den spezifischen, durch die Dropdown-Liste ADDRESS POOL ID festgelegten NAT-Pool umgewandelt. Mit STATIC wählen Sie Outbound- und Inbound-Connectivity (d.h. Connectivity von einer Schnittstelle mit niedrigerer zu einer mit höherer Sicherheitsstufe). Hierdurch entsteht eine 1:1-NAT-Zuordnung zwischen der Adresse des neu hinzugekommenen Hosts und der im Feld STATIC angegebenen Adresse.

Im vorliegenden Beispiel soll der neue interne Web-Server-Host Inbound-Connectivity erhalten. Daher klicken Sie auf den Optionsschalter STATIC und vergeben Sie eine extern verfügbare Adresse, beispielsweise 192.168.1.20. Hierdurch wird die PIX-Firewall für die Übersetzung der IP-Adresse des internen Web-Servers von 172.20.1.80 in 192.168.1.20 und umgekehrt konfiguriert, sobald Netzwerkverkehr die PIX-Firewall-Schnittstellen passiert. Mit OK schreiben Sie die Daten des neuen Hosts in die Konfiguration der PIX-Firewall und der Bildschirm HOSTS/NETWORKS wird wieder angezeigt.

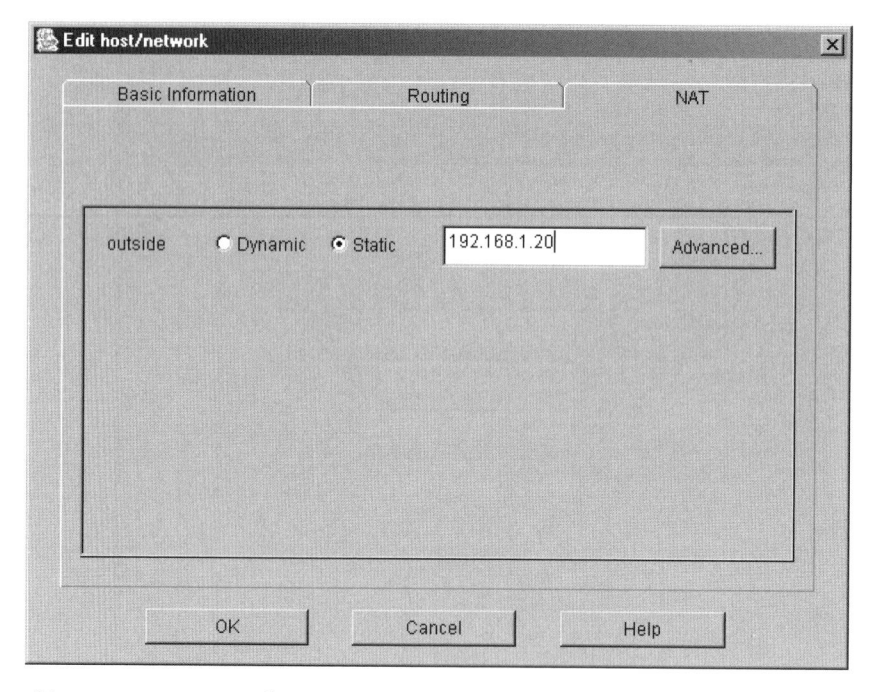

Abb. 9.45: Das Fenster CREATE HOST/NETWORK NAT

Zur Übung empfiehlt es sich, anhand des besprochenen Verfahrens ein zweites Host-Objekt mit den Attributen aus Tabelle 9.5 zu integrieren, wobei Sie in diesem Fall auf FINISH klicken, nachdem Sie das Fenster CREATE HOST/NETWORK BASIC INFORMATION ausgefüllt haben. NAT für diesen Host wird später in diesem Kapitel konfiguriert.

Attribut	Wert
Interne IP-Adresse	172.20.1.25
Mask	255.255.255.255
Schnittstelle	inside
Name	mail

Tabelle 9.5: Attribute des Mail-Server-Hosts

Markieren Sie auf der Registerkarte HOSTS/NETWORKS das neue Web-Server-Objekt (www) und klicken Sie auf EDIT. Daraufhin wird das in Abbildung 9.46 dargestellte Fenster EDIT HOST/NETWORK angezeigt.

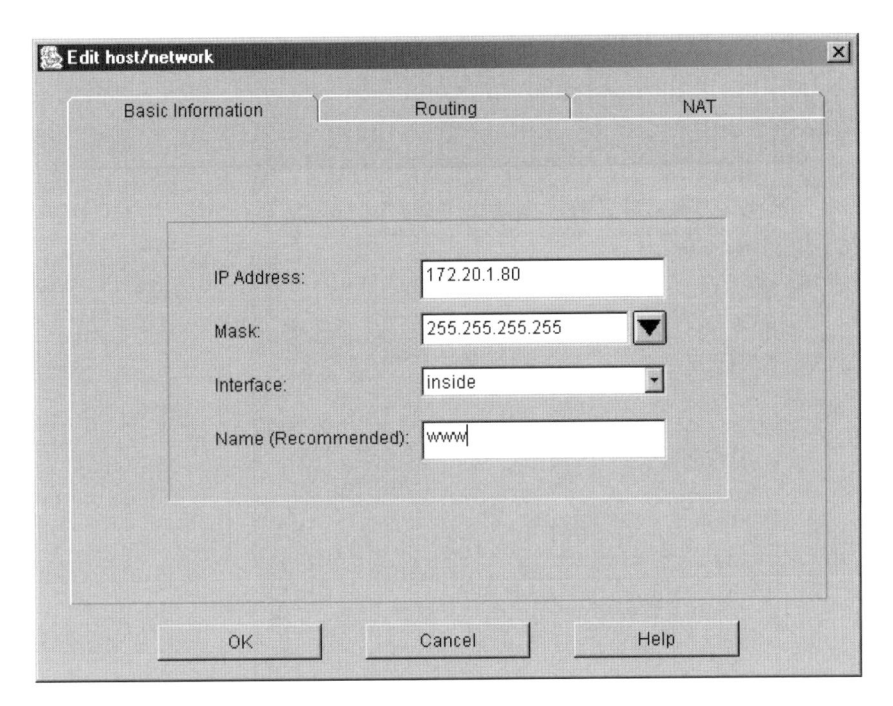

Abb. 9.46: Das Fenster EDIT HOST/NETWORK

In diesem Fenster können Sie die zuvor definierten Host-Attribute ändern und Host- oder netzwerkspezifische Routing-Daten eingeben. Wenn Sie z. B. ein Netzwerkobjekt in die PIX-Konfiguration aufnehmen und eine bestimmte Routen-Anweisung für das Netzwerk eingeben müssen, wählen Sie hierfür die Registerkarte ROUTING des obigen Fensters. Alternativ dazu können, wie zuvor beschrieben, Routen über die Kategorie ROUTING der Registerkarte für Systemeigenschaften angegeben werden. Analog hierzu können NAT-Daten für bestimmte Hosts oder Netzwerke über die Registerkarte NAT im Fenster EDIT HOST/NETWORK oder über die Registerkarte TRANSLATION RULES im PDM-Hauptfenster eingegeben oder geändert werden. Diese Registerkarte wird später in diesem Kapitel besprochen.

Mithilfe der Registerkarte HOSTS/NETWORKS können Sie überdies Netzwerk- und Host-Gruppen bilden. Diese Funktionalität vereinfacht die Regelverwaltung. Die Gruppierung von Objekten kann außerdem die Effizienz der Regelverarbeitung auf der PIX-Firewall steigern. Wenn z. B. etliche Server HTTP-Connectivity benötigen, kann ein Gruppenobjekt mit der Bezeichnung *WebServers* aus diesen HTTP-Servern erzeugt werden (siehe Abbildung 9.47).

Für die Aktivierung von Inbound-Zugriff auf die Gruppe *WebServers* ist lediglich eine Zugriffsregel unter Verwendung der Gruppe *WebServers* erforderlich, nicht pro Web-Server eine Regel.

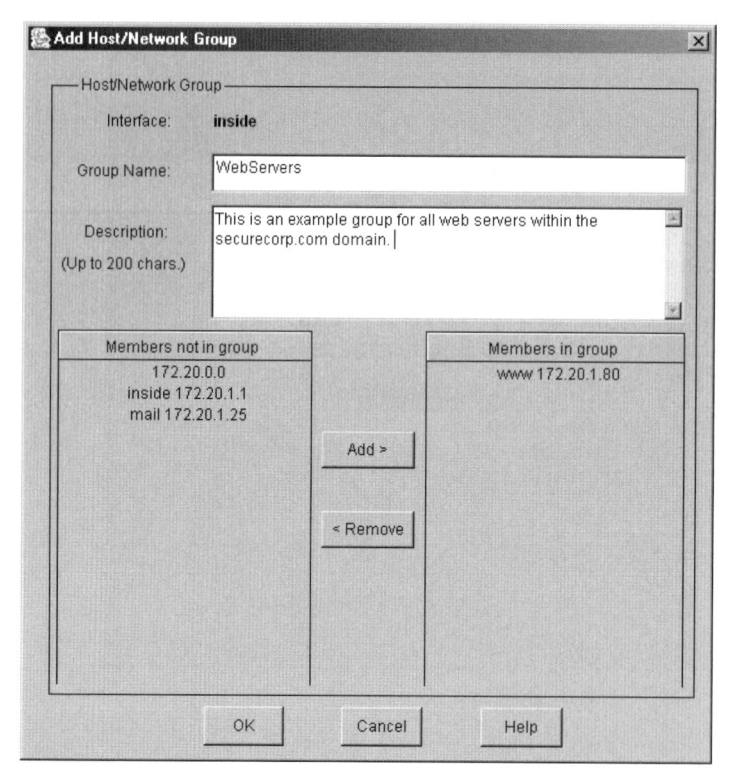

Abb. 9.47: Der Bildschirm ADD HOST/NETWORK GROUP

Nachdem Sie nun mit der Integration, Änderung und Löschung von Host-, Netzwerk- und Gruppenobjekten vertraut sind, widmen wir uns jetzt eingehend der Adressübersetzung.

9.4.4 Konfiguration der Übersetzungsregeln

Die Adressübersetzung kommt in Netzwerkumgebungen sehr stark zum Tragen, denn hiermit lassen sich zusätzliche Sicherheitsebenen schaffen und der IP-Adressbereich in Grenzen halten. Mithilfe der Registerkarte TRANSLATION RULES können Sie die Adressübersetzung unter PDM konfigurieren und anzeigen lassen (siehe Abbildung 9.48).

In diesem Bildschirm lassen sich alle auf NAT bezogenen Konfigurationen bearbeiten, beispielsweise Übersetzungsregeln, Ausnahmeregeln und globale NAT-Pools. Im vorliegenden Beispiel gehört eine bereits vorhandene statische NAT-Regel zum bereits an früherer Stelle definierten Web-Server-Host. Das Symbol in der Spalte TYPE deutet auf eine statische Übersetzung hin. Die beiden NAT-Symbole sind in Abbildung 9.49 zu sehen.

Konfiguration der PIX-Firewall mithilfe von PDM

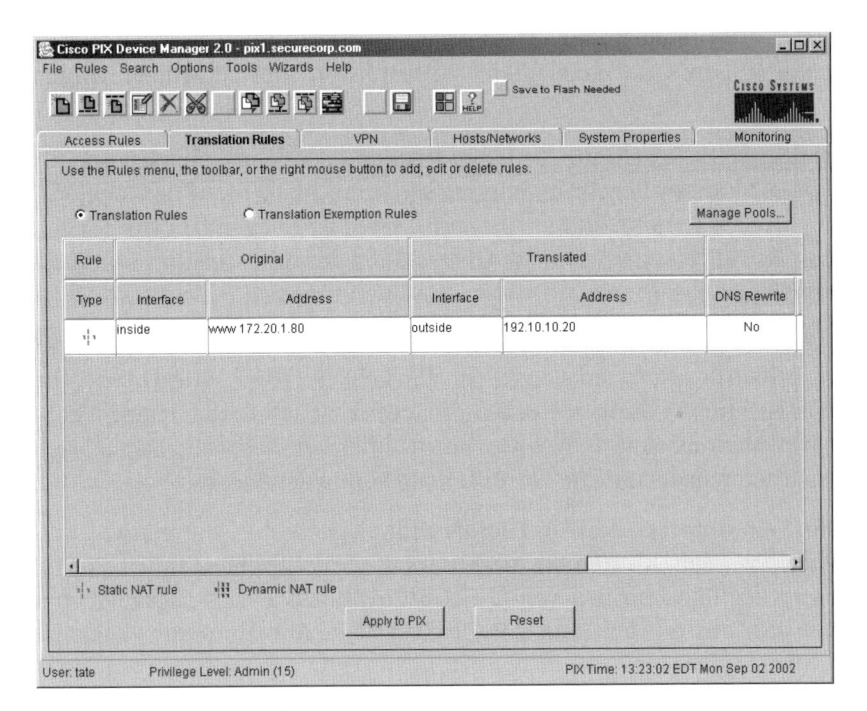

Abb. 9.48: Registerkarte TRANSLATION RULES

Abb. 9.49: NAT-Symbole

Verschieben Sie im Bildschirm TRANSLATION RULES das Bildlauffeld unten am Bildschirm nach rechts, bis die Spalten rechts neben der Spalte DNS REWRITE mit den folgenden, in Abbildung 9.50 dargestellten Optionsspalten angezeigt werden.

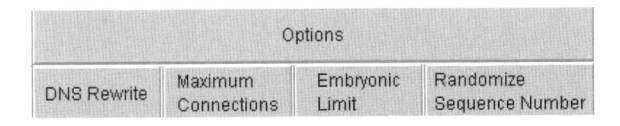

Abb. 9.50: NAT-Optionen

Diese Optionen stehen zur Verwendung mit sämtlichen NAT-Regeln zur Verfügung. Mithilfe der Option DNS REWRITE wandelt die PIX-Firewall sämtliche Antworten auf DNS-Abfragen gemäß einer NAT-Regel durch die Firewall um. Dank dieser Funktionalität entfällt die Notwendigkeit einer geteilten DNS-Architektur für den Administrator, denn die PIX-Firewall setzt die Antworten von internen

DNS-Servern in externe Hosts um. Die übrigen Optionen betreffen Sicherheitsmaßnahmen und Drosselmechanismen; sie werden in der folgenden Übung behandelt.

Darüber hinaus gibt es Regeln für die Unterdrückung der Adressübersetzung für bestimmte Objekte; diese Regeln definieren Sie durch Klicken auf den Optionsschalter TRANSLATION EXEMPTION RULES. Diese Option ist gelegentlich von Nutzen in Situationen mit VPNs, oder wenn die Übersetzung der Adresse eines bestimmten Servers nicht gewünscht wird.

Bisher wurden statische NAT-Regeln mithilfe der Registerkarte HOSTS/NETWORKS für Server innerhalb des Netzwerks definiert. Nun geht es darum, eine dynamische Übersetzungsregel für die übrigen Hosts im Netzwerk zu definieren. Hiermit können Client-Workstations und andere Geräte im internen Netzwerk Daten nach außen transportieren, jedoch nicht von außerhalb kontaktiert werden.

Zunächst muss ein globaler Adressen-Pool als Grundlage für die dynamische Übersetzung angelegt werden. Klicken Sie hierfür auf die Schaltfläche MANAGE POOLS. Daraufhin wird der Bildschirm MANAGE GLOBAL ADDRESS POOLS angezeigt. Mit ADD rufen Sie das Fenster ADD GLOBAL POOL ITEM (siehe Abbildung 9.51) auf.

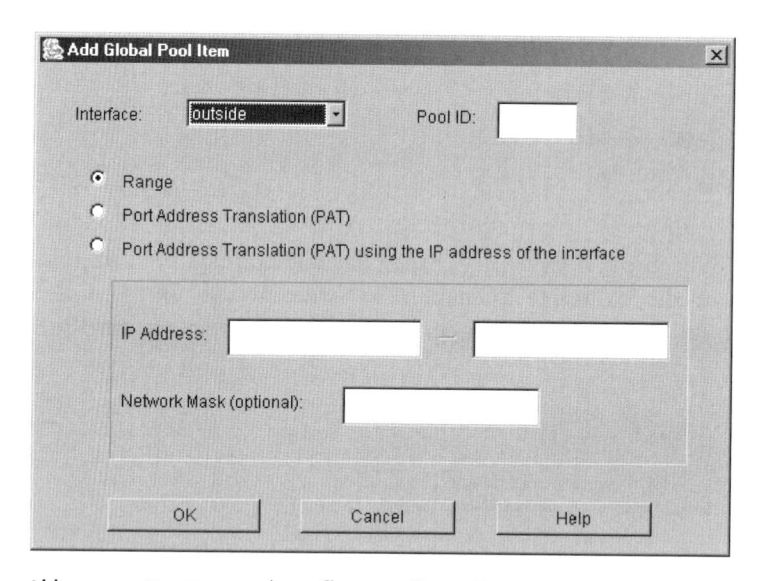

Abb. 9.51: Das Fenster ADD GLOBAL POOL ITEM

In diesem Fenster wird ein externer oder interner Pool definiert; hier kann überdies die Pool-ID definiert werden. Des Weiteren können Sie die Form der gewünschten Übersetzung angeben, beispielsweise einen dynamischen Bereich (mit RANGE), PAT (mit PORT ADDRESS TRANSLATION (PAT)) oder Interface-PAT (mit PORT

ADDRESS TRANSLATION (PAT) USING THE IP ADDRESS OF THE INTERFACE). Das Ausfüllen der jeweiligen Felder ist abhängig von der getroffenen Auswahl; anschließend klicken Sie auf OK.

Im Rahmen der Übung zu diesem Thema wird Interface-PAT unter Verwendung der externen Schnittstelle der Firewall konfiguriert. Hierbei wird IP-Adressbereich auf dem externen Netzwerk eingespart. Alternativ hierzu kann reguläre PAT mit externer IP-Adresse für den Pool gewählt werden. Um Interface-PAT zu konfigurieren, wählen Sie die externe Schnittstelle aus dem Pulldown-Menü INTERFACE und geben im Feld POOL-ID eine Ganzzahl wie beispielsweise 1 ein. Null ist verboten, denn die Pool-ID 0 ist für Nicht-NAT-Konfigurationen reserviert. Klicken Sie auf den dritten Optionsschalter, PORT ADDRESS TRANSLATION (PAT) USING THE IP ADDRESS OF THE INTERFACE, und danach auf OK. Da die externe IP-Adresse der PIX als PAT-Adresse angegeben wurde, sind keine weiteren Angaben erforderlich. Der in Abbildung 9.52 angezeigte Bildschirm MANAGE GLOBAL ADDRESS POOLS wird angezeigt.

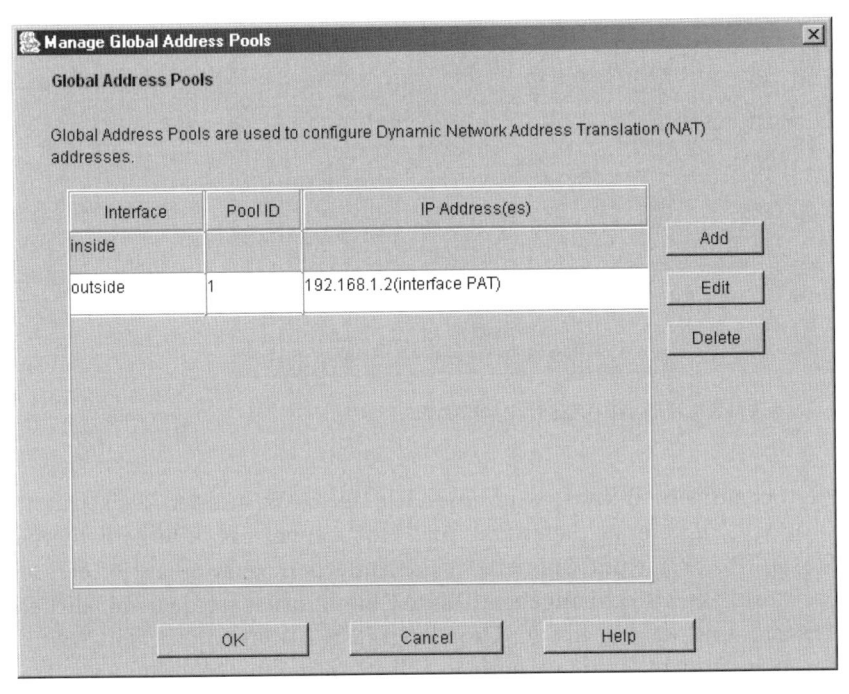

Abb. 9.52: MANAGE GLOBAL ADDRESS POOLS

Die Spalte mit den IP-Adressen enthält die IP-Adresse der externen PIX-Firewall. Mit OK kehren Sie zum Register TRANSLATION RULES zurück.

Aufgrund dieser Architektur kann die externe IP-Adresse der Firewall in einer dynamischen NAT-Konfiguration verwendet werden. Wählen Sie anschließend aus dem Dropdown-Menü RULES die Option ADD für die Erzeugung einer neuen dynamischen Adressübersetzung auf der Firewall. Daraufhin erscheint das Fenster ADD ADDRESS TRANSLATION RULE (siehe Abbildung 9.53).

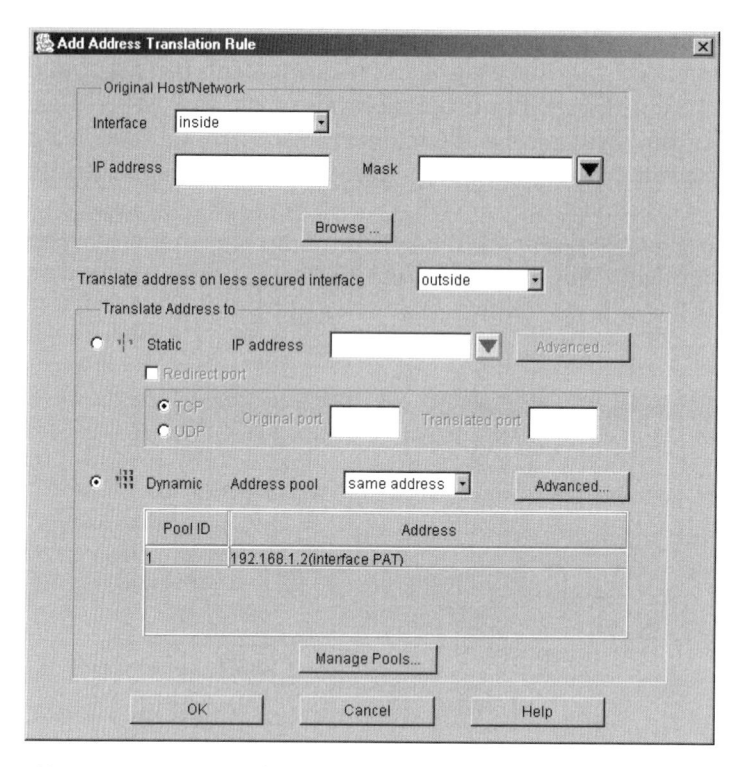

Abb. 9.53: Das Fenster ADD ADDRESS TRANSLATION RULE

Mithilfe der Schaltfläche BROWSE wird eine Liste der zuvor auf der Registerkarte HOSTS/NETWORKS definierten Netzwerke und Hosts angezeigt. Alternativ hierzu können Sie die IP-Adresse und Subnet Mask des internen Netzwerks (IP-Adresse: 172.20.0.0, Mask: 255.255.0.0) angeben. Da PAT konfiguriert werden soll, klicken Sie auf DYNAMIC und wählen aus der Dropdown-Liste ADDRESS POOL den Wert 1. Diese Auswahl entspricht der im vorherigen Schritt definierten globalen Pool-ID.

Mithilfe der Schaltfläche ADD können Sie das Fenster ADVANCED NAT OPTIONS anzeigen. In diesem Fenster können die im Bildschirm TRANSLATION RULES angezeigten Optionen bearbeitet werden, beispielsweise DNS REWRITE. Zum Abschluss klicken Sie auf OK. Im Bildschirm TRANSLATION RULES werden mit APPLY TO PIX die Firewall aktualisiert und die Änderungen wirksam gemacht. Danach sollten interne Hosts auf externe Ressourcen zugreifen können.

Konfiguration der PIX-Firewall mithilfe von PDM

> **Hinweis**
>
> Im Fenster ADD ADDRESS TRANSLATION RULE können sämtliche Hosts durch Eingabe von 0.0.0.0 in die Felder IP ADDRESS und MASK angegeben werden. Es empfiehlt sich, die zu übersetzenden Netzwerke einzeln anzugeben, damit die Netzwerke genau bekannt sind, die Daten nach außen über die Firewall senden. Bei umfangreichen Netzwerken ist dies das Mittel der Wahl.

In SOHO-Umgebungen mit beschränktem Zugriff auf externen IP-Bereich ist der Einsatz von Interface-PAT unbedingt anzuraten. Angenommen, Sie verfügen nur über eine Ihnen vom ISP gelieferte statische externe IP-Adresse. In diesem Fall können Sie Interface-PAT nur sowohl für Inbound- als auch für Outbound-Verbindungen verwenden. Nun muss unter diesen Bedingungen noch ein Mail-Server integriert werden.

Sie haben bereits ein Host-Objekt ausgehend von der Registerkarte HOSTS/NETWORKS integriert; nun integrieren Sie durch erneute Auswahl von ADD im Dropdown-Menü RULES eine statische Übersetzungsregel. Klicken Sie auf die Schaltfläche BROWSE und wählen Sie das Host-Objekt MAIL (siehe Abbildung 9.54).

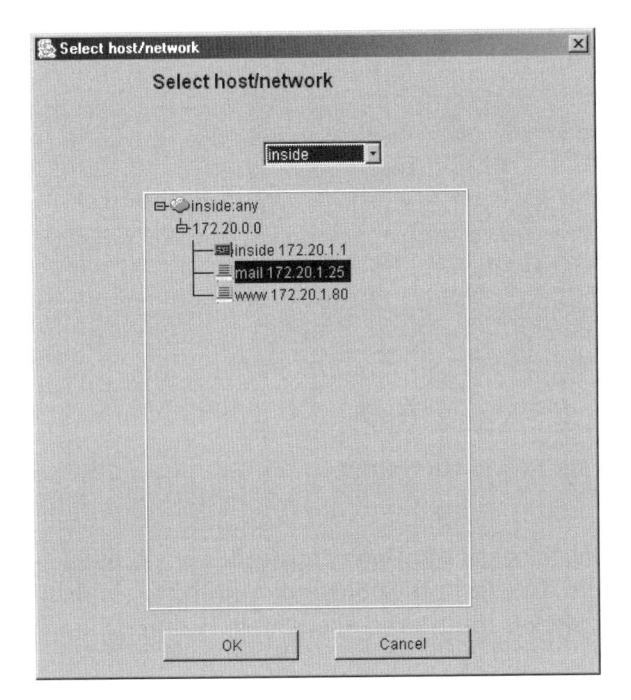

Abb. 9.54: Das Fenster SELECT HOST/NETWORK

Danach klicken Sie auf den Optionsschalter STATIC und wählen in der Pulldown-Liste IP ADDRESS die Option INTERFACE IP. In der Regel reicht das zur Erzeugung einer statischen NAT-Konfiguration ähnlich der bereits für den Web-Server konfigurierten. Es wurde jedoch bereits eine allgemein gültige Interface-PAT-Regel für sämtliche internen Netzwerke definiert. Daher muss auch die Umleitung für die eigentlichen Ports definiert werden. Dies geschieht über das Kontrollkästchen REDIRECT PORT und den Optionsschalter TCP. Geben Sie in die Felder ORIGINAL PORT und TRANSLATED PORT »25«, den TCP-Port für SMTP- (Mail-) Dienste ein. Daraufhin wird das Fenster ADD ADDRESS TRANSLATION RULE angezeigt (siehe Abbildung 9.55).

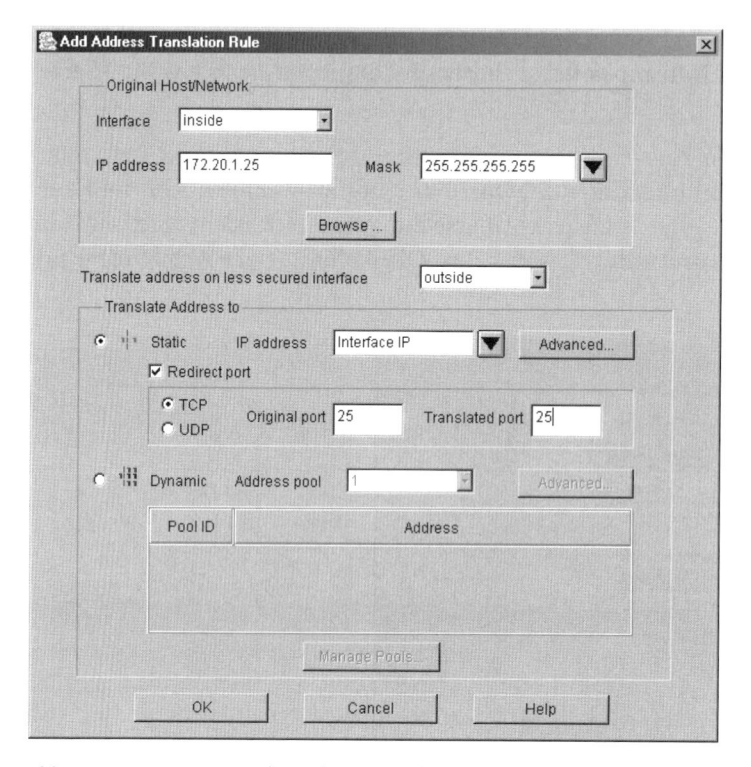

Abb. 9.55: Das Fenster ADD ADDRESS TRANSLATION RULE

Mit einem Klick auf OK fügen Sie die Regel ein. Unter Umständen erscheint hierbei eine Warnmeldung des Inhalts, dass die neue Konfiguration die bereits vorhandene NAT-Regel für interne Netzwerk-Schnittstellen überschreibt. Klicken Sie zur Fortsetzung auf PROCEED.

Durch diese Konfiguration wird eine Übersetzung der statischen Adresszuweisung zwischen der externen IP-Adresse der Firewall und der internen IP-Adresse 172.20.1.25 des Mail-Servers in die Wege geleitet, jedoch nur für TCP-Port 25.

Im nächsten Abschnitt werden Zugriffsregeln für den Verkehr durch diese Firewall für die neuen Server definiert.

9.4.5 Konfiguration von Zugriffsregeln

Nach der Konfiguration von NAT (siehe vorherige Übung) sollten interne Clients in der Lage sein, auf externe Ressourcen zuzugreifen. Auch wenn keine spezifische Regel zum Durchlassen eines solchen Outbound-Verkehrs manuell definiert wurde, läuft dies implizit durch die konfigurierten Sicherheitsstufen der Schnittstelle.

Gemäß Cisco-Terminologie ist Verkehr von Firewall-Schnittstellen mit höherer Sicherheitsstufe zu solchen mit niedrigerer Stufe stets zulässig. In der Beispielnetzwerkarchitektur besitzt z.B. die externe Schnittstelle der Firewall-Adresse 192.168.1.2 die Sicherheitsstufe 0, die interne Schnittstelle der Firewall bei Adresse 172.20.1.1 jedoch die Stufe 100. Hierdurch kann interner Verkehr die Firewall ohne ausdrückliche Genehmigung passieren.

Diese implizite Regel wird jedoch für jenen Verkehr umgedreht, der von einer Schnittstelle mit niedrigerer Sicherheitsstufe zu einer mit höherer Sicherheitsstufe läuft. Derartiger von externen an interne Netzwerke gesandter Verkehr wird stets implizit verweigert, sofern keine ausdrückliche Erlaubnis vorliegt. Daher ist eine Zugriffsregel für Inbound-Verkehr erforderlich.

Neue Zugriffsregeln werden mithilfe der Registerkarte ACCESS RULES im PDM-Hauptfenster hinzugefügt; hierbei erscheint der Bildschirm ACCESS RULES (siehe Abbildung 9.56).

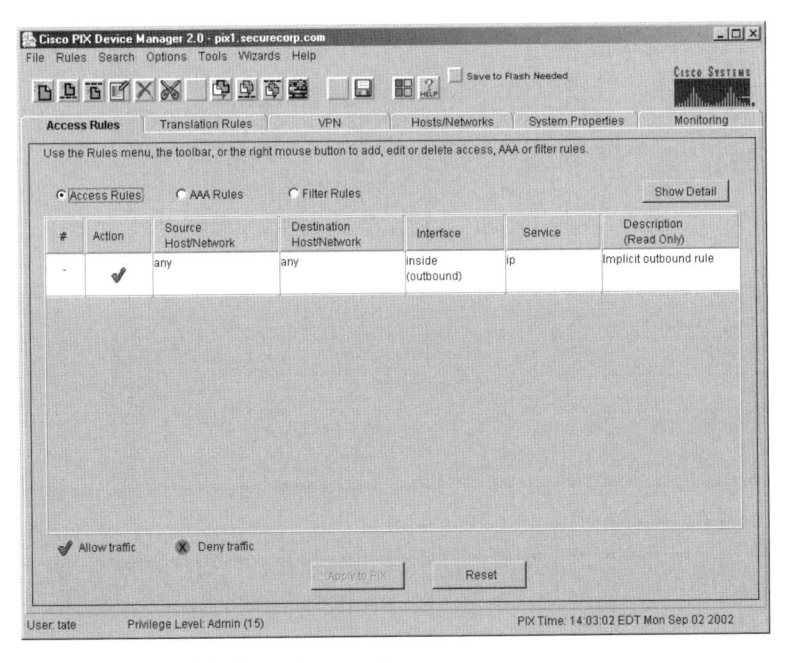

Abb. 9.56: Der Bildschirm ACCESS RULES

Hier ist die vorhandene Regel zu sehen, die automatisch von der PIX-Firewall hinzugefügt wurde und den Outbound-Zugriff über die Firewall implizit erlaubt. In diesem Bildschirm können Sie Zugriffs-, AAA- und Filterregeln mit den entsprechenden Optionsschaltern konfigurieren. Zugriffsregeln kontrollieren spezifischen Verkehr durch die Firewall, AAA-Regeln konfigurieren AAA auf bestimmten, durch die Firewall genehmigten Verbindungen, und Filterregeln erlauben bzw. sperren bestimmte URLs bzw. Anwendungsfunktionalität wie beispielsweise Outbound-Java oder -ActiveX. Wie bei Übersetzungsregeln gilt auch hier: Sie können die Regeln über Dropdown-Menüs des PDM-Hauptbildschirms, Shortcuts oder per rechtem Mausklick im Regelbildschirm bearbeiten.

Zugriffsregeln

Im Folgenden werden diese Regeln anhand einer Übung weiter verdeutlicht, in der Web- und Mail-Verkehr zu den Beispiel-Hosts zugelassen wird. Mit ADD aus dem Dropdown-Menü RULES wird der Zugriff auf den internen Mail-Server freigegeben. Das Fenster ADD RULE entspricht in etwa Abbildung 9.57.

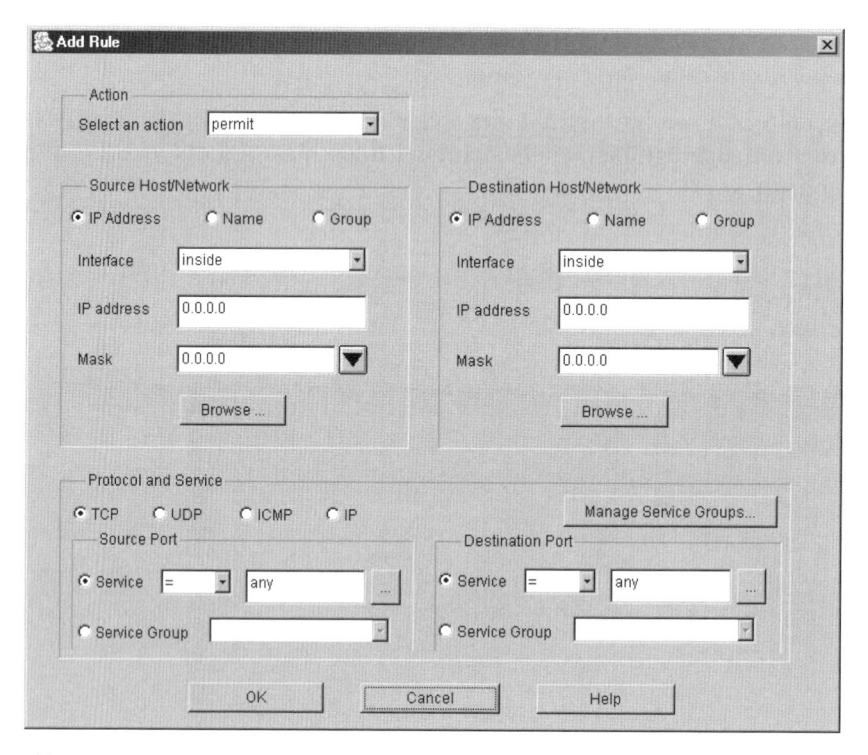

Abb. 9.57: Zugriffsregel einfügen

Ausgehend vom Fenster ADD RULE sind vier allgemeine Bereiche zu konfigurieren. Zunächst müssen Sie festlegen, ob die Regel Zugriff gestatten oder verwehren soll. Im vorliegenden Beispiel wählen Sie im Pulldown-Menü SELECT AN ACTION die Option PERMIT. Als Quell- und Zieldaten sind IP-Adressen, Namen oder Objektgruppen vorgesehen. Im Rahmen dieser Übung soll jeder Benutzer Zugriff auf den eigenen Mail-Server erhalten. Klicken Sie im Bereich SOURCE HOST/NETWORK des Fensters ADD RULE auf den Optionsschalter IP ADDRESS. Im Pulldown-Menü INTERFACE wählen Sie OUTSIDE; sorgen Sie dafür, dass die Felder IP ADDRESS und MASK nie leer sind (siehe Abbildung 9.57). Hierdurch wird gewährleistet, dass alle möglichen auf der externen Schnittstelle der Firewall ankommenden Netzwerke angezeigt werden.

Danach wird der Mail-Server im Abschnitt DESTINATION HOST/NETWORK des Fensters ADD RULE angegeben. Klicken Sie hierfür auf den Optionsschalter IP ADDRESS und wählen Sie in der Pulldown-Liste INTERFACE die Option INSIDE. Danach klicken Sie auf die Schaltfläche BROWSE und wählen im Popup-Fenster das Objekt MAIL.

Nach der Auswahl der Quelle und des Ziels, die den Zugriff erlauben, werden nun die Protokolle und Dienste für die Freigabe konfiguriert. Da es sich im vorliegenden Beispiel um einen Mail-Server handelt, ist TCP-Port 25 (SMTP) der Port der Wahl. Auch TCP-Port 993 (Secure IMAP) sollte freien Zugang haben, damit die eigenen Benutzer sicher von Remote-Standorten aus auf ihre Mails zugreifen können.

In früheren Versionen wären diese beiden Dienste nur mit zwei unterschiedlichen Zugriffsregeln möglich gewesen. Mittlerweile ermöglicht jedoch neue Funktionalität in der PIX-Firewall die Bildung von Dienstegruppenobjekten. Hierdurch wird die Regelverwaltung vereinfacht und eine effizientere Regelverarbeitung ermöglicht. Daher gilt: Vor der Integration von Protokollen und Diensten in die Regel muss eine Mail-Dienstegruppe konfiguriert werden.

Öffnen Sie per Klick auf die Schaltfläche MANAGE SERVICE GROUPS das gleichnamige Fenster (siehe Abbildung 9.58). Alternativ hierzu können Sie auf dieses Fenster durch Auswahl von MANAGE GROUPS im Menü TOOLS des PDM-Hauptbildschirms zugreifen.

In diesem Fenster können Sie Gruppen von TCP-, UDP- und TCP-UDP-Diensten für die Anwendung auf Zugriffsregeln bilden. Wenn Sie eine neue TCP-Dienstegruppe bilden möchten, klicken Sie zunächst auf den Optionsschalter TCP und danach auf ADD. Hierauf erscheint das Fenster ADD SERVICE; es entspricht ungefähr dem Fenster in Abbildung 9.59.

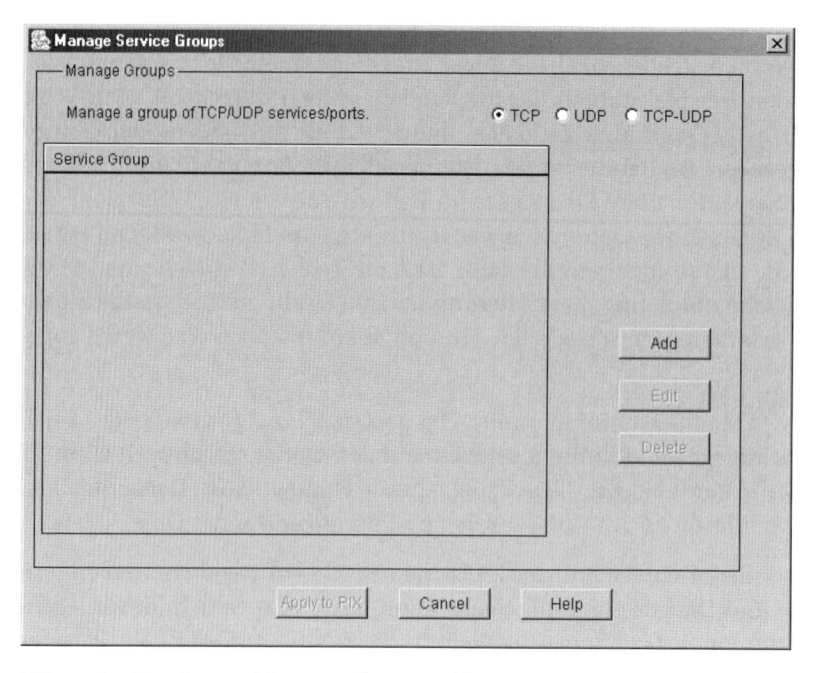

Abb. 9.58: Das Fenster MANAGE SERVICE GROUPS

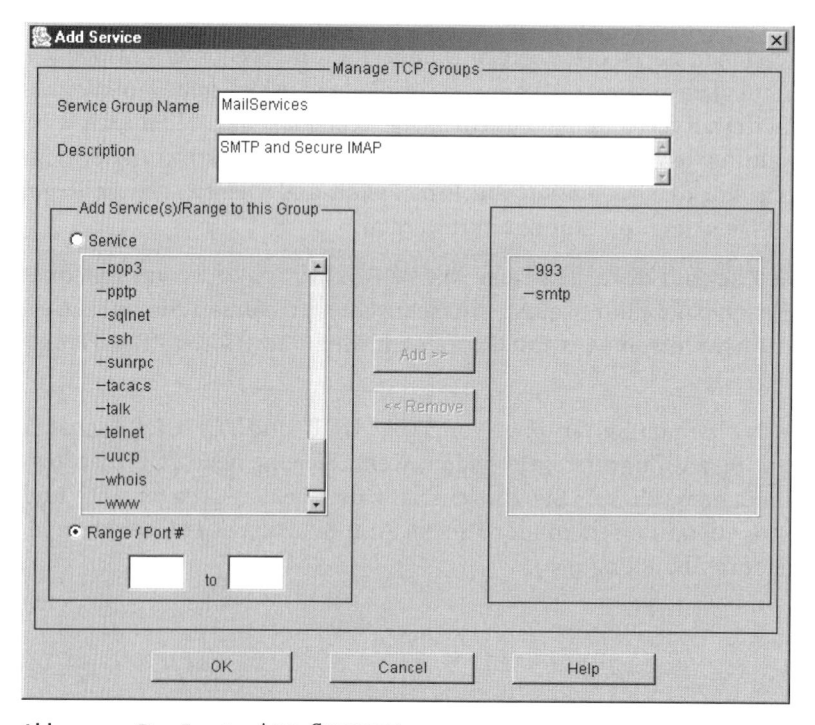

Abb. 9.59: Das Fenster ADD SERVICE

In diesem Fenster geben Sie einen Namen für die Dienstegruppe sowie bestimmte Dienste für diese Gruppe wie folgt an:

1. Geben Sie im Feld SERVICE GROUP NAME »MailServices« ein; auf Wunsch tragen Sie im Feld DESCRIPTION eine Beschreibung ein. Die PIX enthält etliche gängige vordefinierte Dienste für die Verwendung in Dienstegruppen. Blättern Sie die entsprechende Liste in Richtung Listenende durch, wählen Sie SMTP und klicken Sie auf ADD.

2. Für sicheres IMAP muss ein benutzerdefinierter Dienst integriert werden, da sicheres IMAP nicht als Dienst vorkonfiguriert ist. Hierfür klicken Sie auf den Optionsschalter RANGE/PORT # und geben im ersten Feld »993« ein. Port-Bereiche sind ebenfalls zulässig, doch für sicheres IMAP ist lediglich TCP-Port 993 erforderlich.

3. Fügen Sie den neuen Dienst durch Auswahl von ADD in das Fenster SERVICES GROUP links ein.

4. Klicken Sie auf OK; der Dienst wird in die Gruppe aufgenommen und das Fenster MANAGE SERVICE GROUPS wird wieder angezeigt.

5. Klicken Sie in diesem Fenster auf APPLY TO PIX; danach wird wieder das Fenster ADD RULE aufgerufen.

Nun wird die neu eingerichtete Dienstegruppe in die Mail-Server-Regel eingetragen. Klicken Sie im Abschnitt PROTOCOL AND SERVICE auf den Optionsschalter TCP. Da der Quell-Port willkürlich ist, wird der Abschnitt SOURCE PORT mit SERVICE = ANY unverändert beibehalten. Klicken Sie im Abschnitt DESTINATION PORT auf den Optionsschalter SERVICEGROUP und wählen Sie aus der Pulldown-Liste MAILSERVICES.

> **Hinweis**
> Unter Umständen muss die PDM-Konfiguration vor dem Konfigurieren einer neu hinzugefügten Dienstegruppe in einer Regel aktualisiert werden.

Klicken Sie auf OK, um zum Bildschirm ACCESS RULES zurückzukehren.

Definieren Sie zur Übung eine zweite Zugriffsregel für den internen Web-Server. Klicken Sie in diesem Fall auf den Optionsschalter GROUP und wählen Sie aus der Pulldown-Liste WEBSERVERS; geben Sie keine individuelle IP-Adresse im Abschnitt DESTINATION HOST/NETWORK im Fenster ADD RULE an. Durch diese Auswahl werden alle Objekte in der Gruppe *WebServer* (in früheren Übungen eingefügt) zugewiesen; somit wird die Regelverwaltung vereinfacht. Wählen Sie im Abschnitt PROTOCOL AND SERVICE des Fensters ADD RULE den Optionsschalter SERVICE und geben Sie in das entsprechende Feld HTTP ein. Alternativ hierzu können Sie auf die Schaltfläche ... klicken und HTTP aus der Popup-Liste SERVICES auswählen. Klicken Sie nach Abschluss auf OK; hierdurch wird die Regel integriert, und das Fenster ACCESS RULES wird wieder angezeigt (siehe Abbildung 9.60).

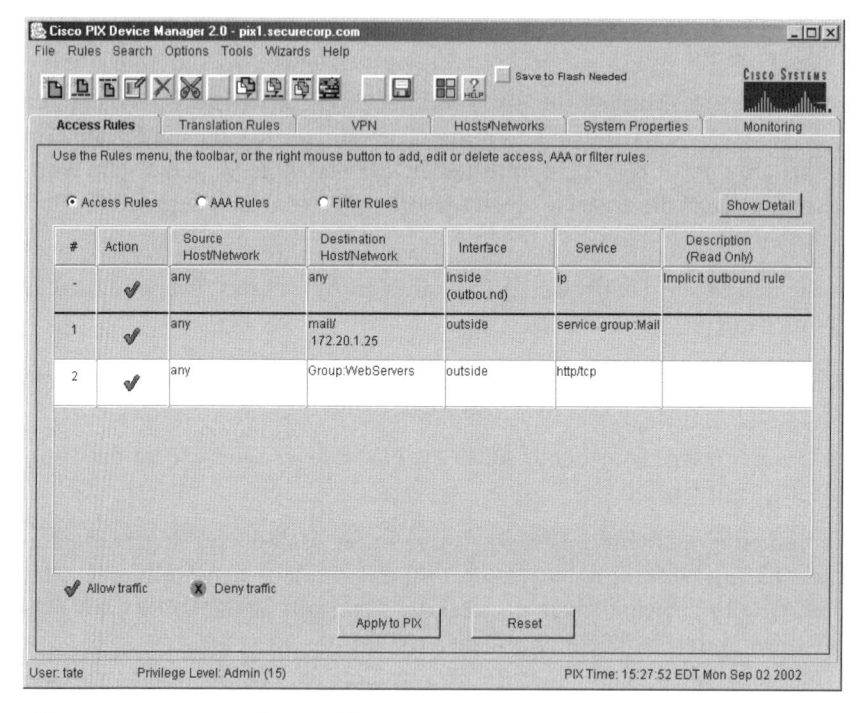

Abb. 9.60: Das Fenster ACCESS RULES

Nach der Anwendung der neuen Regeln auf die PIX-Firewall sollten die Mail- und Web-Dienste über freien Zugang zu den neuen Servern durch die Firewall verfügen. Es folgt ein Überblick über die übrigen Regelbildschirme: AAA RULES und FILTER RULES.

AAA Rules

Klicken Sie in der Registerkarte AAA RULES auf den Optionsschalter AAA RULES; der Bildschirm AAA RULES erscheint. Hier können Sie Regeln für den Betrieb von AAA-Servern und Connectivity durch die PIX-Firewall eintragen. Sie können beispielsweise eine Regel für Authentifizierung, Autorisierung und Kontrolle von Telnet-Verbindungen durch die Firewall unter Verwendung eines bestimmten TACACS+-Servers definieren.

Das Fenster ADD RULES können Sie über das Dropdown-Menü PDM RULES, die Shortcuts oder durch Betätigen der rechten Maustaste im Regelbildschirm öffnen (siehe Abbildung 9.61).

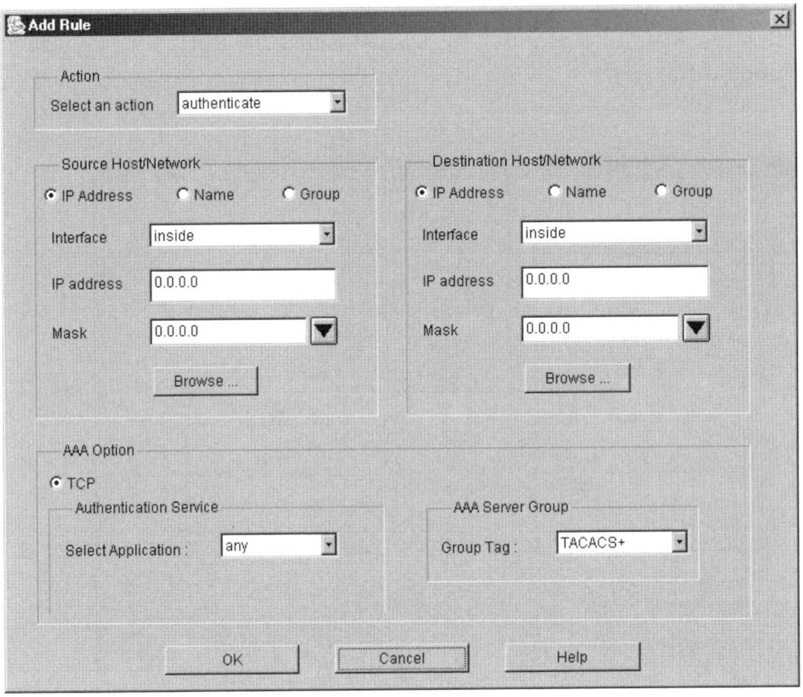

Abb. 9.61: Das Fenster AAA ADD RULE

Dieses Fenster ähnelt dem vorherigen Fenster ADD RULE. Hier können Sie unterschiedliche AAA-Aktionen, beispielsweise Authentifizierung oder Accounting, auf der Grundlage von Quell- und Zielvariablen sowie bestimmte Anwendungsdienste wie z. B. Telnet- oder HTTP wählen, die mithilfe der Bereiche AUTHENTICATION SERVICE oder AAA SERVER GROUP des Fensters ADD RULE gegenüber einer bestimmten, zuvor definierten AAA-Server-Gruppe authentifiziert werden sollen.

Filter Rules

Die letzte Funktionalität zur Regelerzeugung im Bildschirm ACCESS RULES ist FILTER RULES. Klicken Sie auf der Registerkarte ACCESS RULES auf den Optionsschalter FILTER RULES. Mithilfe von Filterregeln werden bestimmte URLs für den Benutzerzugriff freigegeben bzw. gesperrt. Diese Funktionalität kann für bestimmte und individuelle URLs oder auf der Grundlage der Wechselwirkung mit einem URL-Filtering-Server gemäß den Angaben in der Kategorie URL FILTERING auf der Registerkarte SYSTEM PROPERTIES zur Verfügung gestellt werden. Websense und N2H2 sind zwei solcher gültigen URL-Filtering-Dienste. Vor der Konfiguration von URL-Filtering muss zunächst auf der Registerkarte SYSTEM PROPERTIES ein URL-Filtering-Server festgelegt werden.

Im Bildschirm FILTER RULES können Sie außerdem die PIX-Firewall für das Durchlassen bzw. Abblocken bestimmter ActiveX- oder Java-Funktionalität konfigurieren. Hierfür wählen Sie ADD im Menü RULES. Das Fenster ADD RULE wird angezeigt (siehe Abbildung 9.62).

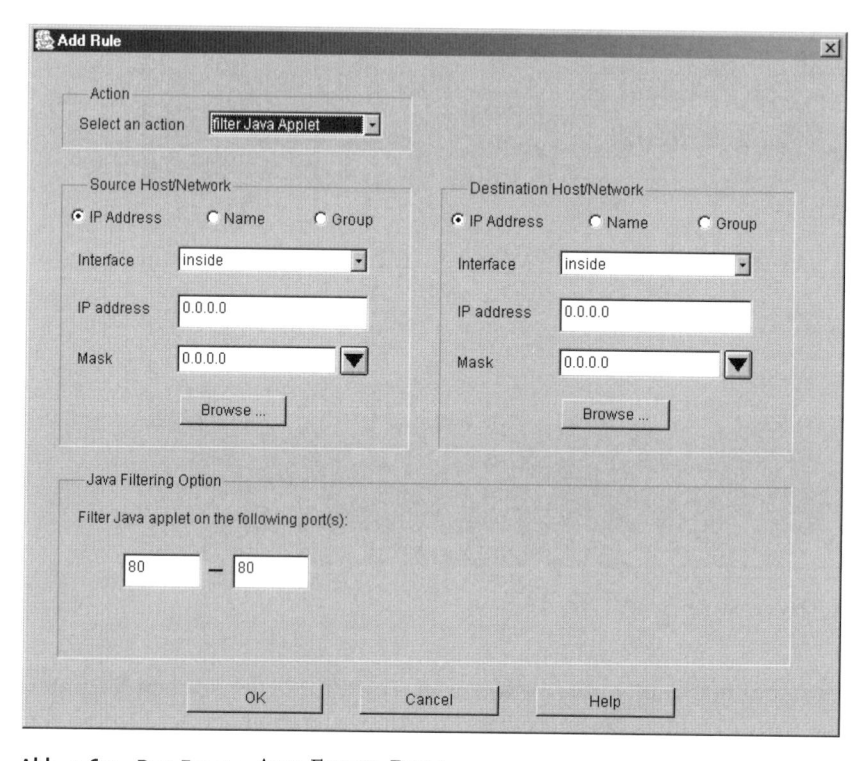

Abb. 9.62: Das Fenster ADD FILTER RULE

Wählen Sie im Pulldown-Menü SELECT AN ACTION die Option FILTER JAVA APPLET, füllen Sie die entsprechenden Felder SOURCE HOST/NETWORK und DESTINATION HOST/NETWORK aus und geben schließlich die Ports an, über die die Applets gefiltert werden sollen. In der Regel ist dies Port 80, denn das ist das Standarddienst-HTTP. Klicken Sie zum Abschluss auf OK, um zur Registerkarte ACCESS RULES zurückzukehren.

Sie haben nun die Firewall selbst konfiguriert, bestimmte Hosts und Netzwerkobjekte erzeugt, NAT-Regeln definiert sowie Inbound- und Outbound-Zugriff durch die Firewall gestattet. Das nächste Thema lautet VPN-Konfiguration.

9.4.6 VPN-Konfiguration

Virtual Private Networks setzen sich weltweit in Netzwerken immer mehr durch. VPNs in Unternehmen bieten zahlreiche Vorteile und werden wohl auch weiterhin an Popularität gewinnen. PDM enthält Funktionen zum Einrichten, Verwalten und Überwachen von VPN-Zugriff durch die PIX-Firewall. Darüber hinaus steht ein VPN Wizard zur vereinfachten VPN-Konstruktion zur Verfügung. In diesem Abschnitt werden die VPN-bezogenen Funktionen von PDM besprochen und zwei Übungen angeboten: die Konfiguration eines Site-to-Site-VPN und die Konfiguration von VPNs für den Cisco-Software-VPN-Client.

Die PIX-Firewall unterstützt eine Reihe von Tunneling-Protokollen, beispielsweise IPsec, PPTP und L2TP. Auf der PIX wird IPsec ausschließlich für Site-to-Site-VPNs eingesetzt; Remote-Zugriffs- oder Client-VPNs können hingegen mit allen drei Protokollen konstruiert werden.

Öffnen Sie im PDM-Hauptbildschirm den VPN-Bildschirm per Klick auf die Registerkarte VPN (siehe Abbildung 9.63).

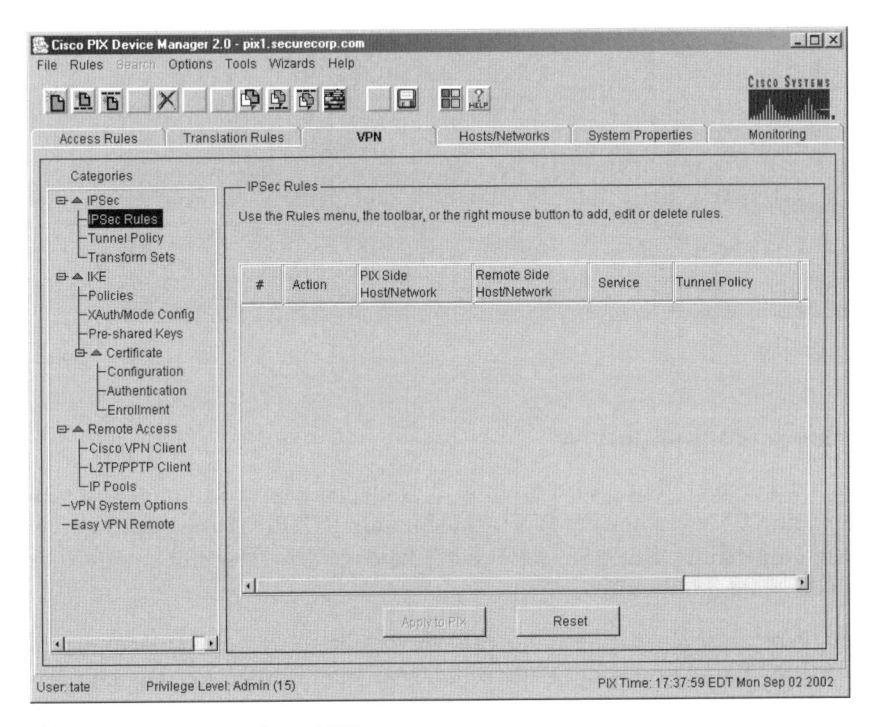

Abb. 9.63: Die Registerkarte VPN

Ähnlich der Registerkarte SYSTEM PROPERTIES enthält auch der VPN-Bildschirm auf der linken Seite Kategorien, die nach Auswahl den Bildschirminhalt auf der rechten Seite ändern. Die Hauptkategorien sind *IPSec, IKE, Remote Access, VPN System Options* und *Easy VPN Remote*. Vor der eigentlichen Erläuterung dieser Kategorien und ihrer Teilkategorien bauen wir als Übung zunächst ein Site-to-Site-IPSec-VPN und ein IPSec-VPN für den Cisco-VPN-Client für die Arbeit mit dem VPN Wizard auf.

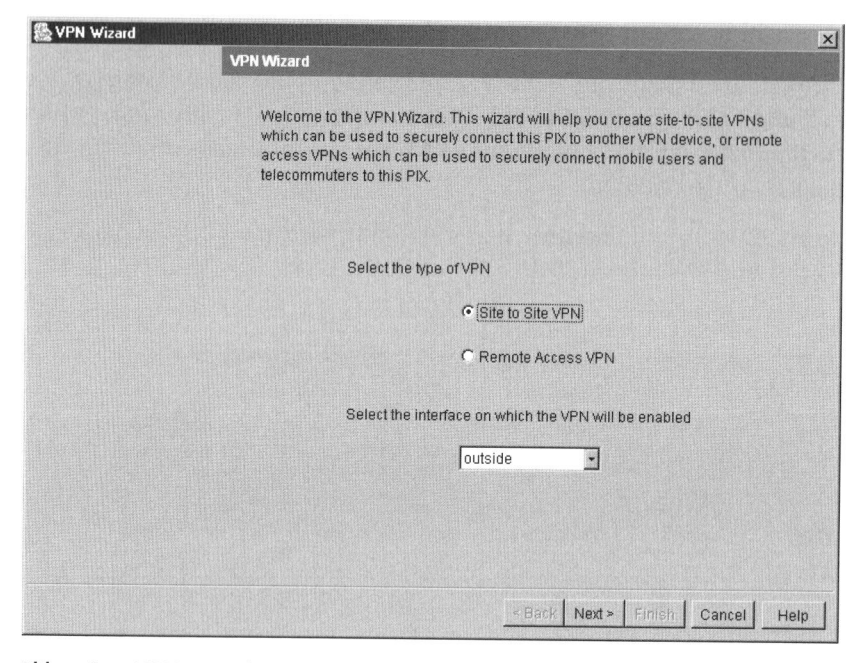

Abb. 9.64: VPN Wizard

Konfiguration eines Site-to-Site-VPN

Im Rahmen der ersten Übung wird mithilfe der Beispielnetzwerkarchitektur SecureCorp.com ein VPN zwischen der PIX in Washington DC (PIX1) und derjenigen in Prag (PIX2) aufgebaut. Öffnen Sie das Fenster REMOTE SITE PEER mit einem Klick auf NEXT (siehe Abbildung 9.65).

In diesem Fenster legen Sie fest, ob mit vorverteilten, gemeinsam genutzten Schlüsseln (Pre-Shared Keys) oder Zertifikaten gearbeitet werden soll. Digitale Zertifikate gewährleisten eine sicherere VPN-Tunnel-Konfiguration als Pre-Shared Keys. Der Einfachheit halber soll jedoch das Site-to-Site-VPN unter Verwendung von Pre-Shared Keys konfiguriert werden.

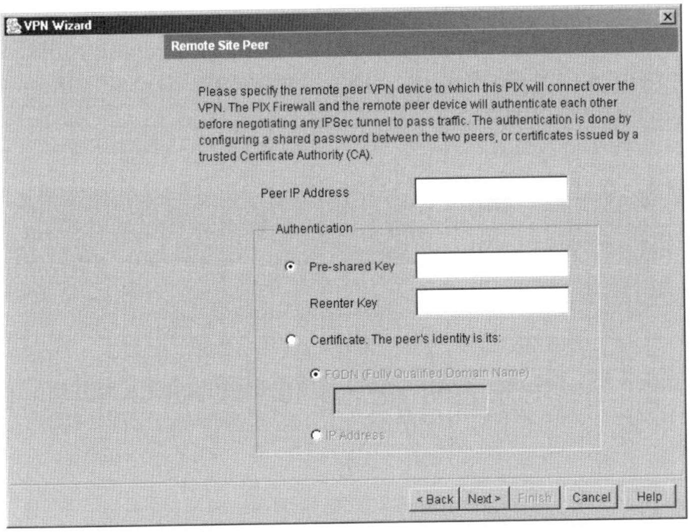

Abb. 9.65: Das Fenster REMOTE SITE PEER

Geben Sie unter Verwendung der Beispielarchitektur SecureCorp.com in das Feld PEER IP ADDRESS »192.168.2.2« ein (dies ist die externe IP-Adresse der PIX-Firewall PIX2 in Prag). Danach geben Sie in die Felder PRE-SHARED KEY und REENTER KEY eine Zeichenkette aus Zahlen und Buchstaben ein. Dieser Schlüssel sollte mindestens acht Zeichen enthalten und nicht leicht erratbar sein. Merken Sie sich den an dieser Stelle eingegebenen Schlüssel, denn Sie müssen ihn bei der Konfiguration der Remote-PIX-Firewall erneut eingeben. Nach Klicken auf NEXT erscheint das Fenster IKE POLICY (siehe Abbildung 9.66).

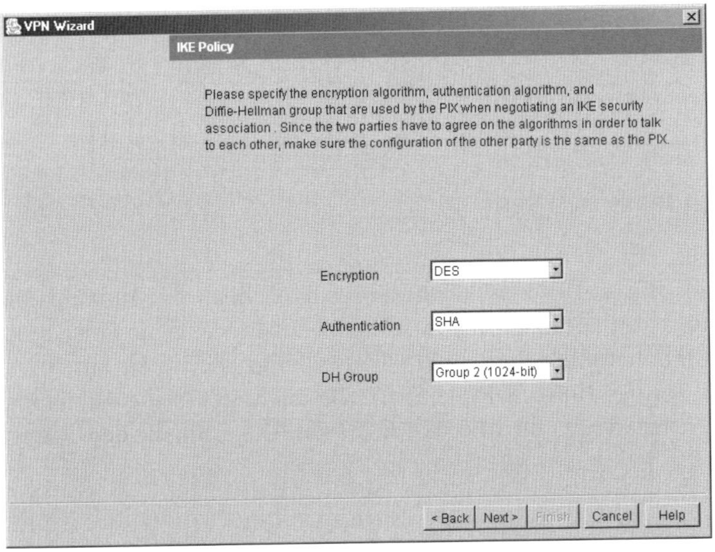

Abb. 9.66: Das Fenster IKE POLICY

Legen Sie mithilfe der entsprechenden Dropdown-Listen die Einstellungen für ENCRYPTION, AUTHENTICATION und DH GROUP fest. Diese Einstellungen müssen Sie sich unbedingt merken, da auf der Remote-PIX-Firewall eine identische Konfiguration vorgenommen werden muss.

> **Hinweis**
>
> 3DES ermöglicht bessere Verschlüsselungsmechanismen und ist nur mit einer 3DES-Lizenz von Cisco verfügbar.

Klicken Sie auf NEXT, wird das Fenster TRANSFORM SET geöffnet (siehe Abbildung 9.67).

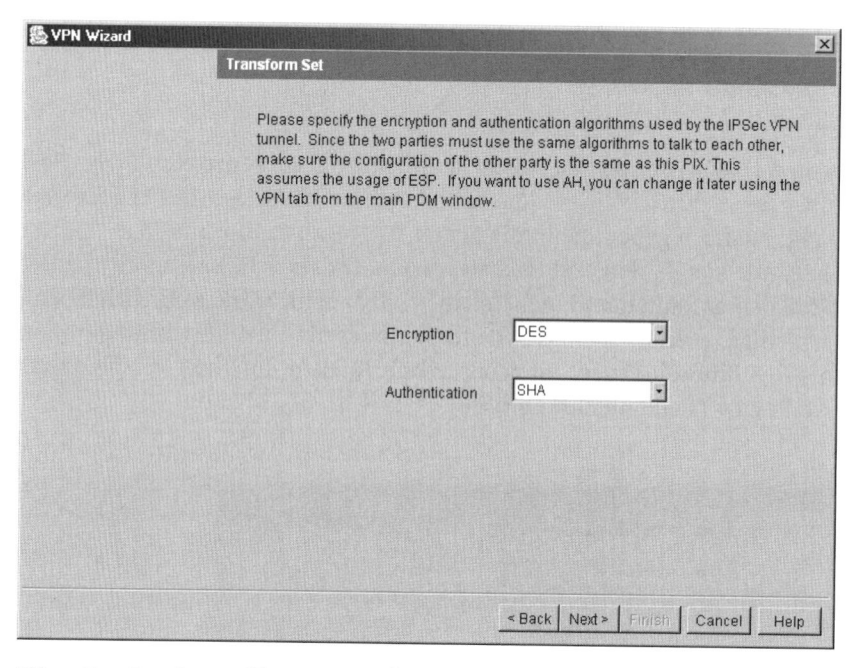

Abb. 9.67: Das Fenster TRANSFORM SET

Ähnlich dem Fenster IKE POLICY ermöglicht dieser Bildschirm die Auswahl von Verschlüsselungs- und Authentifizierungsvariablen. Denken Sie an die Einstellungen für die Konfiguration auf der Remote-PIX-Firewall und klicken Sie auf NEXT. Daraufhin wird das Fenster IPSEC TRAFFIC SELECTOR angezeigt (siehe Abbildung 9.68). In diesem Fenster werden die internen Adressen festgelegt, die den Tunnel passieren dürfen.

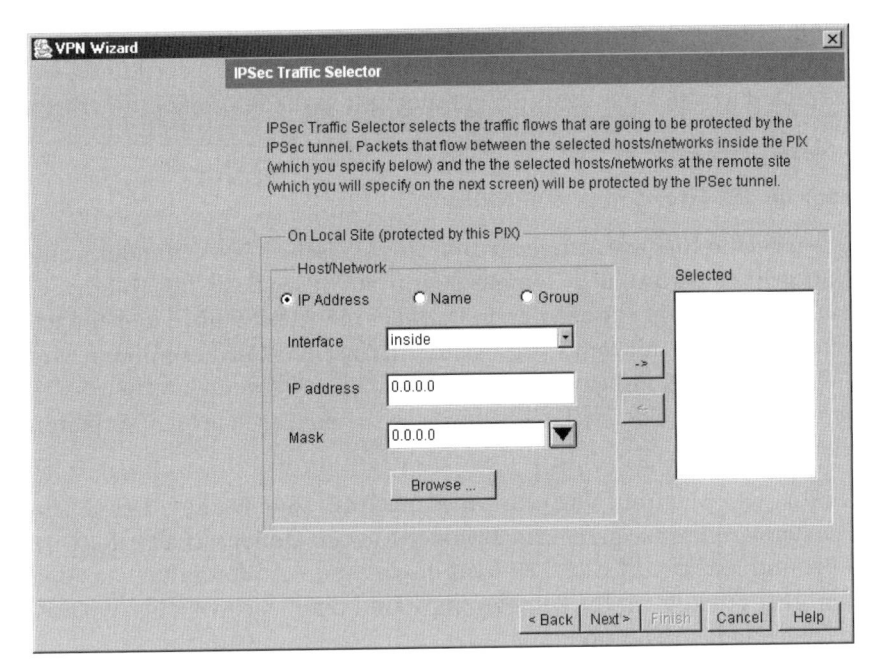

Abb. 9.68: Das Fenster IPSEC TRAFFIC SELECTOR

Für diese Übung wird das gesamte interne Netzwerk als lokales Standortnetzwerk verwendet. Alternativ hierzu könnte nur eine Teilmenge der Adressen im VPN zugelassen werden. Klicken Sie auf BROWSE und wählen Sie die interne Netzwerkadresse 172.20.0.0. Klicken Sie auf OK und danach im Fenster IPSEC TRAFFIC SELECTOR auf die Schaltfläche ->. Hierauf sollte die Adresse 172.20.0.0/16 im Fenster SELECTED erscheinen. Klicken Sie zur Fortsetzung der Arbeit auf NEXT.

Nach dem Aufbau des über das VPN zu transportierenden lokalen Standortnetzwerks muss das Remote-Netzwerk ausgewählt werden, an das das VPN angeschlossen wird. Das nächste Fenster ist dem soeben abgeschlossenen sehr ähnlich. In diesem Fenster geben Sie die IP-Adresse des internen Netzwerks in Prag, 172.16.0.0, mit einer Subnet Mask von 255.255.0.0 ein. Ein Popup-Fenster erscheint mit dem Hinweis, die PIX-Konfiguration enthalte keinen Host/kein Netzwerk für 172.16.0.0. Klicken Sie auf die entsprechende Aufforderung auf OK, um den neuen Netzwerkeintrag einzufügen; hierauf erscheint das Fenster CREATE HOST/NETWORK. Füllen Sie die erforderlichen Felder in diesem Fenster aus und klicken Sie erneut auf OK. Mit einem Klick auf die Schaltfläche -> wird das neue Netzwerk in das Fenster SELECTED übertragen.

Ein Klick auf FINISH schließt den VPN Wizard ab und die Registerkarte VPN wird erneut angezeigt. Bevor Sie mit dem VPN arbeiten können, müssen Sie die Konfiguration auf der PIX-Firewall in Prag wiederholen. Hierfür stehen folgende Möglichkeiten zur Verfügung: PDM-Session mit der Remote-Firewall, Befehlszeile oder andere Cisco-Software wie beispielsweise CSPM. Nach Abschluss der Konfiguration der Remote-Firewall kann das VPN getestet und in die Praxis überführt werden.

Konfiguration für den Cisco-Software-VPN-Client

Zwischen den beiden Niederlassungen wurde eine statische VPN-Verbindung aufgebaut. Nun geht es darum, den Remote-Zugriff auf IPsec-Basis für Mitarbeiter unterwegs und Tele-Arbeiter zu aktivieren. Damit es möglichst schnell und einfach geht, arbeiten wir wieder mit dem VPN Wizard. Im Anschluss an diese Übung wird die manuelle Konfiguration besprochen; im Hinblick auf einen einfachen VPN-Aufbau sind ganz entscheidende Unterschiede zwischen diesen beiden Verfahren festzustellen.

Klicken Sie im PDM-Menü auf WIZARDS und danach auf VPN WIZARD. Das gleichnamige Fenster wird angezeigt. Diesmal wählen Sie den Optionsschalter REMOTE ACCESS VPN und klicken auf NEXT. Hierauf erscheint die Aufforderung, aus den zahlreichen VPN-Funktionen für Remote-Zugriff auf die PIX einen VPN-Typ auszuwählen (siehe Abbildung 9.69).

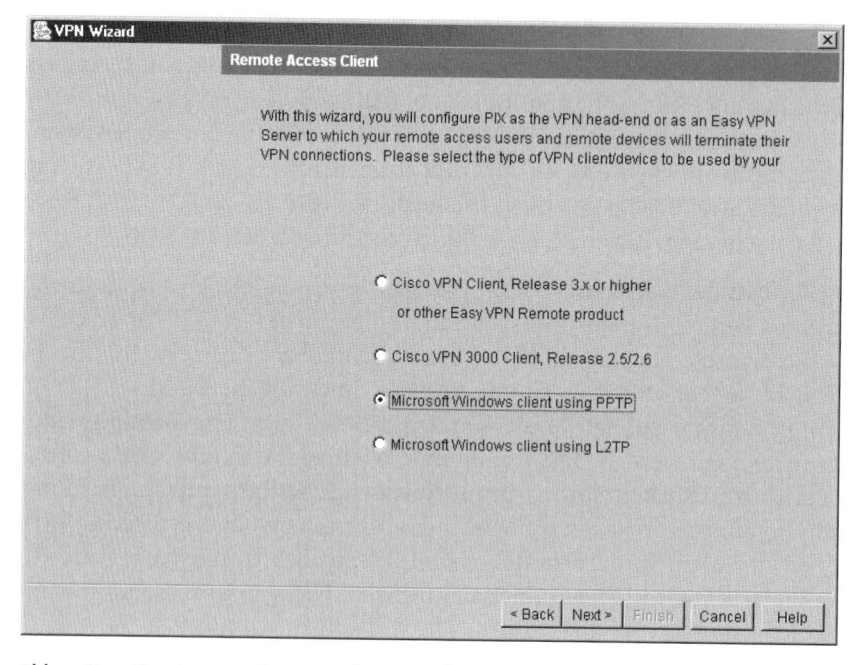

Abb. 9.69: Das Fenster REMOTE ACCESS CLIENT

Die PIX-Firewall unterstützt IPsec-Tunneling ausgehend vom Cisco-Software-VPN-Client sowie für die Microsoft-Protokolle PPTP und L2TP. Jeder VPN-Typ hat seine Stärken und Schwächen und verfügt über einen exakt auf seine Anforderungen zugeschnittenen VPN-Assistenten.

Da Sie ein VPN für den Cisco-VPN-Client konstruieren, klicken Sie auf den Optionsschalter CISCO VPN CLIENT, RELEASE 3.X OR HIGHER und danach auf NEXT. Anschließend wird das Fenster VPN CLIENT GROUP (siehe Abbildung 9.70) für das Anlegen individueller Gruppen für gemeinsam genutzten Remote-VPN-Zugriff angezeigt. Diese Gruppen verwenden einen vorverteilten, gemeinsam genutzten IKE-Schlüssel oder Zertifikate für das Verbinden und Abrufen von Gruppenattributen.

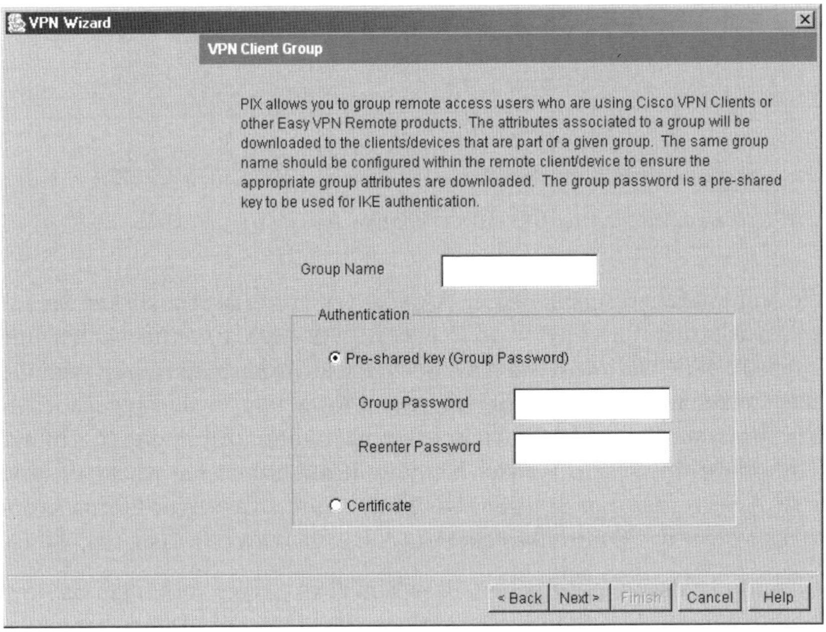

Abb. 9.70: Das Fenster VPN CLIENT GROUP

Geben Sie in diesem Fenster einen Gruppennamen in das Feld GROUP NAME ein und definieren Sie einen Pre-Shared Key, indem Sie auf den Optionsschalter PRE-SHARED KEY klicken und für die Gruppe im Feld GROUP PASSWORD ein Kennwort eingeben. Alternativ hierzu können Sie durch Klicken auf den Optionsschalter CERTIFICATE Zertifikate für die Authentifizierung verwenden. Indem Sie auf NEXT klicken, rufen Sie das Fenster EXTENDED CLIENT AUTHENTICATION auf (siehe Abbildung 9.71).

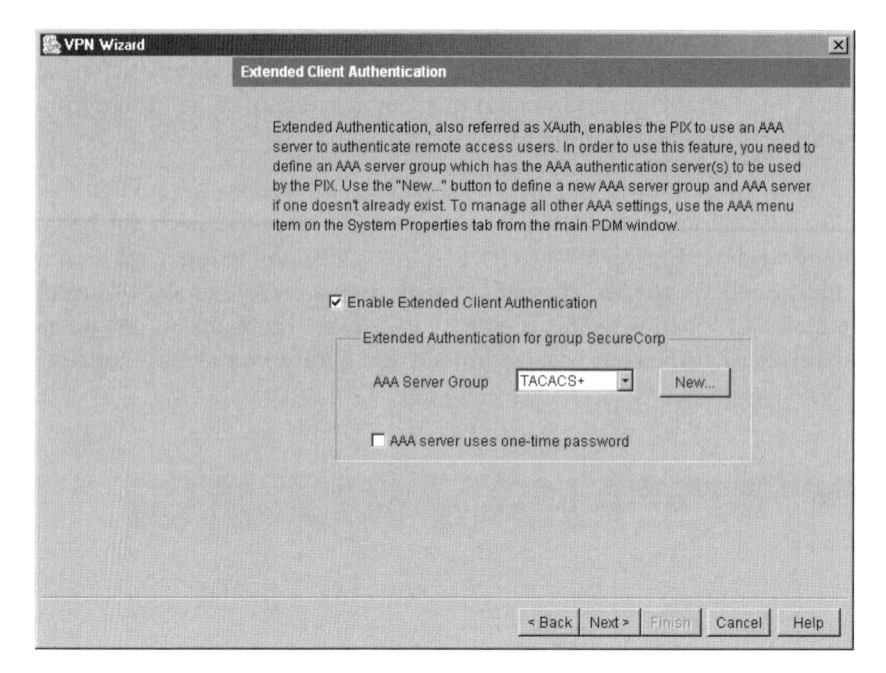

Abb. 9.71: VPN Wizard: Das Fenster EXTENDED CLIENT AUTHENTICATION

Falls Sie die Authentifizierung über einen AAA-Server laufen lassen, klicken Sie auf das Kontrollkästchen ENABLE EXTENDED CLIENT AUTHENTICATION und wählen eine Server-Gruppe in der Pulldown-Liste AAA SERVER GROUP aus. Hierdurch wird die PIX für die Konsultation des AAA-Servers/der AAA-Server in der angegebenen Gruppe zur Verifizierung der ID-Daten der Benutzer konfiguriert, die Zugriff auf das VPN anfordern. In diesem Fenster können Sie außerdem per Klick auf NEW eine neue AAA-Server-Gruppe anlegen. Unterstützt der AAA-Server Einmalkennwörter, markieren Sie das Kontrollkästchen AAA SERVER USES ONE-TIME PASSWORD.

Für diese Übung ist davon auszugehen, dass kein AAA-Server vorhanden ist und VPN-Verbindungen ohne Authentifizierung hergestellt werden. Daher heben Sie die Markierung von ENABLE EXTENDED CLIENT AUTHENTICATION auf und klicken auf NEXT.

Nach der weiter oben beschriebenen Festlegung der Authentifizierungsvariablen erscheint die Aufforderung zur Auswahl bzw. Erstellung eines VPN-Client-Adressen-Pools im Fenster ADDRESS POOL (siehe Abbildung 9.72).

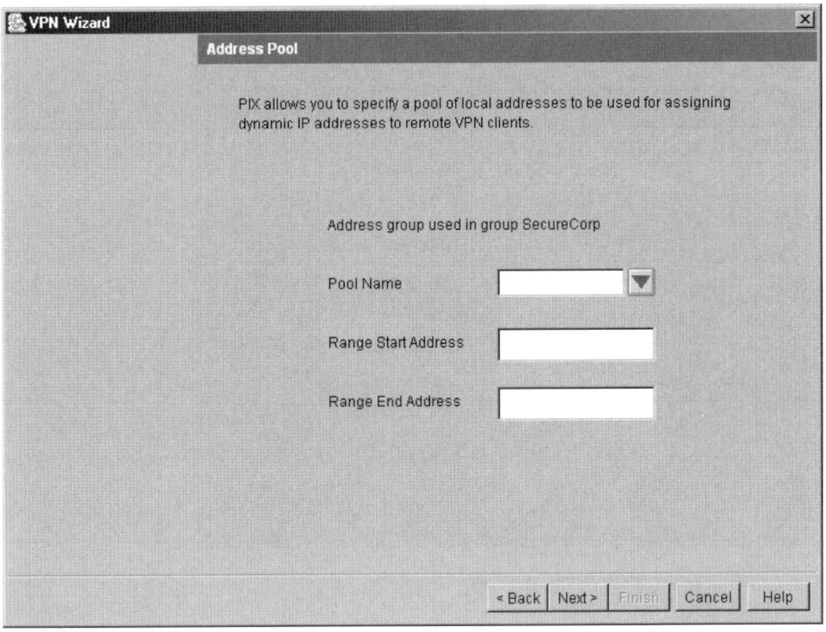

Abb. 9.72: Das Fenster ADDRESS POOL

Wenn ein Client eine Verbindung über ein VPN aufbaut, erhält er eine IP-Adresse, die für die Dauer der Verbindung im Tunnel eingesetzt wird. Diese Adressen werden im Fenster ADDRESS POOL vergeben. Falls Sie bereits einen Adressen-Pool manuell angelegt haben, wählen Sie ihn einfach aus dem Pulldown-Menü POOL NAME aus. Existiert kein solcher Pool, erzeugen Sie einen mit der Bezeichnung *SecureCorpPool*. Hierfür geben Sie in das Feld POOL NAME *SecureCorpPool* ein und erzeugen in den Feldern RANGE START ADDRESS und RANGE END ADDRESS einen IP-Adressbereich für die VPN-Clients. Die Startadresse lautet hierbei 172.20.200.0, die Endadresse 172.20.200.30. Vorsicht: Erzeugen Sie keinen Adressen-Pool, der zu Konflikten mit einem bereits im Einsatz befindlichen oder einem über einen internen DHCP-Server angebotenen Pool führt. Klicken Sie danach zur Fortsetzung der Arbeit auf NEXT.

Im Fenster CLIENT ATTRIBUTES in Abbildung 9.73 können Sie optionale Attribute, die bei Aufbau der Verbindung an den VPN-Client gesandt werden, DNS- und WINS-Server sowie den Standard-Domain-Namen angeben.

In diesem Beispiel sind 172.20.1.53 und 172.20.2.53 als primärer bzw. sekundärer DNS-Server zu verwenden. Lassen Sie die Felder für den WINS-Server leer, geben Sie *vpn.securecorp.com* in das Feld DEFAULT DOMAIN NAME ein und klicken Sie auf NEXT.

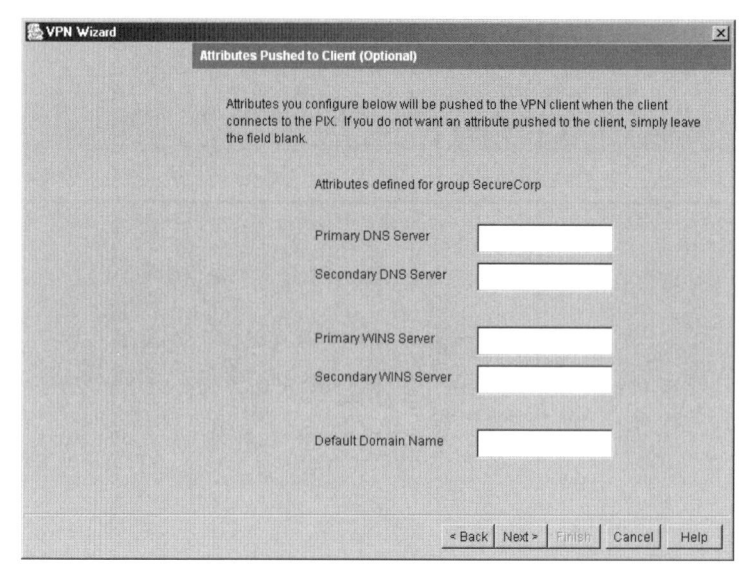

Abb. 9.73: Das Fenster CLIENT ATTRIBUTES

IKE POLICY und TRANSFORM SET sind die beiden nächsten Assistentenfenster; sie sind identisch mit den im Site-to-Site-VPN-Wizard angezeigten Fenstern. Wie beim Site-to-Site-VPN werden mit diesen Fenstern einige der für die VPN-Konfiguration benötigten crypto-Parameter festgelegt. Einige Optionen funktionieren mit den meisten VPN-Konfigurationen, doch müssen VPN-Client und -Server identisch konfiguriert werden. Wählen Sie in diesen Bildschirmen die Standardoptionen und klicken Sie auf NEXT, bis das Fenster NAT EXEMPTION angezeigt wird (siehe Abbildung 9.74).

Abb. 9.74: Das Fenster NAT EXEMPTION

In den meisten Fällen stellen VPN-Clients mit Firewall-Erlaubnis Verbindungen für interne Dienste her. Daher ist es unter Umständen sinnvoll, VPN-Clients ohne NAT den Zugriff auf die tatsächliche IP-Adresse interner Server zu gestatten. Hierfür müssen Sie bestimmte bzw. alle Netzwerke so konfigurieren, dass für sie im Hinblick auf VPN-Clients keine NAT stattfindet. Außerdem können Sie in diesem Bildschirm geteiltes Tunneling konfigurieren. Diese Tunneling-Form ermöglicht VPN-Clients bei Bedarf den Zugriff auf interne Ressourcen und dennoch direkten Zugriff auf externe Ressourcen, sofern dies möglich ist. Diese Konfiguration ist sinnvoll, da sie für das Unternehmen Bandbreite einspart; Clients brauchen nicht den gesamten Verkehr zum internen Netzwerk für den Zugriff auf externe Ressourcen zu leiten. In einigen Fällen ziehen es Administratoren unter Umständen vor, zur Verstärkung der Sicherheit und zur besseren Kontrolle der VPN-Client-Netzwerkaktivitäten geteiltes Tunneling zu deaktivieren.

Im vorliegenden Beispiel wird NAT für das interne Netzwerk deaktiviert, doch geteiltes Tunneling wird erlaubt. Hierfür klicken Sie auf BROWSE und wählen die interne Netzwerkadresse 172.20.0.0. Danach verschieben Sie mit einem Klick auf -> das Netzwerk in das Feld SELECTED. Schließlich aktivieren Sie geteiltes Tunneling, indem Sie das entsprechende Kontrollkästchen markieren, und kehren mit FINISH zur Registerkarte VPN zurück.

In acht einfachen Schritten wurde externen Clients Remote-VPN-Zugriff gestattet. Falls in PDM Preview-Befehle aktiviert sind, sehen Sie die relative Einfachheit des VPN Wizard im Vergleich zum manuellen Aufbau eines VPN über die Befehlszeilenschnittstelle. Preview-Befehle können über das PDM-Hauptmenü OPTIONS/ PREFERENCES konfiguriert werden. Abbildung 9.75 enthält die im vorliegenden Beispiel durch die PIX konfigurierten CLI-Befehle.

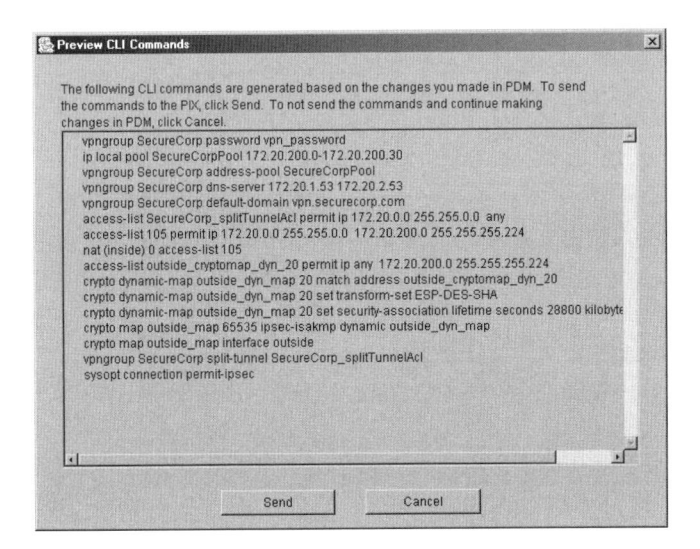

Abb. 9.75: Das Fenster PREVIEW CLI COMMANDS

Nach der Konfiguration eines Site-to-Site-VPN und eines VPN für den Cisco-Software-VPN-Client mithilfe des VPN Wizard werden nun spezifischere Kategorien der Registerkarte VPN besprochen.

In dieser Registerkarte werden nun die beiden VPN-Konfigurationen angezeigt, wenn Sie auf die Teilkategorie IPSEC RULES in der Kategorie IPSEC klicken. Beachten Sie die Unterschiede in den vom VPN Wizard erzeugten Regeln. Von hier aus können Sie unter Verwendung der Hauptmenüleiste RULES, den Shortcuts oder durch Betätigen der rechten Maustaste im Regelbildschirm IPsec-Regeln hinzufügen, ändern und löschen. Die Kategorie IPSEC enthält zwei weitere Teilkategorien: TUNNEL POLICY und TRANSFORM SETS. Mit diesen Teilkategorien können Sie neue und spezifischere Richtlinien konfigurieren, beispielsweise die Dauer der Sicherheitszuordnung (Security Association Lifetime) mit Bytes oder Sekunden als Maßeinheit. Ausgehend von der Teilkategorie TUNNEL POLICY können Sie außerdem PERFECT FORWARDING SECRECY konfigurieren. Die Teilkategorie Transform Sets ermöglicht die Bildung neuer Verschlüsselungs- und Authentifizierungsgruppen und die Wahl von Transport- oder Tunnel-Modus für ein VPN.

IKE ist die zweite Kategorie der Registerkarte VPN. Von dieser Kategorie ausgehend können SA und IKE-Management-Richtlinien konfiguriert werden. Die Teilkategorie POLICIES ist in Abbildung 9.76 zu sehen.

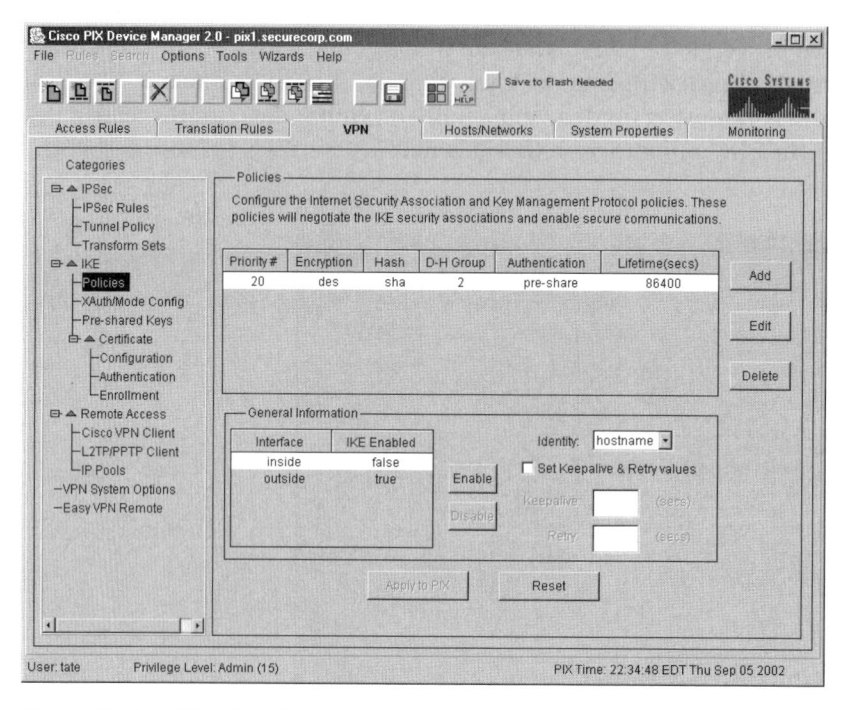

Abb. 9.76: Der Bildschirm POLICIES

Die Kategorie IKE ermöglicht außerdem die erweiterte Konfiguration von Authentifizierungsdaten und Daten vorverteilter, gemeinsam genutzter Schlüssel. Ein Großteil des erweiterten Zertifikats-Mangements erfolgt über die Teilkategorie CERTIFICATE, beispielsweise die Erzeugung von Anfragen an eine Zertifikatsautorität und die Verwaltung von Zertifikaten auf der PIX-Firewall.

Die dritte Kategorie der Registerkarte VPN trägt die Bezeichnung REMOTE ACCESS. In dieser Kategorie können Sie die auf der PIX-Firewall unterstützten Remote-Zugriffs-VPNs wie beispielsweise Cisco-VPN-Client-, L2TP- und PPTP-VPNs integrieren, ändern und löschen. Von hier aus können Sie außerdem IP-Pools für die Verwendung mit Remote-Clients konfigurieren. All die Funktionen und Features aus dieser und nahezu allen übrigen Kategorien der Registerkarte VPN bietet der VPN Wizard auf einer intuitiven Oberfläche.

VPN SYSTEM OPTIONS und EASY VPN REMOTE sind die beiden letzten Kategorien der Registerkarte VPN. Mithilfe von VPN SYSTEM OPTIONS legen Sie fest, ob die einzelnen VPN-Protokolle beim Aufbau von Verbindungen zur PIX-Firewall Sicherheitsmaßnahmen umgehen dürfen. Dies ermöglicht VPN-Verbindungen ohne spezielle Permit-Regelanweisungen im Regelwerk der PIX-Firewall und ist standardmäßig beim Anlegen von VPN-Konfigurationen mit dem VPN Wizard aktiviert.

Mit der Kategorie EASY VPN REMOTE können Sie die PIX-Firewall als IPsec-Client für einen weiteren PIX-Firewall-Rechner, Cisco VPN Concentrator oder ein IOS-Gerät konfigurieren.

9.5 Überwachung der PIX-Firewall mithilfe von PDM

Einer der zahlreichen vorteilhaften Aspekte von PDM besteht in der Möglichkeit der optischen Überwachung nahezu jedes Attributs der Firewall in Beinahe-Echtzeit. Informationen wie beispielsweise VPN-Connectivity, Ressourcenauslastung, Protokollbandbreitenentwicklung und Admin-Daten lassen sich mit PDM in Tabellen- oder Diagrammform anzeigen. Diese Funktionalität ist Bestandteil der Registerkarte MONITORING der PDM-Oberfläche. Durch Klicken auf diese Registerkarte im PDM-Hauptbildschirm rufen Sie den gleichnamigen Bildschirm auf (siehe Abbildung 9.77).

Ähnlich wie der Bildschirm SYSTEM PROPERTIES enthält auch dieser Bildschirm auf der linken Seite eine Reihe von Kategorien. Beim Klicken auf eine solche Kategorie werden die zugehörigen Daten auf der rechten Seite angezeigt.

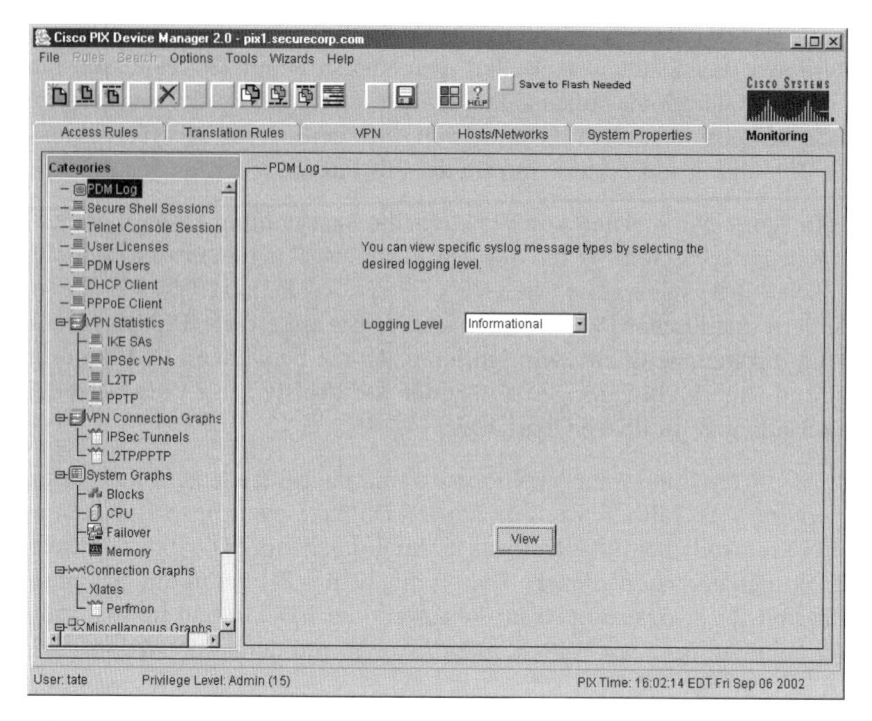

Abb. 9.77: Die Registerkarte MONITORING

Im Beispiel in Abbildung 9.77 ist die Kategorie PDM LOG zu sehen. Durch Klicken auf PDM LOG können Sie das aktuelle PDM-Protokoll auf der Grundlage der in der Pulldown-Liste LOGGING LEVEL gewählten Protokollierstufe einsehen. Dieses Protokoll wird nach Klicken auf die Schaltfläche VIEW angezeigt. Das Fenster PDM LOG VIEWER enthält Optionen zum Leeren, Aktualisieren und Schließen des Fensters. Damit das PDM-Protokoll angezeigt werden kann, müssen Sie in der Kategorie LOGGING der Registerkarte SYSTEM PROPERTIES die PDM-Protokollierung aktivieren.

Etliche Kategorien, beispielsweise PDM USERS oder TELNET CONSOLE SESSIONS beschreiben beim Klick auf die entsprechende Kategorie Sessions oder statistische Daten in Echtzeit auf der PIX-Firewall. Andere, beispielsweise VPN STATISTICS, VPN CONNECTION GRAPHS oder SYSTEM GRAPHS zeigen aktualisierte Diagramme und/oder Tabellen in Beinahe-Echtzeit. Dieses Kapitel enthält Beschreibungen dieser und weiterer Kategorien.

9.5.1 Sessions und Statistiken

Die nächsten Kategorien unter PDM LOG bieten Session- und Statistikdaten zu Verbindungen und Funktionalität auf der PIX-Firewall. Einige dieser Kategorien:

Überwachung der PIX-Firewall mithilfe von PDM

- Secure Shell Sessions
- Telnet Console Sessions
- User Licences
- PDM User
- DCHP Client
- PPPoE Client
- VPN Statistics

Diese Kategorien unterscheiden sich geringfügig von den später in diesem Abschnitt behandelten, da sie nicht automatisch aktualisiert werden und lediglich Zahlen, jedoch keine Diagramme ausgeben.

Von der Registerkarte MONITORING aus können Sie Informationen zur aktuellen Admin-Connectivity hin zur PIX einsehen und mithilfe von PDM die Verbindung von Admin-Benutzern aktiv trennen. Die Kategorien SECURE SHELL SESSIONS, TELNET CONSOLE SESSIONS und PDM USER zeigen beispielsweise Admin-Verbindungsdaten an. Die Bildschirme dieser Kategorien weisen starke Ähnlichkeit auf. Als Beispiel dienen die Kategorien TELNET CONSOLE SESSIONS und PDM USERS.

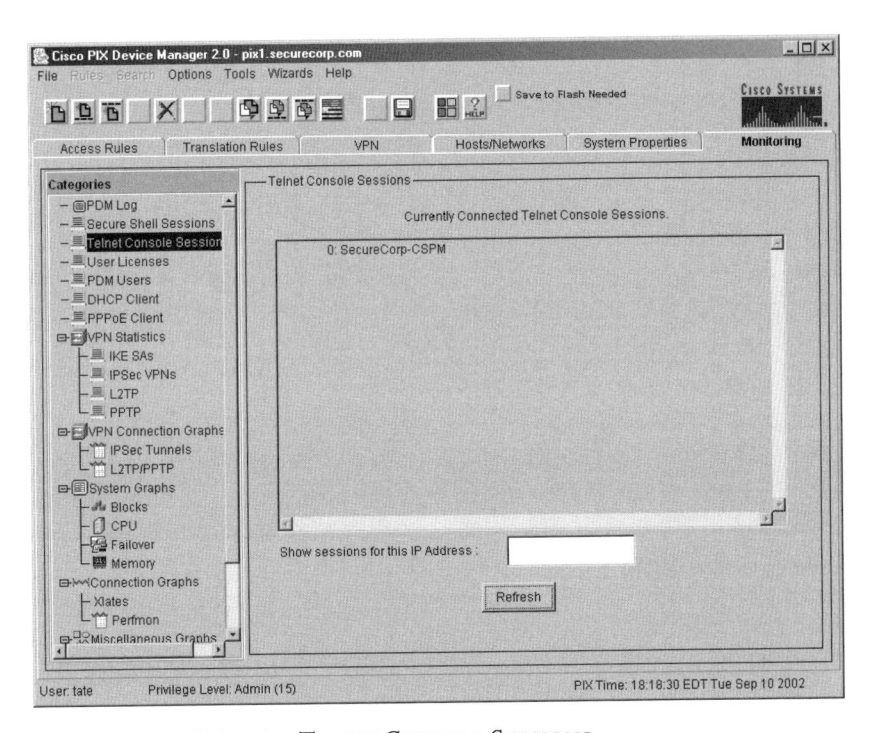

Lassen Sie den Bildschirm TELNET CONSOLE SESSIONS anzeigen, indem Sie auf die gleichnamige Kategorie klicken. Abbildung 9.78 enthält ein Beispiel.

Abb. 9.78: Der Bildschirm TELNET CONSOLE SESSIONS

In diesem Beispiel ist derzeit eine Telnet-Session mit der PIX-Firewall verbunden. Der Client-Name lautet *SecureCorp-CSPM*, als virtuelle Konsole ist 0 zugewiesen. In diesem Fall erscheint der Server-Name als richtiger Name und nicht als IP-Adresse, da der Host SecureCorp-CSPM über die Registerkarte HOSTS/NETWORKS konfiguriert wurde. Wenn Sie nach bestimmten über Telnet mit der PIX-Firewall verbundenen IP-Adressen suchen möchten, geben Sie die IP-Adresse im Feld SHOW SESSIONS FOR THIS IP ADDRESS ein und klicken auf REFRESH. Der Bildschirm SECURE SHELL SESSIONS weist große Ähnlichkeit mit dem Bildschirm TELNET CONSOLE SESSIONS auf.

In der Kategorie PDM USERS sind die derzeit verbundenen PDM-Sessions zu sehen. Indem Sie auf die Kategorie PDM USERS klicken, wird der gleichnamige Bildschirm angezeigt (siehe Abbildung 9.79).

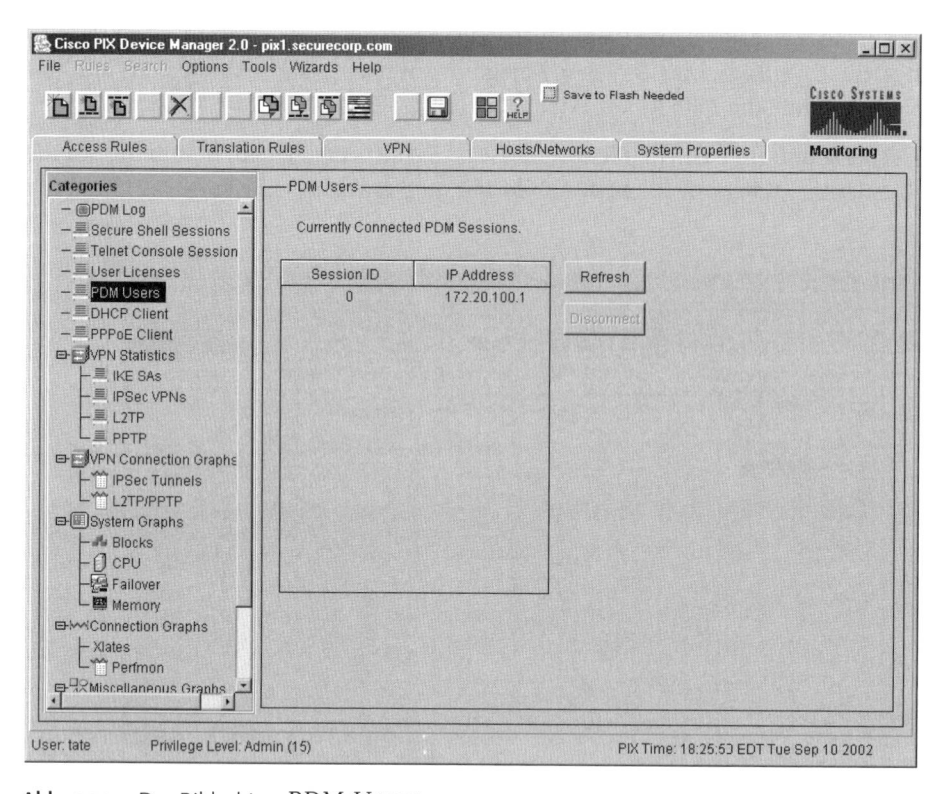

Abb. 9.79: Der Bildschirm PDM USERS

In diesem Beispiel ist derzeit eine PDM-Session für den Netzwerk-Host 172.20.100.1 aktiv.

Die Verbindung von Sessions kann ebenfalls in Echtzeit unterbrochen werden. Beispielsweise bei Verdacht der fehlenden Autorisierung für eine PDM-Session markieren Sie diese und klicken auf DISCONNECT. Auch die Kategorie SECURE SHELL SESSIONS bietet Trennungsfunktionalität.

Mithilfe von PDM kann die Anzahl der aktuellen Benutzerlizenzen auf der Firewall angezeigt werden. Diese Funktionalität ist besonders für kleinere Unternehmen und SOHO-Umgebungen mit begrenzter Anzahl von PIX-Firewall-Lizenzen von Bedeutung. Zum Einsehen der derzeit im Einsatz befindlichen Lizenzen klicken Sie auf die Kategorie USER LICENSES. Dieser Bildschirm enthält zwei Werte: NUMBER OF LICENSES IN USE und NUMBER OF LICENSES AVAILABLE. Klicken Sie auf REFRESH; hierdurch werden die aktuellsten Benutzerlizenzstatistiken angezeigt.

Die Kategorien DHCP CLIENT und PPPoE CLIENT bieten Statistikdaten bezüglich der Client-DHCP- und -PPPoE-Dienste der PIX-Firewall. Diese beiden Kategorien liefern nur relevante Informationen, wenn DHCP- oder PPPoE-Client-Dienste auf der externen Schnittstelle der PIX-Firewall konfiguriert wurden.

Ist dies der Fall, können die zugewiesene IP-Adresse, die Subnet Mask, die Server-IP-Adresse, Lease-Zeit, Standard-Gateway-IP-Adresse und weitere Angaben in diesem Zusammenhang mit einem Klick auf die entsprechenden Kategorien abgerufen werden. Diese Kategorien sind besonders nützlich für kleinere Unternehmen und SOHO-Umgebungen mit dynamischen Firewall-Einstellungen.

Die Kategorie VPN STATISTICS bietet dem Administrator wichtige Informationen bezüglich aktiver IKE-Sicherheitszuweisungen (Security Associations, SAs) und der auf der PIX-Firewall verfügbaren VPN-Protokolle. Diese Kategorie enthält vier Teilkategorien:

- IKE SAs
- IPSec VPNs
- PPTP
- L2TP

Nur wenn auf der Firewall VPN-Sessions aktiv sind, sind Angaben zu diesen Teilkategorien verfügbar. In den einzelnen Teilkategorien kann der Bildschirm manuell aktualisiert werden, damit stets die neuesten VPN-Statistiken bereitstehen. Zudem bieten alle Teilkategorien außer IKE SAs detaillierte Angaben, abzurufen über die Schaltfläche VIEW DETAILS.

Der Bildschirm IPSEC VPNs ermöglicht z. B. die Anzeige von VPN-Quell- und -Ziel-IP-Daten, darunter Paketver- und -entkapselung sowie Fehleranzahl.

In den Bildschirmen der Teilkategorien IPSEC VPNs, L2TP und PPTP können Sie eine Reihe von Metriken für aktive VPN-Verbindungen überwachen und bei Bedarf die Statistikdaten manuell aktualisieren. Mit CLEAR ALL COUNTERS können Sie darüber hinaus die Metrikzählung zurücksetzen. Wenn Sie Einzelheiten eines bestimmten VPN einsehen möchten, markieren Sie eine Verbindung und klicken auf die Schaltfläche VIEW DETAILS.

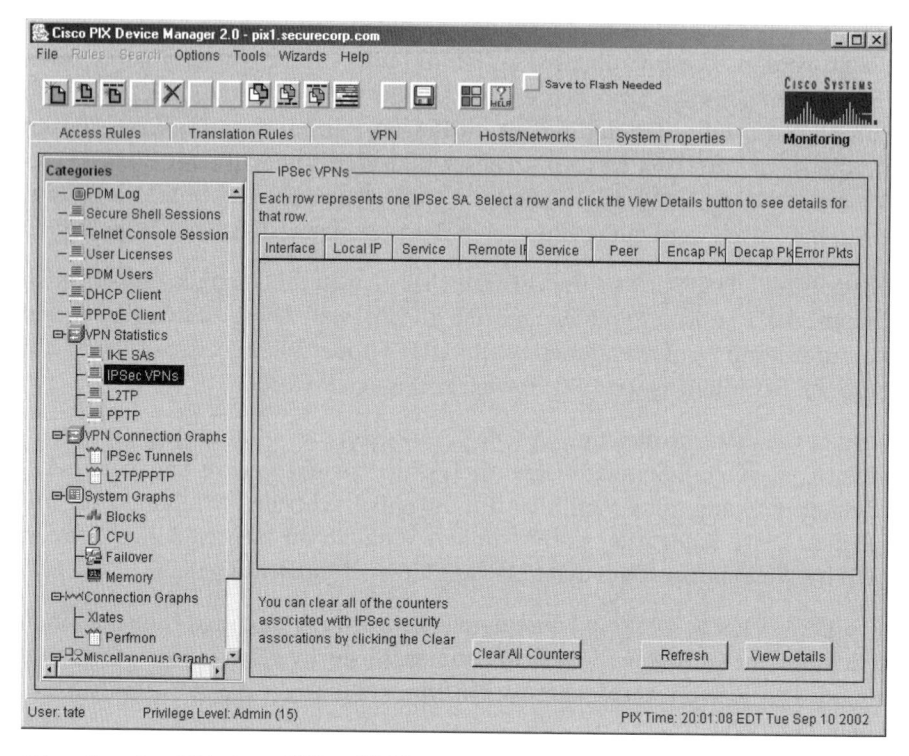

Abb. 9.80: Der Bildschirm IPSEC VPNS

9.5.2 Diagramme

Die übrigen Kategorien der Registerkarte MONITORING betreffen Performance-bezogene Diagramme auf der PIX-Firewall. Es gibt folgende Überwachungsdiagrammkategorien:

- VPN Connections Graphs
- System Graphs
- Connection Graphs
- Miscellanious Graphs
- Interface Graphs

Jede dieser Kategorien enthält eine Reihe von Teilkategorien mit unterschiedlichen Optionen und Details. Diese Kategorien und die zugehörigen Teilkategorien werden in diesem Abschnitt besprochen.

Alle Diagramme werden unabhängig von ihrer Funktionalität oder ihrer Aufgabe auf dieselbe Weise konfiguriert. Wenn Sie beispielsweise auf eine bestimmte Teilkategorie unter VPN CONNECTIONS GRAPHS klicken, erscheint eine Liste der verfügbaren Diagramme im Feld AVAILABLE GRAPHS FOR:. Um ein bestimmtes Diagramm auszuwählen, müssen Sie es markieren und auf ADD klicken; hierdurch wird der Name des Diagramms in das Feld SELECTED GRAPH(S) übertragen. Wenn Sie ein neues Diagramm aus den Elementen im Feld SELECTED GRAPH(S) erzeugen möchten, geben Sie einen neuen Namen in die Dropdown-Liste GRAPH WINDOW ein und klicken auf die Schaltfläche GRAPH IT; hierdurch wird ein neues Browser-Fenster mit den neuen Diagrammen erzeugt.

> **Hinweis**
>
> In einem Fenster können maximal vier Diagramme konfiguriert werden; diese können zu unterschiedlichen (Teil-)Kategorien gehören.

Alternativ hierzu können Sie in der Dropdown-Liste GRAPH WINDOW: ein Diagramm wählen und seine Konfiguration ändern.

Wenn die Diagramme in einem neuen Browser-Fenster erscheinen, stehen für alle Diagramme dieselben Optionen zur Verfügung. Die Daten der einzelnen Diagrammfenster lassen sich grafisch oder als Tabelle anzeigen. Indem Sie auf die Registerkarte GRAPH bzw. TABLE oben im Diagrammfenster klicken, ändern Sie die Darstellung der Daten.

Außerdem enthält das Diagrammfenster eine Reihe von Optionen, beispielsweise vier Schaltflächen und ein Dropdown-Menü (siehe Abbildung 9.81).

Abb. 9.81: Die Optionen des Diagrammfensters

Für die in PDM angezeigten Diagramme gibt es unterschiedliche Aktualisierungsfristen; diese können durch Klicken auf das Dropdown-Menü VIEW und Auswahl einer Option (siehe Tabelle 9.6) ausgewählt werden.

Datenfenster	Aktualisierungsfrequenz
Real time	Alle 10 Sekunden
Last 10 minutes	Alle 10 Sekunden
Last 60 minutes	Jede Minute
Last 12 hours	Alle 12 Minuten
Last 5 days	Alle 2 Stunden

Tabelle 9.6: Optionen für Diagrammaktualisierung

Durch jede dieser Optionen wird das Diagramm entsprechend geändert.

> **Hinweis**
>
> Vor der Anzeige von Diagrammen mit der Registerkarte MONITORING muss in der Kategorie HISTORY METRICS der Registerkarte SYSTEM PROPERTIES die Option PDM HISTORY METRICS aktiviert werden.

Sie können nicht nur die Diagrammdarstellung ändern, sondern auch die Diagrammdaten in eine Datei mit Kommata als Begrenzungszeichen exportieren, das Diagramm drucken oder die Diagramm-URL im Browser zwecks späterer Verwendung als Lesezeichen speichern. Hierfür klicken Sie im Diagrammfenster auf die entsprechenden Optionen EXPORT, PRINT oder BOOKMARK.

Es folgen eine Beschreibung der einzelnen Diagramme sowie einige Beispiele für das Arbeiten mit PDM-Diagrammen in der Praxis.

VPN Connection Graphs

Die erste über PDM verfügbare Diagrammgruppe bezieht sich auf VPN-Verbindungen. Klicken Sie auf der Registerkarte MONITORING auf die Kategorie VPN CONNECTION GRAPHS; die Teilkategorien IPSEC TUNNELS und L2TP/PPTP werden angezeigt. Diese Teilkategorien bieten unterschiedliche Diagramme speziell für das Tunnel-Protokoll, auf das sie sich beziehen.

Die Teilkategorie IPSEC TUNNELS bietet Diagramme für aktive IPsec- und IKE-Tunnels; die Teilkategorie L2TP/PPTP ermöglicht Diagramme für aktive L2TP- und PPTP-Tunnels und -Sessions. In Abbildung 9.82 ist ein Beispieldiagramm zu sehen.

Dieses Diagramm repräsentiert aktive IPSec-, L2TP- und PPTP-Tunnels und wäre extrem nützlich für einen Administrator, der VPN-Verbindungen auf der PIX-Firewall trennt, denn aus diesem Diagramm kann er Echtzeitdaten bezüglich VPN-Verbindungen ablesen.

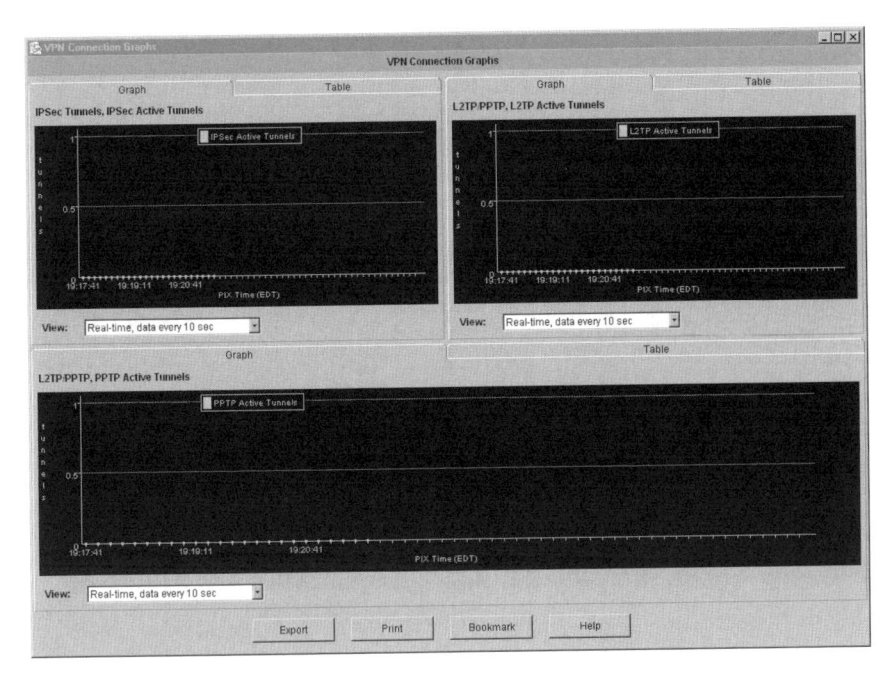

Abb. 9.82: VPN-Verbindungsdiagramm

System Graphs

Die nächste Diagrammkategorie der Registerkarte MONITORING ist SYSTEM GRAPHS. Sie enthält vier Teilkategorien: BLOCKS, CPU, FAILOVER und MEMORY. Die einzelnen Teilkategorien enthalten systemattributspezifische Diagramme. Die Teilkategorie BLOCKS umfasst z. B. zwei Diagramme: BLOCKS USED und BLOCKS FREE; die Teilkategorien CPU und MEMORY UTILIZATION enthalten jeweils ein Diagramm für ihre Aufgabe. Die Teilkategorie FAILOVER enthält eine Reihe von Diagrammen, beispielsweise TRANSLATION INFORMATION, TCP CONNECTION INFORMATION und XMIT QUEUE.

Die Diagramme der Kategorie SYSTEM GRAPHS sind in der Regel sinnvoll für die Überwachung und Anzeige von Performance-Variablen für Speicher- und CPU-Auslastung. Das Diagramm in Abbildung 9.83 zeigt z. B. CPU- und Speicherauslastung sowie Byte-Zahlen für interne und externe Schnittstellen. Schnittstellen-Diagramme werden später in diesem Kapitel besprochen. Die Diagramme in Abbildung 9.83 werden in Minutenabständen aktualisiert und zeigen die Daten der letzten 60 Minuten.

Dieses Diagramm ist von großem Nutzen für die Anzeige von 60-Minuten-Trends der Ressourcenzuweisung und -auslastung auf der PIX-Firewall. Für die Anzeige längerfristiger Trends klicken Sie einfach auf die Pulldown-Liste VIEW und wählen einen längeren Zeitraum, beispielsweise LAST FIVE DAYS.

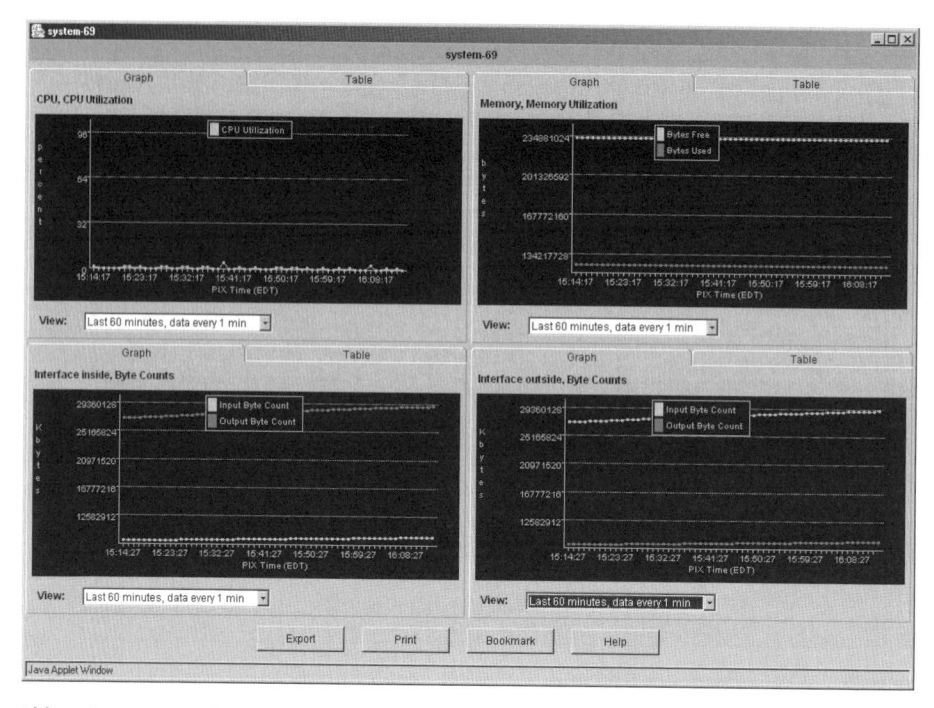

Abb. 9.83: Systemdiagramme

Connection Graphs

Die nächste Kategorie der Registerkarte MONITORING ist CONNECTION GRAPHS. Verbindungsdiagramme repräsentieren Informationen bezüglich bestimmten Verkehrs durch die Firewall, beispielsweise Web- oder Fixup-Verkehr. Diese Kategorie umfasst zwei Teilkategorien: XLATES und PERFMON.

Die Teilkategorie XLATES enthält ein Diagramm mit der Bezeichnung XLATE UTILIZATION. Dieses zeigt die gesamten derzeit auf der Firewall ablaufenden Adressübersetzungen. Die Teilkategorie PERFMON enthält folgende Diagramme:

- AAA Perfmon – Zeigt die Anzahl der an einen AAA-Server gesandten Authentifizierungs-, Autorisierungs- und Accounting-Anfragen an.
- FixUp Perfmon – Zeigt die Anzahl der von den Fixup-Routinen HTTP, FTP oder TCP verarbeiteten Verkehrspakete an.
- Web Perfmon – Zeigt die Anzahl der von der PIX-Firewall verarbeiteten URL-Anfragen sowie die Anzahl der Websense-Anfragen der PIX-Firewall an.
- Connections Perfmon – Zeigt die Anzahl der von der PIX-Firewall verarbeiteten Verbindungen, TCP- und UDP-Verbindungen und TCP-Abfangvorgänge an.

In Abbildung 9.84 sind Beispiele für Verbindungsdiagramme zu sehen.

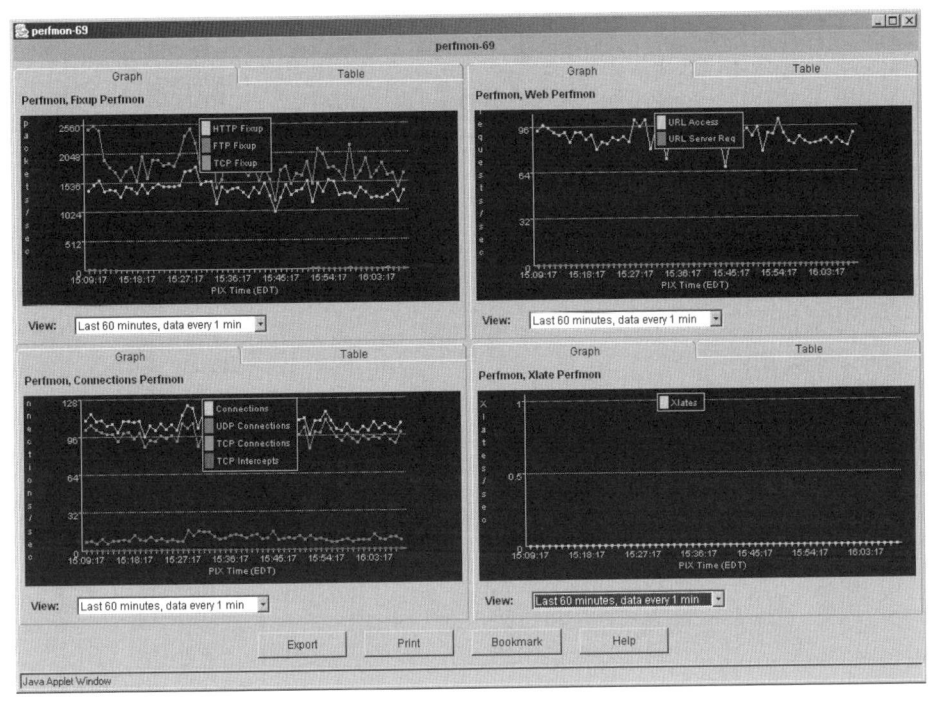

Abb. 9.84: Verbindungsdiagramme

Dargestellt sind die Diagramme FIXUP PERFMON, WEB PERFMON, CONNECTION PERFMON und XLATE PERFMON. Diese Diagramme unterstützen den Administrator beim Erkennen von Verkehrstrends und bestimmtem Input/Output durch die Firewall. In den Beispielen in Abbildung 9.82 ist keine NAT auf der Firewall konfiguriert, wie am Verkehrsaufkommen im Diagramm XLATE PERFMON zu sehen (null!).

Miscellaneous Graphs

Diese Kategorie umfasst die Teilkategorie IDS; diese liefert Informationen zu den auf der PIX-Firewall eingebetteten IDS-Funktionen in 16 Diagrammen (siehe Abbildung 9.85).

Mithilfe der IDS-Diagramme werden mögliche Bedrohungen des Netzwerks in Echtzeit überwacht. In Abbildung 9.86 sind beispielsweise ICMP-, TCP- und UDP-Angriffe grafisch dargestellt; diese Darstellung wird in Abständen von 10 Sekunden aktualisiert.

In diesem Fall wurden keine Angriffe auf der PIX-Firewall festgestellt. Die protokollspezifischen Diagramme enthalten unterschiedliche Angriffsvektoren.

Kapitel 9
PIX Device Manager

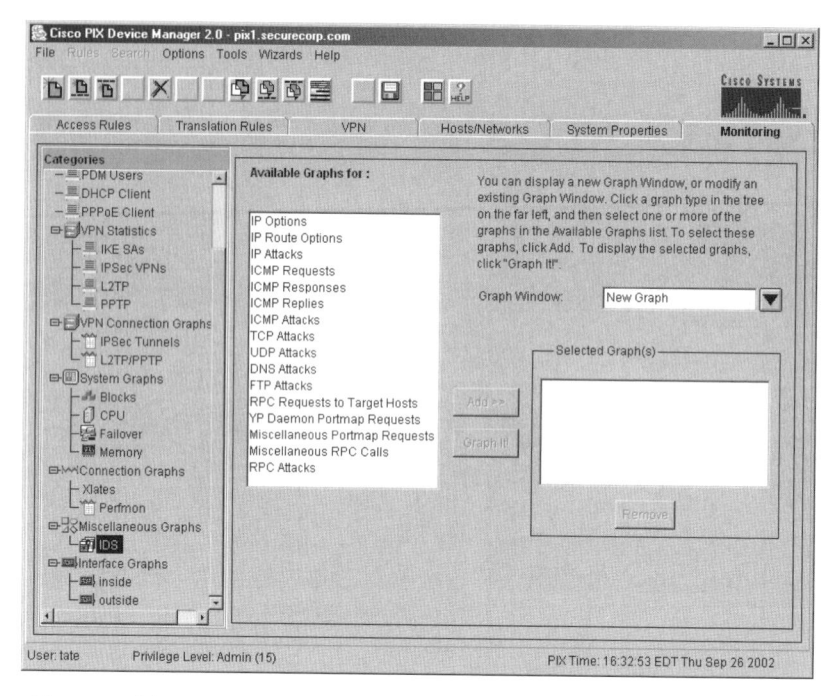

Abb. 9.85: MISCELLANEOUS GRAPHS – Konfiguration

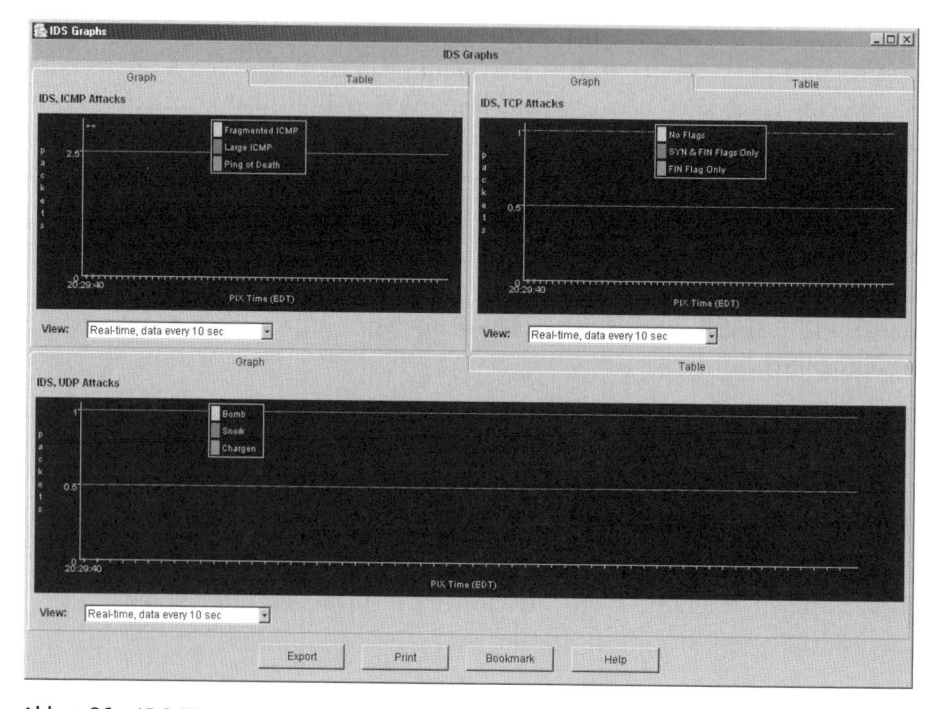

Abb. 9.86: IDS-Diagramme

Interface Graphs

INTERFACE GRAPHS ist die letzte Diagrammkategorie der PDM-Registerkarte MONITORING. Diese Kategorie enthält pro aktiver Schnittstelle auf der PIX-Firewall eine Teilkategorie, die ihrerseits zehn unterschiedliche Diagramme umfasst:

- Packet Rates
- Bit Rates
- Byte Counts
- Packet Counts
- Buffer Resources
- Packet Errors
- Miscellaneous (Received Broadcasts)
- Collision Counts
- Input Queue
- Output Queue

Diese Diagramme sind äußerst nützlich bei der Erkennung und Beseitigung von Performance-Problemen oder Fehlkonfigurationen wie beispielsweise Duplex-Fehlanpassung, Kabelprobleme oder Probleme bei der Port-Aushandlung.

Wenn Sie beispielsweise den Eindruck haben, der Verkehr, der die PIX-Firewall passiert, sei zu langsam, können Sie eine Reihe von Diagrammen wie in Abbildung 9.87 konstruieren.

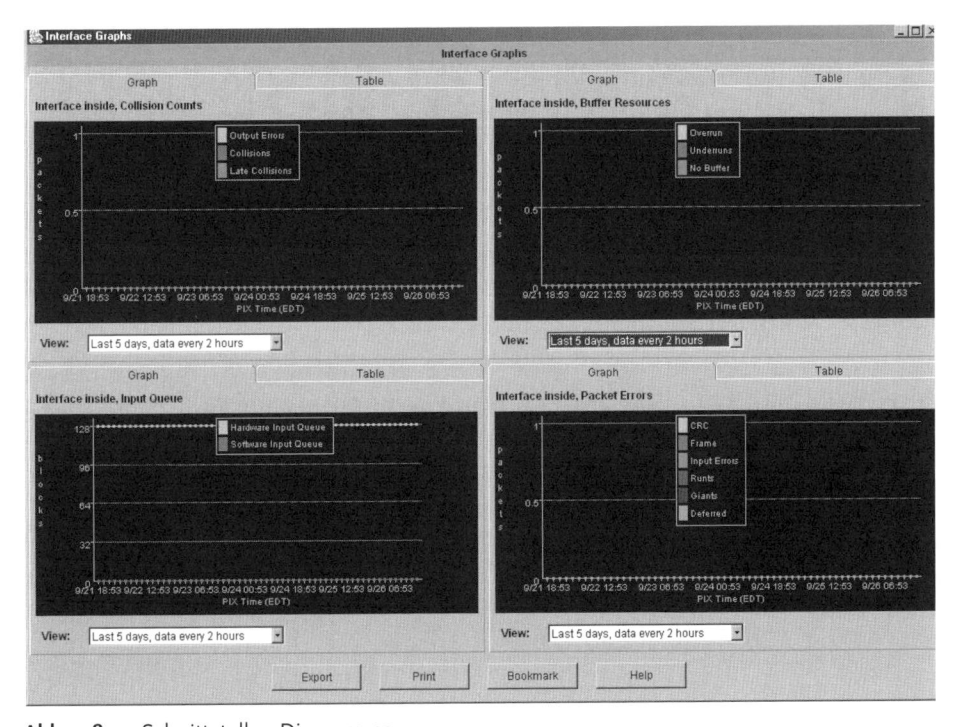

Abb. 9.87: Schnittstellen-Diagramme

Mit diesen Diagrammen wird die Anzahl der Kollisionen, der Pufferressourcen-Overruns, der belegten Blöcke in der Input-Warteschlange und eine Reihe von Paketfehlern für die letzten 5 Tage dargestellt. Eine große Anzahl von Puffer-Overruns und Kollisionen weist unter Umständen auf ein hohes Verkehrsaufkommen auf der PIX hin (möglicherweise 100 Prozent Auslastung). Andererseits sind viele Paketfehler für Attribute wie beispielsweise Runts oder Input-Fehler vielleicht ein Hinweis auf Kabelprobleme.

Mittels dieser Diagramme in Kombination mit den Diagrammen aus Abbildung 9.88 lassen sich die Fehlerursachen ermitteln.

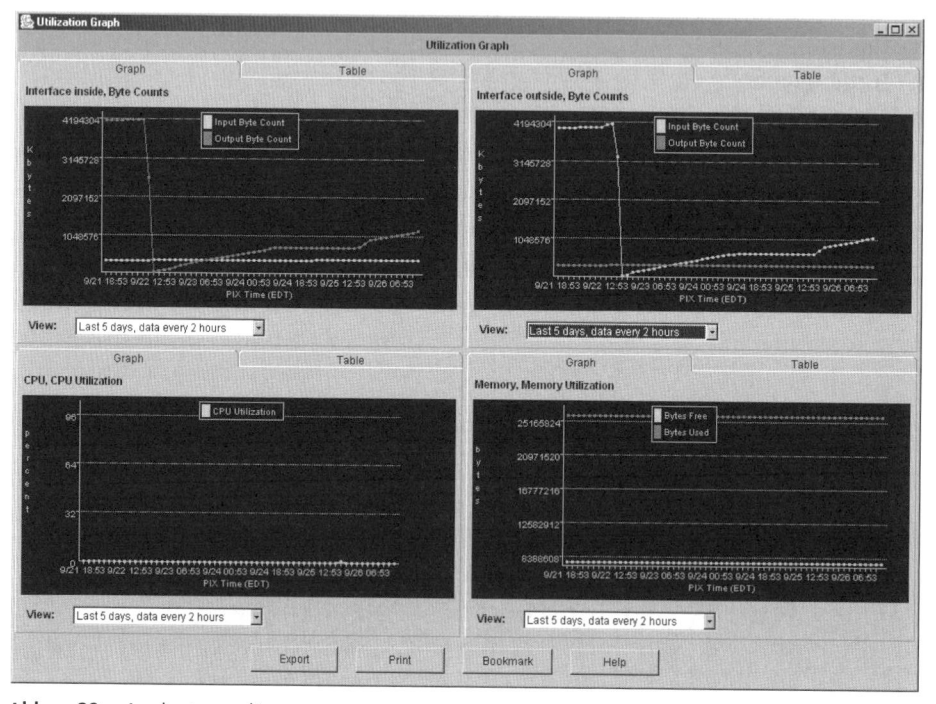

Abb. 9.88: Auslastungsdiagramme

Diese Diagramme repräsentieren die Byte-Anzahl für beide Schnittstellen sowie CPU- und Speicherauslastung für einen Zeitraum von 5 Tagen und bieten Unterstützung bei der Diagnose von Problemen mit der PIX-Performance.

Die Überwachung der PIX ist somit hinreichend erklärt; als Nächstes beschäftigen wir uns mit Connectivity-Kontrollmechanismen der Registerkarte MONITORING und der PIX-Befehlszeilenschnittstelle.

9.6 Überwachung und Unterbrechung von Sessions

Für die Überwachung und Beendigung von Admin-Sessions gibt es eine Reihe von Befehlen, die über die Befehlszeilenschnittstelle einzugeben sind. Über show pdm sessions werden PDM-Sessions überwacht und beendet. Mit diesem Befehl werden sämtliche aktiven PDM-Sessions mit den Session-IDs und den IP-Adressen des PDM-Client angezeigt. Mit dem Befehl pdm disconnect <session_id> wird eine PDM-Session beendet; hierbei steht <session_id> für die mit dem Befehl show pdm sessions angezeigte ID-Nummer.

Mit dem Befehl clear pdm werden sämtliche PDM-Standorte entfernt; außerdem wird die PDM-Protokollierung deaktiviert und der interne PDM-Puffer geleert. Die Befehle clear pdm, pdm history und pdm logging erscheinen in der Konfiguration und sind über die Befehlszeilenschnittstelle aufrufbar, doch sind sie als über PDM aufrufbare interne PDM-zu-PIX-Befehle konzipiert.

9.7 Zusammenfassung

Wie in diesem Kapitel gezeigt, ist PDM eine äußerst leistungsfähige grafische Oberfläche für die Verwaltung der PIX-Firewall. PDM bietet nicht nur nahezu die gesamte Funktionalität der Befehlszeilenschnittstelle, sondern auch eine Reihe von Funktionen, die die laufende Wartung und den Betrieb durch den Firewall-Administrator und den Verfasser der Sicherheitsrichtlinien weiter vereinfachen. Da PDM auf Java basiert und als signiertes Applet über eine SSL-verschlüsselte Browser-Session läuft, kann der Administrator damit von jedem autorisierten Client aus sicher arbeiten. Diese Remote-Management-Funktion kann in umfangreichen verteilten Umgebungen von großem Nutzen sein.

Die möglicherweise leistungsfähigsten Komponenten der umfassenden PDM-Funktionalität sind die PDM-Assistenten: Startup Wizard und VPN Wizard. Diese Tools führen den Administrator interaktiv durch den häufig komplexen Aufbau von PIX-Konfigurationen und VPN-Tunnel-Diensten.

Darüber hinaus vereinfacht PDM die vollständige Konfiguration des Zugriffs auf die PIX-Firewall, AAA, Filtering, NAT-Regeln, Protokollierung, Benutzerkonten und IDS-Konfigurationen. Diese Funktionalität ermöglicht die Verwaltung komplexer Dienstegruppen und Netzwerkobjekte und ist neu in der Software der PIX-Firewall.

Die PDM-Benutzeroberfläche ist intuitiv und gut strukturiert und schützt vor versehentlichen Syntax- und Konfigurationsfehlern, die den Ausfall der Firewall nach sich ziehen könnten. Zudem kann PDM durch das Anzeigen der zur PIX gesandten Befehle dem Administrator, der sich mit der Befehlszeilenschnittstelle der PIX-Firewall (noch) nicht auskennt, das Erlernen dieser Schnittstelle erleichtern.

PDM bietet darüber hinaus leistungsstarke Diagramm- und Berichtsfunktionalität in Echtzeit. Dieses Tool erleichtert dem Firewall-Administrator das Verständnis vergangener und aktueller Performance der PIX. Überdies liefert die IDS-Grafikfunktionalität von PDM wichtige Hinweise auf mögliche Sicherheitsrisiken.

Unabhängig vom Umfang der Management-Aufgabe (eine PIX-Firewall, fünf redundante PIX-Paare, 50 Firewalls in einem Unternehmen) ist PDM ein nützliches und leistungsfähiges Tool für den Firewall-Administrator.

9.8 Lösungen im Schnelldurchlauf

Funktionen, Einschränkungen und Anforderungen

- PDM 2.1 wird auf allen PIX 501-, PIX 506/506E-, PIX 515/515E-, PIX 520-, PIX 525- und PIX-535-Plattformen unterstützt, auf denen die PIX-Firewall-Software ab Version 6.2 sowie FWSM 1.1 laufen.
- Durch eine Reihe von Befehlen der Befehlszeilenschnittstelle wird die PDM-Funktionalität auf Nur-Überwachungsmodus reduziert.
- Bei PDM handelt es sich um ein signiertes Java-Applet, das über einen kompatiblen Browser auf den Client-Rechner heruntergeladen wird. Daher steht PDM ausgehend von einer beliebigen autorisierten Client-Workstation für Firewall-Management zur Verfügung.

Installation, Konfiguration und Start von PDM

- Damit PDM funktioniert, muss ein Data Encryption Standard- (DES-) bzw. ein 3DES-Schlüssel besorgt und auf der PIX installiert werden.
- PDM wird auf der PIX-Firewall in einem Prozess ähnlich dem eines Image-Upgrade der PIX-Software installiert.
- Mithilfe des Befehls http werden bestimmte IP-Adressen oder Netzwerke für den Zugriff über PDM autorisiert.

Konfiguration der PIX-Firewall mithilfe von PDM

- Der Administrator kann mithilfe des VPN Wizard IPsec-, L2TP- und PPTP-Tunnels aufbauen.
- Mithilfe von PDM auf der PIX-Firewall lassen sich Objektgruppen für Dienste oder Netzwerkelemente anlegen und verwalten.
- Mit der Option RESET PIX TO THE FACTORY DEFAULT CONFIGURATION im Dropdown-Menü FILE wird auf PIX-Firewalls der Plattformen 501 und 506 die ursprüngliche Konfiguration wiederhergestellt.
- Mit der Cut&Paste-Funktionalität des Dropdown-Menüs PDM RULES, der Schaltflächen der Menüleiste oder des über die rechte Maustaste aufzurufenden Menüs lassen sich Regelsätze problemlos auf der Registerkarte ACCESS RULES neu anordnen.

- Mithilfe der Kategorie LOGGING auf der Registerkarte SYSTEM PROPERTIES wird ein Syslog-Protokoll-Host konfiguriert.

Überwachung der PIX-Firewall mithilfe von PDM

- Der Firewall-Administrator kann Mitgliedern des mittleren und oberen Managements eines Unternehmens Nur-Überwachung für die Einsicht alter und aktueller Performance-Daten auf der PIX-Firewall gestatten.
- Die Überwachungsfunktionalität von PDM ermöglicht die Anzeige von IDS-Vorgängen und Performance-Daten in Echtzeit.
- Über die einzelnen Überwachungsdiagramme wie beispielsweise Schnittstellen- und Systemdiagramme stehen dem Administrator komplexe Problemdiagnose- und -beseitigungsmöglichkeiten zur Verfügung.
- Admin-Zugriff (Telnet-, SSH- und PDM-Sessions) wird mit PDM überwacht.
- Über die PDM-Überwachungsfunktionalität können SSH- und PDM-Sessions in Echtzeit beendet werden.
- VPN-Verbindungen, beispielsweise IPsec-, L2TP- und PPTP-Tunnels, sind über die Kategorie VPN CONNECTION GRAPHS auf der Registerkarte PDM MONITORING für Überwachungsaufgaben verfügbar.
- Überwachungsstatistiken lassen sich nur nach Aktivierung von HISTORY METRICS auf der Registerkarte SYSTEM PROPERTIES in PDM einsehen.
- Durch die Zusammenfassung von maximal vier Diagrammen aus unterschiedlichen Kategorien wird eine umfassende optische Darstellung der PIX-Firewall-Metriken realisiert.

Überwachung und Unterbrechung von Sessions

- Die Befehle show Fsessions und show ssh sessions ermöglichen die Anzeige von Admin-Verbindungen zur Firewall in Echtzeit.
- Mit dem Befehl show pdm sessions werden aktive PDM-Sessions angezeigt.
- Mit dem Befehl pdm disconnect <session_id> werden aktive PDM-Sessions beendet.

9.9 Häufig gestellte Fragen/FAQs

Kann ich PIX-Firewalls mithilfe von PDM von einem zentralen Büro oder anderen Remote-Standorten aus überwachen und verwalten?

Ja. Mithilfe des Befehls http, gestartet über die Befehlszeilenschnittstelle oder PDM, können Sie einem IP-Adressbereich oder einer bestimmten IP-Adresse den Zugriff auf PDM gestatten. Die PDM-Verbindung ist aus Sicherheitsgründen verschlüsselt.

Kann ich mithilfe von PDM AAA für Admin-Connectivity zur PIX-Firewall konfigurieren?

Ja. PDM enthält die vollständige Funktionalität für AAA-Konfiguration. Darüber hinaus können Sie mit PDM die PIX für AAA-Dienste speziell für PDM konfigurieren.

Kann ich mittels PDM die Verbindung für einen über Telnet an die PIX-Firewall angeschlossenen Benutzer trennen?

Nein. Derzeit ist die Trennung von Verbindungen nur für PDM und SSH möglich.

Benötige ich für die Aktivierung von PDM auf meiner PIX-Firewall eine besondere Lizenz?

Ja. PDM läuft nur mit einem DES- bzw. 3DES-Aktivierungsschlüssel von Cisco ordnungsgemäß. 56-Bit-DES-Schlüssel sind kostenlos, 168-Bit-3DES-Schlüssel sind gegen eine Gebühr bei Cisco erhältlich.

Enthält PDM VPN-Wartungsfunktionalität?

Ja. PDM enthält nicht nur diese, sondern auch VPN-Funktionalität, die nicht über die Befehlszeilenschnittstelle abrufbar ist, beispielsweise den VPN Wizard.

Kann ich mithilfe von PDM mehrere PIX-Firewalls parallel verwalten?

Ja; hierfür muss jedoch pro Firewall PDM einmal gestartet werden.

Kapitel 10

Troubleshooting und Leistungsüberwachung

Lösungen in diesem Kapitel:

- Troubleshooting – Hardware und Verkabelung
- Troubleshooting – Connectivity
- Troubleshooting – IPsec
- Capturing von Verkehr
- Troubleshooting und Überwachung – Performance

10.1 Einführung

Dieses Kapitel widmet sich dem Troubleshooting von PIX-Firewalls. Wenn Sie erst einmal die Befehlssyntax und den grundlegenden Firewall-Betrieb beherrschen, ist die Konfiguration der PIX recht einfach. Ihre Befehlsbibliothek ist weniger umfangreich als die von Cisco-Routern oder -Switches. In den vorangegangenen Kapiteln haben Sie die PIX-Firewall im Detail kennen gelernt, von den verschiedenen Modellen der Produktpalette bis hin zu einfachen und fortgeschrittenen Konfigurationen. In diesem Buch erfahren Sie, wie Sie die PIX-Firewall in Ihr bestehendes Netzwerk integrieren. So gut allerdings Ihre PIX-Konfiguration auch sein mag, es können immer Probleme auftreten, und Sie müssen wissen, wie Sie sie lösen. Dieses Kapitel stellt daher geeignete Methoden vor, um diese Probleme zu beseitigen und dabei zu vermeiden, entscheidende Schritte beim Troubleshooting zu übersehen.

Hardware- und Verkabelungsprobleme können ein ansonsten gut funktionierendes Netzwerk zusammenbrechen lassen. Ein Hardwareproblem lässt sich ausmachen, wenn Sie wissen, welche Indikatoren es zu überwachen gilt. Die begrenzte Anzahl von Kabeltypen, die die PIX unterstützt, erleichtert das Troubleshooting von Problemen bei der Verkabelung beträchtlich. Dieses Kapitel gibt Ihnen technische Informationen über die Kabel an die Hand, die Sie mit Ihrer Ausrüstung abgleichen können.

Die PIX-Firewall ist ein IP-System. Natürlich ist sie ein hoch spezialisiertes System und führt wichtige Sicherheitsfunktionen aus, doch sie ist und bleibt ein IP-System. Als solches muss sie wissen, wohin Datenverkehr zu versenden ist. Wir stellen einige der üblichen Probleme im Zusammenhang mit der Connectivity heraus und erklären, wie Sie sie beheben können. Eine wichtige Funktion der PIX-Firewall ist die Fähigkeit, IP-Adressraum zu sparen und Informationen über das Netzwerk durch die Network Address Translation (NAT) zu verbergen. Wenn Probleme im Zusammenhang mit NAT auftreten, müssen Sie in der Lage sein, diese zu isolieren und zu beseitigen.

Die PIX-Firewall bietet verschiedene Zugriffskontrollmechanismen, angefangen bei einfachen Access Lists bis hin zu komplizierten conduit-Statements. Diese Zugriffsmechanismen haben gleichzeitig lose/feste Eigenschaften, insofern als ein bestimmter Verkehrstyp zulässig ist, während ein anderer verweigert wird. Beim Troubleshooting werden Sie nicht nur Zugriffsprobleme lösen, sondern auch nach dem richtigen Verhältnis zwischen Zulassen und Blockieren von Datenverkehr suchen müssen.

Nicht ohne Grund wurden große Abhandlungen über IPsec geschrieben. Über IPsec können Sie Ihren Datenverkehr von Endpunkt zu Endpunkt schützen. Dabei muss IPsec nicht auf jedem Hop im Übertragungspfad implementiert sein. Die IPsec-Konfiguration kann kompliziert sein. Um IPsec sachgemäß zu unterstützen und ein wirkungsvolles Troubleshooting durchführen zu können, sollten Sie über ein umfangreiches Verständnis zur Funktionsweise von IPsec verfügen. Dieses Kapitel befasst sich mit den wichtigsten Aspekten im Zusammenhang mit IPsec und IKE, die Ihnen bei der Überwachung und Unterstützung dieser Optionen von Nutzen sein werden.

Ein wirkungsvolleres Troubleshooting erreichen Sie, wenn Sie Netzwerkpakete für die Analyse auf der PIX-Firewall mitschneiden (dieser Vorgang wird als *Capturing* bezeichnet). Die PIX-Firewall bietet verschiedene Funktionen für das Capturing von Datenverkehr zum Zwecke der Analyse und Problemisolierung. Zu den verfügbaren Tools zählen neben den systemeigenen PIX-Befehlen auch Werkzeuge von Drittanbietern, die den Netzwerkverkehr mitschneiden und analysieren können.

Wie können Sie erkennen, dass die PIX-Firewall die erwartete Leistung erbringt? Woran erkennen Sie eine Überlastung des Systems? Sie sollten die Performance und Funktionstüchtigkeit der Firewall vorbeugend überwachen. Das Ziel der Überwachung ist zu verhindern, dass aus der sprichwörtlichen Mücke ein Elefant wird. Die Ergebnisse Ihrer Überwachung können eine Datenvielfalt liefern, die Ihnen Schwierigkeiten bei der Interpretation bereiten kann. Deshalb sollten Sie die zu überwachenden Aspekte gezielt auswählen.

10.2 Troubleshooting – Hardware und Verkabelung

Das Wichtigste beim Troubleshooting ist, dass Sie das Problem logisch angehen, damit Sie in diesem Prozess keinen entscheidenden Aspekt übersehen oder notwendige Schritte auslassen. Sie müssen sicherstellen, dass alle Komponenten, aus denen sich die Firewall zusammensetzt, funktionstüchtig sind. Zur Unterstützung bei der Fehlersuche und -behandlung sollten Sie das OSI-Modell als Referenz heranziehen. Dieses Modell wurde mit dem Ziel entwickelt, die Entwicklung des Netzwerkbetriebs zu leiten, indem Funktionen und Dienste einzelnen Schichten zugewiesen wurden. Wenn Sie das OSI-Modell als Vorlage unterstellen, kommunizieren die jeweils gegenüberliegenden Schichten der beteiligten Peers miteinander. Die Vermittlungsschicht des einen Hosts kommuniziert beispielsweise mit der Vermittlungsschicht des anderen Hosts.

Abbildung 10.1 zeigt das OSI-Modell, das den in diesem Kapitel vertretenen Ansatz unterstützt. Die Problembehandlung beginnt auf der untersten Schicht: Sie prüfen und begutachten die Hardware und die Verkabelung auf der physikalischen Schicht (Bitübertragungsschicht). Erst wenn die Funktionstüchtigkeit der Komponenten auf der niedrigeren Schicht bewiesen wurde, wenden Sie Ihre Aufmerksamkeit den Komponenten der höheren Schichten zu.

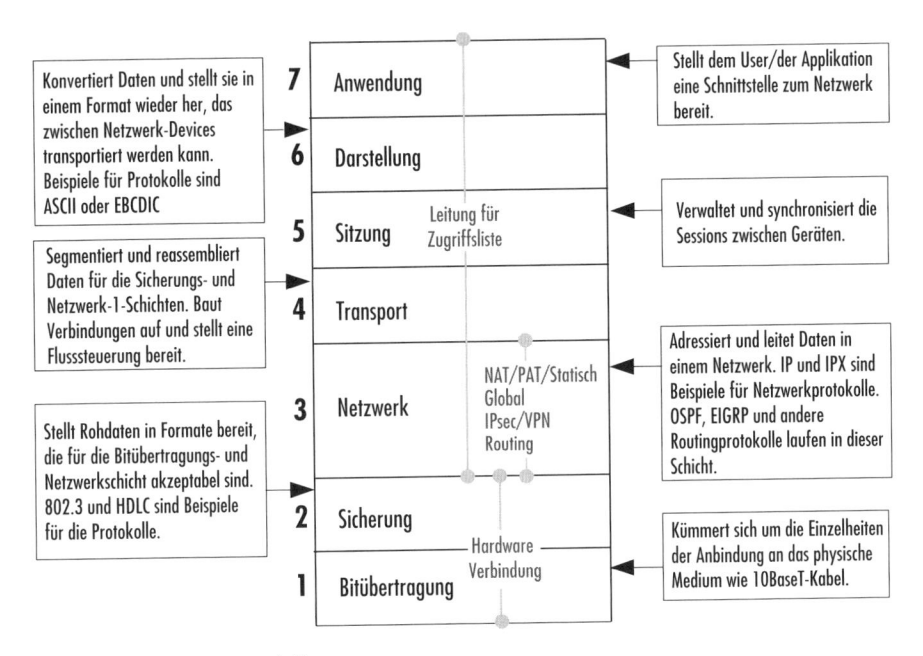

Abb. 10.1: Das OSI-Modell

Die in diesem Kapitel beschriebene Vorgehensweise orientiert sich an dem OSI-Modell. Das anfängliche Troubleshooting beginnt auf Schicht 1 des OSI-Modells, der physikalischen oder Bitübertragungsschicht. Wenn für alle physischen Komponenten die Funktionstüchtigkeit bestätigt werden konnte, wird der Fehlerbehebungsprozess auf der Sicherungsschicht fortgesetzt. Dieses Vorgehen wird fortgeführt, bis alle Schichten des OSI-Stacks abgearbeitet wurden. Eine derart gesteuerte Vorgehensweise stellt sicher, dass Sie jeden Aspekt der Sicherheitskonfiguration, in dem das Problem verborgen sein könnte, überprüft haben.

Wir beginnen mit dem Troubleshooting der potenziellen Probleme, die auf der physikalischen Schicht auftreten können. Im Zusammenhang mit der PIX-Firewall zählen die Hardware und Verkabelung zu den physischen Komponenten. Wir beginnen unsere Ausführungen mit einem kurzen Überblick über die Hardware-Architektur und die Verkabelung der PIX-Firewall.

10.2.1 Troubleshooting – PIX-Hardware

Für die Überprüfung und das Troubleshooting Ihrer Konfiguration ist es sehr nützlich, wenn Sie die Eigenheiten der einzelnen PIX-Firewall-Modelle kennen. Mit einem solchen Wissen können Sie den Problembehebungsprozess beschleunigen, da Sie die beobachteten Symptome besser interpretieren können. Wenn Sie das falsche Firewall-Modell für eine spezielle Funktion einsetzen, helfen Ihnen auch die besten Troubleshooting-Strategien nicht weiter.

Tatsächlich beginnt Ihre Strategie für das Troubleshooting bereits beim Netzwerk-Design und der Planung Ihrer Sicherheitsmaßnahmen. Es gibt eine Reihe verschiedener PIX-Firewall-Modelle, die jeweils eine gewisse Anzahl und verschiedene Typen von Netzwerkschnittstellen unterstützen. Jedes Modell hat ein eigenes oberes Limit hinsichtlich der maximalen, gleichzeitigen Verbindungen (siehe Abbildung 10.1). Die verschiedenen Modelle wurden ausgiebig in Kapitel 2 behandelt, deshalb bietet Tabelle 10.1 nur eine kurze Übersicht über die einzelnen Modelle.

Modell	Unterstützte Schnittstellentypen	Maximale Anzahl an Schnittstellen	Failover-Unterstützung
501	Ethernet Fast Ethernet	Fixed 10BaseT Vier-Port 10/100 Switch	Nein
506 Vertrieb eingestellt	Ethernet Fast Ethernet	Zwei fest installierte 10/100 Ethernet	Nein
506E	Ethernet Fast Ethernet	Zwei fest installierte 10/100 Ethernet	Nein
515 Vertrieb eingestellt	Ethernet Fast Ethernet	Zwei fest installierte 10/100 Ethernet Zwei Erweiterungssteckplätze Maximum: Sechs Ports	Ja
515E	Ethernet Fast Ethernet	Zwei fest installierte 10/100 Ethernet Zwei Erweiterungssteckplätze Maximum: Sechs Ports	Ja

Tabelle 10.1: Leistungsmerkmale und Funktionen der PIX-Firewall-Modelle

Modell	Unterstützte Schnittstellentypen	Maximale Anzahl an Schnittstellen	Failover-Unter-stützung
520 *Vertrieb eingestellt*	Ethernet Fast Ethernet	Zwei fest installierte 10/100 Ethernet Sechs Schnittstellensteckplätze Maximum: Sechs Ports	Ja
525	Ethernet Fast Ethernet Gigabit Ethernet	Zwei fest installierte 10/100 Ethernet Vier Schnittstellensteckplätze Maximum: Acht Ports	Ja
535	Ethernet Fast Ethernet Gigabit Ethernet	Neun Schnittstellensteckplätze Maximum: 10 Ports	Ja

Tabelle 10.1: Leistungsmerkmale und Funktionen der PIX-Firewall-Modelle (Forts.)

Das Firewall Services Module (FWSM) 1.1 für Catalyst-Switches der 6500er-Serie hat keine physischen Schnittstellen. Stattdessen unterstützt es bis zu 100 VLAN-Schnittstellen. Für die Failover-Unterstützung bietet es eine dedizierte logische Schnittstelle.

Sie sollten wissen, ob die verwendete PIX-Firewall für den geplanten Einsatz auch geeignet ist. Wenn Sie beispielsweise ein Netzwerk betreiben, in dem bis zu 100.000 gleichzeitige Verbindungen die Firewall passieren werden und Sie planen, das Modell 501 einzusetzen, können Sie davon ausgehen, dass die PIX diesem Verkehrsaufkommen nicht gewachsen sein und damit quasi unbrauchbar wird. In dieser Situation helfen die besten Troubleshooting- und Konfigurationsstrategien nicht, die PIX 501 ist dieser Arbeitslast einfach nicht gewachsen. Sie müssen die Kapazität der einzelnen Firewall-Modelle berücksichtigen, weil sie den Umfang der Arbeitslast bestimmt, die die Firewall bewältigen kann. Wird die Arbeitslast zu groß, sind Abstürze oder Netzwerkstaus vorprogrammiert. Wenn Sie andererseits eine PIX-Firewall unterfordern, mag sich das zwar positiv auf die Performance auswirken, doch im Hinblick auf Return-on-Investment und die ungenutzten Kapazitäten kann auch dieser Ansatz nicht empfohlen werden. Wenn Sie beispielsweise ein Netzwerk betreiben, auf dem niemals mehr als 200 gleichzeitige Verbindungen vorkommen werden, bedeutet die Installation einer PIX 535 zwar eine fantastische Performance, aber es ist fraglich, ob sich Ihre Investition in Hard- und Software tatsächlich auszahlt.

Die einzelnen Modelle unterstützen verschiedene Schnittstellentypen in unterschiedlichen Ausprägungen bezogen auf die Anzahl der Schnittstellen (siehe Tabelle 10.1). Die Tabelle berücksichtigt nicht, dass verschiedene Modelle auch Token Ring und FDDI unterstützen. Ab der Version 5.3 der PIX-Firewall bietet Cisco keine Unterstützung mehr für Token Ring und FDDI. Als Faustregel gilt: Bleiben Sie bei einem Schnittstellentyp und konfigurieren die PIX-Firewall komplett mit Token Ring, Ethernet oder FDDI. Wenn Sie sich an eine solche Vorgabe halten, vermeiden Sie einen zusätzlichen Verwaltungsaufwand auf der PIX-Firewall, da nicht zwischen den verschiedenen LAN-Formaten übersetzt werden muss. Nur die Modelle ab 515 bieten eine Unterstützung für andere als Ethernet-Schnittstellen.

Die PIX-Firewall verfügt über ein System, mit dem sie ihre Netzwerkschnittstellen identifizieren kann. Sie müssen die Funktionsweise dieses Systems kennen, damit Sie sich beim Troubleshooting auf das richtige Hardware-Teil konzentrieren können. Sie verschwenden wertvolle Zeit, die Sie für das Troubleshooting nutzen könnten, wenn Sie nicht wissen, wie Schnittstellen anhand ihrer Nummerierung identifiziert werden. Die Abbildung 10.2 illustriert das Identifikationsschema für Netzwerkschnittstellen. Die Nummerierung der Netzwerkschnittstellenkarten beginnt auf der rechten Seite mit 0. Die Nummern der Kartensteckplätze ist nach links aufsteigend. Der Steckplatz, in den eine Karte installiert wird, bestimmt die Nummer, die der Karte zugeordnet wird. Die Ports werden von oben nach unten nummeriert und beginnen mit 0 für den Port ganz oben auf der Karte.

Der oberste Port auf einer Ethernet-Schnittstellenkarte, die in Steckplatz 3 installiert wurde, würde beispielsweise als Ethernet 3/0 identifiziert. Feste Schnittstellen beginnen auf der rechten Seite mit 0, die nächste feste Schnittstelle links ist dann 1. Die erste installierte Netzwerkschnittstellenkarte wäre 2 (wie Steckplatz 2) und deren oberste Schnittstelle 0. Sie sollten sich dieses Schema wirklich zu Eigen machen, nicht nur, um die einzelnen Schnittstellenkarten identifizieren zu können, sondern auch um sicherzustellen, dass Sie beim Troubleshooting an der richtigen Stelle ansetzen.

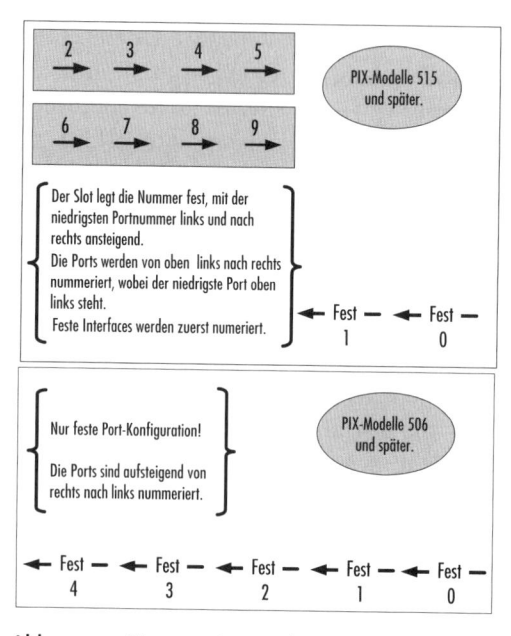

Abb. 10.2: Nummerierung der PIX-Schnittstellen

Die Speicherarchitektur der PIX-Firewall hat Ähnlichkeit mit jener der Cisco-Router, mit der Ausnahme, dass es dort keinen NVRAM-Speicher gibt. Das Betriebssystem (Image) und die Konfigurationsdatei der PIX-Firewall werden im Flash-Speicher abgelegt. Im Hauptspeicher werden Daten verarbeitet. Als Faustregel gilt, dass der Flash-Speicher ausreichend groß sein sollte, um das Software-Image und die Konfiguration aufnehmen zu können. Von allen Speichertypen kann der Hauptspeicher der Firewall potenziell die größten Auswirkungen auf die Performance der Firewall haben, da es sich hierbei um ihren Arbeitsspeicher handelt. Im Hauptspeicher werden Daten abgelegt, die darauf warten, verarbeitet oder weitergeleitet zu werden. Der Hauptspeicher kann nicht groß genug sein. Wenn die Kapazität zu gering ist, werden Sie es definitiv bemerken, da sich der Paketverlust erhöhen wird oder der IPsec-Verkehr langsamer oder verlustreicher wird.

Auf jeder Firewall gibt es optische Betriebsanzeigen in Form von LEDs (Light Emitting Diodes). Je nach Modell sind unterschiedliche LEDs vorhanden, doch einige sind bei allen Modellen gleich. In Abbildung 10.3 sehen Sie einige der PIX-Firewall-LEDs mit einer Beschreibung ihrer Bedeutung. Wenn Sie die Bedeutung dieser LEDs kennen, können Sie bereits von »außen« mit dem Troubleshooting auf Schicht 1 beginnen.

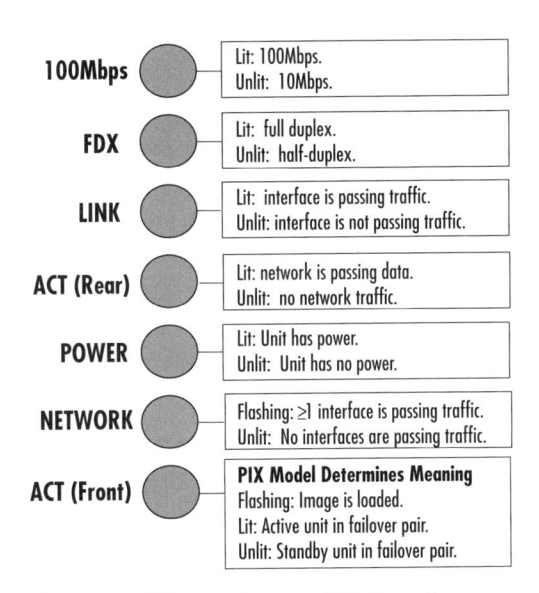

100Mbps	Lit: 100Mbps. Unlit: 10Mbps.
FDX	Lit: full duplex. Unlit: half-duplex.
LINK	Lit: interface is passing traffic. Unlit: interface is not passing traffic.
ACT (Rear)	Lit: network is passing data. Unlit: no network traffic.
POWER	Lit: Unit has power. Unlit: Unit has no power.
NETWORK	Flashing: ≥1 interface is passing traffic. Unlit: No interfaces are passing traffic.
ACT (Front)	**PIX Model Determines Meaning** Flashing: Image is loaded. Lit: Active unit in failover pair. Unlit: Standby unit in failover pair.

Abb. 10.3: LED-Anzeigen der PIX-Firewall

Nehmen Sie sich die Zeit, die Informationen aus Abbildung 10.3 zu verinnerlichen. Diese LEDs können aufleuchten, nicht aufleuchten oder blinken – immer wird damit ein bestimmter Zustand angezeigt. Da die LED ACT sowohl vorn als auch hinten auf der PIX vorhanden sein kann, bedarf sie besonderer Aufmerksamkeit.

Bei bestimmten Modellen, z. B. PIX 506 und 506E, blinkt die LED auf der Vorderseite um anzuzeigen, dass das Software-Image geladen wurde. Beim Troubleshooting können Sie anhand dieser Anzeige sehen, ob das Software-Image korrekt bzw. überhaupt geladen wurde. Auf den High-End-Modellen ab PIX 515 wird über dieselbe LED angezeigt, welche PIX in einer Failover-Konfiguration die aktive und welche die Standby-Rolle innehat. Mit dieser Information können Sie überprüfen, ob die Verkabelung Ihrer Failover-Konfiguration korrekt ist.

Im Verlauf der Boot-Sequenz der PIX liefert der Power-On-Self-Test (POST) eine Fülle an Informationen, mit denen Sie die Funktionstüchtigkeit oder auch Fehler erkennen können. Im Folgenden nutzen wir das Beispiel einer Boot-Sequenz (siehe Abbildung 10.4), um unsere Ausführungen zu illustrieren.

```
CISCO SYSTEMS PIX-501
Embedded BIOS Version 4.3.200 07/31/01 15:58:22.08
Compiled by morlee
16 MB RAM

PCI Device Table.
Bus Dev Func VendID DevID Class            Irq
 00  00  00   1022   3000  Host Bridge
 00  11  00   8086   1209  Ethernet        9
 00  12  00   8086   1209  Ethernet        10

Cisco Secure PIX Firewall BIOS (4.2) #6: Mon Aug 27 15:09:54 PDT 2001
Platform PIX-501
Flash=E28F640J3 @ 0x3000000

Use BREAK or ESC to interrupt flash boot.
Use SPACE to begin flash boot immediately.
Reading 1536512 bytes of image from flash.
####################################################################
#
16MB RAM
Flash=E28F640J3 @ 0x3000000
BIOS Flash=E28F640J3 @ 0xD8000
mcwa i82559 Ethernet at irq  9  MAC: 0008.e317.ba6b
mcwa i82559 Ethernet at irq 10  MAC: 0008.e317.ba6c
---------------------------------------------------------------
                          ||        ||
                          ||        ||
                        ||||       ||||
                     ..:||||||:...:||||||:..
                         c i s c o S y s t e m s
```

Abb. 10.4: Boot-Sequenz einer PIX-Firewall

```
                    Private Internet eXchange
-----------------------------------------------------------------
                      Cisco PIX Firewall

Cisco PIX Firewall Version 6.2(2)
Licensed Features:
Failover:             Disabled
VPN-DES:              Enabled
VPN-3DES:             Disabled
Maximum Interfaces:   2
Cut-through Proxy:    Enabled
Guards:               Enabled
URL-filtering:        Enabled
Inside Hosts:         10
Throughput:           Limited
IKE peers:            5
***************************** Warning ******************************
  Compliance with U.S. Export Laws and Regulations - Encryption.

<<  weitere Ausgabe ignoriert  >>
***************************** Warning ******************************

Copyright (c) 1996-2002 by Cisco Systems, Inc.

              Restricted Rights Legend

<<  weitere Ausgabe ignoriert  >>
Cryptochecksum(unchanged): 38a9d953 0ee64510 cb324148 b87bdd42

Warning: Start and End addresses overlap with broadcast address.
outside interface address added to PAT pool
Address range subnet is not the same as inside interface
```

Abb. 10.4: Boot-Sequenz einer PIX-Firewall (Forts.)

Die Boot-Sequenz zeigt die Version des auf Firmware geladenen PIX-Betriebssystems, das den Boot-Vorgang angestoßen hat. In diesem Fall handelt es sich um die Version 4.3.200. Das ist von Bedeutung, da es sich um das Betriebssystem handelt, das verwendet wird, wenn im Flash-Speicher kein Software-Image vorhanden ist. In der ersten Zeile wird das Modell der Firewall angegeben. Diese Information kann Ihnen helfen, wenn Sie die Firewall von einem Remote-Standort aus überprüfen.

Nach dem Abschluss des POST-Tests wird das im Flash-Speicher installierte Software-Image geladen. Anhand der Zeile Reading 1536512 bytes of image from flash können Sie ablesen, dass es ab diesem Zeitpunkt die Kontrolle übernimmt. Die PIX-Firewall führt die Berechnung der Prüfsumme für das Image aus, um es zu validieren. Das Betriebssystem in der Firmware wird ebenfalls validiert. Auf diese Weise schützen Sie sich vor der Ausführung eines korrumpierten Betriebssystems. Anhand der Abbildung 10.4 können Sie erkennen, dass das aus dem Flash-Speicher geladene Image zwei Ethernet-Schnittstellen auf diesem System erkennt. Die diesen Schnittstellen zugeordneten MAC-Adressen werden angezeigt.

Die angezeigten Informationen während der Boot-Phase geben Auskunft über die Hardware der PIX-Firewall. So verfügt diese spezielle PIX über 16 MB Hauptspeicher – ein Aspekt, der sich, wie bereits erläutert, auf die Performance auswirken kann. Auch die Hardware im Zusammenhang mit den Schnittstellen (Anzahl und Typ) und zugehörige IRQ-Informationen werden angezeigt.

Wenn Sie die Informationen über die von dieser Firewall unterstützten Merkmale sammeln, können Sie ein effizientes Troubleshooting durchführen. Die exakte Version des Betriebssystems wird erkannt – in diesem Fall ist es die Version 6.2(2). Noch wichtiger ist, dass die von dieser Firewall unterstützten Merkmale deutlich aufgelistet sind. VPN-DES wird beispielsweise unterstützt, während das bei VPN-3DES nicht der Fall ist. Dies erklärt sich dadurch, dass wir hier eine Low-End-PIX betrachten, die mit einer beschränkten Lizenz für 10 Hosts und 5 IKE-Peers ausgestattet ist. Diese Firewall unterstützt Cut-Through-Proxy und URL-Filterung.

In den letzten Zeilen der Boot-Anzeige können Fehler hervorgehoben werden, die das Betriebssystem während der Analyse der Konfigurationsdatei erkannt hat. Untersuchen Sie diese Meldungen gründlich um zu entscheiden, ob und wie Sie eine mögliche Fehlerbehebung durchführen müssen. In diesem Beispiel sind verschiedene Probleme bei der Zuordnung der IP-Adressen aufgetreten. Wir wissen auch, dass die externe Schnittstellenadresse nun Teil des PAT-Pools ist. Das kann je nach Situation erwünscht oder nicht erwünscht sein.

Wenn der Boot-Vorgang der PIX-Firewall abgeschlossen ist, können Sie mithilfe der Cisco-Befehle die Überprüfung der Hardware fortsetzen. Nutzen Sie die gängigen Befehle, um die Funktionstüchtigkeit und Konfiguration der PIX auf Schicht 1 des OSI-Modells zu überprüfen. Abbildung 10.5. zeigt die Ausgabe des Befehls show version, der einen schnellen Überblick über die Konfiguration der entsprechenden PIX liefert. Die von diesem Befehl bereitgestellten Daten beinhalten Schnittstelleninformationen, Seriennummern usw., wie in der Ausgabe des Befehls in Abbildung 10.5 gezeigt. Benutzen Sie diesen Befehl, wenn Sie Informationen über die Soft- und Hardware Ihrer Firewall benötigen. Einige Informationen in dieser Ausgabe entsprechen jenen aus dem Beispiel mit der Boot-Sequenz.

```
PIX1> show version

Cisco PIX Firewall Version 6.2(2)
Cisco PIX Device Manager Version 2.1(1)
```

Abb. 10.5: Der Befehl show versiony

```
Compiled on Fri 07-Jun-02 17:49 by morlee

PIX1 up 23 secs

Hardware:   PIX-501, 16 MB RAM, CPU Am5x86 133 MHz
Flash E28F640J3 @ 0x3000000, 8MB
BIOS Flash E28F640J3 @ 0xfffd8000, 128KB
0: ethernet0: address is 0008.e317.ba6b, irq 9
1: ethernet1: address is 0008.e317.ba6c, irq 10

Licensed Features:
Failover:              Disabled
VPN-DES:               Enabled
VPN-3DES:              Disabled
Maximum Interfaces:    2
Cut-through Proxy:     Enabled
Guards:                Enabled
URL-filtering:         Enabled
Inside Hosts:          10
Throughput:            Limited
IKE peers:             5

Serial Number: 406053729 (0x1833e361)
Running Activation Key: 0xc598dce8 0xf775fc1c 0xbd76cee8 0x3f41e74b
Configuration last modified by   at 06:28:16.000 UTC Thu Feb 7 2036
```

Abb. 10.5: Der Befehl show versiony (Forts.)

Im ersten Teil der Ausgabe wird die Version des geladenen Betriebssystems und die des PIX Device Managers angezeigt. Als Nächstes können Sie die Zeitspanne ablesen, die seit Einschalten des Systems vergangen ist. Anhand dieser Information können Sie erkennen, ob die PIX-Firewall neu gestartet oder ein- und ausgeschaltet wurde. Der Befehl show version liefert zusätzliche Details wie z.B. das Modell, die Menge des verfügbaren Speichers und CPU-Geschwindigkeit und -Typ. Darüber hinaus liefert Ihnen die Ausgabe dieses Befehls Informationen zur Größe des Flash- und BIOS-Speichers. Beim Troubleshooting sind diese Informationen wichtig, damit Sie beurteilen können, ob die PIX ihren Aufgaben gewachsen ist. Das System aus diesem Beispiel verfügt über zwei Ethernet-Schnittstellen; beachten Sie, dass deren MAC-Adressen aufgelistet sind. Der letzte Teil der Ausgabe liefert Ihnen die Seriennummer des Systems sowie den Aktivierungsschlüssel, der zur Aktivierung des Images verwendet wurde. Dabei handelt es sich zwar nicht um wichtige Daten für das Troubleshooting, doch möglicherweise müssen Sie diese Nummern angeben, wenn Sie Hilfe brauchen und sich an das Cisco TAC wenden.

Beim Troubleshooting sollte der Befehl show version einer der ersten Befehle (wenn nicht *der* erste) sein, den Sie ausführen, um Informationen zu den Komponenten der PIX-Firewall zu erhalten. Bevor Sie mit dem Troubleshooting beginnen, sollten Sie sich auf jeden Fall über die durch die Firewall unterstützten Features informieren. Ansonsten könnten Sie kostbare Zeit vergeuden um herauszufinden, weshalb ein nicht unterstütztes Merkmal nicht funktioniert. Wenn Sie die Ausgabe des Befehls show version untersuchen, sollten Sie sich auf jeden Fall die MAC-Adressen der Schnittstellen notieren. Diese Informationen können Ihnen bei der Behebung von Problemen im Zusammenhang mit der Schicht-2-zu-Schicht-3-Adresszuordnung helfen.

Der in Abbildung 10.6 vorgestellte Befehl show interface liefert Informationen, die auf verschiedenen Ebenen des Troubleshooting-Prozesses verwendet werden können. Dieser Befehl zeigt Details zu den Netzwerkschnittstellen an. Wie bei Cisco-Routern können Sie mit diesem Befehl den Status einer Schnittstelle prüfen und erkennen, ob sie funktionstüchtig ist. Außerdem können Sie ablesen, wie die einzelnen Schnittstellen bezeichnet sind. Weitere Ausführungen zu diesem Befehl und der zugehörigen Ausgabe folgen.

```
interface ethernet1 "inside" is up, line protocol is up
  Hardware is i82559 ethernet, address is 0008.e317.ba6c
  IP address 10.10.2.1, subnet mask 255.255.255.0
  MTU 1500 bytes, BW 10000 Kbit full duplex
  4 packets input, 282 bytes, 0 no buffer
  Received 0 broadcasts, 0 runts, 0 giants
  0 input errors, 0 CRC, 0 frame, 0 overrun, 0 ignored, 0 abort
  4 packets output, 282 bytes, 0 underruns
  0 output errors, 0 collisions, 0 interface resets
  0 babbles, 0 late collisions, 0 deferred
  0 lost carrier, 0 no carrier
  input queue (curr/max blocks): hardware (128/128) software (0/1)
  output queue (curr/max blocks): hardware (0/1) software (0/1)
```

Abb. 10.6: Der Befehl show interface

Die Ausgabe des Befehls show interface ist von hohem Nutzen für den Troubleshooting-Prozess. Wenn Sie jedoch nicht wissen, wie diese Ausgabe zu interpretieren ist, nützt die ganze Informationsvielfalt herzlich wenig. Eines der ersten Dinge, die Sie mithilfe dieses Befehls klären sollten, ist, ob eine bestimmte Schnittstelle ein bestimmtes Netzwerk bedient. Im vorliegenden Beispiel ist Ethernet 1 dem internen Netzwerk zugeordnet. Als Teil des Troubleshooting müssen Sie sicherstellen, das Ethernet 1 tatsächlich mit dem internen Netzwerk verbunden ist. Die dieser Schnittstelle zugeordnete MAC-Adresse und der Schnittstellentyp (Ethernet) werden angezeigt.

Die MTU (Maximum Transmission Unit) bestimmt die maximale Größe eines Pakets, die es haben kann, um die Schnittstelle ohne Fragmentierung zu passieren. Jedes Paket, das diese Größe überschreitet, wird in eine entsprechende Anzahl von Frames aufgesplittet, damit es diese Schnittstelle passieren kann. Das kann zum Problem werden, wenn Sie Geräte betreiben, die große Frames senden. Mit diesem Befehl können Sie auch den Duplex-Betrieb der Schnittstelle verifizieren. Denken Sie in diesem Zusammenhang auch an die zugehörige LED-Anzeige der PIX. Nicht übereinstimmende Duplex-Einstellungen zwischen der PIX und LAN-Switches sind ein weit bekanntes und unter Umständen nervenraubendes Problem. Stellen Sie sicher, dass die Geschwindigkeits- und Duplex-Einstellungen auf der PIX und auf dem Switch übereinstimmen.

Es gibt einen Paketzähler für Inbound- und Outbound-Pakete. Dieser Indikator verfolgt, wie viele Pakete diese Schnittstelle passiert haben. Außerdem wird die Gesamtsumme an Bytes nachgehalten, aus denen sich diese Pakete zusammengesetzt haben. Eine besondere Bedeutung für das Troubleshooting hat der »no buffer«-Zähler, da er anzeigt, wie oft kein Puffer für das Speichern eingehender Pakete vorhanden war, bis diese durch die CPU verarbeitet werden konnten. Wenn sich dieser Zähler erhöht, empfängt diese Schnittstelle mehr Pakete als sie bewältigen kann. In diesem Fall müssen Sie ein Upgrade auf eine Schnittstelle mit höherer Kapazität durchführen oder den eingehenden Datenverkehr drosseln. Jede Schnittstelle verfügt zudem über Zähler für das Verfolgen von Broadcasts und Fehlern:

- broadcasts – Pakete, die an die Schicht-2-Broadcast-Adresse dieser Schnittstelle gesendet wurden
- runts – Empfangene Pakete, die kleiner waren als die minimale Ethernet-Paketgröße von 64 Byte
- giants – Empfangene Pakete, die größer waren als die maximale Ethernet-Paketgröße von 1518 Byte
- CRC – Pakete, die die CRC-Fehlerüberprüfung nicht bestanden haben. Überprüfen Sie Ihre Kabel und stellen Sie außerdem sicher, dass es nicht zu Crosstalk oder Interferenzen kommt.
- frame – Frame-Fehler, in dem ein fehlerhafter Ethernet-Frame-Typ entdeckt wurde. Stellen Sie sicher, dass Sie auf allen Hosts den korrekten Frame-Typ konfiguriert haben.
- overrun – Die Input-Rate überstieg die Puffer-Fähigkeit der Schnittstelle.
- ignored/abort – Diese Zähler sind für eine zukünftige Verwendung vorgesehen. Zum aktuellen Zeitpunkt ist die PIX nicht in der Lage, Frames zu ignorieren oder zu verwerfen.
- collisions – Die Anzahl übertragener Pakete, die in einer Kollision resultierten. Auf einer Schnittstelle im Halb-Duplex-Betrieb weisen Kollisionen nicht zwangsläufig auf ein Problem hin, da Kollisionen zum Ethernet-Alltag gehören.
- underrun – Zeigt an, dass die PIX zu überfordert war, um die Daten schnell genug zur Netzwerkschnittstelle zu leiten

- babbles – Dieser Zähler wird nicht verwendet. Mit babbles wird angezeigt, dass sich der Sender länger auf der Schnittstelle befand als Zeit für das Übertragen des größten Frames erforderlich war.
- late collisions – Kollisionen, die nach der Übertragung der ersten 64 Byte auftraten. Anders als normale Kollisionen weisen diese auf ein Problem hin. Gewöhnlich werden späte Kollisionen durch fehlerhafte Kabel, Kabellängen, die die Spezifikation überschreiten oder eine zu hohe Anzahl an Repeatern verursacht.
- deferred – Pakete, die bedingt durch Aktivität auf der Verbindung zurückgestellt werden mussten. Im Allgemeinen weist dies auf einen Netzwerkstau hin, da die Schnittstelle den Datenverkehr verzögern muss, um ein verfügbares Übertragungsfenster zum Senden zu finden. Das kann zu einem ständigen Problem werden, das den Pufferplatz aufbraucht, da ausgehende Pakete gespeichert werden müssen, bis sich ein Übertragungsfenster öffnet.
- lost carrier – Die Häufigkeit, mit der ein Signalverlust auftrat. Ursache dafür kann ein ausgeschalteter Switch oder ein loses Kabel sein.
- no carrier – Dieser Zähler wird nicht verwendet.

> **Hinweis**
> Auf einer Voll-Duplex-Schnittstelle sollten keine Kollisionen, keine späten Kollisionen und auch keine zurückgehaltenen Pakete auftreten.

Die Warteschlangenzähler beziehen sich auf die Datenmenge (gemessen in Byte), die zum Empfang oder zur Übertragung in die Warteschlangen gestellt wurde. Diese Zähler liefern eine Momentaufnahme von den aktuellen Inhalten der Warteschlange zum Zeitpunkt der Befehlsausführung. Wenn die Firewall mehr Datenverkehr empfängt als sie verarbeiten kann, werden diese Warteschlangen gelöscht. Wenn ein Paket auf einer Schnittstelle ankommt, wird es zuerst in die Input-Hardware-Warteschlange gesetzt. Wenn die Hardware-Warteschlange voll ist, wird das Paket in die Input-Software-Warteschlange gesetzt. Das Paket wird dann in einen 1550-Byte-Block (einen 16384-Byte-Block auf 66-MHz-Gigabit-Ethernet-Schnittstellen) gesetzt und an das Betriebssystem übergeben. Wenn die Firewall die Output-Schnittstelle bestimmt hat, wird das Paket in die zugehörige Output-Hardware-Warteschlange gesetzt. Wenn die Hardware-Warteschlange voll ist, wird das Paket in die Output-Software-Warteschlange gesetzt.

Wenn es in der Input- oder der Output-Software-Warteschlange sehr große maximale Blöcke gibt, ist die Schnittstelle überfordert. Wenn Sie das feststellen, bleiben nicht viele Lösungen. Entweder reduzieren Sie die Menge des Datenverkehrs oder Sie führen ein Upgrade auf eine schnellere Schnittstelle durch.

10.2.2 Troubleshooting – PIX-Verkabelung

Nachdem Sie die Funktionstüchtigkeit der PIX nachgewiesen haben, sollten Sie das im nächsten Schritt des Troubleshooting auch für die Verkabelung bestätigen. Anders als bei Routern, für die eine große Anzahl verschiedener Kabeltypen verwendet werden kann, gibt es für die PIX-Firewall nur eine begrenzte Anzahl von Kabeltypen, um die Sie sich im Rahmen des Troubleshooting kümmern müssen: Ethernet- und Failover-Kabel.

Bestimmte Modelle der PIX-Firewall bieten in älteren Software-Versionen (bis zur Version 5.3) Unterstützung für Token-Ring- und FDDI-Netzwerke. Im August bzw. Juni 2001 hat Cisco den Vertrieb von Token Ring und FDDI für PIX-Firewalls eingestellt. Der entsprechende Support wird voraussichtlich im August bzw. Juni 2006 eingestellt. Token-Ring- und FDDI-Kabel sind nicht Gegenstand dieses Buchs.

Gleichgültig für welche Kabel Sie das Troubleshooting ausführen, Sie sollten stets einen strukturierten Ansatz wählen. Tabelle 10.2 listet einige Schritte auf, mit denen Sie die Überprüfung Ihrer Verkabelung beginnen sollten. Führen Sie diese Schritte wirklich aus, damit Sie auch nicht den kleinsten Kabeldefekt, der großen Probleme verursachen kann, übersehen.

Problem	Troubleshooting-Schritt
Ist das richtige Kabel an die korrekte Schnittstelle angeschlossen?	Überprüfen Sie das Kabel und verifizieren Sie Steckplatz- und Port-Nummer.
Ist das richtige Kabelende an die korrekte Schnittstelle angeschlossen?	*Dies gilt nur für das Failover-Kabel:* Das *primary*-Ende muss an die primäre Firewall und das *secondary*-Ende an die sekundäre Firewall angeschlossen sein.
Ist der korrekte Kabeltyp an die Ausrüstung angeschlossen?	Cross-Kabel, Rollover-Kabel usw. an den korrekten Ports
Ist die Kabel-Pin-Belegung korrekt?	Führen Sie eine optische Untersuchung und eine weitere mit einem Kabeltestgerät durch.
Ist das Kabel selbst in Ordnung?	Testen Sie es mit einem Kabeltester oder schließen Sie es an eine funktionierende Komponente an, um es zu testen.

Tabelle 10.2: Checkliste für das Troubleshooting der Verkabelung

Alle PIX-Firewalls unterstützen 10Mbps- oder 100Mbps-Ethernet, doch nur die High-End-Modelle wie die 525 und die 535 unterstützen auch Gigabit Ethernet. Wenn Sie an die Kapazität der einzelnen Modelle denken, ist das auch sinnvoll: Die Low-End-Modelle wären schon beim Hinzufügen einer einzelnen Gigabit-Ethernet-Schnittstelle maßlos überfordert. Zum Zeitpunkt der Drucklegung dieses

Buchs bietet die PIX 535 einen Klartext-Durchsatz von 9 Gbps, die 525 liegt bei 360 Mbps, die 515 bei 188 Mbps, die 506 bei 20 Mbps und die 501 bei 10 Mbps. Auf der physikalischen Schicht (Bitübertragungsschicht) besteht Ihre erste Aufgabe bei der Problembehebung darin sicherzustellen, dass die korrekten Ethernet-Kabel verwendet werden und auch korrekt angeschlossen sind. Abbildung 10.7 zeigt die Pin-Belegung, die Sie für Ethernet- und Fast-Ethernet-Kabel verwenden sollten.

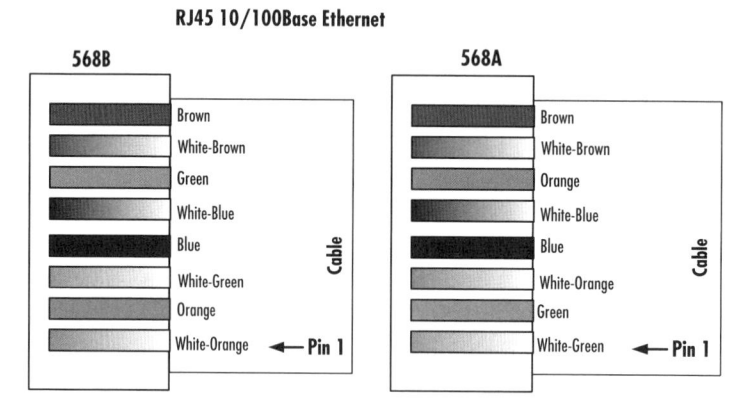

RJ45 10/100Base Ethernet

568B	568A
Brown	Brown
White-Brown	White-Brown
Green	Orange
White-Blue	White-Blue
Blue	Blue
White-Green	White-Orange
Orange	Green
White-Orange ← Pin 1	White-Green ← Pin 1

Abb. 10.7: Pin-Belegung Ethernet-Kabel

Es werden zwei Kabelschemata für den RJ45-Standard für 10/100 Ethernet verwendet: TA568A und TA568B (siehe Abbildung 10.7). Es ist sehr wichtig, dass Sie sich für einen dieser Standards entscheiden, um Interferenzen (Crosstalk) zu vermeiden. Wenn Sie ein RJ45-Kabel aus seiner Isolierung schälen würden, könnten Sie vier Kabelpaare erkennen. In jedem Paar sind die beiden Adern ineinander verdrillt, um Crosstalk zu minimieren. Wenn Sie wahllos Kabel aussuchen und diese mit dem RJ45-Anschluss verbinden, um ein Ethernet-Kabel zu erhalten, kommt es sicher zu Problemen. Das Kabelschema des TA568A/B-Standards wurde optimiert, um diese Interferenzen zu verhindern.

Das Troubleshooting von Kabeln ist relativ einfach zu bewerkstelligen, da auf dem Markt zahlreiche Kabeltester angeboten werden. Sie können einfache Geräte zum Überprüfen der Pin-Belegung einsetzen (wie sie beispielsweise unter www.copperandfibertools.com/testers.asp angeboten werden) oder kostspielige Tester mit großem Funktionsumfang, wie sie Fluke (www.fluke.com) anbietet. Die Zeit, die Sie durch diese Geräte einsparen, rechtfertigt die anfänglichen Anschaffungskosten.

Der erste Schritt bei der Überprüfung von 10/100-Ethernet-Kupferkabeln ist die optische Untersuchung des Kabels auf Brüche oder Defekte. Vergleichen Sie die Pin-Belegung mit der aus Abbildung 10.7. Wenn sie übereinstimmt und sich das Kabel in gutem Zustand befindet, sollten Sie im nächsten Schritt das Kabel mit einem Kabeltester prüfen. Die meisten Kabeltester ermöglichen eine Kabelzuordnung; nicht übereinstimmende Pins sind ein häufig vorkommendes Problem. Wenn die Probleme nach der erfolgreichen Überprüfung mit dem Kabeltester anhalten, sollten Sie ein anderes Kabel verwenden. Möglicherweise sind Sie an ein Kabel geraten, in das bei der Herstellung eine schlechte Mischung aus Plastik und Metall eingefügt wurde, die die Fähigkeit des Kabels, Elektronen zu transportieren, beeinträchtigt. Wenn Ihnen kein Kabeltester zur Verfügung steht und Sie nicht nachweisen können, ob das Kabel in Ordnung ist, sollten Sie es besser austauschen.

Die PIX-Firewall-Modelle 525 und 535 bieten Unterstützung für Voll-Duplex Gigabit Ethernet (GE). Die GE-Schnittstellen nutzen SC-Multimode-Glasfaserkabel: eine Faser zum Empfangen und die andere zum Übertragen (siehe Abbildung 10.8). Es ist wichtig, dass Sie bei der Verkabelung die Kabel an die korrekten Verbindungen anschließen.

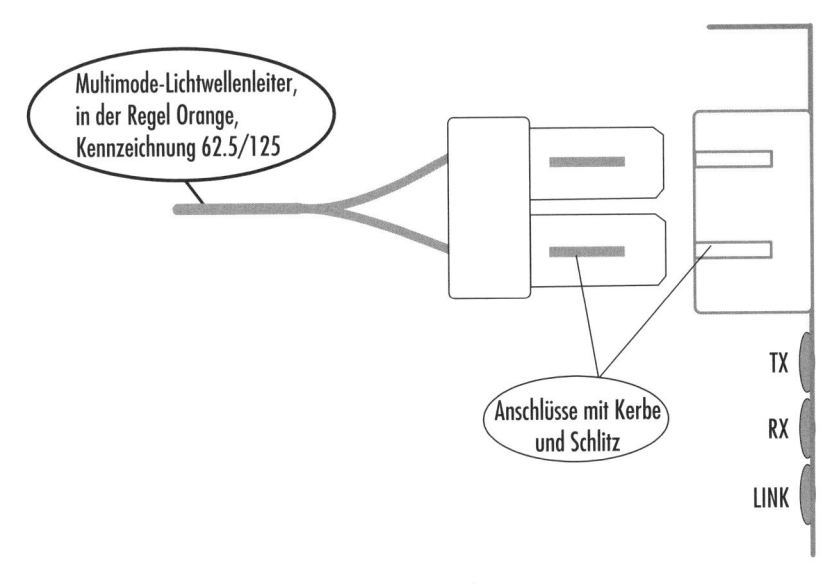

Abb. 10.8: Gigabit-Ethernet-SC-Glasfaserstecker

Glücklicherweise verhindert der von Cisco verwendete SC-Stecker ein falsches Anschließen des Kabels. Der Stecker am Kabel hat Kerben, die genau in die Schlitze der Buchse auf der Schnittstellenkarte passen. Sie sollten ein wenig von Glasfaserkabeln verstehen, um sie wirkungsvoll zusammen mit Ihrer PIX-Firewall einzusetzen. Im Zusammenhang mit Glasfaserkabeln gibt es zwei Modi: Single-Mode oder Multimode. Die GE-Schnittstelle der PIX-Firewall arbeitet mit Multimode-Glasfasern, die das Licht brechen (siehe Abbildung 10.9).

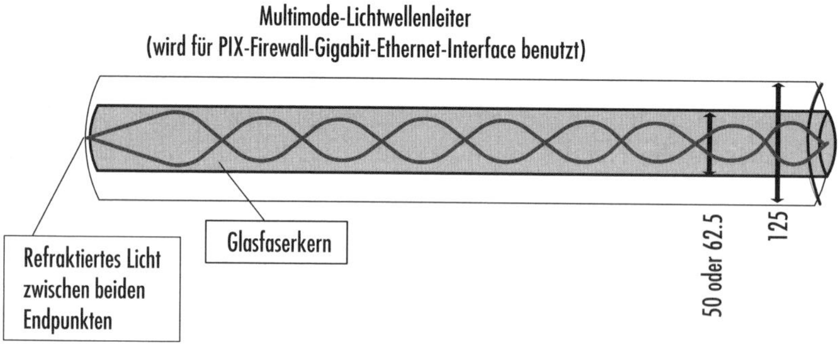

Multimode-Lichtwellenleiter
(wird für PIX-Firewall-Gigabit-Ethernet-Interface benutzt)

Refraktiertes Licht zwischen beiden Endpunkten — Glasfaserkern — 50 oder 62,5 — 125

Abb. 10.9: Multimode-Glasfaserkabel

Die Glasfaserindustrie hält sich sehr strikt an ihre Standards. Daher können Sie meist anhand der Farbe erkennen, ob Sie ein Multimode- oder ein Single-Mode-Kabel angeschlossen haben. Single-Mode-Kabel sind gelb und weisen entlang ihrer Seite Markierungen auf, durch die ihre Breite in Mikrometern angezeigt wird. Das für die PIX-Firewall verwendete Multimode-Kabel ist orange und entweder mit 50 oder 62,5 Mikrometer beschriftet, was die Größe des Glaskerns angibt, durch den das Licht gesendet wird. Die Ummantelung des Glaskerns hat bei beiden Kabeln die gleiche Größe: 125 Mikrometer. Das ist nur als allgemeine Faustregel zu betrachten: Einige Hersteller bieten benutzerdefinierte Farben oder halten sich nicht an das Standardfarbschema.

Wie bei den Twisted-Pair-Kabeln für Ethernet und Fast Ethernet können Sie einen Kabeltester zur Prüfung Ihrer Glasfaserkabel verwenden. Anders als Kupferkabel verzeihen Glasfaserkabel nicht die geringsten Abweichungen von festen Spezifikationen. Wenn das verwendete Kabel nicht funktioniert, haben Sie wahrscheinlich einen Fehler gemacht. In solchen Situationen beweist sich der Wert eines guten Kabeltesters. Wenn Sie kein zertifizierter Glasfasertechniker sind, sollten Sie die Glasfaserverkabelung lieber einem Profi auf diesem Gebiet überlassen.

10.3 Troubleshooting – Connectivity

Damit die PIX-Firewall ihre Pflichten erfüllen kann, muss sie in der Lage sein, ihre Ziele zu erreichen. Die Fähigkeit, Datenverkehr von der Quelle zum gewünschten Ziel zu übertragen, hängt von einer Reihe von Faktoren ab. Dazu zählen das Routing, die Adressübersetzung, Access Lists usw. Die Übersetzung kann ein besonders kritischer Aspekt sein, da alle Adressen übersetzt werden müssen, damit interne und externe Netzwerke miteinander kommunizieren können.

Gewöhnen Sie sich bei Änderungen an der NAT (globale/statische Zuordnungen, Access Lists, Conduits oder andere Aspekte im Zusammenhang mit der Übersetzung) an, den Befehl `clear xlate` zum Löschen der aktuellen Übersetzungen auszuführen. Da die Übersetzung auf der PIX-Firewall obligatorisch ist, stellen wir fast jedes Feature vor, das Sie konfigurieren können. Wenn Sie es versäumen, die aktuellen Übersetzungseinstellungen zu löschen, führt das zu einem nicht vorhersehbaren Verhalten.

Vergegenwärtigen Sie sich noch einmal, wie die verschiedenen Sicherheitsstufen miteinander arbeiten. Standardmäßig ist der Datenverkehr von einer höheren Sicherheitsstufe zu einer niedrigeren Sicherheitsstufe gestattet, dennoch müssen Übersetzungen eingerichtet werden. Für Datenverkehr, der von einer niedrigeren Sicherheitsstufe zu einer höheren Sicherheitsstufe (z. B. von außen nach innen) fließen soll, ist eine Access List oder eine Passage (Conduit) sowie eine entsprechende Übersetzung erforderlich.

In Kapitel 6 haben wir uns ausführlich mit dem Thema Syslog beschäftigt. Es kann jedoch nicht häufig genug wiederholt werden, dass Sie sich angewöhnen sollten, die Syslog-Meldungen regelmäßig zu überprüfen. Die Syslog-Protokollierung stellt eine fortlaufende Echtzeitaufzeichnung von Aktivitäten und aufgetretenen Fehlern zur Verfügung. Diese Informationen können für den Erfolg Ihrer Troubleshooting-Maßnahmen entscheidend sein. Die Syslog-Informationen können Ihnen bei der Entscheidung helfen, welcher Schritt als nächster ausgeführt werden soll, also gewöhnen Sie sich wirklich an, diese Syslog-Meldungen zu lesen. Besonders nützlich kann das bei der Fehlererkennung im Zusammenhang mit Access Lists und der Übersetzung sein. Wenn beispielsweise ein Host auf einer Schnittstelle mit geringerer Sicherheitsstufe mit einem Host auf einer Schnittstelle mit höherer Sicherheitsstufe kommunizieren möchte und dafür zwar die Übersetzung aktiviert, doch keine Access List oder Passage konfiguriert wurde, wird folgende Meldung aufgezeichnet:

```
106001: Inbound TCP connection denied from x.x.x.x/x to x.x.x.x/x
```

Dies ist für Sie der erste Hinweis, dass Sie eine Access List oder eine Passage einrichten müssen, um diesen Zugriff zu gestatten. Im umgekehrten Fall (Access List oder Passage ist vorhanden, doch es wurde keine Übersetzung konfiguriert) wird folgende Meldung aufgezeichnet:

```
305005: No translation group found for...
```

Weitere Informationen zu Syslog-Meldungsnummern und entsprechende Beschreibungen finden Sie unter www.cisco.com/univercd/cc/td/doc/product/iaabu/pix/pix_61/syslog/pixemsgs.htm.

10.3.1 Überprüfung der Adressierung

Was für jedes IP-System gilt, gilt auch für Ihre PIX-Firewall. Solange die elementare IP-Adressierung nicht korrekt konfiguriert ist und funktioniert, können Sie sich Ihre Troubleshooting-Maßnahmen im Hinblick auf Routing, Access Lists und Übersetzung sparen. Dieser Punkt kann nicht genug betont werden: Damit die PIX-Firewall funktionieren kann, muss die Adressierung korrekt konfiguriert sein. In Abbildung 10.10 sehen Sie zwei miteinander verbundene Firewalls (PIX1 und PIX2).

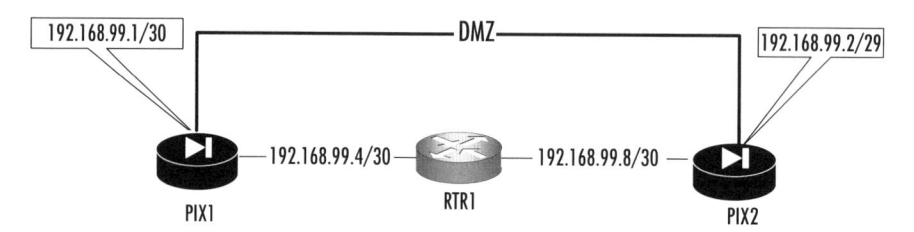

Abb. 10.10: IP-Adressierungsproblem

Die Abbildung illustriert ein Adressierungsproblem auf dem LAN (in dieser Konfiguration als DMZ bezeichnet), das die beiden Firewalls verbindet. Zur Verdeutlichung für alle mit der Materie noch nicht so vertrauten Leser: PIX1 hat eine Subnet Mask von /30 und PIX2 eine Mask von /29 für das DMZ-Netzwerk (192.168.99.0), ein gemeinsames Netzwerk zwischen den Systemen. Das können Sie durch Ausführung des Befehls show ip address auf beiden Firewalls bestätigen. Die Unterschiede werden in der in Abbildung 10.11 gezeigten Ausgabe des Befehls hervorgehoben.

```
PIX1# show ip address
System IP Addresses:
        ip address outside 192.168.99.5 255.255.255.252
        ip address DMZ 192.168.99.1 255.255.255.252
Current IP Addresses:
        ip address outside 192.168.99.5 255.255.255.252
        ip address DMZ 192.168.99.1 255.255.255.252

PIX2# show ip address
System IP Addresses:
        ip address outside 192.168.99.9 255.255.255.252
        ip address DMZ 192.168.99.2 255.255.255.248
Current IP Addresses:
        ip address outside 192.168.99.9 255.255.255.252
        ip address DMZ 192.168.99.2 255.255.255.248
```

Abb. 10.11: IP-Adresskonfiguration

Die Lösung des Problems liegt in der Korrektur der Mask auf PIX2. Wie bei Cisco-Routern kann der Befehl show interface auch zur Überprüfung der Adressierung auf Ihrer PIX-Firewall verwendet werden (siehe Abbildung 10.12).

```
PIX1# show interface
interface ethernet0 "DMZ" is up, line protocol is up
 Hardware is i82559 ethernet, address is 0008.e317.ba6b
 IP address 192.168.99.1, subnet mask 255.255.255.252
 MTU 1500 bytes, BW 100000 Kbit half duplex
        2 packets input, 258 bytes, 0 no buffer
        Received 0 broadcasts, 0 runts, 0 giants
        0 input errors, 0 CRC, 0 frame, 0 overrun, 0 ignored, 0 abort
        11 packets output, 170 bytes, 0 underruns, 0 unicast rpf drops
        0 output errors, 0 collisions, 0 interface resets
        0 babbles, 0 late collisions, 0 deferred
        0 lost carrier, 0 no carrier
        input queue (curr/max blocks): hardware (128/128) software (0/1)
        output queue (curr/max blocks): hardware (0/2) software (0/1)
```

Abb. 10.12: Verifizieren der Adressierung mithilfe des Befehls show interface

Es spielt keine Rolle, welche Methode Sie nutzen – bevor Sie mit dem Troubleshooting fortfahren, sollten Sie unbedingt sicherstellen, dass alle IP-Adressen der Schnittstellen korrekt sind. Eine fehlerhafte Adressierung verhindert ein ordnungsgemäßes Funktionieren der erweiterten Features der Firewall, selbst wenn diese korrekt konfiguriert wurden. Letztlich muss jeder Datenverkehr zumindest zwei Schnittstellen passieren, daher müssen die Schnittstellen korrekt adressiert werden.

10.3.2 Überprüfung des Routing

Wenn der Datenverkehr sein Ziel nicht erreichen kann, ist dies ein sicheres Zeichen dafür, dass Routing-Probleme vorliegen. Die Behebung solcher Probleme kann sich sehr schwierig gestalten, doch wenn Sie bei der Eingrenzung der Ursache strukturiert vorgehen, können Sie sich den Troubleshooting-Prozess vereinfachen. Auf der PIX-Firewall wird das statische und auch das dynamische Routing verwendet. Im Hinblick auf das dynamische Routing unterstützt die PIX nur RIP als Routing-Protokoll. Die anderen Routing-Informationen werden manuell in Form von statischen Routen eingegeben. Wir beginnen unsere Ausführungen zur Überprüfung der Routing-Konfiguration mit einer Rückschau auf die verschiedenen PIX-Routing-Optionen und deren Interaktion.

> **Hinweis**
>
> Das Firewall Services Module (FWSM) 1.1 für Catalyst-Switches der 6500er-Serie unterstützt auch OSPF für das dynamische Routing. OSPF wird in diesem Kapitel nicht behandelt.

Wir untersuchen zunächst noch einmal die Techniken zur Konfiguration des Routing auf der PIX. Wir beginnen mit der einfachsten Konfiguration (die Standard-Route) und fahren fort mit dem Erlernen von Routen mittels RIP. In der einfachsten Konfiguration wird die PIX-Firewall nur mit einer statischen Standard-Route konfiguriert. Beispiel:

```
route outside 0.0.0.0 0.0.0.0 192.168.99.2 metric 1
```

Mit diesem Befehl wird festgelegt, dass der Datenverkehr, der keiner der lokalen Schnittstellen entspricht, an den nächsten Hop von 192.168.99.2 gesendet wird. Wenn wir annehmen, dass dies die einzige statische Route auf der in Abbildung 10.13 gezeigten Firewall ist, wird der gesamte Verkehr, dessen Ziel eine nicht lokale Schnittstelle der PIX-Firewall ist, zu RTR1 weitergeleitet, um sein endgültiges Ziel zu erreichen. Eine einzelne statische Route, wie sie hier gezeigt ist, ist gut geeignet für eine einfache Konfiguration wie aus Abbildung 10.13, doch was geschieht bei einer komplexeren Architektur wie aus Abbildung 10.14?

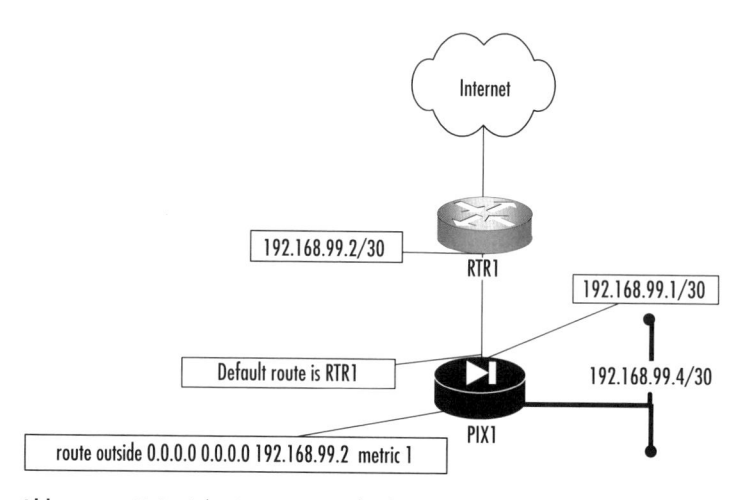

Abb. 10.13: Beispiel mit einer Standard-Route

Abbildung 10.14 zeigt, dass der Verkehr von PIX1 an R2 weitergeleitet werden muss, um 192.168.200.0/24 zu erreichen. Würde hier nur eine Standard-Route verwendet, so würde der gesamte Verkehr für 192.168.200.0/24 an RTR1 gesendet und nie sein Ziel erreichen. Sie können dieses Problem lösen, indem Sie auf PIX1 eine statische Route konfigurieren, so dass diese den für 192.168.200.0/24 bestimmten Verkehr weiterleitet. Dazu wird auf PIX1 eine weitere (speziellere) Route konfiguriert:

```
route inside 192.168.200.0 255.255.255.0 192.168.100.2 metric 2
```

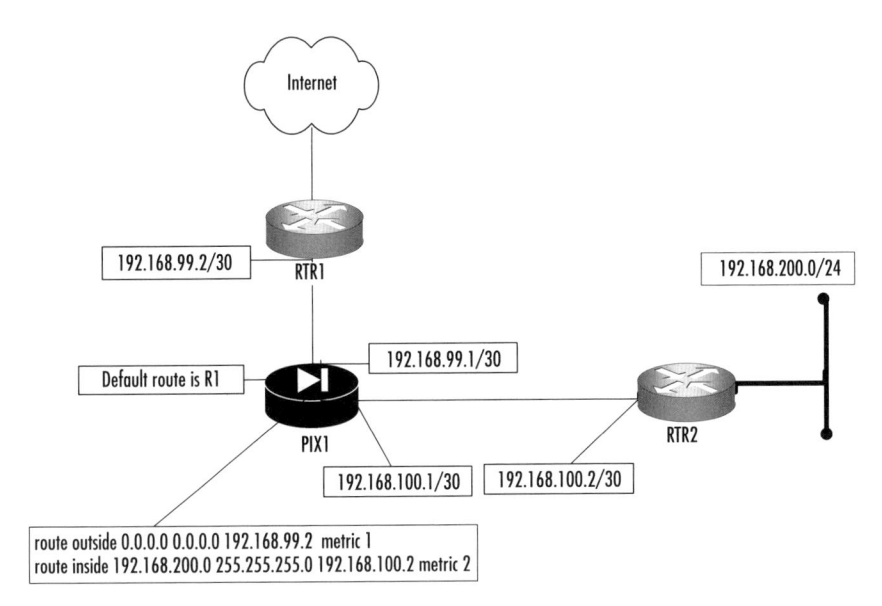

Abb. 10.14: Statische Routen

Neben der Verwendung dieser statischen Routing-Methoden bietet die PIX-Firewall Unterstützung für das dynamische Routing mittels RIP in der Version 1 oder 2. Im Gegensatz zu den vielen Optionen, die für RIP auf Cisco-Routern zur Verfügung stehen, ist der RIP-Befehlssatz auf der PIX-Firewall sehr reduziert.

```
[no] rip <if_name> default
[no] rip <if_name> passive
[no] rip <if_name> version {1 | 2}
[no] rip <if_name> authentication [text | md5] key <key_id>
```

Es sollen nun keine langwierigen Debatten über die Vorteile von RIP als Routing-Protokoll folgen. Es reicht zu erwähnen, dass das Schlüsselwort default bedeutet, dass die PIX-Firewall eine aus dieser Schnittstelle ausgehende Standard-Route verkündet. Das Schlüsselwort passive dient dazu, RIP so zu konfigurieren, dass es eine spezielle Schnittstelle abhorcht, keine verkündet. Mit dem Schlüsselwort version setzen Sie die Version von RIP, die auf der Firewall verwendet werden soll. RIP-Peers können einander authentifizieren um sicherzustellen, dass sie Updates von legitimen Peers erhalten bzw. an diese senden. RIP wird jeweils pro Schnittstelle aktiviert.

Das statisch geroutete Netzwerk wurde in Abbildung 10.15 durch eine Konfiguration mit RIP in der Version 2 ersetzt. Beachten Sie, wie sich dadurch das Routing geändert hat und die PIX nun besser an Netzwerkänderungen angepasst worden ist.

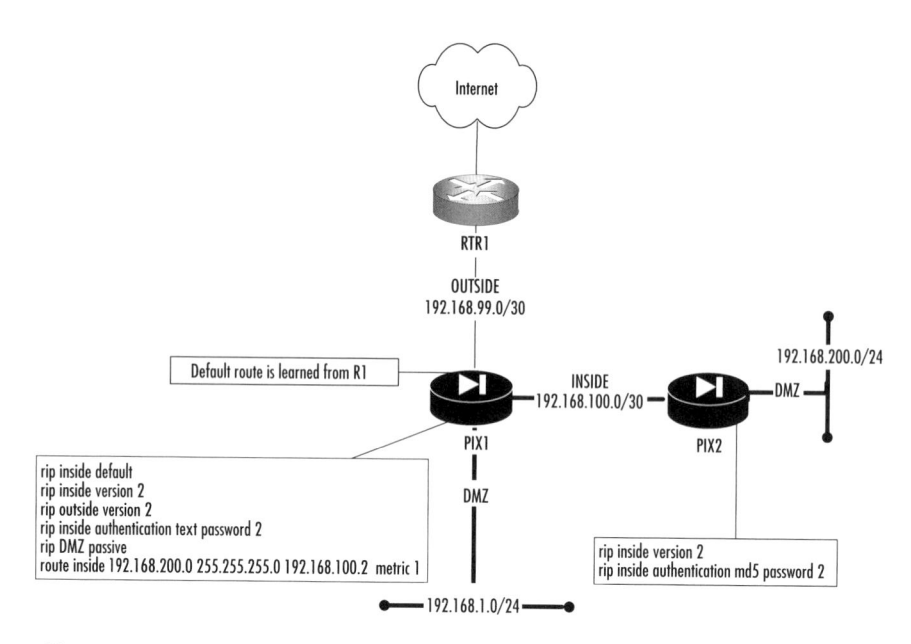

Kapitel 10
Troubleshooting und Leistungsüberwachung

Abb. 10.15: RIP-Routing

Auf PIX-Firewalls verkündigt RIP Routen nicht von Schnittstelle zu Schnittstelle. In dem in Abbildung 10.15 gezeigten Szenario horcht PIX1 auf ihrem DMZ-Netzwerk auf Updates. Dabei lernt sie alle Routen, die möglicherweise hinter diesem Netzwerk vorhanden sind. Als Konsequenz weiß PIX1, wie sie diese Netzwerke erreichen kann. Da das Schlüsselwort passive verwendet wurde, verkündet PIX1 keine RIP-Routen aus ihrer DMZ-Schnittstelle heraus. PIX1 wird diese Routen *nicht* an PIX2 oder RTR1 verkünden. Dies ist eine Einschränkung von RIP, die aufgelöst werden muss, indem wir eine Standard-Route zu PIX2 (in der vorliegenden Konfiguration vorhanden) und eine statische Route auf R1 hinzufügen, damit die Netzwerke hinter der PIX1-DMZ-Schnittstelle erreicht werden können. PIX1 verkündet all ihre direkt verbundenen Schnittstellen und Standard-Routen, so dass R1 und PIX2 jedes direkt an PIX1 angeschlossene Netzwerk erreichen können. PIX2 kann die Netzwerke hinter der DMZ-Schnittstelle von PIX1 erreichen, da PIX1 die Standard-Route von PIX2 ist.

Vielleicht ist diese Einschränkung von RIP keine so große Einschränkung mehr. Alle Adressen, die PIX1 bezogen auf die externe Schnittstelle verlassen bzw. darauf eingehen, würden in der tatsächlichen Praxis übersetzt werden. Im Fall von RTR1 gilt, dass es die Netzwerke hinter der DMZ-Schnittstelle von PIX1 nicht kennen muss, da diese Adressen in eine öffentliche Adresse übersetzt würden, von der RTR1 wüsste, dass sie zur Verarbeitung an PIX1 zu senden ist.

Ein Problem wird in der Konfiguration aus Abbildung 10.15 offensichtlich. Zwischen PIX1 und PIX2 gibt es eine fehlende Übereinstimmung hinsichtlich der Authentifizierung. Auf PIX1 wird ein Kennwort in Klartext für die Authentifizierung verwendet, während PIX2 MD5 nutzt. Obwohl das Kennwort auf beiden Seiten gleich ist, ist die Verschlüsselungstechnik verschieden. Letztendlich wird das RIP-Routing zwischen beiden nicht funktionieren, denn eine fehlende Übereinstimmung über die Kennwortverschlüsselungstechnik verhindert die Authentifizierung der Peers untereinander und damit den Austausch und die Annahme von Routing-Updates.

Ein weiteres potenzielles Problem, auf das Sie achten sollten, entsteht bei in Konflikt stehenden Versionen von RIP. Der wesentliche Unterschied liegt darin, dass RIP in der Version 1 ein Broadcast an eine Broadcast-Adresse von 255.255.255.255 sendet, die für alle Hosts gilt. Die Version 2 führt im Allgemeinen Multicasts auf die reservierte IP-Multicast-Adresse von 224.0.0.9 aus. Darüber hinaus unterstützt Version 2 die Authentifizierung, während das für die Version 1 nicht zutrifft. Beim Troubleshooting von Routing-Problemen im Zusammenhang mit RIP sollten Sie die Konfiguration der Geräte untersuchen, auf denen das Routing nicht funktioniert. Stellen Sie in diesem Kontext sicher, dass alle am Routing beteiligten Peers die gleiche Version nutzen. Wenn Sie RIP in der Version 2 mit Authentifizierung nutzen, stellen Sie sicher, dass auf beiden das gleiche Kennwort und die gleiche Verschlüsselungsmethode verwendet wird. Eine Unterstützung für RIP Version 2 wurde mit der PIX-Firewall-Software Version 5.1 eingeführt. Frühere Versionen können nicht mit Vertretern der RIP-Version 2 kommunizieren, daher sollten Sie beim Troubleshooting immer die potenzielle Problematik bedingt durch nicht übereinstimmende RIP-Versionen im Auge behalten. Eine Unterstützung für RIP Version 2 Multicast wurde mit der PIX-Firewall-Software Version 5.3 eingeführt. Vorgängerversionen boten nur Unterstützung für Broadcasts.

Nachdem wir nun wiederholt haben, wie die PIX ihre Routen bekommt, wenden wir uns wieder dem Troubleshooting in Situationen zu, in denen die PIX ein bestimmtes Ziel nicht erreichen kann oder ihr keine Route zu diesem speziellen Ziel zur Verfügung steht. Als primäre Werkzeuge für das Troubleshooting bei Routing-Problemen auf der PIX dienen die Befehle show route, show rip und ping. Überprüfen Sie, ob es ein Problem mit der Erreichbarkeit gibt, indem Sie dem Zielsystem einen Ping-Befehl senden. Wenn das fehlschlägt, führen Sie den Befehl show route aus, um zu bestimmen, ob eine Route (statisch oder RIP) zum Erreichen des Netzwerks vorhanden ist. Verwenden Sie den Befehl show rip, um Ihre dynamische Routing-Konfiguration zu überprüfen. Der Ping-Befehl sollte eine Art Lackmus-Test sein, um zu verifizieren, ob ein Ziel erreicht werden kann oder nicht. Die Syntax für den Ping-Befehl lautet:

```
ping [<if_name>] <ip_address>
Beispiel:
PIX1# ping 192.168.99.2
        192.168.99.2 response received -- 20ms
        192.168.99.2 response received -- 20ms
        192.168.99.2 response received -- 20ms
```

Verfügt die PIX über eine Standard-Route, eine statische Route oder sogar über eine dynamisch erlernte Route? Überprüfen Sie Ihre Routing-Tabelle mit dem Befehl show route. Beispiel:

```
PIX1# show route
    outside 192.168.99.0 255.255.255.252 192.168.99.1 1 CONNECT static
    inside 192.168.100.0 255.255.255.252 192.168.100.1 1 CONNECT static
    DMZ 192.168.1.0 255.255.255.0 192.168.1.1 1 CONNECT static
```

Im vorliegenden Fall befindet sich die Adresse 192.168.99.2 auf unserem direkt angeschlossenen externen Netzwerk. Verwenden Sie den Befehl show rip, um einen Seitenvergleich von RIP-Peers durchzuführen. In Abbildung 10.16 wird die RIP-Konfiguration von PIX1 und PIX2 illustriert. Beachten Sie die fehlende Übereinstimmung im Hinblick auf die Versionen und die Authentifizierungstechnik.

```
PIX1# show rip
rip inside default
rip inside version 1
rip outside version 2
rip inside authentication text cisco1 2
rip DMZ passive

PIX2# show rip
rip inside version 1
rip outside version 1
rip inside authentication md5 cisco2 2
rip DMZ passive
```

Abb. 10.16: Erkennen von RIP-Konfigurationsfehlern

Letztendlich wird diese RIP-Konfiguration zwischen PIX1 und PIX2 nicht funktionieren, da es bei den Parametern überhaupt keine Übereinstimmung gibt. Abbildung 10.17 zeigt eine korrigierte, funktionierende Konfiguration.

```
PIX1# show rip
rip inside default
rip inside version 2
rip outside version 2
rip inside authentication md5 cisco2 2
rip DMZ passive

PIX2# show rip
rip inside version 2
```

```
rip outside version 2
rip inside authentication md5 cisco2 2
rip DMZ passive
```

Abb. 10.17: Behobene RIP-Konfiguration

Wir beenden unsere Ausführungen zu RIP mit dem Befehl `clear rip`, der nur dann ausgeführt werden sollte, wenn Sie sich definitiv sicher sind, RIP nicht mehr verwenden zu wollen. Mit diesem Befehl werden alle vorhandenen RIP-Befehle und -Parameter aus der Konfiguration entfernt.

Konfigurieren und Implementieren ...

Failover-Kabel

Cisco bietet Ihnen mit dem Failover ein unschätzbares Leistungsmerkmal, bei dem die Konfiguration und Operationen einer Firewall auf einer Backup-Firewall gespiegelt werden. Ausführliche Informationen zum Failover-Feature finden Sie in Kapitel 8. Beim Standard-Failover ist es das Failover-Kabel, das bestimmt, welche Firewall in einem Failover-Paar als das primäre und welche als das sekundäre System agieren soll. Diese Entscheidung hängt davon ab, welches Kabelende an welche Firewall angeschlossen wird.

Beim Troubleshooting Ihrer PIX-Firewall ist das Wissen um die Pin-Belegung des Failover-Kabels unerlässlich. Zu diesem Zweck stellen wir Ihnen mit der Abbildung 10.18 ein detailliertes Pin-Belegungsschema zur Verfügung. Wenn das Failover-Feature nicht ordnungsgemäß funktioniert, sollten Sie bei der Analyse mit einem Kabeltester wissen, wie Ihre Kabelkonfiguration aussehen sollte.

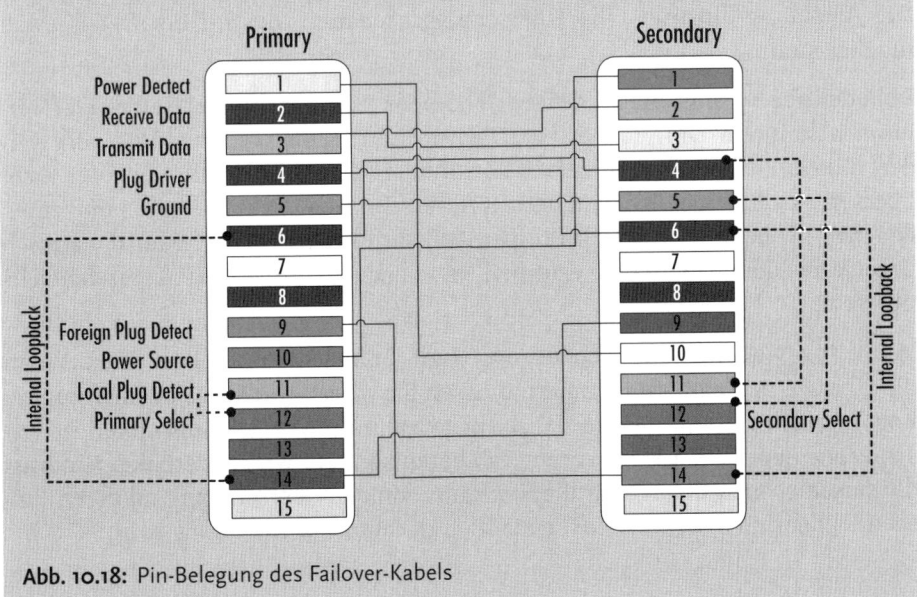

Abb. 10.18: Pin-Belegung des Failover-Kabels

Obwohl alle Kabel im DB15-Anschluss an beiden Enden wichtig sind, können Sie sehen, dass bestimmte Drähte an beiden Enden über Kreuz verbunden sind, damit das *primary*-Ende vom *secondary*-Ende unterschieden werden kann. Die primäre Firewall wird durch eine Über-Kreuz-Verbindung zwischen Pin 11 (local plug detect) und Pin 12 (primary select) konfiguriert. Die sekundäre Firewall wird durch eine Über-Kreuz-Verbindung zwischen Pin 12 (secondary) und Pin 5 (ground) konfiguriert. Wenn Sie dieses Verdrahtungsschema kennen, können Sie nicht nur das Failover-Kabel überprüfen, sondern bei Bedarf auch eines aus dem Stand heraus anfertigen.

10.3.3 Überprüfung der Übersetzung

Die PIX-Firewall führt Adressübersetzungen durch. Adressen müssen übersetzt werden, damit interne mit externen Netzwerken und umgekehrt kommunizieren können. Die Übersetzung ist nicht optional. Aus Kapitel 3 wissen Sie, dass es dabei um die Übersetzung einer IP-Adresse in eine andere geht. Dabei besteht die Möglichkeit einer Eins-zu-Eins-Übersetzung (NAT) oder einer Eins-zu-Vielen-Übersetzung (PAT).

> **Hinweis**
> Wenn Verkehr die PIX passieren soll, muss eine Übersetzung stattfinden, selbst wenn das bedeutet, dass Sie die Adressen in sich selbst übersetzen müssen.

Detaillierte Ausführungen zur Übersetzung finden Sie in Kapitel 3. In diesem Kapitel wiederholen wir anhand der Abbildung 10.19 einige der wichtigsten Konzepte. Die Abbildung illustriert alle Übersetzungsszenarien, die auf der PIX-Firewall möglich sind.

Abbildung 10.19 zeigt eine PIX-Firewall namens PIX1, die mit drei Netzwerken verbunden ist: intern, DMZ und extern. Die Adressen auf dem internen Netzwerk werden mittels PAT bedient. In der DMZ befinden sich zwei Hosts: einer, der nicht übersetzt wird (tatsächlich wird dessen Adresse in sich selbst übersetzt) und einer, der statisch übersetzt wird. Alle übrigen Adressen auf der DMZ werden dynamisch unter Verwendung eines dem externen Netzwerk zugeordneten IP-Adressbereichs übersetzt.

In der PIX-Welt dient die Übersetzung dazu, Connectivity bereitzustellen. Wenn die Übersetzung nicht funktioniert, müssen Sie wissen, wo Sie mit dem Troubleshooting beginnen und aufhören. Cisco bietet zahlreiche Befehle, mit denen Sie verschiedene Aspekte der Übersetzung validieren können. Wir wiederholen zunächst die verschiedenen Befehle für die Konfiguration der Übersetzung und deren Einsatzmöglichkeiten. Betrachten Sie die Konfiguration aus Abbildung 10.19.

Troubleshooting – Connectivity

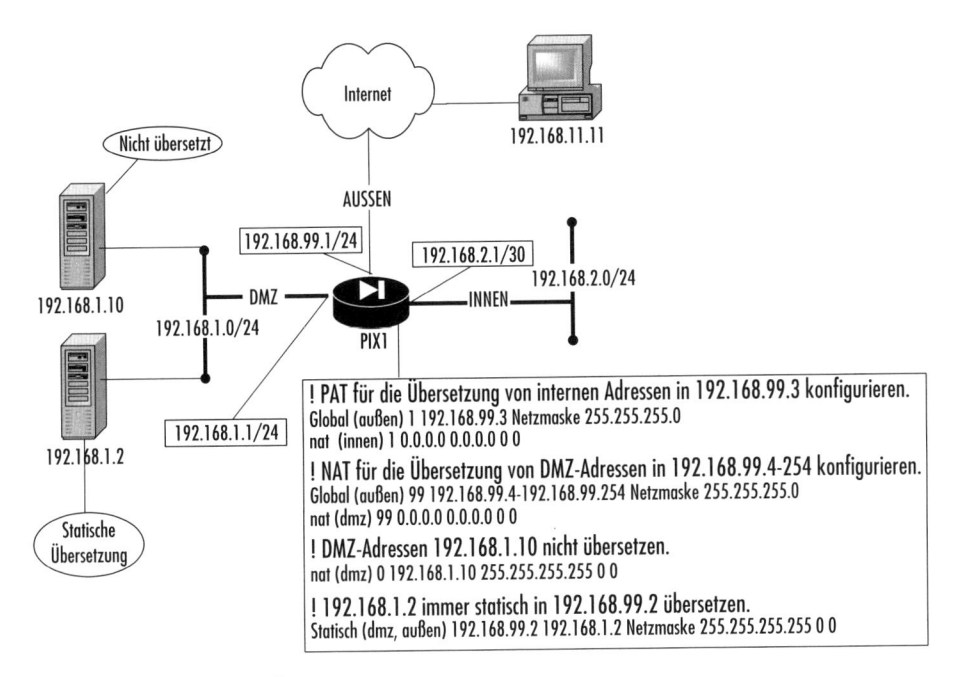

Abb. 10.19: Ausgeführte Übersetzungen

Untersuchen Sie zunächst, welche privaten Adressen in welche öffentlichen Adressen übersetzt werden. Anhand dieser Informationen können Sie erkennen, ob die Übersetzungsparameter korrekt konfiguriert wurden. Die beiden Befehle zur Durchführung dieser Aufgabe sind show nat und show global:

```
PIX1# show nat
nat (dmz) 0 192.168.1.10 255.255.255.255 0 0
nat (inside) 1 0.0.0.0 0.0.0.0 0 0
nat (dmz) 99 0.0.0.0 0.0.0.0 0 0
PIX1# show global
global (outside) 99 192.168.99.4-192.168.99.254 netmask 255.255.255.0
global (outside) 1 192.168.99.3 netmask 255.255.255.0
```

Die vorliegende NAT-Konfiguration legt eine Nichtübersetzung für den DMZ-Server mit der Adresse 192.168.1.10 fest (erkennbar durch den Befehl nat 0). Mit dem Befehl nat 99 wird festgelegt, dass alle verbleibenden Adressen in der DMZ übersetzt werden sollen. Der global-Befehl definiert zwei Adress-Pools für die Übersetzung. Die numerische ID dient als Referenz für den NAT-Befehl zum Durchführen der tatsächlichen Übersetzung. Der Befehl global 99 wird für NAT verwendet, während global 1 mit der einzelnen IP-Adresse für PAT verwendet wird. In der Praxis würden Sie an diesem Punkt wissen, ob Sie die Übersetzungsparameter korrekt konfiguriert haben. Die Ausgaben beider Befehle produzieren genug Daten, so dass Sie diese Bewertung treffen können. Nachdem Sie sämtliche Fehler korrigiert haben (meistens handelt es sich um Tippfehler oder fehlerhafte IP-Adressen), können Sie im nächsten Schritt prüfen, ob die Verbindungen mit den entsprechenden Übersetzungen funktionieren. Führen Sie zu diesem Zweck den Befehl show conn detail aus:

```
PIX1# show conn detail
1 in use, 1 most used
Flags: A - awaiting inside ACK to SYN, a - awaiting outside ACK to SYN,
       B - initial SYN from outside, D - DNS, d - dump,
       E - outside back connection, f - inside FIN, F - outside FIN,
       G - group, H - H.323, I - inbound data, M - SMTP data,
       O - outbound data, P - inside back connection,
       q - SQL*Net data, R - outside acknowledged FIN,
       R - UDP RPC, r - inside acknowledged FIN, S - awaiting inside SYN,
       s - awaiting outside SYN, U - up
TCP outside:192.168.11.11/24 dmz:192.168.99.2/80 flags UIO
```

Die Workstation hat eine Verbindung zum HTTP-Server im DMZ-Netzwerk aufgenommen (bestätigt durch den Ziel-Port 80). Beachten Sie, dass die Workstation den Verbindungsaufbau zu der öffentlichen Adresse dieses Servers (nicht zu dessen interner DMZ-Adresse, 192.168.1.2, die sie nicht erreichen kann) vollzogen hat. Wir haben nun zwar einen gültigen Verbindungsversuch vorliegen, doch ist die Verbindung tatsächlich wie geplant zustande gekommen? Um dies zu bestätigen, verwenden Sie den nächsten Befehl aus Ihrem Werkzeugkasten, show xlate detail:

```
PIX1# show xlate detail
1 in use, 1 most used
Flags: D - DNS, d - dump, I - identity, i - inside, n - no random,
       o - outside, r - portmap, s - static
TCP NAT from DMZ:192.168.1.2/80 to outside:192.168.99.2/80 flags ri
```

Dieser Befehl zeigt eine aktuelle Auflistung von aktiven Übersetzungs-Slots. Anhand der Ausgabe dieses Befehls kann bestätigt werden, dass der Zugriffsversuch des vorliegenden Hosts auf den Web-Server mit der Adresse 192.168.99.2 zu der korrekten Übersetzung in 192.168.99.2 geführt hat. Solch eine Bestätigung ist besonders wichtig, wenn Sie Dienste anbieten, auf die von externen Benutzern zugegriffen werden soll.

Es gibt einen weiteren Befehl, mit dem Sie Informationen zur Übersetzung abrufen können. Es handelt sich um einen debug-Befehl, der als solcher sparsam verwendet werden sollte, um Firewall-Ressourcen zu schonen. Dieser Befehl kann zwei Funktionen dienen: zur Verfolgung und Entschlüsselung von Paket-Aktivitäten zwischen Hosts (wie beispielsweise bei unserer Workstation und dem Web-Server) oder zur genauen Bestimmung der Adressen, die übersetzt werden müssen und auf die Zugriffe zugelassen werden sollen. Der zweite Teil dieser Aussage muss etwas näher erörtert werden. Nehmen Sie an, Sie wüssten nicht genau, welche Quelladresse die Workstation haben würde. Da wäre Ihnen geholfen, wenn Sie Informationen über ihre Verbindungsversuche zu dem DMZ-Web-Server mitschneiden könnten. Der Befehl, der Sie umfassend mit den gewünschten Informationen versorgen kann, heißt debug packet. Die Syntax für den Befehl lautet:

```
debug packet <if_name> [src <source_ip> [netmask <mask>]] [dst <dest_ip>
   [netmask <mask>]] [[proto icmp] | [proto tcp [sport <src_port>]
      [dport <dest_port>]] | [[proto udp [sport <src_port>] [dport
         <dest_port>]] [rx | tx | both]
```

Der Befehl, den wir im vorliegenden Fall tatsächlich eingeben würden, um herauszufinden, von welchen Adressen ein Zugriffsversuch auf den Web-Server erfolgt ist, lautete wie folgt:

```
PIX1(config)# debug packet outside src 0.0.0.0 netmask 0.0.0.0 dst 192
   .168.99.2 netmask 255.255.255.0 rx
```

Mit diesem Befehl können Paketdaten mitgeschnitten werden, die über die externe Schnittstelle eingehen und an die öffentliche IP-Adresse des Web-Servers gerichtet sind. Da wir nicht genau wissen, welche Protokolle verwendet werden (TCP, UDP oder ICMP), wurde in diesem Fall keines angegeben. Nach dem Mitschneiden der Daten können Sie bestimmen, welche Übersetzungsparameter Sie eingeben müssen.

10.3.4 Überprüfung des Zugriffs

Die PIX-Firewall bietet verschiedene Mechanismen, mit denen der Zugriff durch das System kontrolliert werden kann. In diesem Abschnitt stellen wir einige dieser Mechanismen vor und beschreiben, wie Sie deren Funktionalität überwachen und verifizieren. Standardmäßig lässt die PIX-Firewall Verbindungen von einer Schnittstelle der höheren Sicherheitsstufe auf eine Schnittstelle mit geringerer Sicherheitsstufe zu, solange eine Übersetzung konfiguriert ist. Datenverkehr, der von einer Schnittstelle mit niedrigerer Sicherheitsstufe stammt und für eine Schnittstelle mit höherer Sicherheitsstufe bestimmt ist, muss speziell durch Passagen (Conduits) oder Access List (und natürlich durch Übersetzungen) gestattet werden.

Hinter dem Befehl conduit steht eine spezielle Form einer Access List. Er wird verwendet, um Datenverkehr von einer Schnittstelle mit niedrigerer Sicherheitsstufe zu einer Schnittstelle mit höherer Sicherheitsstufe zuzulassen. Abbildung 10.20 zeigt verschiedene, übliche Zugriffsszenarien mit unterschiedlichen Hosts, die Zugriff aufeinander benötigen. Der Web-Client (Sicherheitsstufe 0) soll auf den Web-Server (Sicherheitsstufe 50) zugreifen können; das Standardverhalten der PIX-Firewall verbietet diese Art von Verkehr. Die Workstation (Sicherheitsstufe 100) soll auf Internet-Ressourcen über das externe Netzwerk zugreifen können. Die Abbildung zeigt auch die erforderliche Konfiguration für den Zugriff, den die verschiedenen Hosts und Server benötigen. Um die folgende Diskussion zu vereinfachen, wurden diese mit A, B und C bezeichnet. Wir unterstellen, dass alle Parameter für die Übersetzung korrekt konfiguriert wurden und ordnungsgemäß funktionieren, damit wir uns in der nun folgenden Diskussion auf spezielle Zugriffsprobleme konzentrieren können. Die gezeigten Adressen dienen der Veranschaulichung, doch gehen Sie davon aus, das sie übersetzt wurden.

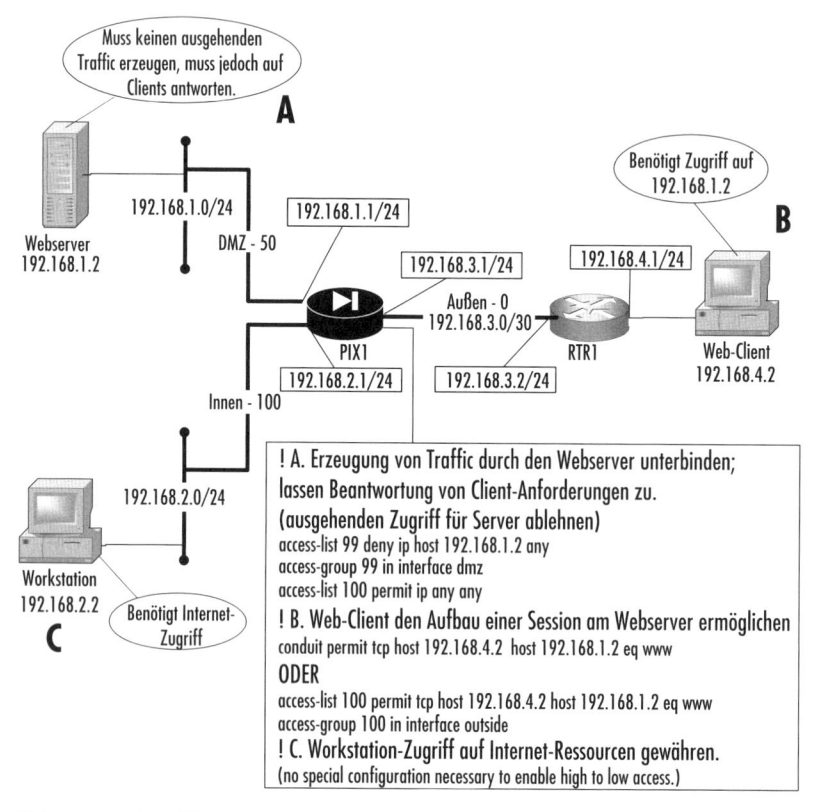

Abb. 10.20: Zugriffsszenarien

Der Web-Server muss daran gehindert werden, Verbindungen zu Netzwerken außerhalb des DMZ-Netzwerks zu initiieren, doch gleichzeitig muss er in der Lage sein, auf Service-Anforderungen von dem Web-Client zu antworten, der sich im externen Netzwerk befindet. Um dieses Ziel zu erreichen, haben wir eine Access List erstellt, die für 192.168.1.2 sämtliche Zugriffe untersagt und auf die DMZ-Schnittstelle angewendet wurde. Danach wurde eine Passage erstellt, die 192.168.4.2 den Zugriff auf Web-Services (TCP-Port 80) auf dem Host 192.168.1.2 gestattet. Alternativ hätte auch eine Access List für diesen Zweck eingerichtet werden können (siehe Abbildung 10.20). Die Option, Access Lists anstelle von Conduits zu verwenden, steht Ihnen erst ab der Version 5.1 der PIX-Firewall zur Verfügung. Es ist wichtig zu wissen, dass Cisco empfiehlt, Access Lists und Conduits auf keinen Fall zu mischen. Darüber hinaus gilt, dass Access Lists Vorrang vor Conduits haben. In der PIX-Umgebung haben Access Lists eine, und nur eine Richtung: nach innen. Mit dem Befehl `access-group` wird die Access List auf den Datenverkehr angewendet, der in die entsprechende Schnittstelle eingeht.

Die interne Workstation (mit C bezeichnet) muss auf Ressourcen im Internet zugreifen können. Die interne Schnittstelle hat eine Sicherheitsstufe von 100 – die höchstmögliche Sicherheitsstufe. Vergegenwärtigen Sie sich noch einmal die Tatsache, dass Hosts auf Schnittstellen mit höherer Sicherheitsstufe auf Hosts auf Schnittstellen mit geringeren Sicherheitsstufen zugreifen können, ohne eine spezielle Konfiguration, die das Zurücksenden von Antworten gestattet. Das entspricht exakt der Situation der Workstation aus unserem Beispiel, daher ist keine spezielle Konfiguration erforderlich.

Probleme mit mangelndem Zugriff werden dann ersichtlich, wenn Geräte nicht erreicht werden können. Da Zugriffskontrollmechanismen wie Access Lists und Conduits in enger, wechselseitiger Beziehung zur Übersetzung stehen, sollten Sie im ersten Schritt die Übersetzungskonfiguration validieren. Wenn Sie diese bestätigen konnten, können Sie mit dem Troubleshooting von Zugriffsproblemen beginnen. Zugriffsprobleme können entstehen durch Tippfehler, Überschreiben von restriktiven oder weniger restriktiven Access Lists und Conduits, Zuordnungsfehler, bei denen den falschen Netzwerken der Zugriff erteilt oder verwehrt wird, oder Access Lists, die auf die falsche Schnittstelle angewendet wurden. Es folgen verschiedene Befehle, mit denen Sie den Zugriff verifizieren können.

Bedenken Sie, dass es sich bei einem Conduit (Passage) quasi um ein Loch in Ihrer Firewall-Sicherheit handelt, durch das Hosts auf einer niedrigeren Sicherheitsstufe Zugriff auf Ressourcen einer höheren Sicherheitsstufe erhalten. Der wichtigste Befehl zur Überprüfung der Conduit-Konfiguration ist `show conduit`. Beispiel:

```
PIX1# show conduit
conduit permit tcp host 192.168.4.2 host 192.168.1.2 eq www (hitcnt=3)
```

Diese Passage gestattet dem Host 192.168.4.2 den Zugriff auf den Web-Server 192.168.1.2. Dies ist der einzige PIX-Befehl, mit dem Sie die Conduit-Konfiguration überprüfen können. Ab der Version 5.1 steht Ihnen die Verwendung von Access Lists zur Verfügung. Conduits werden mehr und mehr durch die standardmäßigeren Access Lists verdrängt. Wenn Sie das vollziehen möchten, können Sie alle conduit-Parameter aus Ihrer PIX-Firewall-Konfiguration mit dem Befehl clear conduit entfernen. Es gibt einen leicht schizophren anmutenden Befehl, je nachdem, wo er angewendet wird. Wird er auf der privilegierten Befehlszeile als clear conduit counters angewendet, setzt er den Hit-Zähler auf null. Wenn Sie clear conduit im Konfigurationsmodus eingeben, werden alle conduit-Statements aus der PIX-Firewall-Konfiguration gelöscht.

Access Lists stellen einen weiteren Zugriffskontrollmechanismus dar. Sie bieten mehr Troubleshooting-Tools als Conduits. Mit dem Befehl show access-list können Sie überprüfen, welche Access Lists auf der PIX-Firewall konfiguriert sind und was sie gestatten bzw. untersagen:

```
PIX1# show access-list
access-list 99; 2 elements
access-list 99 deny ip host 192.168.1.2 any (hitcnt=1)
access-list 99 permit ip any any (hitcnt=0)
access-list 100 permit tcp host 192.168.4.2 host 192.168.1.2 eq www
   (hitcnt=5)
```

Dieser Befehl wurde auf der Firewall aus Abbildung 10.20 ausgeführt. Vergegenwärtigen Sie sich, dass sich Access Lists nur auf den Datenverkehr beziehen, der auf einer Schnittstelle eingeht. Wenn Sie bestätigt haben, dass die Access List ordnungsgemäß konfiguriert ist, müssen Sie im nächsten Schritt überprüfen, ob sie auf die korrekte Schnittstelle angewendet wurde. Für diesen Zweck stellt Cisco den Befehl show access-group zur Verfügung.
Beispiel:

```
PIX1# show access-group
access-group 99 in interface dmz
access-group 100 in interface outside
```

Das Schlüsselwort in ist obligatorisch und dient als Erinnerung daran, dass die Access List nur auf den Datenverkehr angewendet wird, der in die Schnittstelle hineingeht. Cisco bietet einen debug-Befehl für das Troubleshooting von Access-List-Ereignissen. Sie sollten sich jedoch im Klaren darüber sein, dass sich, wenn Sie diesen Befehl verwenden, das Debugging auf alle Access Lists erstreckt. Es gibt keine Option zur Echtzeitüberwachung einer bestimmten Access List. Auf diese Weise können Sie Unmengen von Daten generieren, besonders wenn Sie den Befehl auf einer PIX-Firewall mit hohem Verkehrsvolumen ausführen. Wie bei jedem debug-Befehl sollten Sie auch diesen Befehl nur sparsam verwenden und wenn Sie tatsächlich wissen, wonach Sie suchen. Der Befehl debug access-list liefert Ihnen ein Feedback zu Ihren Access Lists, so dass Sie prüfen können, ob die korrekten Verkehrstypen gestattet bzw. untersagt werden. Die Syntax ist wie folgt:

```
debug access-list {all | standard | turbo}
```

Einen weiteren Zugriffskontrollmechanismus stellen die outbound/apply-Statements dar, doch laut Cisco sollten diese nicht mehr verwendet werden. Cisco empfiehlt, stattdessen die Access-List-Funktionen auf der PIX-Firewall zu nutzen. Die outbound/apply-Befehle waren sozusagen die Vorgänger der Access-List-Funktionen und werden weiterhin durch die Software der PIX-Firewall unterstützt. Diese Befehle kranken jedoch an einer etwas merkwürdig anmutenden Syntax, sind relativ eingeschränkt und hinsichtlich Troubleshooting kompliziert. Der Befehl outbound dient dazu, den Zugriff von internen Benutzern auf externe Ressourcen zu kontrollieren. Nach all diesen Ausführungen sei Ihnen empfohlen, sich ein wenig mit diesem Befehl vertraut zu machen, damit Sie sich in Situationen helfen können, in denen dieser Befehl immer noch verwendet wird. Die Syntax für den Befehl outbound lautet:

```
outbound <ID> {permit | deny | except} <ip_address> [<netmask>] [<port>
   [-<port>]] [tcp | udp| icmp]
```

Mit dem Parameter ID wird eine eindeutige Kennung (ID) für die Outbound-Liste bestimmt. Sie können eine permit-, eine deny- oder eine except-Regel konfigurieren (wobei die except-Regel eine Ausnahme für einen vorangegangenen outbound-Befehl definiert). Anders als bei Access Lists werden Outbound-Listen nicht von oben nach unten abgearbeitet. Jede Zeile wird unabhängig davon analysiert, ob eine Übereinstimmung vorliegt oder nicht. Cisco empfiehlt, dass alle Outbound-Listen mit einem »deny all« (deny 0 0 0) beginnen, dem dann die spezifischen permit-Statements folgen, die den Zugriff gestatten. Die Wirkung hat einen kumulativen Charakter. Wie die PIX-Firewall die Outbound-Liste verwendet, hängt von der Syntax des apply-Befehls ab:

```
apply [<interface>] <OUTBOUND_LIST_ID> {outgoing_src | outgoing_dest}
```

Wenn der Parameter outgoing_src verwendet wird, werden Quell-IP-Adresse, Ziel-Port und Protokoll gefiltert. Wenn der Parameter outgoing_dst verwendet wird, werden Ziel-IP-Adresse, Port und Protokoll gefiltert. Es ist wichtig zu wissen, dass nicht die Outbound-Liste bestimmt, ob es sich bei der verwendeten IP-Adresse um Quelle oder Ziel handelt; der Befehl apply leistet dies. Das kann das Troubleshooting erschweren, denn es kann geschehen, dass die Outbound-Liste korrekt konfiguriert ist und dennoch nicht funktioniert, weil der `apply`-Befehl nicht richtig konfiguriert ist. Gewöhnen Sie sich beim Troubleshooting der Outbound-Liste deshalb an, auf jeden Fall auch die Konfiguration des `apply`-Statements zu verifizieren. Wenn mehrere Regeln *einem* Paket entsprechen, wird die Regel mit der größten Übereinstimmung angewendet. Die Regel mit der größten Übereinstimmung basiert auf der Netmask und dem Port-Bereich. Je einschränkender die IP-Adresse und je kleiner der Port-Bereich ist, desto größer ist die Übereinstimmung. Wenn es einen Widerspruch gibt, hat eine `permit`-Option Vorrang vor einer deny-Option.

Hier ein Beispiel für ein outbound/apply-Statement:

```
PIX1(config)# outbound 99 deny 0 0 0
PIX1(config)# outbound 99 permit 0.0.0.0 0.0.0.0 1-1024 tcp
PIX1(config)# outbound 99 except 192.168.2.0 255.255.255.0
PIX1(config)# apply (inside) 99 outgoing_src
```

In diesem Beispiel untersagt das erste Statement jeglichen Datenverkehr. In der zweiten Zeile wird allen Hosts der Zugriff auf die TCP-Ports 1 - 1024 aller Hosts gewährt. Schließlich wird dem Netzwerk 192.168.2.0/24 in der dritten Zeile der Zugriff auf die in Zeile zwei gestatteten TCP-Ports untersagt. Das Schlüsselwort `outgoing_src` wurde verwendet. Das bedeutet, dass die referenzierten IP-Adressen als Quelladressen gelten.

Cisco stellt nur wenige Befehle zur Überprüfung der outbound/apply-Parameter zur Verfügung. Versäumen Sie auf keinen Fall, den Befehl `clear xlate` nach der Konfiguration der outbound/apply-Statements auszuführen. Mit dem Befehl `show outbound` können Sie die konfigurierten Outbound-Listen anzeigen. Der Befehl `show apply` liefert Informationen zu der Schnittstelle und der Richtung, auf die die Outbound-Listen angewendet wurden. Im Kontext von outbound/apply stehen keine debug-Befehle zur Verfügung. Angesichts der Tatsache, dass Access Lists mittlerweile die outbound/apply-Statements verdrängt haben, wären auch Sie hinsichtlich Konfiguration und Support besser beraten, wenn Sie stattdessen Access Lists nutzen. Access Lists entsprechen nicht nur der Cisco-Standardsyntax, sie bieten darüber hinaus auch bessere und einfacher zu konfigurierende Filterungsmechanismen.

Es gibt ein Feature, das scheinbar nicht im Zusammenhang mit dem Zugriff steht. Doch da es die Operationen ausgewählter Protokolle beschneidet, könnte man argumentieren, dass der Zugriff auf bestimmte Funktionen des »geschützten« Protokolls negiert wird. Wie in Kapitel 4 ausgeführt, bietet die PIX-Firewall Application-Inspection-Funktionen über den Befehl `fixup`. Standardmäßig ist das `fixup`-Feature für eine Reihe von Protokollen automatisch aktiviert, z.B. für HTTP, SMTP, FTP usw. Mit diesem Mechanismus werden mitunter bestimmte Befehle oder Funktionen in den Zielprotokollen deaktiviert, um damit einen böswilligen Missbrauch zu unterbinden. Führen Sie den Befehl show fixup aus um anzuzeigen, für welche Protokolle das fixup-Feature aktiviert ist. Beispiel:

```
PIX1# show fixup
fixup protocol ftp 21
fixup protocol http 80
fixup protocol h323 h225 1720
fixup protocol h323 ras 1718-1719
fixup protocol ils 389
fixup protocol rsh 514
fixup protocol rtsp 554
fixup protocol smtp 25
fixup protocol sqlnet 1521
fixup protocol sip 5060
fixup protocol skinny 2000
```

10.4 Troubleshooting – IPsec

In Kapitel 7 haben Sie gelernt, dass IPsec auf der PIX-Firewall verwendet wird, um einen sicheren VPN-Tunnel zwischen zwei Endpunkten einzurichten, der einen sicheren Datenaustausch über IP ermöglicht. IPsec kann auf verschiedene Weise konfiguriert werden – mittels IKE mit RSA-Key-Austausch, IKE mit CA-Zertifikaten, IKE mit Pre-Shared-Keys oder Pre-Shared-Keys ohne IKE (Manuelles IPsec). Bei einem manuellen Schlüsselaustausch erstellen Sie einfach ein Shared-Secret, das auf beiden Endpunkten identisch ist. Diese Technik stellt nicht nur ein Sicherheitsrisiko dar, sie ist auch problematisch in Bezug auf die Skalierbarkeit.

Da das Thema ausführlich in Kapitel 7 behandelt wurde, sollen hier nicht die Konfigurationsschritte für den Einsatz von IPsec auf PIX-Firewalls wiederholt werden. Stattdessen konzentrieren wir uns auf die Tools, die Cisco für das Troubleshooting von IPsec-Problemen im Kontext von IPsec mit einer IKE-Konfiguration mit Pre-Shared-Keys zur Verfügung stellt. Die Ursachen für ein Fehlschlagen von IPsec können in der fehlenden Übereinstimmung von Parametern, Schlüsseln, Routing-Einstellungen, IP-Adressierungsproblemen usw. liegen. Sie müssen in der Lage sein, diese Probleme zu isolieren und zu lösen, indem Sie zunächst die Symptome erkennen und dann das geeignete Tool zur Analyse und Behebung des Problems einsetzen.

In Abbildung 10.21 wird ein einfacher Point-to-Point-IPsec-Tunnel zwischen PIX1 und PIX2 dargestellt. IPsec ist eine komplizierte Technologie, die bei Fehlern sehr unnachgiebig sein kann. Ein einzelner Fehler kann dazu führen, dass Ihre IPsec-Konfiguration überhaupt nicht funktioniert. Sie werden daher feststellen, dass Sie die meiste Arbeit in die richtigen IPsec-Einstellungen stecken.

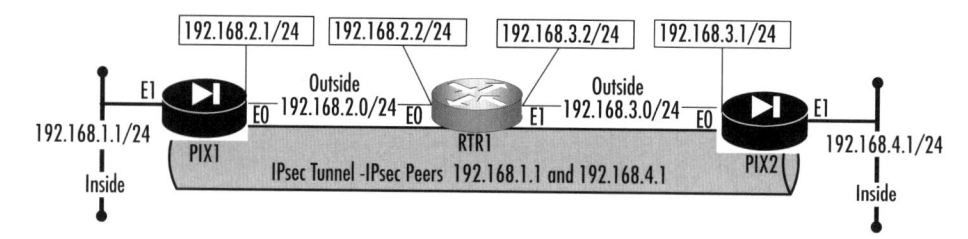

Abb. 10.21: IPsec-Konfiguration

Es folgen Beispiele für Befehle und Prozeduren, mit denen Sie Ihre Konfiguration überprüfen können.

```
! PIX1 Configuration snippets
nat 99 0.0.0.0 0.0.0.0
global (outside) 99  192.168.2.10-192.168.2.254 netmask 255.255.255.0
route outside 0.0.0.0 0.0.0.0 192.168.2.2
static (inside, outside) 192.168.2.10 192.168.1.1 netmask 255.255.255.255
conduit permit ip 192.168.3.0 255.255.255.0 any
isakmp enable outside
isakmp policy 99 authen  pre-share
isakmp policy 99 encryption des
isakmp policy 99 group 1
isakmp policy 99 hash md5
isakmp policy 99 lifetime 9999
isakmp identity address
isakmp key cisco address 192.168.3.1
access-list 99 permit ip 192.168.0.0 255.255.252.0 any
crypto ipsec transform-set FW1 ah-md5-hmac esp-des esp-md5-hmac
crypto map FW1 1 ipsec-isakmp
crypto map FW1 2 set peer 192.168.3.1
crypto map FW1 3 match address 99
crypto map FW1 2 set peer 192.168.3.1
crypto map FW1 interface outside

! PIX2 Configuration snippets
nat 99 0.0.0.0 0.0.0.0
global (outside) 99  192.168.3.10-192.168.2.254 netmask 255.255.255.0
route outside 0.0.0.0 0.0.0.0 192.168.3.2
static (inside, outside) 192.168.3.10 192.168.4.1 netmask 255.255.255.255
conduit permit ip 192.168.3.0 255.255.255.0 any
isakmp enable outside
isakmp policy 99 authen  pre-share
isakmp policy 99 encryption des
isakmp policy 99 group 1
```

```
isakmp policy 99 hash md5
isakmp policy 99 lifetime 9999
isakmp identity address
isakmp key cisco address 192.168.2.1
access-list 99 permit ip 192.168.0.0 255.255.252.0 any
crypto ipsec transform-set FW1 ah-md5-hmac esp-des esp-md5-hmac
crypto map FW1 1 ipsec-isakmp
crypto map FW1 2 set peer 192.168.2.1
crypto map FW1 3 match address 99
crypto map FW1 interface outside
```

Diese Konfiguration birgt mehrere Probleme. Das IPsec-Peering zwischen PIX1 und PIX2 erfolgt über deren interne, nicht die externen Adressen. Obwohl das funktionieren könnte, empfiehlt Cisco es nicht als Methode zur Implementierung von IPsec. Darüber hinaus wurden die Adressen für das Peering statisch in eine externe Adresse übersetzt. Das stellt insofern ein Problem dar, als die tatsächliche Quelladresse des IPsec-Verkehrs, wenn dieser das entfernte Ende erreicht, nicht übereinstimmt und auch die Hash-Werte nicht korrekt sein werden. Zur Lösung dieses Problems muss die Übersetzung der für Peer-Funktionalität verwendeten Adressen deaktiviert werden (nat 0), auf den einzelnen Firewalls eine Route zu den internen Adressen hinzugefügt werden und den Adressen das Eintreten in die Firewall gestattet werden.

10.4.1 IKE

IKE dient hauptsächlich zur Aushandlung von Parametern für IPsec, indem es einen sicheren Tunnel einrichtet, über den der IPsec-Peer-Betrieb erfolgen kann. Mit anderen Worten erledigt IKE die notwendige Vorarbeit, indem es die Security Associations (SAs, Sicherheitszuordnungen) zum Schutz des IPsec-Verkehrs während der Aushandlungen und Operationen einrichtet.

IKE-Peers erzeugen die erforderlichen SAs, wenn sich beide auf eine gemeinsame Sicherheitsrichtlinie einigen, die die gleichen Verschlüsselungs-, Authentifizierungs- und Diffie-Hellman-Einstellungen sowie Hash-Parameter enthält. Ohne diese Übereinkunft findet kein IKE-Peer-Betrieb und letztlich auch kein IPsec-Peer-Betrieb statt. Mittels IKE werden IPsec-Peers authentifiziert, die zu verwendenden Verschlüsselungsmethoden festgelegt und die verschiedenen Parameter für IPsec (wie Verschlüsselung, Authentifizierung und Schlüssel) ausgehandelt. Damit IPsec funktioniert, muss IKE perfekt und funktionstüchtig konfiguriert sein.

Aus Kapitel 7 wissen Sie, dass IKE in zwei Phasen arbeitet. In Phase I (Main-Modus) wird die SA eingerichtet, die notwendig ist, damit die beiden Firewalls als IKE-Peers agieren können. Das beinhaltet den Austausch von Sicherheitsrichtlinien, bis beide Peers sich über eine gemeinsam zu verwendende Sicherheitsrichtlinie geeinigt haben. Während der Phase II (Quick-Modus) werden über IKE die SAs erstellt, die den IPsec-Verkehr während der Aushandlungen und Operationen schützen. Nach Abschluss der Phase II kann der IPsec-Peer-Betrieb ausgeführt werden.

Bevor Sie IKE auf Ihrer PIX-Firewall implementieren, sollten Sie sicherstellen, dass jeder Peer die IP-Adresse der Gegenseite erreichen kann. Wenn sich die beiden Peers durch ein vorliegendes Hardware-, Netzwerk- oder Übersetzungsproblem nicht erreichen können, versuchen Sie es mittels der in diesem Kapitel vorgestellten Methodik zu beheben. Verwenden Sie den Ping-Befehl, um die Erreichbarkeit der Peers zu bestätigen.

Cisco stellt verschiedene Befehle für die Überprüfung Ihrer IKE-Konfiguration und -Operation zur Verfügung. Mit dem Befehl show isakmp können Sie die IKE-Konfiguration auf der PIX-Firewall anzeigen. Beispiel:

```
PIX1# show isakmp
isakmp enable outside
isakmp key ******** address 192.168.3.1 netmask 255.255.255.255
isakmp identity address
isakmp policy 99 authentication pre-share
isakmp policy 99 encryption des
isakmp policy 99 hash md5
isakmp policy 99 group 1
isakmp policy 99 lifetime 9999
```

Führen Sie die Befehle show isakmp oder show crypto isakmp aus, um die aktuell auf einer PIX-Firewall konfigurierten IKE-Parameter abzurufen. Aus Sicherheitsgründen bleibt der Schlüssel dabei verborgen. Sie sollten diesen Befehl auf beiden Peers ausführen und die resultierende Ausgabe vergleichen um sicherzustellen, dass es zumindest über eine Sicherheitsrichtlinie eine Übereinkunft gibt. Wenn Sie weitere Details oder Informationen zur Funktion der einzelnen Parameter abrufen möchten, führen Sie den Befehl show isakmp policy aus. Dieser Befehl erweitert den vorherigen Befehl, indem die einzelnen Parameter mit der jeweils aktuellen Einstellung detailliert aufgelistet werden:

```
PIX1# show crypto isakmp policy
Protection suite of priority 99
    encryption algorithm:   DES - Data Encryption Standard (56 bit keys).
    hash algorithm:         Message Digest 5
    authentication method: Pre-Shared-Key
    Diffie-Hellman group:  #1 (768 bit)
    lifetime:               9999 seconds, no volume limit
Default protection suite
    encryption algorithm:   DES - Data Encryption Standard (56 bit keys).
    hash algorithm:         Secure Hash Standard
```

```
authentication method: Rivest-Shamir-Adleman Signature
Diffie-Hellman group:  #1 (768 bit)
lifetime:              86400 seconds, no volume limit
```

Ein weiterer nützlicher Aspekt des Befehls show crypto isakmp policy liegt darin, dass Ihnen die Standardwerte angezeigt werden, die verwendet werden, wenn Sie keine expliziten Werte angeben. Diese Informationen können Sie nutzen, wenn Sie wissen möchten, welchen Wert ein bestimmter Parameter ohne besondere Konfiguration haben würde.

IPsec funktioniert erst, wenn IKE korrekt konfiguriert ist. Eine Ausnahme gibt es jedoch, wenn Sie nämlich IPsec ohne IKE und damit mit manuell generierten Schlüsseln nutzen.

Wenn Sie den ISAKMP-Aushandlungsprozess zwischen zwei IPsec-Peers überwachen möchten, können Sie den Befehl debug crypto isakmp verwenden. Dieser Befehl erzeugt eine Ausgabe mit einer Unmenge an Informationen. Verwenden Sie diesen Befehl daher recht sparsam. Führen Sie den Befehl debug crypto isakmp aus, um den IKE-Aushandlungsprozess und den Austausch von Session-Keys zu überwachen. Die Ausgabe des Befehls debug crypto isakmp zeigt Informationen zu IKE-Phase I und 2. Der gesamte Vorgang wird ausgelöst, wenn ein bestimmter Datenverkehrstyp (Verkehr, der mit dem angewendeten Crypto-Map übereinstimmt) die durch IPsec geschützte Schnittstelle passiert. Sobald das geschieht, kontaktieren die IKE-Peers einander (siehe Abbildung 10.22). (Quell- und Ziel-Port wird UDP-Port 500 sein, daher müssen Sie sicherstellen, dass Zugriffe auf diesen Port zulässig sind.)

Als Erstes überprüfen die Peers, ob Host-Name oder IP-Adresse und Schlüsselpaar mit ihrer Konfiguration übereinstimmen. Der Initiator sendet seine Sicherheitsrichtlinienparameter an den Empfänger, der dann übereinstimmende Parameter aus seiner Sicherheitsrichtlinie zurücksendet. Nachdem sie sich auf eine Sicherheitsrichtlinie geeinigt haben, schließen die IKE-Peers in Phase I die Diffie-Hellman-Aushandlung ab und generieren die Session-Keys. Die IKE-Peer-Authentifizierung wird abgeschlossen und damit die SA der Phase I erstellt. Phase II wird relativ schnell (daher der Name Quick-Mode) fortgeführt. In dieser Phase wird die Sicherheitsrichtlinie ausgehandelt, die die IPsec-Peer-Operationen schützen soll. Nach dem Abschluss von Phase II wird der IPsec-Tunnel eingerichtet und die Datenübertragung beginnt.

Zu den häufigsten Problemen, die während der IKE-Phasen auftreten, gehören nicht übereinstimmende Pre-Shared-Keys und Sicherheitsrichtlinienparameter. Der erste Schritt beim Troubleshooting von IKE ist ein Vergleich der Peer-Konfigurationen, und zwar mithilfe der zuvor beschriebenen Befehle. Wenn Sie sichergestellt haben, dass auf beiden Firewalls eine funktionstüchtige IKE-Richtlinie vorhanden ist, sollten Sie nach der Ausführung des entsprechenden debug-Befehls den IKE-Prozess anstoßen. Auf diese Weise können Sie dessen Fortschritt oder Misslingen überwachen.

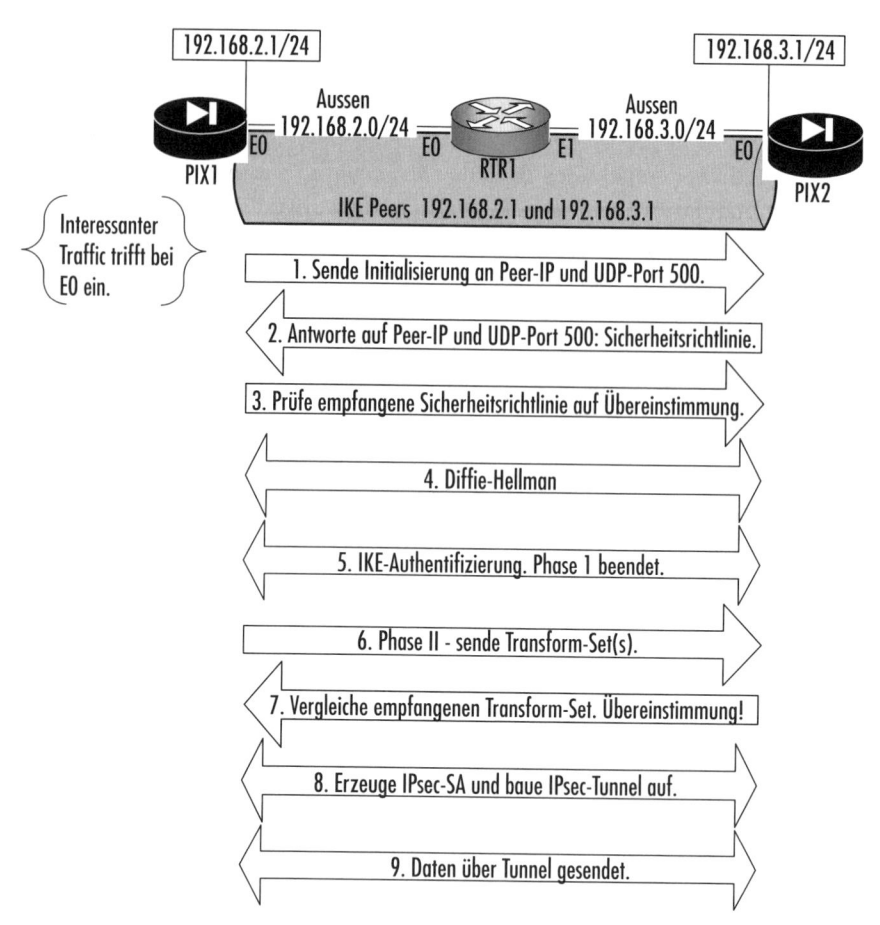

Kapitel 10
Troubleshooting und Leistungsüberwachung

Abb. 10.22: IKE-Prozess

Wenn Sie keine gemeinsame IKE-Sicherheitsrichtlinie für beide Peers oder überhaupt keine Sicherheitsrichtlinie definieren, werden die Standardeinstellungen für die verschiedenen Parameter herangezogen. Diese sind DES für die Verschlüsselung, SHA für die Berechnung der Hash-Werte, RSA für die Authentifizierung und die Diffie-Hellman-Gruppe 1 (768 Bit) mit einer Lebensdauer von 86.400 Sekunden. Eine Nichtübereinstimmung von Richtlinien lässt sich daran erkennen, dass die Ausgabe des Befehls show crypto isakmp sa »no state« anzeigt. Das bedeutet, dass die Peers bedingt durch die fehlende Übereinstimmung den Main-Modus nicht erfolgreich aushandeln konnten. Der Fehler no state wird auch angezeigt, wenn es zwischen den Peers keine Übereinkunft über den Schlüssel (das Kennwort) gibt. Auch die Hash-Berechnungen schlagen fehl. Dieser Umstand lässt sich mit dem Befehl debug crypto isakmp überwachen.

Cisco bietet mit `clear crypto isakmp sa` einen Befehl, mit dem Sie die vorhandenen SAs löschen und eine Neuinitialisierung erzwingen können. Dieser Befehl dient nicht nur zum Löschen einer ungültigen SA, er ist auch recht hilfreich, wenn Sie den IKE-Aushandlungsprozess mit dem Befehl `debug` überwachen.

10.4.2 IPsec

Wenn die IKE-Parameter wie die Methoden für die Verschlüsselung, Authentifizierung und die Größe der Schlüssel erfolgreich ausgehandelt wurden, sind die Vorkehrungen für die Einrichtung eins IPsec-VPNs getroffen. Damit IPsec funktioniert, müssen die zuvor benannten IKE-Parameter bereits ausgehandelt sein. Die IPsec-Peers vergleichen ihre Transform-Sets um zu bestimmen, was die einzelnen Peers unterstützen. Sie handeln die Authentifizierungs-, Verschlüsselungs- und Hash-Methoden so lange aus, bis eine Übereinstimmung gefunden wird. Ist das nicht der Fall, können Sie nicht als Peers agieren und der Tunnel wird nicht eingerichtet.

Um zu überprüfen, welche Transform-Sets Sie konfiguriert haben, verwenden Sie den Befehl `show crypto ipsec transform-set`. Dieser Befehl informiert Sie darüber, ob IPsec AH, ESP oder eine Kombination aus beiden aushandeln wird. Hier ein Beispiel:

```
PIX1# show crypto ipsec transform-set

Transform set FW1: { ah-md5-hmac }
   will negotiate = { Tunnel, },
   { esp-des esp-md5-hmac }
   will negotiate = { Tunnel, },
```

Für IPsec-Peers ist es wichtig, dass sich in ihren Transform-Sets gemeinsame Parameter befinden, über die sie übereinkommen können. Mit Crypto-Maps bestimmen Sie den Datenverkehr, der verschlüsselt werden soll. Führen Sie den Befehl `show crypto map` aus, um Ihre Maps anzuzeigen. Beispiel:

```
PIX2# show crypto map

Crypto Map: "pixola" interfaces: {outside }

Crypto Map "pixola" 1 ipsec-isakmp
      Peer = 192.168.2.1
      access-list 100 permit ip 192.168.2.0 255.255.255.0 any (hitcnt=1)
      Current peer: 192.168.2.1
      Security association lifetime: 4608000 kilobytes/28800 seconds
      PFS (Y/N): N
      Transform sets={ pix, }
```

Dieser Befehl gibt auch Auskunft über den IPsec-Peer und die Schnittstelle, auf die das Map angewendet wurde. In diesem Beispiel wurde das Crypto-Map pixola auf die externe Schnittstelle von PIX2 angewendet. Der Peer auf der Gegenseite ist PIX1 (auf IP-Adresse 192.168.2.1). Der Verkehr, der verschlüsselt werden soll, muss mit Access List 100 übereinstimmen. Sie erfahren sogar, wie viel Übereinstimmungen es in dieser Access List gegeben hat – eine schnelle Methode, mit der Sie alle Aspekte für die IPsec-Verarbeitung überprüfen können.

Nachdem Sie sichergestellt haben, dass es eine Übereinstimmung in den Transform-Sets gibt und die Crypto-Maps korrekt definiert sind, müssen Sie bestätigen, dass die Daten tatsächlich geschützt werden. Um das zu verifizieren, können Sie den Befehl show crypto ipsec sa (siehe Abbildung 10.23) eingeben.

```
PIX1# show crypto ipsec sa
interface: outside
Crypto map tag: pixola, local addr. 192.168.2.1

local  ident (addr/mask/prot/port): (192.168.2.1/255.255.255.0/0/0)
remote ident (addr/mask/prot/port): (192.168.3.1/255.255.255.0/0/0)
current_peer: 192.168.3.1
PERMIT, flags={origin_is_acl,}

#pkts encaps: 5, #pkts encrypt: 5, #pkts digest 5
#pkts decaps: 5, #pkts decrypt: 5, #pkts verify 5
#pkts compressed: 0, #pkts decompressed: 0
#pkts not compressed: 0, #pkts compr. failed: 0, #pkts decompress
    failed: 0
#send errors 0, #recv errors 0

local crypto endpt.: 192.168.2.1, remote crypto endpt.: 192.168.3.1
path mtu 1500, ipsec overhead 56, media mtu 1500
current outbound spi: 3a18fca2
inbound esp sas:
spi: 0x61af4121(2451330208)

transform: esp-des esp-md5-hmac
in use settings ={Tunnel, }
slot: 0, conn id: 1, crypto map: pixola
sa timing: remaining key lifetime (k/sec): (4000159/9460)
IV size: 8 bytes
replay detection support: Y

inbound ah sas:
```

Abb. 10.23: Verifizieren von IPsec

```
inbound pcp sas:

outbound ESP sas:
spi: 0x61af4121(2451330208)
transform: esp-des esp-md5-hmac
in use settings ={Tunnel, }
slot: 0, conn id: 1, crypto map: pixola
sa timing: remaining key lifetime (k/sec): (4000159/9460)
IV size: 8 bytes
replay detection support: Y

outbound ah sas:
outbound PCP sas:
```
Abb. 10.23: Verifizieren von IPsec (Forts.)

Die Ausgabe dieses Befehls kann sehr umfangreich sein. Das Tag `crypto map` identifiziert das verwendete Crypto-Map, während `local` und `remote` »ident« die IP-Adressen des lokalen und des Remote-Peers anzeigen. Die »pkts«-Zähler verfolgen die Anzahl der verschlüsselten, entschlüsselten und komprimierten Pakete. Bisher wurden fünf Pakete verschlüsselt gesendet und empfangen. Das ist ein Kennzeichen für einen erfolgreichen IPsec-Betrieb.

Der Crypto-Abschnitt »endpt« identifiziert die IPsec-Peers. Sowohl Path-MTU als auch Media-MTU werden angezeigt; das kann nützlich sein um zu bestimmen, ob eine Fragmentierung stattfindet. Der SPI ist eine eindeutige ID für diesen Tunnel. Sie können auch die verwendeten Transform-Set-Parameter erkennen und ob der Betrieb im Tunnel- oder Transport-Modus erfolgt. Der Parameter `lifetime` zeigt die noch verbleibende Zeit bis zur Neuaushandlung der SA. Im letzten Abschnitt, »outbound sas«, wird bestätigt, dass die Inbound- und Outbound-SAs eingerichtet wurden. Außerdem können Sie ablesen, wie viele Sekunden und Kilobit noch verbleiben, bis die SA neu ausgehandelt werden muss.

Überprüfen Sie die SA-`lifetime` mit dem Befehl `show crypto ipsec security-association`. Beispiel:

```
PIX1# show crypto ipsec security-association lifetime
Security association lifetime: 4608000 kilobytes/28800 seconds
```

Nutzen Sie den Befehl `debug crypto ipsec`, um die IPsec-Aushandlungen zu überwachen. Diese beginnen, wenn IKE zwischen den Peers vollständig initialisiert wurde. Um sich das Troubleshooting zu vereinfachen, sollten Sie diese beiden Befehle separat ausführen. Andernfalls können Sie die generierte Datenflut kaum bewältigen. Führen Sie zuerst das Troubleshooting von IKE (das als Voraussetzung für IPsec gilt) und anschließend das von IPsec aus.

Wenn Sie IPsec neu initialisieren möchten, können Sie das tun. Ein solches Vorgehen kann nützlich sein, wenn Sie korrupte oder ungültige Sessions löschen oder einen neuen IPsec-Tunnel erstellen möchten. Es kann auch hilfreich sein, wenn Sie die IPsec-Operationen von Beginn an mit den debug-Befehlen überwachen möchten. Mit dem Befehl clear crypto ipsec sa können Sie zu jedem Zeitpunkt eine SA-Aushandlung erzwingen. Mit dem Befehl clear crypto ipsec sa können Sie vorhandene SAs (alle) löschen und die Einrichtung neuer SAs erzwingen, wenn ein aktiver Auslöser wie ein Crypto-Map vorhanden ist. Sie können mit diesem Befehl sehr spezifische Informationen abrufen. So können Sie mittels clear crypto ipsec sa 192.168.2.1 einen bestimmten Peer angeben.

10.5 Capturing von Verkehr

Cisco stellt mit der Einführung der PIX-Version 6.2 ein hervorragendes Tool für das Mitschneiden (Capturing) und Analysieren von Netzwerkverkehr zur Verfügung. Wenn Sie den Befehl capture verwenden, kann die PIX auf der Zielschnittstelle als Paket-Sniffer agieren und Pakete für die spätere Analyse mitschneiden. Mit diesem Befehl können Sie Inbound- und Outbound-Verkehr erfassen.

Das Mitschneiden von Paketen, die eine Schnittstelle passieren, kann recht nützlich für das Troubleshooting sein, da Sie genau erkennen können, welche Art von Datenverkehr übertragen wird. Beim Troubleshooting von Verbindungsproblemen ist es häufig nützlich, wenn Sie Pakete von den eingehenden und ausgehenden Schnittstellen mitschneiden. Sie können die mitgeschnittenen Pakete analysieren um zu überprüfen, ob es Probleme bei der Konfiguration gibt, wie z. B. Ungereimtheiten bei der IP-Adressierung, oder Probleme mit IKE oder IPsec wie nicht übereinstimmende Parameter oder erwartete Parameter, die nicht übertragen wurden. Vor der Einführung dieser Funktion konnten Systemtechniker nur so genannte Packet-Capture-Geräte installieren. Das capture-Feature wurde mit der Version 6.2 der PIX-Firewall-Software eingeführt und steht nur für Ethernet-Schnittstellen zur Verfügung. Die Syntax für den Befehl lautet:

```
capture <capture-name> [access-list <ID>] [buffer <bytes>] [ethernet-type
    <type>] [interface <if_name>] [packet-length <bytes>]
```

Mit dem ersten Parameter, capture-name, definieren Sie einen Namen für diese spezielle Capture-Session. Alle weiteren Parameter sind optional. Mit dem Parameter access-list geben Sie eine Access List an, um Ziel und Quelle für den mitgeschnittenen Verkehr einzuschränken. Standardmäßig werden alle IP-Pakete mitgeschnitten. Mit dem Parameter buffer geben Sie die Größe des Puffers (in Byte) für die mitgeschnittenen Pakete an. Der maximale Wert ist abhängig von dem verfügbaren Speicher auf der PIX-Firewall. Die Standardpuffergröße beträgt 512 KB. Sobald dieser Puffer gefüllt ist, wird das Capturing beendet. Der Parameter ethernet-type bestimmt die Protokolle, die mitgeschnitten werden sollen. Sie können ip, arp, rarp, ip6 oder eine beliebige Protokollnummer zwischen 1 und 65535 angeben. Standardmäßig werden alle Ethernet-Typen mitgeschnitten. (Wenn Sie für den Parameter ethernet-type 0 angeben, werden alle Typen mitgeschnitten.) Mit dem Parameter interface wird die Schnittstelle festgelegt, auf der die Pakete mitgeschnitten werden sollen. Über den Parameter packet-length bestimmen Sie, wie viel eines Pakets mitgeschnitten werden soll. Für das Troubleshooting genügen meistens die ersten paar Bytes eines Pakets. Die PIX kann Pakete in einer Größe von bis zu 68 Byte mitschneiden. Beispiel:

```
PIX1# capture inside-traffic access-list 100 buffer 20000 interface
    inside packet-length 200
```

In diesem Beispiel werden auf der internen Schnittstelle die ersten 200 Byte von Paketen mitgeschnitten, die mit Access List 100 übereinstimmen. Es wurden 20.000 Byte als Puffer für die mitgeschnittenen Pakete reserviert.

Sie können gleichzeitig mehrere Mitschnitte ausführen. Wenn Sie die Liste der Mitschnitte anzeigen möchten, geben Sie den Befehl show capture ein. Mit dem folgenden Befehl werden beispielsweise zwei gleichzeitig ausgeführte Mitschnitte (cap1 und cap2) angezeigt:

```
PIX1# show capture
capture cap1 interface inside
capture cap2 interface outside
```

Wenn Sie einen Mitschnittpuffer löschen möchten, ohne den Mitschnitt zu beenden, führen Sie den Befehl clear capture <capture-name> aus. Beispiel:

```
PIX1# clear capture cap1
```

Wenn Sie einen Mitschnitt beenden und den zugehörigen Mitschnittpuffer löschen möchten, führen Sie den Befehl no capture <capture-name> aus. Beispiel:

```
PIX1# no capture cap2
```

Wenn Sie einen Mitschnitt beenden und den zugehörigen Mitschnittpuffer speichern möchten, führen Sie den Befehl no capture <capture-name> interface <if_name> aus. Beispiel:

```
PIX1# no capture cap1 interface inside
```

10.5.1 Anzeige von mitgeschnittenem Verkehr

Cisco bietet verschiedene Optionen, über die Sie die mitgeschnittenen Daten anzeigen können. Sie können die Daten auf der Konsole (dabei handelt es sich um eine eher rudimentäre Anzeige) oder mittels eines Web-Browsers anzeigen. Sie können die mitgeschnittenen Daten sogar herunterladen und mit der Software eines Drittanbieters, wie z. B. Ethereal (www.ethereal.com) oder tcpdump (www.tcpdump.org) anzeigen.

Anzeige auf der Konsole

Wenn Sie beim Troubleshooting einer PIX-Firewall Daten mitgeschnitten haben, ist die Anzeige des Mitschnitts auf der Konsole nahe liegend. Wenn Sie die Konsole zu diesem Zweck nutzen wollen, sollten Sie die Paketlänge so kurz halten, dass Sie die primären Header (IP, TCP usw.) mitschneiden. Andernfalls müssen Sie durch Unmengen von Daten auf einer einfachen, textbasierten Konsole blättern. Wenn Sie einen Mitschnitt auf der Konsole anzeigen möchten, geben Sie den Befehl show capture ein:

```
show capture <capture-name> [access-list <ID>] [count <number>] [detail]
   [dump]
```

Wenn Sie eine Menge an Daten mitgeschnitten haben, können Sie sie durch Angabe einer Access List in diesem Befehl filtern, die dann als Anzeigefilter agiert. Mit dem Parameter count können Sie die Anzahl der auf dem Bildschirm angezeigten Pakete angeben. Mit dem Parameter detail können Sie die Menge der angezeigten Details erhöhen. Über den Parameter dump können Sie festlegen, dass die Anzeige der Daten im hexadezimalen Format erfolgen soll (dabei werden keine MAC-Informationen angezeigt). Abbildung 10.24 zeigt ein Beispiel für einen Paketmitschnitt.

```
PIX1# show capture inside-traffic count 6
71 packets captured
17:29:35.648434 192.168.2.1.23 > 192.168.2.2.11002: P 942178590:942178597
   (7) ack  2099017897 win 4096(fragment-packet)
17:29:35.848207 192.168.2.2.11002 > 192.168.2.1.23: . ack 942178597 win
   3531(fragment-packet)
17:29:37.610258 192.168.2.2.11002 > 192.168.2.1.23: P 2099017897:
   2099017898(1) ack 942178597 win 3531(fragment-packet)
17:29:37.610442 192.168.2.1.23 > 192.168.2.2.11002: . ack 2099017898 win
   4095(fragment-packet)
17:29:37.610686 192.168.2.1.23 > 192.168.2.2.11002: P 942178597:942178598
   (1) ack 2099017898 win 4096(fragment-packet)
17:29:37.808155 192.168.2.2.11002 > 192.168.2.1.23: . ack 942178598 win
   3530(fragment-packet)
```

Abb. 10.24: Beispiel für einen Paketmitschnitt

Beachten Sie, wie sich die Bestätigungszähler (ACKs) erhöhen. Dieser Mitschnitt war Teil einer Telnet-Session zwischen 192.168.2.1. und 192.168.2.2. Die 23 am Ende der IP 192.168.2.1 zeigt Ihnen, dass es sich um den Telnet-Server handelt. Nach diesen Ausführungen sollten Sie eine Vorstellung davon erhalten haben, wie nützlich der capture-Befehl beim Troubleshooting sein kann.

Anzeige in einem Web-Browser

Cisco ermöglicht auf einfache und sichere Weise, Paketmitschnitte (die Paket-Header im ASCII-Format) mit einem Web-Browser anzuzeigen. Wenn Sie die Inhalte mit Ihrem Web-Browser anzeigen möchten, geben Sie auf der PIX-Firewall die entsprechende URL ein. Die Syntax ist wie folgt:

```
https://pix_ip_address/capture/<capture-name>/
```

Beispiel:

```
https://192.168.1.1/capture/inside-traffic/
```

10.5.2 Download von mitgeschnittenem Verkehr

Die PIX-Firewall speichert die Puffer für den Paketmitschnitt im PCAP-Format, das heruntergeladen und mit Drittanbieter-Software wie Ethereal oder tcpdump angezeigt werden kann. Der Mitschnitt kann mittels HTTPS oder TFTP heruntergeladen werden. Wenn Sie die Datei mittels HTTPS herunterladen möchten, geben Sie die entsprechende URL auf der PIX-Firewall ein. Die Syntax ist wie folgt:

```
https://pix_ip_address/capture/<capture-name>/pcap
```

Beispiel:

```
https://192.168.1.1/capture/inside/pcap
```

Mit dieser Syntax laden Sie den Paketmitschnitt im PCAP-Format auf den Client herunter. Wahlweise können Sie die Datei mittels TFTP downloaden. Das erfolgt über den Copy-Befehl auf der PIX-Firewall. Die Syntax ist wie folgt:

```
copy capture:<capture-name> tftp://<location>/<filename> [pcap]
```

Ohne Angabe des Schlüsselworts pcap werden die ASCII-Paket-Header kopiert. Mit dem Schlüsselwort pcap wird die binäre Datei im PCAP-Format kopiert. Beispiel:

```
PIX1# copy capture:inside-traffic tftp://192.168.99.99/pix-capture pcap
copying Capture to tftp://192.168.99.99/pix-capture:
```

In diesem Beispiel wird der Mitschnitt `inside-traffic` (im PCAP-Format) auf den TFTP-Server 192.168.99.99 in die Datei PIX-CAPTURE kopiert. Nachdem die Datei kopiert wurde, können Sie eines der zuvor erwähnten Software-Pakete nutzen, um die mitgeschnittenen Pakete anzuzeigen und zu analysieren.

> **Entwerfen & Planen ...**
>
> **Support-Optionen als Troubleshooting-Tools**
>
> Die PIX-Firewall kann ein äußerst kritisches System in Ihrem Netzwerk sein. Bei der Planung der Netzwerkarchitektur müssen verschiedene Support-Optionen bedacht werden, um im Falle eines Ausfalls oder des Verlusts der PIX-Firewall Handlungsstrategien parat zu haben. Nennen Sie es, wenn Sie mögen, Troubleshooting durch Prävention. Es stehen mehrere Möglichkeiten zur Verfügung: Sie können alles in eigener Regie regeln, den Support zu einem Drittanbieter auslagern oder Support-Services von Cisco erwerben. Nehmen wir die verschiedenen Optionen unter die Lupe:
>
> - Beim »Do-it-yourself«-Ansatz kaufen Sie einfach die Hard- und Software, wobei lediglich die Standardgewährleistung und Standard-Support-Services gelten. Wenn etwas schief geht, müssen Sie über das erforderliche Wissen und die notwendigen Ressourcen zur Behebung des Problems verfügen.
> - Bei der Drittanbieter-Option haben Sie mit Ihrem Händler ein spezielles Arrangement vereinbart. Damit sollte Ihnen Ihr Händler alles zur Verfügung stellen (ob Hard- oder Software), was zur Behebung eines Problems erforderlich ist. Obwohl Ihr Händler möglicherweise nicht über ein so tiefes Fachwissen verfügt wie ein Cisco-Fachmann, sollte er als Ihr Händler in der Lage sein, Ihnen für den Support einen gewissen Rabatt einzurichten.
> - Wenn Sie Cisco über das SMARTnet-Programm kontaktieren, haben Sie stets Zugriff auf umfassendes Expertenwissen und die aktuellsten und besten Informationen zu Konfiguration, Troubleshooting und Bug-Fixes. Auf der Cisco-Website finden Sie zahlreiche Tools und Informationen, die Sie bei Ihren Troubleshooting-Maßnahmen unterstützen können. Sie können auch Mitglied der CCO (Cisco Connection Online) werden, um weitere Support-Optionen auszuschöpfen, wie z. B. die Möglichkeit, TAC-Fälle online zu öffnen und zu durchsuchen. SMARTnet stellt auch Hardware-Ersatz und Software-Upgrades zur Verfügung.

Zwei Dinge können bei einer PIX-Firewall versagen: Die Software oder die Hardware. Zum Schutz vor Hardware-Ausfällen besteht die Möglichkeit einer Einlagerung von Ersatzteilen. Abhängig vom Verhältnis zwischen aktiven und gelagerten Komponenten kann diese Option kostspielig sein. Software kann Bugs enthalten, die Sie erst erkennen, nachdem Sie die perfekte Konfiguration implementiert haben. Möglicherweise funktionieren einige Befehle und Funktionen nicht wie gewünscht oder gar nicht. In diesem Fall benötigen Sie Informationen von Cisco, wie Sie das Problem umgehen oder um Zugriff auf das aktuellste Release der Software zu erhalten, die Ihr Problem löst. Im Allgemeinen sind Sie besser beraten, wenn Sie für Ihre Firewall einen SMARTnet-Wartungsvertrag mit Cisco abschließen um sicherzustellen, dass Sie stets Zugriff auf die aktuellsten Software-Releases haben. Die selbstständige Behebung von Software-Problemen ist meist weitaus schwieriger als die Behebung von Hardware-Problemen in Eigenregie. Hardware lässt sich im Fehlerfall einfach austauschen. Sicherlich können Sie aber nicht den Software-Code umschreiben, um ein Problem zu beheben. Häufig verschwenden Sie unnötig Zeit, um ein Workaround für ein Problem zu finden, das durch ein fehlerhaftes Software-Release verursacht wird.

10.6 Troubleshooting und Überwachung – Performance

Wir haben bereits darauf hingewiesen, wie wichtig es ist, das Modell der PIX-Firewall nach den Anforderungen an das System auszuwählen. Neben dem zu erwartenden Verkehrsvolumen sind jedoch noch weitere Faktoren zu berücksichtigen. Tabelle 10.3 zeigt die Leistungsdaten der einzelnen Modelle, darunter auch Informationen zur Verschlüsselung. Stellen Sie sicher, dass Sie diese Leistungsgrenzen berücksichtigen.

Modell	Hardware-Maximalwerte (CPU/SDRAM/FLASH)	Klartext-Durchsatz	DES-IPsec-Durchsatz	3DES-IPsec-Durchsatz	Simultane VPN-Tunnel
501	133 MHz AMD SC520 16 MB RAM 8 MB Flash	10 Mbps	6 Mbps	3 Mbps	5 Peers
506 (EOS)	200 MHz Intel Pentium 32 MB RAM 8 MB Flash	20 Mbps	20 Mbps	10 Mbps	25 Peers
506E	300 MHz Intel Celeron 32 MB RAM 8 MB	20 Mbps	20 Mbps	16 Mbps	25 Peers

Tabelle 10.3:   Leistungsmerkmale und Funktionen der PIX-Firewall-Modelle

Modell	Hardware-Maximalwerte (CPU/SDRAM/FLASH)	Klartext-Durchsatz	DES-IPsec-Durchsatz	3DES-IPsec-Durchsatz	Simultane VPN-Tunnel
515 (EOS)	200 MHz Intel Pentium 32 MB RAM 8 MB Flash	146 Mbps	20 Mbps	10 Mbps	25 Peers
515E	433 MHz Intel Celeron 64 MB RAM 16 MB Flash	188 Mbps	33–120 Mbps	63 Mbps UR 22 Mbps R	2.000
520 (EOS)	350 MHz Intel Celeron 64 MB RAM 16 MB Flash	370 Mbps	20 Mbps	10 Mbps	*
525	600 MHz Intel Pentium III 256 MB RAM 16 MB Flash	360 Mbps	120–140 Mbps	70 Mbps	2.000
535	1 GHz Intel Pentium III 1 GB PC133 RAM 16 MB Flash	1 Gbps	200 Mbps	100 Mbps	2.000

Tabelle 10.3: Leistungsmerkmale und Funktionen der PIX-Firewall-Modelle (Forts.)

Das Firewall Services Module (FWSM) 1.1 für Catalyst-Switches der 6500er-Serie ist ein High-Performance-Gerät, das Unterstützung für 5 Gbps an Datenverkehr bietet. Es unterstützt keine IPsec-VPN-Verbindungen.

Die drei Schlüsselkomponenten der PIX-Firewall, welche die Performance bestimmen, sind CPU, Speicher und Netzwerkschnittstellen. Sie müssen wissen, wie Sie diese Komponenten überwachen können um sicherzustellen, dass deren Arbeitslast innerhalb der zulässigen Leistungsgrenzen bleibt. In den folgenden Abschnitten werden wir uns mit der Überwachung dieser drei Komponenten beschäftigen. Die ultimative Frage lautet: Kann Ihre Firewall die geplante Arbeitslast bewältigen?

10.6.1 Überwachung der CPU-Leistung

Die CPU ist für alles verantwortlich: Sie überträgt Datenverkehr, erstellt VPN-Tunnel und führt auf Anforderung eine Verschlüsselung durch. Als Faustregel sollte im normalen Betriebsmodus die Auslastung der CPU (durchschnittlich) unter 30 Prozent liegen. Zu Spitzenzeiten mit hohem Verkehrsaufkommen werden Sie eine etwas höhere Auslastung beobachten, doch das bleibt im normalen Rahmen. Wenn die CPU-Auslastung bei normalem Netzwerkbetrieb jedoch ständig über 30 Prozent liegt, sollten Sie an ein Upgrade auf ein leistungsstärkeres Modell denken.

Viele Funktionen können zur Auslastung der CPU beitragen, doch die Verschlüsselung (DES und 3DES) stellt das größte Potenzial dar, die kostbare Zeit der CPU zu binden. Wenn Sie planen, eine große Anzahl verschlüsselter Tunnel (VPNs) einzurichten, sollten Sie Ihren Prozessor sorgfältig überwachen. Wenn die Auslastung stark ansteigt, sollten Sie zur Unterstützung der VPN-Funktionen eine VPN-Accelerator-Card installieren. Wahlweise können Sie die VPN-Funktionen von der PIX auf einen dedizierten VPN-Concentrator auslagern (z.B. aus der Cisco-VPN-3000er-Serie). Ein weiterer Faktor ist die Datenmenge, die die PIX passiert. Wenn Sie ein hohes Verkehrsaufkommen beobachten, überwachen Sie die CPU-Auslastung in regelmäßigen Abständen um sicherzustellen, dass die Auslastungsgrenzen nicht überschritten werden. Am besten benutzen Sie dazu ein Tool wie MRTG oder HP Open View, um die CPU über SNMP zu überwachen. Weitere Informationen zu SNMP finden Sie in Kapitel 6.

Die Protokollierung und die übermäßige Verwendung von debug-Befehlen wirken sich ebenfalls auf die CPU-Auslastung aus. Sie sollten die Protokollierung auf ein Minimalmaß wirklich erforderlicher Informationen reduzieren, um die Auslastung der CPU nicht überzustrapazieren. Tabelle 10.4 zeigt die verfügbaren Protokollierungsstufen. Wenn Sie aus bestimmten Gründen höhere Protokollierungsstufen benötigen, sollten Sie zum Ausgleich andere, aktuell nicht benötigte Meldungstypen mit dem Befehl no logging message deaktivieren. Weitere Einzelheiten zum Thema Protokollierung finden Sie in Kapitel 6.

Beschreibung	Numerischer Wert
Emergency	0
Alert	1
Critical	2
Error	3
Warning	4
Notification	5
Informational	6
Debugging	7

Tabelle 10.4: Protokollierungsstufen

Wenn Sie die aktivierten Protokollierungsoptionen und -stufen anzeigen möchten, geben Sie den Befehl show logging ein. In dem folgenden Beispiel sind sämtliche Protokollierungsoptionen deaktiviert:

```
PIX1# show logging
Syslog logging: disabled
    Facility: 20
    Timestamp logging: disabled
    Standby logging: disabled
    Console logging: disabled
```

```
Monitor logging: disabled
Buffer logging: disabled
Trap logging: disabled
History logging: disabled
```

Der Befehl show cpu usage

Mit dem Befehl show cpu usage können Sie eine Momentaufnahme der CPU-Auslastung abrufen. Obwohl diese Information nicht zur Pflege einer Historie oder zur Bestimmung von Trends genutzt werden kann, können Sie damit umgehend feststellen, ob die CPU zum Zeitpunkt der Befehlsausführung überlastet ist. Mit diesem Befehl können Sie in Echtzeit überprüfen, ob die CPU Ursache für mögliche Leistungseinbußen ist. Beispiel:

```
PIX1# show cpu usage
CPU utilization for 5 seconds = 2%; 1 minute: 1%; 5 minutes: 1%
```

Wenn Sie vermuten, dass die IPsec-Verschlüsselung Ursache für die beeinträchtigte Performance ist, sollten Sie vor der Aktivierung der Verschlüsselung diesen Befehl ausführen, um einen Richtwert für die CPU-Auslastung abzurufen. Aktivieren Sie dann IPsec und führen Sie den Befehl erneut aus. Vergleichen Sie die CPU-Auslastung. Führen Sie diesen Befehl mehrfach über einen gewissen Zeitraum hinweg aus um sicherzustellen, dass die gesammelten Daten exakt sind.

Der Befehl show processes

Wenn die CPU-Auslastung hoch ist, werden Sie häufig mehr Informationen benötigen, als der Befehl show cpu usage liefern kann. Hier kommt der Befehl show processes ins Spiel. Dieser Befehl dient zur Anzeige aller auf der PIX ausgeführten Prozesse. Gleichzeitig liefert er Informationen zur Speicher- und CPU-Nutzung der einzelnen Prozesse. Diese Informationen werden ab dem Punkt gesammelt, an dem die PIX-Firewall gestartet wurde. Wie in Abbildung 10.25 gezeigt, ist die Ausgabe dieses Befehls recht umfangreich. Tatsächlich zeigen wir ein verkürztes Listing der Ausgabe, die von einer PIX 501 stammt – dem Low-End-Modell in der Riege der PIX-Firewalls. Wir wollen hier nicht jede einzelne Zeile in der Anzeige erläutern, doch wir gehen darauf ein, was Sie in den Spalten sehen. Eine detaillierte Analyse dieses Befehls finden Sie auf der Cisco-Website unter www.cisco.com/warp/public/110/pix_shproc.html.

Das erste Zeichen in der ersten Spalte bezieht sich auf die Priorität des Prozesses, die wie folgt sein kann (von der höchsten zur geringsten Priorität): Critical (kritisch), High (hoch), Medium (mittel) oder Low (gering). Die nächsten beiden Zeichen beziehen sich auf den Betriebsstatus des Prozesses. Die möglichen Status werden in Tabelle 10.5 aufgelistet.

```
PIX1# show processes

     PC       SP       STATE    Runtime  SBASE    Stack      Process
Hsi  800b0e09 80759798 8052ddd8    0     80758810 3532/4096  arp_timer
Lsi  800b5271 8077c880 8052ddd8    0     8077b908 3912/4096  FragDBGC
Lwe  8020685d 808b8e20 80507300    0     808b6ed8 7644/8192  Logger
Hwe  8020a550 808bbee8 805075b0    0     808b9f70 8008/8192  tcp_fast
Lsi  80137edd 809400f0 8052ddd8    0     8093f168 3928/4096  xlate clean
Lsi  80256f4d 8096c430 8052ddd8    0     8096b4a8 3900/4096  route_process
Mwe  800d2671 809b19e0 8052ddd8    0     809afa68 6940/8192  IPsec timer
Lwe  8012ff5a 809daac8 80539908    0     809d9c50 3704/4096  pix/trace
Lwe  8013016a 809dbb58 80539fd0    0     809dace0 3704/4096  pix/tconsole
Hwe  800b2dd0 809ddbe8 80753b9c    0     809dbd70 7196/8192  pix/intf1
H*   80015207 7fffe2c  8052ddc0  200     809e1ea0 12652/16384 ci/console
Csi  801299b3 809e6e88 8052ddd8   10     809e5f30 3440/4096  update_cpu_usag

 A     B        C        D       E        F         G         H
```

Abb. 10.25: Ausgabe des Befehls show processes

Wert	Beschreibung
*	Der Prozess wird aktuell ausgeführt.
E	Der Prozess wartet auf das Eintreten eines Ereignisses.
S	Der Prozess steht zur Ausführung bereit – die Prozessor-Zeitscheibe wurde abgegeben (idle/Leerlauf).
rd	Der Prozess steht zur Ausführung bereit – Bedingungen für die Aktivierung sind aufgetreten.
we	Der Prozess wartet auf eine Ereignis.
sa	Der Prozess ruht bis zu einer absoluten Zeit.
si	Der Prozess ruht für eine festgelegte Zeitspanne.
sp	Der Prozess ruht für eine festgelegte Zeitspanne (wechselweise).
st	Der Prozess ruht, bis ein Timer abläuft.
hg	Der Prozess hat sich aufgehängt und wird nicht wieder ausgeführt.
xx	Der Prozess wurde beendet, jedoch nicht gelöscht.

Tabelle 10.5: Betriebsstatus von Prozessen

Die nächste Spalte (PC) ist der Program Counter (Programmzähler) und die folgende Spalte (SP) der Stack Pointer (Stack-Zeiger). Die Spalte D (STATE) zeigt die von diesem Prozess verwendete Thread-Warteschlange. Diese Thread-Warteschlange kann von mehreren Prozessen gemeinsam genutzt werden. Die fünfte Spalte (Runtime) gibt die CPU-Zeit in Millisekunden an, die der Prozess seit seinem Start verbraucht hat. Die Spalte SBASE (Stack Base Address) zeigt den Anfangsadressraum für den Prozess, und die Spalte Stack zeigt das Verhältnis von verwendetem und gesamtem Stack-Platz in Byte, der dem Prozess zugeordnet ist. Fehlgesteuerte Prozesse versuchen in den von anderen Prozessen genutzten Adressraum einzudringen. In der letzten Spalte (Process) wird der Name des Prozesses angezeigt.

Mit diesem Befehl können Sie sehr gut die Prozesse ausmachen, die zu viel CPU-Zyklen aufbrauchen. Um das zu erkennen, geben Sie den Befehl show processes mit einer Verzögerung von einer Minute zweimal ein. Für den Prozess, der scheinbar ein Problem darstellt, ziehen Sie den unter Runtime gezeigten Wert der zweiten Befehlsausgabe von dem unter Runtime gezeigten Wert der ersten Befehlsausgabe ab. Das Ergebnis gibt Aufschluss über die CPU-Zeit in Millisekunden, die der Prozess während dieser Minute erhalten hat. Es ist wichtig zu wissen, dass einige Prozesse zu bestimmten Zeiten ablaufen, während andere nur ablaufen, wenn sie Informationen verarbeiten müssen. Der Prozess 577poll hat von allen Prozessen gewöhnlich die längste Laufzeit, da es sich um den Prozess handelt, der die Ethernet-Schnittstellen daraufhin abfragt, ob Daten zur Verarbeitung anstehen.

Der Befehl show perfmon

Ein extrem nützlicher Befehl für die Leistungsüberwachung auf der PIX-Firewall ist show perfmon. Der Befehl liefert detaillierte Statistiken im Zusammenhang mit Übersetzungen, Verbindungen, Fixup und AAA. Es ist der einzige Befehl, den Sie zur Anzeige von durchschnittlichen Werten im Hinblick auf die Anzahl von Übersetzungen und Verbindungen auf der Firewall nutzen können. Dieser Befehl bietet den Vorteil, dass die Anzeige der Verbindungen nach Protokoll aufgeteilt werden (siehe Abbildung 10.26). Diese Einzelauflistung kann Ihnen bei der Beurteilung helfen, ob eine bestimmte Verbindung zu viel Speicher- oder CPU-Ressourcen aufbraucht. Tabelle 10.6 beschreibt die Werte in der Ausgabe des Befehls show perfmon.

```
PIX1# show perfmon

PERFMON STATS:      Current      Average
Xlates              0/s          0/s
Connections         0/s          0/s
TCP Conns           0/s          0/s
UDP Conns           0/s          0/s
URL Access          0/s          0/s
URL Server Req      0/s          0/s
TCP Fixup           0/s          0/s
TCPIntercept        0/s          0/s
HTTP Fixup          0/s          0/s
FTP Fixup           0/s          0/s
```

Abb. 10.26: Ausgabe des Befehls show perfmon

AAA Authen	0/s	0/s
AAA Author	0/s	0/s
AAA Account	0/s	0/s

Abb. 10.26: Ausgabe des Befehls show perfmon

Parameter	Beschreibung
Xlates	Durchgeführte Übersetzungen pro Sekunde
Connections	Erstellte Verbindungen pro Sekunde.
TCP Conns	TCP-Verbindungen pro Sekunde
UDP Conns	UDP-Verbindungen pro Sekunde
URL Access	Zugriffe auf URLs (Websites) pro Sekunde
URL Server Req	An Websense/N2H2 gesendete Anforderungen pro Sekunde (erfordert den Befehl filter)
TCP Fixup	Anzahl der durch die PIX weitergeleiteten TCP-Pakete pro Sekunde
TCP Intercept	Die Anzahl von SYN-Paketen pro Sekunde, die das konfigurierte Limit für rudimentäre Verbindungen überschritten haben
HTTP Fixup	Die Anzahl der für Port 80 bestimmten Pakete pro Sekunde (erfordert den Befehl fixup protocol http)
FTP Fixup	Untersuchte FTP-Befehle pro Sekunde
AAA Authen	Authentifizierungsanforderungen pro Sekunde
AAA Author	Autorisierungsanforderungen pro Sekunde
AAA Account	Accounting-Anforderungen pro Sekunde

Tabelle 10.6: Werte in der Ausgabe des Befehls perfmon

Wie bei allen Bemessungen sind Informationen dieser Art erst nützlich, wenn Sie über einen Richtwert verfügen. Führen Sie diesen Befehl daher regelmäßig aus, um nach und nach einen Richtwert zu erhalten. Anschließend können Sie die gewonnenen Werte mit dem Richtwert vergleichen, um Anomalien zu erkennen.

10.6.2 Überwachung der Speicherleistung

Die Kontrolle der Speicherauslastung kann genauso wichtig sein wie die Auslastungskontrolle der CPU. Der Flash-Speicher dient zur Aufnahme des PIX-Betriebssystems und der PIX-Konfiguration. Normalerweise treten Zuordnungsfehler im Hinblick auf den Flash-Speicher nicht auf, es sei denn, Sie verwenden ein sehr großes Software-Image.

Der Hauptspeicher, der schwerpunktmäßig in diesem Abschnitt behandelt wird, ist der Arbeitsspeicher der PIX-Firewall. Beim Booten lädt die PIX-Firewall das Betriebssystem, indem sie es vom Flash-Speicher in den Hauptspeicher kopiert. Dieser Speicher wird für alle Prozesse und auch für das Puffern des ein- und ausgehenden Datenverkehrs verwendet. Da dieser Speicher von verschiedensten Seiten der Firewall verwendet wird, ist es sehr wichtig sicherzustellen, dass ausreichend Speicher vorhanden ist. Dafür stehen Ihnen eine Reihe von Befehlen zur Verfügung. Wie bei der Prüfung der CPU-Auslastung sollten Sie zusätzlich ein SNMP-Tool wie MRTG oder HP Open View nutzen, um die Größe des verfügbaren Speichers auf der PIX-Firewall zu überwachen.

Der Befehl show memory

Der Befehl show memory bietet einen leicht verständlichen Überblick über die Größe des installierten Speichers und das aktuell genutzte Volumen. Dieser Befehl zeigt einfach die Größe des gesamten und freien Speichers zum Zeitpunkt der Befehlsausführung an. Hier ein Beispiel für den Befehl show memory:

```
PIX1# show memory
16777216 bytes total, 4517888 bytes free
```

Sie können den Nutzen dieses Befehls optimieren, indem Sie ihn auf einer PIX-Firewall mit einer sehr einfachen Basiskonfiguration ausführen. Damit ist eine PIX-Firewall gemeint, auf der keine Verschlüsselung oder andere ressourcenbindende Funktionen ausgeführt werden. Zeichnen Sie die erhaltenen Informationen nach der Ausführung des Befehls auf. Fügen Sie dann nach und nach weitere Funktionen hinzu und vergleichen Sie nach erneuter Ausführung des Befehls die Ausgaben. Auf diese Weise können Sie ungefähr aufzeichnen, welche Speichermengen die einzelnen Prozesse benötigen.

Der Befehl show xlate

Einer der Prozesse, der Speicherressourcen verbraucht, ist die Adressübersetzung. Für jede Übersetzung werden etwa 56 Byte an Speicher benötigt. Mit diesem Wissen sollten Sie den Befehl show xlate ausführen. Beispiel:

```
PIX1# show xlate
100 in use, 341 most used
```

Multiplizieren Sie die Anzahl der Übersetzungen mit 56 Byte um zu bestimmen, wie viel Speicher für die Übersetzungen verbraucht wurde. In diesem Beispiel finden 100 Übersetzungen statt; das bedeutet, es wurden allein für die Übersetzung 5600 Byte zugeordnet.

Der Befehl show conn

Jede zur Firewall erstellte Verbindung verbraucht ebenfalls Speicher. Die Menge des verbrauchten Speichers hängt von der Art der Verbindung ab. Eine UDP-Verbindung verbraucht 120 Byte, eine TCP-Verbindung 200 Byte. Dieser Speicherverbrauch entsteht durch den Aufbau der Verbindung und die Verwaltung der State-Informationen. Hier ein Beispiel für den Befehl show conn:

```
PIX1# sh conn
2 in use, 2 most used
```

Wenn durch diese PIX-Firewall 100 TCP-Verbindungen erstellt würden, wären 20 KB des Hauptspeichers dafür erforderlich. Natürlich ist das kein konstanter Wert, denn während des Tages ändert sich die Anzahl der Verbindungen.

Der Befehl show block

Nach dem Laden der Konfiguration und vor allen anderen Speicherzuordnungen reserviert die PIX-Firewall bestimmte Speichermengen für spezielle Datenverkehrstypen. Bestimmte Speichermengen werden in variablen Blockgrößen (in Byte) reserviert. Durch das Vordefinieren von Blöcken mit festen Größen wird die Firewall ein wenig entlastet, da sie so die Speichermengen nicht spontan zuteilen muss. Sie können den Befehl show blocks verwenden, um die aktuell eingerichteten Blockgrößen anzuzeigen. Beispiel:

```
PIX1# show blocks
  SIZE    MAX    LOW    CNT
     4   1600   1563   1600
    80    400    386    400
   256    500    143    500
  1550   1700   1102   1315
 16384      8      8      8
```

Wir wollen die Ausgabe dieses Befehls analysieren und beginnen mit der Spalte SIZE, deren Werte in Byte gemessen werden. Die 4 Byte großen Blöcke sind für bestimmte Datenverkehrstypen wie DNS, IKE und TFTP (kleiner und schneller Verkehr) reserviert. Die 80 Byte großen Blöcke sind reserviert für Failover-Hello-Pakete und TCP-ACKs. Die 256 Byte großen Blöcke dienen zum Speichern von Stateful-Failover-Meldungen. Die 1550 Byte großen Blöcke dienen zur Unterstützung von Ethernet-Paketen (10 und 100), während sie die Firewall passieren. Die 16384 Byte großen Blöcke werden erst verwendet, wenn Sie Gigabit-Ethernet-Schnittstellen verwenden. (Das ist meist nur auf High-End-Firewalls der Fall.)

Die Spalte MAX zeigt die maximale Anzahl der verfügbaren Speicherblöcke pro Typ. Die Spalte LOW gibt Auskunft über die geringste Anzahl an Blöcken, die seit dem Booten der Firewall zur Verfügung gestanden hat. Rein rechnerisch müssen Sie nur den Wert aus der Spalte LOW von dem Wert aus der Spalte MAX abziehen und erhalten die maximale Anzahl an Blöcken, die zu einem bestimmten Zeitpunkt genutzt werden. Die Spalte CNT zeigt die verfügbare Anzahl an Blöcken. Mit dem Befehl clear können Sie die Zähler LOW und CNT zurücksetzen.

10.6.3 Überwachung der Netzwerkleistung

Überlastete Netzwerkschnittstellen können die gesamte Leistung beeinträchtigen. Sie müssen sicherstellen, dass Ihre PIX-Firewall die Anforderungen auch tatsächlich bewältigen kann. Cisco bietet verschiedene Befehle, mit denen Sie den Status der Schnittstellen prüfen können.

Der Befehl show interface

Einer dieser Befehle ist show interface. Mit diesem Befehl können Sie die verbrauchte Bandbreite und zahlreiche Fehlerzähler überprüfen. Da bereits Ausführungen zu diesem Befehl in diesem Kapitel erfolgt sind, sparen wir uns an dieser Stelle die Wiederholung.

Der Befehl show traffic

Sie können die spezifische Anzahl von Paketen und Bytes, die die einzelnen Schnittstellen der PIX-Firewall passieren, mitschneiden. Mit dem Befehl show interface rufen Sie ähnliche Informationen ab, doch hier müssen Sie einen bestimmten Punkt suchen, um genau das übertragene Datenvolumen pro Schnittstelle zu bestimmen.

Der Befehl show traffic liefert statistische Informationen zur Anzahl von Paketen und Bytes, die die einzelnen Schnittstellen passieren. Aus der in Abbildung 10.27 gezeigten Ausgabe des Befehls show traffic lässt sich ablesen, wie lange die Schnittstelle in Betrieb war (entweder war die Firewall aus dem Beispiel fast drei Stunden lang in Betrieb oder diese drei Stunden sind abgelaufen seit dem Löschen der Statistiken). Die Ausgabe des Befehls informiert über die Menge des übertragenen und empfangenen Datenverkehrs innerhalb dieser Zeitspanne.

```
PIX1# show traffic
outside:
        received (in 10035.150 secs):
                2 packets        678 bytes
                0 pkts/sec       0 bytes/sec
        transmitted (in 10035.150 secs):
                14 packets       1026 bytes
                0 pkts/sec       0 bytes/sec
inside:
        received (in 10035.150 secs):
                0 packets        0 bytes
                0 pkts/sec       0 bytes/sec
        transmitted (in 10035.150 secs):
                15 packets       900 bytes
                0 pkts/sec       0 bytes/sec
```

Abb. 10.27: Ausgabe des Befehls show traffic

Mit dem Befehl clear traffic können Sie die Zähler auf 0 zurücksetzen.

10.6.4 Identification-Protokoll (IDENT) und PIX-Performance

Es gibt ein besonderes Protokoll, das sich auf die Leistung der PIX auswirkt, nämlich das Identification Protocol, das in RFC 1413 spezifiziert ist. Der Zweck dieses Protokolls liegt darin, HTTP-, FTP- oder POP-Server zu befähigen, die Identität von Clients zu bestätigen. Wenn sich ein Client mit einem dieser Ports verbindet, versucht ein Server, auf dem IDENT ausgeführt wird, sich mit dem TCP-Port 113 auf dem Client zu verbinden. Wenn dieser Versuch erfolgreich verläuft, liest der Server bestimmte Identifikationsdaten von dem Client-System. Theoretisch würde dieser Prozess Spam-Verkehr oder unrechtmäßige Verwendung reduzieren, indem Benutzer gezwungen werden, sich von einer legitimen Quelle aus zu verbinden. Praktisch lässt sich das IDENT-Protokoll leicht umgehen.

Benutzer hinter eine Firewall sind standardmäßig vor IDENT geschützt. Da das IDENT-Protokoll Informationen über den Benutzer liefert, kann es auch Details über das interne Netzwerk bieten, wodurch Ihre Sicherheitsrichtlinie möglicherweise verletzt würde. Wie jede gute Firewall verhindert die PIX-Firewall, dass diese internen Details an die Außenwelt gelangen. Der Nachteil dieses Schutzes liegt jedoch darin, dass für die Benutzer eine merkliche Verzögerung bei der Beantwortung ihrer Anforderungen durch den Server entstehen kann, weil dieser versucht, die Identität der Benutzer zu überprüfen. Es kann auch vorkommen, dass überhaupt keine Antwort erfolgt.

Wenn Sie Probleme im Zusammenhang mit IDENT aufdecken möchten, setzen Sie die Protokollierungsstufe auf `debug`. Wenn das erfolgt ist, werden Sie abgelehnte TCP-Verbindungsversuche zu Port 113 registrieren. Um dieses Problem zu überwinden, stehen Ihnen folgende Lösungsansätze zur Verfügung:

1. Sie können sich an den Administrator des Servers wenden, auf dem IDENT ausgeführt wird, und ihn bitten, das Protokoll zu deaktivieren. Das muss jedoch für jeden Server, der dieses Problem hat, erfolgen.

2. Sie können den IDENT-Verkehr unbehelligt die Firewall passieren lassen, indem Sie ihn per Access List oder Conduit zulassen. Dadurch würden aber interne Netzwerkdetails an die Außenwelt gelangen und Ihre Sicherheitsrichtlinie möglicherweise verletzt.

3. Eine weitere (und empfohlene) Lösung liegt in der Verwendung des Befehls `service resetinbound`. Mit diesem Befehl wird ein TCP-Reset (RST) an den IDENT-Server gesendet, das diesem im Wesentlichen mitteilt, dass der Client keine Unterstützung für IDENT bietet. Wenn der Server dieses Reset empfängt, stellt er dem Benutzer den angeforderten Dienst zur Verfügung. Sobald dieser Befehl eingegeben wurde, sendet die PIX-Firewall Resets an den nicht durch die Sicherheitsrichtlinie gestatteten Verkehr, anstatt ihn stillschweigend zu verwerfen und dem Benutzer eine Verzögerung zuzumuten.

10.7 Zusammenfassung

In diesem Kapitel wurde eine Troubleshooting-Methodik vorgestellt, die sich am OSI-Modell orientiert. Wenn Sie diesem Ansatz folgen, beginnen Sie auf den unteren Schichten und arbeiten sich nach und nach den Stack hinauf. Wenn Sie so verfahren, schließen Sie Ursachen der unteren Schichten (die gewöhnlich simpler sind) aus, bevor Sie sich auf Aspekte der höheren Schichten (die meist komplexer sind) beim Troubleshooting der PIX-Firewall konzentrieren.

Wissen ist Macht! Wenn Sie die verschiedenen PIX-Firewall-Modelle und deren Leistungsdaten kennen, können Sie sich das Troubleshooting vereinfachen. Bestimmte Modelle der PIX-Firewall, z. B. Modell 501 und 506, bieten keine Unterstützung für das Failover-Feature. Wenn Sie diese Details kennen, können Sie sich wertvolle Zeit sparen, in der Sie versuchen, Probleme zu lösen, die durch nicht unterstützte Features auf einem bestimmten Modell entstehen. Weitere wichtige Informationen, die Sie zur PIX-Firewall kennen sollten, sind die Anzahl der unterstützten Verbindungen und die Anzahl und Typen der unterstützten NICs (z. B. Token Ring und Ethernet).

Obwohl die PIX-Firewall nur eine begrenzte Anzahl von Netzwerktypen unterstützt, sollten Sie sich mit den notwendigen Kabeln für diese Netzwerke vertraut machen. Dieses Wissen wird sich für Sie beim Troubleshooting auszahlen. Die PIX-Firewall nutzt das Standard-TA586A/B-Kabelschema für 10/100-Ethernet und SC-Multimode-Glasfaserkabel für Gigabit Ethernet. Das Failover-Kabel gehört zu einer speziellen Funktion, die über ein proprietäres Kabelschema von Cisco realisiert wird.

Damit die PIX-Firewall ihre Funktionen ausführen kann, muss sie ihre internen Netzwerke bedienen können. Sie muss aber auch wissen, wie sie Datenverkehr an den entsprechenden Zielort weiterleiten kann. Dies wird über statische Routen oder über RIP ermöglicht. Sie müssen in der Lage sein, Erreichbarkeitsprobleme zu erkennen und zu beheben, damit die PIX-Firewall ihre Arbeit erledigen kann.

Die Adressübersetzung ist erforderlich, um Connectivity durch die PIX-Firewall zur Verfügung zu stellen. In Ihrer Werkzeugkiste für das Troubleshooting befinden sich viele Cisco-Befehle wie z. B. show xlate, show nat und show global, die alle zur Überprüfung der Übersetzungskonfigurationen und -operationen dienen. Gewöhnen Sie sich an, den Befehl clear xlate beim Troubleshooting regelmäßig auszuführen, besonders aber nach Konfigurationsänderungen.

Andere Verbindungsprobleme, die Sie beheben müssen, drehen sich um die Erteilung der korrekten Zugriffsrechte für bestimmte externe Netzwerke. Mit den Befehlen show conduit, show access-list und show access-group können Sie die erteilten Zugriffsrechte validieren.

IPsec ist wahrscheinlich eines der kompliziertesten Features, das Sie je auf der PIX-Firewall konfigurieren werden. Ebenso komplex ist das entsprechende Troubleshooting. In diesem Kapitel haben wir einige der wichtigsten Befehle für die Validierung der IPsec-Funktionalität vorgestellt. Beim Troubleshooting sollten Sie zweigleisig verfahren: Konzentrieren Sie sich zuerst auf das Auffinden und Beheben von IKE-Problemen und wenden Sie sich danach den IPsec-Aspekten zu. IPsec steht in direkter Abhängigkeit zu IKE, doch IKE erfordert kein IPsec, um seine Funktionen auszuführen.

Mit der Version 6.2 der PIX-Firewall hat Cisco ein nützliches Packet-Capture- und Analyse-Tool in Form des capture-Befehls eingeführt. Mit diesem Befehl können Sie ein Troubleshooting Ihrer Netzwerke von einem Remote-Standort aus ausführen, indem Sie den Datenverkehr auf angeschlossenen Netzwerken mitschneiden und später analysieren. Damit brauchen Sie auf dem Zielnetzwerk kein Gerät eines Drittanbieters zu installieren, um zu Ihren Informationen zu gelangen.

Zu den besten Ansätzen im Hinblick auf das Troubleshooting gehört die präventive Überwachung, damit Sie kritische Aspekte erkennen, bevor sie sich zu schwer zu bewältigenden Problemen entwickeln. Sammeln Sie zu diesem Zweck Leistungsdaten zu verschiedenen Aspekten Ihrer PIX-Firewall, z. B. zur CPU-Performance, zum Speicherverbrauch und statistische Daten zur Auslastung der Netzwerkbandbreite.

10.8 Lösungen im Schnelldurchlauf

Troubleshooting – Hardware und Verkabelung

- Orientieren Sie sich bei Ihren Troubleshooting-Maßnahmen am OSI-Modell, beginnend bei Schicht 1 (die physikalische oder Bitübertragungsschicht), und arbeiten Sie sich dann Schicht für Schicht den Stack hinauf.
- Es stehen mehrere Modelle der PIX-Firewall zur Verfügung – angefangen bei Modell 501 mit einer festen Konfiguration bis hin zum Top-Modell, der PIX 535, die vollständig konfigurierbar ist. Darüber hinaus steht für Catalyst-Switches der 6500er-Serie ein Firewall Services Module (FWSM) zur Verfügung.
- Wenn Sie den POST-Test der PIX-Firewall überwachen, erhalten Sie wertvolle Informationen zur installierten Hardware.
- Über den Befehl show interface können Sie nützliche Informationen zu den Netzwerkschnittstellen abrufen, die Ihnen Hinweise auf Fehlfunktionen im Netzwerk liefern können.
- Die PIX-Firewall nutzt den TA586A/B-Kabelstandard für die Connectivity mit 10/100-Ethernet-Netzwerken. Gigabit-Ethernet-Netzwerke werden über SC-Multimode-Glasfaserkabel mit der PIX-Firewall verbunden.

Troubleshooting – Connectivity

- Wie jedes Netzwerkgerät muss die PIX-Firewall wissen, wie bestimmte Ziele erreicht werden können.
- Auf der PIX-Firewall können statische Routen oder RIP verwendet werden.
- Der Troubleshooting-Prozess im Zusammenhang mit Routing-Problemen ist jenem ähnlich, den Sie auf einem Router durchführen würden (Prüfen der Routing-Tabellen, Verifizieren der Erreichbarkeit des nächsten Hops usw.)
- Einer der ersten Aspekte, der vor allen anderen auf Korrektheit überprüft werden sollte, ist die IP-Adresszuordnung.
- Da die Übersetzungskonfiguration für die Connectivity genauso wichtig ist wie das Routing, sollten Sie wissen, wie sie diese validieren.

Troubleshooting – IPsec

- Da das Troubleshooting von IPsec sehr komplex ist, ist ein methodisches Vorgehen unerlässlich.
- Validieren Sie zunächst alle IKE-Aspekte, bevor Sie sich IPsec selbst zu wenden, da das ordnungsgemäße Funktionieren von IPsec direkt von einem korrekt konfigurierten IKE abhängt.
- Mit dem Befehl `show isakmp` können Sie kurzfristig eine Momentaufnahme der IKE-Konfiguration auf der Firewall erstellen, um die verwendeten Parameter auf Korrektheit zu überprüfen.
- Mit dem Befehl `show crypto ipsec` und speziellen Schlüsselworten können Sie verschiedene Aspekte von IPsec überprüfen, z. B. Security Associations (SAs) und Transform-Sets.

Capturing von Verkehr

- Mit der Version 6.2 der PIX-Firewall hat Cisco den Befehl `capture` eingeführt.
- Mit diesem Befehl können Sie von einem Remote-Standort aus Pakete in Netzwerken mitschneiden, die an die PIX-Firewall angeschlossen sind.
- Mitgeschnittene Pakete können auf der Konsole angezeigt werden, heruntergeladen und in einem Web-Browser angezeigt oder via TFTP auf eine Workstation für die Analyse über eine Drittanbieter-Software wie tcpdump heruntergeladen werden.

Troubleshooting und Überwachung – Performance

- Eine vorbeugende Überwachung kann verhindern, dass sich kritische Situationen zu schwer zu bewältigenden Problemen entwickeln.
- Die CPU-Leistung und der Speicherverbrauch können Indikatoren für Probleme sein.
- Mit dem Befehl `show processes` können Sie laufende Prozesse identifizieren und dabei solche ausmachen, die mehr Ressourcen der PIX-Firewall binden als sie sollten.

10.9 Häufig gestellte Fragen/FAQs

Welche PIX-Firewall-Modelle unterstützen Gigabit Ethernet?

Die Modelle 525 und 535.

Ich vermute, dass es zwischen meinen IKE-Peers einen Konflikt gibt, bedingt durch nicht übereinstimmende Schlüssel. Wie kann ich diese Vermutung überprüfen?

Sie können die Syslog-Meldungen überprüfen, in denen Informationen über diese Fehlertypen angezeigt werden. Sie können auch den Befehl show crypto isakmp ausführen, um die Konfiguration zu untersuchen.

Welche ist die letzte Version der PIX-Software mit Unterstützung für Token-Ring- und FDDI-Schnittstellen?

Version 5.3. Alle Versionen höher als 5.3 bieten keine Unterstützung mehr für Token Ring oder FDDI.

Wie kann ich feststellen, wie viel Speicher auf meiner PIX-Firewall installiert ist?

Geben Sie entweder show version oder show memory als Befehl ein.

Wodurch wird in einer Failover-Konfiguration bestimmt, welche Firewall die aktive bzw. die Standby-Rolle übernimmt?

Cisco stellt für die Failover-Konfiguration ein spezielles Failover-Kabel zur Verfügung, das durch zwei unterschiedliche Enden bestimmt, welche Firewall die aktive bzw. die Standby-Rolle übernimmt.

Wo ist die Konfigurationsdatei für die PIX-Firewall abgelegt?

Sie ist im Flash-Speicher abgelegt. Es gibt kein NVRAM, wie es bei Cisco-Routern üblich ist.

Welche Routing-Protokolle unterstützt die PIX-Firewall?

Zum Zeitpunkt der Drucklegung dieses Buches werden nur die RIP-Versionen 1 und 2 unterstützt. Das Firewall Services Module (FWSM) 1.1 für Catalyst-Switches der 6500er-Serie bietet auch Unterstützung für OSPF.

Stichwortverzeichnis

Numerics
10/100 Ethernet-Kupferkabel 584
3DES 335
577poll 624

A
AAA 245
    Authentication, Autorization, Accounting 510
    Server 510
AAA Floodguard 217
AAA Rules 536
AAA-Authentifizierung 268
AAA-Authentifizierungsdatenbank 268
AAA-Authentifizierungsmechanismus 217
AAA-Autorisierung 276
AAA-Client 244
AAA-Konzepte 244
AAA-Protokolle 248
AAA-Server 244, 402
    Authentifizierung 546
Acceptable Use 31
Access Control List 67f.
Access Lists (Zugriffssteuerungslisten) 126, 138, 167, 376, 586, 601
Accounting 244, 248, 309
    die Firewall passierender Verkehr 299
Accounting-Datei 301
ACK-Flag 75
ACLs, Zugriffsregeln 531
Active Directory Services 188
ActiveX-Inhalte 197
ActiveX-Objekte, filtern 199
Adaptive Security Algorithm 67
Address Resolution Protocol (ARP)-Test 443
Administrative Zugriffsmodi 96
Adressierung 588
Adressierungsproblem 588
Adress-Pool, DHCP 211
Adressübersetzung 50, 81, 586

Adressübersetzung (NAT)
    Adressen-Pool 526
    Konfiguration der Regeln 524
    Regeln 524
    Unterdrückung 526
Advanced 516
AES (Advanced Encryption Standard) 372
Aggressive-Modus 366
AH 361, 611
AH-Kapselung 361
AH-Transform 390
aktive Inhalten, Filterung 197
aktiver Code, in Web-Seiten 197
aktiver Modus, Failover 439
Aktivierungsschlüssel 579
    Lizenzen 88
Aktivierungsschlüsseltyp, Failover 438
Algorithmen für die Erstellung von Keys 371
Algorithmen für die Nachrichtenauthentifizierung 371
Anfangsadressraum, Prozess 624
Angriffe 29
Angriffsklassifikationen 202
annehmbare Nutzungsrichtlinie (Acceptable-Use-Policy) 80
Antireplay 361
Antireplay-Sequenzzähler 370
Antispoofing 516
Anwendungs-Proxies 45
Anzeige des Mitschnitts 616
Application Inspection (fixup) 164
apply 603
Arbeitslast 573, 620
Arbeitsspeicher 575
ARP-Tabelle 444
ASA
    Funktionsweise 71
    Technische Details 72
ASA-Algorithmus 126, 161

Assistenten
    Setup Wizard 470
    VPN Wizard 470
Audio/Media-Protokolle 182
Ausfallerkennung 442
Ausfallerkennungs-Tests 443
Auslastungsgrenzen 621
Authentication Header 362
Authentifizierung 25, 244, 246, 309, 593, 607
    Firewall passierender Verkehr 287
    Methoden 246
Authentifizierung durch Benutzereigenschaften 247
Authentifizierung durch Besitz 247
Authentifizierung durch Wissen 246
Authentifizierungsaufforderung 290
Authentizität 363
Auto Update 513
Autorisierung 244, 248, 309
    die Firewall passierender Verkehr 297
Autorisierung/Authentifizierung 502
    Vordefinierte Autorisierungsstufen 503
Autorisierung/Zugriffskontrolle 25
Autorisierungs-Timer 288

B

Backup-Firewall 595
Basisbefehle 98
Basisbetriebssystem 66
Bedrohungen 27
Befehlsautorisierung (Command Authorization) 276
Befehlskanal, TCP 69
Benannte downloadbare Access Lists 302
Benutzerauthenfizierungstabelle 444
Benutzerdatenbanken 254
Benutzerkonto 266, 505
Beschränkung des Benutzerzugriffs 512
biometrische Authentifizierung 247
BIOS-Speicher 579
Bitübertragungsschicht 571
Boot-Anzeige 578
Boot-Sequenz 576
Broadcast, RIP 225
Broadcast-Adresse 581
Broadcast-Ping-Test 443

C

Cache 68
    Web-Zugriff 195
Caching der Authentifizierung 289
CA-Parameter 383
Capture-Sitzung 614
Capturing 614
CCO (Cisco Connection Online) 618
Certificate Authority-Support 380
Challenge-Handshake Authentication Protocol (CHAP) 236
CHAP 403
Cisco Call Manager 185
Cisco Certified Internetwork Expert Security 56
Cisco Certified Network Associate (CCNA) 55
Cisco IP-Telefone 185
    Optionen 214
Cisco Secure Access Control Server (ACS) für Windows 254
Cisco Secure ACS
    AAA-Client 262
    Installation & Konfiguration 255
    Systemanforderungen 255
Cisco Secure ACS für Windows 253
Cisco Secure ACS-Server, Benutzer 266
Cisco Secure IDS 199
Cisco Secure PIX Firewall Advanced 57
Cisco Secure-Kennwort 275
Cisco Security Specialist 1 55
Cisco Security Wheel 34
Cisco Sicherheitszertifizierungen 55
Cisco Software VPN-Client 416
Cisco VPN-Clients 417
CiscoSecure Database 267
Cisco-Software-VPN-Client 544
CLI, Command Line Interface 469
Command Authorization Set 282
Command Line Interface (CLI, Kommandozeilenschnittstelle) 331
Compression Control Protocol (CCP) 400
Conduit-Konfiguration 601
Conduits (Passagen) 139, 167, 587
Conduits vs. Access Lists 601
configure 107
Connectivity, Troubleshooting 586
Content-Inspection 189
Coordinated Universal Time (UTC)-Format 349

copy 106
CPU 620
CPU-Auslastung 620
CPU-Leistung 620
CPU-Zeit 624
CPU-Zyklen 624
CRLs (Certificate Revocation Lists) 381
Crossover-Ethernet-Kabel 445
Crossover-Kabel 447
Crosstalk 581
Crypto-Access List 370, 388
Crypto-Map 609
Crypto-Maps 392
CSPFA 57
CSPM, Cisco Secure Policy Manager 470
Cut-Through-Proxy 287

D

Dateiübertragung, FTP 166
Datenbank 244
Datenbank-Replikation 254
Datenflusskontrolle 67
Datenintegrität 361
Datenkanal, TCP 69
Datensensibilität 31
Datensicherheit 23f.
Datenursprungs-Authentifizierung 361
Datenverkehrs-Selektoren 388
Datenvertraulichkeit 360
DB15-Anschluss 596
deaktivierte Signaturen 206
Debugging, Access Lists 602
Debug-Optionen 464
dedizierte Fast Ethernet- oder Gigabit Ethernet-Schnittselle 445
dedizierte Hub oder Switch 445
dedizierte LAN-Schnittstelle 456
dediziertes VLAN 445
default-Gruppe 421
DES 335, 372
    Aktivierung 476
DES-Verschlüsselungsalgorithmus 391
DHCP-Client, PIX 208
DHCP-Funktionaliät 207
DHCP-Lease 444
DHCP-Optionen 211
DHCP-Server 499
    PIX 210
DH-Gruppe 1 373
DH-Gruppe 2 373

DH-Gruppen-ID 375
DH-Keys 367
Diagramme 556
    Aktualisierungsfristen 557
    Anzeigebedingungen 558
    Connection Graphs 560
    Darstellung der Diagrammdaten 557
    Interface Graphs 563
    Miscellaneous Graphs 561
    System Graphs 559
    Überwachungsdiagramme 556
    VPN Connection Graphs 558
Dienstegruppen 533
    Definieren 533
Diffie-Hellman (DH) 366
Diffie-Hellman-Austausch 366
Diffie-Hellman-Einstellungen 607
DMZ 132
DMZ-Netzwerk 47, 71
DNS 119
DNS Guard 78
DNS Guard - Ablauf 170
DNS-Fixup 171
DNS-Guard 169
Domain Name Service (DNS) 77, 169
DoS-Angriff 30, 290
downloadbare Access Lists 302
downloadbare Access Lists ohne Namen 307
dynamisch erlernte Route 594
dynamische Adressübersetzung 118
dynamische Crypto-Maps 410
dynamische Übersetzung 52
dynamisches Routing 591

E

Echtzeitaufzeichnung 587
Eindringmöglichkeiten 37
eingebettete Adressinformation 160
Eingebettetes Betriebssystem 66
Eintritt- und Austritt-Filterung (Ingress und Egress Filtering) 220
Enable-Modus 97
Enable-Privilegien 272
Encapsulating Security Payload 363
Enrollment 374
Erreichbarkeit 593
ESP 361, 611
ESP-Kapselung 361
ESP-Transform 390
Ethernet-Frame-Typ 581

Ethernet-Kabel 447
Ethernet-Paketgröße 581
Ethernet-Schnittstellen 574
Ethernet-Verbindung 440
except-Regel 603
Extended Authentication (erweiterte Authentifizierung) 419
externe Bedrohungen 28
externe Datenbanken 258

F

Facility-Nummer 328
Failing-Back (Rückgängigmachen der Übernahme) 454
Failover 496
   Auf LAN-Basis 497
   Lizenz 497
   Stateful 497
Failover-Debug-Optionen 454
Failover-Feature 441
   deaktivieren 455
Failover-Informationsaustausch 440
Failover-IP-Adressen 451
Failover-Kabel 440, 583, 595
Failover-Konfiguration, LED 576
Failover-Konzepte 437
Failover-Mechanismus 437
Failover-Paar 595
Failover-PIX, Protokollierung 322
Failover-Prozess 82
Failover-Typen 440
Failover-Verbindung 441
FDDI 583
fehlende Übereinstimmung 594
Fehlerbehebungsprozess 571
fehlerhafte Adressierung 589
Fehlgesteuerte Prozesse 624
Fehlschlagen von IPsec 605
feste Schnittstelle 574
File Transfer Protocol 164
Filter Rules 537
Filtering-Server 189
Filterregeln
   N2H2 537
   Sperren bestimmter URLs 537
   Websense 537
Filterung 193
Filterung von ActiveX-Code 199
Filterungsrichtlinie 192
Firewall 40

Firewall Services Module (FWSM) 1.1 573
Firewall-Funktionalität 41
Firewall-Konzepte 39
Firewall-Modell, Failover 437
Firewall-Richtlinien 49
Firewalls, Typen 42
Firewall-Schnittstellen 46
Fixup 516
fixup-Feature 604
Flash-Speicher 333, 575
   Zertifikat 382
Floodguard 290
FQDN, Fully Qualified Domain Name 387
FragGuard-Funktion 215
Fragmentation Guard 215
Fragmente 215
fragmentierte Pakete 215
Fragmentierung 215, 581
FTP
   aktiv/passiv 164
   Betriebsmodus 164
FTP-Application Inspection 167
FTP-Protokollierung 328
FTP-Verbindungsfluss 165

G

gemeinsame Sicherheitsrichtlinie 607
General Routing Encapsulation (GRE)-Tunnel 399
Gepufferte Protokollierung (Buffered Logging) 317
Geschlossene Systeme 24
GE-Schnittstelle 585
Geteiltes Tunneling 549
Gigabit Ethernet 583
globale Adressen 120
Gruppen
   Host-Gruppen 523
   Netzwerkgruppen 523

H

H.225 182
H.245 182
H.323 182
H.323 Protokoll-Inspection 183
Handshake 75
Hardware und Verkabelung, Troubleshooting 570
Hardware-Fehlertoleranz 82
Hash-Algorithmus 362

Hash-Methoden 611
Hash-Werte 607
Hauptspeicher 575, 625
Hello-Pakete 439
Historie, State 69
History Metrics 518
HMAC-MD5 373
HMAC-SHA-1 373
Hochverfügbarkeit 82
Hop 570
Host, Syslog-Client 319
Host- und Domänenname, Zertifikate 381
Hosts, Verwaltung 519
Hot-Standby 82
HTML 197
HTTP-Application Inspection 173
HTTP-Authentifizierung 292
HTTP-Replikation 444
HTTP-Verbindungsinformationen 444
hybride Firewall 78
Hyper Terminal 87
Hypertext Transfer Protocol 173

I

ICMP 78, 140, 507
ICMP-Echo-Reply 78
ICMP-Echo-Request-Nachricht 78
ICMP-Nachrichtentypen 129
IDENT 629
Identification Protocol 629
Identifikationsschema, NICs 574
Identität 245
Identity NAT 123
Idle Timeout 78
IDS-Aktionen 203
IDS-Signaturen 199
IDS-Überwachung 203
IDS-Überwachungsrichtlinie 203
IGMP-Nachricht 229
IGMP-Polls 234
IGMP-Proxy-Agent 230
IIS-Authentifizierung 292
IKE 365, 551, 605, 607
IKE-Aushandlungsprozess 609
IKE-Authentifizierung 373
IKE-Identity-Typ 387
IKE-Modus-Konfiguration 417
IKE-Parameter 611
IKE-Peer-Authentifizierung 609
IKE-Peers 607

IKE-Phase 366
IKE-Phase 1 375
IKE-Richtlinienparameter 378
IKE-Security Association 366
IKE-Tunnel 367, 375
ILS-Application Inspection 188
Images, Upgrade 90
Inbound-Connectivity, Definition 521
Inbound-SA 397
Inbound-Verbindungen 72
Inbound-Verkehr 136
Indikator, Troubleshooting 581
Informations-Polling 345
Input-Hardware-Warteschlange 582
Input-Software-Warteschlange 582
Integrität 25, 82
Integrity Check Value (ICV) 362
Interface-PAT 527, 529
Interfaces 495
Interferenzen 581
International Standards Organization (ISO) 67
interne Bedrohungen 27
internes UTC-Format 349
Internet 27
Internet Engineering Task Force (IETF) 360
Internet Group Management Protocol (IGMP) 229
Internet Key Exchange 365
Internet Key Exchange (IKE) 365
Internet Locator Service 188
Internet Protocol 72
Internet Security Association and Key Management Protocol (ISAKMP) 365
Internet-Adressraum 120
Intrusion Detection 199, 514
    Richtlinien 515
IP 50 363
IP 51 362
IP Control Protocol (IPCP) 401
IP- und MAC-Adressen, Failover 441
IP-Adressen 80
IP-Adressierung 588
IP-Multicast-Adresse 593
IP-Multicasting 228
IPsec 360, 605, 611
IPsec-Aushandlungen 613
IPsec-Kommunikationsmodi 363
IPsec-Konfiguration 605
IPsec-Konzepte 360

IPsec-Pakete 377
IPsec-Peering 607
IPsec-Peers 607
IPSec-Regeln 550
IPsec-SA-Lebensdauer 367
IPsec-SAs 366
IPsec-Standard 360
IPsec-Tunnel-Terminator 79
IPsec-Verkehr 376
IP-System 569
IPv6 360
ISAKMP 365
ISAKMP Protection Suite 378
ISAKMP- und IPsec-Statusinformationen 444
ISAKMP-Aushandlungsprozess 609
ISAKMP-Key 380

J
Java-Applets 197
 filtern 198
Java-Filterung 199

K
Kabel 585
Kabeldefekt 583
Kabelpinbelegung 583
Kabelschemata 584
Kabel-Status 450
Kabeltester 583
Kapazität 573
Kapselung 364
Kartensteckplätze 574
Keep-Alive-Pakete 440
Kennwort 267
Kennwortkonfiguration 104
Kennwortwiederherstellung 93
Keyed Hashes 362
Keyed Message Hash-Algorithmen 372
Key-Länge 397
Key-Management-Protokoll 369
Keys 607
Kiwi Syslog Daemon 323
Klartext 322
Klartext-Nachrichten 371
Kollision 581
Kommandozeilenschnittstelle 94
Kommunikationstyp 68
Konfigurationsmodus 97
Konfigurationsreplikation 441

Konsolenauthentifizierung 268
Konsolen-Port 86
Konsolen-Protokollierung (Console Logging) 318
kritische Daten 25
kryptografische Algorithmen 365

L
L2TP 79, 409
L2TP/IPsec 409
LAN-basierende Failover-Schnittstelle 459
LAN-basierendes Failover 456
Lastausgleich 438
Layer 2 Tunneling Protocols mit IPsec 409
Lease 209
Lease Length (DHCP), Bereitstellungsraum 493
LEDs (Light Emitting Diodes 575
Leistungsdaten, PIX 619
Leistungseinbußen 622
Leistungsüberwachung 624
lifetime, SA 367
Lightweight Directory Access Protocol 188
Literale 127
Lizenzierung 90
Lizenzierungseinschränkungen, Failover 438
Load-Balancers 438
Logging 509
Logical Update (LU)-Protokoll 453
lokale Befehlsautorisierung 277
lokale Konsolenauthentifizierung 269
Lokale Protokollierung 317
lokales Benutzerkonto 270
lokales Zeitformat 349

M
MAC 362
MAC-Adressen 440, 578
Mail Guard 171
Main-Modus 366
 IKE 607
Management Information Bases (MIBs) 344
Management-Modul 72
Manuelles Failover 455
Manuelles IPsec 396
MD5 353, 373
MD5-Authentifizierung 227
MD5-Hash 93
MD5-HMAC-Authentifizierungsalgorithmus 391

Media Player 180
Microsoft CA 374
Microsoft IIS 292
Microsoft Management Console 413
Microsoft NetShow 180
Microsoft Point-to-Point Encryption (MPPE)-Extensions 400
Mitschneiden 614
Mitschneiden von Paketen 614
Mitschnitte 615
Mitschnittpuffer 615
mobile Anwender 410
Modelle, PIX 83
Monitormodus 91
MPPE 400
MS-CHAP 236, 403
MTU (Maximum Transmission Unit) 581
Multicast 517
    IGMP-Parameter 518
Multicast-Gruppen 228
Multicast-Gruppenadressen 228
Multicasting 228
Multicast-Konfigurationsmodus 231
Multicast-Router 229
Multicasts, RIP 226
Multimode 585
Multimode-Kabel 586

N
N2H2 190
NAS 245
NAS (AAA-Client) 262
NAT 80, 390, 586, 596
    Network Address Translation 469
NAT-Konfiguration 597
NAT-Umgehung 123
NetMeeting 188
NetShow 176
Network Address Translation (NAT) 50, 164
Network Address Translation (Netzwerkadressübersetzung), umgehen 391
Network Device Groups (NDGs) 263
Network Time Protocol 352
Netzwerkadressübersetzung 120
Netzwerkaktivitätstest 443
Netzwerke, Verwaltung 519
Netzwerkleistung 628
Netzwerkobjektgruppe 143
Netzwerkstaus 573
Nicht-Ableugnung 26

NTP 352
NTP-Authentifizierung 353
NTP-Client 352
NTP-Server 352
NTP-Synchronisierung 354
Nullmodemkabel 87
Nummerierung der Netzwerkschnittstellenkarten 574
NVRAM-Speicher 575

O
Oakley 365
Objektgruppen 143
Objektgruppentyp ICMP-Type 144
Objektgruppentyp Network 145
Objektgruppentyp Protocol 145
Objektgruppentyp Service 146
Objektgruppierung 143
öffentlich zugängliche Server 132
öffentliche Adressen 80, 597
öffentliche IP-Adressen 123
One-Armed Routing Mode 225
Open Systems Interconnect (OSI)-Modell 42
Operatoren 128
Oracle-Server 181
OSI-Modell 571
OSPF 589
Outbound/Apply 134
outbound/apply-Statements 603
Outbound-Connectivity, Definition 521
Outbound-Liste 136, 604
Outbound-SA 397
Outbound-Verbindungen 72, 118
Outbound-Verkehr 118
    blockieren 126
Output-Hardware-Warteschlange 582
Output-Software-Warteschlange 582
Outside-NAT 169

P
Packet-Capture-Geräte 614
Paketfilter 42
Paketmitschnitt 616
Paket-Sniffer 614
Paketverschlüsselung 253
Paketzähler 581
PAP 403
Passage 587, 602
Passage (Conduit) 139
Password Authentication Protocol (PAP) 236

PAT 80, 596
    Port Address Translation 493, 527
Patches 36
PCAP-Format 617
PDM 470
    Aktivieren 478
    Aktivierungsschlüssel 471, 475
    Anforderungen 566
    Anschluss zur PIX-Firewall 479
    Assistenten 470
    Befehl für Image-Installation 477
    Bildschirm Access Rules 482
    Bildschirm Hosts/Networks 482
    Bildschirm Monitoring 483
    Bildschirm System Properties 482
    Bildschirm Translation Rules 482
    Bildschirm VPN 482
    Deaktivieren 478
    Definition 469
    Hauptbildschirm 482
    Installation 474, 566
    Installation auf PIX-Rechner 477
    Installationsvorbereitung 474
    Konfiguration 566
    Menü File 483
    Menü Help 484
    Menü Options 483
    Menü Rules 483
    Menü Search 483
    Menü Tools 484
    Menü Wizards 484
    Schaltflächen 485
    Start 479, 566
    Überwachung der PIX-Firewall 551
    Upgrade 474
    Upgrade auf PIX-Rechner 477
PDM/HTTPS 505
PDM-Client
    Anforderungen an den Host 471
    Betriebssysteme 472
PDM-Protokoll 552
Peer-Authentifizierungsmethode 375
People Hacking 29
Perfect Forward Secrecy (PFS) 368
Performance 619
Performance-Einbußen, Protokollierung 318
Peripherieschnittstelle 72
permit-Eintrag 389
permit-Statements 603
PFS 368

Pinbelegung, Failover-Kabel 595
Ping-Befehl 593
Ping-Timeout, DHCP 212
PIX, Systemanforderungen 471
PIX 501 83
PIX 501 und 506E, Standardkonfiguration 95
PIX 506 84
PIX 506E 84
PIX 515 84
PIX 515E 85
PIX 515E, 525 und 535, Standard-
    konfiguration 96
PIX 520 85
PIX 525 86
PIX 535 86
PIX Device Manager 343, 469
    Einschränkungen 473
PIX Firewall Syslog Server (PFSS) 324
PIX-Administration 500
    Authentication/Autorization 500
    Clock 501
    Device 500
    ICMP 501
    NTP 501
    Password 500
    PDM/HTTPS 500
    Secure Shell 501
    SNMP 501
    Teilkategorien 500
    Telnet 500
    User Accounts 500
PIX-Firewall
    Bestimmung von Web-Inhalten 512
    Konfiguration für Netzwerk-Connectivity 476
    Konfiguration mit PDM 485, 566
    Konfiguration und Image automatisch aktualisieren 513
    Sessions und Statistiken 552
    Überwachung 551
    Überwachung mit PDM 567
    unterstützte Hardware und Software 471
PIX-Firewall-Modelle 572, 619
PIX-Hardware 83, 572
PIX-IDS-Signaturen 200
PIX-Kennwort 93
PIX-Routing-Optionen 589
PIX-Verkabelung 583
Point-to-Point Protocol 235

Point-to-Point Protocol over Ethernet (PPPoE) 235
Point-to-Point Tunneling Protocol 79, 398
Point-to-Point-IPsec-Tunnel 605
Polling 345
Polling-Intervalle 439
Polling-Station 346
Port Address Translation 82, 164
Port Adress Translation 52
Port-Adressübersetzung 120
Portmapper 175
Port-Umleitung 140
POST-Test 577
PPPoE 235
PPPoE-Client-Funktionalität 236
PPTP 398
PPTP-Tunnel 399
Pre-Shared Key, Failover 458
Pre-Shared Keys 540, 605
Pre-Shared Keys (vorverteilte, gemeinsam genutzte Schlüssel) 373
Pre-Shared Secret 366
Pre-Shared-ISAKMP-Keys 376
Preview-Befehle 549
primäre Firewall 447
primäres Failover-System 439
Priorität, Prozesse 622
private Adressbereiche 50
private Adressen 80, 597
private IP-Adressen 120
Private-Key, privater Schlüssel 372
privater Adressraum 120
Privilegierter Modus 273
Privilegsstufen 276
Problembehandlung 571
Problemisolierung 570
Protokolle für den Funktionsaustausch 182
Protokollierung 26, 316, 509, 621
    Syslog-Host 509
Protokollierungs-Facility 328
Protokollierungs-Level 325f.
Protokollierungsmeldungen 318
Protokollierungsmethoden 318
Protokollierungspuffer 318
Protokollierungsstufen 621
Proxy-ARP-Feature 223
Prozesse 622
Prozessor 621
Public/Private-RSA-Key-Paar 381
Public-Key, öffentlicher Schlüssel 372

Public-Key-Kryptografie 372
Public-Key-RSA-Signatur 366
Public-Key-Zertifikate 380
Puffer 317, 581
Push/Pull-Funktionalität 490

Q
Qualified Specialist 55
Quick-Modus 367
    IKE 608

R
RA (Registration Authority) 384
RADIUS 249
RADIUS- und TACACS+-Konsolenauthentifizierung 270
RADIUS-Server 413
Randomization 76
RC4-Verschlüsselung 400
Real Data Transport (RDT) 178
Real-Time Streaming Protocol 176
Reconnaissance-Angriffe 30
Redundanz 438
reload 108
Remote Access 551
Remote Access Dial In User Service (RADIUS)-Protokoll 249
Remote Procedure Call 175
Remote Shell 173
Remote-Access (Fernzugriff) 331
Remote-Access-VPNs 359
Remote-Management 331
Remote-Management-Methoden 331
Remote-Syslog-Funktionen 325
Replay-Schutz 362
Replikation 441
Replikationsprozess 441
Reverse-Path Forwarding 220
RFC 1918, private Adressen 81
Richtlinie, Eigenschaften 33
Richtlinienregeln 69
RIP 225, 589, 592
RIP-Befehlssatz 591
Risikobeurteilung 32
Rivest, Shamir und Adelman (RSA)-Algorithmus 372
RJ45-Anschluss 584
RJ45-Kabel 584
RJ45-Standard 584
rotes Netzwerk 71

Routen-Lookup 221
Routing 497, 586, 589
    Statischer Standardpfad 497
Routing Information Protocol 225
Routing-Probleme 593
Routing-Protokoll 591
Routing-Tabelle 444
Routing-Updates, RIP 225
RPC-Verbindungsfluss 176
RPF-Feature 220
RS-232-Kabel 440
RSA-Key-Set 332
RSA-Public-Key 333
RSA-Public-Key-Verschlüsselung 366
RSA-Signatur-Authentifizierung 373
RSH-Application Inspection 175
RSH-Verbindungsaufbau 174
RTSP-Application Inspection 179

S

SA-Aushandlung 614
SA-lifetime 613
SCCP 182
SCCP-Application Inspection 185
Schlüssel 258
Schnittstelle, Sicherheitsstufe 71
Schnittstelle mit einer höheren Sicherheitsstufe 72
Schnittstellen, nameif 99
Schnittstellendiagramme 563
    Problembeseitigung 563
Schnittstellentypen 573
Schutzperipherie 65
Schwachpunkte 28
schwarzesNetzwerk 71
SC-Multimode-Glasfaserkabel 585
Secure Key Exchange Mechanism (SKEME) 365
Secure Shell 332
Security Architecture for IP (IPsec) 79
Security Association Database (SAD) 369
Security Associations 607
Security Associations (Sicherheitszuordnungen) 368
Security Parameter Index (SPI) 369
Security Policy Database (SPD) 370
sekundäre Firewall 447
sekundäres Failover-System 439
Selektor 370
Sequenz-Nummer 75, 119

serielles Kabel 440
Seriennummer 579
Server-Hierarchie 254
Service-Netzwerke 71
Session Description Protocol (SDP) 177
Session Initiation Protocol 186
Sessions 552
    PDM Users 554
    Telnet Console Sessions 553
    Überwachung 565, 567
    Unterbrechung 565, 567
SHA-1 373
SHA-1-HMAC-Authentifizierungsalgorithmus 391
Shell Command Authorization Set 281
SHH-Verbindungen 332
show failover 452
Shunning 206
Sicherheit, Bedeutung 23
Sicherheitsprotokoll 249
Sicherheitsrichtlinie 30, 485
Sicherheits-Server 245
Sicherheitsstufe 71, 587, 599f.
Sicherheitstests 39
Sicherheitszonen 71
Signaling-Protokolle 182
Signalverlust 582
Signaturnummern 202
Simple Certificate Enrollment Protocol (SCEP) 374
Simple Mail Transfer Protocol 171
Simple Network Management Protocols 344
Single-Mode 585
SIP 182
SIP-Application Inspection 186
SiteServer 188
Site-to-Site-IPsec
    mit IKE 374
    ohne IKE 396
Site-to-Site-IPsec-VPNs 375
Site-to-Site-VPN 359, 363
    Konfiguration 540
Sitzungs-Keys 609
Skinny Client Control Pr 185
SMARTnet-Programm 618
SMARTnet-Wartungsvertrag 619
SMNP-Community 345
SMR-Konfiguration 230
Sniffer-Mitschnitt, Protokollierung 322

SNMP 506
SNMP-Community-Zeichenkette 344
SNMP-Management-Station 345
SNMP-Manager 344
SNMP-Polling 345
SNMP-Traps 348
Social Engineering, 29
Socket 75
Software-Image 577
Software-Lizenzierung 88
Sommerzeitumstellung 349
späte Kollisionen 582
Speicherarchitektur 575
Speicherauslastung 625
Speicherblöcke 627
Speicherleistung 625
Speicher-Pool, Cache 196
Speicherzuordnungen 627
Spoofing 43
Spoof-Paket 221
SQL*Net 181
SSH-Clients 332
SSH-Server 332
SSH-Troubleshooting 339
SSH-Zugriff 332
Standalone-Modus, Failover 438
Standard Greenwich Mean Time (GMT) 349
Standarddokumente, IPsec 360
Standard-Failover 445
Standard-Failover-Konfiguration 446
Standardkonfigurationen 95
Standardrichtlinie 379
Standard-Route 104, 208, 590
    RPF 221
Standby-Modus, Failover 439
Startup Wizard 486
    Aufgaben 486
    Aufrufen 487
State (Status) 69
Stateful Inspection-Paketfilter 44
Stateful Paket Filter (SPF) 69
Stateful-Failover 444
Stateful-Failover-Feature 450
Stateful-Failover-Schnittstelle 445, 451
Stateful-Objekte 453
Stateless Firewalls 74
Statische Adressübersetzung 137
statische Regeln 69

Statische Routen 104
statische Routen 589
statische Standard-Route 223
Statische Übersetzung 51
Statische und verbundene Routen 223
statischer NAT-Eintrag 167
Statistiken 552
    DHCP Client 555
    PPPoE Client 555
    VPN Statistics 555
Status des Failover-Kabels 452
Statusinformationen, Failover 440
Streaming-Anwendungen 176
Stromversorgungsstatus, Failover 442
Strukturierte Angriffe 28
Stub Multicast Routing (SMR) 228
Support-Optionen 618
symmetrische Verschlüsselung 371
SYN Flood-Angriff 219
SYN Floodguard 218
Synchronisierung 354, 449
SYN-Flag 75
SYN-Flooding 218
Syslog 319, 509, 587
    Tcp 321
    UDP 321
Syslogd 325
Syslog-Daten 319
Syslog-Meldung 440
Syslog-Meldungen, deaktivieren 329
Syslog-Nachrichten 200
Syslog-Nachrichtenwarteschlange 322
Syslog-Server 319
Syslog-Server-Anwendungen 323
Systemdatum 349
Systemdiagramme 559
    Teilkategorien 559
Systemeigenschaften 494
    Kategorie AAA 510
    Kategorie Advanced 516
    Kategorie Auto Update 513
    Kategorie DHCP Server 499
    Kategorie Failover 496
    Kategorie History Metrics 518
    Kategorie Interfaces 495
    Kategorie Intrusion Detection 514
    Kategorie Logging 509
    Kategorie Multicast 517

Kategorie PIX Administration 500
Kategorie Routing 497
Kategorie URL Filtering 512
Konfiguration 494
System-Management 315
Systemuhr 349
Systemzeit 349

T
TA568A 584
TA568B 584
TACACS+ 250
TACACS+-Befehlsautorisierung 279
Tag, Filterung 197
TCP Intercept-Feature 218
TCP-Flags 75
TCP-Pakete 75
TCP-Reset 629
TCP-Sequenznummern 76
TCP-Syslog-Verbindung 321
TCP-Verbindung 626
TCP-Verbindungstabelle 444
Telefone, DHCP 214
Telnet 341
Telnet-Client 341
Telnet-Server 341
temporäre Passagen (Conduits) 164
Tera Term 335
Terminal-Protokollierung (Terminal Logging) 319
TFTP-Server 91, 508
    Installation 476
Thread-Warteschlange 623
Timeout 119, 271, 517
Token Ring 583
Transform-Sets 375, 390, 611
Transmission Control Protocol 74
Transmission Control Protocol/Internet Protocol (TCP/IP) 27
Transport, IPsec 363
Transport-Modus 363
Traps 348
Triple DES (3DES) 372
Triple DES-Verschlüsselungsalgorithmus 391
Troubleshooting 569, 596
    IPsec 395
Troubleshooting durch Prävention 618
Troubleshooting von Access-List-Ereignissen 602

Troubleshooting von IKE 609
Troubleshooting-Methodik 630
Tunnel, IPsec 363
Tunnel-Modus 363, 390
TurboACLs 142
    Turbo Access Rules 517
Twisted-Pair-Kabeln 586
Two-Factor-Authentifizierung 247

U
UDP-Paket 78
UDP-Syslog-Verbindung 321
UDP-Verbindung 626
Übereinstimmung 592
Übernahme 439
Übersetzung 596
Übersetzungsparameter 597
Übersetzungsszenarien 596
Übersetzungstabelle (xlate) 70, 444
Übertragungsfenster 582
Überwachen des Failover-Features 452
Überwachung 36
    Diagramme 556
    PDM Log 552
    PIX-Firewall 551, 567
Überwachungsfähigkeit 26
Überwachungsfunktionen 37
Uhr 508
Unicast-Routing 223
Uniform Resource Locator 80
unprivilegierter Modus 96
Unsicherheit 27
Unstrukturierte Bedrohungen 28
Unterstützte Signaturen 200
Upgrade 581
Upgrade der Software 90
Upgrades 88
URL 190
URL Filtering 512
URL-Filter, Beschränkung des Benutzerzugriffs 512
URL-Filtering 80
URL-Filterung 190
URL-Protokollierung 328
User Datagram Protocol 77

V

VDO Live 176
Verbindungsdiagramme 560
  Perfmon 560
  Xlates 560
Verbindungstabelle (CONN) 70
Verdrahtungsschema 596
Verfügbarkeit 25, 82
Verifizierung der Zertifikate 383
VeriSign Private Certificate Services (PCS) 374
VeriSign-CAs 384
Verkabelung 583
Vermittlungsschicht 571
Verschlüsselung 542, 607
Verschlüsselungs-/Authentifizierungsalgorithmen 366
Verschlüsselungsalgorithmen 371
Verschlüsselungsmethode 353, 593
Versionen von RIP 593
Vertrauen, Zonen 71
Vertrauensstufe 46
Vertraulichkeit 25, 79, 82
Verwalten der Konfigurationen 105
Virtual HTTP 292
Virtual Private Dialup Networking 401
Virtual Private Network (VPN)-Technologie 359
Virtual Private Networking 53
Virtual Private Networks (VPNs) 359
Virtual Telnet 295
virtueller Telnet-Server 295
VLANs 54
Voice over IP 182
VoIP 182
Voll-Duplex-Schnittstelle 582
vorgelagerte Abwehr 29
VPDN 401
VPN
  Adressen-Pool 547
  Easy VPN Remote 551
  IKE 551
  IPSec Rules 550
  Konfiguration 539
  Remote Access 551
  Site-to-Site-VPN 540
  Virtual Private Network 539
  VPN System Options 551
  VPN Wizard 539, 544

VPN-Accelerator Card 621
VPN-Client, Cisco 416
VPN-Client 2.x 425
VPN-Client 3.x 425
VPN-Gruppen 420
VPN-Konzentrator 621
VPN-Support 79
VPN-Systemoptionen 551
VPN-Tunnel 605
VPN-Verbindungsdiagramme 558

W

Warteschlangenzähler 582
Web-Browser 617
Web-Datenverkehr, filtern 189
Websense 190
Websense- und N2H2-Filterungs-Server 192
Widerrufene Zertifikate 381
Wildcard-IKE-Key 421
Windows-2000-Client 406
  L2TP 410
Windows-2000-VPN-Client 412
write 105

X

xauth 419
xlate 119

Z

Zeitzone 349
Zeitzoneninformation 349
zentrale TACACS+-Datenbank 279
Zero-Day-Exploits 28
Zertifikat 373
Zertifikate 545
Zertifikat-Fingerprints 381
Zertifikatsverwaltung, Windows 2000 415
Zertifizierungsstelle 373
Zugriff 599
Zugriffsangriffe 30
Zugriffsbeschränkungen 135
Zugriffskontrolle 26
  Multicasting 233
Zugriffskontrollmechanismen 570, 601
Zugriffsmethode 270
Zugriffsmodus, PIX 96
Zugriffsprobleme 600

Zugriffsregeln 531
　Allgemeine Bereiche 533
　Dienstegruppen 533
　Filterregeln 537
　Konfiguration 531
　Zugriff freigeben 533
Zugriffsstufe 273
Zugriffsszenarien 600
Zurückfordern von AAA-Ressourcen 217
Zurücksetzen des Systems 108